採用

최신 노동법령 · 행정해석 · 판례를 완전 정리한 결정판!

채용에서 **퇴직**까지 **법률지식**

김 수 복

退職

채용에서 퇴직까지 법률지식

김 수 복

중앙경제

채용에서 퇴직까지 법률지식

초판 인쇄 | 1987년 2월 25일
개정증보 29판 발행 | 2023년 9월 7일

지은이 | 김 수 복
펴낸이 | 김 남 진
펴낸곳 | (주)중앙경제
주 소 | 서울시 중구 다산로 11길 19(신당동) 백석빌딩신관
전 화 | 02-2231-7293
팩 스 | 02-2235-5344
홈페이지 | www.elabor.co.kr
출판등록 | 1980.6.21 제2-66호

ISBN 978-89-7017-542-3 (93330)
정 가 | 50,000원

머리말

치열한 구직난 속에서 어렵게 입사한 근로자는 직장에서 생애의 대부분을 보내게 된다. 입사에서 퇴직까지 전 과정에서 발생하는 문제는 너무도 많다. 임금, 근로시간, 휴일, 휴가, 인사이동, 징계, 정년제, 퇴직 등이 그러하다. 이와 같은 직장생활에 관련된 모든 주요 쟁점사항을 관련 법령과 판례・행정해석에 따라 기본과 실무문제를 빈틈없이 탐색하고 가장 적정한 대책을 마련할 수 있도록 본서를 집필하였다.

이번 29판을 출간하면서 특히 유의한 사항은 다음과 같다.

첫째, 28판 발간 이후 많은 노동관련 법령의 개정이 있었으므로 그 내용을 정확히 해설하여 노사관계 관련 당사자의 역량을 향상시킬 필요가 있었다. 또한 실제 노동현장에서 부딪히는 실무사례를 선정하여 관련 판례와 행정해석이 각 기업과 근로자들에게 어떻게 적용되는지를 살펴보고 실무에 활용할 수 있는 지혜와 노하우를 터득하도록 하였다. 그 동안 난해하고 적용하기 어려웠던 인사・노무 법률문제의 해법을 확인하고 합리적이고 적법한 인사・노무관리가 이루어지도록 역점을 두었다.

둘째, 노사 모두에게 첨예하게 이해관계가 있는 쟁점사항을 빠짐없이 선정하여 충실한 해설을 하였다. 1년 기간제근로자 계약종료시 연차유급휴가일수는 11일인지 26일인지 문제 여부, 정년유지 또는 연장과 관련된 임금피크제 판례 분석, 취업규칙 불이익변경 여부의 판단방법과 근로자 과반수의 동의방법에 관한 대법원 전원합의체 판례에 따른 사회통념상 합리성 폐기 이유와 집단적 동의권 남용법리를 상세히 분석했다. 복지포인트의 임금 여부에 관한 대법원 전원합의체 판례 분석, 근로자가 여러 사업장에서 근무하다 퇴직한 후 직업병 진단이 확정된 경우의 퇴직일, 노동위원회의 구제명령을 이행하지 아니한 채 구제명령에 반하는 업무지시를 거부한 행위를 징계사유로 하여 행한 징계해고처분의 정당성 판단기준・휴일근로시 연장근로시간 산정과 중복할증 방법에 관한 대법원 전원합의체 판결 분석, 가족돌봄휴가, 가족돌봄을 위한 근로시간 단축청구권, 정리해고 요건에 관한 법리 등에 대해서도 자세히 고찰하였다.

셋째, 주 52시간 시행에 맞춰 근로시간의 의의와 판단기준, 대법원 판결 내용, 고정시간외수당(고정OT수당)의 통상임금 여부 판결내용, 2주단위 탄력적근로시간제 도입시 취업규칙 변경에 의해서만 가능하다는 대법원 판례 내용, 저성과자 해고에 관한 최근 대법원 판례 분석, 육아휴직 복귀 후 전직처분의 위법 여부의 구체적 판단기준, 단시간근로자 초과근로시 가산임금 및 연차유급휴가일수 산정 등을 설명하였다.

넷째, 주요 항목에는 관련 법령 내용을 별도의 법전이 없더라도 쉽게 찾아볼 수 있도록 법조문을 고딕체로 표시하여 두었다. 또한 복잡한 사항 설명에 대해서는 학습 효과를 높이기 위하여 그림・도표 또는 실무사례(최근 공인노무사시험・행정고시출제문제) 등을 사용하여 이해하기 쉽도록 하였다.

끝으로 본서 출간을 위하여 협조를 아끼지 않은 ㈜중앙경제 김희성 회장님, 김남진 대표이사님, 짜임새 있는 편집을 해주신 편집부 직원 여러분, 한국노동연구소와 국제인사노무법인 이상익 박사와 장은영 과장의 조력에 감사드리며, 본서의 미비점에 대하여는 계속적인 보완을 해 나갈 것을 약속하면서 여러분의 뜨거운 지도 편달을 바란다.

2023년 9월

金 洙 福

차 례

Chapter 1. 채용을 둘러싼 법률지식

Chapter 2. 시용기간을 둘러싼 법률지식

Chapter 3. 근로계약과 근로조건의 결정을 둘러싼 법률지식

Chapter 4. 취업규칙을 둘러싼 법률지식

Chapter 5. 임금을 둘러싼 법률지식

Chapter 6. 근로시간을 둘러싼 법률지식

Chapter 8. 휴일을 둘러싼 법률지식

Chapter 9. 휴게를 둘러싼 법률지식

Chapter 10. 휴가를 둘러싼 법률지식

Chapter 11. 모성보호 · 육아와 근무상 조치의 법률지식

Chapter 12. 인사이동을 둘러싼 법률지식

Chapter 13. 징계처분을 둘러싼 법률지식

Chapter 14. 퇴직을 둘러싼 법률지식

Chapter 15. 정년제도를 둘러싼 법률지식

Chapter 16. 해고를 둘러싼 법률지식

Chapter 17. 단시간 · 임시 · 촉탁을 둘러싼 법률지식

◈ 법률약어표

- 고용상연령차별금지및고령자고용촉진에관한법률 : 고령자고용촉진법
- 근기법 : 근기법
- 근로자참여및협력증진에관한법률 : 근참법
- 근로자퇴직급여보장법 : 근퇴법
- 기간제및단시간근로자보호등에관한법률 : 기간제법
- 남녀고용평등과일 · 가정양립지원에관한법률 : 남녀고용평등법
- 노동조합및노동관계조정법 : 노조법
- 산업안전보건법 : 산안법
- 산업재해보상보험법 : 산재보험법
- 파견근로자보호등에관한법률 : 파견법
- 전자문서및전자거래기본법 : 전자문서법

◈ 각급 법원 · 기관 약칭

- 대법원 : 대법
- 고등법원 : 고법
- 행정법원 : 행법
- 지방법원 : 지법
- 헌법재판소 : 헌재
- 중앙노동위원회 : 중노위

Chapter 1

채용을 둘러싼 법률지식

1 채용이란 무엇인가

기업이 근로자를 채용하는 것은 기업이 근로자와 근로계약을 체결하는 법률행위이며, 채용이 결정되었다고 하는 것은 근로계약이 성립되었다는 뜻이다. 근로계약이란 근로자가 사용자에게 근로를 제공하고 사용자가 이에 대하여 임금을 지급하는 것을 목적으로 체결하는 계약을 말한다(근로기준법(이하 "근기법"이라 한다) 제2조제1항제4호). 최근 채용방식의 패러다임이 바뀌고 있다. 근로계약은 당사자 간의 약정만으로 효력이 발생하고, 서면이나 구두로도 가능하다. 어떤 주부가 신문광고란에서 단시간근로자 모집광고를 보고 회사에 전화를 걸어 "일하고 싶다"라고 구직 신청을 하고, 이에 대하여 회사 담당자가 "좋습니다. 일하여 주십시오"라고 승낙하였다면 여기서 근로계약은 성립된 것이다.

이와 같이, 설사 전화로써 승낙한 것이라 할지라도 또 얼굴도 알지 못하거나 단 하루도 일을 한 일이 없어도 근로계약은 성립할 수 있다. 그리고 단시간근로자를 고용할 경우에 근로조건상의 분쟁을 예방하기 위하여 사용자는 임금·근로시간 그 밖의 근로조건을 명확히 적은 근로계약서를 작성하여 근로자에게 내주어야 한다(근기법시행령 [별표2] 제1호가목).

2 근로계약과 고용계약의 차이

1. 근로계약의 의의와 법적 성격

(1) 근로계약의 의의

고용계약은 노무를 제공하고 그 반대급부로서 보수를 지급한다는 합의가 요건인 반면, 근로계약은 사용종속관계(지휘 · 명령을 받고 그 명령대로 복종하여 일한다고 하는 관계)에 있다는 사실과 임금의 지급이 그 요건이다. 근로계약은 근로자가 사용자에게 근로를 제공할 것을 약정하고 사용자는 이에 대하여 임금을 지급할 것을 약정하는 쌍무계약으로서 근로와 임금이 서로 대가적인 관계를 갖고 교환되는 것이다(대법 2006.1.12, 2004두3984). 또한 근로계약은 낙성, 불요식의 계약으로서 그 성립에 특별한 형식을 요하지 아니한다(대법 1994.5.13, 93다47790). 근로계약은 서면 또는 구두계약도 유효하다.

사용자와 근로자간에 근로관계가 성립되기 위하여는 근로자가 사용자에게 근로를 제공하고 사용자는 이에 대하여 임금을 지급함을 목적으로 명시적 또는 묵시적으로 체결된 계약이 있거나 기타 법적 근거가 있어야 할 것이고(대법 1972.11.14, 72다895) 근로계약은 낙성계약으로 청약에 따른 승낙으로 성립하므로 그 계약의 내용은 사용자와 근로자가 개별적인 교섭에 의하여 확정하는 것이 원칙이다(대법 1999.1.26, 97다53496).

(2) 청약 · 승낙의 의사표시 방법과 청약의 유인과의 구별

① 청약의 의사표시 방법 : 청약의 의사표시는 이에 대한 승낙만 있으면 곧 계약이 성립될 수 있을 정도로 그 내용이 구체적, 확정적 의사표시여야 하므로 청약은 계약의 내용을 결정할 수 있을 정도의 사항을 포함시키는 것이 필요하다(대법 2005.12.8, 2003다41463). 청약은 이에 대응하는 상대방의 승낙과 결합하여 일정한 내용의 계약을 성립시킬 것을 목적으로 하는 확정적인 의사표시이다.

② 청약의 유인 : 청약의 유인은 이와 달리 합의를 구성하는 의사표시가 되지 못하므로 피유인자가 그에 대응하여 의사표시를 하더라도 계약은 성립하지 않고 다시 유인한 자가 승낙의 의사표시를 함으로써 비로소 계약이 성립하는 것으로서 서로 구분되는 것이다(대법 2007.6.1, 2005다5812 · 5829 · 5836). A사는 경비용

역 전문업체인 B사를 설립한 후 설명회를 열고 자사 방호업무 직원들에게 이직을 권고하면서 "신설 법인의 최초 급여는 A사 연봉의 70%로 한다. 또 줄어든 연봉만큼 전직 지원금으로 보상해준다"고 하였으며, 또 직원들의 원활한 이직을 위해 "분사 회사의 급여는 현재 총급여의 70% 수준"이라는 내용의 이메일을 보낸 사안이다. 이메일 내용은 전직 합의에 관한 청약이 아니라 청약의 유인에 불과한 것이고 이메일 내용(이직 후 급여보장 약속)자체가 곧바로 전직 합의의 내용에 포함된다고 볼 수는 없다(대법 2016.12.15, 2014다66048).

③ 승낙의 의사표시 방법 : 회사의 경력직 채용절차에 근로자가 컨설팅 회사를 통해 지원하였고, 회사와 근로자 사이에 연봉에 대한 협의가 진행되던 중 회사가 근로자를 채용하지 않겠다는 통보를 발송한 사안에서, 채용확약서나 최종합격통지서 등이 교부된 사실이 없어 회사와 근로자 사이에 근로계약이 체결되었다는 사실을 인정할 수 없다(서울행법 2017.7.13, 2016구합72624).

2. 근로계약과 고용계약의 차이

민법상 고용계약은 당사자 일방이 상대방에 대하여 노무를 제공할 것을 약정하고 상대방이 이에 대하여 보수를 지급할 것을 약정함으로써 그 효력이 생긴다(민법 제655조). 고용계약은 노무자의 노무제공과 사용자의 보수지급이 그 요소이지만 사용자와 노무자사이의 관계는 양 당사자의 평등한 인격 및 자유의사에 기초한 채권관계이다. 따라서 이러한 채권관계의 내용으로서 노무자는 사용자의 지시에 복종해야 하지만 그 관계가 근로계약의 기본요소인 사용종속관계 내지 상하의 명령·복종관계라고는 볼 수 없다. 그러나 근로계약은 사업 또는 사업장에서의 사용종속관계에 중점을 두고 있으므로 위에서 말한 의미의 근로계약을 체결하고 있지 아니하는 당사자 사이에서도 근로계약관계가 발생하는 경우의 사례의 하나로서 '전출근무'가 있다. '전출근무'는 당초 근로계약을 맺은 회사와의 사이에 근로계약관계를 존속시킨 채로(즉, 재적한 채로) 근로계약을 체결하지 아니하고 있는 '전출처 회사'로 가서 그 회사의 근로자의 지위를 취득하여 지휘·명령을 받는 관계를 의미한다. 근로계약을 체결하지 아니한 전출처 회사와 전출근무 근로자간에도 근로계약관계가 성립하는 것이므로 전출처 회사는 근로계약상의 '사용자'가 되어 근기법상의 당사자(근기법 제2조제1항제4호)가 된다.

3. 근로계약과 고용계약과의 관계

근기법이 적용되는 사업장에 채용되는 경우에는 모두 사용자의 지휘·명령을 받고 일하는 관계에 들어가므로, 그 근로계약은 모두 근기법상의 근로계약이 된다. 따라서 근기법의 적용을 받는 근로자의 고용은 모두 '근로계약'을 체결한 근로관계에 해당한다고 해석하여도 무방하다.

근로관계는 민법의 고용관계(민법 제655조)에 속하지만, 근로자보호를 위한 근기법과 기타 계약의 자유를 제약하는 제반 법령의 적용을 받는다는 의미에서 특수한 법률관계라 할 수 있다. 따라서 모든 근로관계는 개념상 고용관계에 속하지만 모든 고용관계가 다 근로관계인 것은 아니다. 또한 형식상으로는 민법상의 도급계약 또는 위임계약의 형식을 띠었다 하더라도 그 노무공급의 형태가 실질적으로 사용자의 지휘·명령하에 행하여지는 경우에는 그 한도에서 근로관계로서의 성질을 인정해야 한다.

3 근로형태와 사용종속관계의 판단기준

1. 근로형태의 다양성

최근 서비스산업의 증가, 정보화의 진전, 경제의 글로벌화 등에 따라 고용형태가 다양해지고 근로자인지 여부를 판단하기 곤란한 사례가 증가하고 있다. 그 중요한 유형으로 기간제근로자, 단시간근로자, 간접고용근로자 등과 특수형태 근로 종사자 등이 있다. 정규직 근로자란 사용자와 직접 근로계약을 체결하여 사업장 내에서 전일제(full-time)로 근무하면서 근로계약기간의 정함이 없이 정년까지 고용이 보장되는 근로자를 말한다. 정규직 근로자와 구별되는 개념으로 비정규근로자, 비전형근로자, 비정형근로자 등의 표현이 사용된다. 간접고용이란 기업의 필요에 따라 타인의 노무를 이용하지만 노무제공자와 근로계약을 직접 체결하지 않고 타인에게 고용된 근로자를 이용하는 고용형태를 말한다. 이러한 의미에서 간접고용의 유형은 근로자공급, 근로자파견, 용역, 도급, 위탁, 사내하청, 소사장, 전출, 점원파견 등 다양하다. 근로자성과 자영업자성을 함께 가지고 있는 것이 특수형태근로종사자이다. 헌법재판소(2017.6.27, 2017헌바242)는 특수형태근로종사자의 지위, 노무제공의 방법, 성격, 경제적 종속의 정도의 다양성 등을 고려하였을 때 이들에게는 근기법이 그대로 적용될 수는 없고 별도의 특별법에 의한 보호가 필요한 영역이라고 하였다.

근로자의 개념이 문제된 법률관계를 유형화해 보면 먼저 개별적 근로관계에서는 ① 근기법 위반 등 형사처벌규정의 적용, ② 퇴직금·임금 등 청구, ③ 산업재해의 손해배상에 대한 사용자 책임, ④ 해고, ⑤ 산업재해보험급여 청구, ⑥ 노무제공의 대가에 대한 임금채권 우선변제권, ⑦ 손해배상 및 구상청구, ⑧ 계약관계를 규율하는 취업규칙 불리한 변경의 법리적용 문제, ⑨ 평균임금 산정방법의 특수성 등을 들 수 있고, 다음으로 집단적 노사관계는 ⑩ 노동조합의 조직·가입, ⑪ 부당노동행위 등이다. 그리고 ⑫ 공법관계에서도 문제된다.

2. 사용종속관계의 법적 성격과 판단기준

사용종속관계의 법적 성격에 있어서 여러 가지 견해가 있으나 그 중에서 경제적종속설과 인적종속설과의 복합이라고 하고 있는 것이 대체적인 견해이다. 이와 같이 사용종속관계를 전제로 하여 노무에 종사하는 자가 근로자인 것이며 그 노무수행과정을 지휘·감독하는 노무지휘권을 가진 자가 사용자인 것이다. 지휘권 자체는 근로계약에 근거하여 발생하지만 사실상 사용종속관계가 있으면 계약의 유·무효를 불문하고 당사자성은 인정된다. 최근 근로형태의 다양화에 따라 「근로자」인지 「자영업자」 또는 「경영자」인지가 명확하지 않는 사례가 많다. 근로자성 인정에 있어서 부정적 요소와 긍정적 요소가 혼재하는 케이스에 있어서는 「사용종속성」의 판단은 아주 미묘하다.

3. 사용종속관계의 판단기준에 관한 판례의 태도

(1) 기본적 태도

판례(대법 2022.8.19, 2020다296819 ; 대법 2022.4.14, 2021두33715 ; 대법 2022.4.14, 2020다238691 ; 대법 2018.11.29, 2017다252079 ; 대법 2016.10.27, 2016다29890 ; 대법 2016.8.24, 2015다253986 ; 대법 2015.7.9, 2012다20550 ; 대법 2006.12.7, 2004다29736)는 다음과 같이 사용종속관계의 구체적인 징표에 관한 판단기준을 제시하고 있다. 「근기법상의 근로자에 해당하는지 여부」는 계약의 형식이 근로계약인지 도급계약인지보다 근로제공관계의 실질이 근로제공자가 사업 또는 사업장에 임금을 목적으로 종속적인 관계에서 사용자에게 근로를 제공하였는지 여부에 따라 판단하여야 한다.

(2) 사용종속관계의 구체적 판단기준

위에서 말하는 종속적인 관계가 있는지 여부는 ① 업무내용을 사용자가 정하고, ② 취업규칙 또는 복무(인사)규정 등의 적용을 받으며, ③ 업무 수행 과정에서 사용자가 상당한 지휘·감독을 하는지, ④ 사용자가 근무시간과 근무장소를 지정하고 근로자가 이에 구속을 받는지, ⑤ 노무제공자가 스스로 비품·원자재나 작업도구 등을 소유하거나 ⑥ 제3자를 고용하여 업무를 대행케 하는 등 독립하여 자신의 계산으로 사업을 영위할 수 있는지, ⑦ 노무제공을 통한 이윤의 창출과 손실의 초래 등 위험을 스스로 안고 있는지와 ⑧ 보수의 성격이 근로 자체의 대상적 성격인지, ⑨ 기본급이나 고정급이 정하여졌는지 및 ⑩ 근로소득세의 원천징수 여부 등 보수에 관한 사항, ⑪ 근로제공 관계의 계속성과 사용자에 대한 전속성의 유무와 그 정도, ⑫ 사회보장제도에 관한 법령에서 근로자로서 지위를 인정받는지 등의 경제적·사회적 여러 조건을 종합하여 판단하여야 한다. 다만, 사용자가 정한 취업규칙 또는 복무(인사)규정 등이 적용되는지, 기본급이나 고정급이 정하여졌는지, 근로소득세를 원천징수하였는지, 사회보장제도에 관하여 근로자로 인정받는지 등의 사정은 사용자가 경제적으로 우월한 지위를 이용하여 임의로 정할 여지가 크다는 점에서 그러한 점들이 인정되지 않는다는 것만으로 근로자성을 쉽게 부정하여서는 안된다 라고 한다.

판례는 근기법상 근로자는 엄격한 사용종속성의 기준을 가지고 판단하며, 노조법상 근로자는 완화된 사용종속성의 기준과 경제적 종속성의 관점을 폭넓게 반영하는 이원적 근로자개념을 제시하고 있다.

(3) 평 가

판례의 태도는 ① 종래의 학설·판례와 마찬가지로 사용종속관계의 존재 여부에 따라 근로자성을 정하고(종속성에 의한 판단), ② 사용종속관계의 존재 여부는 계약의 형식이나 명칭이 아니라 근로제공관계의 실질에 따라 정하며(실질적 판단), ③ 또한 근로제공관계의 실질은 그것을 둘러싼 제반요소를 종합적으로 고려하여 판단하고 있다(종합적 판단, 대법 2022.4.14, 2021두33715 ; 대법 2022.4.14, 2020다238691 ; 대법 2006.12.7, 2004다29736). 이러한 3가지 특징은 근로자성 판단에 있어 우리나라의 학설은 물론이고 외국의 학설·판례에서도 기본적으로 지지되고 있는 것이다. 다만 사용종속성과 임금의 노무대가성으로 양분해 볼 때 전자에 보다 무게중심이 있는 것으로 보여지며 특히 업무수행과정에서의 사용자의 직접적이고 구체적인 지휘·감독이 있는지 여부가 중점적으로 고려되고 있다.

4 회사는 채용의 자유를 가지고 있는가

1. 채용의 자유의 의의

근로관계의 성립에 있어 당사자인 근로자와 사용자는 계약체결의 자유가 있다. 근로자측에서는 강제노동으로부터의 자유이며, 사용자측에서는 채용의 자유에 해당한다. 채용은 기업의 구성원을 선발하는 가장 중요하고 근본적인 업무 중의 하나이다.

우수한 인재 확보는 기업의 명운을 좌우할 수 있는 중요한 사항이다. 채용은 기업의 지속 가능 성장을 이뤄내는 가장 중요한 경영전략이자 인사관리의 첫 관문이다. 근로자의 채용은 기본적으로는 기업의 자유로운 결정을 존중하여야 할 영역이다. 법적으로는 기업의 채용행위는 사법의 기본원리인 계약의 자유로서 보장되는 행위이며 또한 헌법상의 직업선택의 자유(제15조) 및 재산권(제23조)에 근거하고 있다. 이것을 채용의 자유라고 한다.

근로자의 채용에 있어 사용자는 ① 고용인원수 결정의 자유(채용인원수를 몇 명으로 할 것인가의 자유), ② 모집방법의 자유(채용방법을 연고로 할 것인가 공모에 의할 것인가 등), ③ 선택의 자유(채용 여부의 기준을 학력, 경험, 신체적 능력 등에 의할 것인가의 자유), ④ 계약체결의 자유(적당한 인물이라도 최종적으로 채용 여부를 결정하는 자유), ⑤ 조사의 자유(채용후보자의 신원 등의 조사의 자유)가 있다.

2. 채용의 자유와 채용과정

근로자의 채용, 특히 정규직근로자 신규채용은 모집에서 시작하여 채용내정을 거쳐 채용 후 시용기간 또는 수습기간에 들어가고 그 후 정식채용에 이르는 비교적 장기간의 채용과정이 존재하는 것이 일반적이다. 이러한 채용과정은 정규직근로자의 신규채용뿐만 아니라 중도채용이나 기간제근로계약에도 활용되고 있다. 근로자 채용 자유원칙이 있더라도 근로자 고용보호나 사회적 공정 요청을 조화시켜야 하는 문제가 있다.

3. 채용의 자유의 한계

채용의 자유가 있더라도 무제한의 채용의 자유를 기업에 부여하는 것이 아니고 헌법상의 기본권 및 이를 구체화한 각종 법률에 의한 제한에 따라야 할 일정한 한계가 있다. 최근 사회적 약자에 대하여 고용기회의 보장은 중요한 정책과제로서 사용자의 채용의 자유에 대한 법적 규제가 강화되고 있다.

(1) 남녀고용평등과일 · 가정양립지원에관한법률상의 한계

남녀고용평등과일 · 가정양립지원에관한법률(이하 "남녀고용평등법"이라 한다) 제7조는 「① 사업주는 근로자를 모집하거나 채용할 때 남녀를 차별하여서는 아니된다. ② 사업주는 근로자를 모집 · 채용할 때 직무의 수행에 필요하지 아니하는 용모 · 키 · 체중 등의 신체적 조건, 미혼 조건, 그 밖에 고용노동부령으로 정하는 조건을 제시하거나 요구하여서는 아니된다」라고 규정하고 있다. 여기에서 말하는 남녀의 차별은 합리적인 이유 없이 남성 또는 여성이라는 이유만으로 부당하게 차별대우하는 것을 말한다(대법 2018.10.25, 2018도12691 ; 대법 2006.7.28, 2006두3476). 이 판결은 직원 채용과 관련하여 합리적인 이유 없이 여성을 남성과 차별하여 최종합격자로 선정하지 않은 것은 위법하다는 것이다. 사업주는 어느 특정 성을 채용할 것을 예정하여 모집하여서는 아니 되며 사업주가 이에 위반한 행위를 한 경우에는 500만원 이하의 벌금에 처하게 된다(동법 제37조제3항). 이 규정은 여성의 채용을 강제하는 것이 아니고 여성에게 평등한 기회를 보장하여야 한다는 것을 의미한다. 어떠한 근로자를 채용하느냐는 기업의 전적인 자유이기 때문이다.

(2) 고용상연령차별금지및고령자고용촉진에관한법률상의 한계

고용상연령차별금지및고령자고용촉진에관한법률(이하 "고령자고용촉진법"이라 한다) 제4조의4(모집 · 채용 등에서의 연령차별금지)에 의하면 「① 사업주는 다음 각 호의 분야에서 합리적인 이유없이 연령을 이유로 근로자 또는 근로자가 되려는 자를 차별하여서는 아니된다. 1. 모집 · 채용, 2. 임금, 임금 외의 금품 지급 및 복리후생, 3. 교육 · 훈련, 4. 배치 · 전보 · 승진, 5. 퇴직 · 해고, ② 제1항을 적용할 때 합리적인 이유없이 연령 외의 기준을 적용하여 특정 연령집단에 특히 불리한 결과를 초래하는 경우에는 차별로 본다」고 규정하고 있다.

사업주가 모집 · 채용 과정에서 불합리한 연령 제한을 두면 500만원 이하의 벌금이 부과된다.

(3) 채용의 자유와 장애인고용촉진및직업재활법상의 의무고용률

사기업은 누구를 채용하느냐에 관하여 자유롭게 결정할 수 있다. 신체장애자의 고용촉진을 위하여 신체장애자의 우선 고용을 의무화하는 장애인고용촉진및직업재활법(동법 제28조 및 동법시행령 제25조)에 의한 「의무고용률」(상시근로자 50인 이상 업체 2015.1.1~2016.12.31 : 2.7%, 2017.1.1~2018.12.31 : 2.9%, 2019년 이후 3.1%)도 채용인원에 관한 의무일 뿐이다. 공공기관의 「의무고용률」은 상시근로자 수의 3.2%(2019년 이후 3.4%)으로 하며 중증장애인(「장애인복지법시행규칙」 별표1에 따른 제2급의 장애등급을 말한다)의 고용은 그 인원의 2배에 해당하는 장애인을 고용한 것으로 본다(동법 제28조의2, 제28조의3). 동법은 특정한 사람, 예를 들어 A라든지 B라든지 하는 개개인의 채용(근로계약의 체결)을 법률로 강제하는 것은 아니다. 장애인 고용시 장애등급이나 장애인의 연령에 따라 장애인 채용을 제한하거나 특정직종으로 근무를 제한하는 것은 장애인고용촉진및직업재활법의 입법취지 및 목적에 저촉될 수 있다(2004.2.3, 근로기준과-580). 특히, 장애인고용촉진및직업재활법 제5조제2항에서는 사업주는 근로자가 장애인이라는 이유로 채용·승진·전보 및 교육훈련 등 인사관리상의 차별대우를 할 수 없도록 규정하고 있다.

5 채용기준의 제시의무 및 위법한 채용 거부에 대한 구제

1. 채용기준의 제시의무

회사는 채용에 있어서 응모자의 채용기준을 제시할 법적 의무는 없다. 채용과 근로계약의 체결은 회사의 '채용하고 싶다', 응모자의 '근로하고 싶다'고 하는 의사의 합치에 의하여 성립하는 것이므로 회사가 '채용하지 아니한다', 응모자가 '근로하지 아니한다'고 한다면 근로계약의 체결을 강요할 수 없다. 회사나 응모자는 근로계약 체결의 자유가 있으므로 상호 근로계약의 체결을 강제 당하지 아니한다.

2. 위법한 채용 거부에 대한 구제

채용 거부가 위법하더라도 특별한 입법이 없으면 사용자에게 특정한 자와의 계약체결(실제로 채용하는 일)을 강제하는 것은 사적자치의 원칙에 반하므로 그 구제로서 근로계약의 체결을 강제할 수는 없다. 위법한 채용 거부는 일반적으로 불법행위(민법 제750조)로서 손해배상을 청구할 수 있다. 채용비리 피해자의 피해구제는 어디까지 가능한가의 문제가 제기되고 있다.

최근 판례(서울남부지법 2018.10.11, 2018가합100190)는 "해당 채용절차는 그 객관성과 공정성이 심각하게 훼손되어 재량권을 일탈·남용한 것으로 위법하고, 채용절차의 객관적이고 공정한 진행에 대한 지원자의 기대와 신뢰라는 법적 이익을 침해하는 불법행위에 해당하고 정신적 고통에 대한 위자료(8천만원)를 지급할 의무가 있다"는 것이다.

6 인터넷에 의한 근로자 채용은 가능한가

1. 직업안정법상 근로자 채용시의 규제내용

근로자의 모집활동에 일정한 제한을 가하는 법률이 직업안정법이다. 직업안정법은 「근로자를 고용하려는 자는 광고, 문서 또는 정보통신망 등 다양한 매체를 활용하여 자유롭게 근로자를 모집할 수 있다」(동법 제28조)라고 하여 자유롭게 근로자를 모집할 수 있다는 원칙을 규정하고 있으나, 사기적인 방법으로 모집하는 사례나 임금을 중간착취한 사례에 비추어 근로자를 보호하기 위해 근로자의 모집방법에 제한을 가하고 있다.

「구인자가 직업안정기관의 장에게 구인신청을 할 때에는 구직자가 취업할 업무의 내용과 근로조건을 구체적으로 밝혀야 하며 직업안정기관의 장은 이를 구직자에게 알려주어야 한다」(동법 제10조).

직업안정기관의 장이 직업소개업무를 행할 때에는 ① 구인자 또는 구직자 어느 한쪽의 이익에 치우치지 아니할 것, ② 구직자가 취업할 직업에 쉽게 적응할 수 있도록 종사하게 될 업무의 내용, 임금, 근로시간, 그 밖의 근로조건에 대하여 상세히 설명할 것이 필요하다(동법시행령 제7조). 사원모집을 홈페이지에 개설하거나 정보를 갱신할 때에는 입사 신청자에 대하여 그 후 서면교부를 한다는 취지를 누락하지 않도록 주의하여야 한다.

이러한 규제의 취지에 비추어 인터넷에 의한 모집광고에 따른 새로운 폐해, 예컨대 명시되어야 할 근로조건에 허위의 내용이 있는 경우 등이 지적되고 있으므로 근로조건을 정확하게 사실대로 표기하여야 한다.

2. 인터넷에 의한 근로자 채용시 유의사항

인터넷 채용 광고시에는 근로조건의 명시 등이 명확하지 않아 이를 둘러싼 노사간의 갈등이 발생하고 있으므로 특별히 유의하여야 한다. 예를 들면 인터넷 채용 광고시에 시용기간 내지 수습기간의 명시가 없을 경우에 그 적용 여부에 관하여 다툼이 있을 수 있으므로 「위에 기재가 없는 사항은 당사 취업규칙(인사규정)에 따른다」고 명시하여 다툼의 소지를 없앨 필요가 있다. 왜냐하면 취업규칙에 「회사는 근로자를 채용(중도채용 또는 경력직채용을 포함한다)할 때는 3개월의 시용기간(또는 수습기간)을 둔다」고 규정하는 것이 보통이므로 채용 광고시에 시용기간의 명시가 없더라도 채용 후에는 취업규칙의 적용을 받아 시용기간을 적용할 수 있다.

7 고용정책기본법상의 차별금지 및 그 밖의 법률

1. 고용정책기본법 제7조제1항의 내용

고용정책기본법 제7조제1항은 취업기회의 균등한 보장을 위하여 「사업주는 근로자를 모집·채용할 때에 합리적인 이유없이 성별, 신앙, 연령, 신체조건, 사회적 신분, 출신지역, 학력, 출신학교, 혼인·임신 또는 병력(病歷) 등(이하 "성별 등"이라 한다)을 이유로 차별을 하여서는 아니되며, 균등한 취업기회를 보장하여야 한다」라고 규정하고 있다. 그 취지는 사회전반의 차별문제를 개선하기 위해서는 고용 및 직업생활의 차별을 먼저 해소시켜야 할 것인바, 성별, 신앙, 연령, 신체조건, 사회적 신분, 출신지역, 학력, 출신학교 외에도 혼인·임신 또는 병력 등을 이유로 차별을 하지 못하도록 하여 균등한 취업기회를 보장하려는 것이다.

2. 남녀고용평등법 등 그 밖의 법률

남녀고용평등법 제7조에서도 모집 및 채용에 있어서 남녀의 평등한 기회의 보장을 규정하고 있으며, 직업안정법 제2조는 「누구든지 성별, 연령, 종교, 신체적 조건, 사회적 신분 또는 혼인 여부 등을 이유로 직업소개 또는 직업지도를 받거나 고용관계를 결정할 때 차별대우를 받지 아니한다」라고 규정하고 있다.

「장애인차별금지및권리구제등에관한법률」 제10조제1항은 「사용자는 모집・채용, 임금 및 복리후생, 교육・배치・승진・전보, 정년・퇴직・해고에 있어 장애인을 차별하여서는 아니된다」고 규정하고 있다.

8 남녀고용평등법상의 채용차별 행위

1. 채용차별금지

남녀고용평등법 제7조제1항에서 「사업주는 근로자를 모집하거나 채용할 때에 남녀를 차별하여서는 아니된다」라고 규정하고 있다. 여기에서 말하는 남녀의 차별은 합리적인 이유 없이 남성 또는 여성이라는 이유만으로 부당하게 차별대우하는 것을 의미한다(대법 2018.10.25, 2018도12691). 이 판례는 직원채용과 관련하여 합리적인 이유 없이 여성을 남성과 차별하여 최종합격자로 선정하지 않는 것은 위법하다는 것이다.

모집・채용에 있어서 남녀차별 금지의무도 법 위반의 경우에 채용청구권까지 예정하는 것은 아니다. 사업주는 근로자의 모집 및 채용에 있어서 여성을 배제하여 모집하거나 남녀별 채용예정 인원수를 설정하여 모집하는 행위는 금지된다. 또한 모집관계자료의 송부시기나 응모의 접수시기, 설명회의 개최시기 등에 있어서 남학생을 여학생보다 우대하는 등의 행위는 금지된다. 남녀고용평등법 제7조에서 정한 "모집・채용"이란 신문・방송 등을 통한 광고모집이나 직접모집뿐만 아니라 직업안정기관에 구인신청・위탁모집・연고채용 등 명칭이나 방법에 관계없이 사업주가 불특정인에게 임금・근로시간 등 근로조건을 제시하여 근로를 권유한 후, 이들을 대상으로 시험 등을 거쳐 특정인을 선정하여 근로계약을 체결하는 행위를 말한다(2023.8.17, 고용노동부예규 제207호 「남녀고용평등업무처리규정」 제3조제1항).

2. 직접차별과 간접차별

남녀고용평등법 제2조제1호에서의 「"차별"이란 사업주가 근로자에게 성별, 혼인, 가족 안에서의 지위, 임신 또는 출산 등의 사유로 합리적인 이유없이 채용 또는 근로의 조건을 다르게 하거나 그 밖의 불리한 조치를 하는 경우(사업주가 채용조건이나 근로조건은 동일하게 적용하더라도 그 조건을 충족시킬 수 있는 남성 또는 여성이 다른 한 성(性)에 비하여 현저히 적고 그에 따라 특정 성에게 불리한 결과를 초래하며 그 조건이 정당한 것임을 입증할 수 없는 경우를 포함한다)를 말한다」(동법 제2조제1호). 동조 동호의 경우에는 직접차별이라 하고 괄호부분의 경우를 간접차별이라 한다. 동법 제2조제1호에 따라 성을 사유로 근로자를 달리 대우함에 합리적 이유가 있으려면 해당 사업의 목적과 직무의 성질·형태·작업조건 등을 구체적·종합적으로 고려하여 기업경영상 남녀를 다르게 대우할 필요성이 인정되고 그 방법·정도 등이 적정하여야 한다(남녀고용평등업무처리규정 제2조제1항).

(1) 직접차별

직접차별이란 비교대상 사이에 같거나 실질적으로 차이가 없음에도 다르게 대우하여 불이익을 주는 경우를 말한다. 직접차별은 차별의사에 기하여 동일한 상황 또는 실질적으로 상이하지 않은 상황에 있는 비교대상에 대해 조건을 상이하게 대우하는 것으로서 불평등한 대우 그 자체가 문제가 된다. 예를 들면, 은행원을 모집·채용하면서 여성에게 지원을 못하게 하는 경우가 이에 해당된다.

(2) 간접차별

간접차별이란 동규정의 정의와 같이 외관상으로는 남녀를 차별하지 않고 성(性) 중립적으로 보이는 조건을 적용하더라도 남녀의 생리적 특성 및 사회관행에 따라 결과적으로 어느 한 성에게 불리한 결과가 발생하는 것을 말한다. 예를 들면, 은행원을 모집·채용하면서 남녀 모두에게 응시기회를 주되, 은행원의 직무수행에 필요하지도 않는 '키 165cm 이상'을 채용조건으로 제시하여 결과적으로 다수의 여성들이 채용되지 못하는 경우가 간접차별에 해당된다.

(3) 남녀 채용차별 행위의 구체적 사례

다음 행위는 남녀고용평등법 제7조제1항에 따라 사업주가 근로자를 모집하거나 채용할 때 하여서는 아니 되는 남녀 차별적인 행위는 고용노동부예규에서 구체적으로 명시하고 있다(고용노동부예규 제207호 「남녀고용평등업무처리규정」 제3조제2항).

(4) 차별의 예외

다음의 경우는 차별로 보지 아니한다(남녀고용평등법 제2조제1호단서).

① 직무의 성격에 비추어 특정 성(性)이 불가피하게 요구되는 경우

② 여성근로자의 임신·출산·수유 등 모성보호를 위한 조치를 하는 경우

③ 그 밖에 이 법 또는 다른 법률에 따라 적극적 고용개선조치를 취하는 경우

적극적 고용개선조치란 현존하는 남녀간의 고용차별을 없애거나 고용평등을 촉진하기 위하여 잠정적으로 특정 성(性)을 우대하는 조치를 말한다(동법 제2조제3호).

종전 적극적 고용개선조치 대상 사업주가 제출하는 자료에는 직종별・직급별 남녀 근로자 현황만 포함되어 있어서 성별 임금 격차 개선 및 실질적인 남녀고용평등을 실현하기 위해서는 제도적인 한계가 있었다. 남녀고용평등법 개정을 통하여 사업주의 제출 자료에 '남녀 근로자 임금 현황'을 추가하였다. 사업주가 성별 임금 격차를 자체적으로 개선하고 이를 통해 사업장의 불평등한 고용실태를 개선할 수 있을 것으로 기대된다.

9 응모자의 사상・신조의 조사와 채용 거부

1. 「채용의 자유」의 내용으로서의 조사의 자유

기업이 응모자의 채용 여부를 판단하기 위한 조사과정에서 응모자의 사상・신조에 관한 사항에 대하여 질문을 할 수 있는가라는 '조사의 자유'에 대한 범위 문제와 함께, 그 이론적 전제로서 사상・신조를 이유로 채용을 거부할 수 있는가라는 '선택의 자유'에 대한 범위가 문제될 수 있다.

사인간(私人間)에서의 각 개인이 가지는 자유와 평등은 상호간에 모순 대립하는 경향이 있으며 그 조정은 사적자치의 원칙을 존중하면서 사회적 허용한도를 넘을 때는 원칙적으로 입법조치에 따라야 하는 것이다. 기업은 영업을 위하여 근로자를 고용하는 것이므로 어떠한 자를 어떠한 조건으로 고용할 것인지를 결정할 수 있는 자유를 가지므로 기업이 특정한 사상・신앙을 가진 자의 고용을 거부하더라도 마땅히 위법이라 할 수는 없으며 채용에 있어서 그 조사・신고는 적법하다고 할 수 있다.

2. 조사의 자유와 근로자의 프라이버시

응모자에 대한 조사는 사회통념상 타당한 방법으로 행하여야 하며 응모자의 인격과 프라이버시 등의 침해가 되는 형태의 조사는 삼가야 한다. 예컨대, 응모자 본인의 동의를 얻지 않고 실시한 HIV 항체검사, 본인의 동의를 얻지 않고 실시한 B형 간염 바이러스검사가 프라이버시 침해의 위법 행위라고 할 수 있다. 기업이 질문과 조사를 실시할 수 있는 것은 응모자의 직업상 능력・기능과 근로자로서의 적격성에 관련된 사항으로 한정되며 이 경우에도 근로자의 인격이나 프라이버시에 대하여 부당하게 침해하는 방법에 의한 조사는 제한되며 이와 같은 부당한 조사는 경우에 따라서는 불법행위가 되어 손해배상 청구대상이 된다.

3. 조사의 자유와 헌법상의 사상 · 양심의 자유와의 관계

헌법상 사상·신조의 자유는 국가의 부당한 권력행사로부터 국민의 자유를 보장하려는 취지에 있으므로 이러한 헌법상의 권리는 사인간의 관계에는 영향을 미치지 않는다. 즉, 사상·신조를 이유로 채용을 거부해도 이를 위법이라고는 할 수 없다. 기업이 근로자가 해당 기업에서 원만한 회사 운영을 방해하는 행동이나 태도를 보일 염려가 있지는 않을까 하는 관심을 가지고 채용을 하기 전에 근로자의 성격이나 사상 등을 조사하는 것은 고용관계가 단순히 물리적 노동력 제공의 관계를 초월한 일종의 계속적인 인간관계로서 상호신뢰를 요청하는 면이 적지 않기 때문이다. 또한 우리나라와 같이 소위 정년퇴직제를 채택하고 있는 사회에서는 한층 더 이러한 신뢰관계가 요구된다는 점을 착안한다면 기업이 고용할 근로자 즉, 응모자의 사상·신조를 조사하는 행위가 비합리적인 행위라고는 할 수 없다.

10 채용광고시 과장광고 · 성별 · 연령차별 금지

기업에서 근로자 채용시 목표 응모자수를 확보하려고 과장광고를 하는 사례가 있는데 과장광고는 새로 채용된 근로자의 불만의 원인이 되고, 조기이직의 원인이 되며, 조기이직자가 직업안정기관에 과장광고에 대해 진정을 제기하는 경우 불이익을 당할 수도 있다. 직업안정법 제47조에는 5년 이하의 징역 또는 2천만원 이하의 벌금을 과하고 있다. 또한 구인광고문에 "남 ○명", "50세 이하" 등과 같이 남녀를 구별하거나 연령을 차별하는 것을 법에서 금지하고 있다 (남녀고용평등법 제7조, 고령자고용촉진법 제4조의4).

11 채용절차의공정화에관한법률상의 제한

사용자가 근로자를 채용할 때 요구하는 채용서류와 채용심사 비용은 구직자들에게 큰 부담이 되고 있다. 우리나라 채용시장 관행상 사용자가 이를 적극 반환하거나 구직자 요구에 따라 비용을 반환하는 경우는 거의 없다. 또한 근로자를 채용할 의사가 없으면서 구직자의 사업 아이디어를 수집하거나, 사업장을 홍보하기 위한 목적 등으로 거짓으로 채용·구인 공고를 내는 등 채용과정에서 부조리가 발생하고 있는 실정이다. 이러한 사정으로 사용자의 거짓 채용·구인 공고를 금지하고, 구인자가 구직자에게 채용심사 비용을 부담시키는 것을 원칙적으로 금지하는 등 구직자 부담을 줄이고 그 권익을 보호하려는 목적으로 「채용절차의공정화에관한법률」(2014.1.21. 법률 제12326호 ; 개정 2020.5.26. 법률 제17326호)이 제정·시행되고 있다. 이를 블라인드채용법이라고도 한다. 또한 고용노동부(2020년 12월) 「채용절차의공정화에관한법률 업무메뉴얼」이라는 참고자료가 있다.

1. 거짓의 채용광고 금지 및 채용광고 내용 변경 금지

채용절차의공정화에관한법률 제4조는 거짓의 채용광고를 금지하고, 정당한 사유없이 채용광고의 내용을 변경하여서는 아니되며, 구인자는 구직자를 채용한 후에 정당한 사유없이 채용광고에서 제시한 근로조건을 구직자에게 불리하게 변경하여서는 아니된다(동법 제4조). 여기서 '거짓 채용광고'란 형식적으로는 채용광고이나 실질적으로 채용을 목적으로 하지 않는 광고를 말하는 것으로 채용을 가장해 ① 구직자의 사업 아이디어 등을 수집하기 위한 목적, ② 사업장을 홍보하기 위한 목적, ③ 물품판매, 수강생 모집, 직업소개, 부업알선, 자금모금, 투자유치 등 채용 외에 다른 목적으로 하는 광고가 모두 포함된다.

또한 구인자는 구직자에게 채용서류 및 이와 관련한 저작권 등의 지적재산권을 자신에게 귀속하도록 강요하여서는 아니된다고 규정하고 있다.

2. 채용강요 등의 금지

누구든지 채용의 공정성을 침해하는 행위를 할 수 없다(동법 제4조의2). 즉 ① 법령을 위반하여 채용에 관한 부당한 청탁, 압력, 강요 등을 하는 행위, ② 채용과 관련하여 금전, 물품, 향응 또는 재산상의 이익을 제공하거나 수수하는 행위를 말한다. 공정한 취업기회를 박탈하고 고용질서와 사회통합을 저해하는 행위를 금지하고 이를 위반할 경우 3천만원 이하의 과태료를 부과한다.

3. 직무중심의 채용 유도

구인자는 구직자에 대하여 그 직무의 수행에 필요하지 아니한 정보를 기초심사자료에 기재하도록 요구하거나 입증자료로 수집하여서는 아니된다(동법 제4조의 3). 즉, ① 구직자 본인의 용모・키・체중 등의 신체적 조건, ② 구직자 본인의 출신지역, 혼인 여부・재산, ③ 구직자 본인의 직계 존비속 및 형제자매의 학력・직업・재산 등을 말한다. 이를 위반할 경우에는 500만원 이하의 과태료를 부과한다.

4. 구직자의 지원서류 반환

채용시험에 불합격한 구직자는 해당 기업에 제출한 채용서류를 돌려받을 수 있다. 구인업체는 채용 여부 확정일로부터 채용서류 반환 청구기간을 반드시 구직자에게 알려주어야 하고, 구직자가 반환을 요구할 경우에는 14일 이내에 서류 일체를 반환해야 한다. 이에 따라 구인업체는 반환청구기간까지 채용서류를 보관해야 하고(채용확정일 14일로부터 180일의 범위), 청구기간이 지나면 「개인정보보호법」에 따라 채용서류를 파기해야 한다.

5. 구직자에게 채용심사비용의 부담 금지

채용서류 제출에 드는 비용 이외의 일체의 비용(응시료 등)을 구직자에게 부담시키지 못하며, 사업장 및 직종의 특수성으로 인해 불가피한 사정이 있는 경우에는 관할 지방고용노동청장(지청장)의 승인을 얻어 채용심사비용의 일부를 부담하게 할 수 있다(동법 제9조 단서).

6. 채용과정 중 고지의무

동법 제8조 및 제10조는 구인자는 구직자에게 채용일정 및 채용심사 지연 등의 사실 등 채용과정을 알려야 한다. 구인자는 채용대상자를 확정한 경우에는 지체없이 알려야 한다. 구인자는 채용서류를 전자우편 등으로 받은 경우에는 지체없이 구직자에게 접수사실을 채용업무에 종사하는 자의 홈페이지 게시, 휴대전화에 의한 문자전송, 전자우편, 팩스, 전화 등으로 알려야 한다(동법 제7조).

7. 구인자 채용서류의 보관 및 반환관련 고지의무

구인자는 구직자의 채용서류 반환 청구에 대비해 대통령령으로 정하는 기간 동안 채용서류를 보관해야 한다. 구직자가 동법 제11조에 따른 채용서류의 반환을 청구하지 않은 경우 '채용 여부가 확정된 날부터 14일에서 180일 사이의 기간 중에 구인자가 정해 구직자에게 통보한 기간'인 '구직자가 채용서류의 반환을 청구할 수 있는 기간'까지 보관해야 할 것이다(동법 제11조제3항).

구인자는 채용서류의 반환 등에 관한 사항(동법 제11조제1항부터 제5항까지의 규정)을 채용 여부가 확정되기 전까지 구직자에게 알려야 한다.

8. 채용심사 비용 등에 관한 시정명령

고용노동부장관은 채용심사비용의 부담 및 채용서류의 반환 등에 관한 규정 등을 위반한 사용자에게 그 시정을 명할 수 있다.

9. 불채용의 이유를 불채용자에게 고지할 의무가 있는가

기업은 영업의 자유(헌법 제23조·제15조)의 일환으로 계약체결의 자유가 있으므로 자기 영업을 위하여 어떠한 자를 고용함에 있어 원칙적으로 자유롭게 결정할 수 있다. 이와 같이 기업에 인정되고 있는 「채용의 자유」를 전제로 하는 한 기업이 어떠한 기준에 의하여 채용 여부를 결정하는가는 기업의 재량에 위임되어 있다. 그러므로 법률상 명문의 규정이 있는 경우를 제외하고 불채용 이유를 불채용자에게 고지한다든가 설명할 필요가 있는 것은 아니다.

12 채용내정이란 무엇인가

채용내정이란 사용자가 채용 응시자에게 합격통지를 한 후 정식으로 임명장을 받고 근무를 개시할 때까지의 불확정적인 근로관계를 말한다.

채용내정은 취업개시일까지 현실적인 근로제공이 행해지지 않는다는 점에서 시용이나 수습과 구별된다.

'채용내정자'란 재학 중에 채용되어 정식입사전의 자를 말한다. 졸업예정자를 공모하여 합격시킨 다음 수습사원으로 취업케 하는 사회적 실태는 노동력 부족으로 인하여 우수한 인력을 확보하려는 사업체 사이의 경쟁적 여건에서 비롯된다. 기업의 정규근로자의 채용은 신규졸업생의 일괄 채용방식이 일반적이며 실제 취업개시 보다도 상당히 빠른 시기부터 근로계약의 체결과정이 시작된 다음에 채용이 내정된다는 것이 특색이다. 이러한 채용내정 관행은 장기적 고용관행으로서 우수한 인재를 확보한다는 기업 측의 의향과 취직처를 빨리 확보하려는 신규졸업생인 구직자 측의 의향이 일치되어 생기는 것이다. 구직자인 신규졸업생의 입장에서는 채용내정이 취소된다는 것은 중대한 불이익을 입게 된다. 이를 위해 채용내정자의 지위에 있는 자에 대한 적절한 보호가 필요하다. 채용내정에 관한 법령상의 규제는 없고 채용내정자의 보호는 주로 판례법리에 따르고 있다. 최근 인턴사원제도의 확산으로 채용내정에 대한 관심이 높아가고 있는 바, 근로계약은 체결되었으나 아직 근로계약에 근거하여 본채용 때까지 실질적인 근로를 제공하지 않는다는 점에서 시용·수습과 구별된다. '채용내정자'는 일반적으로는 기업이 학교 졸업예정자로부터 구직응모자를 전형하여 합격을 결정한 자인데 아직 재학 중이고, 취업일이 도래하고 있지 아니하는 자의 '총칭'이다.

그러나 이와 같은 '채용내정자'라고 일컬어지는 자 가운데에도 '채용예정자'와 '채용결정자' 두 종류가 있다. 이 양자를 구분하면 다음과 같다. 이와 같이 양자 중 어느 쪽인가에 따라 법률상의 지위에 차이가 있다.

- **채용내정자**
  - **채용예정자** … 아직 근로계약이 성립되어 있지 아니하며, 그 회사의 근로자로서의 지위를 취득하고 있지 아니하는 자, 이른 바 근로계약 체결의 '예약자'라든가 '채용내정계약'이라는 특별한 계약자라고 부르고 있다.(그 취소는 해고가 아님)
  - **채용결정자** … 근로계약이 성립하여, 그 회사의 근로자로서의 지위를 취득한 자. 다만, 졸업이라고 하는 조건이나 입사일의 도래라고 하는 시기가 붙어 있으며 효력의 발생은 그것이 성취하였을 때부터가 된다.(그 취소는 해고가 된다)

근로계약의 성립단계는 회사의 규모, 인사규정 등에 따라 차이가 있지만 일반적으로 ① 회사의 모집공고(청약의 유인) → ② 입사지원서 접수(청약단계) → ③ 채용시험의 실시(선발시험이나 전형) → ④ 신체검사 → ⑤ 신원조회·경력조회 → ⑥ 합격여부의 결정·합격자 발표 → ⑦ 채용내정(또는 채용결정의 통지) → ⑧ 입사식과 사령장의 교부 → ⑨ 신입사원연수 → ⑩ 수습발령 → ⑪ 근무개시 등 여러 단계로 형성되어 있다.

그러나 채용내정에 의하여 근로계약이 체결되었다 하더라도 완전한 효력을 가진 근로관계의 성립은 졸업이라는 조건이 성취된 때에 확정되므로 졸업 전 내정기간 중에는 유동적 법률관계가 존속하고 있을 뿐이다. 채용내정을 할 때에는 피내정자의 신상과 경력사항에 대한 사전 면밀한 검토와 평가가 있어야 한다. 채용내정을 통보할 때에도 채용내정통보서에 "향후 신원 및 경력 조회 결과를 바탕으로 회사가 정한 기준에 충족할 경우 최종적으로 채용하는 것으로 하고, 그러하지 아니하는 경우 본 채용내정은 취소될 수 있음을 유의하시기 바랍니다."라고 해당자에게 통보하여 채용내정의 취소를 둘러싼 법적 분쟁에 대비할 필요가 있다.

사용자는 채용대상자를 확정한 경우에는 지체 없이 구직자에게 채용 여부를 홈페이지 게시, 휴대폰에 의한 문자 전송, 전자우편, 팩스, 전화 등으로 알려야 한다(채용절차의공정화에관한법률 제8조).

13 채용예정자란 무엇인가

채용예정자란 단순히 '채용할 예정이다', '내정 중이다'라는 사실만을 본인에게 통지하고 있을 경우(서신, 전보, 전화, 구두 등을 불문한다)를 말한다. 이 취지의 통지에 머무를 경우에는 확정적 합의에 의한 정식채용 결정절차가 아직도 남아 있으므로 입사의무를 부담하는 지위에 있는 채용확정자라고는 말할 수 없다. 당사자간에는 당연한 일로서 후일 어떠한 정식결정이 있음이 예정되고 있다. 그러므로 이 단계에서는 근로계약은 아직 체결(성립)까지는 이르지 못하고 있으며 '근로계약 체결의 예약' 내지 '채용내정계약'이라는 특별한 계약이 성립하고 있다. 따라서 위의 내정통지 후 필요서류의 제출이나 입사일의 통지, 입사 전 교육의 개시 등 회사의 '채용확정의 의사표시'라고 인정될 수 있는 행위가 있다면, 그로 인하여 묵시 내지 명시적으로 근로계약의 예약이 완결된 의사표시가 이루어진 것으로 인정되고 근로계약의 성립이 있었다고 해석되어 그 이후는 근로계약 체결자(채용결정자)로서 보호를 받는다.

판례는 대학 졸업 후 입사한다는 취지의 「서약서의 제출」은 취업시기를 대학

졸업 직후로 하는 소정의 채용내정 취소사유에 따른 해약권이 유보된 근로계약이 성립된다고 보고 있으므로 입사서약서에 대한 회사의 이의없는 수령도 채용결정이라고 할 수 있다.

14 채용예정자의 취소를 둘러싸고

채용예정의 단계에 머무는 단순히 "내정하였습니다"라는 통지를 발송한 데 불과한 경우일지라도 근로계약을 체결하는 예약계약이라든지 채용내정계약이라는 일종의 특별계약이 성립하고 있는 경우도 있다.

이러한 채용예정의 단계에 있는 경우의 채용내정의 취소는 사법상의 계약의 해약으로서, 한쪽이 해약권을 가지는 경우나 미리 약정한 해약조항에 해당하였을 경우 등에 한하여서만 정당한 해약으로 인정된다.

채용예정 단계에 머무는 경우에는 채용예정의 취소는 '근로계약의 해제'에 해당하는 근기법상의 '해고'가 되지 아니한다. 이 경우 해약이 부당할지라도 그 책임은 예약계약의 부당파기라는 민법상의 불법행위로서의 손해배상책임만을 지게 된다. 따라서 채용내정이 이 단계인 경우에는 아직 근로계약은 성립하고 있지 아니하므로 회사는 '입사강제'라는 의무는 지지 아니하며, 취소의 책임에 관하여는 금전배상으로 해결할 수 있게 된다.

15 채용결정자의 내정취소와 법적효과

1. 취소사유

사용자가 회사 근로자로서 채용한다는 취지의 확정적 의사를 표시(예를 들어, 입사서약서나 신원보증서의 이의없는 수령이라든가, 입사일 기타의 세부통지나 입사 전 교육의 개시 등)함으로써 근로계약이 체결되었다고 인정된 뒤의 취소는 '근로계약의 해약'이 되므로 원칙적으로는 '해고'에 해당하며, 노동법상의 해고에 관한 문제가 제기되나 근기법 적용의 유무는 별도로 하더라도 합리적으로 인정되는 정당한 이유가 없으면 무효가 된다.

채용내정의 취소 또는 본채용 거부는 해약권유보의 취지, 목적에 비추어 객관적이고 합리적인 이유가 있고 사회통념상 상당하다고 시인될 수 있어야 할 것이다. 이 경우의 정당한 사유로는 다음과 같은 것이 있다.

(1) 조건부 근로계약의 경우 조건의 성취 또는 그 조건의 불성취

조건의 성취 또는 불성취(졸업하면 채용하고, 졸업하지 못하면 채용하지 아니한다) 여부에 따라 또는 소정의 면허·자격의 취득 여부에 따라 채용한다.

(2) 채용내정 취소사유를 약속하고 있는 경우 그 취소사유의 발생(건강이상의 발생 등)

채용내정 후 상병 등으로 건강상태가 악화되어 입사시기에 근무할 수 없음이 판명된 경우이거나 학교를 졸업하지 못하는 사태가 발생한 경우이다. 기업은 학교를 졸업할 것을 조건으로 채용하는 것이므로 학교를 졸업하지 못하면 채용하지 못하는 것은 당연하다. 내정통지에 기재되지 않았더라도 내정을 취소하는 것은 당연하다.

(3) 기타 부적격 사유의 발생(범죄행위를 범한 후의 체포, 기소 등)

범죄행위를 범한 후의 체포·기소 등으로 입사일 이후의 노무의 제공에 지장이 발생한 경우이다.

(4) 극도의 불황, 현저한 경제사정의 변동이 있는 경우

극도의 불황이나 현저한 경제사정의 변동을 취소사유로 할 때에는 채용계획실시 후에 발생한 사태에 관하여 사용자가 이에 대한 예견가능성과 회피가능성이 없었음을 입증해야 한다는 견해가 지배적이다. 이와 같은 사유는 주로 근기법 제24조제1항의 경영상의 긴박한 필요에 해당할 것이다(대법 2000.11.28, 2000다51476).

2. 내정취소의 효과

위법한 내정취소에 대하여는 내정자는 그 무효를 주장하고 근로자로서의 지위의 확인을 요구할 수 있다. 또한 내정자는 위법한 내정취소에 따라 현저하게 정신적 고통을 받은 경우에는 불법행위에 기한 손해배상청구가 인정될 수 있으며 경제적 손해에 관해서도 내정취소가 없었더라면 현실적으로 업무에 종사하여 얻을 수 있는 일실이익(임금상당액)을 내정취소와 상당인과관계가 있는 손해로서 청구할 수 있다.

16 채용내정자에게 근기법이 적용되는가

> **[실무사례]**
> 대학졸업예정자인 甲은 2015년 9월 8일 자동차 부품생산업체인 B회사의 채용시험에 응시하여 2015년 10월 30일 최종합격통지를 받았다. 합격통지서에 의하면 甲의 입사예정일은 2016년 3월 2일이었다. 甲은 2016년 2월 17일 대학을 졸업하였고, B회사가 배포한 합격통지서에 따라 2015년 12월 1일부터 2016년 1월 17일까지 신입사원연수에 참여하였다. 그 과정에서 입사관계서류도 제출하였다. 그런데 갑작스러운 금융위기로 인해 B회사의 경영상태가 매우 악화되자, B회사는 신입사원 채용을 하지 않기로 결정하였다. 이에 따라 2016년 2월 25일자로 甲에 대해 입사취소통지를 하였다. B회사의 甲에 대한 입사취소통지의 정당성은 있는가?

1. 근기법상의 근로자의 요건

근기법은 「근로자란 직업의 종류와 관계없이 임금을 목적으로 사업이나 사업장에 근로를 제공하는 자를 말한다」(근기법 제2조제1항제1호)라고 정하고 있다. 그러므로 근기법상의 근로자가 되기 위하여서는 ① 사업장에서 사용되는 자로서, ② 임금을 목적으로 근로를 제공하는 자라는 두 요건이 필요하게 된다.

이 점에서 채용내정자는 실제로는 채용결정자일지라도 아직 사업장에 출근하여 일을 하지 아니하고 있으므로 ①의 사용되고 있다는 요건, ②의 임금을 목적으로 근로를 제공하는 자라는 요건을 모두 갖추지 못하고 있다.

2. 채용내정자의 법적지위

채용내정자는 채용이 결정(근로계약의 성립)되었다고 하더라도 아직 취업일이 도래하지 아니한 상태이며 회사에 사용되고 있지 아니하고 임금을 청구할 수 있는 입장에 있지도 아니하며, 학교에 재학 중에 있는 자도 있다. 그러므로 재학 중의 채용결정자는 민사상의 근로계약은 성립하였나 하더라도 아직 근기법의 적용을 받는 근로자라고 말할 수 없다. 따라서 근로계약의 효력이 발생하고 있지 아니하는 채용내정자인 자는 아직 구체적인 취업의무를 지지 아니하며, 임금도 지급받고 있지 아니하므로 근기법의 적용을 받지 아니한다고 볼 것이다.

만약, 채용내정자가 근기법상의 '근로자'라고 한다면 근기법에서 말하는 '근로자의 과반수'(근기법 제94조)에 포함되어야 한다. 일반적으로는 질병으로 인한 결근, 출장, 휴직기간 중인 자는 포함되지만 채용내정자는 포함되지 않는다고 보고 있는데 그 이유도 여기에 있다고 말할 수 있다. 이와 같이 원칙적으로 채용내정자에게는 근기법이 적용되지 않으나 예외적으로 내정취소에는 동법 제28조에 의한 부당해고의 구제절차가 적용된다.

3. 채용내정 취소의 정당성

사용자가 채용내정을 취소할 경우에 근기법 제23조제1항에 의한 해고제한규정이 적용되는지 여부이다. 이에 대한 법규정은 없으며 판례는 채용내정에 있어서 해약권유보가 있더라도 해약권유보부 근로계약은 성립하는 것으로 보고 있으며, 해약권의 행사에 의한 채용내정의 취소를 해고로 보고 있다. 채용내정으로 인정되려면 사용자가 "최종합격통지"를 하거나 '입사일'을 특정하여야 할 것이다(대법 2000.11.28, 2000다51476 ; 대법 2002.12.10, 2000다25910). 채용내정 취소는 해고에 해당하므로 근기법 제23조제1항의 '정당한 이유'가 있어야 한다. 근로자는 부당한 내정취소시에 근로계약의 존재를 전제로 하여 지위확인의 소를 제기할 수 있다.

(1) 채용내정 취소가 정당하다고 본 판례

① 법원은 사용자가 경영상 이유로 채용내정 근로자들에 대한 채용내정을 취소하였더라도 근기법 제24조의 요건을 구비하여 채용내정을 취소하였다면 정당하다고 판단한다. 다만 성실한 협의 요건과 관련하여 근로자대표에 대한 사전 통지 및 협의의무(근기법 제24조제3항)는 적용되지 않는다고 보고 있다. 판례(대법 2000.11.28, 2000다51476)는 채용내정 후 경영상의 이유로 내정자를 취업시킬 수 없을 때 근기법 제24조제3항(근로자대표와의 사전협의조항)은 적용되지 않는다고 한다. 「회사의 취업규칙에 비추어 신규채용된 자들의 채용내정시부터 정식발령일까지 사이에는 사용자에게 근로계약의 해약권이 유보된다고 할 것이어서 해당 근로자들에 대하여는 근기법 제24조제3항이 적용되지 않는다고 보아야 한다고 하여, 결국 회사의 해당 근로자들에 대한 정리해고가 정당하다고 판단한 것은 모두 정당하고 정리해고의 유효요건에 관한 법리를 오해한 위법이 있다고 할 수 없다」라고 한다.

이 판결은 "채용내정자를 다른 근로자보다 우선하여 정리해고 대상자로 선정하더라도 「합리적이고 공정한」 선정(동법 제24조제2항)이 아니라고 볼 수 없으며 채용내정자는 아직 경영 내의 취업현장에 투입되어 기존의 근로자들과 같이 근로를 제공한 경력을 가진 자들이 아니므로 그 사업장의 근로자대표가 이들에 대하여 구체적 사전협의를 할 지위에 있다고 볼 수는 없을 것이다"라고 판단한 것이다. 회사가 해당 채용내정자의 직무능력이 아니라 회사의 경영사정을 이유로 본채용을 거부한다면 그 정당성이 인정될 수 없다. 만약 회사가 본채용 거부가 아니라 정리해고(경영상 해고)를 하려고 한다면 근기법 제24조의 요건과 절차를 갖추어야 할 것이다.

② 정리해고(경영상 해고)의 경우 합리적이고 공정한 기준에 의한 대상자 선정 요건과 관련하여 채용내정자들은 현실적으로 노무를 제공하지 않은 상태로서 근로관계에의 밀접도가 통상의 근로자에 비하여 떨어진다는 이유로 기존의 근로자들에 비하여 우선적인 정리해고 대상자로 선정한 것은 합리적 이유가 있다(서울고법 2000.4.28, 99나41468).

③ 채용내정된 근로자들이 채용내정의 취소에 관하여 일체의 법적 청구를 하지 않기로 합의했다 하더라도 입사예정일로부터 채용내정이 취소될 때까지의 임금청구권은 해고와 관계없이 당연히 발생하는 권리이므로 위 임금청구권을 포기한 것으로 볼 수 없다고 본다(대법 2002.12.10, 2000다25910).

④ 경력을 증빙하지 못하여 채용공고에서 정한 응시자격요건을 전혀 갖추지 못하였으므로 이를 이유로 한 채용내정 취소는 정당하다(서울고법 2020.4.22, 2019누58034).

(2) 채용내정 취소가 정당하지 않다고 본 판례

회사가 인터넷 구직 사이트에 게시한 채용공고를 보고 응시한 입사지원자를 면접한 다음 입사지원자에 대한 4대보험 취득신고를 마치고 입사지원자를 회사의 기술자로 등록한 것은 입사지원자에 대한 채용의사를 외부적·객관적으로 명확히 표명하여 입사지원자에게 명시적 또는 묵시적으로 채용내정통지를 한 것이므로, 입사지원자와 회사 사이에는 채용공고의 내용에 따라 근로계약관계가 유효하게 성립되었다고 보아야 한다. 그럼에도 회사가 입사지원자에게 채용계획을 없던 일로 하자고 통보한 것은 사실상 해고로서 부득이한 사유가 없는 이상 무효에 해당한다(대구지법 2019.6.13, 2018가합972).

4. 채용내정 취소와 해고예고제도

계속 근로한 기간이 3개월 미만인 근로자에 대하여 근기법 제26조의 해고예고조항이 적용하지 않는 점(동법 제26조제1호)을 고려할 때 채용내정을 취소할 때 해고예고는 필요하지 않다고 보아야 할 것이다(서울고법 2000.8.25, 99나41055).

5. 채용내정 취소와 해고서면통지

판례는 채용내정의 경우도 해약권을 유보한 근로계약이 성립하는 것으로 보고 이러한 해약권의 행사에 의한 채용내정의 취소는 해고로 본다(대법 2000.11.28, 2000다51476 ; 대법 2002.12.10, 2000다25910). 따라서 채용내정의 취소는 해고에 해당하므로 근기법 제27조의 규정에 따른 서면통지 요건을 갖추어야 한다.

6. 채용내정의 취소와 손해배상 책임

계약체결 과정에서 어느 일방이 계약이 확실하게 체결되리라는 정당한 기대 내지 신뢰를 부여하여 상대방이 그 신뢰에 따라 행동하였음에도 상당한 이유 없이 계약의 체결을 거부하여 손해를 입었다면 이는 신의 성실의 원칙에 반하여 불법행위를 구성한다(대법 2003.4.11, 2001다53059). 회사는 응모자가 최종합격자 통지와 계속된 발령 약속을 신뢰하여 회사의 직원으로 채용되지를 기대하면서 다른 취직의 기회를 포기함으로써 입은 손해를 배상할 책임이 있다(대법 1993.9.10, 92다42897).

17 채용내정자에게도 취업규칙의 적용이 있는가

1. 취업규칙 적용의 불합리성

근로계약이 성립하면 즉시 당해 사업장의 취업규칙의 적용을 받는 '회사 근로자'에 해당하는가?

현재 대부분 회사의 취업규칙은 "이 취업규칙은 당사 근로자에게 적용한다"라고 규정하면서 어느 시점부터 회사 근로자가 되느냐에 관하여는 규정이 없기 때문에 불명확하다. 근로계약이 성립한 날부터라고 해석해도 될지 모르지만, 근로를 제공하고 있지 않은 채용내정자에게 회사의 취업규칙이 적용된다고 함은 불합리하며 또 실태에도 맞지 아니하다. 실무상으로도 채용내정자에게는 취업규칙이 적용되지 않는다.

2. 취업규칙 적용시기의 명확화

채용내정기간 중에 비행이나 상병 등이 발생하였을 때, 징계처분이나 기업내 보상제도의 적용 등을 둘러싸고 어느 시기를 가지고 취업규칙 적용 근로자로 하는지 분쟁의 우려가 있으므로 명확하게 결정하여 두는 편이 좋다. 예를 들어, "당사 근로자가 되는 날은 입사일이 도래하고 또한 본인이 출근한 날로부터 한다"라는 식으로 정해 두어야 한다.

18 직업안정법의 모집자유

1. 모집자유

1997년 말의 외환위기를 극복하는 과정에서 직업안정법 개정으로 종전까지 계속되어온 노동력의 수급조정의 국가주도는 대폭적으로 그 규제가 완화되고 자유화의 폭이 넓어졌다.

근로자를 고용하려는 자는 광고, 문서 또는 정보통신망 등 다양한 매체를 활용하여 자유롭게 근로자를 모집할 수 있다(직업안정법 제28조). 모집이란 근로자를 고용하려는 자가 취업하려는 사람에게 피고용인이 되도록 권유하거나 다른 사람으로 하여금 권유하게 하는 것을 말한다(직업안정법 제2조의2제6호).

모집은 다음과 같으며 원칙적으로 자유이다.

① 문서모집(신문, 잡지, 라디오, 텔레비전, 인터넷 등 이용)

② 직접모집(사업주 또는 피용자가 직접 자기회사에의 응모를 권유)

③ 위탁모집(자기피용자 이외의 제3자에게 자기회사에의 모집을 의뢰)

2. 보수지급 여부

근로자를 모집하려는 자와 그 모집에 종사하는 자는 어떠한 명목이든지 응모자로부터 그 모집과 관련하여 금품을 받거나 그 밖의 이익을 취하여서는 아니 된다. 다만, 직업안정법 제19조에 따라 유료직업소개사업을 하는 자가 구인자의 의뢰를 받아 구인자가 제시한 조건에 맞은 자를 모집하여 직업소개한 경우에는 그러하지 아니하다(동법 제32조).

3. 직업소개사업

직업소개사업(직업소개란 구인 또는 구직의 신청을 받아 구인자 또는 구직자를 탐색하거나 구직자를 모집하여 구인자와 구직자간에 근로계약이 성립되도록 알선하는 것을 말한다 : 직업안정법 제2조의2제2호)에 있어서도 유료직업소개사업(직업안정법 제19조), 무료직업소개사업(직업안정법 제18조)을 하려는 자는 시장, 군수 및 구청장에게 등록 또는 신고하여야 한다. 등록을 하지 아니하고 유료직업소개사업을 한 자는 5년 이하의 징역 또는 2천만원 이하의 벌금(동법 제47조제1호), 신고를 하지 아니하고 무료직업소개사업을 한 자는 1년 이하의 징역 또는 500만원 이하의 벌금(동법 제48조제1호)에 처한다.

19 근로자파견시 사용사업주의 파견근로자 고용(채용)의무

1. 직접고용의무 내용

파견근로자보호등에관한법률(이하 "파견법"이라 약칭한다) 제6의2제1항 및 제2항에 따른 사용사업주의 파견근로자 고용의무 내용은 다음과 같다.

> **제6조의2 【고용의무】** ① 사용사업주가 다음 각 호의 어느 하나에 해당하는 경우에는 해당 파견근로자를 직접 고용하여야 한다.
> 1. 제5조제1항의 근로자파견대상업무에 해당하지 아니하는 업무에서 파견근로자를 사용하는 경우(제5조제2항에 따라 근로자파견사업을 행한 경우는 제외한다)
> 2. 제5조제3항의 규정을 위반하여 파견근로자를 사용하는 경우
> 3. 제6조제2항의 규정을 위반하여 2년을 초과하여 계속적으로 파견근로자를 사용하는 경우
> 4. 제6조제4항을 위반하여 파견근로자를 사용하는 경우
> 5. 제7조제3항의 규정을 위반하여 근로자파견의 역무를 제공받은 경우
>
> ② 제1항의 규정은 해당 파견근로자가 명시적인 반대의사를 표시하거나 대통령령이 정하는 정당한 이유가 있는 경우에는 적용하지 아니한다.

파견법 제6조의2를 신설하여 사용사업주와 파견근로자 사이에 직접적인 고용관계가 발생하는 요건과 효과를 규정하였다. 개정내용(2012.2.1 개정, 2012. 8.2 시행)에 의하면 사용사업주는 다음의 사항 중 어느 하나에 해당하는 경우에는 해당 파견근로자를 직접고용해야 할 의무를 부담한다.

① 파견법 제5조제1항에서 정하고 있는 파견대상업무에 해당하지 않는 업무

에서 파견근로자를 사용하는 경우이다. 그러나 일시적·간헐적 사유에 의한 근로자파견의 경우(파견법 제5조제2항)는 제외한다.

② 파견금지업무(파견법 제5조제3항)에 파견근로자를 사용하는 경우이다.

③ 파견대상업무라 하더라도 파견법 제6조제2항을 위반하여 2년을 초과하여 계속적으로 파견근로자를 사용한 경우이다.

④ 파견법 제6조제4항에 따른 일시적·간헐적 사유에 대한 소정의 파견기간을 위반하여 파견근로자를 사용하는 경우이다.

⑤ 파견법 제7조제3항을 위반하여 사용사업주가 무허가 파견사업주로부터 금지된 파견의 역무를 제공받은 경우이다.

파견근로자 직접고용시 근로관계 개시 시점은 사용사업주가 해당 파견근로자와 새로 근로계약을 체결한 시점부터 사용사업주와 해당 근로자들 간에 근로관계가 개시된 것으로 보아야 한다(2011.11.23, 고용차별개선과-2052).

2. 직접고용의무의 규정 취지

① 직접고용의무의 규정 취지 : 사용사업주가 파견기간 제한을 위반하여 계속적으로 파견근로자를 사용하는 행위에 대하여 행정적 감독이나 처벌과는 별도로 사용사업주와 파견근로자 사이의 사법관계에서도 사용사업주에게 직접고용의무를 부과함으로써 근로자파견의 상용화·장기화를 방지하면서 파견근로자의 고용안정을 도모할 목적에서 사용사업주와 파견근로자 사이에 발생하는 법률관계 및 이에 따른 법적 효과를 설정한 것이다. 그 내용이 파견사업주와는 직접적인 관련이 없고, 적용 요건으로 파견기간 중 파견사업주의 동일성을 요구하고 있지도 아니하므로, 사용사업주가 파견기간 제한을 위반하여 파견근로자에게 업무를 계속 수행하도록 한 경우에는, 특별한 사정이 없는 한 파견기간 중 파견사업주가 변경되었다는 이유만으로 직접고용의무 규정의 적용을 배제할 수는 없다(대법 2015.11.19, 2012다114776).

② 파견법상 직접고용간주되거나 직접고용의무가 발생한 이후 근로자가 외주사업체로부터 사직하거나 해고를 당한 경우, 그로 인하여 이미 발생한 직접고용간주 또는 직접고용의무 효과가 소멸하는지 여부 : 직접고용간주 또는 직접고용의무규정은 사용사업주와 파견근로자 사이에 발생하는 법률관계와 이에 따른 법적 효과를 설정하는 것으로서 그 내용이 파견사업주와는 직접적인 관련이 없

고, 위와 같은 법률관계의 성립이나 법적 효과 발생 후 파견사업주와 파견근로자 사이의 근로관계가 유지되고 있을 것을 그 효력존속요건으로 요구하고 있다고 할 수도 없다. 따라서 사용사업주와 파견근로자 사이에 직접고용관계의 성립이 간주되거나 사용사업주에게 직접고용의무가 발생한 후 파견근로자가 파견사업주에 대한 관계에서 사직하거나 해고를 당하였다고 하더라도, 이러한 사정은 원칙적으로 사용사업주와 파견근로자 사이의 직접고용간주나 직접고용의무와 관련된 법률관계에 영향을 미치지 않는다(대법 2019.8.29, 2017다219072 등).

③ 회생절차개시결정과 직접고용의무 소멸 여부 : 2012년 개정 파견법 제6조의2 제2항에 따라 사용사업주에 대한 회생절차개시결정이 있은 후에는 직접고용청구권은 발생하지 않고, 회생절차개시결정 전에 직접고용청구권이 발생한 경우에도 회생절차개시결정으로 인하여 직접고용청구권이 소멸하는 것으로 봄이 타당하다. 다만, 사용사업주의 회생절차가 종결되면 파견근로자는 그때부터 새로 발생한 직접고용청구권을 행사할 수 있다(대법 2023.4.27, 2021다213477).

3. 구파견법 제6조의2제1항제3호의 법적성격 및 입법취지

① 법적성격 및 입법취지 : 파견법 제6조의2제1항제3호는 '사용사업주가 2년을 초과하여 계속적으로 파견근로자를 사용하는 경우에는 당해 파견근로자를 직접 고용하여야 한다'고 규정하고 있다. 이는 사용사업주가 파견기간의 제한을 위반하여 계속적으로 파견근로자를 사용하는 행위에 대하여 행정상 감독이나 형사처벌과는 별도로 사용사업주에게 직접고용의무를 부과함으로써 사용사업주와 파견근로자 사이에 발생하는 사법적 법률관계와 이에 따른 법적 효과를 설정하는 규정으로서, 근로자파견의 상용화·장기화를 방지하고 파견근로자의 고용안정을 도모하는 데에 그 입법 취지가 있다(대법 2020.3.26, 2017다217724·2017다217731(병합) ; 대법 2015.11.26, 2013다14965 ; 대법 2019.8.29, 2017다219072, 219089, 219096, 219102, 219119, 219126, 219133).

② 직접고용규정에 따른 정규직 근로계약의 체결 : 파견법의 직접고용의무 규정의 입법취지 및 목적에 비추어 볼 때, 특별한 사정이 없는 한 사용사업주는 직접고용의무 규정에 따라 근로계약을 체결할 때 기간을 정하지 않은 근로계약(정규직 근로계약)을 체결하여야 함이 원칙이다. 다만, 파견법 제6조의2제2항에서 파견근로자가 명시적으로 반대의사를 표시하는 경우에는 직접고용의무의 예외

가 인정되는 점을 고려할 때 파견근로자가 사용사업주를 상대로 직접고용의무의 이행을 구할 수 있다는 점을 알면서도 기간제 근로계약을 희망하였다거나, 사용사업주의 근로자 중 해당 파견근로자와 같은 종류의 업무 또는 유사한 업무를 수행하는 근로자가 대부분 기간제 근로계약을 체결하고 근무하고 있어 파견근로자로서도 애초에 기간을 정하지 않은 근로계약 체결을 기대하기 어려웠던 경우 등과 같이 직접고용관계에 계약기간을 정한 것이 직접고용의무 규정의 입법취지 및 목적을 잠탈한다고 보기 어려운 특별한 사정이 존재하는 경우에는 사용사업주가 파견근로자와 기간제 근로계약을 체결할 수 있을 것이다. 그리고 이러한 특별한 사정의 존재에 관하여는 사용사업주가 증명책임을 부담한다. 따라서 직접고용의무를 부담하는 사용사업주가 파견근로자를 직접고용하면서 앞서 본 특별한 사정이 없음에도 기간제 근로계약을 체결하는 경우 이는 직접고용의무를 완전하게 이행한 것이라고 보기 어렵고, 이러한 근로계약 중 기간을 정한 부분은 파견근로자를 보호하기 위한 파견법의 강행규정을 위반한 것에 해당하여 무효가 될 수 있다(대법 2022.1.27, 2018다207847).

4. 직접고용의무의 법적 성격

파견기간 제한을 위반한 사용사업주는 직접고용의무 규정에 의하여 파견근로자를 고용할 의무가 있으므로 「파견근로자는 사용사업주가 직접고용의무를 이행하지 아니하는 경우 사용사업주를 상대로 고용의사표시에 갈음하는 판결을 구할 사법상의 권리가 있고, 그 판결이 확정되면 사용사업주와 파견근로자 사이에 직접고용관계가 성립한다. 또한 파견근로자는 이와 아울러 사용사업주의 직접고용의무 불이행에 대하여 직접고용관계가 성립할 때까지의 임금 상당 손해배상금을 청구할 수 있다」(대법 2015.11.26, 2013다14965). 이 경우 사용사업주가 2년을 초과하여 근로자들을 사용함으로써 직접고용의무가 발생한 경우 손해배상책임의 범위는 사용사업주가 고용의무를 이행하였더라면 근로자들이 받았을 임금과 근로자들이 사내협력업체로부터 받은 임금과의 차액 상당이라고 보고 청구권의 법적 성격은 채무불이행으로 인한 손해배상청구권이다(서울중앙지법 2014.9.19, 2010가합112511(병합)). 또한 파견법은 사용자가 직접고용의무를 이행하지 아니할 경우 이를 제재하기 위하여 3천만원 이하의 과태료를 부과하고 있다.

Chapter 2

시용기간을 둘러싼 법률지식

1 시용기간이란 무엇인가

1. 시용기간의 의의

사용자가 근로자의 채용에 신중을 기하기 위하여 입사한 근로자를 처음부터 정규사원으로 임명하지 않고 기간제계약사원기간을 설정하거나 1개월이나 3개월이라는 일정기간을 정하여 '시험삼아 사용함을 결정하고, 그 기간 중에 근로자로서의 적격인지 아닌지 직업적성이나 업무능력을 평가'하는 이른바 시험적 근무기간의 제도가 널리 시행되고 있다. 이 '시험적인 근무기간'을 가리켜 시용기간이라고 부르고 있다. 시용이란 본 근로계약 체결 이전에 해당 근로자의 직업적 능력, 자질, 인품, 성실성 등 업무적격성을 관찰·판단하고 평가하기 위해 일정기간 시험적으로 고용하는 것을 말한다(대법 2022.2.17, 2021다218083). 시용기간은 근로자측의 청약과 사용자측의 승낙에 의하여 이미 근로계약관계가 성립되었다는 점에서 근로관계의 성립 여부가 문제되는 채용내정의 경우와는 구별된다. 근기법상 시용기간에 관한 규정이 없더라도 시용기간의 설정에 관한 합의는 유효하다. 합의방법은 반드시 근로계약에 의할 필요는 없다. 취업규칙 또는 단체협약으로도 정할 수 있다. 따라서 취업규칙이 시용기간의 설정을 필수사항으로 규정하고 있는 경우에는 당사자의 명시적 합의가 없어도 시용기간을 두는 것으로 보고 있다(대법 1999.11.12, 99다30473). 견습기사가 근로계약서를 작성하지 않았거나 임금을 지급받지 않았다는 사정만으로 종속적 관계에서 사용자를 위해 일했다면 시용(試用) 근로계약의 성립을 부정할 수 없다(대법 2022.4.14, 2019두55859).

2. 수습기간과의 구별

시용기간은 근로계약 체결 후에 업무수행능력을 습득하기 위하여 일정한 연수기간을 설정하는 '수습'과는 구분할 수 있다. 그러나 판례(서울고법 2012.11.2, 2011누38980 ; 대법 2013.3.14, 2012두20548 심리불속행 기각) 및 기업의 현실에서는 시용과 수습을 명확히 구분하지 않고 사용하고 있어 명칭에도 불구하고 그 실질에 따라 판단하여야 한다. 행정해석은 「시용기간이 정식채용을 전제로 하여 직업능력과 기업에의 적응성을 판단하기 위한 기간임에 비하여 수습(견습)기간은 정식채용 후에 근로자의 직업능력의 양성·교육 및 직무 오리엔테이션을 목적으로 하는 것이므로 양자는 서로 구별된다」고 한다(2000.1.12, 근기 68207-65).

3. 시용기간의 계속근로기간의 포함 여부

시용기간 및 수습기간·견습기간은 해당 근로자의 계속근로기간에 포함한다. 근속기간 중에 직종 등 근로제공의 형태가 변경된 경우와 마찬가지로, 시용기간 만료 후 본 근로계약을 체결하여 공백기간 없이 계속 근무한 경우에도 시용기간과 본 근로계약기간을 통산한 기간을 퇴직금 산정의 기초가 되는 계속근로기간으로 보아야 한다(대법 2022.2.17, 2021다218083 ; 대법 1995.7.11, 93다26168 전원합의체). 계속근로기간이란 일반적으로 근로계약을 체결하여 해지될 때까지의 기간을 말한다.

4. 시용기간의 법적 성질

이와 같이 채용에 있어서 일정한 기간을 정하여, 그 기간 중의 근무태도·능력, 기능, 성격 등을 보고 정식사원으로서 채용하느냐 아니하느냐를 결정하는 이 시용기간의 법적인 의미와 성질은 무엇인가.

시용계약이란 본계약 체결 전에 근로자가 앞으로 담당할 업무를 수행할 능력이 있는지 여부를 사용자가 일정 기간 평가하기 위하여 체결하는 계약으로서 일종의 해약권 유보부 근로계약(사용자가 근로자를 정식사원으로 채용하는 것이 적절하지 아니하다고 평가할 경우 향후 근로계약을 해지하기로 하면서 체결한 근로계약)이다(서울행정법원 2019.3.21, 2018구합50376). 시용계약은 그 자체로서 근로계약이므로 그 계약의 법적 성질에 관하여 본채용의 '예비계약'이라고 말하는 설, '정지조건부 계약'이라고 말하는 설, '해제조건부 계약'이라고 말하는 설, '해약권유보부 계약'이라고 말하는 설이 있다. 오늘날의 통설 · 판례는 신규채용자를 특별한 사유가 없는 한 시용기간 종료 후 본채용을 하는 경우에 시용계약은 그 자체로서 근로계약이고 다만 정규근로자로서의 적격성이 없다고 판단되는 경우에는 본채용을 거절할 수 있다는 의미에서 사용자에게 해약권이 유보되어 있는 해약권유보부의 근로계약'이라고 한다(대법 2001.2.23, 99두10889). '본채용 거부는 유보해약권의 행사 즉, 고용 후의 해고에 해당한다'라고 해석하는 것이 일반적이다. 판례(대법 2006.2.24, 2002다62432 ; 대법 2003.7.22, 2003다5955)에 의하면 「시용(試用)기간 중에 있는 근로자를 해고하거나 시용기간 만료시 본계약(本契約)의 체결을 거부하는 것은 사용자에게 유보된 해약권의 행사로서 당해 근로자의 업무능력, 자질, 인품, 성실성 등 업무적격성을 관찰 · 판단하려는 시용제도의 취지 · 목적에 비추어 볼 때 보통의 해고보다는 넓게 인정되나, 이 경우에도 객관적으로 합리적인 이유가 존재하여 사회통념상 상당하다고 인정되어야 할 것이다」라고 하여 해약권유보부 근로계약설에 입각하고 있다. 우리나라 기업의 정규직근로자 고용의 단계적 채용절차시스템(고용관행)을 도시하면 다음과 같다.

〈정규직근로자고용의 단계적 채용절차시스템(고용관행)〉

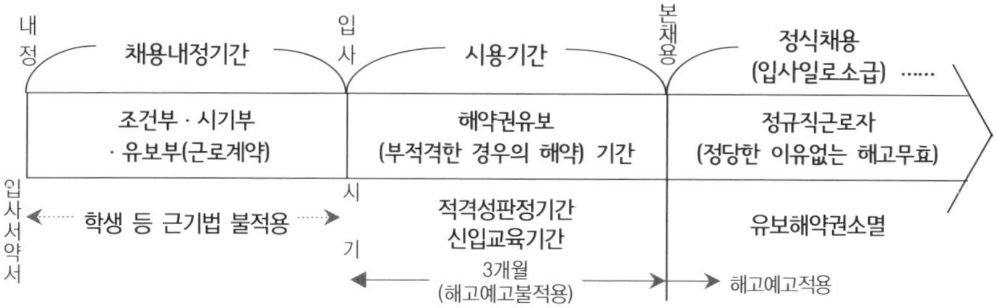

2 시용기간과 가채용 · 견습은 동일한가

'가채용'이라든가 '견습', '시험채용'이라는 말이 실제로 회사에서 사용되고 또는 취업규칙 등에서 사용되고 있는 경우가 있는데, 이와 같은 용어와 '시용기간'이 동일한 의미인가에 관한 문제가 제기된다. 가채용이라든가 견습기간에 대하여는 근기법에서 규정한 바가 없을 뿐만 아니라, 견습기간이 채용 전에 채용 여부를 판단하기 위한 교육훈련기간에 해당하는지, 채용 후 근로자의 작업능력이나 적응능력을 키워주기 위한 수습기간인지 여부를 분명히 하여야 한다. 따라서 견습기간에 대하여 단체협약이나 취업규칙 등에서 규정하고 있다면 그에 따라야 할 것이다(2000.10.12, 근기 68207-3152).

'가채용' 또는 '견습'이라는 용어를 사용하고 있지만 일정한 기간을 정하여 그 기간 중에 근무태도 · 능력 · 자질 · 기능, 성격 · 체질 · 건강상태 등을 관찰 · 조사 · 판단하여 정식사원으로 채용하느냐를 결정한다는 취지하에 운용되고 있는 것이라면 모두 이미 기술한 '시용기간'에 해당한다.

그렇지만 위와 같은 경우가 아니라 임시적인 노무에 종사시키는 자나 사무보조적인 업무에 계속하여 사용하는 자, 아르바이트로 고용된 자에 관하여 '가채용자', '견습사원' 등으로 부르고 있는 경우라면 '고용형태의 차이'에 의한 호칭이며, '시용기간'에 해당하지 아니한다.

3 취업규칙상 근로자에 대한 시용기간의 적용을 선택적 사항으로 하는 경우

취업규칙상 근로자에 대한 시용기간의 적용을 선택적 사항으로 규정하고 근로계약에 시용기간이 적용된다고 명시되지 않았다면 시용근로자로 채용한 것인가 또는 정식직원으로 채용된 근로자라고 인정할 것인지의 문제가 있다. 사용자는 시용기간 중 나타난 업무 수행능력과 자질 및 근무태도 등을 토대로 근로자의 직업적 능력과 업무 적격성을 평가할 수 있고, 그러한 사용자의 평가가 당사자들이 약정한 근로계약, 사용자의 취업규칙 및 복무규정 등에서 정하는 기준에 따라 이루어진다면, 이것은 노사의 사적 자치 영역에 포섭되어 원칙적으로 정당하다고 볼 수 있다.

판례(대법 1999.11.12, 99다30473)는 「취업규칙에 신규채용하는 근로자에 대한 시용기간의 적용을 선택적 사항으로 규정하고 있는 경우에는 그 근로자에 대하여 시용기간을 적용할 것인가의 여부를 근로계약에 명시하여야 하고, 만약 근로계약에 시용기간이 적용된다고 명시하지 아니한 경우에는 시용근로자가 아닌 정식사원으로 채용되었다고 보아야 할 것이다」라고 하였다.

4 불안정한 시용기간은 위법인가

'시용기간'이란 본채용 전의 일정한 적격성 판단 기간이기 때문에, 그 기간 중에 근로자로서의 지위나 신분보장 등은 정규직 근로자에 비하여 약하며 또한 불안정한 것이므로 과연 이와 같은 시용기간을 설정하는 근로계약은 유효하느냐의 문제가 있다.

시용기간 중에는 근로자로서 부적격하다고 인정하였을 때에는 해약할 수 있는 취지의 해약권이 유보되어 있는데, 이와 같은 해약권의 유보는 신규채용에 즈음하여 당해 근로자의 자질, 성격, 능력 등 적격성의 유무에 관련한 사항에 관하여 필요한 조사를 행하고, 적절한 판정자료를 충분히 수집할 수 없기 때문에 후일에 조사나 관찰에 따라 최종적 결정을 유보하는 취지로 해석되는 것이다. 오늘날의 고용실정에 비추어 볼 때 일정한 합리적 기간하에서 이와 같은 유보약관을 설정함도 합리성을 가지는 것으로서 그 효력을 긍정할 수 있으나, 시용기간의 연장은 시용근로자의 지위를 불안하게 만들기 때문에 근로계약에 연장의 가능성 및 사유・기간 등이 명시되어 있지 않는 한 원칙적으로 인정되지 않는다.

5 시용기간의 길이는 자유인가

1. 표준적인 시용기간의 길이

시용기간은 근로자로서의 적격성의 판정기간이며 원칙적으로 부적격성을 이유로 하는 해약권 유보기간이므로 근로자에게 있어서는 불안정한 지위에 있는 기간이기 때문에 반드시 기간을 정해야 한다. 시용기간의 장단에 관하여는 법령상의 제한이 없다. 원칙적으로 당사자의 합의에 맡겨져 있고 6개월 내지 1년인 경우도 있으나 통상적으로는 3개월이 가장 많으며 실제는 취업규칙에서 정하고 있다. 시용기간 또는 수습기간을 몇 개월로 정하라는 근기법상 규정은 없고, 다만 계속 근로한 기간이 3개월 미만인 근로자(수습 중인 자)는 해고예고를 하지 않을 수 있다는 규정(근기법 제26조제1호)만이 존재할 뿐이다. 업무의 성격과 적응기간 등을 고려하여 사회통념상 합리적인 범위 내에서 취업규칙이나 단체협약에서 정하면 되는 것으로 수습기간의 길이가 3개월을 초과하였다는 이유만으로는 근기법 위반으로 볼 수 없다(1993.2.9, 근기 01254-221). 사업의 성격이나 업무의 내용, 그와 같이 시용기간을 정할 필요성, 시용기간 중의 근로조건 등에 비추어 사회통념상 합리성이 있는 경우에는 비교적 장기(6개월)의 시용기간을 약정하였더라도 이를 무효라고 볼 수 없다고 하거나(대법 2007.3.29, 2007두2234, 심리불속행 기각) 1년의 시용기간 약정이 가능하다고 판단한 사례(서울행법 2006.5.9, 2005구합42061 ; 서울지노위 2017.1.17, 2016부해2378)가 있다.

2. 시용기간이 부당하게 장기간인 경우

그러나 시용기간 중의 근로자는 본채용 후의 정규근로자에 비하여, 근로자로서의 지위가 불안정한 기간이므로 정당한 이유없이 너무 장기간동안 시용기간을 규정함은 근로자에게 불이익을 강제하는 결과가 되기 때문에 이는 사회질서를 위반하여 무효가 된다. 즉, 기간의 정함이 없이 “회사가 당사 사원으로서 적합하다고 인정하였을 때는 본채용으로 한다”라는 규정만이 있는 경우는 공서양속 내지 사회질서에 반하여 민법 제103조에 의하여 무효가 된다. 따라서 시용기간은 근로자의 적격성 판단에 필요한 최소한의 기간이어야 하며 연장·갱신하는 경우에도 연장·갱신에 관한 특별한 사유가 있는 경우에만 허용된다.

6 시용기간의 시기·종기는 언제인가

시용기간은 해당 회사 근로자로서의 ‘적격성의 판정기간’임과 동시에 ‘교육기간’이기도 하므로 시용기간의 개시시기나 운용을 정함에 있어서는 현실적으로 회사에 출근하여 근무하지 아니하면 그 목적을 달성할 수 없다. 따라서 시용기간의 개시시기는 어디까지나 현실적으로 사용자의 지휘·감독 아래에 놓여 있을 때부터라야 한다. 예컨대, 채용이 결정된 날과 채용예정자가 현실적으로 출근한 날이 다를 경우 어느 쪽을 가지고 채용하는 날 즉 시용기간의 시기로 하여야 하는가는 해당 회사의 채용의 실질에 착안하여 판단하여야 하며, 이 경우 현실적으로 노무를 제공한 날에 채용되었다고 생각하는 것이 가장 합리적일 것이다.

7 본채용 거부 또는 시용기간 중 해고의 정당성 판단기준

[실무사례]

A회사는 상시 근로자 500명을 사용하여 여론조사업을 영위하고 있다. A회사는 甲을 비롯하여 시용근로자로 입사한 직원 50명을 대상으로 본채용 여부를 결정하기 위하여 근무성적평정을 실시하였다. 이를 위해 근무성적평정요령을 각 부서에 보내면서, 각 부서별로 본채용 거절 대상인 D등급자의 수를 할당하였다. 근무성적평정요령에 따르면 평정자 및 확정자를 달리하도록 정하고 있는데, 일부 부서에서는 이에 어긋나게 부서장 단독으로 근무성적평정표를 작성하기도 하였다. 甲 등 시용근로자에 대한 근무성적평정표만으로 甲 등 시용근로자의 업무수행능력이 어느 정도, 어떻게 부족하였는지 또 그로 인하여 업무수행에 어떠한 차질이 있었는지를 알기는 힘들었다. 평정 결과 甲에게는 D등급이 부여되었고, A회사는 甲의 본채용을 거절하였다. A회사는 甲의 본채용을 거절한 것은 정당한가?

1. 시용제도의 기능

시용제도란 사용자에게 일정 기간 근로자를 시용할 기회를 부여함으로써 조직과 업무에의 적응능력이 현저히 떨어지는 근로자를 미리 선별하여 채용하지 아니할 수 있도록 하여 사용자의 경제활동에 의도치 아니한 생산성의 저하를 방지하고자 함을 목적으로 확정적인 근로계약의 체결을 일정 기간 유보하는 제도이다. 사용자가 정식채용을 전제로 하여 근로자를 채용함에 있어 수습기간 등 시용기간을 설정하는 것은 확정적인 근로관계를 맺기에 앞서 당해 근로자의 직업적 능력이나 업무적격성의 유무 등을 판단하기 위하여 확정적인 근로계약의 체결여부를 어느 정도 유보하는 것이기는 하나, 이와 같은 경우에도 어디까지나 정식으로 채용된 경우와 마찬가지로 근로계약관계는 성립한 것이다. 시용기간은 일반적으로 '해약권 유보부의 본채용계약'이라고 해석되고 있으므로 시용기간 중에 당해 회사 근로자로서의 부적격성이 인정되어 본채용을 하지 아니하는 경우에는 본채용 거부의 의사표시를 하여야 한다.

2. 판례의 기본적 판단기준

판례는 ① 시용기간 중에 있는 근로자를 해고하거나 시용기간 만료시 본계약의 체결을 거부하는 것은 사용자에게 유보된 해약권의 행사로서 해고에 해당한다. ② 다만, 해당 근로자의 직업적 능력, 자질, 인품, 성실성 등 업무적격성을 관찰·판단하고 평가하려는 시용제도의 취지·목적에 비추어 볼 때 사용자가 시용기간 만료 시 본 근로계약 체결을 거부하는 것은 일반적인 해고보다는 넓게 인정될 수 있으나, ③ 그 경우에도 객관적으로 합리적인 이유가 존재하여 사회통념상 상당하다고 인정되어야 할 것이다(대법 2015.11.27, 2015두48136 ; 대법 2006.2.24, 2002다62432 ; 대법 2001.2.23, 98두5965). 시용기간 만료에 따른 본계약의 채용 거부도 사회통념상 상당하다고 인정되지 아니하면 효력이 없다는 제한을 받으므로, 채용 거부 및 그 근거가 되는 사용자의 평가 또한 형식적으로 취업규칙이나 복무규정에서 정한 기준에 의하여 일응 객관적인 근거에 의한다고 보이는 경우라는 것 외에, 실질적으로 평가 과정 및 결과를 합리적으로 수긍할 수 있어야 한다(서울행정법원 2019.3.21, 2018구합50376).

판례는 시용제도의 취지에 비추어 사용자에게 시용기간이 종료한 후에 정식계약의 체결을 거부할 수 있는 권리를 인정하여야 한다고 보았다. 다만, 사용자가 정식계약의 체결을 거부하기 위해서는 근로자에게 업무적격성이 없는 등 정식계약의 체결을 거부하는 "합리적인 이유"가 있어야 한다. 이러한 "합리적인 이유"는 "사회통념상의 상당성"을 기준으로 판단하게 되며, 이러한 "사회통념상의 상당성"은 근기법 제23조의 "정당한 이유"보다는 넓은 개념이라고 보고 있다. 즉, 기업 측은 적격성 결여 판단의 구체적 근거(근무성적·태도불만)를 제시할 필요가 있으며, 그 판단의 타당성은 객관적으로 평가하여야 한다. 판례가 위와 같이 정당성을 넓게 인정하고 있는 것은, 시용제도의 목적인 업무적격성 판단과 관련한 사용자의 재량권을 존중하되, 다만 그 남용(객관적으로 합리적 이유가 없는 해약권의 행사)에 대해서는 제한하겠다는 입장을 취하고 있는 것으로 풀이할 수 있다.

3. 본채용 거부와 해고제한 규정과의 관계

(1) 본채용 거부의 법적 성질

그런데 '본채용하지 아니한다'라는 의사표시는 유보되어 있는 해약권의 행사였다고 하더라도 '근로계약의 해약'으로 '기간만료' 등의 자동퇴직은 아니며 계속하는 근로계약을 그 시점에서 단절하는 것이므로 법률상으로는 해고에 해당한다. 이 점에 관하여 「일반적으로 본채용 거부는 유보해약권의 행사 즉, 고용

후의 해고에 해당한다」(대법 2001.2.23, 99두10889)라고 판시하고 있다.

(2) 본채용 거부와 징계절차규정의 적용 여부

시용근로자에게는 일반근로자에게 적용되는 취업규칙상의 징계절차규정이 적용되지 않는다는 것이 판례의 입장이다. 즉 시용기간 중에 있는 근로자를 해고하거나 시용기간 만료시 본계약의 체결을 거부하는 것은 사용자에게 유보된 해약권의 행사로서 일반적인 징계절차와는 그 성질을 달리하므로 사용자가 시용근로자에 대하여 채용거절을 하면서 위와 같은 징계절차를 거치지 않았다 하여 이를 위법한 것으로 볼 수 없다고 한다(대법 2006.8.25, 2006두6956).

(3) 시용기간 중 해고와 근기법 제26조의 적용 여부

수습기간 중 해당 근로자에 대한 해고가 수습기간이 만료되는 상태에서 본채용을 거부하는 것이 아니라 수습기간 중 근무태만 등을 사유로 징계해고를 하는 경우라면 당해 사업장의 취업규칙에서 정하고 있는 징계절차를 거쳐야 할 것이다(2012.8.20, 근로개선정책과-4200). 이 경우에 유의할 사항은 시용기간 중의 해고는 시용기간 만료시까지 기다리지 않는 것은 개선의 가능성을 기대할 수 없다는 것이므로 개선의 가능성의 유무를 검토하는 것이 필요하다. 또한 시용기간 중의 해고일지라도 근기법 제26조제1호의 예고해고의 적용제외 대상자(근로자가 계속하여 근로한 기간이 3개월 미만인 경우)가 아닌 한 동법 제26조의 적용을 받아 30일 전에 해고예고하거나(이것은 무리한 경우가 많을 것이다) 30일분의 통상임금을 해고예고수당으로서 지급할 의무가 있다(다만, 근로자의 귀책사유(근기법시행규칙 별표)에 의한 해고는 해고예고를 할 필요가 없다).

(4) 시용기간 종료일 해고를 통보한 경우

2022.7.1부터 9.30까지 3개월 동안 수습근로한 경우, 사용자가 그 근로자에게 수습기간 종료일인 9.30 근로를 마친 후 해고를 통보했다면, 계속 근로한 기간이 정확히 3개월이므로 근기법 제26조제1호에 따른 "계속 근로한 기간이 3개월 미만인 경우"에 해당할 여지가 없으므로 해고예고규정이 적용된다(법제처 2021.9.8, 안건번호 21-0320).

(5) 시용기간 중 해고와 근기법 제27조의 적용 여부

시용기간 또는 수습기간 중에 근로관계가 종료하는 경우에도 그 법적 성격은 해고이므로 근기법 제27조의 해고사유와 해고시기의 서면통지절차 등의 규정을 준수하여야 한다. 사용자가 시용근로자를 정규직근로자로 전환하지 않고 해고하면서 단순히 '시용기간 만료로 해고한다'는 취지로만 통지한 것은 근기법 제27조에서 해고사유를 명확하게 구체적으로 서면통지하도록 정하고 있는 규정에 위반하여 절차상 하자가 있어 효력이 없다(대법 2015.11.27, 2015두48136).

이 판례는 근기법 규정의 내용과 취지, 시용기간 만료 시 본 근로계약 체결 거부의 정당성 요건 등을 종합하여 보면, 시용근로관계에서 사용자가 본 근로계약 체결을 거부하는 경우에는 해당 근로자로 하여금 그 거부사유를 파악하여 대처할 수 있도록 구체적·실질적인 거부사유를 서면으로 통지하여야 한다고 봄이 타당하다는 것이다.

8 채용 거부는 어떤 경우에 정당한가

1. 해약권 유보의 경우 본채용 거부의 정당성

(1) 본채용 거부의 정당성

본채용 거부는 '해고'에 해당하므로 일반적인 해고의 유효요건을 충족하여야 한다. 시용기간은 그 성격상 채용 여부 결정 당시에 있어서는 그 사람의 자질, 성격, 능력, 기타 그 회사의 근로자로서의 적격성을 적절하게 판단할 수 없기 때문에 일정한 기간을 설정하여 그 기간 중에 조사나 관찰을 통해 최종적으로 근로자로 고용할 것이냐를 결정하는 기간이다.

시용기간 중에 근로자를 해고하거나 기간종료시 정식계약 체결을 거부하는 것은 당해 근로자의 업무능력, 자질, 인품, 성실성 등 업무적격성을 관찰·판단하려는 시용제도의 목적에 비추어 볼 때 시용근로자에 대한 본채용의 거절에는 근기법 제23조제1항의 정당한 이유가 있어야 하지만 객관적이고 합리적인 이유가 존재하여 사회통념상 상당하다고 인정되는 한 정규근로자의 해고보다는 넓게 인정된다(대법 2001.2.23, 99두10889). 그러나 부적격사유를 제시하지 않거나 또는 그 부적격사유가 근로관계의 유지와는 전혀 관계없는 것일 때에는 사용자의 기간만료의 통지는 권리남용으로 판단해야 할 것이다. 본채용 거부는 주관적 판단이 아니라 근무태도 또는 업무적격성과 같은 객관적 사실에 기초하여야 한다.

(2) 본채용 거부가 정당하다는 사례

① 엔진과열사고가 피징계자의 근무태만과 경험부족으로 발생하였고 또한 회사가 굴삭기의 운행을 상당기간 중단하게 됨을 계기로 시용기간 중에 위와 같은 근무태만과 경험부족을 보인 피징계자를 업무 부적격자로 보아 해고한 것은 합리적인 이유가 있고 사회통념상 상당하다고 인정된다(대법 1999.2.23, 98두5965).

② 버스운전사로 고용된 자가 3개월의 시용기간 중 추돌사고를 일으켜 75일간의 운전면허 정지처분까지 받게 된 경우에는 정규운전사로서의 적격성이 없다고 판단하여 본채용을 거절할 수 있다(대법 1987.9.8, 87다카555).

③ 환자이송을 주된 업무로 입사한 해당 근로자가 1개월 남짓 근무하면서 환자이송시에 보호자와의 약속 시간을 지키지 않아 민원이 발생한 점, 앰뷸런스 루프탑을 파손한 점, 휴게시간에 근무지를 이탈한 점 등을 종합하여 볼 때, 수습기간 중에 있는 해당 근로자에게 업무적격성이 부족하여 사용자와 더 이상 근로관계를 계속할 수 없을 정도의 객관적이고 합리적인 이유가 존재하고, 절차적 정당성을 결여하였다고 보이지 아니하므로 본 채용 거부(해고)는 정당하다고 판단된다(중노위 2019.2.20, 중앙 2018부해1341).

④ 입사한지 얼마 안 된 수습임직원의 신분에 있던 근로자가 회사의 보고체계를 무시하고 선불리 직속 상관에 대한 비위사항을 보고하여 확인까지 함으로써 결과적으로 회사에게 피해를 주게 하였다는 이유로 회사가 솔루션사업 본부장이라는 책임있는 관리자급 직원으로서는 부적격하다고 판단하여 근로자에 대한 고용계약을 해지한 조치는 사회통념상 부당하다고 볼 수 없다. 취업규칙의 상벌규정의 적용은 수습기간을 무사히 마친 정식 임직원에 대한 징계를 통한 해고의 경우에 따라야 할 절차일 뿐 수습기간 중 고용계약을 해지할 경우에도 반드시 거쳐야 할 필요는 없다(대법 2005.9.9, 2005두4991).

(3) 본채용 거부의 정당성이 인정되지 않는다는 사례

① 시용기간 중에는 본채용 후의 정규근로자를 해고하는 경우보다도 넓은 범위의 해고사유가 인정되고 있다.

시용기간 6개월이 되자 은행이 근무성적 평정을 실시하여 근로계약을 체결했던 42명에 대하여 업무수행태도 등 근무성적 불량 등을 해지사유로 근로계약을 해지하였다. 이에 근로계약 해지를 당한 시용근로자들이 해고무효확인의 소를 제기한 사례에 대하여, 판례(대법 2006.2.24, 2002다62432)는 「사용자인 은행이 시용기간 중의 근로자를 대상으로 근무성적평정을 실시함에 있어서 ㈎ 각 지점별로 C 또는 D의 평점등급 해당자 수를 할당한 점, ㈏ 은행이 근무성적평정표가 작성, 제출된 후 일부 지점장들에게 재작성을 요구하였고, 이에 따라 일부 지점장들이 평정자 및 확인자를 달리하도록 정한 은행의 근무성적평정요령에 어긋나게 혼자서 근무성적평정표를 재작성하기도 한 점, ㈐ 근로자들에 대한 근무성적평정표 및 평정의견서만으로 근로자들의 업무수행능력이 어느 정도, 어떻게 부족하였는지 또 그로 인하여 업무수행에 어떠한 차질이 있었는지를 알 수 없는 점 등에 비추어 보면, 은행이 근로자들과의 근로계약을 해지한 데에는 정당한 이유가 있다고 보기 어렵다」고 한다.

② 회사가 노동조합에 가입한 수습근로자의 노동조합 활동을 방해하고 근로관계를 일방적으로 단절할 목적으로 객관적이고 합리적인 기준을 적용하지 아니한 채 다른 수습근로자에 비하여 비합리적인 평가 점수를 부여하여 본 계약 체결을 거부한 행위는 사실상 해고한 것으로 볼 수 있으며 부당노동행위에 해당한다(대법 2008.12.11, 2006두13220).

③ 사용자가 해고사유로 주장하는 무선교신수신 위반, 동료와의 불화로 인한 직장 근무 분위기 저해, 경력과 가족관계 은폐의 점을 들어 원고가 운전업무를 담당하는 데 부적합하여 수습채용을 취소할 만한 객관적인 사정이 있었다고 보기 어렵고 달리 이를 인정할 증거가 없다는 이유로 수습기간 만료 전 수습근로자에 대한 수습채용을 취소한 것은 정당한 이유가 없으므로 해고는 무효라는 원심의 판단은 모두 정당하다(대법 2003.7.22, 2003다5955).

2. 객관적 · 합리적 이유와 사회통념상의 상당성

시용기간 중 넓은 범위의 해고가 인정된다고 하더라도 일단 특정 기업과의 사이에 일정한 시용기간을 설정하여 고용관계에 들어간 자는 본채용 즉, 당해 기업과의 고용관계의 계속에 대한 기대 속에 다른 기업으로의 취직의 기회와 가능성을 포기하였던 것임을 고려할 때, 유보해약권의 행사는 해약권의 취지 · 목적에 비추어 객관적으로 합리적인 이유가 존재하고 사회통념상 상당하다고 인정할 수 있는 경우에만 허용된다고 해석함이 타당하다.

바꾸어 말하면, 기업주가 채용 결정 후에 조사결과로 인하여 또는 시용 중의 근무상태 등에 의하여 당초에 인지하지 못하고 또 인지함을 기대할 수 없는 사실을 알게 되었을 경우, 근로자로 계속 고용하는 것이 적당하지 아니하다고 판정함이 해약권 유보의 취지·목적에 비추어 객관적으로 상당하다고 인정할 수 있는 경우에는 앞서 유보하였던 해약권을 행사할 수 있다.

9 본채용 거부의 구체적 사유에 대하여

1. 일반적으로 정당하다고 간주되는 사유

일반적으로 시용기간 중에는 근로자로서의 부적격 사유에 대하여 넓은 범위의 해고의 자유가 인정되고 있으므로, 많은 회사의 취업규칙과 마찬가지로 "새로 채용된 근로자는 3개월을 시용기간으로 하여 이 기간 중에 근무의 성적, 태도, 능률, 건강상태, 그 밖의 사유로 인하여 회사의 근로자로서 부적격하다고 인정하였을 경우 및 필요한 서류의 부제출, 허위 등으로 인하여 근로자로서 불성실하다고 인정하였을 경우에는 본채용을 하지 아니하고 해고한다"라는 규정은 일반적으로 본채용 거부의 해고사유로서 타당한 규정이라고 말할 수 있다.

2. 근무성적 불량

시용기간 중의 근무성적 불량은 일반근로자에 비하여 사유가 넓게 인정되어 있다. 즉, 시용기간은 근로자로서 장기간 동안의 고용관계를 계속함이 적당한지를 판단하는 기간이므로 근로자로서 부적격한 징표로서 타당한 것이라면 결격사유가 된다. 예를 들어, 출근율에 관하여도 일반근로자의 경우보다 엄격하게 적용하여도 무방하며 판례도 시용기간 중인 근로자의 출근율이 90%에 미달할 때, 혹은 3회 이상 무단결근하였을 경우 등 근로자로서 계속고용하지 아니하는 내규를 정한 경우, 그에 해당하는 근로자를 근무상황, 내규에 비추어 근로사로서 부적격하다고 판단하고 행한 본채용 거부는 정당하다고 보는 것이다.

3. 업무 부적격성

일반적으로 시용기간을 두는 취지는 그동안에 시용근로자에게 실제로 일을 시켜보고 그 업무적성, 근무능력 등을 보다 정확하게 판단하여 시용근로자를 계속하여 고용할지를 결정하려는데 있다. 즉 적격성이 결여된다고 인정되는 자를 가능한 한 용이하고 신속하게 기업으로부터 배제할 수 있게 하려는 것이다.

판례(대법 1994.1.11, 92다44695)는 「불성실한 근무태도와 회사에 택시기사로 채용되기 위하여 법령상 요구되는 취업 전 교육을 받지 아니한 사유로 근로자를 근무 부적격자로 보아 근로자에 대하여 한 취업거절은 합리적인 이유가 있고 사회통념상 상당한 것으로 보여진다」고 하였다.

4. 언행의 부적격성

① 수습기간 중인 근로자가 근무시간 중 잦은 스마트폰 사용은 업무집중을 방해한다고 보는 것이 경험칙에 비춰 볼 때 타당하다. 또 근무장소를 이탈해 술을 마시고 부하직원과 다투기도 했다. 회사는 해당 근로자가 보안과장으로 부하직원과의 융화에 힘쓰고 이들을 지휘·감독해야 하는 지위에 있는 자로서 자질과 능력이 미흡했다고 본 것은 타당하다. 회사가 근무태도와 자질에서 낮은 평가(수습평가 통과기준인 70점에 못 미치는 64점을 받았다)를 받은 해당 수습근로자와의 근로계약을 해지한 데는 객관적이고 합리적인 이유가 존재한다는 것이다(서울고법 2016.4.28, 2015누65140).

② 시용근로자는 비록 근무시간이 종료된 이후이기는 하지만 술자리에서 다툼을 벌이고, 그로 인하여 2일간 회사 업무를 수행하지 못하였음은 물론, 형사처벌까지 받은 점, 회사가 공고한 고과수당제에 대하여 근무시간 중에 정당한 절차를 거치지 아니한 채 이를 일방적으로 비방한 점, 2005.7. 한 달간 택시 운행시 5차례나 차량 제한 속도를 위반한 점 등 제반사정을 종합하면, 회사는 당해 근로자를 운전기사로서의 업무적격성이 없다고 판단하여 정식채용을 거부할 만한 합리적인 이유가 있었다고 할 것이다(서울행법 2006.9.26, 2000구합20655).

5. 협조성의 유무

노무의 제공이 사업장 속에서 유기적으로 행하여지는 현대 기업에 있어서 무엇보다도 직장에서의 규율과 협동이 중시되며, 이것 없이는 다수의 근로자에 의한 원활한 공동작업은 불가능하다. 따라서 시용기간 중에 협조성은 업무적격성의 중요한 판단근거가 된다.

6. 경력사칭

경력사칭에 대해서는 다음 ⑩에서 별도로 설명한다.

10 경력사칭

> **[실무사례]**
> A회사는 甲이 4년제 대학을 졸업하였지만, 최종학력을 고등학교 졸업으로 입사 당시 이력서에 기재한 사실을 2016.5. 우연히 발견하였다. 이력서 허위기재는 A회사의 취업규칙과 단체협약에서 정한 해고사유의 하나이다. A회사는 이력서 허위기재를 이유로 적법한 징계절차를 거쳐 2016.6.1. 甲을 해고하였다. A회사의 甲에 대한 해고가 정당한가(甲에 대한 해고가 부당노동행위에 해당하는지의 논점은 제외한다).

1. 경력사칭의 의의 및 유형

경력사칭이란 이력서에 또는 채용면접시에 근로자가 그의 경력(학력 · 직력 · 범죄력 등)을 허위로 기재 · 진술하는 것을 말한다. 최종학력의 사칭은 낮은 학력을 높게 사칭하는 것만이 아니라(과대사칭) 높은 학력을 낮게 사칭하는 것도 포함된다(과소사칭).

2. 경력사칭을 징계사유로 한 이유

사용자가 근로자를 고용할 때 근로자의 경력을 요구하는 것은 근로자에 대한 노동력의 평가, 근로조건의 결정, 노무관리 및 적정한 인력 배치 등을 위한 판단자료와 근로자의 직장에 대한 정착성, 기업질서 및 기업규범 등에 대한 적응성 등에 관한 인격조사자료로 삼음으로써 노사 간의 신뢰관계 설정이나 기업질서의 유지 · 안정을 도모하려는 데 그 목적이 있다(대법 2017.12.22, 2013다25194).

3. 중대한 경력사칭이란 무엇인가

대부분의 취업규칙은 경력사칭을 징계사유로 하고 있는데 '중요한 경력의 사칭'에 한정하고 있는 경우가 많다. 중요한 경력사칭에 해당한다고 보는 것으로는 최종학력과 경력 그리고 범죄력의 사칭인데, 사칭의 내용과 해당근로자의 직종 등에 입각하여 구체적으로 판단된다.

대학생들이 노동운동을 하려고 구로공단 등의 고졸 생산직에 학력을 속이고 취업하던 것이 70~80년대식 '위장취업'이었다면, 지금은 취업을 위해 대학 재학이나 졸업 학력을 숨기고 고졸 일자리에 지원하는 신 위장시대인 것이다.

4. 경력사칭을 이유로 한 징계해고의 정당성 판단 기준

(1) 판례법리의 변화

① 기존 판례의 태도

경력사칭이 근기법 제23조제1항의 「정당한 이유」에 해당하는지 여부에 대하여 기존의 판례는 「가정적 인과관계」와 「기업질서 침해의 추상적 위험성」을 기준으로 판단하였다. 판례(대법 1990.10.30, 89다카30846)는 기업이 이력서나 그 증명서를 요구하는 것은 노동력 평가 이외에 노사간의 신뢰성, 기업질서의 유지, 직장에 대한 정착성 등 전인격적 판단을 하기 위한 것이므로 회사가 그 근로자를 고용할 때 경력사칭 사실을 알았더라면 고용하지 않았을 것이 명백한 때에는 회사를 기만하여 채용된 행위는 취업규칙에 정한 징계해고사유에 해당한다고 한다.

② 최근 판례의 태도

최근 판례(대법 2013.9.12, 2013다110316 ; 대법 2012.7.5, 2009두16763)는 경력사칭행위가 징계해고사유에 해당하는 경우에도 근기법 제23조제1항을 적용하여 해고시점까지의 제반사정을 중심으로 사회통념상 고용관계를 계속할 수 없을 정도인 경우 해고의 정당성이 인정된다고 한다. 경력사칭과 업무관련성의 「현실적 인과관계」를 「해고시점」을 기준으로 판단하는 입장이다.

판례(대법 2013.9.12, 2013다110316 ; 대법 2012.7.5, 2009두16763)는 「학력 등의 허위기재를 징계해고사유로 규정한 취업규칙에 근거하여 근로자를 해고하는 경우에도, 고용 당시에 사용자가 근로자의 실제 학력 등을 알았더라면 어떻게 하였을지에 대하여 추단하는 이른바 가정적 인과관계의 요소뿐만 아니라, 고용 이후 해고시점까지의 제반사정을 보태어 보더라도 그 해고가 사회통념상 현저히 부당한 것은 아니라고 인정이 되어야만 정당성이 인정될 수 있다」고 하여 원심법원인 서울고법으로 파기환송했다.

2012년도 대법원 판결에 의하여 파기환송을 받은 원심법원(서울고법 2013.8.21, 2012누23008)은 입사 당시 이력서에 대학졸업 사실을 은폐하기 위해 적극적으로 대학 재학기간에 다른 회사에 근무한 것처럼 경력을 허위로 기재했음을 이유로 해고한 것은 정당하다고 판결한 것이다.

최근 판례(대법 2013.9.12, 2013다110316)는 경력·학력 사칭을 이유로 한 해고가 사회통념상 고용관계를 계속할 수 없을 정도의 것인지를 판단하는 기준을 다음과 같이 제시하고 있다.

「사회통념상 고용관계를 계속할 수 없을 정도인지는 사용자가 사전에 그 허위기재 사실을 알았더라면 근로계약을 체결하지 아니하였거나 적어도 동일 조건으로는 계약을 체결하지 않았으리라는 등 고용 당시의 사정뿐 아니라, 고용 이후 해고에 이르기까지 그 근로자가 종사한 근로의 내용과 기간, 허위기재를 한 학력 등이 종사한 근로의 정상적인 제공에 지장을 초래하는지 여부, 사용자가 학력 등의 허위기재 사실을 알게 된 경위, 알고 난 이후 당해 근로자의 태도 및 사용자의 조치 내용, 학력 등이 종전에 알고 있던 것과 다르다는 사정이 드러남으로써 노사간 및 근로자 상호간 신뢰관계의 유지와 안정적인 기업경영과 질서유지에 미치는 영향 기타 여러 사정을 종합적으로 고려하여 판단할 것이다」라고 판시하고 있다. 이 판례는 학력, 경력사칭을 이유로 한 징계해고에 대하여 실질적인 관점에서 해고의 법리를 보다 충실하게 적용한 판결로서 타당하다고 생각한다.

(2) 평 가

판례가 중대한 경력사칭을 징계해고사유로 보는 근거는 사회통념상 고용관계를 계속할 수 없을 정도의 것인가를 기준으로 하고 있다. ① 근로능력 평가 외에 ② 근로자의 진정성과 정직성, 당해 기업의 근로환경에 대한 적응성 등을 위한 자료를 확보하고, ③ 나아가 노사간 신뢰관계 형성과 안정적인 경영환경 유지 등을 도모하고자 하는 데에도 목적이 있다고 본 것이다. 고용 당시 및 그 이후 해고에 이르기까지의 고용관계유지 등 여러 사정을 종합적으로 고려하고 있다.

이 판례는 학력·경력사칭을 이유로 한 징계해고에 대하여 실질적인 관점에서 해고의 법리를 보다 충실하게 적용한 판결로서 타당하다고 생각한다.

11 교육기간으로서의 시용기간

시용기간은 근로자로서의 '적격성 판정기간'인 동시에 근로자에 대한 '교육기간'이기도 하다. 따라서 회사 근로자로서 부적격하다고 본채용을 거부하는 경우에 그 기간 중에 어떻게 교육하고 지도하였느냐가 문제가 될 수 있다.

시용기간은 가까운 장래에 있어서 회사의 근로자가 되어 그 기업에 공헌하기 위하여 필요한 기본적 지식 및 기본적 직업능력을 교육하고 인적환경에의 순응성 및 그 직장에 있어서의 노동력을 발휘할 수 있는 필요한 자질을 판정하는 기간이다. 시용기간 중에 회사가 실시한 교육은 위의 목적에 부응하고 사회적으로 타당한 내용이어야 한다. 소속 부서장의 시용기간 중 세심한 주의나 교육지도의 중요성이 더욱 요구된다. 따라서 교육에 의하여 쉽사리 교정할 수 있는 언동, 성격 등의 결함을 전혀 교정하지 아니하고 방치하여 둔 후 그것을 이유로 본채용을 거부하는 것은 허용되지 아니한다. 또 적응력 및 노동력 발휘도를 평가할 때에는 그 학력, 취업하여야 할 직종을 고려하여 그 평균적 근로자를 표준으로 객관적으로 행해져야 한다.

12 시용기간의 연장은 어떤 경우에 인정되는가

시용기간의 연장을 제한하는 법령은 없다. 그러나 시용기간의 연장을 무제한 인정하게 되면 근로자의 불안정한 지위를 장기화시키는 것이 되므로 시용기간의 연장이 무제한으로 인정되는 것은 아니다. 시용기간은 당해 회사 근로자로서의 '적격성 판정기간'으로서 해고권이 유보되어 있는 기간이므로, 시용기간의 연장은 미리 취업규칙 등에 연장한다는 취지를 정할 것이 필요하다. 즉 ① 시용기간의 연장에 관하여 명문의 취업규칙 등이 있을 경우, ② 장기간에 걸친 회사의 관행으로 시용기간을 연장하는 제도가 있을 경우, ③ 본인의 승낙이 있을 경우, ④ 본인의 적격성에 의문이 있으며 그 채용 여부에 관하여 앞으로 당분간 본인의 근무태도를 관찰할 평가기간의 필요성에 관하여 합리적 이유가 있을 경우에 한정되어 허용되는데, 시용기간의 연장에는 반드시 기간을 한정하여야 한다. 시용기간이 지남으로써 유보된 해약권을 행사할 수 없는 상태에서 오로지 시용기간 중의 사유만으로는 근로자를 해고할 수 없다. 즉 수습기간이 지난 근로자에게 계속해 업무지시를 했다면 수습평가 결과를 이유로 해고할 수 없다(서울행법 2019.2.21, 2017구합87500).

13 수습기간 중에 있는 자에 대한 최저임금 적용 여부

최저임금법 제5조제2항은 「1년 이상의 기간을 정하여 근로계약을 체결하고 수습 중에 있는 근로자로서 수습을 시작한 날부터 3개월 이내인 자에 대하여는 대통령령(시간급 최저임금액에서 100분의 10을 뺀 금액(동법시행령 제3조))으로 정하는 바에 따라 제1항에 따른 최저임금액과 다른 금액으로 최저임금액을 정할 수 있다. 다만, 단순노무업무로 고용노동부장관이 정하여 고시한 직종에 종사하는 근로자는 제외한다」고 규정하고 있다. 고용노동부장관이 정하여 고시한 직종에 종사하는 근로자란 한국표준직업분류상 대분류 9(단순노무종사자)에 해당하는 사람을 말한다(2018.3.19, 고용노동부고시 제2018-23호).

현행은 3개월 미만 수습근로자인 경우, 업무를 배우는 기간이므로 최저임금액보다 감액된 임금을 지급할 수 있도록 하고 있는데, 단순노무업무의 경우 기능숙련기간이 필요하지 아니하며 최저임금을 감액지급할 필요가 없으므로 단순노무업무 종사자는 최저임금 전액을 지급받도록 하였다.

14 중도채용(경력직채용)과 기업의 대응

1. 중도채용(경력직채용)자의 활용

중도채용은 기업의 활력과 노동력의 유효 활용이라는 측면에서 매우 주목받고 있다. 최근 모든 기업에서 정기적으로 또는 수시로 중도채용을 하는 등 규모와 업종을 불문하고 실시되고 있다. 그 결과 검증된 역량을 가진 경력직의 채용 비중은 꾸준히 증가하고 있다.

중도채용자가 증가하고 있는 이유로는 기업 측에서는 외부인재를 받아들임으로써 기업활성화를 도모하고, 신규사업 분야에 진출하기 위한 인재 확보, 신기술 등장에 따른 기존 사업부문의 강화 등이 있으며, 근로자 측에서는 자신이 적극적으로 하고 싶은 직무에 종사하고 싶다는 등의 의식이 강하기 때문이다.

2. 중도채용자에게도 시용기간의 적용이 있는가

(1) 시용기간의 적용 필요성

시용기간제도는 통상 신규채용자에게 적용되지만 실제로는 중도채용자에게 적용되는 경우도 있다. 취업규칙 등에서 「근로자를 채용할 때 3개월의 시용기간을 둔다. 이 기간 중의 근무상황, 본인의 능력·기술·건강상태, 그 밖에 직장적응성 등을 판단하여 당사 근로자로서 적격이라고 인정한 자를 정사원으로 채용결정한다」는 등의 규정이 있다. 이 경우에는 ① 시용기간을 적용하지 아니하는 취지를 명확하게 특약하여 정하였을 경우, ② 최초부터 정사원으로서 채용하였을 경우, ③ 최초부터 관리·감독직으로 책임 있는 직책에 채용하였을 경우(최근 관리·감독자의 중도채용을 둘러싼 능력평가 등의 트러블이 많으므로 최초부터 관리·감독직 본채용을 하지 않은 채 3~6개월 정도의 관리·감독 견습·상근촉탁으로서 시용기간적인 관리·감독자 취임전 평가기간을 설정하여도 좋을 것이다) 등을 제외하고 중도채용자일지라도 시용기간의 적용을 받으므로 시용기간부 근로계약을 체결할 수 있다. 즉, 아무것도 특약하지 아니하면 중도채용일지라도 근로자로 채용한다는 점에서는 신규채용자와 다를 바 없으므로, 당해 회사의 근로자로서 적격 여부를 판정할 필요성은 신규채용자와 마찬가지이다. 고임금에다가 일정한 능력이나 업적의 기대가 높은 가운데 고용된 중도채용자의 경우에 그 능력이나 업무태도 등의 평가를 둘러싸고 분쟁이 많고 소송문제로 발전할 수도 있으므로 기업의 리스크 관리로서 중도채용자의 시용기간의 적용은 더욱 필요하다.

경력직 근로자의 시용기간 중 업무상 과실, 조직 분위기 저해 등을 사유로 본채용을 거부한 것은 정당하다는 사례가 있다. 근로자가 근로계약 체결시 3개월의 시용기간을 두고 계속 채용이 적합한 것인지에 대한 결정을 사용자가 할 수 있도록 약정하였고 사용자는 시용기간 근무결과를 가지고 시용기간 만료일에 본채용 거부를 통보한 것이다. 시용기간의 취지가 해당 근로자가 2년의 경력직 사원으로서의 업무상 적합한 능력과 자질을 가지고 있는지 등을 확인하려는 것이었으므로 근로자의 시용기간 동안 나타난 여러 차례의 업무상 과실과 조직 적응 미흡에 대하여 사용자가 해당 근로자의 본채용을 거부한 해고처분은 합리적인 사유가 인정되어 정당하다는 것이다(2009.2.3, 중노위 2008부해915).

(2) 시용기간의 성격 변화

오늘날 기업현장에서는 전직·중도채용 내지 경력직 채용이 증가하고 성과주의 인사가 확산되고 있다. 정년고용제 등의 장기고용형태가 변화하고 있으므로 시용기간의 법적 취급과 인사운용방식이 변해야 한다는 현실적 요청이 있다. 높은 임금을 지급하면서 전문적 능력을 가진 자를 중견 직원으로 채용할 목적으로 업무수행능력을 실제로 관찰하기 위해서 시용기간을 설정하는 때에는 그 시용기간은 기간의 정함이 없는 근로관계와 연결되지 않는 별개의 독립된 시용기간이라 해석(특별계약설)된다고 한다(김형배, 「노동법」, 27판, p.328).

(3) 중도채용자 시용기간에 대한 판정사례

시용기간 중 잦은 지각, 성희롱을 한 경력직 과장에 대한 본채용을 거부한 것은 정당하다는 노동위원회 판정(중노위 2016.12.22, 2016부해1084)이 있다.

해당 근로자는 사용자가 해당 근로자에 대한 수습(시용) 평가결과를 60점 미만으로 평가하여 본채용을 거부한 것은 합리성과 공정성을 결한 것이므로 부당하다고 주장한다. 그러나 판정에 의하면 ① 사용자의 취업규칙에 의하면 사용자는 수습기간 중 또는 수습기간 만료 시에 계속하여 근로하는 것이 부적당하다고 인정되는 경우나 본 채용기준에 달하지 않을 때에 사전예고 없이 해고할 수 있는 점, ② 사용자가 내부적으로 마련한 '수습사원 근무평가표'에 의하면 회사의 수습사원들은 평가결과가 60점 미만일 경우 부적격 처리되는 점, ③ 근로자가 수습사원 근무평가에서 본 채용기준을 넘지 못한 점, ④ 직속상사와 경영자 3인이 평가한 것에 합리성을 인정할 수 있고 평가항목의 내용도 적절하다고 보이므로 평가가 객관성과 공정성을 결여하였다고 볼 수 없는 점, ⑤ 근로자가 수습기간 동안 9:00부터 개최되는 고객사 세미나에 정당한 이유나 보고 없이 6시간이나 지연된 15:00경에나 참석하고, 직장 내 성희롱 발언을 한 점, ⑥ 해당 근로계약은 사용자의 해약권이 유보된 시용근로계약에 불과하고, 시용기간 중에 있는 근로자를 해고하거나 시용기간 만료 시 본 계약의 체결을 거부하는 것은 사용자에게 유보된 해약권의 행사로서 사용자에게 폭넓은 재량권이 인정될 수 있는 점 등을 종합하여 볼 때(해당 근로자의 불성실한 근무태도 등 중간관리자의 자질 부족으로 해당 근로자에 대한 수습 평가결과가 낮았고, 이를 이유로) 본채용을 거부한 것은 사회통념상 합리적 이유가 있어 정당하다는 것이다.

Chapter 3

근로계약과 근로조건의 결정을 둘러싼 법률지식

제1절 근로계약과 근로조건의 결정

1 근로계약 내용의 규제

1. 근로계약 내용의 규제

근로계약 내용은 본래 근로자와 사용자가 동등한 지위에서 자유의사에 따라 결정하여야 하며(근기법 제4조), 원칙적으로는 그 내용도 자율적으로 결정할 수 있으며, 체결된 근로계약은 당사자가 성실하게 이행하여야 한다(근기법 제5조). 그러나 양자가 합의하여 근로계약의 내용을 정하더라도 그 근로자에게 적용되는 취업규칙이나 단체협약(노동조합과 사용자간에 근로조건 등에 관한 합의를 서면으로 작성하여 당사자 쌍방이 서명 또는 날인한 것 ; 노동조합및노동관계조정법 제31조)이 있을 경우에 이에 위반하는 합의 내용은 무효이다. 즉, 근기법에서 개개의 근로계약은 그 상위에 있는 집단적 근로조건 기준(개개의 근로자와 사용자의 개별적 결정이 아니라, 사업장 전체의 근로조건의 규정을 말한다) 이하가 되어서는 아니된다. 이는 경제적으로 약자인 근로자 개인이 정당한 조건으로 고용되는 것을 보장하여 근로자의 보호를 도모하기 위한 것이다.

근로계약의 체결 이후 개별 근로자는 근로관계가 종료될 때까지 임금, 근로시간 등의 근로조건에 관하여 근로조건 결정규범에 의한 보호를 받게 된다. 즉, 헌법·법률·대통령령·부령 등의 실정노동법과 함께 단체협약, 취업규칙, 근로계약 등의 자치규범이 근로자의 근로조건을 결정하는 규범으로서 작용하는데 이와 같은 규범들은 각각 단계별로 위치한 가운데 상위 규범이 하위 규범에 우선하여 적용된다(이른바 '상위법 우선의 원칙').

이들 중 현행 법령은 자치규범에 대해 항상 우선적으로 적용되며, 노동 관련 법령에서 정한 근로조건은 최저의 기준이므로(근기법 제3조) 그 하위규범들은 언제나 현행 법령을 상회하는 수준에서 결정되어야 한다.

그 개별계약에 대한 규제의 법적 효력 순위(구속력의 강도)는 다음과 같이 순서가 명확하게 규정되어 있다.

- 제1순위 : 법 령
- 제2순위 : 단체협약
- 제3순위 : 취업규칙
- 제4순위 : 근로계약

즉, 법령이 제일 우선하고, 이어 단체협약·취업규칙의 순으로 적용된다. 이 효력순위는 근기법 제96조제1항에서 취업규칙과 법령, 단체협약과의 관계에 관하여 「취업규칙은 법령이나 해당 사업 또는 사업장에 대하여 적용되는 단체협약과 어긋나서는 아니된다」라고 규정하고, 이어 취업규칙과 근로계약과의 관계에 관하여 근기법 제97조는 「취업규칙에서 정한 기준에 미달하는 근로조건을 정한 근로계약은 그 부분에 관하여는 무효로 한다. 이 경우 무효로 된 부분은 취업규칙에 정한 기준에 따른다」라고 하고, 노동조합및노동관계조정법(이하 "노조법"이라 약칭한다) 제33조에서는 「① 단체협약에 정한 근로조건 기타 근로자의 대우에 관한 기준에 위반하는 취업규칙 또는 근로계약의 부분은 무효로 한다. ② 근로계약에 규정되지 아니한 사항 또는 제1항의 규정에 의하여 무효로 된 부분은 단체협약에 정한 기준에 의한다」라고 규정하고 있다. 다시 민법 제103조에서 공적질서인 법령과 사인간의 결정인 단체협약과의 관계에 관하여 「선량한 풍속 기타 사회질서에 위반한 사항을 내용으로 하는 법률행위는 무효로 한다」

라고 하고 있다. 위의 각 법령의 규정에서 본 바와 같이 효력순위가 인정되고, 개별적 근로계약의 내용은 효력순위가 상위인 단체협약·취업규칙 등의 기준에 위반할 수 없다.

2. 단체협약의 효력

단체협약은 당해 협약을 체결한 노동조합의 조합원에게 적용되며 또한 유효기간을 정하지 아니한 경우 또는 3년을 초과하는 유효기간을 정한 경우에 그 유효기간은 3년으로 한다(노조법 제32조제2항). 노조법 제32조제1항, 제2항에서 단체협약의 유효기간을 3년으로 제한한 것은, 단체협약의 유효기간을 너무 길게 하면 사회적·경제적 여건의 변화에 적응하지 못하여 당사자를 부당하게 구속하는 결과에 이를 수 있어 단체협약을 통하여 적절한 근로조건을 유지하고 노사관계의 안정을 도모하고자 하는 목적에 어긋나게 되므로, 그 유효기간을 일정한 범위로 제한하여 단체협약의 내용을 시의에 맞고 구체적 타당성이 있게 조정해 나가도록 하자는 데에 그 뜻이 있다(대법 2016.3.10, 2013두3160). 단체협약의 유효기간이 만료되는 때를 전후하여 당사자 쌍방이 새로운 단체협약을 체결하고자 단체교섭을 계속 하였음에도 불구하고 새로운 단체협약이 체결되지 아니한 경우에는 별도의 약정이 있는 경우를 제외하고는 종전의 단체협약은 그 효력 만료일로부터 3개월까지는 계속 효력을 갖는다(노조법 제32조제3항 본문).

3. 자동연장조항과 해지통고

자동연장조항이란 단체협약에 그 유효기간이 경과한 후에도 새로운 단체협약이 체결되지 아니한 때에는 새로운 단체협약이 체결될 때까지 종전 단체협약의 효력을 존속시킨다는 취지의 별도의 약정을 말한다. 해지통고란 단체협약의 효력상실사유의 하나로 자동연장조항이 있는 경우에는 그에 따르되, 당사자 일방은 해지하고자 하는 날의 6개월 전까지 상대방에게 통고함으로써 종전의 단체협약을 해지할 수 있는 것을 말한다(노조법 제32조제3항 단서). 협약의 유효기간이 2017.12.31까지라면 2018.1.1 이후에 해지통고할 수 있다. 그 취지는 노조법 제32조제1항 및 제2항에도 불구하고 단체협약자치의 원칙을 어느 정도 존중하면서 단체협약 공백 상태의 발생을 가급적 피하려는 목적에서, 사전에 불확정기한부 자동연장조항에 의하여 일정한 기한 제한을 두지 아니하고 유효기간이 경과한 단체협약의 효력을 새로운 단체협약 체결 시까지 연장하기로 약정하는 것을 허용한 것이다. 위와 같이 단체협약의 유효기간을 제한한 입법 취지에 따라 당사자가 장기간의 구속에서 벗어날 수 있도록 하는 한편 당사자로 하여금 새로운 단체협약의 체결을 촉진하기 위한 것이다(대법 2016.3.10, 2013두3160 ; 대법 2015.10.29, 2012다71138).

4. 자동연장조항에 대한 유효기간 3년의 적용 여부

노조법 각 규정의 내용과 상호관계, 입법 목적 등을 종합하여 보면, 단체협약이 노조법 제32조제1항, 제2항의 제한을 받는 본래의 유효기간이 경과된 후에 불확정기한부 자동연장조항에 따라 계속 효력을 유지하게 된 경우에, 그 효력이 유지된 단체협약의 유효기간은 노조법 제32조제1항, 제2항에 의하여 일률적으로 3년으로 제한되지는 아니한다(대법 2015.10.29, 2012다71138).

5. 자동연장조항과 단체협약 해지권을 제한하는 조항의 강행규정 여부

자동연장조항을 두고, 한편으로는 "단체협약의 유효기간이 만료되었음을 이유로 어느 일방이 기존 단체협약의 해지를 요구하여서는 아니된다"고 규정하여 단체협약의 해지권을 제한하는 경우, 이는 교섭당사자 어느 일방이 불리한 종전의 단체협약에 장기간 구속되는 것을 방지하려는 것이므로 이는 강행규정으로 봄이 상당하고, 단체협약으로 위 해지권을 제한하는 것은 강행규정에 반하여 허용되지 아니한다(대법 2016.3.10, 2013두3160 ; 2008.11.18, 노사관계법제과-1110). 이 판례는 단체협약 해지권 제한 조항은 단체협약 해지의 가능성을 원천적으로 배제함으로써 유효기간 만료 후의 단체협약 체결권을 미리 제한하거나 박탈하는 것을 내용으로 하고 있으므로 강행규정 위반이라고 한 것이다.

6. 단체협약의 효력상실과 근로계약과의 관계

단체협약은 유효기간의 만료나 해지 등에 의하여 종료된다. 단체협약이 종료되면 단체협약이 없는 상태가 된다. 이 경우 지금까지 단체협약에 의하여 규율되었던 근로조건 기타 근로자의 대우에 관한 근로관계의 내용은 어떻게 처리할 것인가 하는 것이 단체협약의 여후효 문제이다.

단체협약 내의 근로조건 기타 근로자의 대우에 관한 부분(규범적 부분)은 ① 그

협약의 효력발생과 더불어 개별적 근로관계의 내용이 되는 것이므로 그 단체협약이 실효되었다고 하더라도 임금, 퇴직금이나 근로시간, 그 밖에 개별적인 근로조건에 관한 부분은 그 단체협약의 적용을 받고 있던 근로자의 근로계약의 내용이 되어, ② 그것을 변경하는 새로운 단체협약, 취업규칙이 체결·작성되거나 또는 개별적인 근로자의 동의를 얻지 아니하는 한 개별적인 근로자의 근로계약 내용으로서 여전히 남아 있어 사용자와 근로자를 규율하는 내용으로 남아 있어 사용자와 근로자를 규율한다(대법 2018.11.29, 2018두41532 ; 대법 2018.7.12, 2013다60807). 예컨대 ① 노사가 일정한 조건이 성취되거나 기한이 도래할 때까지 특정 단체협약 조항에 따른 합의의 효력이 유지되도록 명시하여 단체협약을 체결한 경우에는, 그 단체협약 조항에 따른 합의는 노사의 합치된 의사에 따라 해제조건의 성취로 효력을 잃는다고 보아야 한다. 회사가 회생절차 종결을 통해 워크아웃을 졸업함으로써 단체협약 중 대학학자보조금 삭감 합의의 효력이 소멸하였다고 판단한 것은 정당하다는 것이다(대법 2018.11.29, 2018두41532). ② 해당 근로자들 소속 노동조합과 회사가 대기시간을 휴게시간으로 하고 근로자들의 자유로운 이용을 보장하도록 한 제1차 노사합의의 내용은 여전히 근로자들과 회사 사이의 근로계약의 내용으로 남아 있다고 보아야 한다(대법 2018.7.12, 2013다60807). ③ 단체협약 중 해고사유 및 해고절차 부분에도 이와 같은 법리가 그대로 적용된다(대법 2007.12.27, 2007다51758). ④ 단체협약 중 재계약 내지 계약갱신의 요건 및 절차에 관한 부분에도 이와 같은 법리가 그대로 적용된다(대법 2011.7.28, 2009두2655).

단체협약의 내용이 근로조건에 관한 내용이 아닌 채무적 부분은 단체협약의 소멸과 함께 효력을 상실한다.

2 근로조건을 구체적으로 정하지 아니한 때와 구체적으로 정한 때

1. 근로조건을 구체적으로 정하지 아니한 때

보통, 계약을 할 경우에는 계약내용, 예를 들어 지급기한이라든가 매매조건 등은 당사자간에 구체적으로 협의하여 결정하기 마련인데, 근로계약을 체결할 경우에는 일일이 구체적인 계약조건까지 개별적으로 결정하지 아니함이 통례이다. 극단적인 경우에는 임금은 얼마 가량이며, 근로시간은 몇 시간가량(그것마저도 결정하지 아니할 때도 있지만)이라는 정도로 '일하겠습니다', '좋습니다. 일해 주십시오'라는 대화 몇 마디로 고용이 결정되기도 한다.

통상 근로계약서 내용은 근로계약 체결에 의하여 결정되는 것이지만 기업내의 집단적·통일적 근로조건 결정의 규범인 취업규칙에 기재하는 방법으로도 정해진다. 오늘날 다수의 근로자를 고용하고 있는 기업은 개개의 근로자들과 일일이 계약내용을 약정하기보다는 근로계약의 내용이 되는 근로조건 등을 단체협약, 취업규칙에 정하여 근로관계를 정형화하고 집단적으로 규율하는 것이 보통이므로 근로계약 체결시 계약의 내용을 취업규칙의 내용과 달리 약정하는 등, 특별한 사정이 없는 한 근로계약을 체결한 근로자와 사용자 사이에는 취업규칙에 정하는 바에 따라 근로관계가 성립한다(대법 1999.1.26, 97다53496).

2. 근로계약서상 계약기간 자동연장조항의 해석

근로계약서에 '계약기간 만료시까지 별도 합의가 없으면 기간만료일에 자동연장한다'는 내용이 들어있다면 이는 근로계약이 자동으로 연장된다는 의미임이 명확하다. 이와 달리 근로자가 근로계약기간 동안 항공종사자 자격을 유지함으로써 근로계약상 정해진 근로를 정상적으로 제공할 수 있다는 전제에서만 이 조항이 적용된다는 기재는 없어, 근로계약서에 적혀 있지 않은 내용을 추가하는 것은 처분문서인 근로계약서 문언의 객관적인 의미에 반한다. 비록 교육훈련에서 역량미달 평가를 받았더라도 계약서에 없는 내용이므로 자동갱신을 거절할 수 없다는 것이다(대법 2022.2.10, 2020다279951).

3 근로조건에 대한 근기법상의 규제

1. 강행법규

(1) 근기법의 강행성과 보충성

근로계약은 근기법에 위반하는 내용이 포함되어서는 아니된다.

근기법 제15조(이 법을 위반한 근로계약)는 「① 이 법에서 정하는 기준에 미치지 못하는 근로조건을 정한 근로계약은 그 부분에 한하여 무효로 한다. ② 제1항에 따라 무효로 된 부분은 이 법에서 정한 기준에 따른다」고 규정하고 있다.

이 규정은 근기법의 목적을 달성하기 위하여 개별적 노사간의 합의라는 형식을 빌려 근로자로 하여금 근기법에서 정한 기준에 미치지 못하는 근로조건을 감수하도록 하는 것을 저지함으로써 근로자에게 실질적으로 최소한의 근로조건을 유지시켜주기 위한 것이다(대법 2019.11.28, 2019다261084). 근기법이 정한 근로조건 기준은 당사자의 합의에 따라 하회할 수 없다. 이러한 성격을 편면적 강행성이라고 한다. 예컨대 통상임금은 근로조건의 기준을 마련하기 위하여 법이 정한 도구개념이므로 성질상 근기법상의 통상임금에 속하는 임금을 통상임금에서 제외하기로 노사간에 합의하였다 하더라도 그 합의는 효력이 없다(대법 2016.8.24, 2015다253986). 연장・야간・휴일근로에 대하여 통상임금의 50% 이상을 가산하여 지급하도록 한 근기법의 규정은 각 해당 근로에 대한 임금산정의 최저기준을 정한 것이므로 통상임금의 성질을 가지는 임금을 일부 제외한 채 연장・야간・휴일근로에 대한 가산임금을 산정하도록 노사간에 합의한 경우 그 노사 합의에 따라 계산한 금액이 근기법에서 정한 위 기준에 미달할 때에는 그 미달하는 범위 내에서 노사합의는 무효라 할 것이고, 그 무효로 된 부분은 그 전부가 무효가 되는 것이 아니라 근기법에서 정한 기준과 전체적으로 비교하여 그에 미치지 못하는 근로조건이 포함된 부분에 한하여 무효로 된다(대법[전원합의체] 2013.12.18, 2012다89399 ; 대법 2019.11.28, 2019다261084 ; 대법 2019.2.28, 2015다200555 ; 대법 2014.3.13, 2011다95519). 택시회사와 운전기사 간에 근로계약서를 체결하여 근로계약 중 운송수입금 부족액 공제를 정한 사납금제를 약정하더라도 이를 금지한 여객자동차 운수사업법 제21조제1항 및 제26조제1항은 강행규정이므로 이를 위반하여 사납금제를 규정한 근로계약부분은 무효로 된다(대법 2022.8.11, 2022다243871).

(2) 근로계약이 무효인 경우의 처리

근기법의 최저기준을 규율하는 효과는 근로계약이 근기법 등 강행법규나 사회질서에 위반할 때(예컨대 근기법 제64조에 위반되는 최저연령 미만의 아동을 사용하는 계약) 그 근로계약은 전체로서 무효가 된다. 다만, 근로계약이 무효가 된 경우에도 근로계약이라는 사실상 전개되어온 관계(사실상의 근로관계)가 있는 한 이미 제공한 근로에 대하여 임금지급을 거부한다든지, 발생된 업무상 재해에 대해 재해보상의 책임을 면할 수 없다. 또한 가산임금이나 해고예고수당 등에 관하여 근기법의 보호를 받는다.

2. 계약보충법규

근기법에 위반하는 근로계약은 무효가 되며 무효가 된 근로계약의 내용은 자동적으로 근기법에서 정하는 기준에 따른다(근기법 제15조).

예컨대 1일 10시간의 근로시간을 정한 근로계약은 그 부분에 있어서 무효가 되어 1일 8시간의 기준(근기법 제50조제2항)에 따라 보충된다. 다만, 제15조에 따라 수정되는 것은 근로계약 중 근기법에 위반되는 부분에 한한다. 예컨대 근로자가 「1일 10시간 근로, 일급 100,000원」으로 하는 근로계약을 체결하는 경우 근로시간은 근기법 제50조제2항에 따라 1일 8시간으로 수정되었으나 임금은 100,000원으로 되며 근로시간에 연동되어 감액수정되는 것은 아니다.

4 포괄임금제의 성립요건과 유효성

[실무사례]
실제 근로시간 수 등에 상관없이 일정액을 연장근로 등에 대한 법정수당으로 지급하기로 하는 내용의 임금지급계약의 유효요건에 대한 판례법리는 어떤 것인가?

1. 포괄임금의 의의 및 유형

일반적으로 포괄임금제란 기본임금을 미리 산정하지 아니한 채 법정 제 수당까지 포함된 금액을 월급여액이나 일당임금으로 정하거나 기본임금을 미리 정하면서도 법정 제수당을 구분하지 아니한 채 일정액을 법정 제수당으로 정하여 이를 근로시간 수에 관계없이 지급하기로 하는 임금지급에 관한 약정을 말한다(대법 2022.2.11, 2017다238004 ; 대법 2020.2.6, 2015다233579 · 233586). 이러한 임금체계를 포괄임금제라 부르며 그러한 합의를 포괄임금약정, 포괄임금계약이라 부른다.

포괄임금제의 유형에는 ① 정액급제 : 기본임금을 미리 정하지 아니한 채 각종 수당을 합한 금액을 월급 또는 일급 임금으로 정하는 경우와 ② 정액수당제 : 기본임금은 미리 정하되 연장근로수당 등을 실제 근로시간 수와 상관없이 매월 일정액으로 지급하는 경우가 있다.

2. 포괄임금제의 유효요건

포괄임금제는 임금계산을 간편하게 하고 임금의 경직성을 완화하는 측면이 있으나 장시간근로와 저임금의 요인이 될 가능성도 존재하므로 최근 판례는 포괄임금제의 유효요건을 비교적 엄격하게 해석하고 있다.

(1) 근로시간 산정이 어려운 경우

기존 판례는 근로시간의 산정 여부에 관계없이 '근로자의 승낙'과 '근로자에게 불이익이 없고, 제반사정에 비추어 정당하다고 인정될 때'에는 포괄임금제를 인정하여 왔으나 최근 판례는 먼저 근로형태가 근로시간의 산정이 어려운 경우인지 여부를 포괄임금제의 유효성 판단의 첫 관문으로 심사하고 있다(대법 2014.6.26, 2011도12114 ; 대법 2010.5.13, 2008다6052). 근로시간, 근로형태와 업무의 성질을 고려할 때 근로시간의 산정이 어려운 것으로 인정되는 경우에는 사용자와 근로자 사이에 기본임금을 미리 산정하지 아니한 채 법정수당까지 포함된 금액을 월급여액이나 일당임금으로 정하는 등 이른바 포괄임금제에 의한 임금 지급계약을 체결하더라도 그것이 달리 근로자에게 불이익이 없고 여러 사정에 비추어 정당하다고 인정될 때에는 유효하다. 그러나 근로시간의 산정이 어려운 경우가 아니라면 근기법상의 근로시간에 관한 규정을 그대로 적용할 수 없다고 볼 만한 특별한 사정이 없는 한 근기법이 정한 근로시간에 관한 규제를 위반하는지를 따져, 포괄임금에 포함된 법정수당이 근기법이 정한 기준에 따라 산정된 법정수당에 미달한다면 그에 해당하는 포괄임금제에 의한 임금지급계약 부분은 근로자에게 불이익하여 무효라 할 것이고, 사용자는 근기법의 강행성과 보충성 원칙에 의하여 근로자에게 그 미달되는 법정수당을 지급할 의무가 있다(대법 2016.9.28, 2014다56652). 또한 판례(대법 2016.9.8, 2014도8873)는 포괄임금제가 인정되기 위해서는 엄격한 요건이 필요하다면서 요양보호사들에 대하여 주간근무시 업무밀도, 야간근무시 대기상태의 업무분담, 휴게환경과 실질적 휴게시간, 그에 따른 육체적·정신적 부담 등을 면밀히 파악해 근로시간 산정이 가능한 것으로 인정하여 포괄임금제에 의한 임금계약을 한 것은 근로자에게 불리하여 무효라고 판단했다.

(2) 포괄임금계약의 체결(근로자의 동의)

① 단체협약·취업규칙상의 근거 또는 근로자의 동의 : 근로계약 체결시 임금의 구성항목·계산방법·지급방법이 명시되어야 하므로(근기법 제17조제1항), 포괄임금제에 따른 임금지급계약의 체결이 있어야 한다. 이러한 포괄임금제를 도입

하기 위해서는 단체협약·취업규칙 등에 그 근거가 있거나 개별 근로자의 동의가 있어야 한다.

② 묵시적 합의에 의한 포괄임금약정이 성립하였다고 인정하기 위한 요건 : 판례는 포괄임금제의 체결에 반드시 근로자의 명시적 동의가 필요한 것으로 보지 않는다. 즉, 근로자의 명시적인 동의가 없어도 업무의 성격이나 그 밖의 사정 등에 비추어 근로자의 묵시적인 동의를 인정하고 있다(대법 1999.5.28, 99다2881). 이때 단체협약이나 취업규칙 및 근로계약서에 포괄임금이라는 취지를 명시하지 않았음에도 묵시적 합의에 의한 포괄임금약정이 성립하였다고 인정하기 위해서는, 근로형태의 특수성으로 인하여 실제 근로시간을 정확하게 산정하는 것이 곤란하거나 일정한 연장·야간·휴일근로가 예상되는 경우 등 실질적인 필요성이 인정될 뿐 아니라, 근로시간, 정해진 임금의 형태나 수준 등 제반 사정에 비추어 사용자와 근로자 사이에 정액의 월급여액이나 일당임금 외에 추가로 어떠한 수당도 지급하지 않기로 하거나 특정한 수당을 지급하지 않기로 하는 합의가 있었다고 객관적으로 인정되는 경우이어야 한다(대법 2016.10.13, 2016도1060).

(3) 근로자에게 불이익이 없고, 제반사정에 비추어 정당할 것

판례는 위의 두 가지 요건이 갖추어진 경우에도 포괄임금계약의 소극적 유효요건으로서 '근로자에게 불이익이 없고, 여러 사정에 비추어 정당하다고 인정될 것'을 요구한다.(대법 2012.3.29, 2010다91046 ; 대법 2009.12.10, 2008다57852 ; 2010.10.27, 근로기준과-1477).

근로자에게 불이익이 없어야 한다는 것은 단체협약이나 취업규칙에 구체적인 임금지급기준 등이 규정되어 있는 경우에 그러한 규정상의 기준에 비추어 보아 불이익하지 않아야 한다는 것을 의미한다.

3. 포괄임금제 약정에 관한 판단기준

① 포괄임금제에 관한 약정이 성립하였는지 여부 : 근로시간, 근로형태와 업무의 성질, 임금산정의 단위, 단체협약과 취업규칙의 내용, 동종 사업장의 실태 등 여러 사정을 전체적·종합적으로 고려하여 구체적으로 판단하여야 한다. 비록 개별 사안에서 근로형태나 업무의 성격상 연장·야간·휴일근로수당 등을 세부항목으로 나누어 지급하도록 단체협약이나 취업규칙, 급여규정 등에 정하고 있는 경우에는 포괄임금제에 해당하지 아니한다. 따라서 단체협약 등에 일

정 근로시간을 초과한 연장근로시간에 대한 합의가 있다거나 기본급에 수당을 포함한 금액을 기준으로 임금인상률을 정하였다는 사정 등을 들어 바로 포괄임금제에 관한 합의가 있다고 선불리 단정할 수 없다(대법 2022.2.11, 2017다238004 ; 대법 2020.2.6, 2015다233579 · 233586 ; 대법 2016.9.28, 2014다56652 ; 대법 2016.8.24, 2014다5098 ; 대법 2012.3.29, 2010다91046 ; 대법 2009.12.10, 2008다57852).

② 임금협정서에 포괄임금방식으로 지급한다는 취지가 있는 경우 : 이 경우에도 입금협정서, 임금조견표, 급여명세서 등에 기본급과는 별도로 정한 연장·야간·휴일근로수당 등을 세부항목으로 나누어 지급하도록 정하고 있는 경우에는 포괄임금제에 관한 약정이 성립하였다고 볼 수 없다(대법 2022.2.11, 2017다238004 ; 대법 2020.2.6, 2015다233579 · 233586).

③ 포괄임금에 포함된 법정수당이 명확히 표시되지 않은 경우 적법 여부 : 포괄임금제를 채택하면서 고정급 연장근로수당을 월임금에 포함시켜 지급하더라도, 노사당사자 간에 월임금에 포함된 고정 연장근로수당 금액을 명시하거나 연장근로시간(또는 그 상한)을 약정하여 시간급 임금의 산정(소위 포괄역산) 및 연장근로수당의 계산이 가능해야 한다. 그런데 고정 연장근로수당 금액을 명시하지 않거나 연장근로시간(또는 그 상한)이 명확하게 표시되지 않아 고정 연장근로수당 금액을 알 수 없는 경우에는 달리 볼 사정이 없는 한 연장근로수당이 적법하게 지급된 것으로 보기 어렵다(2005.6.13, 근로기준과-3172). 따라서 월급여액에 기본급과 제수당이 포함된 것으로 근로계약을 체결하는 경우에는 근로계약서상에 시간급 통상임금 및 연장·야간·휴일근로시간과 함께 그에 따라 계산된 임금 및 수당액을 구체적으로 명시하여 향후 예상되는 분쟁의 소지를 없앨 필요가 있다(2004.10.19, 근로기준과-7485).

4. 포괄임금제의 법적 효과

(1) 포괄임금제가 유효하게 성립된 경우

① 근로시간 산정이 어렵고, 포괄임금제에 대한 명시적 합의가 있는 경우로서 포괄임금제가 유효한 경우에 한하여 연장·야간·휴일근로수당, 주휴수당은 포괄임금에 포함되어 지급된 것으로 인정되고 차액지급의무를 면제한다.

② 연차유급휴가미사용수당은 이를 포괄임금에 포함할 경우 휴가 사용권의 사전적 박탈의 문제가 있으므로 포괄임금에 포함할 수 없다. 사용자는 포괄임

금제라는 이유로 연차유급휴가 사용을 제한할 수 없다(근기법 제60조제5항).

③ 퇴직금은 근로관계의 종료를 요건으로 그 지급사유가 발생하므로 포괄임금에 포함할 수 없다. 포괄임금에 포함되었다는 이유로 연차유급휴가 미사용수당 및 퇴직금을 별도로 지급하지 않으면 임금체불로 법 위반에 해당된다.

④ 포괄임금제가 유효하게 성립된 경우에도 근기법상의 근로시간 규정을 위반할 수 없으므로 실제 연장근로시간이 1주 12시간을 초과한 것이 입증되는 경우에는 법 위반에 해당된다(근기법 제53조제1항). 이 경우 실 근로시간에 따라 연장근로 한도 위반 여부를 판단한다. 다만, 근기법 제59조(근로시간특례), 제63조(적용제외)가 적용되는 경우는 제외된다.

⑤ 근무환경의 특성 등을 감안하여 노사간의 합의로 일정한 연장근로시간 또는 휴일근로시간과 관계없이 일정 시간을 연장근로시간 또는 휴일근로시간으로 간주하기로 합의한 경우(보장시간제 약정)에는 사용자로서는 근로자의 실제 근무시간이 위 합의한 시간에 미달함을 이유로 근로시간을 다투는 것이 허용되지 아니한다 할 것이다(대법 2019.8.14, 2018다244631 ; 대법 2016.8.24, 2015다253986 ; 대법 2011.9.8, 2011다37797 ; 대법 2007.11.29, 2006다81523).

⑥ 고속버스 운전기사들이 버스회사를 상대로 미지급된 각종수당 차액 등을 청구한 사안에서 연장·야간근로수당에 관해서는, 2011년도 임금협정에서 "임금내역은 법정제수당을 포함한 포괄역산 방식의 체계를 유지한다. 노선수당은 근무실적에 따라 발생하는 연장·야간·휴일근로수당을 포괄한 수당이며, 노선수당을 지급함에 있어서 실제근로시간과의 차이에 대하여는 노·사간 이의를 제기치 않기로 한다."라고 규정한 점, 그에 따라 피고(버스회사)가 연장·야간근로수당 명목으로 지급하는 돈은 실제 연장·야간근로시간의 수와 상관없이 운행실적에 따라 산출된 노선수당을 사전에 합의한 비율대로 나누어 역산하는 방식으로 결정될 뿐이고, 버스운송사업의 특수한 근무내용, 근무형태, 근무시간 등을 함께 고려하면, 2011년도 임금협정은 연장·야간근로수당에 관한 포괄임금약정을 포함하고 있다고 볼 수 있다(대법 2022.2.11, 2017다238004).

(2) 포괄임금제 성립이 유효하지 않은 경우

① 근로시간 산정이 어렵지 않거나, 근로시간 산정이 어려운 경우에도 포괄임금제에 대한 명시적 합의가 없는 경우에는 근기법상 실근로시간에 따른 임금지급원칙을 적용한다. 포괄임금에 포함된 정액의 법정수당이 근기법이 정한 기

준에 따라 산정된 법정수당에 미달하는 경우에는 그 임금지급 관련 조항은 무효이다. 사용자는 실근로시간을 기준으로 근기법에 따라 산정된 법정수당 이상을 지급해야 한다. 미달되는 법중수당 추가 지급, 미지급 시 임금체불로 법위반에 해당된다. 포괄임금으로 지급된 금액이 최저임금보다 적은 경우 최저임금법 위반에도 해당된다.

② 고속버스 운전기사들의 휴일근로수당에 관한, 2011년도 임금협정은 시간급의 개념을 출발점으로 두고 휴일근로수당의 액수를 위 시간급을 기준으로 산정하고 있다는 등의 이유로 휴일근로수당에 관하여는 포괄임금약정이 성립하였다고 보기 어렵다고 한다(대법 2022.2.11, 2017다238004).

5. 포괄임금제의 문제점

포괄임금제는 ① 초과근로 상시화 등 장시간 근로를 고착화시킴으로써 근로자의 일과 삶의 균형 및 재충전 기회를 불가능하게 하고, ② 임금 또한 실제 일한 시간에 따라 마땅히 받아야 할 임금(기본급+가산임금)에 미달하는 임금을 받게 되는 등 다양한 문제를 야기시키고 있다.

6. 인사노무관리상의 유의사항

최근 대법원 판례는 포괄임금제를 매우 제한적으로 인정하고 있다. 포괄임금제를 도입하더라도 근로시간, 근로형태와 업무성질을 고려할 때 「근로시간의 산정이 어려운 것으로 인정될 수 있는 경우」에 국한하여 적용하는 것이 바람직하다. 이에 해당하는 경우로는 ① 근기법 제63조 각 호의 감시·단속적 근로자이거나 또는 교대제·격일제 등의 형태여서 실제 근로시간의 산출이 어려운 근로자 등, ② 근기법 시행령 제34조의 관리·감독직근로자, ③ 근기법 제58조제1항에 규정된 근로자가 출장이나 그 밖의 사유로 근로시간의 전부 또는 일부를 사업장 밖에서 근로하는 경우, ④ 근기법 제58조제3항 및 동법시행령 제31조에 규정된 업무의 성질에 비추어 업무수행방법을 근로자의 재량에 위임할 필요가 있는 재량근로자 등을 둘 수 있다. 기업에서 근로시간의 산정이 가능하다고 판단된다면 포괄임금제 대신 실제 근로시간을 산정하고 이에 따라 연장·휴일·야간근로수당을 지급하도록 임금지급방법을 개선해야 할 것이다.

5 성별, 국적, 신앙, 사회적 신분에 의한 차별금지

1. 균등처우

(1) 근기법 제6조의 규정내용

근기법 제6조는 「사용자는 근로자에 대하여 남녀의 성(性)을 이유로 차별적 대우를 하지 못하며 국적·신앙 또는 사회적 신분을 이유로 근로조건에 대한 차별적 처우를 하지 못한다」고 규정하고 있다. 헌법 제11조제1항의 평등원칙을 근로관계에서 실질적으로 실현하기 위한 것이다(대법 2019.3.14, 2015두46321). 근기법 제6조의 균등처우 원칙은 사용자의 근로조건에 대한 차별금지원칙으로서 임금의 차별금지뿐만 아니라 근로시간, 휴일, 휴가, 해고 등에서의 차별금지를 포함한다. 균등처우는 근로조건에 대한 차별을 금지하는 것이므로 해고는 근로조건에 포함되나 모집·채용은 포함되지 않는다. 그 이유는 사용자의 계약자유 중 상대방 선택의 자유는 최대한 존중되어야 하므로 근기법에 의한 규제는 근로자의 채용 전의 관계는 미치지 아니한다.

(2) 차별적 처우의 금지

① 근기법 제6조의 '차별적 처우'란 사용자가 근로자를 임금 및 그 밖의 근로조건 등에서 합리적인 이유 없이 불리하게 처우하는 것을 의미하고 '합리적인 이유가 없는 것'이란 당해 근로자가 제공하는 근로의 내용을 종합적으로 고려하여 달리 처우할 필요성이 인정되지 아니하거나 달리 처우하는 경우에도 그 방법·정도 등이 적정하지 아니한 경우를 말한다(대법 2019.3.14, 2015두46321). 이 판결은 국립대학교 총장이 시간강사들에게 전업(專業)과 비전업(非專業)을 구분하여 강사료를 차등 지급한 것은 헌법 제11조제1항의 평등원칙에 반하는 차별적 처우이므로 위법하다는 것이다. 국립대학교 총장으로서 근로계약을 체결할 때 사회적 신분이나 성별에 따른 임금차별을 하여서는 아니되고 그 밖에 근로계약상의 근로내용과 무관한 사정을 이유로 근로자에 대하여 불합리한 차별대우를 해서는 아니된다는 것이다. 이 판례는 차별적 처우의 판단기준에서 근로계약상의 내용과 무관한 다른 사정을 이유로 한 차별이라는 새로운 차별금지 원칙을 제시했을 뿐만 아니라 동일가치 노동 동일임금 원칙을 남녀 간이 아닌 동성 간에도 적용된다는 취지를 명확히 했다.

② 근기법상 차별적 처우금지는 남녀·국적·신앙·사회적 신분을 이유로 하는 것이므로, 근로형태·업무성적·직급 등 합리적 이유가 있는 차별은 동법상의 차별로 보지 않는다. 모집·채용단계에서의 채용조건은 채용 후의 근로조건이 아니므로 근기법상의 근로조건의 차별금지 대상에 해당하지 않으며, 남녀차별에 해당하는 경우에는 근기법이 아닌 남녀고용평등법상의 차별로 다루어진다. 여기에서 말하는 남녀의 차별은 합리적인 이유없이 남성 또는 여성이라는 이유만으로 부당하게 차별대우하는 것을 의미한다(대법 2019.10.31, 2013두20011 ; 대법 2006.7.28, 2004두3476 ; 대법 1996.8.23, 94누13589).

(3) 성별 · 국적 · 신앙 · 사회적 신분을 이유로 한 차별적 처우 금지

① 근기법 제6조의 균등처우 조항은 성별, 국적, 신앙 또는 사회적 신분을 이유로 한 차별적 처우를 금지시킨 것으로서 그 직종이나 업무성질에 따라 근로조건을 달리하는 것은 위 조항에 위배되는 것이 아니라 할 것이다. 예컨대 교대근무자 및 비번근무자에 한하여 주휴일을 달리하도록 한 취업규칙을 적용하는 것에는 그 합리성을 인정할 여지가 충분하다고 보여지므로 균등처우조항에 위배되는 것으로 단정하기는 어렵다(대법 2004.6.25, 2002두2857).

② 여성근로자들이 전부 또는 다수를 차지하는 분야의 정년을 합리적인 이유없이 성별을 이유로 다른 분야의 정년보다 낮게 정한 것은 여성에 대한 불합리한 차별에 해당한다(대법 2019.10.31, 2013두20011). 이 판례는 불합리한 차별에 해당하는지 여부는 헌법 제11조제1항에서 규정한 평등의 원칙 외에도 헌법 제32조제4항에서 규정한 "여성근로에 대한 부당한 차별금지"라는 헌법적 가치를 염두에 두고 해당 분야 근로자의 근로내용, 그들이 갖추어야 하는 능력, 근로시간, 해당 분야에서 특별한 복무규율이 필요한지 여부나 인력수급사정 등 여러 사정들을 종합적으로 고려하여 판단하여야 한다는 것이다.

③ 무기계약직 근로자에게 일반공무원과 달리 명절휴가비, 가족수당, 자녀학자보조금, 맞춤형 복지포인트 등의 수당을 적게 지급했다며 미지급 수당 등을 청구하는 소송을 제기한대 대하여 판례(서울중앙지법 2023.5.11, 2020가합537058)는 무기계약직 근로자는 근기법 제6조의 사회적 신분이 아니므로 국가가 수당을 차등 지급했다고 하더라도 사회적 신분을 이유로 한 차별대우에 해당하지 않는다고 판단했다.

2. 국적에 의한 근로조건 차별

국적을 이유로 근로조건을 차별하는 것에 해당하는지의 판단은 근로조건에 대한 차별이 단순히 국적만을 이유로 한 것인지 여부와 차별의 대상인 근로조건에 대하여 임금, 근로시간 등 근로자 대우에 관한 일체의 요소를 고려하여 전반적으로 합리적인 기준에서 벗어난 차별이 있었는지 여부 등을 종합적으로 판단하여 결정하여야 할 것이다. 근기법은 근로자의 국적에 관계없이 사업 또는 사업장 단위로 적용되며, 사용자는 국적을 이유로 근로조건에 대한 차별적 처우를 할 수 없으므로(동법 제6조) 근로자가 외국영주권을 취득한 것을 이유로 해고 기타 근로조건에 대한 차별적 처우를 할 수는 없다(2004.6.29, 근로기준과-3258). 또한 불법취업 중인 외국인에 대하여도 근기법의 적용사업장에 고용되어 근로하는 이상 근기법 제6조가 적용되므로 국적 등을 이유로 차별적인 근로조건을 정해서는 안된다.

6 동일가치노동 · 동일임금의 원칙

1. 원칙의 내용

사용자는 근로자에 대하여 남녀의 차별적 처우를 하지 못한다(근기법 제6조). 따라서 여성임을 이유로 임금에 차별을 두어서는 아니된다. 또한 남녀고용평등법 제8조제1항 및 제2항은 「① 사업주는 동일한 사업 내의 동일가치 노동에 대하여 동일한 임금을 지급하여야 한다. ② 동일가치 노동의 기준은 직무수행에서 요구되는 기술, 노력, 책임 및 작업조건 등으로 하고, 사업주가 그 기준을 정할 때에는 제25조에 따른 노사협의회의 근로자를 대표하는 위원의 의견을 들어야 한다」고 규정하여 동일가치노동 · 동일임금의 원칙을 명시하고 있다. 남녀고용평등법 제8조의 동일가치노동 · 동일임금 원칙은 강행규정의 성격을 지니고 있으므로 이에 반하는 행위는 무효이다. 예컨대 동일 직무, 동일 고용형태, 동일 자격, 동일 학력 등이 같은 경우에 기타 특별한 차이가 없다면 초임금 등에 남녀별로 차이를 두는 것은 위법한 것이다. 판례(대법 2023.4.27, 2020도16431)는 정근수당을 출근성적이 아닌 성별에 따라 차별지급한 것은 동일가치노동에 대한 동일임금지급원칙에 위반된다고 한다.

2. 차별의 이유

여성이라는 것을 이유로 차별적 처우를 하는 것은 금지되지만 성별 이외의 직종, 직무내용, 직무능력, 고용형태, 책임과 권한, 고용코스, 기능, 능률, 연령, 근속연수, 근무실태 등에 차이가 있는 경우에 임금에 차등을 두는 것은 금지되는 것이 아니다. 여기에서 남녀의 차별적 처우라고 하는 것은 불리하게 취급한 경우만이 아니라 유리하게 취급한 경우를 포함하고 있다. 최근 여성인 것을 이유로 하는 차별소송사건이 증가하고 있다. 당해 남녀간의 임금격차가 근기법 제6조 또는 남녀고용평등법 제8조 위반을 구성하고 있는가의 판단기준은 이러한 임금격차가 성별을 이유로 한 것인가 그 이외의 이유에 의한 것인가에 따라 결정된다. 다만, 직종, 직무 등의 명칭은 다를지라도 그것이 남녀간에 차등을 두기 위한 형식적인 구별에 지나지 않고, 실질적으로는 남녀가 동일 내용의 노동에 종사하고 있는 경우에는 남녀차별 금지에 위반된다.

3. 임금차별에 대한 판례의 태도

(1) 동일가치노동의 의의 및 판단기준

판례(대법 2019.3.14, 2015두46321 ; 대법 2013.3.14, 2010다101011 ; 대법 2011.4.28, 2011다6632 ; 2003.3.14, 2002도3883)는 동일가치 노동에 대한 동일임금지급원칙과 관련하여 다음과 같은 판단을 하고 있다. 「남녀고용평등법」 제8조제1항은 "사업주는 동일한 사업내의 동일가치 노동에 대하여는 동일한 임금을 지급하여야 한다"고 규정하고 있는바, 여기에서 '동일가치 노동'이란 당해 사업장 내의 서로 비교되는 노동이 동일하거나 실질적으로 거의 같은 성질의 노동 또는 그 직무가 다소 다르더라도 객관적인 직무평가 등에 의하여 본질적으로 동일한 가치가 있다고 인정되는 노동에 해당하는 것을 말한다.

동일가치의 노동인지 여부는 남녀고용평등법 제8조제2항에서 정한 직무수행에서 요구되는 기술, 노력, 책임 및 작업조건을 비롯하여 해당 근로자의 학력·경력·근속연수 등을 기준으로 종합적으로 고려하여 판단하여야 한다. 이 판결은 동일한 사업장에서 남녀가 다른 직무를 수행하고 있는 사안에 대해 남녀고용평등법상 동일가치 노동에 대한 동일임금원칙 규정을 적용하고, 동일가치 노동의 판단기준을 제시한 판결로서 중요한 의미를 가진다.

(2) 임금지급에 있어서의 성차별행위 여부

남녀고용평등법 제8조제1항은 사업주에게 성별을 이유로 동일한 사업 내에서 동일가치노동을 하는 근로자에게 임금을 차등 지급하면 안된다는 의무를 부과하는 것이지 같은 성의 근로자에 대한 임금 차별금지의무까지 부과하는 것으로 보기는 어렵다(법제처 2020.2.20, 안건번호 19-0524).

남녀고용평등법 제8조제1항에 따라 동일가치노동에 대한 동일임금을 지급하지 아니한 경우에 해당한다는 사례(남녀고용평등업무처리규정 제4조제4항)와 성차별행위로 보지 아니하는 경우(동규정 제4조제5항)는 구체적으로 예시하고 있다.

4. 임금차별에 대한 구제와 입증책임

(1) 임금차별에 대한 구제

남녀고용평등법 제8조의 규정에 의한 '동일가치노동 동일임금 원칙'을 위반함으로써 당해 근로자에게 지급되어 온 임금과 동 위반이 없었을 경우 지급받을 수 있었던 임금과의 차액을 근기법상 임금으로 볼 수 있는지 여부가 문제되고 있다. 남녀고용평등법 제8조의 규정에 대한 위반이 없을 경우 지급받을 수 있었던 금액과의 차액은 해당 근로자가 이미 제공한 근로에 대한 것으로 사업주의 위반이 없었더라면 정당하게 받을 수 있었던 임금이라고 보아야 한다. 남녀고용평등법의 입법 목적에 비추어 보면, 사업주가 동일한 사업 내에서 근무하는 남녀근로자가 제공하는 노동이 동일한 가치임에도 합리적인 이유없이 여성근로자에 대하여 남성근로자보다 적은 임금을 지급할 경우 이는 남녀고용평등법 제8조를 위반하는 행위로서 불법행위를 구성하고, 사업주는 임금차별을 받은 여성근로자에게 그러한 차별이 없었더라면 받았을 적정한 임금과 실제 받은 임금의 차액 상당 손해를 배상할 책임이 있다는 것이다.

(2) 임금차액에 대한 청구권

따라서 남녀차별에 기인한 임금차액에 대한 청구권 문제는 남녀고용평등법 제8조에 의거 규율되어야 한다. 차별을 받은 여성근로자에게 적용되어야 할 임금기준액이 객관적으로 명확한 경우에는 여성 차별적인 임금규정은 남녀고용평등법 제8조 위반으로 위법·무효가 되어 차별이 없었더라면 지급되었을 일정액의 임금을 지급해야 한다는 취지의 구체적 기준이 되어, 해당 근로자의 근로계약을 직접 규율한다고 보아야 할 것이다. 다만, 임금차액 청구권은 그 채무를 구체적으로 확정할 수 있을 것이 요구되므로 취업규칙 등에 명확한 지급기준이 객관적으로 있을 경우에만 있다고 보아야 한다. 이 경우에는 남녀차별의 규정을 시정하고 차액금액을 지급토록 지시하여 이를 모두 시정하는 것을 시정완료로 보는 것이 타당하다(2001.2.27, 근기 68207-639). 이에 대하여 임금의 결정에 사용자의 고과사정이 개재하여 그 차별적인 고과사정이 장기간에 걸쳐 누적되어 임금격차가 생긴 경우 등과 같이 차별이 있는 경우에 지급되어야 할 임금액의 산정기준이 명확하지 아니한 사례는 차액임금청구권을 인정하기 곤란하다. 이러한 경우에는 불법행위에 따른 손해배상청구가 허용되어야 할 것이다.

(3) 임금차별에 대한 입증책임

일반적으로 남녀간에 임금격차가 있는 경우 근로자측에서 여성이라는 이유로 격차가 있다는 것을 입증하는 것은 실제상 쉬운 일이 아니다. 공평의 관점에서 남녀 임금격차가 있는 경우에는 사용자측에서 합리적 이유에 근거한 것임을 입증하지 않는 한 이러한 격차는 여성이라는 것을 이유로 한 것으로 불합리한 차별이 있다고 추인된다. 남녀고용평등법 제30조는 「이 법과 관련한 분쟁해결에서 입증책임은 사용자가 부담한다」고 규정하여 이 점을 명확히 하였다.

7 강제근로 및 폭행의 금지

① 강제근로의 금지 : 사용자는 폭행, 협박, 감금 그 밖에 정신상 또는 신체상의 자유를 부당하게 구속하는 수단으로써 근로자의 자유의사에 어긋나는 근로를 강요하지 못한다(근기법 제7조).

근기법 제7조의 취지는 헌법 제11조의 강제노역에서의 자유를 근로관계에서 구체화한 것이다. 금지되는 태양은 폭행, 협박, 감금 그 밖에 정신상 또는 신체상의 자유를 부당하게 구속하는 수단이며, 그 중 폭행, 협박, 감금은 형법상의 범죄에도 해당되지만 근기법은 형법 이상의 형벌을 과하여 5년 이하의 징역 또는 3천만원 이하의 벌금에 처한다(근기법 제107조). 이것은 근기법상 가장 중한 형벌이다. 강제근로의 사례는 출입문 폐쇄, 급식중단, 해고 위협, 주민등록증이나 여권의 보관 반환 거부 등이다.

② 폭행의 금지 : 또한 사용자는 사고의 발생이나 그 밖의 어떠한 이유로도

근로자에게 폭행을 하지 못한다(근기법 제8조).

근기법 제8조의 취지는 근로자의 인격을 보호하고 근로관계의 전근대성을 타파하고자 하는 데에 있다. 사용자의 범위는 근로관계에서 사용자의 지위에 있는 자가 근로자를 폭행한 경우에는 근기법에 따른 사용자로서 폭행의 책임을 물을 수 있다(2016.7.15, 근로기준정책과-4442). 특히 사용자의 근로자에 대한 폭력행사는 근로자의 인격과 자존감을 심각하게 침해하는 것이므로 엄벌(해당사건의 경우 징역1년형 선고)할 필요성이 매우 크다(울산지법 2022.4.29, 2021고단3599). 본조에서의 폭행의 금지는 형법상의 폭행죄와는 달리 반의사불벌죄가 아니므로 근로자의 명시적 의사에 반하더라도 처벌할 수 있다.

8 공민권행사의 보장

1. 공민권행사 보장의 원칙과 내용

사용자는 근로자가 근로시간 중에 선거권, 그 밖의 공민권의 행사 또는 공의 직무를 집행하기 위하여 필요한 시간을 청구하면 거부하지 못한다. 다만, 그 권리행사나 공의 직무를 수행하는 데에 지장이 없으면 청구한 시간을 변경할 수 있다(근기법 제10조). 이것을 '공민권행사 보장의 원칙'이라 한다. 그 입법취지는 근로자가 공민권의 행사 또는 공(公)의 직무를 수행하기 위하여 필요한 시간 동안 해고 등 불이익을 받지 않고 근무에서 벗어날 수 있도록 보장하는데 있다.

2. 공민권의 행사 및 공(公)의 직무의 의의

(1) '공민권 행사'의 의의

공민권의 행사란 각종 법령에서 정한 공직선거에서의 선거권 및 피선거권의 행사, 국민투표권, 지방자치단체 및 의회 대표자를 소환하기 위한 주민투표권, 공직선거법에 의한 선거 또는 당선에 관한 소송 등을 말한다. 자신을 위한 적법한 선거운동과 예비후보자의 선거운동기간은 공민권행사에 포함된다(2010.10.14, 근로기준과-1296)

(2) '공의 직무'의 의의

공의 직무란 법령에 근거하여 직무 자체가 공적인 성질을 가지며 업무 또는 공민으로서 이행할 의무가 규정되어 있는 직무를 의미한다(2019.4.8, 근로기준정책과-2122).

국회의원·지방의회의원·노동위원회 위원으로서의 직무수행, 법원·국회·노동위원회에 증인·감정인으로 출두하는 것, 주민등록 일제 갱신기간의 주민등록 갱신 신청행위, 향토예비군 훈련참가, 선거인명부 열람, 공직선거에 선거참관인으로 참여하는 것, 공직선거에 당선되어 의원으로 활동하는 시간, 을지연습 등의 비상대비훈련, 배심원의 국민참여재판에의 참여시간 등이 그 예이다. 그러나 정당활동이나 조합업무에의 종사는 직무의 성격이 공적이지 않기 때문에 공의 직무 집행에는 포함되지 않는다. 「국민의형사재판참여에관한법률(2007.6.1, 법률 제8495호)」에 따라 선임된 배심원 등이 참여하는 형사재판은 「공의 직무」에 해당된다. 초중등교육법 제31조 및 제32조에 따라 학교운영위원회의 기능 수행을 위한 활동에 참석하는 것은 근기법 제10조의 공의 직무에 해당된다(2019.4.8, 근로기준정책과-2122).

3. 공민권행사 등을 위해 필요한 시간에 대하여는 사용자의 임금지급 의무가 당연히 존재하는가

① 임금지급의무가 있는 경우 : 공민권행사 또는 공의 직무를 집행하기 위해 필요한 시간에 대하여 사용자가 임금을 지급할 것인지의 여부는 법령이나 당해 사업장의 단체협약, 취업규칙 또는 근로계약에 의하여 결정되어야 하며, '유급으로 한다'는 별도의 규정이 없다면 사용자가 임금을 지급하여야 할 법적 의무는 없다(2019.4.8, 근로기준정책과-2122). 다만, 다른 법령에서 불이익한 대우의 금지를 규정하고 있는 경우가 있다.

② 공직선거법에 의한 선거의 선거일의 경우 : 근기법 제55조제2항 본문은 「사용자는 근로자에게 대통령령으로 정하는 휴일은 유급으로 보장하여야 한다」고 규정하고, 동법시행령 제30조제2항은 「법 제55조제2항 본문에서 대통령령으로 정하는 휴일이란 「관공서의 공휴일에 관한 규정」제2조 각 호(제1호는 제외한다)에 따른 공휴일 및 같은 영 제3조에 따른 대체공휴일을 말한다」고 규정하고 있으며 「관공서의 공휴일에 관한 규정」 제2조제10의2호는 「공직선거법 제34조에 따른 임기만료에 의한 선거의 선거일」을 명시하고 있으므로 이 날은 선거일 하루 전체를 법정 유급휴일이 된다.

③ 예비군훈련 및 민방위훈련의 경우 : 향토예비군설치법(제10조)과 민방위기본법(제27조)은 "동원·교육·훈련에 필요한 기간을 휴무로 하거나 이를 이유로 불이익한 처우를 하여서는 아니된다"라고 규정하고 있다. 이 조항을 근거로 이러한 동원·교육·훈련·명부열람·투표에 필요한 시간을 유급으로 처리하는 것이 타당하다(대법 1989.5.9, 89도1801 ; 2012.5.9, 근로개선정책과-2571).

4. 공민권행사 등을 위하여 필요한 시간의 의미 및 행사방법

① 필요한 시간의 의의 : '필요한 시간'은 당해 공민권의 행사 또는 공의 직무의 성질에 따라 판단되어야 한다. 당해 공민권의 행사 또는 공의 직무 집행 자체에 필요한 최소한의 시간뿐만 아니라 공민권행사 등을 충분히 보장하기 위하여 사전준비시간이나 이동시간·사후정리시간이 필요할 경우에는 이를 포함한 시간이 '필요한 시간'의 범위에 해당한다(서울민사지법 1993.1.19, 91가합19495 ; 2012.12.13, 근로개선정책과-6817). 그러나 당초 근로를 제공하지 않는 날인 경우에는 근로시간 중이 아니므로 별도로 공민권 행사에 필요한 시간을 부여할 문제가 발생하지 아니한다(2012.5.9, 근로개선정책과-2571).

② 공민권 행사방법 : 해당 사업 또는 사업장의 단체협약·취업규칙에 공민권 행사방법 및 청구시기에 관하여 특별히 정하였다면 그에 따라야 할 것이나 그렇지 않은 경우에는 노사간 자유롭게 정할 수 있다. 따라서 이 경우 공민권 행사방법은 구두·서면 등 근로자의 공민권 행사 의사표시가 사용자에게 도달할 수 있는 방법이면 충분하고 그 청구시점도 특별한 사정이 없는 한 사회통념상 허용되는 합리적인 범위 내에서 자유롭게 선택할 수 있다(2012.12.13, 근로개선정책과-6817).

5. 공민권행사와 청구시간 변경

사용자는 근로자가 청구한 시간을 변경할 수 있는데 이러한 시간변경은 공민권의 행사 또는 공의 직무 집행에 지장이 없는 범위 내에서 이루어져야한다. 휴게시간은 근로시간에 해당하지 않기 때문에 사용자가 휴게시간을 이용하여 공민권을 행사토록 요구하는 것은 근로시간 중의 행사를 보장하는 법규정에 반할 뿐 아니라 휴게시간 자유이용의 원칙(근기법 제54조제2항)에도 위배된다.

9 근로조건의 명시

1. 근로계약 체결 또는 변경시의 근로조건 명시

(1) 관련 규정

사용자는 근로계약을 체결할 때 또는 변경하는 경우에도 근로자에게 임금, 소정근로시간, 제55조에 따른 휴일, 제60조에 따른 연차유급휴가, 그 밖에 대통령령으로 정하는 근로조건을 명시하여야 한다. 근기법은 근로조건의 명시에 관하여 다음과 같이 규정한다.

> **제17조 【근로조건의 명시】** ① 사용자는 근로계약을 체결할 때에 근로자에게 다음 각 호의 사항을 명시하여야 한다. 근로계약 체결 후 다음 각 호의 사항을 변경하는 경우에도 또한 같다.
> 1. 임 금
> 2. 소정근로시간
> 3. 제55조에 따른 휴일
> 4. 제60조에 따른 연차유급휴가
> 5. 그 밖에 대통령령으로 정하는 근로조건
>
> ② 사용자는 제1항제1호와 관련한 임금의 구성항목 · 계산방법 · 지급방법 및 제2호부터 제4호까지의 사항이 명시된 서면(전자문서법 제2조제1호에 따른 전자문서를 포함한다)을 근로자에게 교부하여야 한다. 다만, 본문에 따른 사항이 단체협약 또는 취업규칙의 변경 등 대통령령으로 정하는 사유로 인하여 변경되는 경우에는 근로자의 요구가 있으면 그 근로자에게 교부하여야 한다.
>
> **제67조 【근로계약】** ③ 사용자는 18세 미만인 자와 근로계약을 체결하는 경우에는 제17조에 따른 근로조건을 서면으로 명시하여 교부하여야 한다.

한편, 직업안정법 제10조는 「구인자가 직업안정기관의 장에게 구인신청을 할 때에는 구직자가 취업할 업무의 내용과 근로조건을 구체적으로 밝혀야 하며, 직업안정기관의 장은 이를 구직자에게 알려주어야 한다」고 규정하여, "구인신청을 할 때"에 명시하도록 요구하고 있다.

(2) 근로조건 명시의무의 취지

근로조건 명시의무 취지는 근로자에게 채용 또는 변경시에 근로조건의 내용을 명시하여 근로조건이 미확정된 상태에서 불리한 취업을 강제당할 위험을 방지하기 위함이다. 근로자의 근로계약상의 권리를 확보하고 의무를 명확히 하여 근로조건을 둘러싼 분쟁을 사전에 방지하기 위하여 규정한 것이다. 근로계약 체결 또는 변경시 서면으로 명시하는 사항을 임금 외에 근로시간, 휴일, 휴가 등 기본적인 근로조건을 명확히 하여 관련 분쟁을 사전에 예방하고 분쟁발생시 권리관계를 명확히 하기 위한 것이다.

(3) 명시하여야 할 근로조건 내용

근로계약 체결 및 변경시에 명시하여야 할 근로조건이란 다음과 같다.

① 임 금 : 임금의 구성항목 · 계산방법 및 지급방법
② 소정근로시간 : 근기법 제2조제1항제7호에 규정된 일반근로자, 연소자, 유해위험작업근로자의 소정근로시간
③ 휴 일 : 근기법 제55조의 유급주휴일
④ 휴 가 : 근기법 제60조의 연차유급휴가
⑤ 취업의 장소와 종사하여야 할 업무에 관한 사항(시행령 제8조제1호)
⑥ 근기법 제93조제1호부터 13호까지의 규정에서 정한 사항(시행령 제8조제2호)
⑦ 사업장의 부속기숙사에 근로자를 기숙하게 하는 경우에는 기숙사규칙에서 정한 사항(시행령 제8조제3호)

(4) 서면명시 및 교부의무 적용범위

주요 근로조건 서면명시 및 교부의무는 영세업체의 부담을 고려하여 근로시간, 휴가는 상시근로자 5명 이상 사업장에만 적용되고 임금, 주휴일은 1명이라도 고용한 모든 사업장에도 적용된다(근기법시행령 「별표1」).

또 위와 같은 일반적 규제에 덧붙여 사업주와 근로조건이 불명확하게 되기 쉬운 건설근로자에 대하여는 「건설근로자의고용개선등에관한법률」이 사업주의 명칭, 사업장의 명칭 및 소재지, 근로시간, 임금 및 고용기간, 업무의 내용, 그 밖에 고용노동부령으로 정한 사항(건설근로자의 배치장소, 그 사업의 퇴직공제 가입대상 여부와 가입 여부)을 적은 서류를 즉시 그 건설근로자에게 내주어야 한다(동법 제6조 · 시행규칙 제3조). 단시간근로자에게도 근로계약서를 작성하여 내주어야 한다는 의무규정이 있다(근기법시행령 「별표2」 제1호가목).

2. 명시된 근로조건이 사실과 다를 경우의 구제방법

만일 명시된 근로조건이 사실과 다를 경우에는 근로자는 근로조건 위반을 이유로 손해의 배상을 청구할 수 있으며, 즉시 근로계약을 해제할 수 있다. 근로

자가 손해배상을 청구할 경우에는 노동위원회에 신청할 수 있으며, 근로계약이 해제되었을 경우에는 취업을 목적으로 거주를 변경하는 근로자에게 귀향여비를 지급하여야 한다(근기법 제19조).

(1) 손해배상청구

「근로자는 근로계약 체결시에 명시된 근로조건의 위반 이외의 사유로 노동위원회에 대하여 손해배상청구를 신청할 수는 없다」(대법 1983.4.12, 82누507). 손해배상청구신청은 근기법상의 모든 근로조건 위반의 경우에 인정되는 것은 아니고 사용자가 근로계약 체결시 근로자에 대하여 명시한 근로조건(임금, 소정근로시간, 기타의 근로조건)이 취업 후 사실과 달라 근로자에게 손해를 입힌 경우에 한하여 인정되는 것이다(서울행법 2009.5.1, 2008구합45955). 사용자가 근로계약 체결시에 명시한 근로조건을 위반하는 경우 특히, 근로자를 유인하기 위하여 이행할 의사없이 유리한 근로조건을 제시한 경우에 근로자를 신속히 구제하려는 것이다.

특히, 근로조건 위반, 즉 채무불이행으로 인한 손해배상청구를 민사소송이 아니라 노동위원회를 통하여 할 수도 있도록 한 것에 이 규정의 특별한 의미가 있다. 그러나 노동위원회에 대한 손해배상신청은 명시한 근로조건 위반의 사유로 한정되며 예컨대 부당해고로 인한 손해배상은 제외된다(대법 1985.11.12, 84누576). 또 손해배상청구권의 소멸시효기간은 근로조건의 내용 여부를 묻지 않고 근기법 제49조에 정한 임금채권에 준하여 3년이라고 해석된다(대법 1997.10.10, 97누5732).

노사합의에 따라 명시된 근로조건을 사용자가 준수하지 않는 경우라면 근로조건 위반에 해당된다(2008.2.12, 근로기준팀-667).

근로자는 근기법 제19조제2항에 따라 사용자의 근로조건 위반을 이유로 손해배상을 청구하려면 근로조건 위반 손해배상청구신청서에 다음의 서류를 첨부하여 관할 지방노동위원회에 제출하여야 한다(근기법시행규칙 제2조). 다만 상시 4명 이하의 근로자를 사용하는 사업 또는 사업장에는 적용하지 아니한다(근기법시행령 별표 1).

㈎ 근로계약서 사본

㈏ 사용자가 근로조건을 위반하였다는 사실을 증명하는 자료

(2) 즉시 근로계약 해제권

근로조건 위반에 대한 즉시해제권은 민법상 채무불이행에 대하여 계약을 해

제·해지할 수 있다는 원리를 확인한 것에 불과하다. 그러나 취업 후 상당기간이 지나면 즉시해제권은 행사할 수 없다(대법 1997.10.10, 97누5732).

(3) 귀향여비

근로자가 근로계약을 즉시 해제한 경우에는 취업을 목적으로 거주를 변경하는 근로자에게 귀향여비를 지급하여야 한다.

3. 채용시의 문서교부에 의한 근로조건의 명시사항

(1) 채용시의 문서교부

사용자는 근로계약을 체결하거나 변경할 때에 임금, 소정근로시간, 제55조에 따른 휴일, 제60조에 따른 연차유급휴가, 그 밖에 대통령령이 정하는 근로조건을 명시하여야 한다(근기법 제17조).

종래에는 근로계약 체결을 문서로 하기보다는 구두로 조건을 명시하였으나 노동이동의 증대, 취업형태의 다양화에 따라 근로조건이 불명확하여 분쟁이 증대하였으므로 분쟁을 미리 방지하기 위하여 2010년 5월 근기법 개정(2012.1.1부터 시행)시 근로계약 체결 후 이를 변경하는 경우에도 근로조건을 명시하도록 하고 서면 명시사항에 대하여는 반드시 근로자에게 교부하되, 단체협약, 취업규칙, 노사합의서, 법령이 변경되는 경우 등에는 근로자의 요구가 있으면 그 근로자에게 교부하여야 한다고 규정하였다.

또한 기간제법 제17조는 기간제근로자 또는 단시간근로자와 근로계약을 체결하는 때에는 소정사항을 서면으로 명시하여야 한다고 규정하고 있으며, 사용자는 단시간근로자와의 근로계약 체결시에는 임금·근로시간 그 밖의 근로조건은 근로계약서를 작성하여 교부하여야 한다고 규정하고 있으므로 이 경우에는 문서에 의하여 근로조건을 명시하여야 한다(근기법시행령 「별표2」 제1호가목).

(2) 근로계약의 체결시와 서면 명시의 범위

① 근로조건의 서면 명시 : 근로조건의 서면 명시사항은 임금의 구성항목, 계산방법, 지급방법, 소정근로시간, 휴일, 휴가 등으로서 「근로계약을 체결 또는 변경할 때」에 행하여야 한다. 근기법 제17조의 문서명시 시기는 채용내정제도가 있는 신규졸업생에 있어서는 실제 입사일까지 교부하면 위법은 아니다.

② 임금지급시의 임금명세서 서면교부 : 사용자는 임금을 지급하는 때에는 근

로자에게 임금의 구성항목·계산방법, 근기법 제43조제1항 단서에 따라 임금의 일부를 공제한 경우의 내역 등 대통령령으로 정하는 사항을 적은 임금명세서를 서면(「전자문서법」 제2조제1호에 따른 전자문서를 포함한다)으로 교부하여야 한다(근기법 제48조제2항).

(3) 근로계약 변경시 근로자의 요구에 따른 서면 교부방법

근기법 제17조제2항 단서에서 「단체협약 또는 취업규칙 변경 등 대통령령으로 정하는 사유로서 변경되는 경우」란 다음의 경우를 말한다.(근기법시행령 제8조의2)

① 근기법 제51조제2항, 제51조의2제1항, 같은조 제2항 단서, 같은조 제5항 단서, 제52조제1항, 같은조 제2항제1호 단서, 제53조제3항, 제55조제2항 단서, 제57조, 제58조제2항·제3항, 제59조제1항 또는 제62조에 따른 서면합의로 변경되는 경우

② 근기법 제93조에 따른 취업규칙에 의하여 변경되는 경우

③ 노조법 제31조제1항에 따른 단체협약에 의하여 변경되는 경우

④ 법령에 의하여 변경되는 경우

(4) 서면 명시방법 및 교부방법

① 서면 명시방법 : 서면 명시방법에 있어서는 자유로운 방법으로 하면 되는 것이며 근로계약서를 작성하거나 근로자가 지명한 전자우편에 등재하거나 근로자에게 완전히 개방된 회사 홈페이지 또는 내부 사이트에 등재(2005.10.28, 근로기준팀-812)하거나 회사의 취업규칙이나 관련규정에 명시하여 언제든지 열람할 수 있게 하는 방법이 있다. 이때 근로계약의 체결은 서명, 기명날인, 전자서명법상의 공인전자서명의 방법 등 당사자가 진의에 의해 체결하는 방식이면 모두 가능하다(2014.8.28, 근로개선정책과-4823). 예컨대 명시하여야 할 사항에 있어서 당해 근로자에게 적용할 부분을 명확히 하여 취업규칙을 근로계약 체결시 또는 변경시에 교부하더라도 아무런 문제는 없다.

② 개인 이메일로 근로조건을 통보한 경우와 서면교부의무 위반 여부 : 근기법 제17조제2항의 '서면'이란 종이로 된 문서를 의미하고, 전자문서는 회사가 전자결재체계를 완비하여 전자문서로 모든 업무를 기안, 결재, 시행과정을 관리하는 경우 예외적으로 가능하다고 볼 수 있다(서울행법 2010.6.18, 2010구합11269). 따라서 개인 이메일을 통한 서면 명시는 이메일 외에는 서면명시를 이행하기

어려운 특별한 사정이 없는 한 근기법 제17조제2항의 의무를 이행하였다고 보기는 어려울 것이다(2012.2.2, 근로개선정책과-1128).

구 분	서면 명시 대상
일반근로자	임금의 구성항목 · 계산방법 · 지급방법, 소정근로시간, 휴일, 연차유급휴가
기간제근로자	일반근로자 계약내용+계약기간, 장소 · 종사업무
단시간근로자	일반근로자 계약내용+근로일 별 근로시간
파견근로자	일반근로자 계약내용+근로자파견계약 내용, 파견의 대가

※ 근로계약서에는 임금 등 개인적인 사항만 명시하고 모든 근로자에게 공통적으로 적용되는 근로조건은 취업규칙 또는 단체협약으로 정해도 된다.

③ 교부방법 : 교부방법은 근로계약을 체결 또는 변경할 때 이를 근로자에게 교부하여야 한다. 교부방법은 근로계약서를 교부하거나, 회사가 증명하는 문서를 제공하거나, 근로자가 지정한 전자우편에 등재할 수 있을 것이다. 다만 회사 홈페이지에 등재하거나 관련 문건을 열람할 수 있게 하는 것만으로는 교부의 요건을 충족시켰다고 보기 어렵다.

④ 취업규칙에 의한다고 근로계약서에 명시된 경우 : 근로계약서에 서면명시 사항을 일일이 나열하는 것이 어려운 경우에는 "취업규칙에 의한다", "근무계획표에 의한다"는 내용을 계약서에 명시한 후 취업규칙이나 근무계획표에 해당 내용을 설명한 후 해당 내용을 교부해야 한다(2007.8.7, 근로기준팀-5809).

(5) 근로계약서를 착오로 기재 교부한 후 근로계약의 취소 여부

근로자는 직급에 맞게 수당(80,000원)을 받았더라도 근로계약서에 그 보다 많은 금액(120,000)을 지급하기로 명시돼 있다면 사용자는 근로계약서대로 지급해야 한다. 근기법은 근로조건이 명시된 근로계약서를 근로자에게 교부하도록 하고 근로계약서에 명시된 근로조건의 경우 더욱 그 기재와 같은 의사표시를 인정해야 할 필요성이 크다. 근로계약서를 착오로 잘못 기재한 것은 중대한 과실로 인한 것이어서 근로계약을 취소할 수 없다(대법 2022.8.31, 2022다246108).

(6) 전자근로계약서 서명시 교부의무를 다한 것인지 여부

① 전자근로계약서란 근기법상 근로계약이 체결됐음을 증명하는 출력이 즉시 가능한 전자문서를 말한다. 고용노동부가이드라인에서 명시한 전자근로계약서가 인정될 수 있는 사례는 ㈎ 사내 전산망에 전자근로계약서 작성 시스템을 구축하는 경우, ㈏ 외부 전자근로계약서 작성 시스템을 활용하는 경우, ㈐ 서면

으로 작성한 근로계약서를 스캔 또는 사진 등의 형식으로 전자화하는 경우를 들 수 있다.

② 사용자와 근로자는 전자근로계약서를 작성하는 방법으로 근로계약을 체결할 수 있다. 이 경우 근로계약에 관한 분쟁을 사전에 예방할 수 있도록 가급적 당사자의 서명을 포함한 문서를 전자화하거나 「전자서명법」에 의한 전자서명을 하는 등의 방법으로써 해당 계약 당사자 쌍방의 의사가 합치하여 전자근로계약서에 명시된 내용대로 근로계약을 체결하였음을 명확히 하여야 한다. 또한 최종 작성 또는 서명 이후에 어느 일방이 임의로 수정할 수 없도록 위변조 방지를 위한 장치를 마련하여야 한다(2016.9.1, 근로기준정책과-5455, 전자근로계약서 활성화를 위한 가이드라인).

③ 회사가 근기법 제17조에 맞게 근로계약의 내용이 입력된 전자장치를 마련하여 근로자는 사원 인증 후 스마트 폰으로 전자서명을 하게한다면 유효한 근로계약 체결로는 볼 수 있으나 이러한 전자근로계약서가 비록 근로자가 스스로 출력할 수 있는 상황이라 하더라도 회사 서버에만 저장되어 있다면 사용자의 교부의무를 다하였다고 볼 수는 없을 것이다. 근로자가 전자근로계약서를 수신할 정보처리시스템을(e메일 등) 지정하게 하고 사용자가 해당 정보처리시스템에 전자근로계약서를 입력(발송)한 때 사용자가 근로계약서를 교부한 것으로 볼 수 있을 것이다. 만약 근로자가 정보처리시스템으로의 수신에 동의하지 않을 경우 사용자는 근로계약서를 직접 교부하여야 할 것이다(2016.10.12, 근로기준정책과-6384).

(7) 서면 명시 및 교부의무 위반의 효과

① 사용자가 근로계약을 체결하거나 변경할 때 의무적으로 명시할 사항을 명시하지 않거나 서면 명시·교부의무를 지키지 않으면 500만원 이하의 벌금에 처한다(동법 제114조).

기간제근로자 또는 단시간근로자에 대한 근로조건 서면명시 의무에 위반하는 경우에는 500만원 이하의 과태료에 처한다(기간제법 제21조제2항). 기간제 및 단시간근로자의 근로조건 서면 명시와 관련하여 근기법과 기간제법의 적용 여부는 근기법과 기간제법은 일반법과 특별법의 관계에 있다고 보기 어려우므로 두 법률이 모두 적용되고 있다. 일반적으로 특별법이 일반법에 우선하고 신법이 구법에 우선한다는 원칙은 동일한 형식의 성문법규인 법률이 상호 모순·저촉되는 경우에 적용된다(대법 1989.9.12, 88누6856). 근기법 위반에 따른 형사처벌과 기간제법 위반에 따른 과태료 부과처분은 그 성질이나 목적을 달리한다고 볼 수 있는 점, 기간제법 입법취지와 목적 등을 감안할 때 기간제 및 단시간근로자 근로조건 보호를 강화하는 방향으로 해석되어야 한다는 점 등을 종합적으로 판단할 때 두 법률이 모두 적용 가능할 것이다(2017.8.18, 근로기준정책과-5099).

② 근기법 제17조의 규정은 단속규정이므로 사용자가 이를 위반하면 처벌을 받는 것은 별론으로 하고 그 근로계약 자체가 무효로 되는 것은 아니다.

법 령	벌 칙
근기법 제17조	벌금 500만원
기간제법 제17조	과태료 500만원
파견법 제26조제1항 / 제26조제3항	1,000만원 이하의 과태료 / 300만원 이하의 과태료

10 손해배상 예정이나 위약금의 금지

1. 위약예정의 금지

(1) 제20조의 규정내용과 그 취지

사용자는 근로계약 불이행에 대한 위약금 또는 손해배상액을 예정하는 계약을 체결하지 못하도록 금지하고 있다(근기법 제20조). 근기법 제20조의 취지는 근로자의 근로계약 불이행으로 사용자에게 어떤 손해가 어느 정도 발생했는지를 따지지 않고 바로 일정액을 배상하도록 하는 약정을 해 근로자의 의사에 반하는 '계속근로'를 강제하는 것을 방지하기 위한 것이다. 위와 같은 위약금이나 손해배상액 예정의 약정을 금지함으로써 근로자가 퇴직의 자유를 제한받아 부당하게 근로의 계속을 강요당하는 것을 방지하고, 근로자의 직장선택의 자유를 보장하며 불리한 근로계약을 해지할 수 있도록 보호하려는 데에 위 규정의 취지가 있다(대법 2022.3.11, 2017다202272 ; 대법 2004.4.28, 2001다53875).

(2) 근로계약 및 위약예정계약의 의미

동 조항에서 '근로계약'이란 고용, 위임, 하도급 등의 명칭에 관계없이 널리 노무를 제공하는 것을 내용으로 하는 계약 중 종속노동 내지 노동의 종속성이 인정되는 계약을 의미한다. 여기서 "위약예정계약"이란 근로자가 근로계약을 향후 이행하지 아니하는 경우 사용자가 손해발생의 여부 및 실제 발생된 손해액과 상관없이 일정한 액수의 위약금이나 손해배상액을 청구할 수 있도록 미리 정하여 두는 계약을 말한다(2011.3.10, 근로개선정책과-169). 이러한 약정의 효력을 인정할 수 없다(대법 2022.5.26, 2022도2188).

(3) 판례의 태도

① 근무 중 교통사고가 발생한 경우 실제 손해 발생 여부 및 손해 액수에 관계없이 3개월 동안 무사고 승무수당 200,000원을 임금에서 공제하기로 하는 약정은 근기법 제20조가 금지하는 근로계약 불이행에 대한 위약금 또는 손해배상액의 예정에 해당할 뿐만 아니라 근기법 제43조가 정하는 임금의 전액지급원칙에도 반하므로 무효이다(대법 2019.6.13, 2018도17135).

② 사용자가 근로자에게 일정한 금전을 지급하면서 의무근로기간을 설정하고 이를 지키지 못하면 그 전부 또는 일부를 반환받기로 약정한 경우, 의무근로기간의 설정 양상, 반환 대상인 금전의 법적 성격 및 규모・액수, 반환약정을 체결한 목적이나 경위 등을 종합할 때 그러한 반환약정이 해당 금전을 지급받은 근로자의 퇴직의 자유를 제한하거나 그 의사에 반하는 근로의 계속을 부당하게 강요하는 것이라고 볼 수 없다면, 이는 근기법 제20조가 금지하는 약정이라고 보기 어렵다(대법 2022.3.11, 2017다202272).

(4) 위약금의 지급책임을 부담할 대상자의 범위

위약금 또는 손해배상예정의 주체를 근로자로 하는 경우뿐만 아니라 친권자, 신원보증인, 연대보증인 또는 제3자 등과의 위약금예정계약도 근기법 제20조 위반이라고 해석된다.

2. 해외연수비용의 반환약정의 효력

[실무사례]
C회사의 근로자 甲은 C회사의 해외연수규정에 따라 신사업부문의 첨단기술교육을 내용으로 하는 1년의 해외연수를 마치고 귀국하자마자 다른 회사에 취업하였다. C회사의 해외연수규정 제10조에서는 1년의 해외연수를 마친 자는 귀국 후 2년의 기간을 복무하지 아니하고 퇴사할 경우 연수기간 중에 지급한 임금과 교육훈련 비용 전액을 반환하여야 할 것을 규정하고 있다. C회사는 해외연수규정 제10조에 의거, 甲에 대하여 연수기간 중에 지급한 임금과 교육훈련 비용 전액을 반환하도록 요구하였다. C회사의 요구는 정당한가?

(1) 반환약정 내용과 근기법 제20조 위반 여부

실무에서는 사용자가 근로자에 대해 일정한 '교육훈련비용'이나 '연수비용'을 지출하고 일정기간 동안 근무하지 아니하면 이를 변상 또는 반환하기로 약정한 경우가 가장 문제되는 것이다. 근로자의 해외교육훈련에 있어서 회사가 교육훈련기간 동안 일정한 임금 및 교육비용을 지급·부담하고, 근로자의 의무 재직기간을 설정하여 그 기간동안 재직하지 않는 경우에는 회사가 지급한 임금이나 해당 교육비용의 전부 또는 일부를 반환하도록 하고 의무재직기간 동안 근무하는 경우에는 이를 면제하기로 약정한 경우, 이는 근기법 제20조의 위반인가가 논의된다. 근로자의 경력지원과 인적자원 개발을 함에 있어서 코스트를 확보·회수하는 제도가 보급되고 있으나 고용의 유동화에 따라 유학 후 단기에 퇴직하는 근로자를 둘러싼 분쟁이 증가하고 있다.

(2) 근기법 제20조 위반인 경우

① 근기법 제20조의 취지에 비추어 볼 때, 근로자가 일정기간 동안 근무하기로 하면서 이를 위반할 경우 소정 금원을 사용자에게 반환하기로 약정하는 경우, 그 약정의 취지가 약정한 의무재직기간 이전에 퇴직하면 그로 인하여 사용자에게 어떤 손해가 어느 정도 발생하였는지 묻지 않고 바로 소정 금액을 사용자에게 반환하기로 하는 것이라면 이는 명백히 위 조항에 반하는 것이어서 효력을 인정할 수 없다(대법 2008.10.23, 2006다37274).

② 또 그 약정이 미리 정한 근무기간 이전에 퇴직하였다는 이유로 마땅히 근로자에게 지급되어야 할 임금을 반환하기로 하는 취지일 때에도 결과적으로 위 조항의 입법목적에 반하는 것이어서 역시 그 효력을 인정할 수 없다.

(3) 근기법 제20조 위반이 아닌 경우

또한, 기업체에서 비용을 부담 지출하여 직원에 대하여 위탁교육을 시키고 이를 이수한 직원이 교육수료일자로부터 일정한 의무재직기간 이상 근무하지 아니할 때에는 기업체가 우선 부담한 해당 교육비용의 전부 또는 일부를 상환하도록 하되 의무재직기간 동안 근무하는 경우에는 이를 면제하기로 하는 약정은 근기법 제20조에서 금지된 위약금 또는 손해배상의 약정이 아니므로 유효하다(대법 1996.12.20, 95다52222·52239). 그 약정이 사용자가 근로자의 교육훈련 또는 연수를 위한 비용을 우선 지출하고 근로자는 실제 지출된 비용의 전부 또는 일부를 반환하는 의무를 부담하기로 하되 장차 일정기간동안 근무하는 경우에는 그 반환의무를 면제해 주기로 하는 취지인 경우에는 ① 그러한 약정의 필요성이 인정되고(약정의 필요성), ② 주로 사용자의 업무상 필요와 이익을 위하여 원래 사용자가 부담하여야 할 성질의 비용을 지출한 것에 불과한 정도가 아니라 근로자의 자발적 희망과 이익까지 고려하여 근로자가 전적으로 또는 공동으로 부담하여야 할 비용을 사용자가 대신 지출한 것으로 평가되며(근로자의 이익을 위한 사용자의 대여금), ③ 약정근무기간 및 반환해야 할 비용이 합리적이고 타당한 범위 내에서 정해져 있는(약정 근무기간 및 반환비용의 적정성) 등 위와 같은 약정으로 인하여 근로자의 의사에 반하는 계속 근로를 부당하게 강제하는 것으로 평가되지 않는다면, 그러한 약정까지 근기법 제20조에 위반되는 것은 아니다(대법 2008. 10.23, 2006다37274). 이 판결은 소정 근무기간 위반 위약금 약정의 취지를 크게 셋으로 구분하고, 각각에 대해 유·무효의 판단기준을 구체적으로 밝히고 있는 점에 그 의의가 있다. '해외파견연수 후 일정기간 근무약정이 적법한지의 여부'에 관하여 행정해석(2000.10.18, 근기 68207-3229)도 같은 입장이다.

(4) 반환해야 할 연수비용의 범위에 임금의 포함 여부

위약예약금과 관련하여 의무기간 내에 퇴직할 경우 비용 반환범위에 임금을 포함시킬 것인가의 여부가 문제가 될 수 있다.

판례(대법 1996.12.20, 95다52222·52239)는 「기업체의 사외파견연수시행세칙상 국내 장기연수자에게 정상급여 및 상여금을 지급하기로 되어 있는 경우, 근로자가 연수를 종료한 후 의무복무기간을 근무하지 아니할 경우에 연수기간 중에 지급받은 '정상급여 및 상여금 상당액'을 기업체에게 반환하여야 한다는 약정은 근기법 제20조에서 금지된 위약금 또는 손해배상의 예정으로서 무효이다」라고 판단하고 있다. 이 판결은 의무복무기간을 준수하지 못한 경우에도 채무불이행으로 인하여 반환청구가 금지되는 부분은 임금에 해당하는 부분이고, 그 외의 부분은 반환청구의 대상이 될 수 있다는 점을 분명히 하고 있다.

11 사이닝보너스 반환약정의 유효성

1. 사이닝보너스의 의의

(1) 개 념

사이닝보너스(Signing Bonus)란 근로자에게 일정기간 의무 근무를 요구하고 그 전에 사직하는 경우 사이닝보너스의 전부나 일부를 반환하도록 하는 약정을 말한다. 전속계약금, 근로계약금이라고도 한다. 통상 기업이 유능한 인재를 채용하기 위해 근로계약 체결의 대가로 근로자에게 지급하는 금원을 의미한다. 최근 고용의 유연화 경향에 따라 우수한 인재를 유치하기 위한 방법으로 전속계약금과 유사한 사이닝보너스제도를 도입하고 있다. 사이닝보너스의 구체적인 지급조건을 보면 근로자가 일정기간 근속할 것을 조건으로 1회성으로 지급하면서 약정된 기간을 준수하지 못하고 근로자가 퇴직하는 경우에는 이를 반환할 의무를 부과하는 약정을 하는 것이 일반적이다.

(2) 법적 성격

사이닝보너스의 법적 성격과 관련하여 일정기간 동안 근로를 제공할 것을 조건으로 지급되는 금원이란 점에서, 근기법 제2조제1항제5호의 임금으로 해석할 수 있다는 견해도 있을 수 있을 것이나 일반적인 견해는 사이닝보너스는 기지급한 근로에 대한 직접적인 대가라기보다는 근로계약 체결 그 자체 또는 의무근무기간 준수를 목적으로 지급되는 것이므로 근기법상 임금으로 해석하기에는 무리가 있다고 판단하고 있다. 기업 실무에서는 거의 대부분 임금 약정과는 별도로 체결된다. 하급심 판례들 역시 사이닝보너스가 근로계약상의 임금과는 별도로 지급한 금원이라는 점을 인정하고 있다(수원지법 2003.5.13, 2002가합12355 ; 서울중앙지법 2005.1.25, 2004가단128716).

2. 사이닝보너스 반환약정의 효력

(1) 판단기준

사이닝보너스의 반환약정의 유효성은 우선 그러한 사이닝보너스를 지급하게 된 경위와 지급약정의 제조건을 종합적으로 판단하여야 한다. 만일 이러한 반환약정이 위약금 또는 손해배상액의 예정에 해당한다면 이는 근기법 제20조 위반으로 그 반환약정 전부를 무효로 하여야 할 것이다. 만일 장래의 근로에 대한 선급임금의 성격을 갖는다면 사이닝보너스 중에서 근로자가 퇴사시점까지 제공한 근로에 대한 임금 해당부분의 반환은 허용되지 않는다고 할 것이다.

(2) 판례의 태도

사이닝보너스 반환약정의 유효성에 관한 하급심판례의 입장은 사이닝보너스 반환약정의 유효성을 긍정한 사례(수원지법 2003.5.13, 2002가합12355 ; 창원지법 2007.11.16, 2007나9102 ; 서울중앙지법 2013.4.29, 2013카합231)와 사이닝보너스 반환약정의 유효성을 부정한 사례(인천지법 부천지원 2009.4.10, 2007가합3994)가 있다.

이에 대해 대법원(대법 2015.6.11, 2012다55518)은 「해당 계약이 체결된 동기 및 경위, 당사자가 계약에 의하여 달성하려고 하는 목적과 진정한 의사, 계약서에 특정기간 동안의 전속근무를 조건으로 사이닝보너스를 지급한다거나 그 기간의 중간에 퇴직하거나 이직할 경우 이를 반환하다는 등의 문언이 기재되어 있는지 및 거래의 관행 등을 종합적으로 고려하여 판단하여야 할 것이다. 만약 해당 사이닝보너스가 이직에 따른 보상이나 근로계약 등의 체결에 대한 대가로서의 성격에 그칠 뿐이라면 계약 당사자 사이에 근로계약 등이 실제로 체결된 이상 근로자 등이 약정근무기간을 준수하지 아니하였더라도 사이닝보너스가 예정하는 대가적 관계에 있는 반대급부는 이행된 것으로 볼 수 있을 것이다」라고 한다. 이 판결은 회사가 근로자를 채용하면서 연봉과 별도로 사이닝보너스 1억원을 지급하되, 회사는 7년간 고용을 보장하고 근로자는 그 기간 동안의 근무를 보장하기로 약정하였는데, 근로자가 사이닝보너스 1억원을 지급받고 위 7년의 근무기간을 채우지 못하고 사직하자 회사가 근로자의 '근무기간약정 위반을 원인으로 한 손해배상 내지 7년간의 근무조건 불이행에 따른 반환'을 각 청구원인으로 하여 이 사건 소를 제기하였고, 이에 대해 원심(서울고법 2012.5.24, 2011나22827)은 위 사이닝보너스는 ① 이직사례금, ② 7년간 전속하는 데에 따른 전속계약금, ③ 임금 선급금으로서의 각 성격이 모두 포함되어 있다는 전제 아래 회사의 청구를 일부 인용하였으나, 대법원은 이 사건 채용계약서의 해석에 의하여는 위 ②, ③의 성격을 도출하기 어렵고 단지 위 ①의 성격만 도출될 뿐인데, 근로자가 이직하여 회사에 입사한 이상 위 사이닝보너스에 대한 반대급부는 이행된 것으로 볼 수 있다는 이유로 회사의 청구를 기각하는 취지로 원심판결을 파기한 사안이다.

(3) 평 가

그러나 대법원판결은 사이닝보너스를 지급하면서 그에 대한 반환약정을 명시적으로 체결하지 않는 사안이라는 점에서 하급심판례와는 차이가 있다. 해당 근로자가 회사에 사이닝보너스를 반환할 의무를 부담하는지 여부는 기본적으로 사이닝보너스의 지급에 관한 처분문서인 "채용합의서"의 해석 문제로 돌아갈 것이다. 이 판례는 반환약정 없이 지급된 사이닝보너스에 관하여 사이닝보너스의 반환의무의 존부에 관하여 계약해석의 방법을 제시한 최초의 판례라는 점에 그 의의가 있다.

12 입사 전제의 전차금의 상계금지

사용자는 전차금이나 그 밖에 근로할 것을 조건으로 하는 전대채권과 임금을 상계하지 못한다(근기법 제21조)고 규정하고 있는데 이것을 「전차금 상계금지의 원칙」이라 한다. 여기서 전차금이란 근로자가 취업한 후에 임금에서 변제할 것을 예정하여 근로계약 체결시에 사용자가 근로자 또는 친권자에게 대부하는 금전을 말한다. 전차금 상계금지의 취지는 전차금과 임금과의 상계를 금지하여 전근대적 고용관행의 폐지를 목적으로 하고 있다. 다만, 오늘날 증권·금융분야에서 볼 수 있는 고액 연봉의 고도의 전문직 근로자의 스카우트를 조건으로 하는 계약금에까지 전근대적 노동관행의 배제를 목적으로 하는 근기법 제21조를 적용할 수 있는가의 문제가 있으나 대등한 입장의 민법상 계약관계로 해석하여 유효하다고 보아야 할 것이다.

13 강제저금의 금지와 저축금 관리

1. 강제저금의 금지

사용자는 근로계약에 덧붙여 강제저축 또는 저축금의 관리를 규정하는 계약을 체결하지 못한다(근기법 제22조제1항). 이것을 「강제저금의 금지」라고 한다. 근기법 제22조제1항의 '근로계약에 덧붙여'란 근로계약의 체결 또는 존속의 조건을 말한다. 근로계약에 명문으로 약정한 경우는 물론, 취업조건으로 저축계약을 하지 않으면 고용하지 않는다는 것이 객관적으로 인정되는 경우도 포함된다.

2. 임의저축의 규제

사용자가 근로자의 위탁으로 저축을 관리하는 경우에는 다음 사항을 지켜야 한다(동조 제2항). ① 저축의 종류·기간 및 금융기관을 근로자가 결정하고 근로자 본인의 이름으로 저축해야 하며, ② 근로자가 저축증서 등 관련 자료의 열람 또는 반환을 요구할 때에는 즉시 이에 따라야 한다.

제2절 근로계약기간을 둘러싼 법률지식

1 정년고용제와 기간고용제

우리나라의 고용형태를 계약기간을 기준으로 분류하면 정년고용제와 기간고용제로 나눌 수 있다.

정년고용제에 입각한고용은 정규직근로자에 있어서는 모집, 채용, 선발에서 정년(정년 후의 재고용 등도 포함한다)에 이르기까지 일관하여 커리어 형성을 위한 고용구조로 되어 있어 우리나라 기업사회의 기본을 이루는 고용형태로서 기간의 정함이 없는 근로계약 형태라 할 수 있다.

정년고용제시스템은 신규졸업생을 정기채용을 통해 노동력 보충의 원칙적인 방법으로 하여 이러한 청년근로자를 정년까지의 장기적 고용을 제공하고 계통적으로 교육훈련과 인사이동을 실시하여 그 커리어를 발전시키는 구조로 되어 있다.

종래는 이러한 정년고용 내지 종신고용은 연령・근속에 의한 커리어 형성을 중시하여 연공임금, 승진제도로 이루어졌으나 최근에는 유가급등락 및 소비침체에 따른 장기불황과 글로벌화・자유화에 따른 국제경쟁의 격화, 저출산・고령화에 따른 사회변화 등으로부터 우리나라 기업사회의 중고령층의 기업내 인원구성에 있어서의 잉여화, 고용의 유동화, 능력주의・성과주의 경향 등에서의 문제로부터 50세를 경과한 직급정년제나 희망퇴직・명예퇴직, 기업그룹외의 전출, 전적 등 중고령근로자 문제가 발생한다.

사업주는 근로자의 정년을 60세 이상으로 정하여야 한다(고령자고용촉진법 제19조)고 하여 60세 이상 정년의무화를 규정하고 있다. 그렇다 하더라도 정규직근로자는 장기고용시스템의 커리어 형성에 입각하여 정규직근로자로서 어떠한 사정이 있더라도 정년(경우에 따라서는 정년 후 재고용)까지의 고용을 보장하는 고용관행하에 채용되는 자를 말한다. 그러나 자유경제사회는 호・불황이 반복되고 자본주의사회는 자유경쟁 때문에 끊임없이 원가인하, 기술개발, 영업노력이 요청되고 있으며 고용량은 일정하지 아니하고 합리화의 노력을 게을리 하면 도산의 위기에 빠질 수 있어 매우 불안정하다.

여기에 정년고용제에 입각한 이른바 정규직근로자에 있어서 「고용기간을 정하지 아니한」 장기고용시스템을 보완하여 고용량의 탄력조정을 도모하기 위한 고용제도로서 「고용기간을 정한」 이른바 비정규직근로자의 고용제도가 행해지고 있다.

일반적으로 비정년고용의 근로자는 기간의 정함이 있는 근로계약에 의하여 사용되고 있는 근로자(기간제근로자)로서 이러한 유형에는 일용근로자, 임시근로자, 계절근로자, 계약직근로자, 아르바이트, 촉탁직근로자, 단시간근로자 등 여러 가지 근로계약 형태로 나타난다.

2 기간제근로자의 의의 및 비정규직근로자의 의의

1. 기간제근로자의 의의

기간제법상의 기간제근로자는 「기간의 정함이 있는 근로계약을 체결한 근로자」(동법 제2조제1호)를 말한다.

기간을 정한 사유 · 기간의 장단 · 명칭(계약직, 촉탁직, 일용공, 임시공, 계절근로자, 계약사원, 아르바이트, 촉탁사원, 파트타임사원 등) 등에 관계없이 기간을 정한 근로계약을 체결하여 고용된 근로자를 말한다. 다만, 근로계약기간이 정해져 있더라도 동 기간의 만료가 근로계약 종료의 의미가 아닌, 동일한 임금결정단위를 연간으로 설정한 기간(연봉계약기간 등)과 같은 의미로 해석되는 경우에는 기간제 근로계약으로 볼 수 없을 것이다.

2. 비정규직근로자의 유형

정규직 근로자는 일반적으로 ① 정년까지 고용을 보장하며, ② 전일제(full-time)로 근무하고, ③ 고용과 사용이 분리되지 않는 근로자를 말하며, 비정규직 근로자는 근로계약기간을 정한 근로자(기간제), 전일제가 아닌 파트타임근로자(단시간), 고용과 사용이 분리되는 근로자(파견) 등이 있다.

3 2년을 초과하는 계약기간의 금지

1. 기간제법 제4조의 근로계약기간의 의의 및 입법취지

기간제법 제4조 【기간제근로자의 사용】 ① 사용자는 2년을 초과하지 아니하는 범위 안에서(기간제 근로계약의 반복갱신 등의 경우에는 그 계속근로한 총기간이 2년을 초과하지 아니하는 범위 안에서) 기간제근로자로 사용할 수 있다. 다만 다음 각 호의 어느 하나에 해당하는 경우에는 2년을 초과하여 기간제근로자로 사용할 수 있다.
1. ~ 6. (생략)
② 사용자가 제1항 단서의 사유가 없거나 소멸되었음에도 불구하고 2년을 초과하여 기간제근로자로 사용하는 경우에는 그 기간제근로자는 기간의 정함이 없는 근로계약을 체결한 것으로 본다.

(1) 근로계약기간의 의의

근로계약에는 기간을 정하여 체결하는 유기(기간제)근로계약과 기간의 정함이 없는 무기근로계약이 있다. 근로계약기간에는 ① 정당한 이유없이 근로자를 해고할 수 없으므로 그 기간 중 고용이 보장되는 기능(고용보장기능)과 ② 근로계약기간 중 부득이한 사유가 없는 한 근로자도 자유로 해약할 수 없는 기능(인신구속기능)이 있고, ③ 기간만료는 해고규제의 대상이 아니므로 근로계약이 종료된다는 기능(자동종료기능)이 있다. 근로계약기간을 둘러싸고 이 3가지 기능이 적절히 발휘될 수 있는 법규제가 요구된다.

근로계약기간에 관한 기간제법 제4조는 강행규정으로서 기간만료시까지는 근로자와 함께 사용자도 구속되므로 계약기간을 2년으로 규정하면 그 도중에 근로자의 채무불이행이 없는데도 불구하고 사용자가 계약을 해제하면 나머지 부분의 임금을 지급하거나 잔여의 근무를 하지 아니함으로써 발생하는 손해를 배상하여야 한다.

기간제법은 기간제근로자 사용기간을 2년 이내로 제한하고, 2년을 초과하여 사용할 경우에는 정당한 이유없이 계약기간 만료만을 이유로 한 고용관계 종료를 금지하도록 하였다. 즉, 기간제근로자의 사용기간을 2년으로 제한하면서 기간제법의 시행일(2007년 7월 1일)과 동시에 근기법 제23조의 근로계약기간 규정을 폐지(기간제법 부칙 제3항)하였으며, 이에 따라 당사자는 기간제근로자의 사용기간의 범위내에서 계약기간을 자유롭게 설정할 수 있다.

기간제법 제4조에서는 '사용자는 2년을 초과하지 아니하는 범위 안에서 기간제근로자를 사용할 수 있고(제1항 본문), 2년을 초과하여 사용하는 경우 무기근로계약을 체결한 근로자로 간주되나(제2항), 사업의 완료에 필요한 기간을 정한 경우 등 법에서 명시된 사용기간 제한의 예외 사유에 해당하면 2년을 초과하여 기간제근로자를 사용할 수 있다(제1항 단서)'라고 규정하고 있다.

(2) 기간제법 제4조의 입법취지

기간제법 제4조의 입법취지는 기간제근로계약의 남용을 방지함으로써 기간제근로자의 지위 안정화라는 목표와 사용자가 경기 변동에 따라 고용량을 조절할 수 있는 노동시장의 유연성 제고라는 목표를 조화롭게 추구하기 위함이고 이러한 입법취지에 비추어 기간제법 제4조제2항은 강행규정이다(대법 2011. 11.24, 2011두23061). 이렇게 기간제법에서는 기간제근로자의 사용기간을 제한하면서도 일정한 사유에 해당하는 경우 사용기간 제한을 받지 않도록 하고 있다는 점에서 완화된 기간 제한 방식을 취하고 있다.

2. 2년을 초과하여 기간제근로자를 사용하는 경우의 법적 효력

기간제법 제4조제2항에 의하여 기간제근로자를 2년을 초과하여 사용하는 경우에는 기간의 정함이 없는 근로계약을 체결한 근로자로 본다는 것은 무기계약으로 간주한다는 것으로 이는 동법의 핵심내용이다. 무기계약으로 간주한다는 의미는 사용사업주가 기간제근로계약기간을 위반하여 기간제근로자를 고용하지 않을 경우 곧바로 사용사업주와 기간제근로자 사이에 직접고용관계 성립이 간주된다는 의미이다.

4 2년을 초과하여 기간제근로자를 사용할 수 있는 경우

사용사는 근로자를 사용함에 있이서 2년을 초과하지 아니하는 범위 안에서(기간제 근로계약의 반복갱신 등의 경우에는 그 계속근로한 총기간이 2년을 초과하지 아니하는 범위 안에서) 기간제근로자로 사용할 수 있다. 다만, 다음 각 호의 어느 하나에 해당하는 경우에는 2년을 초과하여 기간제근로자로 사용할 수 있다(기간제법 제4조제1항).

기간제법 제4조제1항 단서의 취지는 기간제근로자로서 근로한 기간이 2년을 초과하더라도 기간제근로자 사용기간 제한의 예외에 해당하는 경우에는 기간의 정함이 없는 근로계약을 체결한 것으로 인정되지 않는다는데 있다. 또한 기간제법의 기간제근로자 보호 취지, 사용자의 부당한 갱신거절로 인한 효과 등을 고려하면, 사용자의 부당한 갱신거절로 인해 근로자가 실제로 근로를 제공하지 못한 기간은 계약갱신에 대한 정당한 기대권이 존속하는 범위에서는 기간제법 제4조제2항에서 정한 2년의 계약갱신에 대한 정당한 기대권이 존속하는 범위에서는 기간제법 제4조제2항에서 정한 2년의 사용제한기간에 포함된다고 보아야 한다(대법 2018.6.19, 2013다85523).

1. 사업의 완료 또는 특정한 업무의 완성에 필요한 기간을 정한 경우
2. 휴직 · 파견 등으로 결원이 발생하여 당해 근로자가 복귀할 때까지 그 업무를 대신할 필요가 있는 경우
3. 근로자가 학업, 직업훈련 등을 이수함에 따라 그 이수에 필요한 기간을 정한 경우
4. 고령자고용촉진법 제2조제1호의 고령자와 근로계약을 체결하는 경우
5. 전문적 지식 · 기술의 활용이 필요한 경우와 정부의 복지정책 · 실업대책 등에 따라 일자리를 제공하는 경우로서 대통령령이 정하는 경우
6. 그 밖에 제1호 내지 제5호에 준하는 합리적인 사유가 있는 경우로서 대통령령이 정하는 경우

5 기간제근로자에 대한 근로계약 갱신 거부시의 법적 효력

[실무사례 1]

기간의 정함이 있는 근로계약의 기간 만료 시 사용자의 계약갱신 거부를 부당해고라고 판단할 수 있는 경우에 대하여 판례법리에 따라 설명하시오.

[실무사례 2]

甲은 2018.1.1. A회사의 연구 · 개발부서에 연구직 근로자로 입사하였다. 근로계약서에는 근로계약기간이 1년으로 정해져 있다. A회사의 취업규칙에 따르면, ① 연구직 근로자는 1년 계약기간의 계약제로 고용하되, ② 계약기간 만료 전에 근무성적을 평가하여 재계약 여부를 결정하며, ③ 3명의 평가위원이 작성한 평가심사표의 점수를 평균하여 70점 이상이면 재계약을 체결한다고 규정하고 있다.

그간에 중한 징계처분을 받아 평가 점수를 낮게 받은 극히 예외적인 몇몇 근로자들을 제외하고, 대부분의 연구직 근로자들은 재계약이 체결되었다.

甲은 징계를 받은 적도 없고 평소에 근무태도에 대해 별다른 지적을 받은 적도 없었다. 그런데 甲의 재계약 체결을 위한 근무성적 평가심사에서, 연구 · 개발부서에 근무하는 평가위원 2명은 높은 점수를 부여하였으나, 평소 甲과 사이가 좋지 않은 총무부장이 평가위원으로 이례적으로 낮은 점수인 25점을 부여하여 甲의 평균 점수는 68점이 되었다. A회사는 2018.12.31. 甲에게 재계약 체결을 거부한다는 통지를 하였다. A회사는 ① 甲의 근로계약기간이 만료되어 당연히 퇴직되었을 뿐이며, ② 근무성적평가 점수도 70점 미달이고, ③ 재

계약 체결 여부는 회사가 자유로이 판단하여 결정할 수 있다고 주장한다.
甲은 근로계약이 갱신되리라 기대하고 있었으며, A회사가 재계약 체결을 거부한 것은 부당하다고 한다. 甲의 주장은 타당한가?

1. 근로계약기간이 형식에 불과한 경우

근로계약기간을 정한 근로계약서를 작성한 경우에도 예컨대 단기의 근로계약이 장기간에 걸쳐서 반복하여 갱신됨으로써 그 정한 기간이 단지 형식에 불과하게 된 경우 등 계약서의 내용과 근로계약이 이루어지게 된 동기 및 경위, 기간을 정한 목적과 채용 당시 계속근로의사 등 당사자의 진정한 의사, 근무기간의 장단 및 갱신 횟수, 동종의 근로계약체결방식에 관한 관행 그리고 근로자보호법규 등을 종합적으로 고려하여 그 기간의 정함이 단지 형식에 불과하다는 사정이 인정되는 경우에는 계약서의 문언에도 불구하고 사실상 기간의 정함이 없는 근로계약을 맺었다고 볼 것이며, 이 경우 사용자가 정당한 사유 없이 갱신계약 체결을 거절하는 것은 해고와 마찬가지로 무효이다(대법 2010.6.24, 2007다31471).

2. 근로자의 갱신기대권이 인정되는 경우

(1) 갱신기대권 인정의 의의

갱신기대권이란 기간제근로계약을 체결했더라도 계약갱신에 대한 정당한 기대권이 인정되는 경우 사용자가 합리적인 이유없이 계약갱신을 거절한다면 부당해고와 같이 아무런 효력이 없고 기간만료 후의 근로관계는 종전의 근로계약이 갱신된 것과 동일하게 인정하는 것이다. 기간을 정하여 근로계약을 체결한 근로자의 경우 기간이 만료되면 근로자로서 신분관계는 당연히 종료되고 근로계약을 갱신하지 못하면 갱신거절의 의사표시가 없어도 당연 퇴직되는 것이 원칙이다. 그러나 기간의 정함이 있는 근로계약이라 하더라도 근로자에게 계약갱신을 기대할 수 있는 객관적 사정이 있는 경우에는 당연히 기간만료와 함께 근로관계가 종료한다고 해석해서는 안 될 것이다. 기간이 만료하면 어떠한 경우에도 근로관계가 종료한다고 기계적으로 해석한다면, 해고를 간편하게 하기 위한 사용자의 탈법적 의도를 그대로 허용하는 결과가 되기 때문이다. 다시 말하여 근기법이 해고 제한규정을 두고 있는 취지가 몰각될 것이다. 판례도 다음과 같은 기준에 의하여 근로자의 갱신기대권을 인정하고 있다. 판례(대법 2021.10.28,

2021두45114 ; 대법 2014.2.13, 2011두12528 ; 대법 2011.4.14, 2007두1729)는 '근로관계를 둘러싼 여러 사정을 종합하여 볼 때 근로계약 당사자 사이에 일정한 요건이 충족되면 근로계약이 갱신된다는 신뢰관계가 형성되어 근로자에게 근로계약이 갱신될 수 있으리라는 정당한 기대권이 인정되는 경우' 이를 갱신기대권이라 보고 있다. 갱신기대권의 개념은 그 권리내용을 포함하여 표현한다면 '기간제근로자가 근로관계에서 사용자에게 근로계약의 갱신이나 무기근로계약으로의 전환시 공정한 절차와 심사 및 그 심사에 따른 결과를 요구할 수 있는 권리'로 이해하는 것이 타당하다.

(2) 판례법리에 의한 갱신기대권 인정요건

① 근로계약 갱신규정이 있는 경우

판례(대법 2017.2.3, 2016두50563 ; 대법 2016.10.27, 2015다5170 ; 대법 2014.2.13, 2011두12528 ; 대법 2013.1.24, 2012두21710 ; 대법 2011.7.28, 2009두2665)는 기간을 정해 근로계약을 체결한 경우에도 근로계약, 취업규칙, 단체협약 등에서 기간이 만료되더라도 인사평가 등을 거쳐 일정한 요건이 충족되면 근로계약이 갱신된다는 취지의 규정을 두고 있거나, 그러한 규정이 없더라도 근로계약 내용과 근로계약이 이루어지게 된 동기 및 경위, 계약갱신 기준 등 갱신에 관한 요건이나 절차의 설정 여부 및 그 실태, 근로자가 수행하는 업무 내용 등 근로관계를 둘러싼 여러 사정을 종합하여 볼 때 근로계약 당사자 사이에 일정한 요건이 충족되면 근로계약이 갱신된다는 신뢰관계가 형성되었을 것을 그 요건으로 보고 있다. 근로계약 갱신기대권이 인정되는데도 사용자가 정당한 이유 없이 부당하게 갱신을 거부하는 것은 부당해고와 마찬가지로 아무런 효력이 없다는 것이다. 갱신기대권의 발생은 근로관계를 규율하는 3가지 형식인 당사자의 의사(근로계약), 집단적 규율(취업규칙 또는 단체협약), 사실적 행태(인사행태 등 노동관행)로부터 도출되며 그 내용은 사용자가 근로자 또는 근로자집단에게 근로계약 갱신이나 무기계약직으로의 전환에 대한 신뢰를 부여하였을 경우에 발생한다.

② 근로계약 갱신규정이 없는 경우

근로계약 갱신규정이 없더라도 당해 근로관계를 둘러싼 여러 사정을 종합하여 볼 때 근로계약 당사자 사이에 일정한 요건이 충족되면 근로계약이 갱신된다는 신뢰관계가 형성되어 있다면 근로자의 갱신기대권이 인정된다. 이때 당해 근로관계를 둘러싼 사정은 ㈎ 근로계약의 내용, ㈏ 근로계약이 이루어지게 된 동기 및 경위, ㈐ 계약갱신의 기준 등 갱신에 관한 요건이나 절차의 설정 여부 및 그 실태, ㈑ 근로자가 수행하는 업무의 내용 등에 따라 판단한다.

근로계약당사자 사이에 일정한 요건이 충족되면 근로계약이 갱신된다는 신뢰관계가 형성되어 있어서 근로자에게 근로계약이 갱신될 수 있으리라는 정당한 기대권이 인정되는 경우에는, 사용자가 이를 위반하여 부당하게 근로계약 갱신을 거절하는 것은 부당해고와 마찬가지로 아무런 효력이 없고, 이 경우 기간만료 후 근로관계는 종전 근로계약이 갱신된 것과 동일하다(대법 2018.6.19, 2013다85523 ; 대법 2017.10.12, 2015두44493 ; 대법 2012.6.14, 2010두8225 ; 대법 2011.7.28, 2009두2665 ; 대법 2011.5.29, 2009도2357 ; 대법 2011.4.14, 2007두1729). 2018년도 대법원 판례는 사용자의 부당한 갱신거절로 근로자가 실제로 근로를 제공하지 못한 기간도 계약갱신에 대한 정당한 기대권이 존속하는 범위에서는 기간제법 제4조제2항에서 정한 2년의 사용제한기간에 포함된다는 사례이다.

③ 갱신거절의 합리성 판단방법

근로자에게 이미 형성된 갱신에 대한 정당한 기대권이 있음에도 불구하고 사용자가 이를 배제하고 근로계약의 갱신을 거절한 데에 합리적 이유가 있는지가 문제될 때의 판단기준은 ㈎ 사용자의 사업 목적과 성격, ㈏ 사업장 여건, ㈐ 근로자의 지위 및 담당 직무의 내용, ㈑ 근로계약 체결 경위, ㈒ 근로계약의 갱신에 관한 요건이나 절차의 설정 여부와 그 운용 실태, ㈓ 근로자에게 책임 있는 사유가 있는지 여부 등 당해 근로관계를 둘러싼 여러 사정을 종합하여 갱신 거부의 사유와 그 절차가 사회통념에 비추어 볼 때 객관적이고 합리적이며 공정한지를 기준으로 판단하여야 하고, 그러한 사정에 대한 증명책임은 사용자가 부담한다(대법 2023.6.29, 2018두62492 ; 대법 2017.10.12, 2015두44493).

(3) 갱신기대권의 인정기준 규율방식의 실질적 전환 · 기간제근로자의 전환기대권

기간제근로계약의 갱신기대권에 관한 최근 판례들은 그 인정기준에 대해 평가의 공정성·합리성을 심사함으로써 그 판단의 실질화를 도모하고 있다. 판례(대법 2011.7.28, 2009두2665)는 심사결과를 바탕으로 하여 갱신거절시 기준에 미달하는 평가점수가 나오게 된 배경을 평가하고 있다. 그리하여 평가대상 근로자와 접근도가 낮은 일부 평정자의 현저히 저조한 점수의 불공정성에 유의하고 있고, 장기간의 점수에 비하여 낮게 나오게 되기에 업무수행능력이나 업무수행 태도의 문제가 있었는지 그 실질적 내용을 판단근거로 삼고 있다. 또한 판례(대법 2011.4.14, 2007두1729)에서는 심사항목 중 일부는 평가자의 자의적 평가가 개입될 여지가 있어 그 객관성과 공정성이 결여되었다고 보고 있으며, 일부 심사항목은 심사대상자 전원에 대하여 일률적으로 적용되지 아니하여 불공평한 결과가 초래되었음을 지적하고 있다.

갱신기대권은 계약갱신이나 무기계약직으로의 전환 심사시에 공정성과 합리성을 가진 절차와 심사기준을 가지고 사용자가 평가할 것을 요구하는 것이며 이에 따른 사용자의 갱신 거부는 정당한 것이다. 그러나 공정성과 합리성을 가지지 못한 심사절차와 기준으로 사용자가 기간제근로자를 부당하게 평가하고서 갱신거절이나 무기근로계약으로의 전환 거절을 하였다면 근로자는 사용자를 상대로 갱신기대권의 침해를 근거로 사법심사를 받을 수 있고, 그 부당성이 인정된다면 법원이 공정성과 합리성을 가진 기준으로 평가하여 그 근로자의 원래 있어야 할 지위를 인정해 주어야 한다. 기간제근로자에게 정당한 갱신기대권이 인정되는 경우, 최초 계약의 근로관계 개시일로부터 2년이 지난 시점이 경과되었다는 이유만으로 갱신거절의 효력을 다투는 소의 이익을 부정할 것은 아니다(대법 2017.10.12, 2015두59907).

(4) 기간제법 시행 이후 갱신기대권의 인정 여부

갱신기대권 법리가 기간제법 시행 이후에도 적용될 수 있는지에 논란이 오랫동안 있어 왔다. 판례(대법 2016.11.10, 2014두45765 ; 대법 2014.2.13, 2011두12528)는 기간제법 시행 이후 근로계약을 체결한 경우라도 갱신기대권 법리가 성립 적용될 수 있음을 판시함으로써 갱신기대권 법리가 여전히 유효함을 확인하고 있다. 판례는 기간제법의 시행으로 사용자가 2년의 기간 내에서 기간제근로자를 사용할 수 있고, 기간제근로자의 총 사용기간이 2년을 초과할 경우 기간제근로자가 기간의 정함이 없는 근로자로 간주되더라도, 위 규정들의 입법 취지가 기본적으로 기간제근로계약의 남용을 방지함으로써 근로자의 지위를 보장하려는 데에 있는 점을 고려하면, 기간제법의 시행만으로 시행 전에 이미 형성된 기간제근로자의 갱신에 대한 정당한 기대권이 배제 또는 제한된다고 볼 수는 없다는 것이다.

3. 근로계약이 당연 종료되는 것으로 볼 수 있는 경우

① 기간제법 제4조의 내용과 체계 및 입법취지, 기간제법이 기간제근로자의 총사용기간을 원칙적으로 2년으로 제한할 뿐 다른 나라의 입법례처럼 기간제근로계약의 반복적 체결이 가능한 횟수를 제한하고 있지 않는 점 등에 비추어 볼 때 기간제법 시행 이후에는 사용자는 원칙적으로 기간제근로계약을 2년의 기간 내에서 계약기간을 자유롭게 정할 수 있음은 물론 동일한 내용으로 반복하여 체결할 수도 있지만 총 사용기간이 2년을 초과하는 때에는 해당 기간제근로자에게 근로계약기간의 정함이 없는 근로자로서의 지위가 인정된다.

② 기간제법 시행 이후에 신규로 체결되는 기간제근로계약은 근로관계가 2년의 기간 내에 종료될 것이 예정되어있는 반면 근로자에게 총 사용기간이 2년을 초과하는 재계약이 체결될 수 있으리라는 기대권이 인정될 수 없다고 봄이 타당하다(서울고법 2011.8.18, 2011누9821).

③ 또한 특정 프로그램의 제작 및 방송을 위한 기간제근로계약은 그 프로그램이 종영된 날로 그 근로관계도 종료한다(대법 2014.4.10, 2011두19390).

④ 해당 근로자가 종사한 특수교육실무원과 특수통학실무원은 원칙적으로 무기계약직으로 채용하여야 하는 직종에 해당하는 점, 근로계약서에 근로계약기간 만료 이전에 정규직원의 발령 또는 정식발령이 있는 경우 그 발령일 전일자로 해당 근로자가 퇴직하는 것으로 명시되어 있는 점, 해당 근로자와 같이 결원을 대체하기 위한 교육공무직은 무기계약직으로 전환된 사례가 없는 점, 해당 근로자는 스스로 결원을 대체하기 위한 인력으로서 정규직원이 배치되는 경우 퇴직하여야 한다는 점, 즉 해당 근로자의 채용이 한시적인 것임을 인식할 수 있었던 점 등을 종합하여 보면, 해당 근로자에게 근로계약기간의 만료에도 불구하고 근로계약이 갱신되거나 무기계약직으로 전환될 수 있으리라는 정당한 기대권이 인정된다고 보기 어렵다(대법 2018.7.13, 2018두4767).

⑤ 근로자에게 법령상 또는 신의칙상 갱신기대권이 인정되지 않고 그 밖에 근로계약기간 만료에도 불구하고 해당 근로계약이 지속되었다고 볼 만한 어떠한 사정도 발견되지 않는 이상 해당 근로계약은 계약기간의 만료일에 당연히 종료되었을 뿐 사용자의 일방적인 의사표시인 해고에 의하여 종료한 것으로 볼 수 없다(중노위 2018.9.11, 중앙 2018부해763).

6 근로계약 성립절차의 단계적 실태와 구속력

실제 기업에 취직하기까지는 상당한 기간이 소요되는 상황에서 근로계약의 성립내용도 입사까지의 절차와의 관계에서 단계적 실태가 다르다. 즉, 채용의 응모에서 채용선발까지는 기업의 자유로서 어떤 구속이 없으며 채용내정의 의사표시로서 채용내정계약 내지 근로계약체결의 예약계약이 성립한다. 나아가 입사일이 통지되고 입사서약서를 받으면 근로계약이 정식으로 성립한다. 이어서 입사일이 도래하여 출근하여 사용자의 지휘명령에 따라 근무하게 되면 시용기간이 개시되고 시용기간 중에 부적격사유가 없다면 자동적으로 정식채용(본채용)되는 것이 통상의 정규직근로자의 채용형태이다.

이 관계를 도시하면 다음과 같다.

〈근로계약체결절차 단계와 법적 구속력의 강약〉

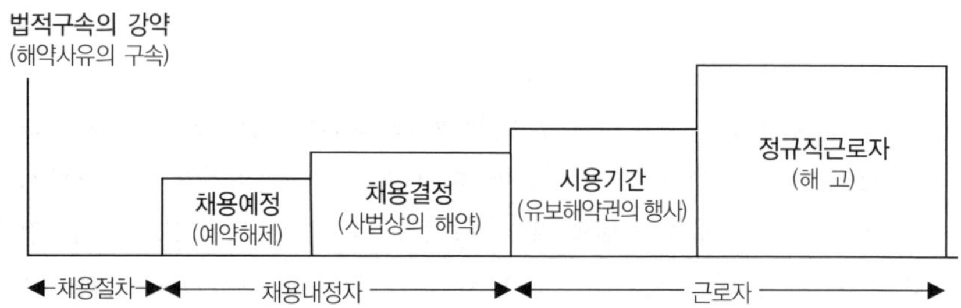

7 연봉제와 근로계약

1. 연봉제의 의의와 유형

(1) 연봉제의 의의

연봉제는 근로자 개개인의 능력과 업적을 평가하여 연간 임금액을 결정하고 당사자와 근로계약을 체결하는 능력 중시형의 임금제도이다. 연봉제는 당사자 간의 합의를 기초로 연단위로 근로자의 임금을 산정하여 지급하게 된다. 이는 연봉제를 취업규칙 또는 단체협약으로 도입하든 간에 별도의 개별합의를 매년 체결함을 의미한다. 왜냐하면 취업규칙이나 단체협약에서 연봉제 도입을 규정하고 있더라도 여기에는 통상 연봉제의 운영방법 내지 평가기준을 두게 되고, 연봉액은 이에 따라 사후에 구체화되기 때문이다.

1990년대 중반 이후 기업들은 노동시장 유연화, 경쟁력 강화 등 경영환경 변화에 따라 기존 연공급 임금체계를 벗어나 성과주의에 입각하여 성과나 업적을 중시하는 연봉제를 도입·확산시켜 왔다. 기업이 연봉제를 도입하는 주된 이유는 근로자 능력과 성과주의에 의한 동기부여를 통하여 인적자원의 효율성을 높이고, 임금체계를 단순화시킴으로써 임금관리를 간소화하려는 데 있었다.

연봉제는 '임금의 전부 혹은 상당부분을 당해 근로자의 업적 등에 관한 목표 달성도를 평가하여 연단위로 설정하는 제도'라고 파악할 수 있다. 즉 연봉제의 핵심요소는 업무성과에 따른 연 단위의 임금지급이라고 할 수 있다. 연봉제는 ① 1년의 임금액을(연 단위의 임금결정), ② 근로자의 성과·능력(비근로시간관리)에 따라 지급하는 제도로서 성과주의 인사를 철저히 반영하는 제도이다.

(2) 연봉제의 유형

① 연봉제의 유형

연봉제 유형에는 특별한 수당을 제외하고 연봉액을 단일로 하는 「단일연봉제」와 기본연봉+업적연봉(업적상여)을 기준으로 하는 「업적상여 병용형 연봉제」가 있다. 또한 확정연봉제(연봉을 전년도의 성과·업적이나 당해 연도의 역할·기대도에 따라 확정적으로 정하고, 당해 연도의 업적은 다음 연도 연봉에 반영시키는 유형)과 조정연봉제(연봉액은 당해연도의 성과나 역할에 대하여 연봉으로 하는 성격, 연도말에 성과·업적에 따라 연봉액을 조정하는 유형)로 분류된다. 이것은 기본연봉은 변동시키지 않고 업적연봉에 대하여 임금을 변동시키는 제도로서 임금의 안정성을 중시하는 한국형 연봉제이다.

② 우리나라 기업의 연봉제 형태

우리나라는 확정형과 「기본연봉」과 「업적연봉」(상여)으로 구성되는 유형(업적상여 병용형 확정연봉제)이 많다. 이 경우 기본연봉액은 전년도 성적을 중심으로 근로자의 역할이나 차년도의 기대도를 고려하여 결정되고, 업적연봉액도 당해년도의 업적을 평가하여 결정된다. 이러한 업적평가의 전제로서 연도 초에는 개별 근로자와 상사와의 대화로서 목표가 설정되고(목표관리제도), 연봉액의 결정 시에는 그 목표의 달성도에 따라 개별적 교섭이 행해진다. 근속년수의 증가에 따른 정기승급은 통상 없고, 전년도의 업적 등에 따라 승급, 감액 조치가 행해진다.

〈「기본연봉」과 「업적연봉」 병존〉

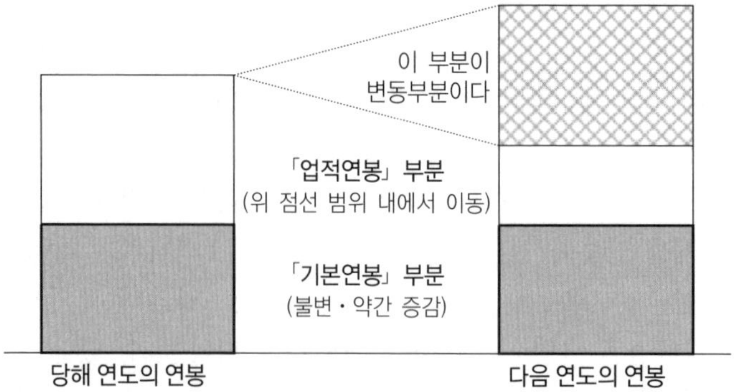

③ 연봉제의 다양화

연봉제에도 월정임금뿐만 아니라 상여도 연봉에 속하는가, 모든 수당은 어느 정도 남기는가 등에 따라 다양하다. 또 연봉 지급방법은 근기법의 매월 1회 이상 지급원칙(제43조제2항)에 의해 12분하여 매월 지급되는 것이 보통인데 사회보험료의 부담과의 관계도 있어 상여부분을 만드는 경우도 많다. 연봉제를 실시할 경우 근기법 제17조에 따라 연단위로 결정되는 연봉구성 및 지급방법이 서면으로 명시되어야 하므로 매년 연봉계약서가 별도로 작성되어야 한다.

(3) 연봉계약기간과 근로계약기간과의 차이

연봉계약기간은 근로계약기간과는 달리 임금산출방식의 한 형태일 뿐 근로관계의 존속기간을 정하는 제도가 아니다. 따라서 계약기간의 정함이 없이 상당기간을 근로하여 오다가 연봉제를 실시하게 되는 경우에는 동 연봉계약기간은 근로계약과는 구분되는 것으로써 연봉계약기간의 종료가 근로계약기간의 당연종료사유가 되는 것은 아니다. 그러므로 연봉계약의 체결을 근로계약의 갱신과 동일시하여서는 안된다.

2. 연봉제의 도입과 평가 및 연봉조정기준

연봉제를 실시하면서 그 평가 및 연봉조정에 관한 기준을 마련하지 않아 연봉 재계약시 회사가 당해 근로자에게 그 이전 연봉보다 훨씬 저하된 연봉을 제시하여 연봉 재계약이 되지 않는 경우도 있는데 이러한 경우에도 회사가 일방적으로 근로계약을 종료시킬 수는 없을 것이며 원칙적으로 합리적 이유없이 근로자의 이전 연봉수준보다 저하된 연봉을 지급할 수도 없을 것이다. 근로자가 연봉협상 과정에서 다소 지나친 금액을 요구한 바 있다 하더라도 사용자가 이를 받아들이지 못함으로 인하여 근로자가 자발적인 의사에 기해 사직을 함은 별론으로 하고, 사용자측이 적정하다고 생각하는 연봉의 액수를 제시하고 협상을 시도하는 등 회사 설립 과정에서 이미 면접 등을 거쳐 채용한 근로자에 대한 최소한의 노력도 기울이지 않고 단지 지나친 금액을 요구한다는 것만으로 근로자를 해고하는 것은 정당하다고 할 수 없다(서울행법 2002. 6.25, 2001구16469).

따라서 회사가 연봉제를 실시하고자 할 경우에는 평가의 기준 및 평가에 따른 연봉인상 또는 인하에 대한 구체적 기준을 마련하여 분쟁요인을 해소한 후 실시하여야 할 것이다.

3. 연봉액의 결정

연봉제에 있어서 특별히 제기되는 이슈는 연봉액이 어느 시점에서 확정되고 임금청구권은 어느 시점에서 발생하는가의 문제이다. 이 점은 근로자가 연도 도중에 퇴직하는 경우 임금청구권의 유무나 연도 도중 임금 감액의 적법성에 관하여 논의된다.

(1) 연봉액의 확정 및 임금청구권의 유무

업적상여병용형확정연봉제의 경우 연봉액은 전년도 업적평가 등에 따라 확정된다. 구체적인 임금청구권에 있어서는 연봉도 임금인 이상 노워크·노페이 원칙이 적용되며 임금청구권은 현실의 취업을 전제로 발생하는 것이 원칙이다. 그러므로 연봉제 적용자가 당해 연도에 퇴직하거나 해고된 후에는 임금청구권은 발생하지 않는다. 또한 결근하거나 지각을 한 경우에 삭감되는 것도 이러한 취지의 합의나 규정이 있다면 유효하다고 해석된다.

(2) 연도 도중 연봉액의 감액 조정

연봉액의 감액은 기본 연봉액이 확정되어 있는 이상 사용자는 이것을 연도 도중에 일방적으로 조정(감액)할 수는 없다. 연봉제는 다음 연도에의 기대를 결정요소로 하는 것이 많지만 근로자가 그 기대에 따라 성과를 거두지 못하더라도 이것은 연도 도중의 조정사유가 되는 것은 아니고 다음 연도의 연봉에 반영하면 되는 것이다. 확정연봉제가 있는 한 이 점은 기본연봉이나 업적연봉을 묻지 아니하고 적용된다. 그러나 업적연봉이 당해 연도의 성적에 따라 조정을 예정하는 취지의 것(업적상여병용형 조정연봉제)이라면 예외적으로 연도 도중에 인하하는 것도 가능하다. 또한 연도 도중에 배치전환이나 강격에 의하여 연봉액을 인하할 것인가의 가부에 있어서도 동일한 이유로 원칙적으로 허용되지 아니한다고 해석된다.

(3) 학생 모집 실적에 따른 교수 연봉 책정의 위법 여부

학교법인이 교원에 대하여 성과급적 연봉제를 시행하기 위하여 정관이나 교원보수규정 등에서 마련한 교원실적에 대한 평가항목과 기준이 사립학교법 등 교원의 인사나 보수에 관한 법령 또는 근기법이 정한 강행규정을 위반하거나 객관성과 합리성을 잃어 교원의 보수 결정에 관한 학교법인의 권리를 남용한 것으로 평가되는 등의 특별한 사정이 없는 한 그 평가항목과 기준은 가급적 존중되어야 하고, 이를 함부로 무효라고 단정해서는 안된다(대법 2022.6.9, 2018다262653 ; 대법 2018.11.29, 2018다207854). 이 사건에서 학교법인은 이사회 의결을 거쳐 교직원 성과 연봉계약제를 채택했다. 공무원 보수규정 등에 따라 원래 적용받던 '연봉 대상금액'을 정한 뒤 교수 개인별 학생 모집 실적과 학과별 충원율을 평가해 산정한 적용률을 곱해 연봉에 반영한 것이다. 그 결과 해당 교수 연봉은 전년 대비 8% 삭감된 것이다. 해당 교수는 성과급연봉제는 학교법인이 준용하기로 한 공무원 보수규정에 어긋나 무효라며 임금차액청구소송을 냈는데 1·2심은 승소했지만 대법원은 패소취지로 파기 환송한 것이다. 이 판례는 성과급적 연봉제의 지급기준이 무효라는 판단을 내리기 위해서는 ▲사립대학의 구체적인 재정상태 ▲교원들의 보수 수준 ▲특정 부분의 실적에 따라 결정되는 보수 부분이 전체에서 차지하는 비중 ▲성과급적 보수의 변동이 교원 본연의 업무수행과 생계에 미치는 영향 ▲교원이 위와 같은 보수지급 기준에 동의하였는지 여부 등을 종합적으로 고려해야 한다는 기준을 제시했다. 이 판례는 사립학교가 교원의 보수를 결정할 때 준거가 되는 평가 항목이나 기준은 되도록 존중해야 한다는 취지다.

(4) 노사간 합의에 이르지 못한 경우의 연봉액의 결정

연봉액 결정은 통상 노사간의 합의에 따라 이루어지지만 신연도의 연봉액에 대하여 노사가 합의에 이르지 못한 경우 연봉액을 어떻게 결정할 것인지가 문제된다. 종전 연봉액을 지급할 것인지 또는 새로 책정된 연봉액을 지급할 것인지의 문제가 발생한다. 이에 관해서는 취업규칙상 사용자의 결정권을 인정하는 규정이 있으면 이에 따르되 그렇지 않다면 사용자가 제안한 연봉액을 최저연봉액으로 하는 취지의 합의를 긍정해야 할 것이다. 다만, 연봉제는 성과주의임금을 철저히 반영하는 제도이므로 공정한 인사고과가 필수요건이므로 자의적인 연봉액 결정은 인사권의 남용이다. 판례는 취업규칙의 근거규정에 덧붙여 동 규정에 의한 공정한 인사고과제도가 정비되어 있다면 사용자의 연봉액 결정권이 발생한다고 한다(일본 東京高裁 1998.4.9). 즉, 회사가 연봉제를 도입하며 평가 결과에 따라 하위등급일 경우 임금의 안정성이라는 관점에서 연봉액이 하락될 수 있는 하한 설정 등의 제도를 수립하고 이에 대해 근로자 과반수의 동의를 받고 이 제도에 근거하여 연봉액이 하락된 경우라면 새로 책정된 연봉액을 지급할 수 있다.

4. 연봉액의 제시와 그 거부시의 사용자의 대응 방안

① 인사고과 또는 근무평정은 사용자의 고유한 인사경영활동에 속하는 것으로 인사고과나 근무평정제도를 취업규칙에 정하고 있어도 인사고과 또는 근무평정의 결과가 바로 근로조건에 관하여 근로계약을 대신하는 효력을 가지게 된다고 볼 수 없으므로 연봉제 규정 및 인사고과에 의거 개인별 연봉금액이 결정된다 하더라도 그것이 바로 연봉계약의 내용으로 된다고 보기 어렵다.

② 사용자는 근무평정 등을 통하여 평가한 근로자의 업무실적을 기간제근로자와 재계약 할 때 또는 기간의 정함이 없는 근로계약을 체결한 근로자와 연봉계약을 체결할 때 연봉금액 결정의 기초로 삼아 근로자에게 제시할 수 있다. 이 때 근로자가 사용자의 제안을 수락(명시 또는 묵시적으로)하는 경우에는 근로계약으로서의 효력이 인정될 수 있을 것이며, 거부하는 경우에는 유효한 근로계약이 체결된 것으로 보기 어려울 것이다(2005.11.4, 근로기준팀-973). 또한 위와 같은 방식으로 결정된 연봉금액에 대하여 근로자가 합리적인 이유없이 연봉계약 체결을 거부하는 경우 사용자가 근로자의 그러한 의사를 반드시 수용해야 할 의무는 없고, 종전의 연봉계약의 유효기간이 만료된 이후에는 기간의 정함이 있는 근로계약관계는 자동종료되며, 기간의 정함이 없는 근로계약(기간의 정함이 있는 근로계약이 기간의 정함이 없는 계약으로 전환된 경우 포함)에 대하여는 사용자는 근로계약관계를 해지하는 사유가 될 수 있을 것이다. 다만, 그러한 사용자의 근로계약의 해지는 해고에 해당되므로 정당성 다툼의 대상은 될 수 있을 것이다

(2006.3.22, 근로기준팀-1290 ; 2005.11.11, 근로기준팀-1115).

③ 인사평가 및 인사평가에 따른 연봉결정 방식은 취업규칙의 내용으로 근로자는 이에 규율을 받게 되므로 합리적 이유 없이 이를 거부하는 것을 이유로 징계도 고려할 수 있다.

5. 인사고과 평가에 의하여 연봉액을 삭감한 경우의 적법 여부

직무변경이나 고과사정에서의 저평가 등을 이유로 근로자에게 개별적으로 감액된 금액이 결정된 경우에 그 적법성 판단시 어떠한 점을 유의해야 할 것인가의 문제이다. 근기법 제95조에 의한 감급제재는 근로자의 귀책사유에 의한 제재 차원에서 임금 중 일부를 감하는 것으로 이것과는 다른 연봉제 시행에 따른 인사고과에 의거 종전보다 감액된 금액으로 임금이 결정된다 하더라도 이는 임금의 결정에 관한 것으로 근기법 제95조에 의한 감급의 제재로는 볼 수 없다(2002.3.6, 근기 68207-928).

연봉제 임금체계에 따라 개인별 인사고과에 의거하여 성과인센티브가 처음부터 실적 등에 따라 차등지급(25~50%)하기로 되어 있는 것이라면 근기법 제95조에 의한 감급제재로 볼 수 없을 것이다(2001.9.24, 근기 68207-3273). 해당 근로자와 사용자 사이에 기존 연봉을 3% 삭감하는 조건으로 근로계약이 적법하게 체결된 것이라고 인정하는 이상, 그러한 사정만으로 당사자 사이에 체결된 근로계약에 따른 연봉삭감이 위법하게 된다고 볼 수 없다(서울행법 2006.4.25, 2005구합36455). 이 판례는 매년 연봉을 조정함에 있어 삭감형 연봉제로 운영하는 경우 조정에 따른 연봉삭감은 제재에 따른 감급이 아니고 제공되는 근로의 양과 질에 따른 임금 결정이므로 해고・징계・감급의 제재를 받지 않는다는 것이다. 또한 개인의 업무성과를 파악하여 연간 단위로 임금을 결정하는 연봉제 급여제도를 채택하고 있는 근로자들에게 인사평정결과에 따라 급여를 차등 지급한 것을 두고 근기법 제23조제1항에서 정한 제재로서의 감봉 기타 그 밖의 징벌에 해당한다고 볼 수 없다(대법 2023.1.12, 2022다281194).

6. 성과연봉제 도입의 불이익변경 여부 및 취업규칙 변경시 동의주체

(1) 호봉제를 성과연봉제로 변경할 경우 불이익 여부

학교법인이 대학교 교원의 보수체계를 호봉제로 정하였던 기존 보수규정을 폐지하고 성과연봉제 도입을 내용으로 하는 새로운 보수규정을 제정한 것은 취업규칙의 불이익 변경에 해당하고, 이에 대해 해당 대학교 교원들의 적법한 동의를 받지 않았으며, 이러한 보수체계에 사회통념상 합리성도 인정되지 않는다. 따라서 새로운 보수규정이 해당 교원들에게 적용되지 않는다고 판단한 것은 정당하다(대법 2023.4.13, 2019다282371).

(2) 성과연봉제 도입의 불이익변경 여부 판단기준

근로자 집단별로 작성 예정인 성과연봉제 도입으로 인한 취업규칙 변경시 동의 주체에 대한 문제이다. 임금 지급방식이나 체계를 바꾸는 것은 원칙적으로 경영판단에 속하는 사항으로서 일률적으로 근로조건의 불이익변경으로 볼 수 없으나 근로자의 임금 삭감을 목적으로 하거나 임금의 안정성을 현저히 훼손하는 경우에는 취업규칙의 불이익한 변경에 해당한다고 볼 수 있다. 사업주가 일방적으로 연공급형 임금체계를 성과연봉제 임금체계로 변경하는 것이라면 임금의 안정성을 낮추어 근로조건의 불이익한 변경에 해당할 소지가 있으나 ① 근로자에게 차별 없이 공정한 기회를 보장하는 명확하고 합리적인 임금제도, ② 임금체계의 변화에 적응하도록 근로자에 대한 배려조치, ③ 합리적이고 공정한 평가제도, ④ 노사협의를 통한 근로자의 이해 등을 충족한 경우에는 일률적으로 불이익변경으로 볼 수 없는 경우도 있으므로 해당 사업장의 취업규칙 변경이 불이익한지 여부에 대해 우선 위 사항을 감안해 검토 판단하여야 한다.

(3) 성과연봉제 도입이 불이익변경에 해당하는 경우의 동의주체

위 사례가 과장급 이상 근로자에 대해서만 연봉제를 도입하면서 그 도입이 취업규칙 불이익변경으로 판단되는 경우 「동의주체」가 문제된다. 취업규칙 불이익변경 시점에는 일부 근로자집단만이 직접 불이익을 받더라도 그 나머지 다른 근로자집단에게도 장차 직급의 승급·승진 등으로 변경된 취업규칙의 적용이 예상되는 경우라면 변경 적용을 받는 근로자집단(과장급 이상 근로자)은 물론 장래 변경된 취업규칙 규정의 적용이 예상되는 근로자집단(과장급 이하의 직급인 근로자)을 포함한 전체 근로자집단이 동의의 주체가 될 것이다((대법[전원합의체] 2023.5.11, 2017다35588, 2017다35595(병합) ; 대법 2009.11.12, 2009다49377 ; 대법 2009.5.28, 2009두2238).

Chapter 4

취업규칙을 둘러싼 법률지식

1 취업규칙이란 무엇인가

1. 취업규칙의 개념

취업규칙이란 다수의 근로자를 사용하고 있는 사업장에서 근로자들이 지켜야 할 취업상의 규율과 직장질서, 근로시간, 임금 등의 근로조건에 관한 구체적 내용 등을 정한 규칙으로 효율적인 사업경영을 위해 필요한 것이다. 사용자는 이와 같이 사업경영의 필요상 「취업규칙」이라는 명칭으로 제정하며 사규・규칙・공장규칙・종업원규칙 등의 명칭으로 불리기도 한다. 취업규칙은 사용자가 당해 사업의 근로자 전체에 통일적으로 적용될 근로자의 복무규율과 근로조건에 관한 준칙을 규정한 것으로서 그 명칭은 불문하는 것이고, 근로조건이란 사용자와 근로자 사이의 근로관계에서 임금・근로시간・후생・해고 기타 근로자의 대우에 관하여 정한 조건을 말한다. 취업규칙에서 정한 복무규율과 근로조건은 근로관계의 존속을 전제로 하는 것이지만, 사용자와 근로자 사이의 근로관계 종료 후의 권리・의무에 관한 사항이라고 하더라도 사용자와 근로자 사이에 존속하는 근로관계와 직접 관련되는 것으로서 근로자의 대우에 관하여 정한 사항이라면 이 역시 취업규칙에서 정한 근로조건에 해당한다(대법 2022.9.29, 2018다301527).

2. 취업규칙의 해석방법

취업규칙은 노사간의 집단적인 법률관계를 규정하는 법규범의 성격을 갖는 것이므로 명확한 증거가 없는 한 그 문언의 객관적 의미를 존중하는 해석을 하여야 하고, 객관적 의미를 넘는 해석을 할 때에는 신중하고 엄격하여야 한다(대법 2022.9.29, 2018다301527 ; 대법 2020.11.26, 2017두70793 ; 대법 2014.6.12, 2014두915).

3. 취업규칙의 존재의의 및 기능

① 기업은 기업시설 및 기업조직과 근로자로부터 제공되는 노동력을 유기적으로 결부시켜 통일적으로 관리하며 합리적 · 능률적으로 운영하기 위하여 기업시설, 조직과 노동력을 어떻게 결부시켜 조직적 · 통일적으로 운영하는 명확한 기준과 규율을 필요로 한다. 이를 위해 근로자의 근로조건과 직장규율을 통일적 · 획일적으로 규정하는 성문의 규범이 노사 쌍방을 위해 필요하다. 노사간의 권리의무 관계를 명확히 할 수 있다는 것이 취업규칙의 존재의의이다.

② 근기법 제97조는 「취업규칙에 정한 기준에 미달하는 근로조건을 정한 근로계약은 그 부분에 관하여는 무효로 한다. 이 경우 무효로 된 부분은 취업규칙에 정한 기준에 따른다」고 규정하고 있다. 그러므로 취업규칙이 정하는 근로조건 기준은 당해 사업에 적용되는 근로조건의 최저기준을 설정하는 기능을 가지고 있다(최저기준 설정기능). 또한 최저기준에 머물지 아니하고 일정한 조건에서는 근로자가 체결하는 근로계약의 내용을 결정 · 구속하는 기능을 가지고 있다(근로조건 설정기능).

③ 취업규칙은 인사의 기본방침이나 기업이념을 명확히 함에 따라 「직장의 헌법」으로서의 기능을 가지고 있다. 취업규칙은 오늘날 근로조건을 결정함에 있어서 단체협약과 함께 중요한 역할을 담당하고 있다. 특히 노동조합의 조직이 저조하고 교섭력이 약한 우리나라 중소기업에서는 근로조건에 있어서 결정적 역할을 수행하고 있으므로 근기법이 취업규칙에 관하여 상세히 규율하고 있다.

④ 따라서 사용자는 경영질서를 조직하고 유지하고 노동력을 집단적 · 획일적으로 통제하기 위하여 ㈎ 직무질서의 확립, ㈏ 직장질서의 유지를 위한 제도, ㈐ 직장에서의 근로설비의 관리, ㈑ 임금 · 근로시간 등 근로조건 등을 취업규칙에 규정한다.

4. 취업규칙의 법적성질

취업규칙의 법적성질에 관하여 계약설과 법규범설이 있으나 행정해석과 판례는 법규범설에 따르고 있다. 판례는 「취업규칙은 사용자가 기업경영권에 기하여 사업장에서의 근로자의 복무규율이나 근로조건의 기준을 획일적・통일적으로 정립하기 위하여 작성하는 것으로서 이는 근기법이 종속적 노동관계의 현실에 입각하여 실질적으로 불평등한 근로자의 지위를 보호・강화하여 그들의 기본적 생활을 보장・향상시키려는 목적의 일환으로 그 작성을 강제하고 이에 법규범성을 부과한 것이다」(대법 1977.7.26, 77다355)라고 한다.

〈법규범설과 계약설에 따른 구속력의 근거〉

법규범설	취업규칙 → 「법규범」 → 「구속력」
계 약 설	취업규칙 → 「근로자의 동의」 → 「구속력」

2 취업규칙의 제정・변경 권한은 누가 가지는가

1. 근거규정

근기법 제93조는 「상시 10명 이상의 근로자를 사용하는 사용자는 다음 각 호의 사항에 관한 취업규칙을 작성하여 고용노동부장관에게 신고하여야 한다. 이를 변경하는 경우에도 또한 같다」라고 규정하고 있다. 취업규칙의 작성・변경의 권한은 원칙적으로 사용자에게 있으므로 사용자는 그 의사에 따라 취업규칙을 작성・변경할 수 있다(대법 2004.1.27, 2001다42301).

2. 취업규칙의 제정・변경 주체는 누구인가

(1) 상시 10명 이상의 근로자를 사용하는 사업장

근기법 제93조에 따라 취업규칙을 제정하고 또는 이를 변경하는 권한은 사용자에게 있다. 취업규칙 작성의무자는 상시 10명 이상의 근로자를 사용하는 사용자이다(근기법 제93조).

(2) 상시 10명 이상에 포함하는 근로자와 근로자 수 산정방법

상시 10명 이상의 근로자를 사용하는 사업 또는 사업장에서 취업규칙을 제정 또는 변경할 때 "상시 사용하는 근로자 수"의 산정방법은 동 사유발생일 전 1개월 동안 사용한 근로자의 연인원을 같은 기간 중의 가동 일수로 나누어 산정한다(동법시행령 제7조의2제1항). 이 경우 근로자의 연인원에는 「파견법」 제2조제5호에 따른 파견근로자를 제외한 근로자(기간제근로자, 단시간근로자 등 고용형태를 불문하고 근로하는 모든 근로자)를 포함한다(근기법시행령 제7조의2제4항).

(3) 기업 단위인가, 사업장 단위인가

10명 이상의 근로자 수를 산정할 경우, 그 기준에 대해서는 견해가 나누어지고 있다. 예를 들어 한 기업에 복수 사업장이 있고 개개의 사업장별로 보면 어느 쪽이나 10명 미만의 근로자를 고용하고 있으나 기업 전체로 10명 이상의 근로자가 되는 경우, 과연 그 사용자는 취업규칙 작성의무를 지는가?

이에 대하여 긍정설과 부정설이 있다.

행정해석(1980.3.14, 법무 811-6228)은 취업규칙은 사업장별로 근무시간, 근무내용, 작업환경이 다를 수 있으므로 사업장 단위로 작성할 필요가 있다고 한다.

(4) 본사와 사업장이 있을 경우의 신고방법

취업규칙의 신고는 각 사업장에서 관할 지방관서에 각각 신고하는 것을 원칙으로 하되, 고용노동부훈령 제465호(2023.7.24) 「근로감독관집무규정」 제74조제3항 각 호의 어느 하나에 해당하는 경우에는 해당 취업규칙 신고로 사업장 전체의 취업규칙이 신고된 것으로 본다.

3 취업규칙의 기재사항

근기법 제93조제1호 내지 제13호에 기재된 사항은 반드시 취업규칙에 포함되어야 한다. 이것을 필요적 기재사항이라고 하고 그 밖에 사용자가 임의로 기재사항을 규정할 수 있다. 필요기재사항 중 예컨대 교대근로, 가족수당, 상여, 업무외의 재해부조 등에 관한 사항은 근기법 등에서 해당 사항에 대한 최저기준이 규정되지 않으므로 해당 사업 또는 사업장에서 이를 시행하는 경우에만 기재할 의무가 생긴다. 취업규칙을 제정한 취지, 훈시적 선언규정 등은 임의로 기재할 수 있는 사항이다. 근로자의 복무규율과 근로조건에 해당하는 사항이 사용자에 의하여 통일적으로 규정되어 있으면 그것은 취업규칙으로서의 성격을 갖고 근기법의 규제대상이 된다. 따라서 취업규칙이라는 명칭을 가진 문서가 작성되어 있다고 하더라도 그 내용 중 근로자의 복무규율과 근로조건 등 근로관계를 직접 규율하는 내용을 담고 있지 않은 부분은 취업규칙으로서의 성격을 갖지 아니한다.

근기법 제93조에 정한 기재사항 중 일부가 기재되어 있지 아니한 경우 취업규칙의 작성·신고의무 위반으로 벌칙을 적용받는 문제는 별론으로 하고 취업규칙으로서의 효력이 있다고 보아야 할 것이며, 기재되지 않은 부분에 대해서는 근기법, 단체협약, 근로계약 등에 정한 조건에 따라야 할 것이다.

근기법 제93조의 기재사항 내용은 다음과 같다.

1. 업무의 시작과 종료 시각, 휴게시간, 휴일, 휴가 및 교대 근로에 관한 사항
2. 임금의 결정·계산·지급 방법, 임금의 산정기간·지급시기 및 승급에 관한 사항
3. 가족수당의 계산·지급 방법에 관한 사항
4. 퇴직에 관한 사항
5. 「근퇴법」 제4조에 따라 설정된 퇴직급여, 상여 및 최저임금에 관한 사항
6. 근로자의 식비, 작업 용품 등 부담에 관한 사항
7. 근로자를 위한 교육시설에 관한 사항
8. 출산전후휴가, 육아휴직 등 근로자의 모성보호 및 일·가정 양립 지원에 관한 사항
9. 안전과 보건에 관한 사항

9의2. 근로자의 성별·연령 또는 신체적 조건 등의 특성에 따른 사업장 환경의 개선에 관한 사항

10. 업무상과 업무 외의 재해부조에 관한 사항
11. 직장 내 괴롭힘의 예방 및 발생 시 조치 등에 관한 사항
12. 표창과 제재에 관한 사항
13. 그 밖에 해당 사업 또는 사업장의 근로자 전체에 적용될 사항

4 취업규칙의 형식

1. 통상 조문형식

취업규칙의 형식에 관해서는 특별히 법률로 규정되어 있지 않으므로 사용자가 임의로 정할 수 있다. 즉, 취업규칙은 사규, 내규 규정 등 여러 가지 이름으로 존재한다. 나아가서 복무규율·임금 등에 관한 내용의 근로계약서를 집단적

으로 작성하여 적용시킨다면 이 근로계약서도 취업규칙으로 볼 수 있다(대법 1998. 3.24, 96다24699). 실제 사업장에서 작성하고 있는 취업규칙의 내용을 보면 그 순서나 내용에 있어서 근기법상의 기재사항순서에 의하기보다는 법령형식을 취하여 장·절·조로 나누어 총칙, 채용, 복무규율, 휴일·휴가, 인사, 임금, 안전·보건, 재해보상, 복지후생, 교육훈련, 표창·제재 등으로 구분하여 기재하고 있음을 흔히 볼 수 있다.

2. 별도 독립된 부속규정형식의 허용 여부

사용자는 같은 사업장에 소속된 모든 근로자에 대하여 일률적으로 적용되는 하나의 취업규칙만을 작성하여야 하는 것은 아니고, 근로자의 근로조건, 근로형태, 직종 등의 특수성에 따라 근로자 일부에 적용되는 별도의 취업규칙을 작성할 수 있으며, 이 경우 여러 개의 취업규칙을 합한 것이 근기법 제93조가 정한 1개의 취업규칙이 된다(서울중앙지법 2022.6.9, 2019가합6718). 이 판례는 간부사원 취업규칙의 별도 제정이 위법·무효라고 볼 수 없다는 것이다.

임금이나 퇴직금, 안전·보건 등은 별도 독립된 부속규정으로서 작성하는 것이 일반적이지만 별도 규정으로 하느냐는 내용의 양과 사업장의 실정에 따라 결정된다. 취업규칙에 안전과 보건에 관한 사항을 따로 정한다고 규정하고 있고, 산안법에 의한 "안전보건관리규정"이 있는 경우 특별한 사정이 없는 한 동 규정은 안전보건에 관한 사항에 한하여 취업규칙의 성질을 가지고 있다(2012.9.20, 근로개선정책과-4722). 방대한 양인 경우에는 취업규칙에서 "임금에 관해서는 별도로 정한다"는 식으로 독립된 '임금규정'으로 하는 편이 근로자에게도 이해하기가 쉽고, 개정하게 될 경우에도 '임금규정'에만 한정되기 때문에 그 절차가 간편하다. 별도 독립된 부속규정이 있더라도 그것은 취업규칙의 일부인 점에 변함이 없으므로 그 작성절차(신고의무 · 의견청취의무)나 효력도 본 규칙과 같다.

5 취업규칙 작성·변경의 법적 절차는 어떠한가

취업규칙의 작성·변경에 관하여 사용자는 근로자의 의견을 듣고 그 의견서를 첨부하여 고용노동부장관에게 취업규칙을 신고하며, 근로자에게 취업규칙을 주지시켜야 한다. 또한 취업규칙은 법령 또는 당해 사업 또는 사업장에 대하여 적용되는 단체협약에 위반하여서는 아니 되며, 고용노동부장관은 법령 또는 단체협약에 저촉되는 취업규칙의 변경을 명할 수 있다(근기법 제96조). 이와 같은 절차와 법적 규제를 근기법이 규정한 이유는 취업규칙이 사회적 규범에 그치지 않고 법규범으로서 구속력을 가지고 있으므로 그 내용을 규제하기 위해 감독적 규제가 필요하기 때문이다.

1. 취업규칙안의 작성

근기법 제94조에서 규정한 바와 같이 취업규칙의 제정·변경 권한은 사용자에게 있다. 취업규칙은 경영권의 작용으로서 사용자가 작성하는 것이므로 취업규칙을 작성할 경우나 변경할 경우에는 우선 사용자측에서 안을 만들어야 한다. 처음부터 확정적인 취업규칙으로서 근로자측에게 제시하여도 무방하지만 합리적인 노무관리를 위하여 안으로 제시하는 편이 타당할 것이다.

2. 근로자의 의견청취

사용자가 작성한 취업규칙 또는 취업규칙안을 그 사업장의 근로자측에 제시하여 그에 대한 근로자의 의견을 들어야 한다. 사용자의 일방적 작성·변경에 대하여 근로자의 의사를 반영하기 위한 것이다.

근기법 제94조는 「① 사용자는 취업규칙의 작성 또는 변경에 관하여 해당 사업 또는 사업장에 근로자의 과반수로 조직된 노동조합이 있는 경우에는 그 노동조합, 근로자의 과반수로 조직된 노동조합이 없는 경우에는 근로자의 과반수의 의견을 들어야 한다. 다만, 취업규칙을 근로자에게 불리하게 변경하는 경우에는 그 동의를 받아야 한다. ② 사용자는 제93조에 따라 취업규칙을 신고할 때에는 제1항의 의견을 적은 서면을 첨부하여야 한다」고 규정한다. 위 규정은 사용자가 일방적으로 정하는 취업규칙을 근로자에게 불리하게 변경하려고 할 경우 근로자를 보호하기 위하여 위와 같은 집단적 동의를 받을 것을 요건으로 정한 것이다(대법 2022.3.11, 2017다202272). 그리고 근기법 제4조는 “근로조건은 근로자와 사용자가 동등한 지위에서 자유의사에 따라 결정하여야 한다.”라고 정하고 있다. 위 규정은 사용자가 일방적으로 근로조건을 결정하여서는 아니 되고, 근로조건은 근로관계 당사자 사이에서 자유로운 합의에 따라 정해져야 하는 사항임을 분명히 함으로써 근로자를 보호하고자 하는 것이 주된 취지이다.

이러한 각 규정 내용과 그 취지를 고려하면, 근기법 제94조가 정하는 집단적 동의는 취업규칙의 유효한 변경을 위한 요건에 불과하므로, 취업규칙이 집단적 동의를 받아 근로자에게 불리하게 변경된 경우에도 근기법 제4조가 정하는 근로조건 자유결정의 원칙은 여전히 지켜져야 한다(대법 2022.3.11, 2017다202272 ; 대법 2019.11.14, 2018다200709).

(1) 의견청취의 주체

사용자는 취업규칙의 작성·변경에 관하여 근로자의 과반수로 조직된 노동조합이 있는 경우에는 그 노동조합, 근로자의 과반수로 조직된 노동조합이 없는 경우에는 근로자의 과반수의 의견을 들어야 한다. 근로자의 과반수는 기존 취업규칙의 적용을 받는 근로자, 장래 변경된 취업규칙의 적용이 예상되는 근로자를 포함한 근로자집단을 기준으로 판단한다.

가. 근로자의 과반수의 의미

① 노동조합이 있는 경우

㈎ 근로자의 과반수로 조직된 노동조합이란 해당 사업 또는 사업장에 종사하는 전체 근로자의 과반수로 조직된 단일 노동조합을 의미한다. 교섭창구 단일화 절차에 참여한 노동조합의 전체 조합원의 과반수로 조직된 노동조합이라 하더라도 근기법 제94조제1항 단서에 따라 동의할 수 없다. 또한 해당 사업 또는 사업장에 근로자의 과반수로 조직되지 못한 노동조합이 그 조합원이 아닌 자로부터 위임받아 근기법 제94조제1항 단서에 따라 동의할 수 없다(법제처 2014.8.21, 안건번호 14-0346 ; 2012.6.8, 근로개선정책과-3008).

㈏ 복수노조 사업장에서 각 노동조합에 중복 가입자가 있는 경우 취업규칙 변경시 과반수 노조 판단 방법은 노조법시행령 제14조의7제6항을 적용하는 것이 아니라 근기법에 따라 노동조합마다 가입한 근로자 수를 각각 세어 판단하여야 한다(2016.7.15, 근로기준정책과-4436).

② 노동조합이 없는 경우

근로자 과반수의 동의를 얻거나 의견을 청취하도록 규정하고 있는 바, 여기서 "근로자 과반수"란 근기법 제2조제1항제1호에 의한 근로자에 해당하는 자 중에서 동법 제2조제1항제2호에 의한 사용자에 해당하는 자를 제외한 자의 과반수를 의미한다. 여기서 근로자의 과반수란 근로자 대표자가 아니고 근로자의 과반수라는 점에 유의하여야 한다.

나. 의견청취란

의견청취란 취업규칙의 작성・변경에 관한 근로자측의 의견을 듣고 그 의견을 기입한 서면을 신고시에 첨부하는 것으로 충분한 것이다. 사용자는 그 의견에 구속되지 않으므로 근로자측의 반대의견이 있어도 사용자가 그 의견대로 수정할 의무를 지는 것은 아니다. 예컨대 근로자 과반수는 당해 취업규칙의 작성・변경 내용에 반대하는 의견을 표명하지 아니한 경우 또는 의견서에 서명 또는 날인하지 아니한 경우에도 의견을 청취하였다는 것이 「객관적으로 증명되는 한」 지방노동관서의 장은 이것을 수리하여야 한다. 또한 근기법 제94조제1항은 취업규칙의 불이익변경, 유리 변경을 불문하고 의견청취의무를 부과하고 있으므로 근로자에게 유리한 내용의 변경이더라도 의견청취를 행하여야 한다.

다. 의견청취를 거치지 않은 취업규칙의 효력

취업규칙 변경의 요건인 근로자 과반수의 의견청취를 거치지 않았을 경우 그 변경을 유효한 것으로 인정할 것인가에 관하여 견해가 대립된다.

① 판례는 「근기법 제93조는 취업규칙의 작성 및 변경에 관하여 행정관청에의 신고의무를, 법 제94조 본문은 노동조합 또는 근로자 과반수의 의견청취의무를, 동법 제14조제1항은 취업규칙의 게시 또는 비치에 의한 주지의무를 정하고 있지만 이러한 규정들은 단속법규에 불과할 뿐 효력규정이라고는 볼 수 없으므로 사용자가 이러한 규정들을 준수하지 않았다고 하더라도 바로 취업규칙의 작성 또는 변경이 무효로 되는 것은 아니다」(대법 2004.2.12, 2001다63599)」라고 판시하고 있으며, 행정해석(1982.2.1, 근기 1455-2895)도 판례와 같은 입장이다.

② 근기법 제94조는 당해 취업규칙에 관한 노동조합의 의견을 들으면 충분하다는 취지로 해석해야 하므로 단체협약과 같이 합의를 요건으로 하지 않는다. 그러므로 본래 취업규칙은 사용자가 일방적으로 작성하며 변경하는 권한을 가지고 있기 때문에, 설시 노동조합 등의 의견청취절차를 취하지 아니하였다 하여도 근로자에게 취업규칙으로서 주지되고 운용되고 있는 이상 근기법상의 의견청취 절차 위반으로 벌칙은 적용되지만 취업규칙으로서의 효력이 부정되지는 아니한다. 즉, 일정(예컨대 5일)한 회답 기한을 두고 노동조합과의 협의를 거치지 아니하였고 근기법상 취업규칙 변경에 관하여 노동조합이 반대의견을 붙

인 경우일지라도 그 의견이 구속력을 가지는 것이 아니며, 따라서 협의를 거치지 아니하였다고 하더라도 취업규칙 변경이 무효가 되는 것은 아니다.

③ 한편 복수노조가 있는 경우 교섭창구 단일화 절차를 거친 노동조합이 전체 근로자의 과반수로 조직된 노동조합에 해당한다 하더라도 단체협약 체결 행위에 취업규칙 변경 의사까지 내포되었다고 볼 수 없다면 취업규칙 변경시에는 전체 근로자 과반수로 조직된 노동조합의 의견청취 절차를 거쳐야 할 것이다(2012.6.8, 근로개선정책과-3008).

(2) 의견의 서면기입

근로자 과반수의 의견은 '서면에 기입한 것'이어야 한다. 근기법 제94조제2항의 규정에 의하여 취업규칙 신고서에 첨부하여야 할 의견을 기입한 서면은 근로자 과반수의 서명 또는 날인이 있어야 한다. 또한, 그 취업규칙에 첨부한 의견서의 내용이 당해 규칙에 전면적으로 반대하는 것이든지 특정부분에 관하여 반대하는 것이든지를 불문하고, 또 그 반대사유를 불문하고, 그 효력발생에 관하여 다른 요건을 구비하는 한 취업규칙의 효력에는 영향을 미치지 못한다. 요컨대 근로자 과반수의 의견서가 첨부되어 있으면, 의견이 반대일지라도 취업규칙 자체의 효력에는 영향이 없다.

(3) 취업규칙 변경시 전자게시판(또는 E-mail)을 이용하여 근로자 과반수의 의견청취를 할 수 있는가

의견청취 방식이 사업장의 실정에 맞지 아니하는 경우 그에 맞는 적절한 방법을 활용할 수 있을 것이나 이 경우에도 근로자 과반수의 의견을 들었음을 객관적으로 입증할 수 있어야 할 것이다. 사내전산망을 통하여 취업규칙의 내용을 게시하고 의견을 들을 경우에도 근로자 과반수의 의견을 청취하였다는 것을 입증할 수 있도록 서면으로 작성(또는 출력) 하여 근기법 제94조제2항의 규정에 따라 취업규칙을 신고할 때 첨부하여야 할 것이다(2003.9.25, 근기 68207-1213).

(4) 노동조합이 의견서를 제출하지 않은 경우에는 어떻게 되는가

노동조합 또는 근로자 과반수의 의견서에 근로자 과반수의 서명·날인이 없다는 것을 이유로 수리되지 않는 사례도 간혹 있다. 그러나 노동조합이 고의로 의견을 표명하지 않거나 의견서에 서명·날인하지 아니하는 경우라도 의견을 청취하였음이 객관적으로 증명할 수 있는 한 이를 수리하는 것이 타당한 것이다. 따라서 노동조합의 의견서 제출이 없는 경우일지라도 의견을 청취하였다면 그것을 소명하는 서류(의견청취요청문서 사본)를 첨부하여 신고하면 된다.

3. 취업규칙의 확정신고

(1) 취업규칙의 확정

취업규칙의 변경·개정 등이 필요하다고 사용자가 판단하였을 경우 적정수정을 행하는 등, 의견을 반영시켜(의견을 반영시키지 않더라도 근기법 위반이 되지 아니하지만) 취업규칙으로서 확정하고 근로자 과반수의 의견서를 첨부하여 확정취업규칙으로서 고용노동부장관에게 신고하는 것이다.

(2) 신 고

사용자는 근기법 제93조에 따라 취업규칙을 신고하거나 변경신고 하려면 취업규칙 신고 또는 변경신고서(동법시행규칙 별지 제15호 서식)에 다음 서류를 첨부하여 관할지방 고용노동관서의 장에게 제출하여야 한다(동법시행규칙 제15조).

① 취업규칙(변경신고하는 경우에는 변경 전과 변경 후의 내용을 비교한 서류를 포함)

② 근로자의 과반수를 대표하는 노동조합 또는 근로자 과반수의 의견을 들었음을 증명하는 자료

③ 근로자의 과반수를 대표하는 노동조합 또는 근로자 과반수의 동의를 받았음을 증명하는 자료(근로자에게 불리하게 변경하는 경우에만 첨부한다)

(3) 취업규칙을 신고하여야 할 기간

사용자가 취업규칙을 신고하여야 할 기간에 관하여는 근기법상 특별한 규정이 없기는 하나, 사용자는 상시 10명 이상의 근로자를 사용할 때로부터 취업규칙을 작성하고 근로자들의 의견을 청취하는 절차를 거치기 위하여 소요되는 최소한의 기간 내에 신고를 마쳐야 하고, 이러한 법리는 사용자가 기숙사규칙을 작성하여야 할 기간에도 마찬가지로 적용한다(전주지법 2005.6.14, 2005노195).

6 취업규칙을 불리하게 변경하려면 어떠한 절차가 필요한가

1. 불리한 변경의 의의와 절차

(1) 불리한 변경의 의의

불리한 변경이란 사용자가 종전 취업규칙 규정을 개정하거나 새로운 규정을 신설하여 근로조건이나 복무규율에 관한 근로자의 기득권·기득이익을 박탈하고 근로자에게 저하된 근로조건이나 강화된 복무규율을 일방적으로 부과하는 것을 말한다(대법 2022.3.11, 2018다255488 ; 대법 1993.8.24, 93다17898). 불리한 변경은 불리한 개정과 불리한 규정의 신설을 모두 포함하는 개념이다. 취업규칙의 불리한 변경은 기존의 규정을 변경하는 방식으로 이루어지지만 기존의 근로조건에 관한 규정을 삭제하거나 일정기간 그 적용을 배제하는 방식으로도 가능하다.

(2) 불리한 변경에 대한 절차

'근로자에게 불리한 취업규칙의 변경이 어떤 것인지에 대한 판단기준'시점은 취업규칙의 변경이 이루어진 시점이다(대법 1997.8.26, 96다1726). 따라서 취업규칙의 변경 이후에 사정 변경이 있다는 점은 고려되지 아니한다. 근기법 제94조제1항의 취업규칙의 변경에 관하여는 근로자 과반수의 의견을 들어야 한다.

그러나 사용자가 취업규칙에서 정한 근로조건을 근로자에게 불리하게 변경하면서 근로자 과반수의 동의를 받아야 하며, 이러한 동의를 받지 못한 취업규칙의 불리한 변경은 기존 취업규칙의 적용을 받던 근로자에게 대하여 아무런 효력이 없으며 종전 취업규칙의 효력이 그대로 유지된다(대법 2022.1.13, 2019다218837). 취업규칙을 작성 또는 변경하는 것은 원칙적으로 사용자의 권한에 속하지만 취업규칙에 정한 근로조건 등에 관한 사항이 사용자의 일방적인 의사에 의하여서만 결정된다면, 근로자에게 부당하게 불리한 결과가 초래될 염려가 있으므로 이를 견제하기 위하여 이와 같은 근로자 집단의 동의라는 절차가 요청되는 것이다. 따라서 동의 절차는 취업규칙의 작성 또는 변경에 있어서 가장 중요한 부분이다.

2. 불리한 변경에 있어서의 근로자의 동의방식

> **[실무사례]**
> A회사는 향후 고령사회에 대비하여 취업규칙의 정년을 60세에서 63세로 연장하는 대신 임금은 55세를 정점으로 하여 점차 줄어드는 이른바 '임금피크제'를 도입하고자, 사업장에 근로자의 과반수로 조직된 노동조합에게 취업규칙의 변경에 대해 동의해 줄 것을 수차례 요청하였다. 노동조합의 대표자 甲은 긍정적인 반응을 보였지만 조합원들은 반대의견이 많았다.
> 1. A회사는 노동조합 대표자 甲을 설득해서 결국 동의를 받아 취업규칙을 변경하였고, 동의 받았다는 내용과 변경된 취업규칙을 회사 홈페이지 및 게시판에 공지하였다. 변경된 취업규칙은 유효한가?
> 2. 노동조합 대표자 甲이 조합원 다수의 의견을 무시할 수 없다고 끝내 동의하지 않자, A회사는 취업규칙을 일방적으로 변경하고 변경된 취업규칙을 회사 홈페이지 및 게시판에 공지하였다. 변경된 취업규칙은 유효한가?

(1) 동의주체 및 방식

사용자가 취업규칙의 변경에 의하여 기존의 근로조건을 근로자에게 불리하게 변경하려면 종전 근로조건 또는 취업규칙의 적용을 받고 있던 근로자들의 집단적 의사결정방식 또는 회의방식에 의한 과반수의 동의를 요구하고, 이러한 동의를 얻지 못한 취업규칙의 변경은 효력이 없다(대법 2010.1.28, 2009다32362 ; 대법 1977.9.28, 77다681). 근로자의 과반수로 조직된 노동조합이 없을 경우에는 근로자 과반수의 동의를 얻어야 하며 근로자대표의 동의만으로는 불이익변경의 절차를 이행한 것으로 볼 수 없다(2003.8.26, 근기 68207-1087). 동의를 얻어야 할 근로자의 과반수는 그 사업 또는 사업장의 전체 근로자의 과반수가 아니라 기존 취업규칙의 적용을 받는 근로자집단의 과반수를 말한다(대법 2009.11.12, 2009다49377 ; 대법 2008.2.29, 2007다85997). 취업규칙 변경 당시 재직 중이었던 개별 근로자의 반대가 있었더라도 취업규칙 변경이 적법·유효하게 이루어졌다면 취업규칙에 반대한 개별근로자에게도 변경된 취업규칙이 적용된다(2000.2.22, 근기 68207-543).

(2) 회의방식에 의한 동의방법

① 기구별 또는 단위부서별 회의방식 : 근로자 수가 많은 사업장은 한 장소에 모든 근로자를 모아 놓고 회의를 진행하는 것이 어려우므로 그 회의방식은 반드시 한 사업 또는 사업장의 전체 근로자를 일시에 한 자리에 모아 회의를 개

최하는 방식만이 아니라, 한 사업 또는 사업장의 기구별 또는 단위부서별로 사용자측의 개입이나 간섭이 배제된 상태에서 근로자 상호간에 의견을 교환하여 찬반의견을 집약한 후 이를 전체적으로 취합하는 방식도 허용된다(대법 2010.1.28, 2009다32362 ; 대법 2005.5.12, 2003다52456 ; 대법 1993.8.24, 93다17898).

② 회의방식에 의한 근로자 과반수의 집단적 동의를 요구하는 이유 : '회의방식'에 의한 동의를 요구하는 이유는 '집단 의사의 주체로서 근로자'의 의사를 형성하기 위함이므로, 사용자의 특수한 사정으로 인하여 전체 근로자들의 회합이 어려워 단위 부서별로 회합하는 방식을 택할 수밖에 없는 경우에, 사용자는 부분적 회합을 통한 의견취합을 하더라도 전체 근로자들의 회합이 있었던 것과 마찬가지로 근로자들이 집단 의사를 확인, 형성할 수 있도록 상당한 조치를 취할 의무를 부담한다고 봄이 상당하다(서울고법 2017.1.13, 2015나2049413 ; 대법 2017.5.31, 2017다209129 심리불속행기각). 이 사건은 취업규칙 변경 동의서에 84.4%의 근로자들이 '찬성'난에 서명한 것은 사실이지만, 근로자들 전원이 해당 제도에 대해 회의를 통해 찬반 의견을 교환한 뒤 동의서에 찬반 서명을 했다고 보기 어려우므로, 찬성의 집단적 의견을 표시했다고 보기 어렵다는 것이다.

③ 기명방식 또는 무기명방식의 허용 여부 : 근로자 동의방법에 있어 의사표시가 기명방식이든 무기명방식이든 간에 회의방식에 의한 동의절차가 이루어지고 객관적으로 사용자의 개입이나 간섭이 배제된 상태에서 의사표시가 진행되었다는 것이 입증 및 확인된다면 변경된 해당 취업규칙의 효력을 부인하기 어렵다(2015.10.29, 근로기준정책과-5332).

(3) 사용자측의 개입이나 간섭의 의미

① 사용자측의 개입이나 간섭이란 사용자측이 근로자들의 자율적이고 집단적인 의사결정을 저해할 정도로 명시 또는 묵시적인 방법으로 동의를 강요하는 경우를 의미하고 사용자측이 단지 변경될 취업규칙의 내용을 근로자들에게 설명하고 홍보하는 데 그친 경우에는 사용자측의 부당한 개입이나 간섭이 있었다고 볼 수 없다(대법 2010.1.28, 2009다32362 ; 대법 2004.5.14, 2002다23185 · 23192 ; 대법 2003.11.14, 2001다18322). 또한 근로자 수가 많다는 이유로 이사회 심의 · 의결 등으로 대체할 수 없음(대법 1995.7.11, 93다26168)은 물론이다. 또한 정년 및 퇴직금 제도를 변경하면서 근로자들로부터 개별적으로 각서를 제출받은 것만으로는 근로자

들의 집단적 동의로 볼 수는 없다(서울중앙지법 2009.11.27, 2007가합103913).

② 회사가 취업규칙 개정안에 대한 근로자들의 동의 유무를 파악하기 위하여 사용한 기명 방식의 의견취합('취업규칙 및 제규정 변경 동의서' 란에 직무등급과 사번, 성명을 기재한 후, 해당란에 마련된 '찬성'과 '반대'란 중 본인의 서명을 하는 방식으로 이루어졌다)은 그 자체로는 근로자들의 집단적 의사를 확인함에 있어 부적절한 의견취합 방식이라고 평가하기 어렵다(서울중앙지법 2015.8.28, 2014가합557402).

(4) 노동조합의 동의방법

① 노동조합 조합장의 동의 : 근로자 과반수로 조직된 노동조합이 있는 회사에서 취업규칙을 근로자에게 불리하게 개정하는 경우에는 그에 대한 노동조합의 동의를 얻어야 하고 이 경우 노동조합의 동의는 법령이나 단체협약 또는 노동조합의 규약 등에 의하여 조합장의 대표권이 제한되었다고 볼 특별한 사정이 없는 한 조합장이 노동조합을 대표하여 하면 되는 것이지 노동조합 소속 근로자의 과반수의 동의를 얻어서 해야 하는 것은 아니다(대법 2003.6.13, 2002다65097). 복수노조 사업장에서 근로자 과반수로 되지 못한 2개 이상의 노동조합이 연합해 근로자의 과반수가 되더라도 그 연합체는 취업규칙 불이익변경에 대한 동의권의 행사주체가 될 수 없다(법제처 2014.8.21, 안건번호 14-0346). 근로자 과반수로 조직된 노동조합은 사용자의 취업규칙 변경안에 대해 직접 동의하거나 단체협약 체결을 통하여 동의할 수 있다.

② 노동조합의 동의 방식 : 과반수 노동조합이 단체협약에 의하여 취업규칙의 불이익변경에 동의하는 방식으로는 ① 단체협약 부칙 등에서 "단체협약 시행일 이전에 발생한 모든 사항을 위 협약에 의한 것으로 본다"는 규정을 두어 취업규칙 불이익변경을 승인하는 방식(대법 1993.3.23, 92다52115) ② 단체협약에서 "회사는 1년 이상 계속근로한 조합원이 퇴직 또는 사망하였을 때 직원보수 및 퇴직금 규정의 정한 바에 의하여 퇴직금을 지급한다"는 식으로 취업규칙의 규정을 원용하는 방식(대법 2005.3.11, 2003다44691) ③ 단체협약에서 불리하게 개정된 취업규칙과 동일한 내용의 조항을 직접 두는 방식(대법 1993.6.11, 92다19316) 등이 있다. 근로자의 과반수로 조직된 노동조합의 대표자가 동의한 취업규칙을 사용자가 관할 지방고용노동관서에 변경 신고한 것이라면 그 변경절차에 대한 하자는 없고 그 효력도 부인할 수 없다. 다만 노동조합 내부에서 대다수 조합원들이 취업규칙

변경을 반대함에도 불구하고 노동조합 대표자가 변경동의한 사항에 대해서는 노동조합 규약에 따라 처리할 수 있을 것이다(2013.8.16, 근로개선정책과-4819).

③ 노동조합 대표자가 조합원들의 의사를 결집·반영하기 위해 마련한 내부절차를 전혀 지키지 않고 조합원의 중요한 근로조건에 영향을 미치는 사항 등에 관해 단체협약을 체결한 행위는 특별한 사정이 없는 한 헌법과 법률에 의해 보호되는 조합원의 단결권 또는 노동조합 의사형성 과정에 참여할 수 있는 권리를 침해하는 불법행위에 해당한다(대법 2018.7.26, 2016다205908). 이 판결은 1차 노사합의 이후 명예퇴직을 한 조합원들에게는 각 20만원, 2차 노사합의의 영향을 받는 조합원들에게는 각 30만원의 손해배상 청구를 인정한 원심판단을 확정했다.

(5) 불이익변경시 노사협의회 동의의 효력 유무

근로자들이 노사협의회를 구성하는 근로자위원들을 선출함에 있어 그들에게 근로조건을 불이익하게 변경함에 있어서 근로자들을 대신하여 동의를 할 권한까지 포괄적으로 위임한 것이라고 볼 수 없다(근참법 제20조 협의사항, 제21조 의결사항 참조). 해당 근로자위원들이 퇴직금규정의 개정에 동의를 함에 있어서 사전에 그들이 대표하는 각 부서별로 근로자들의 의견을 집약 및 취합하여 그들의 의사표시를 대리하여 동의권을 행사하였다고 볼 만한 자료도 없다면, 근로자위원들의 동의를 얻은 것을 근로자들 과반수의 동의를 얻은 것과 동일시할 수 없다(대법 1994.6.24, 92다28556).

7 취업규칙의 불리한 변경과 판단기준

사용자가 취업규칙을 근로자에게 불리하게 변경할 경우(또는 불리한 규정을 취업규칙에 신설할 경우)여기에 반대의사를 표명한 근로자를 구속할 수 있는가 여부(취업규칙 불이익변경의 근로계약에의 구속력의 유무)이다.

1. 개별적 기준

판례의 견해로서, 취업규칙의 변경이 일부 근로자에게는 유리하고, 일부 근로자에게는 불리한 경우에는 개별적 기준을 적용하며, 단 한사람의 근로자에게도 불리하면 불리한 변경으로 본다.

판례(대법 1993.5.13, 93다18963)는 「취업규칙의 일부인 급여규정의 변경이 일부의 근로자에게는 유리하고 일부의 근로자에게는 불리한 경우 그러한 변경에 근로자집단의 동의를 요하는지를 판단하는 것은 근로자 전체에 대하여 획일적으로 결정되어야 할 것이고, 또 이러한 경우 그러한 변경이 근로자에게 전체적으로 유리한지 불리한지를 객관적으로 평가하기가 어려우며, 같은 개정에 의하여 근로자 상호간의 유・불리에 따른 이익이 충돌하는 경우에는 그러한 개정은 근로자에게 불리한 것으로 취급하여 근로자들 전체의 의사에 따라 결정하게 하는 것이 타당하다」(같은 취지 : 대법 2012.6.28, 2010다17468 ; 대법 1997.8.26, 96다1726 ; 대법 1993.12.28, 92다50416).

2. 종합적 기준

취업규칙의 변경내용이 근로조건의 개선된 내용과 근로조건의 저하된 내용이 섞여있을 경우에는 종합적으로 고려하여 유・불리를 판단한다.

(1) 취업규칙의 불리한 변경으로 볼 수 없는 경우

① 대가관계나 연계성이 있는 다른 요소를 고려한 경우

취업규칙의 변경이 근로자에게 불리한 것인가 여부를 판단함에 있어서는 근로조건을 결정짓는 여러 요소가 있는 경우 그 중 한 요소가 불리하게 변경되더라도 그와 대가관계나 연계성이 있는 다른 요소가 유리하게 변경되는 경우 이를 종합적으로 고려하여야 하는 것이다(대법 2022.3.11, 2018다255488 ; 대법 1995.3.10, 94다18072).

2022년도 대법원판결(대법 2022.3.11, 2018다255488)은 한국방송공사(KBS)가 기술직 근로자들의 TV조정실의 근무형태를 '4조 3교대의 교대근무제'에서 '3조 3시차제와 4조 3교대의 병합근무제'로 변경하는 등 근무형태 전면 개편조치를 시행한 것은 취업규칙의 불이익변경에 해당한다고 주장한 사건에서, 취업규칙의 불이익변경에 해당하지 않는다고 판시했다.

공사의 근무형태 변경으로 인하여 기술직 근로자들의 근무형태가 크게 불규칙해졌다거나 업무상 부담이 증가하였다고 보기 어렵고, 설령 일부 근로조건에서 다소 저하된 부분이 있다고 하더라도 위와 같은 조치 이후로 밤샘근무가 대폭 축소되는 등 오히려 근로조건이 향상된 부분도 있으므로 여러 요소들을 종합적으로 고려해 보면 취업규칙이 불이익하게 변경되었다고 보기 어렵다고 판단하였다.

② 변경되는 근로조건 전체의 종합적 고려

취업규칙에서 2개 이상의 근로조건을 동시에 변경하는 경우 변경되는 근로조건 전체를 종합적으로 고려하여 판단하여야 한다. 대법원은 ○○조선공사사건에서 취업규칙의 불리한 변경에 관하여 변경된 사항 전부에 관하여 불리한지를 판단하고 있다. 즉, 「누진제 퇴직금 지급규정이 법정률을 기준으로 변경되었으나 그 취업규칙 변경에 임금 인상, 근로시간의 단축 등 근로자에게 유리한 부분도 포함되어 있어 근로조건의 내용이 근로자에게 일방적으로 불리하게 변경되었다고 단정할 수 없으므로 이는 유효하다」(대법 1984.11.13, 84다카414)는 것이다.

A협동조합의 기존 인사규정이 '① 직원의 정년은 58세로 한다. ② 직원의 정년해직 기준일은 정년에 도달하는 날이 1월에서 6월 사이에 있는 경우에는 6월 30일로, 7월에서 12월 사이에 있는 경우에는 12월 31일로 한다'는 내용을 규정하고 있었는데, 개정 후 '① 직원의 정년은 60세로 한다. ② 직원의 정년해직 기준일은 정년에 도달한 날로 한다'는 내용으로 변경되었다. 취업규칙의 불이익변경 여부는 정년에 관한 내용을 담고 있는 개정 전후의 인사규정 전체를 보고 판단하여야 할 것이지 개별 조항의 효력을 하나씩 따로 비교하여 판단할 것은 아니고, 해당 인사규정의 개정으로 전체적으로 정년이 연장되었으므로 불이익하게 변경되었다고 단정할 수 없다(대법 2022.4.14, 2020도9257).

③ 퇴직금 지급률의 인하와 정년연장, 호봉조정이 연계된 경우

"퇴직금 지급규정을 제정할 당시 한국○○기기센터 출신 직원들과 기존의 한국○○금속시험연구소 직원들 사이에 서로 다른 퇴직금 지급률을 조정하고, 통일적인 퇴직금 지급규정을 마련할 필요성이 높았던 점, 한국정밀기기센터 출신 직원들의 정년이 통합 후 55세에서 65세로 10년이나 연장됨에 따라 연장된 기기만큼 더 근무하면서 이에 상응하는 임금을 지급받게 된 점, 통합을 전후하여 한국○○기기센터 출신 직원들의 임금이 인상되고, 호봉이 조정됨에 따라 퇴직금 산정의 기초가 되는 임금이 인상되는 등 통합 후 다른 근로조건이 개선되었고, 이로써 퇴직금 지급률의 저감에 따른 불이익이 상당 정도 완화된 점" 등을 들어 이는 불이익한 변경이라고 보기 어렵다고 하였다(대법 2001.1.5, 99다70846).

④ **합병 은행의 인사규정 및 인사운영지침이 통합과정에서 예상할 수 있는 범위 내인 경우**

업무추진역으로의 전직발령 등 근로자들에 대한 후선보임의 근거가 된 합병 은행의 인사규정 및 인사운영지침이, 합병 전 은행들의 규정들보다 더 세분화되고 구체적인 내용에서 다소 상이하지만 합병 전 은행들이 각자 시행하던 제도를 통합하는 과정에서 예상할 수 있는 범위 내의 것이어서, 불이익한 취업규칙의 변경이라고 할 수는 없다(대법 2009.3.26, 2007다54498 · 54504). 또한 은행의 부점장급을 업무추진역으로 전보발령한 후선배치명령은 근기법에 위반되거나 인사권의 행사가 권리남용에 해당하지 않아 유효하다(대법 2023.7.13, 2020다253744).

(2) 취업규칙의 불리한 변경으로 볼 수 있는 경우

① **퇴직금 산정기초인 임금의 범위에서 일부를 제외한 경우**

급여규정을 개정하면서 퇴직금 산정의 기초인 임금의 범위에서 일부를 제외하더라도 근기법에 의하여 산정된 퇴직금 액수를 훨씬 초과하고 같은 계열회사들도 그와 동일한 보수규정을 두고 있다는 사정만으로는 그 개정에 근로자집단의 동의를 받지 않아도 될 만한 사회통념상의 합리성이 있다고 보기 어렵다고 한다(대법 2000.9.29, 99다45376).

② **후생적 복지비를 평균임금에서 제외한 경우**

새로운 보수규정이 퇴직금 산정의 기초가 되는 평균임금에 포함되는 후생적 복지비를 평균임금에서 제외한 이상, 정기적 · 일률적으로 지급된 식대 및 교통비와 신설된 고지수당 및 근속수당을 퇴직금 산정의 기초가 되는 임금에 포함시켜 주었다는 사정만으로는 종전의 급여규정 등에 따른 근로조건이 보다 유리하게 변경되었다고 할 수는 없다(대법 2005.3.11, 2003다27429).

3. 사회통념상 합리성 법리 폐기 및 집단적 동의권 남용 법리

(1) 기존 대법원 판례 내용

종래 대법원은, 취업규칙의 작성 · 변경이 근로자가 가지고 있는 기득의 권리나 이익을 박탈하여 불이익한 근로조건을 부과하는 내용일 때에는 종전 근로조건 또는 취업규칙의 적용을 받고 있던 근로자의 집단적 의사결정방법에 의한 동의를 받아야 하지만, 해당 취업규칙의 작성 또는 변경이 그 필요성 및 내용의 양면에서 보아 그에 의하여 근로자가 입게 될 불이익의 정도를 고려하더라도 여전히 해당 조항의 법적 규범성을 시인할 수 있을 정도로 사회통념상 합리성이 있다고 인정되는 경우에는 종전 근로조건 또는 취업규칙의 적용을 받고 있던 근로자의 집단적 의사결정 방법에 의한 동의가 없다는 이유만으로 그의 적용을 부정할 수는 없다는 취지로 판단하여 왔다(대법 1978.9.12, 78다1046 ; 대법 2015.8.13, 2012다43522 등). 취업규칙의 불이익변경시 근로자과반수의 동의를 받지 않으면 변경의 효력이 없으며 형사처벌의 대상이 된다.

(2) 최근 대법원전원합의체 판례 내용

대법원은 사용자가 취업규칙을 근로자에게 불리하게 변경하면서 근로자의 집단적 의사결정방법에 따른 동의를 받지 못한 경우, 노동조합이나 근로자들이 집단적 동의권을 남용하였다고 볼 만한 특별한 사정이 없는 한 해당 취업규칙의 작성 또는 변경에 사회통념상 합리성이 있다는 이유만으로 그 유효성을 인정할 수는 없다고 판단하였다(대법[전원합의체] 2023.5.11, 2017다35588, 2017다35595(병합)현대자동차사건). 그 이유는 다음과 같다.

① 취업규칙의 불리한 변경에 대하여 근로자가 가지는 집단적 동의권은 사용자의 일방적 취업규칙의 변경 권한에 한계를 설정하고 헌법 제32조제3항의 취지와 근기법 제4조가 정한 근로조건의 노사대등결정 원칙을 실현하는 데에 중요한 의미를 갖는 절차적 권리로서, 변경되는 취업규칙의 내용이 갖는 타당성이나 합리성으로 대체될 수 있는 것이라고 볼 수 없다.

② 취업규칙의 불이익 변경시 근로자 과반수의 집단적 동의는 단순히 요식적으로 거쳐야 하는 절차 이상의 중요성을 갖는 유효요건이다. 근기법이 명문으로 집단적 동의절차를 규정하고 있음에도 취업규칙 내용에 사회통념상 합리성이 있다는 이유만으로 근로자의 집단적 동의를 받지 않아도 된다고 보는 것은 취업규칙의 본질적 기능과 그 불이익변경 과정에서 필수적으로 확보되어야 하는 절차적 정당성의 요청을 도외시하는 것이다.

③ 노동조합이나 근로자들이 집단적 동의권을 남용하였다고 볼 만한 특별한 사정이 있는 경우에는 취업규칙의 불이익변경의 유효성을 인정할 여지가 있으므로, 근로자의 집단적 동의가 없다고 하여 취업규칙의 불리한 변경이 항상 불가능한 것도 아니다.

④ 취업규칙의 불이익변경에 대하여는 단체협약보다 상위 규범인 법률에서

근로자의 집단적 동의권을 부여하고 있으므로, 취업규칙을 근로자에게 불리하게 변경하면서 근로자의 집단적 동의를 받지 않았다면 이를 원칙적으로 무효로 보되, 다만 노동조합이나 근로자들이 집단적 동의권을 남용한 경우에 한하여 유효성을 인정하는 것이 판례(대법 2012.6.28, 2010다38007)의 태도와 일관되고 법규범 체계에 부합하는 해석이다.

⑤ 사회통념상 합리성이라는 개념 자체가 매우 불확정적이어서 어느 정도에 이르러야 법적 규범성을 시인할 수 있는지 노동관계 당사자가 쉽게 알기 어려울 뿐만 아니라, 개별 사건에서 다툼의 대상이 되었을 때 그 인정 여부의 기준으로 대법원이 제시한 요소들을 종합적으로 고려한 법원의 판단 역시 사후적 평가일 수밖에 없는 한계가 있다. 이에 취업규칙 변경의 효력을 둘러싼 분쟁이 끊이지 않고 있고, 그 유효성이 확정되지 않은 취업규칙의 적용에 따른 법적 불안정성이 사용자나 근로자에게 끼치는 폐해 역시 적지 않았다.

⑥ 종전 판례의 해석은 강행규정인 근기법 제94조제1항 단서의 명문 규정에 반하는 해석일 뿐만 아니라, 근기법이 예정한 범위를 넘어 사용자에게 근로조건의 일방적인 변경 권한을 부여하는 것이나 마찬가지여서 헌법 정신과 근로자의 권익보장에 관한 근기법의 근본 취지, 근로조건의 노사대등결정 원칙에 위배된다.

사용자가 근로자의 집단적 동의 없이 일방적으로 취업규칙을 작성·변경하여 근로자에게 기존보다 불리하게 근로조건을 변경하였더라도 해당 취업규칙의 작성 또는 변경에 사회통념상 합리성이 있다고 인정되는 경우 그 적용을 인정한 종전 판례는 이 판결의 견해에 배치되는 범위에서 이를 모두 변경한다는 것이다.

(3) 집단적 동의권 남용 법리

① 집단적 동의권의 남용이 없는 경우의 효력 : 취업규칙의 불이익변경 과정에서 노동조합이나 근로자들이 집단적 동의권을 행사할 때도 신의성실의 원칙과 권리남용금지 원칙이 적용되어야 한다. 따라서 노동조합이나 근로자들이 집단적 동의권을 남용하였다고 볼 만한 특별한 사정이 있는 경우에는 그 동의가 없더라도 취업규칙의 불이익변경을 유효하다고 볼 수 있다.

② 집단적 동의권을 남용한 경우 : 집단적 동의권을 남용한 경우란 ▲관계 법령이나 근로관계를 둘러싼 사회 환경의 변화로 취업규칙을 변경할 필요성이 객관적으로 명백히 인정되고, ▲나아가 근로자의 집단적 동의를 구하고자 하는 사용자의 진지한 설득과 노력이 있었음에도 불구하고 ▲노동조합이나 근로자들

이 합리적 근거나 이유 제시 없이 취업규칙의 변경에 반대하였다는 등의 사정이 있는 경우를 말한다.

③ 집단적 동의권 남용 여부에 대한 판단 : 다만, 취업규칙을 근로자에게 불리하게 변경하는 경우에 근로자의 집단적 동의를 받도록 한 근기법 제94조제1항 단서의 입법 취지와 절차적 권리로서 동의권이 갖는 중요성을 고려할 때, 노동조합이나 근로자들이 집단적 동의권을 남용하였는지 여부는 엄격하게 판단할 필요가 있다. 앞으로는 취업규칙의 불이익변경에 있어 실체적 합리성이 절차적 정당성을 대체할 수 없다는 점에 유의해야 한다.

④ 직권조사사항 : 한편 신의성실 또는 권리남용금지 원칙의 적용은 강행규정에 관한 것으로서 당사자의 주장이 없더라도 법원이 그 위반 여부를 직권으로 판단할 수 있다.

8 근로자 과반수의 동의없이 불리하게 변경된 취업규칙과 신규입사자 적용관계

[실무사례]
A회사는 종전 취업규칙 제50조에서 연차휴가일수에 관해 다음과 같이 규정하고 있었다.

> 제50조(연차휴가일수) 근속연수 1년 이상인 사원에게 연 20일의 기본 연차휴가일수에 근속연수에 따른 휴가일수(3년 이상 근무한 경우 최초 1년을 초과하는 근속연수 매 2년마다 1일)을 더하여 준다.

A회사는 기본 연차휴가일수를 연 20일에서 연 17일로 단축하는 내용으로 2020.1.1.취업규칙을 변경 · 시행하였다. A회사는 취업규칙을 변경하면서 「근기법」 제94조제1항 단서 규정의 근로자 측 동의를 받지 않았다. 2021.1.1.자로 A회사에 입사한 근로자 乙에 대해 A회사는 2023년에 사용할 수 있는 기본 연차휴가일수를 변경된 취업규칙에 따라 17일이라고 통보하였다. 이에 대해 乙은 2020.1.1.자 취업규칙 변경은 「근기법」 제94조제1항 단서 규정을 위반하여 무효이므로 자신의 기본 연차휴가일수는 종전 취업규칙에 따라 20일이라고 주장한다. 乙의 주장은 타당한가?(단, 취업규칙의 불이익 변경에 관한 사회통념상 합리성 여부는 논외로 한다)

근로자에게 불리하게 변경된 취업규칙은 근로자 과반수의 동의를 받지 않은 경우에는 종전부터 취업규칙을 적용받던 근로자에게 무효가 된다. 취업규칙의 불리한 변경이 기존 근로자들의 동의를 얻지 못함으로써 그 변경이 무효가 되었다면 변경 이후에 입사한 근로자에 대해서는 변경된 취업규칙이 적용될 수 없는가의 문제가 있다. 이에 대해서는 변경 이후에 입사한 자에게도 무효가 된다는 견해(절대적 무효설), 변경 후 입사자에 대하여는 유효가 된다는 견해(상대적 무효설)가 있다. 판례와 행정해석은 상대적 무효설에 따르고 있다.

1. 기존근로자에 대한 적용 여부

취업규칙의 불리한 변경에 있어서 해당 사업장에 근로자의 과반수로 조직된 노동조합이 있는 경우에는 그 노동조합, 근로자의 과반수로 조직된 노동조합이 없는 경우에는 그 근로자의 과반수의 동의를 받아야 한다. 근로자에게 불리하게 취업규칙을 변경하면서 근로자집단의 동의를 받지 못한 경우 변경된 부분은 근로자 전체는 물론 변경에 동의한 근로자 개인에게도 취업규칙 변경의 효력이 발생하지 아니한다. 근로자집단의 동의를 거치지 않은 취업규칙의 변경에 대하여 사용자가 그 변경내용을 주지시켰음에도 근로자가 그 내용에 대하여 이의를 제기하지 않다가 10여년이 경과한 후에 이르러 그 개정의 부당함을 다툰다 할지라도 금반언의 법리에 비추어 허용될 수 없는 것은 아니다(대법 1991.9.24, 91다7542).

이러한 동의를 얻지 못한 경우에는 기득이익이 침해되는 기존의 근로자에 대하여는 변경된 취업규칙이 적용되지 않는다.

2. 신규입사자에 대한 적용 여부

(1) 학설의 태도

종전의 누진제에 의한 퇴직금을 단수제로 변경하는 취업규칙의 불리한 변경이 기존 근로자들의 회의방식에 의한 과반수 동의를 얻지 못하였기 때문에 무효라면, 종전의 취업규칙이 불리한 변경 이후에 입사한 근로자에 대하여는 어느 취업규칙이 적용되어야 할 것인가 문제된다. 이에 대하여는 절대적 무효설과 상대적 무효설로 견해가 나뉘고 있다. 절대적 무효설은 현행 취업규칙의 변경이 무효라면 모든 근로자에 대해서 그 취업규칙 자체가 무효라는 견해이고, 상대적 무효설은 취업규칙의 변경은 기득권이 침해되는 기존 근로자에 대해서만 무효이고 신규 입사자에 대해서는 유효하다는 견해이다.

(2) 판례의 태도

당초 판례(대법 1990.7.10, 89다카31443)는 절대적 무효설의 입장을 취하여 「이 취업규칙은 취업규칙의 변경 이후에 입사한 사람에 대하여 적용하여야 함은 물론이고 변경 전에 입사한 사람이라고 하여 무효인 취업규칙을 적용할 수는 없다」라고 하여 취업규칙의 효력을 인정하지 않았다. 그 후 판례(대법[전원합의체] 1992.12.22, 91다45165 ; 대법 2022.10.14, 2022다245518)는 그 견해를 바꾸어 변경된 근로조건을 수용하고 새로 입사한 근로자에게는 그 변경된 취업규칙이 유효하게 적용된다고 보는 '상대적 무효설'을 취하고 있다. 판례는 「사용자가 취업규칙에서 정한 근로조건을 근로자에게 불리하게 변경함에 있어서 근로자의 동의를 얻지 않은 경우에는 그 변경으로 기득이익(旣得利益)이 침해되는 기존의 근로자에 대한 관계에서는 그 변경의 효력이 미치지 않게 되어 종전 취업규칙의 효력이 그대로 유지되지만, 그 변경 후에 변경된 취업규칙에 따른 근로조건을 수용하고 근로관계를 갖게 된 근로자에 대한 관계에서는 당연히 변경된 취업규칙이 적용되어야 하며, 기득이익의 침해라는 효력배제사유가 없는 변경 후의 취업근로자에 대해서까지 그 변경의 효력을 부인하여 종전 취업규칙이 적용되어야 한다고 볼 근거가 없다」고 한다. 취업규칙의 개정이 근로자들에게 불이익하게 변경된 것인지 여부는 취업규칙 개정시점(시행일)을 기준으로 판단하여야 한다.

3. 불리한 변경과 퇴직급여차등제도와의 관계

위와 같은 경우에 취업규칙 변경 후에 취업한 근로자에게 적용되는 취업규칙과 기존 근로자에게 적용되는 취업규칙이 병존하는 것처럼 보이지만, 현행의 법규적(法規的) 효력을 가진 취업규칙은 변경된 취업규칙이고 다만, 기존 근로자에 대한 관계에서 기득이익 침해로 그 효력이 미치지 않는 범위 내에서 종전 취업규칙이 적용될 뿐이므로 하나의 사업 내에 2 이상의 취업규칙을 둔 것과 같이 볼 수는 없다. 취업규칙 중 퇴직금규정을 기존 근로자들에게 불리하게 변경하면서 부칙의 경과규정에 의하여 퇴직금규정이 변경되기 전의 근속기간에 대하여는 종전의 퇴직금규정에 의하도록 하는 것은 근기법이 정한 차등퇴직금제도 금지의 원칙에 위배되지 아니한다(대법[전원합의체] 2003.12.18, 2002다2843).

또한 근퇴법 제4조제2항은 하나의 사업 안에 차등 있는 퇴직급여제도의 설정을 금지하고 있으나 변경된 취업규칙의 퇴직급여제도가 기존근로자의 기득이익을 침해하는 것이어서 이들에게는 그 효력이 미치지 않고 부득이 종전제도의 적용을 받게 됨으로써 이러한 기득이익이 없는 취업규칙 변경 후의 취업근로자에게 적용되는 퇴직급여제도와 별개의 퇴직급여제도를 적용하는 결과가 되었다고 하여도, 이러한 경우까지 위 법조에서 금하는 차등 있는 퇴직급여제도를 설정한 경우에 해당한다고 볼 수는 없는 것이다.

9 취업규칙의 주지

1. 근기법 제14조의 규정내용 및 취지

근기법 제14조는 취업규칙의 주지에 관하여 「사용자는 이 법과 이 법에 따른 대통령령의 주요 내용과 취업규칙을 근로자가 자유롭게 열람할 수 있는 장소에 항상 게시하거나 갖추어 두어 근로자에게 널리 알려야 한다」라고 규정하고 있다. 이것은 취업규칙을 근로자에게 주지시킴으로써 근로조건의 확보와 직장질서의 유지를 도모하기 위한 규정이다. '널리 알려야 한다'란 취업규칙 등을 근로자가 필요할 때 쉽게 확인할 수 있는 상태에 두어야 한다는 것이다.

2. 주지방법

주지방법에는 첫째, 상시 자유롭게 열람할 수 있는 장소에 게시 또는 비치한다. 둘째, 서면을 근로자에게 교부한다. 셋째, 자기디스켓 등에 기록하여 각 작업장의 근로자가 당해 기록내용을 상시 확인할 수 있는 기기를 설치하는 방법 등이 있다. 만약 취업규칙의 열람권이 보장된다면 전자메일을 통해 전 근로자에게 통보하거나, 홈페이지에 게시하거나 회사 인트라넷에 게시한 후 근로자에게 사용권한을 준 경우 종이로 된 서면으로 게시판에 게시하지 않아도 적법한 게시로 볼 수 있다(2007.10.11, 근로기준팀-1404). 예컨대 사무실에 비치된 컴퓨터를 통해 회사의 취업규칙을 쉽게 접근할 수 있을 정도였다면 근로자의 취업규칙 열람 신청에 대하여 별도의 조치를 취하지 아니하였다 하더라도 사용자의 취업규칙 게시·비치 의무에 위반된 것이라고 단정하기 어렵다(대법 2001.4.10, 2000두10151).

3. '주지절차'를 결한 취업규칙의 효력은 어떠한가

근기법 제14조는 「사용자는 취업규칙을 근로자가 자유롭게 열람할 수 있는 장소에 항상 게시하거나 갖추어 근로자에게 널리 알려야 한다」라고 규정하고 있는데, 이 방법에 의한 주지를 결하는 취업규칙은 유효한 것인가?

판례(대법 2004.2.12, 2001다63599)는 「취업규칙은 사용자가 정하는 기업내의 규범이기 때문에 사용가가 취업규칙을 신설 또는 변경하기 위한 조항을 정하였다고 하여도 그로 인하여 바로 효력이 생기는 것이라고는 할 수 없고 신설 또는 변경된 취업규칙의 효력이 생기기 위해서는 반드시 근기법 제14조제1항에서 정한 방법에 의할 필요는 없지만, 적어도 법령의 공포에 준하는 절차로서 그것이 새로운 기업 내 규범인 것을 널리 근로자 일반으로 하여금 알게 하는 절차, 즉 어떠한 방법이든지 적당한 방법에 의한 주지가 필요하다」고 한다.

취업규칙은 법규범으로서의 성질이 있으므로 구속력을 발생하기 위해서는 그 내용을 적용받아야 할 사업장의 근로자에게 주지하는 절차가 필요한 것이다.

10 취업규칙과 근로계약 · 단체협약 · 법령과의 관계

1. 근로계약과 취업규칙

(1) 근로계약과 취업규칙의 구별

취업규칙은 사업장에서의 근로자에 대한 복무규율과 근로조건에 관한 구체적인 사항을 정한 것으로서 사용자에 의하여 일방적으로 작성되는 사업장 내부의 규칙을 말한다(근기법 제93조, 제94조). 사업장 내 근로관계를 규율하는 자치규범이라는 점에서 취업규칙은 근로계약이나 단체협약과 공통점이 있다. 그러나 취업규칙은 사용자에 의하여 일방적으로 작성되는 것이라는 점에서 근로계약이나 단체협약과는 구별된다.

(2) 근기법 제97조의 규정내용

근기법 제97조는 「취업규칙에서 정한 기준에 미달하는 근로조건을 정한 근로계약은 그 부분에 관하여는 무효로 한다. 이 경우 무효로 된 부분은 취업규칙에 정한 기준에 따른다」고 규정하고 있다. 위 규정은, 근로계약에서 정한 근로조건이 취업규칙에서 정한 기준에 미달하는 경우 취업규칙에 최저기준으로서의 강행적 · 보충적 효력을 부여하여 근로계약 중 취업규칙에 미달하는 부분을 무효로 하고 이 부분을 취업규칙에서 정한 기준에 따르게 함으로써, 개별적 노사 간의 합의라는 형식을 빌려 근로자로 하여금 취업규칙이 정한 기준에 미달하는 근로조건을 근로자가 감수하도록 하는 것을 막아 종속적 지위에 있는 근로자를 보호하기 위한 것이다(대법 2022.9.29, 2018다301527 ; 대법 2019.12.24, 2015다254873 ; 대법 2019.11.14, 2018다200709).

취업규칙은 근로계약의 불명확한 상태를 배제하고 통일적인 근로조건의 기준을 명문화시켜 근로자 보호를 도모하기 위한 것으로, 근로계약에 관하여 취업규칙을 상회하는 특약이 없는 한 취업규칙의 기준이 근로계약의 내용이 된다. 따라서 취업규칙을 하회하는 근로조건을 규정한 근로계약은 무효이며 취업규칙의 기준으로 대체된다. 또한, 근기법에 정한 기준에 미치지 못하는 근로조건을 정한 근로계약은 그 부분에 한하여 무효이므로 그것이 단체협약에 의한 것 또는 근로자들의 승인을 받은 것이라고 하여도 유효로 볼 수 없다(대법 1990.12.21, 90다카24496).

(3) 취업규칙 내용보다 근로계약서상의 근로조건이 근로자에게 유리한 경우

① 개별 근로계약에서 별도로 정한 경우 : 취업규칙은 근로자의 근로조건과 복무규율에 관한 기준을 집단적 · 통일적으로 설정하기 위하여 사용자가 일방적으로 작성한 것인데 반해, 근로계약은 사용자와 근로자의 합의에 기초한 것이므로, 어떠한 근로조건에 관해 취업규칙과 근로계약이 각기 다르게 정하고 있다면, 취업규칙이 근로자에게 보다 유리하다는 등의 특별한 사정이 없는 이상 근로계약이 우선 적용된다고 봄이 상당하다(대법 2017.12.13, 2017다261387). 따라서 근로자에게 불리한 내용으로 변경된 취업규칙은 집단적 동의를 받았다고 하더라도 그보다 유리한 근로조건을 정한 기존의 개별 근로계약 부분에 우선하는 효력을 갖는다고 할 수 없다. 이 경우에도 근로계약의 내용은 유효하게 존속하고, 변경된 취업규칙의 기준에 의하여 유리한 근로계약의 내용을 변경할 수 없으며, 근로자의 개별적 동의가 없는 한 취업규칙보다 유리한 근로계약의 내용이 우선하여 적용된다(대법 2022.1.13, 2020다232136 ; 대법 2020.4.9, 2019다297083 ; 대법 2019.11.14, 2018다200709).

② 개별 근로계약에서 구체적으로 정하지 않는 경우 : 근기법 제4조, 제94조 및 제97조의 규정 내용과 입법 취지를 고려할 때 이러한 법리는 근로자와 사용자가 취업규칙에서 정한 기준을 상회하는 근로조건을 개별 근로계약에서 따로 정한 경우에 한해 적용될 수 있는 것이고 개별 근로계약에서 근로조건에 관해 구체적으로 정하지 않고 있는 경우에는 취업규칙 등에서 정하는 근로조건이 근로자에게 적용된다(대법 2022.1.13, 2020다232136).

(4) 급여체계가 호봉제에서 연봉제로 불리하게 변경된 경우 임금 등 별도 약정을 체결하지 아니한 경우의 취업규칙 적용 여부

호봉제이던 급여체계가 연봉제로 바뀌어 전체 근로자 과반수의 동의를 받은 경우 호봉제 시행 때 입사한 근로자는 회사와 급여규정 외에 별도로 임용계약서를 작성하거나 임금 등 근로조건에 관한 약정을 체결하지 않았다면 연봉제 규정이 적용된다(대법 2022.1.13, 2019다218837).

(5) 개별연봉계약의 금액부분이 취업규칙 변경에 따른다는 조건부 연동조항이 있는 경우의 유리한 조건 우선의 원칙 적용 여부

근로자가 사용자와 임금피크제보다 유리한 개별연봉계약을 체결했더라도 개별연봉계약의 '금액부분'이 취업규칙 변경에 따라 달라진다는 조건부 연동조항이 있다면 이를 임금피크제에 우선하는 개별근로계약으로 볼 수 없다(대법 2022.5.12, 2021다263052). 이 판결은 연봉계약서에 '연봉금액'이 취업규칙에 따라 변경된다는 취지의 내용이 있다면 유리한 조건 우선의 원칙을 적용할 약정이 없는 경우라고 판단한 점에서 중요한 의의가 있다.

2. 단체협약과 취업규칙

(1) 단체협약과 취업규칙의 구별기준

단체협약은 근로조건 기타 근로자의 대우에 관한 기준 등에 관한 사항을 정하는 협정으로서 서면으로 작성하여 노사 쌍방이 서명 또는 날인하여야 하고, 유효기간에 있어서 일정한 제약이 따르며, 원칙적으로 노동조합원 이외의 자에 대하여는 그 규범적 효력이 미치지 아니하는 것이고, 이에 비하여 취업규칙은 사용자가 근로자의 복무규율과 임금 등 당해 사업의 근로자 전체에 적용될 근로조건에 관한 준칙을 규정한 것을 말한다(대법 1997.4.25, 96누5421).

(2) 단체협약의 우선

단체협약은 노동조합과 사용자가 단체교섭을 한 결과 근로조건 기타에 관하여 합의에 도달한 결과를 서면으로 작성하여 당사자 쌍방이 서명 또는 날인한 것이다(노조법 제31조제1항). 이와 같은 단체협약은 근로자가 헌법 제33조에서 정한 단결권에 따라 단결하여 사용자와 대등한 입장에서 쟁의권을 배경으로 교섭한 결과로 합의한 것이므로, 그 성질상 개개의 근로자(조합원)가 사용자와 맺은 근로계약에 우선하게 된다. 취업규칙과의 관계에 있어서도 취업규칙은 또한 사용자가 경영권의 작용으로 일방적으로 작성·변경할 수 있는 것이므로 대등한 입장에서 근로자의 집단적 결정기능인 노동조합과 사용자간의 단체교섭의 결과 체결된 단체협약에서 정하는 근로조건이 당연히 취업규칙보다도 우선적으로 적용된다. 단체협약에 대하여는 근로자의 보호와 노사관계의 안정이라는 노동정책상의 이유에서 법률로 특별한 법적 효력을 부여하고 있다(헌재 1998.3.26, 96헌가20).

(3) 단체협약 위반 취업규칙의 효력

이 점에 관하여 노조법 제33조는 「① 단체협약에 정한 근로조건, 기타 근로자의 대우에 관한 기준에 위반하는 취업규칙 또는 근로계약의 부분은 무효로 한다. ② 근로계약에 규정되지 아니한 사항 또는 제1항의 규정에 의하여 무효로 된 부분은 단체협약에 정한 기준에 의한다」라고 규정하고 있다. 근기법 제96조도 「① 취업규칙은 법령이나 해당 사업 또는 사업장에 대하여 적용되는 단체협약에 어긋나서는 아니된다. ② 고용노동부장관은 법령이나 단체협약에 어긋나는 취업규칙의 변경을 명할 수 있다」라고 규정하고 있다. 다만, 단체협약과 취업규칙의 대상범위가 다르므로 원칙적으로 단체협약은 비조합원에게는 적용되지 않는다.

노조법 제35조에 의하면 「하나의 사업 또는 사업장에 사용되는 동종의 근로자 반수 이상이 하나의 단체협약의 적용을 받게 된 때에는 당해 사업 또는 사업장에 사용되는 다른 동종의 근로자에 대하여도 당해 단체협약이 적용된다」라는 취지의 일반적 구속력이 발생하는 경우가 아니면, 「단체협약의 적용을 받는 것은 원칙적으로 체결 당사자인 노동조합의 조합원인 근로자에게 한정되고, 조합원 이외의 근로자에게는 미치지 않는다」.

단체협약에 어긋나는 취업규칙의 내용은 단체협약 중에 규정된 근로조건 기타 근로자의 대우에 관한 기준, 이른바 규범적 부분을 의미하며, 여기서 '어긋나서는 아니된다'라고 하는 것은 통상 단체협약을 하회하여서는 아니된다는 의미로 해석되는데, 단체협약 규정의 해석상 반할 수 없다는 것이 그 이상의 것을 금지한다는 뜻으로 규정되어 있다면 취업규칙이 단체협약의 규정을 상회함도 허용되지 않는다고 해석해야 한다. 취업규칙이 단체협약에 어긋나서는 안된다는 것은 단체협약의 적용을 받는 근로자인지 여부에 관계없이 취업규칙이 단체협약과 일치해야 한다는 것이 아니라, 그 단체협약의 적용을 받는 근로자에게 취업규칙이 단체협약에 어긋나서는 안 된다는 것을 말하고, 그 범위에서 단체협약에 어긋나는 취업규칙의 부분이 무효가 되는 것이다. 달리 말하자면 취업규칙이 단체협약에 어긋나서는 안 된다는 경우 단체협약의 취업규칙에 대한 강행적 효력을 확인한 것에 불과하다(임종률, 「노동법」, 15판, p.369).

단체협약에 징계사유를 규정하면서 그 단체협약의 규정에 의하지 아니하고는 징계할 수 없다고 규정하고 있다면 취업규칙에서 새로이 정한 징계사유는 단체협약에 반하는 것으로서 그 사유로는 징계할 수 없다(대법 1994.6.14, 93다62126).

단체협약에는 징계처분의 경우 징계위원회를 개최하도록 규정되어 있음에도, 징계위원회규정이 징계위원회의 의결 없이 징계처분을 할 수 있는 예외를 인정하고 있다면, 그 규정은 단체협약에 반하는 것으로서 무효이다(대법 1993.10.22, 92다49935).

(4) 기존 취업규칙보다 불리하게 단체협약이 개정된 경우의 적용방법

근로자의 근로조건은 근로계약 · 취업규칙 · 단체협약 · 법령 등으로 정하여지며, 근기법 제3조, 제96조 및 제97조의 취지에 비추어볼 때 이들 규정된 근로조건 중 근로자에게 가장 유리한 근로조건이 우선적으로 적용된다. 그러나 일정 근로조건이 단체협약과 취업규칙에 같은 수준으로 정해져 있다가 노사합의로 단체협약을 개정하여 단체협약상의 일정 근로조건이 취업규칙상의 근로조건보다 불리한 수준으로 변경된 후 취업규칙에는 당해 부분이 정리되지 아니한 채로 있을 경우에는 단체협약의 개정 경위와 그 취지에 비추어볼 때, 단체협약의 개정에도 불구하고 종전의 단체협약과 동일한 내용의 취업규칙이 그대로 적용된다면 단체협약의 개정은 그 목적을 달성할 수 없으므로 개정된 단체협약에는 당연히 취업규칙상의 유리한 조건의 적용을 배제하고 개정된 단체협약이 우선적으로 적용된다는 내용의 합의가 포함된 것이라고 봄이 당사자의 의사에 합치한다고 할 것이고 따라서 개정된 후의 단체협약에 의하여 취업규칙상의 일정 근로조건에 관한 규정의 적용은 배제된다고 보아야 할 것이다(대법 2002.12.27, 2002두9063).

(5) 단체협약의 효력상실과 취업규칙과의 관계

① 단체협약은 유효기간의 경과 또는 해지통고에 의하여 실효(失效)가 예상되

지만 취업규칙은 사업이 존속하는 한 실효되지 않는다.

단체협약이 효력을 상실하였을 경우 당장 취업규칙이 적용되느냐에 관하여, 취업규칙의 기준이 단체협약에 하회하는 경우에는 단체협약에서 규정한 근로조건이 근로계약의 내용으로 존속하므로 취업규칙을 적용하는 취지의 의사표시가 있어야 취업규칙이 적용된다는 것이 통설·판례이다.

단체협약이 효력을 상실하였다고 하더라도 임금, 퇴직금이나 근로시간, 그 밖에 개별적인 근로조건에 관한 부분은 그 단체협약의 적용을 받고 있던 근로자의 근로계약의 내용이 되어 그것을 변경하는 새로운 단체협약, 취업규칙이 체결, 작성되거나 또는 개별적인 근로자의 동의를 얻지 아니하는 한 개별적인 근로자의 근로계약의 내용으로서 여전히 남아있어 사용자와 근로자를 규율한다고 할 것이다(대법 2006.11.23, 2006두11644 ; 2007.12.27, 2007다51758 ; 2007.1.25, 노사관계법제팀-293).

행정해석도 동일한 입장에서 「근기법 제94조에 규정된 취업규칙 변경절차에 의해 단체협약의 효력의 상실로 개별 근로자의 근로계약으로 전환된 '근로조건 등 기타 근로자의 대우에 관한 사항(규범적 부분)'을 변경할 수 있으며, 또한 같은 법 제94조에 따라 정당하게 동의를 받아 변경된 취업규칙은 전 근로자에게 효력을 가진다고 보아야 할 것이다」(2010.7.14, 근로기준과-116)라고 한다.

② 근기법 제96조에서 취업규칙은 법령이나 해당 사업장에 대하여 적용되는 단체협약에 어긋나서는 아니된다고 되어 있으므로, 법령·단체협약에 규정된 근로조건을 하회하는 조건을 규정한 취업규칙은 그 부분에 한하여 무효가 된다. 이는 취업규칙에서 정한 내용이 단체협약의 동일한 내용에 위배될 수 없다는 취지이며, 따라서 동일한 내용(예 : 동일한 징계사유나 징계절차)에 대해 단체협약상 규정과 취업규칙상 규정이 상호 저촉될 경우 단체협약이 우선 적용된다는 의미이다. 다만 취업규칙에 단체협약상 규정과 관련이 없는 새로운 규정(예 : 단체협약 징계사유에는 없으나 취업규칙에만 있는 새로운 징계사유)이 독자적으로 있는 경우라면 이는 유효한 것으로 보아야 한다(대법 1993.1.15, 92누13035).

③ 따라서 단체협약에 어긋나지 않는 한 사용자는 취업규칙에서 새로운 징계사유를 정할 수 있고 그 징계사유에 터잡아 징계를 할 수도 있다(대법 1993.4.27, 92다48697 ; 2000.9.9, 근기 68207-2750).

근기법 제96조제1항은 '취업규칙은 법령이나 해당 사업 또는 사업장에 대하여 적용되는 단체협약과 어긋나서는 아니된다'고 규정되어 있으므로 단체협약에 어긋나는 취업규칙의 변경은 절차의 적법 여부와 관계없이 그 효력이 없다 할 것이어서 결국 무효인 취업규칙에서 정한 정년에 근거하여 근로자에 대하여 한 퇴직통보는 사실상 부당한 해고에 해당한다 할 것이다(서울행법 2003.3.18, 2002구합31671).

3. 법령과 취업규칙

(1) 법령의 우선

취업규칙도 법규범으로서 기능을 발휘하지만 그것은 강행법규에 저촉되지 않는 범위에서 효력이 있다. 이에 관해 근기법 제96조에서 「취업규칙은 법령이나 해당 사업 또는 사업장에 대하여 적용되는 단체협약과 어긋나서는 아니된다」라고 규정하고 있다(근기법 제96조제1항).

(2) 고용노동부장관의 변경명령

취업규칙은 근기법의 최저기준의 이행을 확보하기 위한 수단이기 때문에 법령에 어긋나지 않는 범위에서 규정할 필요가 있다. 따라서 법령에 어긋나는 규정이 있다면 당연히 무효이며 그것이 사실상 행하여지는 일이 없도록 고용노동부장관은 법령에 어긋나는 부분의 변경을 명할 수 있다(근기법 제96조제2항). 변경명령은 사용자에게 변경의무를 과하는 것이므로 변경명령 자체에 따라 취업규칙이 변경되는 것은 아니다.

11 직종별 등으로 취업규칙을 복수로 할 수 있는가

'직원취업규칙'과 '작업원취업규칙' 등과 같이 직종별로 또는 '사원취업규칙'과 '단시간근로자취업규칙' 등과 같이 고용형태별로 각각 별개의 취업규칙 작성도 허용된다. 즉, 사용자는 단시간근로자에게 적용되는 취업규칙을 통상근로자에게 적용되는 취업규칙과 별도로 작성할 수 있다(근기법시행령 「별표 2」 제5호가목). 취업규칙은 같은 사업장에 소속된 모든 근로자에 대하여 일률적으로 적용되어야 하는 것이 아니며, 사용자는 근로자의 근로조건, 근로형태, 직종 등의 특수성에 따라 근로자 일부에 적용되는 별도의 취업규칙을 작성할 수 있으며, 이 경우 여러 개의 취업규칙을 합한 것이 근기법 제93조가 정한 1개의 취업규칙이 된다(대법 2007.9.6, 2006다83246 ; 대법 1996.2.27, 95누15698).

예컨대 근로자의 업무특성 등 직종의 특수성에 따른 합리적인 이유로 일반·기능직과 상근직에게 적용되는 취업규칙을 달리 정한 경우라면 일반·기능직에 대하여 취업규칙 등에 따라 병가기간을 유급으로 적용하고, 상근직에 대해서는 상근인력관리규정을 적용하여 병가기간을 무급으로 적용하더라도 동법 제6조에서 규정한 균등처우 위반으로는 볼 수 없다(2009.7.9, 근로기준과-2366). 이 경우 여러 개의 취업규칙을 합한 것이 근기법 제93조 소정의 1개의 취업규칙으로 된다(대법 2007.9.6, 2006다83246 ; 대법 2000.2.25, 98다11628).

판례(대법 1992.2.28, 91다30328)는 「근기법 제6조와 제34조에 저촉되지 않는 범위 안에서 근무형태나 직종에 따라 복수의 취업규칙을 정하는 것은 허용된다」라고 하였다.

12 일용근로자의 취업규칙은 일용근로자의 의견만 청취하면 되는가

일용근로자에 관하여 일반근로자와는 별도로 취업규칙을 마련할 경우나 그것을 변경할 경우, 그 작성 변경에 관하여서 일용근로자 과반수의 의견을 듣기만 하면 되는가?

취업규칙의 작성·변경시는 당해 사업장의 근로자 과반수의 의견을 듣고 그 의견서를 첨부하여 신고하도록 되어 있다. '당해 사업장의 근로자'란 그 사업장의 전체근로자 즉 일용근로자도 포함하는 단위사업장의 전체근로자를 의미한다. 일용근로자 취업규칙은 일용근로자만, 촉탁근로자 취업규칙은 촉탁근로자만, 정사원 취업규칙은 정사원만의 의견을 청취하는 경우에는 고용노동부장관으로부터 신고의 수리가 각하된다. 이는 일용근로자에게만 적용되는 '일용근로자 취업규칙', 정년 후 고용자에게만 적용되는 '촉탁취업규칙' 등은 그 사업장의 일부 근로자를 대상으로 하는 취업규칙이지만 전체 취업규칙의 일부를 구성하기 때문이다(대법 1992.2.28, 91다30828). 따라서 어떠한 근로자(단시간근로자 제외)에 적용되든지 당해 사업장의 취업규칙을 변경하는 경우에는 그 사업장 전체 근로자의 과반수가 언제나 의견청취(불리한 변경시에는 동의)의 당사자가 되며, 이때 근로자의 고용형태상의 차이는 묻지 않는다(2003.10.27, 근기 68207-1276).

예컨대 정규직 및 비정규직 각각에 적용되는 복수의 인사규정(취업규칙)을 두고 있을 때, 정규직에 한하여 적용되는 취업규칙을 변경하려는 경우, 비록 변경하려는 취업규칙의 적용대상이 정규직인 일부근로자에 한정된다하더라도 달리 볼 특별한 사정이 없는 한 변경절차의 동의 또는 의견청취는 전체 근로자를 대상으로 해야 할 것이다(2005.7.26, 근로기준과-3396).

13 단시간근로자의 취업규칙은 단시간근로자의 의견 또는 동의를 받아야 하는가

단시간근로자에게 적용되는 취업규칙을 작성하거나 이를 변경하고자 할 경우에는 적용대상이 되는 단시간근로자 과반수의 의견을 듣는 것으로 충분하다. 또한 취업규칙을 단시간근로자에게 불리하게 변경하는 경우에는 그 동의를 받아야 한다(근기법시행령 「별표2」 제5호나목).

여기서 단시간근로자 과반수의 의견이란 당해 취업규칙의 적용대상인 해당 단시간근로자의 의견을 말한다.

14 무신고 취업규칙의 효력은 어떠한가

근기법 제93조에는 상시 10명 이상의 근로자를 사용하는 사용자는 취업규칙의 작성·변경에 관하여 고용노동부장관에게 신고하여야 한다고 규정하고 있다.

그러나 신고의무를 지고 있는 사용자가 취업규칙을 작성하고서도 고용노동부장관에게 신고를 태만히 하였을 경우에 신고되지 아니하고 있는 취업규칙의 효력 여부이다. 근기법의 신고 의무규정은 일반적으로 취업규칙에 대한 감독행정상 필요에 의한 것이며 효력요건이 아닌 것으로 해석하고 있으므로 규정의 내용이 법령 또는 단체협약에 위반되지 않는 경우에는 비록 신고절차를 이행치 아니하였더라도 형사상의 책임은 별론으로 하고 취업규칙으로서의 효력을 부인하여서는 아니될 것이다(1991.6.21, 근기 01254-8855).

취업규칙은 그 성질상 고용노동부장관에의 신고를 효력발생 요건으로 하는 것은 아니기 때문이다. 취업규칙은 근로조건과 직장규율을 집합적, 획일적, 통일적으로 규정하고 있는 것이므로 근로자에 대하여 명시하여야 할 법규범으로서 근로자를 구속할 수 있는 것이다. 신고를 태만하면 행정단속법 위반이라 하여 근기법상의 벌칙의 적용을 받기는 하지만, 그렇다고 민사상 근로자에 대한 효력을 가지지 아니한다는 것은 아니다.

15 취업규칙은 동의를 얻은 경우에는 소급적용할 수 있는가와 그 효력발생시기

1. 개정 취업규칙의 효력발생시기는 언제인가

취업규칙의 개정이 효력을 발생하는 시기는 원칙적으로 그 사업장의 근로자에게 취업에 관한 공통된 규칙을 정하여 취업규칙으로서 표시하고 근로자에게 그 존재 및 내용을 주지시켰다고 볼 수 있는 상당한 방법을 강구하였을 때이다.

불리하게 변경된 취업규칙의 적용시점은 개정 취업규칙의 시행일이다(대법 2022. 10.14, 2022다245518). 예컨대 1.11.부터 시행한다고 정했으면 1.1.부터 1.10.사이에 입사한 근로자에게는 해당 취업규칙이 적용되지 않는다.

2. 소급적용의 효력은 인정되는가

취업규칙의 효력을 소급하여 적용하는 소급적용기일을 규정하였을 경우에 유효하나, 그 소급적용이 근로자에게 불리하다면 '불이익 불소급의 원칙'에 따라 위법이므로 무효가 된다. 그 소급적용이 근로자에게 불이익한 조항은 마치 국가형벌권의 발동에 있어서 「모든 국민은 행위시의 법률에 의하여 범죄를 구성하지 아니하는 행위로 소추되지 아니하며, 동일한 범죄에 대하여 거듭 처벌되지 아니한다」(헌법 제13조제1항)는 헌법규정에 따라 형벌 불소급의 원칙은 「불이익 불소급의 원칙」으로 따라야 할 규범으로서 타당한 원칙이므로 근로자에게 불이익한 소급은 근로자의 동의없이는 무효이다.

3. 소급추인의 효력은 인정되는가

① 해당 근로자들이 불리하게 변경된 취업규칙에 대하여 사후에 동의하여 그 변경 당시로 소급하여 효력을 발생하게 할 수도 있다. 다만 이 경우 근로자 과반수의 사후의 동의는 기존 근로자에게는 변경된 취업규칙이 무효이므로 종전 취업규칙이 적용된다는 사정을 알고 있는 상황에서 한 것이어야 하고, 이를 알

지 못한 경우에는 그 취업규칙은 동의한 날 이후부터 효력을 가진다(대법 2004.8.16, 2003두13526).

② 그러나 근로자 과반수의 동의 없이 변경된 취업규칙에 대하여 사후에 노동조합과 사용자가 변경된 취업규칙의 내용과 동일한 단체협약을 체결한 경우에는 기존 근로자에 대하여 변경된 취업규칙이 무효임을 알았는지 여부에 관계없이 그 단체협약은 기존 근로자에게도 적용된다(대법 2005.3.11, 2003다27429).

4. 소급추인의 효력범위

노동조합이 기존의 임금, 근로시간, 퇴직금 등 근로조건을 결정하는 기준에 관하여 소급적으로 동의하거나 이를 승인하는 내용의 단체협약을 사용자와 체결한 경우에, 동의나 승인의 효력은 단체협약이 시행된 이후 해당 사업장에서 근무하면서 단체협약의 적용을 받게 될 조합원이나 근로자에 대해서만 생길 뿐, 단체협약 체결 이전에 퇴직한 근로자에게는 효력이 미칠 수 없다(대법 2017.2.15, 2016다32193 ; 대법 1993.6.11, 92다19316 ; 2000.3.23, 근기 68207-871).

Chapter 5

임금을 둘러싼 법률지식

제1절 임금을 둘러싼 법률지식

1 임금이란 무엇인가

1. 임금의 의의

① 규정내용 : 임금이란 「사용자가 근로의 대가로 근로자에게 임금, 봉급, 그 밖에 어떠한 명칭으로든지 지급하는 일체의 금품을 말한다」(근기법 제2조제1항제5호)라고 정의하고 있다. 여기서 말하는 '근로의 대가'란 직접적으로 제공한 근로시간이나 생산량에 따라 지급되는 것뿐만 아니라 널리 근로자의 생활을 유지(노동력의 재생산)하여 나가기 위하여 사용자가 그 고용하는 근로자에게 지급하는 것으로 지급조건이 명백한 것(근로자에게 법률상의 청구권이 있는 것)이라면 모두 '임금'에 해당된다. 즉, 명칭이 ○○조성금으로 되어 있거나, ○○보조로 되어 있다고 하더라도 근로의 대가로 지급된다면 법률상 임금의 취급을 받는다.

② 판례의 태도 : 판례(대법[전원합의체] 2013.12.18, 2012다94643 ; 대법 2018.12.13, 2018다231536)에 의하면 「임금이란 사용자가 근로의 대가로 근로자에게 지급하는 일체의 금품으로서, ㈎ 근로자에게 계속적·정기적으로 지급되고, ㈏ 그 지급에 관하여 단체협약, 취업규칙, 급여규정, 근로계약, 노동관행 등에 의하여 사용자

에게 지급의무가 지워져 있다면, ㈐ 그 명칭 여하를 불문하고 모두 그에 포함된다」고 한다.

판례는 임금에 해당하기 위한 요건으로써 ㈎ 사용자가 근로제공과 관련하여 근로의 대가로 근로자에게 지급하는 금품일 것(근로의 대가성), ㈏ 근로자에게 계속적·정기적으로 지급될 것(계속적·정기적 지급), ㈐ 단체협약, 취업규칙, 급여규정, 근로계약, 노동관행 등에 의해 사용자에게 그 지급의무가 지워져 있을 것(지급의무의 사전 확정)을 제시하고 있다.

③ 노동관행에 따라 지급되는 금품의 임금성 여부 : 노동관행이란 객관적으로 반복된 관행에 규범력을 부여하는 것인 점, 노사가 서로 대립되는 근로관계의 영역에서 노사간에 내심의 의사가 전적으로 일치하는 경우란 찾기 어려운 점 등에 비추어 법적 확신이란 '관행의 계속이 당연하다고 여겨지는 것'을 의미하는 것이지 규범의 적용을 적극적으로 의도하는 것까지 요구되는 것은 아니라고 보아야 한다. 한편 관행에 의하여 형성되는 법률관계의 내용에 따라 법적 확신의 정도가 달라질 수 있는바, 당사자의 의사에 따라 구체적인 권리·의무의 내용을 형성할 수 있는 영역에서 발생한 관행의 경우라면 실정법과 다른 권리·의무를 형성하거나 특정한 예외적 사례가 반복된 관행의 경우보다 완화된 정도의 법적 확신이 요구된다고 봄이 상당하다. 해당 경영성과급은 '근로제공과 직접적으로 관련되거나 그것과 밀접하게 관련된 것'이라고 보아야 하고, 매년 한 차례씩 경영성과에 따른 경영성과급을 지급하는 것이 당연하다고 여겨질 정도의 노동관행에 의하여 '지급의무'가 인정된다고 보아야 한다(서울고법 2022.1.21, 2021나2015527).

2. 근로의 대가인지의 판단기준

[실무사례]
상시 200명의 근로자를 고용하여 다이아몬드 가공 공구를 제작하는 E회사는 소속 근로자에게 현금으로 매 1개월마다 임금을 지급하였다. 이와 별도로 E회사는 사규에 따라 근로자에게 근로의 대가로서 매월 정기적으로 식대보조비와 연료보조비를 각각 현물로 지급하였다. 태국 국적의 근로자 乙은 2015.9.1 E회사에 입사하여 설비의 관리를 담당해 왔다. 이후 乙은 2017.3.20 사직하면서 E회사에 퇴직금 지급을 요구하였다. 이때 乙이 요구한 퇴직금은 식대보조비와 연료보조비를 포함하여 산정된 것이었다. E회사는 ① 乙이 외국인이므로 근기법이 적용되지 아니하고, ② 퇴직금 산정에 현물로 지급된 식대보조비와 연료보조비가 포함되어서는 안된다는 점을 들어 乙의 퇴직금지급 요구를 거부하였다. E회사가 제시한 사유 ①, ②는 정당한가?

임금이란 사용자가 근로의 대가로 근로자에게 지급하는 일체의 금품으로서, 근로자에게 계속적·정기적으로 지급되고 그에 관하여 단체협약, 취업규칙 등에 의하여 사용자에게 지급의무가 지워져 있으면 명칭 여하를 불문하고 모두 포함된다. 한편 어떤 금품이 근로의 대가로 지급된 것이냐를 판단함에 있어서는 그 금품지급의무의 발생이 근로제공과 직접적으로 관련되거나 그것과 밀접하게 관련된 것으로 볼 수 있어야 한다. 이러한 관련없이 그 지급의무의 발생이 개별 근로자의 특수하고 우연한 사정에 의하여 좌우되는 경우에는 그 금품의 지급이 단체협약·취업규칙·근로계약 등이나 사용자의 방침 등에 의하여 이루어진 것이라 하더라도 그러한 금품은 근로의 대가로 지급된 것으로 볼 수 없다(대법 2020.4.29, 2016다7647 ; 대법 2019.8.22, 2016다48785 ; 대법 2011.7.14, 2011다23149).

(1) 의례적 · 호의적 의미에서 지급하는 금품

따라서 의례적·호의적 의미에서 지급되는 것은 포함하지 아니한다. 예컨대 결혼축의금, 질병위문금, 친족 사망시의 조의금 등 경조비의 급부는 원칙적으로 이와 같은 임의적·은혜적 급부에 속한다. 즉, 근로자가 손님으로부터 받은 봉사료는 임금에 속하지 않는다. 그 예로 카지노 영업장의 고객이 자의에 의하여 직접 카지노 영업직 사원들에게 지급한 봉사료를 근로자들이 자율적으로 분배한 것은 사용자로부터 지급받은 근로의 대가라고 할 수 없으므로 그 성질상 근기법이 정한 임금의 범위에 포함되지 않는다고 본 판례가 있다(대법 1999.1.26, 98다46198). 다만, 일정률 또는 일정금액으로 정해진 봉사료를 사용자가 손님으로부터 받아 예치하는 과정을 거쳐 분배하는 경우에는 임금으로 볼 수 있으며 또한 사용종속관계가 인정되면서 사용자가 "팁"을 일정액으로 정하거나 사실상 일정액을 받도록 직·간접적으로 규제하는 경우에도 이를 임금으로 볼 수 있다.

(2) 복리후생비로 지급되는 금품

복리후생비로 지급되는 금품은 임금에 포함하지 아니한다. ②에서 기술한다.

(3) 실비변상적인 급여

실비변상(實費辨償)이란 근로자가 업무를 수행하기 위하여 필요한 비용을 지출하고 이를 변상하기 위하여 지급하는 것을 말한다. 예컨대 근로자가 자율적으로 작업복 내지 보안장비를 구입하고 사용자가 이를 변상하는 금품, 근로자가 출장에 소요되는 비용을 지출하고 사용자가 이를 변상하는 금품이다. 이와 같은 실비변상적 금품은 근로의 대가가 아니므로 '임금'의 성격을 가지지 않는다. 예컨대 판례(대법 1990.11.9, 90다카4683)는 「근로자가 특수한 근무조건이나 환경에서 직무를 수행하게 되므로 말미암아 추가로 소요되는 비용을 변상하기 위하여 지급되는 이른바 실비변상적인 급여는 '근로의 대가'로 지급되는 것이라고 볼 수 없기 때문에 임금에 포함될 수 없는 것이다」라고 한다.

사용자가 운전직 근로자들에게 실제로 그 해당 명목으로 사용되는지를 불문하고 근무일마다 실비변상 명목(CCTV수당을 1일1만원씩지급, 담배값, 장갑대, 음료수대, 청소비 기타 소요 경비 등 일비 7,000원)으로 일정 금액을 지급하는 경우에, 위와 같이 지급된 금원을 실비변상에 해당한다는 이유를 들어 임금 또는 통상임금에서 제외할 수는 없다(대법 2020.4.29, 2016다7647 ; 대법 2019.4.23, 2014다27807). 2019년도 판례는 일비는 운전직 근로자의 근로제공과 관련해 근로의 대가로 지급된 것으로 봄이 타당하고, 소정 근로의 대가로 정기적, 일률적, 고정적으로 지급된 것이므로 통상임금에 포함된다는 것이다. 2020년도 판례는 원심판결이 실비변상 명목으로 지급되거나 물품구입권의 형태로 교부되었다는 이유를 들어 임금 또는 통상임금에서 제외할 수 없다고 판단함으로써, 이와 달리 본 원심판결을 일부 파기환송한 사례이다.

2 임금과 복리후생비로 지급되는 금품

1. 복리후생인가의 판단기준

복리후생이냐의 여부는 사용자가 근로에 대한 직접적인 대가로서가 아니고 주택자금, 학자금 대여, 사택 제공, 통근차량·목욕시설·운동시설·휴양시설 등 근로자의 복리후생을 위하여 지급하는 이익 또는 비용이냐에 있다. 따라서 근로에 대한 대가가 아니라 사용자가 소속 근로자들의 복리후생을 위해 지급하는 금품이나 복리시설이용 혜택은 원칙적으로 임금이라 말할 수 없다. 복리후생급여의 전형은 남녀고용평등법 제9조에서 규정하고 있는 "임금 외에 근로자의 생활을 보조하기 위한 금품의 지급 또는 자금의 융자 등"을 말한다. 그러나 판례는 복리후생적 금품이라도 모든 근로자들에게 지급되는 것이라면 근로의 대가로서 임금에 해당하는 것으로 판단하려는 경향을 보이고 있고, 그 결과 복리후생적 금품이 임금에 해당되는 경우가 계속 늘어나고 있다.

2. 임금으로 인정된 판례

① 부양가족이 있는 근로자에게만 지급된 가족수당의 임금성 인정(대법 1987.2.24, 84다카1409), ② 근로자 전원에게 급식보조비나 급식수당이 일률적으로 지급된 경우 임금성 인정(대법 2015.6.24, 2015두39002 ; 대법 2003.2.11, 2002다50828), ③ 전 직원에 대해 또는 일정한 직급을 기준으로 교통보조비나 차량유지비가 일률적으로 지급된 경우 임금성 인정(대법 2015.6.24, 2015두39002 ; 대법 1997.10.24, 96다33037 · 33044), ④ 사택을 제공받지 않은 근로자에게 사택수당을 지급한 경우 임금성 인정(대법 1990.11.9, 90다카6948), ⑤ 또한 근로자들에게 정기적 · 일률적으로 지급되는 선물비, 생일자지원금, 개인연금지원금, 단체보험료는 임금에 해당한다(대법[전원합의체] 2013.12.18, 2012다94643).

3. 임금이 아니라고 본 판례

① 회사가 재직운전자 전원을 운전자 공제회에 가입시키고 대납한 운전자 공제회 공제료는 운전자들의 복리후생을 위하여 은혜적으로 지급하거나 실비 변상적 명목으로 지출한 것이어서 소정근로의 대가로 볼 수 없으므로 임금성 부정(대법 2015.6.24, 2012다118655). ② 회사가 운전자들에게 지급한 1일 1,500원의 식권 3장은 해당 단체협약에서 정한 복리후생비용의 명목으로 지급된 것으로서 실비 변상적 성격을 가져 소정근로의 대가로 볼 수 없으므로 임금성을 부정한다(대법 2015.6.24, 2012다118655).

3 복지포인트의 임금 해당 여부

1. 선택적 복지제도와 복지포인트

여러 기업에서 근로자들의 자기계발, 건강관리, 가족친화, 문화 레저생활 향유 등을 위해 복지포인트제도를 도입해 운영하고 있다. 선택적 복지제도는 기업복지의 한 내용으로 사용자는 근로자가 여러가지 복지 항목 중에서 근로자 자신의 선호와 필요에 따라 자율적으로 선택하여 복지혜택을 받는 제도를 말한다(근로복지기본법 제81조제1항). 선택의 한도를 정하는 방법으로 포인트 방식을 사용하므로 '복지포인트'라고 부르며 여러가지 항목 중에서 선택할 수 있기에 '카페테리아 복지'라고 말한다.

2. 복지포인트가 임금에 해당하는지의 판단기준

사용자가 근로자에게 지급하는 금품이 임금에 해당하려면 먼저 그 금품이 근로의 대상으로 지급되는 것이어야 하므로 비록 그 금품이 계속적·정기적으로 지급된 것이라 하더라도 그것이 근로의 대상으로 지급된 것으로 볼 수 없다면 임금에 해당한다고 할 수 없다. 여기서 어떤 금품이 근로의 대상으로 지급된 것이냐를 판단함에 있어서는 그 금품지급의무의 발생이 근로제공과 직접적으로 관련되거나 그것과 밀접하게 관련된 것으로 볼 수 있어야 한다(대법 2019.8.22, 2016다48785 ; 대법 2011.7.14, 2011다23149 ; 대법 1995.5.12, 94다55934).

3. 복지포인트의 임금 해당 여부에 관한 판례

복지포인트가 임금에 해당하는지에 관해서는 임금성 및 통상임금성이 인정된다는 판례(서울고법 2017.8.18, 2016나2036339 ; 서울고법 2017.4.19, 2016나2083847)와 이를 부정하는 판례(서울고법 2016.1.15, 2015나2016215 ; 대구고법 2015.10.21, 2015나305)가 있었다. 그러나 대법원(전원합의체 2019.8.22, 2016다48785(서울의료원사건) ; 대법 2019.9.10, 2015다30886, 30893(LG전자사건))는 복지포인트는 임금성 및 통상임금으로 인정되지 않는다고 판단하고 파기환송하였다. 그 이유는 복지포인트란 근로자가 온라인·복지 가맹업체에서 복지카드로 물품·용역을 선결제하고 회사에 사용내역을 알려주면 다음달에 사용한 금액만큼의 금원(복지포인트)을 회사가 지급하는 제도다. 사용자가 선택적 복지제도를 시행하면서 직원 전용 온라인 쇼핑사이트에서 물품을 구매하는 방식 등으로 사용할 수 있는 복지포인트를 단체협약, 취업규칙 등에 근거하여 근로자들에게 계속적·정기적으로 배정한 경우라고 하더라도, 이러한 복지포인트는 근기법에서 말하는 임금에 해당하지 않고, 그 결과 통상임금에도 해당하지 않는다(대법 2021.8.26, 2017다269145 ; 대법 2020.4.29, 2017다247602).

선택적 복지제도의 근거 법령·연혁·도입 경위와 근로자 인식 등에 비춰 복지포인트는 근기법상 임금·통상임금에 해당하지 않는다. 근로복지기본법 제3조제1항은 「근로복지(임금·근로시간 등 기본적인 근로조건은 제외한다. 이하 같다)정책은 근로자의 경제·사회활동의 참여기회 확대…」라고 규정하여 근로복지의 개념에서 임금을 명시적으로 제외하고 있다. 결국 근로복지기본법상 기업근로복지를 구성하는 선택적 복지제도에 기초한 복지포인트는 임금과 같은 근로조건에서 제외된다고 보는 것이 타당한 규범해석이다. 복지포인트의 전제가 되는 '선택적 복지제도'는 임금 상승이나 임금 보전을 위한 것이 아니라, 기업 내 임금이 아닌 복리후생제도와 관련해 근로자의 욕구를 반영한 새로운 기업복지체계를 구축한 것이다. 또 "복지포인트는 문화생활이나 자기계발 등으로 용도가 제한되고 양도 가능성이 없다"며 임금으로 보기에는 부적절한 특성이 있다. 기업 현실도 개별 사업장에서 단체협약이나 취업규칙을 통해 복지포인트를 보수·임금으로 명시하지 않은 경우가 대부분이다. 대법원 전원합의체 판결은 하급심에서 판단이 엇갈려 왔던 복지포인트의 임금성 및 통상임금성을 부정하는 방향으로 논란을 정리했고, 향후 동일 쟁점 또는 유사 사안의 해석 지침이 될 것이다.

4 스톡옵션·성공보수·해고조합원사례금 및 직무발명보상금은 임금인가

1. 스톡옵션의 임금 해당 여부

상법상의 스톡옵션(Stock Option)제도로부터 얻은 이익은 근로의 대가가 아니므로 근기법 제2조제1항제5호의 임금에 해당되지 아니한다. 그리고 이것을 취업규칙 등에서 예정하고 있는 임금의 일부로서 취급하는 것은 근기법 제43조의 규정에 위반된다.

판례(대법 2007.10.25, 2007두1415)는 스톡옵션을 소득세법상의 근로소득으로 본다. 스톡옵션 행사 이익과 이익분배금은 근기법의 임금에 해당하지 아니한다. 그러나 스톡옵션 행사 이익은 근로소득에 해당하고 경영성과로 인한 이익분배금 또한 소득세법시행령 제49조에 의한 근로소득에 해당한다.

2. 성공보수의 근로소득 해당 여부

공인회계사 자격을 가진 직원이 회사 매각 관련 업무를 수행하고 모회사로부터 받은 성공보수는 기타소득이 아닌 근로소득에 해당한다. 판례(대법 2017.9.12, 2014두7992)는 "소득세법이 규정하고 있는 '근로소득'은 지급형태나 명칭을 불문하고 성질상 근로의 제공과 대가관계에 있는 일체의 경제적 이익을 포함한다.

여기에는 직접적인 근로의 대가 외에도 근로를 전제로 그와 밀접히 관련돼 근로조건의 내용을 이루고 있는 급여도 포함된다"고 한다.

3. 해고된 조합원이 노동조합 신분보장규정에 따라 받은 금품의 근로소득 해당 여부

노동조합 활동으로 신분적·경제적 불이익을 입은 노조원이 노동조합 신분보장규정에 따라 노동조합으로부터 받은 돈은 단순한 상호부조 성격의 돈이라고 보기는 어렵고, 조합활동 등을 고려해 그에 대한 사례의 뜻으로 지급된 것으로 소득세법상 기타소득인 '사례금'에 해당해 근로소득세 부과 대상이다(대법 2017.11.9, 2017두44244).

4. 직무발명보상금의 임금 해당 여부

직무발명이란 근로자 등이 그 직무에 관하여 발명한 것이 성질상 사용자 등의 업무범위에 속하고 그 발명을 하게 된 행위가 근로자 등의 현재 또는 과거의 직무에 속하는 발명을 말한다(발명진흥법 제2조제2호). 직무발명에 대한 사용자에의 권리승계 승낙의 대가인 「직무발명보상금」은 근로의 대가가 아니므로 임금에 해당되지 아니한다.

5 각종 보험료 보조도 임금인가

근로자가 사회보험관련법령에 의하여 부담하는 건강보험·국민연금·고용보험의 보험료 및 소득세법에 의한 근로소득세 등은 비록 근로자에게 실제로 지급되지는 않지만 이는 원래의 임금 중에서 사용자가 원천징수한 것에 불과하므로 그 부분은 임금에 포함된다. 그러나 산재보험 등 사회보험의 보험료에 대한 사용자의 부담분이나 근로자가 받는 보험급여는 근로의 대가인 임금이 아니다. 판례(대법 1994.7.29, 92다30801)는 「건강보험료 중 구의료보험법 제51조의 규정 등에 의한 사용자 부담분은 근로자가 근로의 대가로서 사용자로부터 지급받는 임금에 해당한다고 볼 수는 없다」라고 하였다.

근로자가 생명보험회사와 임의로 보험계약을 체결한 경우에 그 생명보험료의 일정액을 보조하는 '생명보험료 보조금'은 복리후생 급부로서 임금은 아니다.

근로자로서 법률상 당연히 부담하여야 할 소득세·사회보험료나 근로계약상 당연히 부담하여야 할 통근비용 등을 사용자가 보조하여 부담하였을 경우에는 임금에 포함되는지의 여부에 관하여 다툼이 있다. 일반적으로 사용자가 근로자에게 지급하는 임금 중 법령에 근거하여 그 일부를 공제하여 원천징수하는 경우에는 원칙적으로 공제 전 금액까지 평균임금에 산입되는 임금으로 봄이 타당하다. 취업규칙에 의해 법령상 근로자가 부담하여야 하는 건강보험료를 회사가 납부하고 그에 해당하는 금액을 계속적·정기적으로 근로자에게 지급해 온 경우라면 이는 근로의 대가로서 임금에 해당한다(2015.8.10, 근로기준정책과-3623).

6 여비·일당도 임금인가

사용자가 근로자에게 지급하는 금품에는 여러가지가 있으나, 모두가 임금이 되는 것이 아니다. 그 판단기준은 다음과 같다.

① 그 지급조건이 명백하며 근로자의 노무제공 및 근로자로서의 지위에 대하여 근로의 대가로 지급되는 것만이 '임금'이며, 직접 가족이나 유족에 지급하는 유족위로금 등은 임금에 해당되지 아니하다.

② 지급조건이 명백하더라도 실비변상적인 것은 근로의 대가라고 할 수 없으므로 임금이 아니며, 따라서 출장에 수반하는 실비변상으로서의 여비·일당이나 렌트카 임차료 등은 임금이 되지 아니한다.

③ 지급조건이 불명확하며 임의적·은혜적인 것(경조금일봉, 무료우대권 등)이나 편의제공에 해당하는 것(유류대 보조, 비즈니스 스쿨 학자금 등)은 임금이 아니라 복리후생비가 된다.

7 징계해고시의 퇴직금·결혼축의금 등 부지급은 위법인가

결혼축의금·사망소위금·새해위문금 등의 은혜적 급여는 원칙적으로 임금으로 간주하지 아니한다. 다만, 결혼수당 등으로서 단체협약·취업규칙·근로계약 등에 의하여 미리 지급조건이 명확히 정해진 것은 그러하지 아니하다. 이와같이 지급조건이 명확하여 근로자가 권리로서 청구할 수 있는 것은 임금에 해당된다. 그렇다면 징계해고시 퇴직금을 지급하지 아니하는 경우 이는 근기법

제95조의 감급의 제한 범위를 넘어, 임금을 몰수하는 결과가 되기 때문에 근기법 제20조(위약금의 금지) 및 제43조(임금전액 지급)의 원칙에 위배되는지의 문제가 발생한다. 이 점에 관하여 과거에 퇴직금은 임금에 해당하지만 그 발생 요건이 통상의 임금과는 다르며 공로보상적인 것과 임금후불적인 것이 혼재되어 관행적으로 발생하여 내려온 것으로 징계해고인 경우에는 퇴직금의 청구권의 발생요건을 결하는 것(즉, 징계해고가 되었을 경우에는 "퇴직금을 주십시오"라는 청구권 자체가 발생하지 아니한다는 규정이며, 예를 들어 안전운전수당에서의 사고의 발생, 정·개근수당에서의 결근의 발생과 같은 것)으로 해석하여 위법이 되지 아니한다는 견해가 있었다. 그러나 퇴직금의 임금 후불적인 성격을 부정할 수 없으므로 아무리 징계해고의 경우라 하더라도 법정 퇴직금은 전액 지급해야 한다(대법 2002.9.6, 2002다29442 ; 대법 1995.10.12, 94다36186).

8 근기법상 '임금'과 소득세법상 '근로소득'의 차이는 무엇인가

근기법상의 임금은 실물급여 등의 경제적 이익을 제외하고 근로자보호를 위하여 현금급여액만을 임금으로 파악하고 있는데 비하여, 소득세법상의 근로소득은 사용자로부터 노무의 대가로 지급되며 과세대상소득으로서의 경제적 이익으로 파악할 수 있는 것을 근로소득으로 평가하여 적정한 과세를 함을 목적으로 하고 있으므로 양자는 그 목적의 차이 및 실제상의 취급에 차이가 있음을 주의할 필요가 있다.

소득세법 제20조제1항 소정의 근로소득은 지급형태나 명칭을 불문하고 성질상 근로의 제공과 대가관계에 있는 일체의 경제적 이익을 포함할 뿐만 아니라, 직접적인 근로의 대가 외에도 근로를 전제로 그와 밀접히 관련되어 근로조건의 내용을 이루고 있는 급여도 포함된다 할 것이다(대법 2007.10.25, 2007두1415).

예를 들어, 근로자가 유급휴일에 근로를 제공함으로 인하여 통상임금에 가산하여 지급받는 연장근로수당·주휴수당 및 야간근로수당 등은 근기법상의 임금에 해당하나, 소득세법 제12조제4호거목 및 소득세법시행령 제17조에 의하여 월정액급여 210만원 이하인 근로자(일용근로자 포함)가 연장시간근로·야간근로 및 휴일근로로 인하여 통상임금에 가산하여 받는 급여 중 연 240만원 이내의 금액(광산근로자 및 일용근로자의 경우에는 당해 급여총액)의 범위 내에서는 비과세소득으로 인정된다는 것과 같이 차이가 있으므로 양자를 혼동하여서는 아니된다.

9 임금지급의 원칙과 예외

임금은 근로자의 유일한 생활자원이며, 더구나 근로한 후에 지급되는 후불(민법 제656조)적인 성격을 가지므로 임금이 지급되지 아니하면 근로자의 생활에 중대한 지장이 생긴다.

근기법은 임금의 지급에 관하여 「임금은 통화로 직접 근로자에게 그 전액을 지급하여야 한다(근기법 제43조제1항 본문)」, 「임금은 매월 1회 이상, 일정한 날짜를 정하여 지급하여야 한다(근기법 제43조제2항)」라고 규정하여 ① 통화지급, ② 직접지급, ③ 전액지급, ④ 매월 1회 이상 지급, ⑤ 일정기일지급의 다섯 가지 원칙과 그 예외를 정하고 있다. ④와 ⑤를 합하여 매월정기지급원칙이라고 하며 이 경우에는 임금지급 4가지 원칙이라고 한다. 임금을 지급할 때 임금명세서(임금의 구성항목 및 계산방법, 법령이나 단체협약에 따른 임금의 공제내역 등 기재)를 교부(서면이나 「전자문서법」에 따른 전자문서)해야 한다. 임금명세서가 교부되면 근로자는 임금의 세부내용을 확인할 수 있고, 임금을 둘러싼 노사간 분쟁을 예방할 수 있다.

1. 통화지급의 원칙 – 계좌지급의 예외

임금은 통화인 현금으로 지급하여야 하므로 수표나 현물로 지급함은 법령 또는 단체협약의 규정이 있는 경우를 제외하고는 위법이다. 통화지급의 원칙은 국내에서 강제 통용력이 있는 한국은행법에 의한 화폐로서 지급하는 것을 의미하고, 우편환제도는 이에 적합하지 않는 것이다(2008.10.6, 근로조건지도과-4262). 또한 임금의 일부를 통화가 아닌 쿠폰과 식사권으로 지급한 것은 통화지급원칙에 위반된다(춘천지법 2018.1.17, 2017고단979). 임금을 통화로 지급하도록 규정하고 있는 취지는 임금의 현물급여를 금지함으로써 실질임금의 확보를 보장하려는 것이며, 지방자치단체의 「조례」는 근기법 제43조제1항 단서에 따른 법령에 해당하지 않는다(법제처 2019.3.27, 안건번호 18-0687).

임금의 은행 등의 계좌지급도 현금지급은 아니므로 종래에는 위법으로서 금지되었다. 그러나 본인의 동의(형식은 불문하며 구좌지정서의 제출로도 할 수 있다)를 얻어 본인 명의의 계좌(배우자나 자녀명의는 불가)에 임금지급일에 인출할 수 있도록 실시하는 한 계좌불임금지급이 위법이 되지 아니한다. 따라서 급료지급 당일 마감시간에 은행에 납입하거나 다른 사람이나 가공의 명의에 입금하는 것은 위법이 된다. 또 휴일의 경우에 사전지급의 규정이 있으면 그에 따라야 함은 물론이다.

주휴 2일제의 토요일의 경우 회사는 휴일이지만 어떤 은행은 영업(C/D 등의 가동)을 하는 수도 있으므로(상가밀집지역시장) 토요일이 임금지급일인 경우 토요일에 지급되지 않으면 위법의 문제가 있으므로 그 취급은 노사가 자율적으로 정할 수 있도록 위임되어 있으며, 근기법은 특별히 관여하지 아니한다.

2. 직접지급의 원칙 – 대리수령의 금지

임금은 직접 근로자 본인에게 지급하여 생활을 보호하는데 그 취지가 있다. 그러므로 대리인, 동료·채권자 또는 건설현장 일용근로자의 임금을 용역회사인 제3자에게 위탁해 지급 대행하도록 하는 것은 인정되지 않는다(2012.9.27, 근로개선정책과-4850). 다만 본인의 지배 하에 있다고 인정되는 비서, 배우자, 자녀가 본인의 인감을 지참하여 본인 명의로 수령하였을 경우에는 본인의 대리인이 아니라 사자(使者)에게 지급한 것으로 직접지급의 원칙에 위배되지 않는다.

'사자(使者)'는 본인의 지배 하에 있으며 단순한 '심부름꾼'임이 외부적으로 명백하여 근로자 본인에게 직접 지급한 경우와 동일한 결과가 되나 대리인은 본인 대신에 행위하는 자이며 본인의 지배 하에 있다고 말할 수 없는 자를 가리킨다. 제3자인 동료나 채권자는 본인의 지배 하에 있는 자라고는 말할 수 없으므로 대리인이 된다.

미성년자인 근로자는 독자적으로 임금을 청구할 수 있으므로(근기법 제68조) 친권자 또는 후견인은 미성년자의 임금을 대리하여 청구할 수 없다. 미성년자에 대하여 직접지급 원칙의 적용을 명시하고 있다.

3. 전액지급의 원칙과 그 예외

(1) 전액지급의 원칙

근기법 제43조제1항 본문에서 "임금은 통화로 직접 근로자에게 그 전액을 지급하여야 한다"라고 규정하여 이른바 임금 전액지급의 원칙을 선언한 취지는 사용자가 일방적으로 임금을 공제하는 것을 금지하여 근로자에게 임금 전액을 확실하게 지급받게 함으로써 근로자의 경제생활을 위협하는 일이 없도록 보호하려는데 있다(대법 2022.12.1, 2022다219540 · 219557 ; 대법 2015.6.24, 2013다22195 ; 대법

2001.10.23, 2001다25184).

전액지급의 원칙은 전차금・위약금과의 상계 또는 저축강제를 금지하고 나아가서는 근로자의 인신구속의 폐단을 없애며, 구매조합 또는 공제조합 등에 대한 근로자의 채무를 사용자가 공제하는 것을 금지하려는 것이다. 그리고 근로자에 대한 임금은 직접 근로자에게 전액을 지급하여야 하므로 초과지급된 임금의 반환채권을 제외하고는 사용자가 근로자에 대하여 가지는 대출금이나 불법행위를 원인으로 한 채권으로써 근로자의 임금채권과 상계를 하지 못한다(대법 2022.5.26, 2022도2188). 임금은 전액을 지급하여야 하지만 세금이나 국민건강보험료 등 법령으로 규정된 것은 사용자에게 원천징수의무가 있으므로 공제하는 것이 가능하다.

근로자에 대한 채권확보를 위한 수단으로 민사집행법 제246조제1항제4호 및 제5호 규정에 따라 근로자의 임금채권에 대하여 압류를 하였을 때에 압류된 임금을 지급하지 않는 것까지 금지하는 것은 아니다(1997.3.29, 임금 68207-184).

(2) 예 외

임금의 일부를 공제할 수 있는 경우는 원칙적으로 근기법 제43조제1항 단서에서와 같이 「법령 또는 단체협약에 특별한 규정이 있는 경우」로 국한된다.

그 예외의 경우를 넓게 인정하게 되면 임금을 생계수단으로 하는 근로자의 생활안정을 저해할 우려가 있으므로 그에 해당하는지 여부는 엄격하게 판단하여야 한다. 위와 같은 근기법 제43조의 규정 형식이나 취지, 그 법적 성격 등에 비추어 보면, 취업규칙이나 근로계약에 임금의 일부를 공제할 수 있는 근거를 마련하였다고 하더라도 그 효력이 없다(대법 2022.12.1, 2022다219540・219557).

① 법령에 의한 공제

법령에 의하여 공제가 인정되는 것에는 근로소득세(소득세법 제43조제1항제3호), 주민세, 보험료(국민건강보험법 제67조~제68조, 국민연금법 제77조, 선원보험법 제62조) 등이 있다. 근기법 제43조제1항 단서에서 임금의 일부를 공제하거나 통화 이외의 것으로 지급할 수 있는 근거로 법령을 명시한 것은 임금의 지급과 관련하여 통화지급이라는 전국적으로 통일적이고 일관된 원칙이 정해져 있음을 전제로 그 예외를 적용하기 위해서는 전국의 근로자에게 동일한 효력이 미치는 법령의 형식으로 근거를 마련하도록 하려는 취지로 보아야 한다. 지방자치단체의 조례는 해당 관할구역에 한정해 효력이 발생하기 때문에 근기법 제43조제1항 단서에 따른 법령에 해당하지 아니한다(법제처 2019.3.27, 안건번호-0687).

② **단체협약에 의한 공제**

법령으로 규정되어 있지 아니하는 사항일지라도, 단체협약에 의하여 '임금공제협정'을 서면으로 체결하는 경우 규정된 현금에 해당하는 것, 예를 들어 조합비, 급식권대, 매점으로부터의 구입대금 등을 공제하는 경우에는 적법이다. 또한 전액지급의 원칙은 임금채권을 수동채권으로 하는 상계를 원칙적으로 금지하는 취지를 포함하고 있다. 사용자가 지급하여야 할 임금, 퇴직금은 근로자에게 직접 그 전액이 지급되어야 하므로(근기법 제43조), 사용자는 근로자의 임금·퇴직금 채권에 대하여 그가 근로자에 대하여 대출금이나 불법행위를 원인으로 한 손해배상청구권을 가지고 상계할 수 없다(대법 1999.7.13, 99도2168).

(3) 조합비 공제협정의 유효 여부

조합비 공제협정이란 노동조합이 당해 조합원으로부터 징수할 조합비, 기타 의무금의 징수사무를 사용자에게 위탁하고 사용자가 조합원인 근로자에게 지급할 임금에서 위 조합비 등을 공제하여 이를 일괄적으로 노동조합에 인계할 것을 내용으로 하는 사용자와 노동조합간의 협정을 말한다.

조합비 공제(check-off)협정은 무엇보다도 먼저 노동조합의 존재를 전제로 한다. 노동조합이 아닌 공제회, 협회 기타 단체의 납부금에 대한 공제는 여기에 해당되지 않는다. 조합비 이외의 의무금이란 조합이 조합원의 후생, 공제사업을 위하여 부과하는 것이나 쟁의기금을 위한 일시적인 부담금 등을 말한다.

조합비 공제조항은 근기법 제43조제1항 단서에 근거를 둔 단체협약의 특별규정의 일종이라 할 수 있다. 그러므로 임금의 공제를 취업규칙이나 조합규약에 의하거나 개개 근로계약에 의하여 행할 수는 없다. 단체협약에 조합비 일괄공제제도가 규정되어 있고 노조규약에 근거가 있거나 총회(대의원회)의 의결이 있는 경우에는 개별조합원이 거부하더라도 공제는 가능하다(2004.4.10, 임금정책과-1249).

(4) 상계가 허용되는 경우

근로자에 대하여 사용자가 가지고 있는 채권을 자동채권으로 하여 근로자의 임금채권과 상계하는 것이 허용되는 것인가와 상계의 방법 중 조정적 상계의 경우나 합의에 의한 상계는 어떻게 처리할 수 있느냐의 판례법리에 관한 문제이다.

① **조정적 상계가 허용되는 경우**

근기법 제43조제1항 본문에 의하면 임금은 통화로 직접 근로자에게 그 전액을 지급하여야 하므로 사용자가 근로자에 대하여 가지는 채권으로써 근로자의 임금채권과 상계를 하지 못하는 것이 원칙이다. 상계금지는 경제적·사회적 종속관계에 있는 근로자를 보호하기 위한 것인바, 근로자가 받을 퇴직금도 임금의 성질을 가지므로 역시 마찬가지이다(대법 2011.9.8, 2011다22061). 다만, 계산의 착오 등으로 임금을 초과 지급한 경우에, 근로자가 퇴직 후 그 재직 중 받지 못한 임금이나 퇴직금을 청구하거나, 근로자가 비록 재직 중에 임금을 청구하더라도 위 초과 지급한 시기와 상계권 행사의 시기가 임금의 정산, 조정의 실질을 잃지 않을 만큼 근접하여 있고 나아가 사용자가 상계의 금액과 방법을 미리 예고하는 등으로 근로자의 경제생활의 안정을 해할 염려가 없는 때에는, 사용자는 위 초과 지급한 임금의 부당이득 반환청구권을 자동채권으로 하여 근로자의 임금채권이나 퇴직금채권과 상계할 수 있다(대법 1993.12.28, 93다38529 ; 대법[전원합의체] 2010.5.20, 2007다90760).

그 이유로서 제시하는 것은 임금 과다지급의 불가피성(지각, 결근 등의 감액 사유가 임금지급일에 근접해서 생긴 때에는 감액 곤란에 따라 임금 과다지급이 생긴다. 또 임금계산상의 과오, 계산착오도 피할 수 없다) 및 임금과 관계없는 다른 채권을 자동채권으로 하는 경우와는 취지를 달리한다는 것(실질적으로 본다면 본래 지급하여야 할 임금은 그 전액의 지급을 받은 것이 된다) 등의 2가지 점이다. 과불임금의 정산은 임금 그 자체의 계산에 의한 것이므로 전액지급 원칙의 위반으로 볼 수 없기 때문이다.

② **합의상계가 허용되는 경우**

㈎ 합의상계란 사용자와 근로자의 합의에 의하여 임금을 상계하는 것을 말한다. 사용자가 근로자에 대하여 가지는 채권을 가지고 일방적으로 근로자의 임금채권을 상계하는 것은 금지된다고 할 것이지만, 사용자가 근로자의 동의를 얻어 근로자의 임금채권에 대하여 상계하는 경우에 그 동의가 근로사의 자유로운 의사에 터잡아 이루어진 것이라고 인정할 만한 합리적인 이유가 객관적으로 존재하는 때에는 퇴직급여에서 공제하고 지급할 수 있다. 다만 임금 전액지급의 원칙에 비추어 볼 때 그 동의가 근로자의 자유로운 의사에 기한 것이라는 판단은 엄격하고 신중하게 이루어져야 한다고 할 것이다(대법 2001.10.23, 2001다

25184 ; 2014.11.17, 근로복지과-4289 ; 2013.11.22, 근로개선정책과-7106). 따라서 근로자의 자유로운 의사에 따른 것임을 확인할 수 있도록 임금공제 동의서를 받을 때에는 '공제사유, 공제금액, 공제일 등'을 구체적으로 명시하여 동의를 받을 필요가 있다.

실제상으로는 근로자의 횡령금 반환과 주택 론(loan)의 변제 등을 둘러싸고 합의상계의 수단으로 이용되는 경우가 많다. 이 판례와 행정해석은 상계에 대한 근로자의 유효한 동의 여부가 판단기준임을 제시하고 있다.

㈏ 근로자의 자유의사에 의한 동의에 관한 판단에 있어서는 근로자의 동의에 이르게 된 경위, 동의의 형태(사용자에 의한 강요의 유무), 상계채무 및 반대채무의 성질(근로자의 이익이 되는지 유무 예컨대 퇴직금의 상계가 금융기관의 차입금의 변제사무의 간소화를 위한 경우), 동의의 시기, 상계액의 금액 등을 종합하여 자유의사의 유무가 판단되어야 할 것이다.

③ 근로자가 회사에 대출채무가 있는 경우

㈎ 쟁점사항 : 근로자가 회사에 근로자가 회사에 대출금이 있다고 하더라도 단체협약의 규정 또는 개별 근로자의 동의가 없다면 대출금을 임금에서 공제할 수 없다(대법 2003.6.27, 2003다7623). 실제 사례는 대출 실행시점에 대출원금과 이자를 월급여에서 분할하여 상환하도록 공제동의를 받는 경우가 많아서 재직 중에는 문제가 되지 않으나, 퇴직 시점에 대출금이 남아있는 경우 퇴직금에서 공제할 수 있는지 여부가 쟁점이 될 수 있다.

㈏ 개정근퇴법 시행 전후의 처리 방법에 관한 행정해석 : 퇴직금에서 대출금을 공제할 수 있는지는 퇴직금도 개인형퇴직연금제도의 계정(IRP)으로 이전하는 방법으로 지급해야 한다는 근퇴법 개정법 시행(시행일 2022.4.14) 이전과 이후로 나눠서 살펴볼 수 있다.

근퇴법 개정 전에는 재직 중 퇴직금청구권을 포기하는 것은 불가능 하지만 퇴직 후 더 이상 근로계약관계에 있지 않은 상황에서 퇴직시 발생하는 퇴직금청구권을 포기하는 것, 즉 퇴직금 전액을 회사의 대출채권과 상계하는 것은 가능하다는 입장이었다(대법 2018.7.12, 2018다21821). 그러나 근퇴법 개정 이후 행정해석(2022.4.28, 퇴직연금복지과-1808)은 사용자가 직접 근로자의 개인형퇴직연금제도의 계정(IRP)으로 이전하는 퇴직급여도 퇴직연금제도의 급여를 받을 권리를 현실적으로 발생시키는 수단이라는 점도 고려한다면 근로자의 의사에 따른 동의가 있는 경우라 하더라도 퇴직급여의 공제 또는 상계는 제한되는 것이 타당하다고 해석하고 있다. 개정근퇴법 시행 이후에는 근로자의 자유로운 의사에 따른 동의가 있는 경우라 하더라도 퇴직금 전액을 개인형퇴직연금제도 계정(IRP)으로 이전해야 함에 유의할 필요가 있다.

4. 매월 지급의 원칙 – 임시임금의 예외

근기법은 제43조제2항 본문에서 임금은 매월 1회 이상 일정한 날짜를 정하여 지급하여야 한다고 하여 매월 1회 이상 정기지급의 원칙을 규정하고 있는데 동규정은 예외가 인정되어 있다. 동규정의 취지는 근로자의 생활보장을 위하여 근로자들이 매월 지출해야 하는 생활비·학자금·주택구입비 등이 제때에 지급될 수 있도록 하기 위한 것이며 연봉제라고 해서 동규정의 예외가 될 수는 없다.

임금은 매월 1회 이상 지급하여야 하며 연봉계약일 때도 선지급이 아닌 한 매월에 분할지급해야 한다. 연봉제를 실시할 때 연봉액을 최소한 12로 나눈 금액으로 월 1회 이상 일정한 기일에 근로자에게 지급되어야 한다.

연봉을 분할하여 1/12 또는 1/16, 1/18, 1/20 등으로 매월 정기 지급하는 경우에는 법 위반의 문제는 발생하지 아니하나, 매월 1회 이상 지급하지 않고 6분의 1이나 10분의 1로 나누어 1월을 초과하여 지급하는 경우는 근기법 위반의 문제가 발생한다. 다만, 상여나 임시의 임금에는 적용이 없다.

5. 정기지급의 원칙 – 사전지급의 예외

(1) 정기지급의 원칙

근기법 제43조제2항의 '임금의 일정기일 지급의 원칙'은 사용자로 하여금 매월 일정하게 정해진 날짜에 근로의 대가를 근로자에게 어김없이 지급하게 강제함으로써 근로자의 생활안정을 도모하려는 데에 입법취지가 있다. 이는 사용자가 임금을 부정기적으로 지급하거나 장기간동안 지급하지 아니하는 경우 근로사가 생활 영위에 필요한 임금을 충분히 확보할 수 없기 때문에 이를 방지하여 근로자의 생활안정을 도모하기 위한 것이다(대법 2017.7.11, 2013도7896 ; 대법 2013.11.28, 2013도1959)

사용자가 임금의 지급기일에 임금 전액을 지급하지 않으면 법규정을 위반한 범죄가 성립한다(대법 2003.4.11, 2002도4323). 사용자가 단 하루라도 임금을 체납했다면 근기법 위반이다.

여러 명의 근로자에 대하여 임금을 체불한 경우 정기일지급 위반의 죄가 각 지급기마다 그리고 각 근로자마다 1죄가 성립하고 이들이 상상적 경합관계이 있는지 아니면 각 지급기마다 포괄적으로 1죄가 성립되는지에 관하여 판례는 그 범의가 하나라고 인정하기 어려운 경우에는 해당 근로자 각자에 대하여 범의가 있어 수죄가 성립된다고 한다(대법 1995.4.14, 94도1724). 고용노동부장관은 일정한 조건 아래서 임금을 체불한 사업주(법인인 경우에는 그 대표자 포함)의 명단을 공개하거나 종합신용정보집중기관에 임금체불자료를 제공할 수 있다(근기법 제43조의2, 제43조의3). 형사처벌만으로는 임금 체불의 예방에 한계가 있어 상습적 임금 체불사업주의 명예나 신용을 위협하는 방법으로 임금 체불 예방을 강화하려는 것이다. 한편, 체불된 임금에 대하여 다른 법률의 규정이나 당사자의 약정이 없으면 근로자는 사용자의 채무불이행에 대하여 연 5%의 지연이자(민법 제379조)를 청구할 수 있다.

임금은 매월 일정한 날짜에 지급하여야 하는데 앞당겨 지급하거나 1회 지급을 2회에 걸쳐 앞당겨 분할함은 임시적인 것이라면 무방하다.

(2) 예 외

임시로 지급되는 임금에 대해서는 정기지급 원칙의 예외로 인정된다. 여기서 '임시로 지급되는 임금·수당, 그 밖에 이에 준하는 것'이란 예컨대 결혼수당, 병위문금, 상여금, 퇴직금과 같이 지급사유는 확정되었지만 지급날짜를 확정할 수 없는 임금을 말하며, 대통령령으로 정하는 아래의 임금은 정기지급 원칙의 적용을 받지 아니한다(근기법시행령 제23조).

① 1개월을 초과하는 기간의 출근 성적에 따라 지급하는 정근수당

② 1개월을 초과하는 일정 기간을 계속하여 근무한 경우에 지급되는 근속수당

③ 1개월을 초과하는 기간에 걸친 사유에 따라 산정되는 장려금·능률수당 또는 상여금

④ 그 밖에 부정기적으로 지급되는 모든 수당

10 임금의 비상시 지급

1. 비상시 지급의 범위 및 취지

사용자는 근로자가 본인, 그 가족 등의 출산·질병·재해 그 밖에 대통령령으로 정한 비상한 경우의 비용에 충당하기 위하여 임금 지급을 청구하면 지급기일 전이라도 「이미 제공한 근로에 대한 임금」을 지급하여야 한다(근기법 제45조). 이 경우의 임금액의 계산은 일할 계산한다. 근로자로부터의 청구가 이미 제공한 근로에 대하여 임금의 일부인 경우에는 근로자의 청구범위로 지급하면 된다. 상여에 관하여서도 산정대상기간을 근무하여 금액 등이 확정되어 있으면 임금으로서 이 원칙의 적용을 받는다. 비상시 지급의 취지는 근로자의 급박한 경비지출의 필요에 대응하도록 하기 위한 것이다. 이것은 민법의 후불의 원칙의 예외이며, 장래의 몫의 가불까지 요청하는 것은 아니다.

2. 비상시 지급사유

「그 밖에 대통령령으로 정한 비상(非常)한 경우」란 근로자나 그의 수입으로 생활을 유지하는 자가 다음 어느 하나에 해당하게 된 경우를 말한다(동법시행령 제25조).

- 출산하거나 질병에 걸리거나 재해를 당한 경우
- 혼인 또는 사망한 경우
- 부득이한 사유로 1주 이상 귀향하게 되는 경우

3. 비상시 지급시기

비상시 지급의 임금은 청구가 있을 때 며칠 이내에 지급해야 하는가에 있어서 규정이 없다. 다만, 비상시 지급의 성질상 당연히 청구의 취지에 따라 지체없이 지급하여야 한다. 근기법 제45조를 위반한 자는 1천만원 이하의 벌금에 처한다(근기법 제113조).

11 직접지급의 원칙과 임금채권의 양도

> **[실무사례]**
> 근기법이 적용되는 사업장에 근무하는 근로자 甲은 사용자 乙로부터 지급받게 될 6개월분의 임금에 대한 청구권을 자신의 채권자 丙에게 양도하였으며, 이를 乙에게 내용증명으로 통지하여 乙은 이를 수령하였다. 丙이 양도받은 채권에 대하여 그 지급을 청구하면 乙은 지급할 의무가 있는지를 설명하시오.

1. 임금채권의 양도

근로자로부터 임금채권을 양도받은 양수인이 사용자에게 직접 임금지급을 청구할 수 있느냐, 임금채권의 양도가 과연 허용될 수 있느냐가 문제가 된다. 당초 판례(대법 1959.12.17, 4292민상814)에 의하면「근기법 제43조의 입법취지는 임금을 대리인에게 지급하는 것을 금지하거나 임금채권의 양도를 금지한 것이라고는 할 수 없다」라고 하였으나, 그 후 판례(대법[전원합의체] 1988.12.13, 87다카2803)는「임금채권을 양도한 경우라 할지라도 그 임금의 지급에 관하여는 임금지급원칙이 적용되어 사용자는 근로자에게 임금을 직접 지급하지 않으면 안 되는 것이고, 그 결과 비록 양수인이라고 할지라도 스스로 사용자에 대하여 임금의 지급을 청구할 수는 없다」라고 하였다. 그러한 법리는 근로자로부터 임금채권을 양도받았거나 그의 추심을 위임받은 자가 사용자의 집행재산에 대하여 배당을 요구하는 경우에도 그대로 적용된다(대법 1996.3.22, 95다2630).

이와 같은 판례의 태도가 타당하다고 생각된다. 왜냐하면 법정대리인 또는 임의대리인에게 근로자의 임금을 지급할 수 있도록 한다면 직접지급의 원칙은 부정되며, 또 임금채권의 양도의 경우에도 임금의 수령권 자체는 근로자에게 유보되지 않으면 안되기 때문이다.

임금채권 양도의 경우 근로자에게 임금의 수령권을 인정하지 않는다면 동조항의 취지를 살릴 수 없을 것이다. 그러므로 임금채권의 압류(민사집행법 제246조제1항제4호 및 제5호)의 경우를 제외하고는 임금채권을 제3자에게 양도한 경우라도 임금은 근로자에게 지급해야 한다. 이때 근로자는 양수인의 대리인 지위에 서게 된다고 할 것이다.

2. 임금지급에 갈음한 채권양도의 효력

사용자가 근로자의 임금 지급에 갈음하여 사용자가 제3자에 대하여 가지는 채권을 근로자에게 양도하기로 하는 약정은 근기법 제43조제1항 위반으로 그 전부가 무효임이 원칙이다. 다만, 당사자 쌍방이 위와 같은 무효를 알았더라면 임금의 지급에 갈음하는 것이 아니라 그 지급을 위하여 채권을 양도하는 것을 의욕 하였으리라고 인정될 때에는 무효행위 전환의 법리(민법 제138조)에 따라 그 채권양도 약정은 「임금의 지급을 위하여 한 것」으로서 효력을 가질 수 있다(대법 2012.3.29, 2011다101308). 이 판례는 「임금채권양도의 법률적 효력 여부」가 문제된 것이 아니라 「임금지급방법으로서의 채권양도가 유효한지 여부」가 문제된 것으로서 종전 사안과는 그 내용을 달리한 것이다.

3. 실무사례 해설

임금채권의 양도가 근기법 제43조의 임금의 직접지급원칙의 위반 여부이다.

따라서 실무사례의 경우, 상기 판례(대법 1996.3.22, 95다2630) 및 근기법 제43조 규정의 취지 및 내용 등에 비추어볼 때, 근로자 甲이 임금채권을 자신의 채권자인 丙에게 양도하는 것은 가능하나, 丙이 근로자 甲의 임금채권을 사용자 乙에게 청구하더라도 근기법 제43조의 임금의 직접지급 원칙에 따라 사용자 乙은 丙에게 지급할 의무가 없다.

12 무노동무임금(no work no pay) 원칙이란 무엇인가

1. 무노동무임금의 원칙

근로계약은 노무의 제공에 대하여 임금을 지급한다고 하는 유상, 쌍무계약이다(근기법 제2조제1항제4호). 노무의 제공이 없는 이상 임금청구권은 발생하지 아니함이 원칙이며, 이것을 '무노동무임금 원칙'이라고 한다.

근로계약에서 근로하도록 규정되어 있는 날인 소정근로일에 결근·지각·조퇴 등으로 근로를 하지 못하였을 때는 일반적으로 근로자의 사정에 의한 근로계약의 불이행에 해당되므로, 근로의 대가인 임금의 청구권이 발생하지 아니하며 사용자의 지급의무도 없다. 즉, 근로자가 지각·조퇴·사용외출 등으로 인하여 제공하여야 할 노무를 제공하지 아니하였던 시간이 있을 경우에 그 시간에 비례하여 임금을 감액함은 '무노동·무임금 원칙'에서 볼 때 적법하다.

2. 채무자위험부담주의

근로자의 책임이 없는 교통사고 또는 천재지변으로 출근할 수 없는 경우에도 무노동무임금의 원칙이 적용되어야 하는지는 문제가 될 수 있다.

근로자나 사용자에게 책임이 없는 불가항력에 의한 계약이행 불능의 경우의 임금에 관하여서도 민법 제537조의 위험부담의 원리에 따라야 한다. 즉, 불가항력적인 경우에는 그 부담은 '채무자부담'의 원칙에 따라 노무제공의 채무를 지는 근로자가 부담하게 되어 임금지급은 받지 못하게 된다.

쌍무계약의 당사자 일방의 채무가 당사자 쌍방의 책임없는 사유로 이행할 수 없게 될 때에는 채무자는 상대방의 이행을 청구하지 못한다(민법 제537조)는 것을 채무자위험부담주의라 한다. 그러나 사용자가 임금지급을 보장한다는 취지의 특별한 약정이 있다면 이에 따라야 한다.

3. 파업·태업기간 중의 임금지급에 관한 노조법 제44조와 판례의 태도

(1) 노조법 제44조의 규정내용

노조법 제44조에 의하면 「① 사용자는 쟁의행위에 참가하여 근로를 제공하지 아니한 근로자에 대하여는 그 기간 중의 임금을 지급할 의무가 없다. ② 노동조합은 쟁의행위기간에 대한 임금의 지급을 요구하여 이를 관철할 목적으로 쟁의행위를 하여서는 아니된다」라고 규정하고 동법 제44조제2항의 규정에 위반한 자는 2년 이하의 징역 또는 2천만원 이하의 벌금에 처한다(동법 제90조).

(2) 파업 및 태업에 대한 판례의 태도

① 파업의 경우 : 파업이란 다수의 근로자가 조직적인 방법으로, 그리고 공동으로 노무를 거부하는 쟁의행위를 말한다. 판례(대법[전원합의체] 1995.12.21, 94다26721)는 「쟁의행위시의 임금지급에 관하여 근로자의 근로제공의무 등의 주된 권리·의무가 정지되어 근로자가 근로제공을 하지 아니한 쟁의행위기간 동안에는 근로제공의무와 대가관계에 있는 근로자의 주된 권리로서의 임금청구권은 발생하지 않는다고 하여야 할 것이고 그 지급청구권이 발생하지 아니하는 임금

의 범위가 임금 중 이른바 교환적 부분에 국한된다고 할 수 없다」고 판시하였다. 임금의 법적 성질에 관하여 종전 판례(대법 1992.6.23, 92다11466 ; 대법 1992.3.27, 91다36307)는 임금2분설(교환적 임금과 생활보장적 임금)을 채택했으나 그 후 판례(대법[전원합의체] 1995.12.21, 94다26721)는 법률상 임금이 근로의 대가로 규정되어 있는 이상, 어떤 명목의 임금이든 모두 근로제공의 대가이며, 근로제공과 무관하게 근로자의 지위에 근거하여 지급되는 생활보장적 임금이란 있을 수 없다고 하여 종전의 임금2분설에서 임금일체설로 입장을 변경한 것이다.

② 태업의 경우 : 태업이란 근로를 불완전하게 제공하는 형태의 쟁의행위이다. 파업과 마찬가지로 태업에도 무노동·무임금 원칙이 적용되고, 근로자는 태업 기간에 상응하는 유급휴일에 대한 임금의 지급을 청구할 수 없다(대법 2013.11.28, 2011다41741). 이 판례는 태업의 경우 임금감액의 수준은 사용자가 각 근로자별로 측정된 태업시간 전부를 비율적으로 계산하여 임금에서 공제한 것은 정당하다. 이 판례는 태업의 경우 무노동에 대응하는 임금감액의 산정기준이나 방법을 제시한 것으로 의미가 있다. 또 노동조합 전임자에게 급여를 전액 지급하지 않는 것은 정당하다. 감액 수준은 전체 조합원들의 평균 태업시간을 기준으로 상정함이 타당하다.

13 완전도급제 임금은 위법인가

1. 도급제에 있어서의 임금보장

근기법 제47조는 「사용자는 도급이나 그 밖에 이에 준하는 제도로 사용하는 근로자에게 근로시간에 따라 일정액의 임금을 보장하여야 한다」라고 규정한다.

도급제 임금지급이란 근로자가 제조한 물건의 양·가격과 매출액 등에 상응한 일정비율로 금액을 결정하는 임금제도를 말한다. 이 경우 근로자가 장시간 근로하여도 제조량이나 매출액 등에 따라 임금이 현저하게 저하하게 되므로 일정액을 보장하도록 하는 것이 그 취지이다.

연간 노동을 미리 정한 목표에 비추어 평가하는 연봉제는 이 도급제에는 해당하지 않는다. 이것은 임금의 전부 또는 일부가 도급 또는 이에 준하는 제도로 지급되는 경우에 원료·자재의 구입, 기타 원래 사용자의 책임하에 처리되어야 할 사정으로 인하여 근로자의 대기시간이 길어지는 것에 대비하기 위한 것이다. 즉, 도급급에 의한 임금의 규정방법 자체를 금지하는 것은 아니지만, 완전도급급으로서 보장급을 설정하지 아니하는 규정방법은 위법으로서 금지되는 것이다. 이 규정은 도급제하에 있는 근로자의 실제 임금이 손님부족(택시의 경우 등)과 원료의 불량 등 근로자의 책임으로 돌릴 수 없는 사유에 의해 현저하게 저하되는 것을 방지하기 위한 것이다.

따라서 위의 규정이 요청하는 보장급은 통상 실제 임금과 그다지 차이가 나지 않는 정도의 수입을 보장하도록 그 금액을 정해야 한다고 보고 있다.

2. 도급제 사원이 근로자인지의 여부에 관한 판단기준

(1) 도급제 근로자로 인정되지 않는 경우

甲 주식회사에서 도급제 사원으로서 근무한 乙, 丙이 근기법상 근로자에 해당하는지 문제된 사안이다. 판례(대법 2012.1.12, 2010다50601 ; 대법 2016.3.24, 2011다1880)는 회사가 납품기한에 따른 작업 물량의 독촉이나 도급제 사원이 작업한 제품에 대한 품질검사 이외에 도급제 사원의 업무수행에 관하여 구체적인 지시를 하거나 개별적으로 감독한 적이 없는 점 등을 종합하여 보면 乙, 丙이 甲 회사의 근로자라고 하기는 어렵다」고 본 원심판단을 수긍한 사건이다.

(2) 도급제근로자로 인정된 경우

의류제조업체에서 작업한 물량만큼 임금을 지급받는 자들이 근기법 제47조의 근로자에 해당하는지 여부이다. 판례(대법 2009.10.29, 2009다51417)는 의류제조업을 영위하는 甲의 사업장에서 별도의 사업자등록을 하고 의류제조공정 중 봉제업무를 수행하고 기본급 없이 작업량에 따른 성과급만을 지급받은 乙이 근기법상의 근로자에 해당한다고 한다. 이 사건에서 대법원은 乙이 다른 일반직원들에게 적용되는 취업규칙 '복무(인사)규정' 징계규정 등의 적용을 받지 않고 보수에 기본급이나 고정급이 없이 그 작업량에 따른 성과급만을 지급받았으며 부가가치세법상 사업자등록을 함으로써 근로소득세가 아닌 사업소득세를 납부하였고, 산업재해보상보험, 고용보험 등 이른바 4대보험에 가입되어 있지 않은 사정 등이 있으나 이러한 사정들은 사용자인 甲이 경제적으로 우월한 지위에서 사실상 임의로 정할 수 있는 사정에 불과하여 乙의 근로자성을 뒤집는 사정이라고 보기 어렵다고 판단하였다.

3. 도급제에 있어서의 보장급의 범위

보장급의 범위는 몇 할이 아니면 안된다는 명백한 규정은 되어 있지 아니하지만, 본조의 취지상 일반근로자의 임금에 너무 동떨어지지 않는 정도의 수입이 보장될 수 있도록 일정액의 임금을 보장해야 한다. 보장급제도의 취지가 통상의 실제 임금의 유지에 있으므로, 이때에 구체적인 계수(計數)상의 문제는 근로계약·취업규칙 또는 단체협약 등의 규정에 의한 기초임금률 등의 임금체계에 따르면 될 것이다. 그러나 이러한 기준이 없는 경우에는 근로자의 통상적 상황에 있어서의 평균임금액을 기준으로 하면 될 것이다. 도급근로자에 대해서 보장해야 할 임금액은 최소한 최저임금액을 넘지 않으면 동조 위반이라고 할 것이다. 또한, 이 보장급은 근로자가 실제로 출근하여 근로한 대가로 보장되는 것이지 출근하지 아니한 날에 대한 '생활보장'을 의미하는 것은 아니다.

14 정기승급과 베이스업은 반드시 하여야 하는가

1. 정기승급과 베이스업은 의무화되어 있는가

베이스업은 임금체계 내지 임금수준 자체의 문제인데 비해 정기승급은 임금체계 내부의 적용문제로서 법적으로 양자는 다르지만, 많은 기업에서 양자는 일체화하여 사용하고 있다.

정기승급이나 베이스업이 법률상 의무화되는 것은 취업규칙이나 단체협약에 구체적으로 규정된 경우(인상금액이나 율 등의 기준을 설정하고 있을 때)이므로 단순히 "매년 4월 1일에 정기적으로 승급시킨다"라고 되어 있을 경우에는 추상적인 의무에 그치며(정기승급의무는 있지만 금액을 사용자가 결정하지 아니하는 한 청구권이 발생하지 아니한다), "정기적으로 승급시키는 경우가 있다"라고 규정하는 데 불과할 경우에는 노력규정이므로 추상적인 의무도 없다. 이 경우에는 베이스업의 동결도 있을 수 있다.

2. 사용자의 일방적인 정기 호봉승급 동결이 임금체불인지 여부

정기 호봉승급을 동결한 경우 임금체불에 해당하는지 여부는 근로계약, 취업규칙, 단체협약 등에서 정한 바에 따라 사용자에게 지급의무가 부과되어 있는지, 그러한 정기 호봉승급이 임금지급과 관련하여 관행이 형성된 것인지 여부 등을 종합적으로 고려하여 판단하여야 한다. 다만, 당해 기본급의 임금체계 변경내용만으로 유・불리 여부를 판단할 것은 아니고, 기본급의 임금체계를 변경함과 동시에 임금수준 등 여타 내용이 변경되었는지 여부를 확인하여 전체적으로 볼 때 유리한지 불리한지 여부를 판단하여야 한다. 예를 들면 기본급을 '실제근무일수×일당단가'로 변경하면서 임금인상을 실시하여 기본급의 변동 전과 후를 비교할 때 임금총액이 상향되었다면 불리한 변경이 아니지만, 임금총액이 하향되었다면 불리한 변경이라고 판단된다(2000.9.18, 근기 68207-2842).

15 휴업수당

1. 휴업수당의 의의와 그 취지

휴업수당이란 사용자의 귀책사유로 휴업하는 경우에 사용자가 그 휴업기간 중 해당 근로자에게 평균임금의 100분의 70 이상의 수당을 지급하여야 하는데 그 수당을 말한다(근기법 제46조).

휴업수당제도의 취지는 사용자의 귀책사유로 인하여 근로자가 근로를 제공하지 못함으로써 임금을 받지 못하는 경우, 임금상실의 위험으로부터 근로자의 생활을 보호하기 위하여 휴업으로 인한 위험을 사용자가 평균임금의 100분의 70 이상(또는 휴업기간 중 통상임금)을 부담토록 한 것이다(중노위 2018.8.10, 중앙2018휴업1 ; 2007.3.15, 임금근로시간정책팀-963 ; 2000.2.28, 근기 68207-598).

> **근기법 제46조 【휴업수당】** ① 사용자의 귀책사유로 휴업하는 경우에 사용자는 휴업기간 동안 그 근로자에게 평균임금의 100분의 70 이상의 수당을 지급하여야 한다. 다만, 평균임금의 100분의 70에 해당하는 금액이 통상임금을 초과하는 경우에는 통상임금을 휴업수당으로 지급할 수 있다.
> ② 제1항에도 불구하고 부득이한 사유로 사업을 계속하는 것이 불가능하여 노동위원회의 승인을 받은 경우에는 제1항의 기준에 못미치는 휴업수당을 지급할 수 있다.

2. 휴업의 의의와 범위

(1) 휴업의 의의

휴업이란 근로자가 근로계약에 따라 근로를 제공할 의사가 있음에도 불구하고 그 의사에 반하여 근로를 제공하지 못하게 된 때를 말하고 휴업기간에 수당 등을 지급하여 근로자를 보호하기 위한 것이다(대법 2019.9.10, 2019도9604 ; 대법 2013.10.11, 2012다12870).

(2) 휴업의 범위

근기법 제46조제1항에서 정하는 '휴업'에는 개개의 근로자가 근로계약에 따라 근로를 제공할 의사가 있음에도 불구하고 그 의사에 반하여 취업이 거부되거나 또는 불가능하게 된 경우도 포함되므로, 이는 '휴직'을 포함하는 광의의 개념이다(대법 2013.10.11, 2012다12870). 사용자의 귀책사유로 인한 휴업에는 사용자가 기업의 경영자로서 불가항력이라고 주장할 수 없는 모든 사유로 인한 휴업을 포함한다(대법 2019.9.10, 2019도9604).

(3) 근기법 제46조의 휴업조치와 동법 제23조 휴직과의 관계

사용자가 자신의 귀책사유에 해당하는 경영상의 필요에 따라 개별 근로자들에 대하여 근기법 제46조제1항에 의한 휴업을 실시한 경우, 그 휴업 역시 동법 제23조제1항에서 정한 "휴직"에 해당하는 불이익한 처분에 해당한다(대법 2013.10.11, 2012다12870 ; 대법 2009.9.10, 2007두10440). 예컨대 대기발령·휴직 등의 명칭으로 근로자의 신청이나 동의없이 근로자의 의사에 반하여 노무수령을 거부하더라도 실질적으로 근기법 제46조에 의한 휴업으로서의 요건을 갖춘 경우에는 휴업수당을 지급할 의무가 있다(중노위 2018.8.10, 중앙2018휴업1).

(4) 징계조치로서 대기발령을 한 경우의 휴업 여부

다만, 근로자의 귀책사유를 이유로 회사의 취업규칙 등에 따라 징계의 종류로서 대기발령 조치를 한 경우에는 근기법 제46조의 휴업으로 볼 수는 없다.

3. 사용자의 귀책사유

(1) 사용자의 귀책사유의 의의

사용자의 귀책사유란 민법상의 귀책사유와는 달리 사용자의 고의·과실을 요하지 않으며 불가항력적이 아닌 경우로서 사용자의 세력범위 내에서 발생한 경영장애로 인하여 근로자로부터 근로의 제공을 받을 수 없게 된 경우까지를 포함한다(중노위 2018.8.10, 중앙2018휴업1 ; 2016.7.28, 근로기준정책과-4699).

(2) 사용자의 귀책사유에 의한 휴업사유

사용자 귀책사유에 대한 휴업사유로서는 일반적으로는 기계검사, 원료부족, 유통기구가 원활하지 못함에 의한 자재입수 곤란, 감독관청의 권고에 의한 조업정지, 모회사의 경영난에 의한 자금·자료의 획득 곤란, 공장의 손실, 기계의 파손, 판매방법에 의한 조업 정지의 경우를 비롯하여, 배급유통기구의 차질에 의한 휴업 등도 사용자의 세력범위 내에 속하는 경영장애 등을 들 수 있다. 또한 정부의 빅딜정책에 따른 휴업은 천재지변 등 기업 외적인 사유가 아닌 사용자의 경영상의 장애로 인한 귀책사유에 해당된다(1999.9.21, 근기 68207-106).

크레인 충돌사고로 인하여 고용노동부의 원청업체에 대한 작업중지명령에 따른 작업중단은 재해 원인 파악 및 위험요인 해소를 통해 발생가능한 유사사고로부터 근로자를 보호하기 위한 것이므로 사용자가 불가항력이라고 항변할 수 없는 사유로 휴업한 것이므로 휴업수당을 지급할 의무가 있다(대법 2019.9.10, 2019도9604).

(3) 근기법 제46조의 귀책사유를 민법의 경우와 달리 해석하는 근거

근기법 제46조의 '귀책사유'를 민법의 경우와 달리 해석하는 근거는 첫째, 기업경영상의 이윤이 사용자에게 귀속하는 것에 대응하여 경영상의 사유로 발생하는 여러 위험을 기업주에게 부담시키는 것이 타당하다(형평의 관념). 둘째, 임금을 유일한 생활수단으로 하는 근로자의 최저 생활을 보호하기 위해서는 귀책사유를 넓게 해석하는 것이 타당하기 때문이다(김형배·박지순 공저, 「노동법강의」, 제8판, p.278).

4. 근기법 제46조와 민법 제538조제1항 본문과의 관계

① 근기법에 휴업수당 제도를 둔 취지는 무엇인가의 문제이다. 민법은 사용자의 귀책사유로 인한 이행불능과 수령지체의 경우 근로자에게는 임금전액에 대한 청구권이 발생한다(민법 제538조제1항). 근기법 제46조는 사용자의 귀책사유로 인한 휴업일 경우 사용자는 휴업수당으로 평균임금의 100분의 70 이상의 수당을 근로자에게 지급하여야 한다고 규정하고 있다.

② 민법 제538조제1항 본문과 근기법 제46조와의 관계는 전자는 민법상의 일반적인 과실책임주의에 입각하는데 대하여 후자는 근로자의 생활보장을 위해

사용자의 귀책사유를 보다 넓은 범위까지 인정하고 있다. 구체적으로는 근기법 제46조의 귀책사유에는 민법상의 귀책사유에 해당될 수 없는 사항까지 포함된다. 불가항력에 의하지 않는 사용자의 경영상·관리상 일체의 책임을 말한다.

③ 근기법 제46조의 귀책사유는 사용자의 고의, 과실 또는 이것과 동등시할 만한 사유에 한정되는 것이 아니라 방지가 곤란하더라도 사용자측의 영역에서 발생한 경영상의 장애(예컨대 기계고장이나 검사, 원료부족, 행정관청의 조업정지명령)를 말한다. 다만, 사용자의 고의·과실로 인하여 근로를 제공하지 못한 것으로 인정되는 경우에는 민법 제538조제1항의 규정에 의한 임금전액에 대한 청구권도 동시에 발생되는 것으로 보아야 할 것이다(청주지법 2010.4.20, 2009가합1761 : 2006.3.29, 임금근로시간정책팀-711). 이 두 청구권은 경합관계에 서게 된다. 이 때에 휴업수당 지급의 한도 내에서는 민법상의 청구권은 소멸하고, 나머지 임금 부분에 관해서는 민법상의 청구권이 성립한다(김형배, 「노동법」, 27판, p.443).

〈민법 제538조제1항과 근기법 제46조와의 관계〉

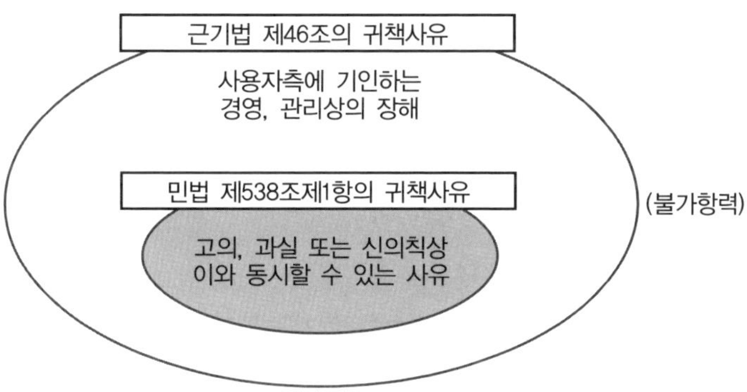

5. 휴업수당 감액 지급(부득이한 사유로 사업계속이 불가능한 경우)

휴업수당 감액지급을 위해서는 실질적 요건으로 부득이한 사유로 사업계속이 불가능할 것과 형식적 요건으로는 노동위원회의 승인이 있어야 한다. 부득이한 사유로 인하여 사업계속이 불가능하게 되어 노동위원회의 승인을 받은 경우에는 평균임금의 100분의 70 이하의 휴업수당을 지급할 수 있다.

(1) 부득이한 사유

① 부득이한 사유로 사업을 계속하는 것이 불가능한 경우에서 '부득이한 사

유'란 경기침체 등에 따라 지속적인 손실누적, 재무구조 악화, 부도발생 등으로 구조조정이 불가피한 사업장에서 경영상 해고회피 노력의 일환으로 조업을 중단할 수밖에 없는 정도라고 봄이 상당하다(중노위 2018.8.10, 중앙2018휴업1).

② '부득이한 사유'가 무엇을 의미하는지가 문제된다. 천재지변이나 그 밖에 불가항력적인 사유를 말한다고 보는 견해와 근기법 제46조제2항이 '제1항의 규정에 불구하고'라는 표현을 사용하여 사용자의 귀책사유로 휴업한 경우를 전제로 하고 있는 점, 천재지변이나 그 밖의 불가항력적 사유라면 원래부터 지급사유에 해당하지 않아 감액지급의 필요성도 없다는 점에서 해당 사업 외부의 사정에 기인한 사유를 말한다는 견해(임종률, 「노동법」, 17판, p.425)가 있다. 후자의 견해가 타당하다고 할 것이다.

③ 사용자의 귀책사유로 휴업하는 경우 여객자동차운수사업법에 따라 감축운행신고를 하였다 하더라도 노동위원회로부터 승인을 받지 못하였다면 근기법 제46조제1항 규정에 따라 평균임금의 100분의 70 이상의 휴업수당(동 금액이 통상임금을 초과하는 경우에는 통상임금)을 지급하여야 한다(2012.8.21, 근로개선정책과-4237). 당해 사업과 관련하여 외부사정에 기인한 사유로 천재지변·불가항력적 사유, 기업외적인 사유는 사용자의 귀책사유의 판단기준이고 부득이한 사유의 판단기준은 아니다. 예컨대 정당성없는 파업으로 조업을 중단한 경우 부득이한 사유로 보아 휴업지불예외승인 신청이 정당하다고 본 사례가 있다(대법 2000.11.24, 99두4280).

(2) 노동위원회의 승인

사용자가 부득이한 사유로 사업계속이 불가능하여 노동위원회의 승인을 얻어 휴업을 하게 되는 경우에 휴업수당 감액 수준은 휴업수당의 일부뿐만 아니라 전액을 지급하지 않는 것도 포함된다(대법 2000.11.24, 99두4280). 감액의 정도(감액의 상한선 또는 하한선)는 승인의 대상이 아니다. 휴업급여의 무급지급 승인사례(서울지노위 2019.6.21, 2017휴업1), 평균임금 25% 감액승인사례(서울지노위 2020.1.20, 2019휴업4 ; 서울지노위 2019.7.3, 2019휴업2)가 있다. 이 경우에 부득이한 사유에 대한 입증책임은 책임면제를 주장하는 사용자가 부담해야 한다(대법 1970.2.24, 69다1588).

6. 불가항력적인 사정

근기법 제46조에 의한 '사용자의 귀책사유'는 원칙적으로 사용자의 세력범위 안에서 생긴 경영장애로서 자금난, 원자재 부족, 시장불황 등으로 인한 경우를 말하며, 천재지변·재난과 같이 사용자에게 책임을 물을 수 없는 불가항력적인 사정으로 사업 계속이 불가능하게 된 경우에는 사용자의 귀책사유로 볼 수 없다. 따라서 사용자의 귀책사유가 아닌 경우라면 휴업수당 지급대상이 아니며, 노동위원회에 '기준 미달의 휴업수당 지급승인신청'을 하는 경우는 사용자의 귀책사유에도 불구하고 부득이한 사유로 사업 계속이 불가능한 경우이므로 천재지변으로 정상적 근무가 불가능한 경우에는 노동위원회의 승인 여부와 관계없이 '근기법'상 휴업수당 지급대상이 아니다(2010.2.16, 근로기준과-802).

7. 휴업기간 중의 상여금·주휴일 등의 금품지급방법

(1) 주휴일 및 약정휴일 등의 금품지급방법

근기법 제46조제1항에 따라 사용자 귀책사유로 휴업하는 경우에는 휴업기간 동안 그 근로자에게 평균임금의 100분의 70 이상의 수당을 지급하여야 한다. 비록 그 휴업기간 중간에 주휴일 또는 약정 유급휴일이 포함되어 있거나 1주의 소정근로일 전부를 휴업한 경우에도 휴업수당 산정시에는 그 소정근로일 개근시 부여하는 유급주휴일도 휴업기간에 포함하여 산정한다(2012.10.25, 근로개선정책과-5243 ; 2008.7.16, 근로조건지도과-2582).

그러나 토요일이 무급휴일로서 근로제공의무가 없는 날인 경우에는 근기법 제46조의 휴업에 해당하지 않으므로 달리 정한 바가 없다면 휴업수당 지급의무는 발생하지 않는다(2015.4.10, 근로기준정책과-1448).

(2) 상여금의 지급방법

상여금의 지급요건 등에 대하여는 근기법에 별도 규정을 두고 있지 아니하므로, 개별 기업의 단체협약·취업규칙 등 관련 규정을 따라 판단하여야 한다. 휴업수당이 평균임금을 기준으로 지급되는 것으로서 상여금은 평균임금에 이미 포함되어 있기 때문에 단체협약이나 취업규칙 등에 특별히 정함이 없다면 별도의 상여금 지급의무는 발생되지 않는 것이다(2010.4.14, 근로기준과-723). 따라서 휴업기간 중 상여금(성과급) 지급과 관련하여 당사자간 특별히 정한바가 없다면, 휴업기간에 비례하여 상여금 등을 감액 지급하더라도 무방할 것이다(2009.1.23, 근로조건지도과-535).

8. 휴업기간 동안의 임금의 일부를 지급받은 경우의 휴업수당의 산출

사용자의 귀책사유로 인한 휴업기간 동안에 근로자가 임금의 일부를 지급받은 경우에는 사용자는 근기법 제46조제1항 본문에 따라 그 근로자에게 평균임금에서 그 지급받은 임금을 뺀 금액을 계산하여 그 금액의 100분의 70 이상에 해당하는 수당을 지급하여야 한다. 다만, 근기법 제46조제1항 단서에 따라 통상임금을 휴업수당으로 지급하는 경우에는 통상임금에서 휴업기간 동안에 지급받은 임금을 뺀 금액을 지급하여야 한다(근기법시행령 제26조). 또한, 휴업기간 중 근로자에게 중간수입이 있는 경우 휴업수당 한도 안에서는 이를 중간수입공제의 대상으로 삼을 수 없고 그 휴업수당을 초과하는 금액의 범위 내에서 공제하여야 한다(대법 1996.4.23, 94다446).

16 임금삭감 · 반납 · 포기의 효력

1. 임금삭감 동의의 효력

> **[실무사례]**
> 상시근로자 1,000명을 고용하여 선박을 제조 · 판매하는 A회사에는 조합원 수 600명의 기업별 노동조합인 B노동조합만이 결성되어 있다. A회사는 조선업의 불황으로 경영사정이 악화되자 2017년 1월에 200명의 인력을 감축하는 구조조정 계획을 세웠다. A회사의 구조조정 계획을 통지받은 B노동조합은 노동조합과 사전합의 후 구조조정을 시행할 것을 요구하였다. 그 후 구조조정시행방법에 대한 현격한 입장 차이로 단체교섭이 난항을 겪다가, "월 기본급의 100%에 해당하는 고정상여금의 미지급분(2017년 2월, 4월, 6월)을 지급하지 않는 대신에, 향후 3년간 노동조합과의 합의 없이는 정리해고를 실시하지 않는다"라는 단체협약을 2017년 7월 25일에 새롭게 체결하였다.
> 2017년 7월 25일에 체결된 단체협약에도 불구하고, B노동조합의 조합원이 미지급된 2017년 2월, 4월 및 6월 고정상여금의 지급을 개별적으로 청구할 수 있는가?

① 근로자가 이미 제공한 근로에 대하여 이미 발생된 임금채권을 일부 반납하는 것은 확정된 자기의 권리를 행사하는 것이므로 개별근로자의 자유의사에 기초할 때만 유효하다(2008.9.26, 근로조건지도과-4137). 노사 당사자가 임금삭감과 반납의 의미를 이해한 가운데 단체협약으로 임금 삭감과 반납을 명확히 구분하여 체결한 경우라도 달리 볼 사정이 없는 한 임금반납에 있어서는 개별근로자의 동의가 필요하다(2011.2.9, 근로기준과-630).

노사가 단체협약에 정한 상여금을 노사합의에 따라 향후 일정한 기간 삭감에 동의하는 각서를 썼다고 하더라도 이 동의가 유효하려면 단체협약의 변경절차를 거쳐야 그 효력이 있다.

② 금호타이어 임금반납 단체협약에서 '반납'은 단체협약 체결시점을 기준으로 향후 발생할 임금에 대한 것일 뿐 이미 지급 청구권이 발생한 임금에 대한 것은 아니다. 따라서 이미 지급된 임금은 근로자에게 처분권이 맡겨진 사적 영역이어서 이를 되돌려주는 '반납'에는 개별적인 동의가 필요하지만, 향후 지급될 임금을 '삭감'하는 것은 개별 동의 없이 노동조합이 단체협약으로 정할 수 있다는 것이다(대법 2014.12.24, 2012다107334).

2. 노동조합이 이미 지급청구권이 발생한 근로자 개개인의 임금 등에 대하여 단체협약으로 반납 등의 처분행위를 할 수 있는지 여부

(1) 근로자들의 개별적인 동의나 수권이 없는 경우

① 협약자치의 한계(임금 및 부제소합의)

㈎ 임금 등의 경우 : 개별근로자의 동의나 수권없이 단체협약으로 근로조건의 불이익변경이 가능한가(협약자치의 한계)의 문제다. 이미 구체적으로 그 지급청구권이 발생한 임금(상여금 포함)이나 퇴직금은 근로자의 사적 재산 영역으로 옮겨져 근로자의 처분에 맡겨진 것이기 때문에 노동조합이 근로자들로부터 개별적인 동의나 수권을 받지 않은 이상, 사용자와 사이의 단체협약만으로 이에 대한 포기나 지급유예와 같은 처분행위를 할 수 없다. 단체협약으로 근로자에게 이미 지급한 임금을 반환하도록 하는 것은 그에 관하여 근로자들의 개별적인 동의나 수권이 없는 한 효력이 없다. 이때 구체적으로 지급청구권이 발생하여 단체협약만으로 포기 등을 할 수 없게 되는 임금인지 여부는 근로계약, 취업규칙 등에서 정한 지급기일이 도래하였는지를 기준으로 판단하여야 한다(대법 2022.3.31, 2020다 294486 ; 대법 2019.4.23,2014다27807 ; 대법 2017.12.22, 2014다82354 ; 대법 2017.2.15, 2016다32193 ; 대법 2016.8.29, 2011다37858). 2022년도 판결은 2018년 3월 급여의 지급기일은 2018.3.25이고 근속기간이 경과한 근로자에게 근속포상금을 지급하는 기일은 매년 5월 22일로서, 2018년 3월 급여 및 근속포상금은 2018.3.8자 노사합의 체결 당시 지급기일이 도래하지 않은 이상 그 전부가 위 노사합의에 의한 반납 대상이 된다고 판단하고, 이와 달리 2018.3.8까지 발생한 2018년 3월

급여 및 근속포상금이 반납 대상에 해당하지 않는다고 본 원심판결을 파기환송한 것이다.

㈏ 부제소합의의 경우 : 노동조합과 사용자 간에 임금협정을 체결하면서 '본 협정 이전에 지급되었던 임금 및 각종 수당에 대해서는 노사가 서로 합의하여 이의제기를 하지 않는다'는 내용의 부제소합의를 한 것은 조합원 등의 개별적인 동의나 수권 없이 이루어진 것이므로 조합원 등에 대하여 효력이 미친다고 볼 수 없다(대법 2017.12.22, 2014다82354).

② 협약자치의 내용

협약자치의 원칙상 노동조합은 사용자와 사이에 근로조건을 유리하게 변경하는 내용의 단체협약뿐만 아니라 근로조건을 불리하게 변경하는 내용의 단체협약을 체결할 수 있으므로, 근로조건을 불리하게 변경하는 내용의 단체협약이 현저히 합리성을 결하여 노동조합의 목적을 벗어난 것으로 볼 수 있는 경우와 같은 특별한 사정이 없는 한 그러한 노사간의 합의를 무효라고 볼 수는 없고, 노동조합으로서는 그러한 합의를 위하여 사전에 근로자들로부터 개별적인 동의나 수권을 받을 필요가 없다 할 것이며, 단체협약이 현저히 합리성을 결하였는지 여부는 단체협약의 내용과 그 체결경위, 당시 사용자의 경영상태 등 여러 사정에 비추어 판단할 것이다(대법 2017.2.15, 2016다32193 ; 대법 2016.8.29, 2011다37858 ; 대법 2014.12.24,2012다107334 ; 대법 2011.9.8, 2011다22061 ; 대법 2010.1.28, 2009다76317).

③ 판례의 평가

이 판례에 따르면 개별근로자의 동의나 수권을 요하는 근로조건의 불이익변경인지를 판단하는 것은 반납·포기·감액 등의 표현이 중요한 것이 아니라 근로조건의 불이익변경 내용이 구체적으로 지급청구권이 발생한 것인지가 관건이 된다. 2014년도 대법원판례는 금호타이어 사건으로서 단체협약에서 표현된 '반납'은 장래 워크아웃 기간동안 임금 및 상여금을 감액한다는 것으로 해석함이 타당하고, 이는 장래 발생할 임금에 대한 것으로서 이 사건 단체협약 체결 당시 이미 그 지급청구권이 구체적으로 발생된 것이라고 할 수 없으므로 그러한 내용의 노사간의 합의를 무효라고 할 수 없다(대법 2014.12.24, 2012다107334).

④ 상여금 인하에 관한 단체협약의 소급 적용과 장래 적용

상여금을 인하하도록 하는 내용의 단체협약을 소급 적용한 것은 근로자들에게 이미 지급한 상여금을 반환하도록 한 것으로서, 근로자들로부터 개별적인 동의나 수권을 받지 않은 이상 허용될 수 없다. 또한 일반관리·감독직 직원들이 회사의 어려운 경영 상태를 충분히 인식한 상태에서 회람 형식의 상여금 반납결의문에 서명했다면, 회사가 부당히 개입하여 상여금 반납을 추진한 것으로 보기 어렵다(대법 2003.4.11, 2002다71832).

그러나 근로자에게 이미 발생된 임금의 반납이 아니라 앞으로의 근로조건으로서 임금 또는 상여금의 수준을 낮추거나 변경하기 위해서는 단체협약 또는 취업규칙 등의 변경을 통하여 실현되어야 하며 만일, 동 조합의 결의나 선언만 있고 회사가 후속조치로서 단체협약, 취업규칙 또는 근로 계약 등을 변경치 아니했다면 그 효력은 인정될 수 없는 것이다(1999.12.13, 근기 68207-843).

(2) 노동조합원이 아닌 근로자에게도 반납의 효력은 인정되는가

노동조합이 사용자와 상여금·휴가비 등을 반납하기로 하는 내용의 노사공동 결의서를 작성한 경우, 위 노사공동 결의서로 상여금·휴가비 등에 관한 기존 단체협약이 변경되었다고 할 것이지만, 위 노사공동결의서의 작성 당시 노동조합에 가입한 근로자의 수가 노동조합에 가입할 수 있는 총 근로자의 반수에 이르지 못하였던 이상 위 단체협약에 노조법 제35조에 따른 일반적 구속력을 부여할 수 없으므로 노동조합원이 아닌 근로자에게는 위 단체협약의 변경의 효력이 미치지 않는다(대법 2005.5.12, 2003다52456).

노동조합원이 아닌 자에 대하여는 노조법 제35조, 제36조에 의하여 단체협약의 효력이 확장되는 경우가 아닌 한 단체협약의 규범적 효력이 미치지 아니한다(대법 2007.6.28, 2007도1539).

3. 퇴직금 포기약정의 효력

근퇴법 제8조는 1년 이상 근무하고 퇴직하는 근로자에 대하여 30일분 이상의 평균임금을 퇴직금으로 지급하도록 규정하고 있으며, 동조항은 강행규정으로서의 성격이 있다. 퇴직금은 사용자가 일정기간을 계속근로하고 퇴직하는 근로자에게 그 계속근로에 대한 대가로서 지급하는 후불적 임금의 성질을 띤 금원으로서 구체적인 퇴직금청구권은 계속근로가 끝나는 퇴직이라는 사실을 요건으로 하여 발생되는 것인바, 최종 퇴직시 발생하는 퇴직금청구권을 사전에 포기하거나 사전에 그에 관한 민사상 소송을 제기하지 않겠다는 부제소특약을 하는 것은 강행법규인 근기법, 근퇴법에 위반되어 무효이다(대법 2019.5.10, 2019도2625 ;

대법 2002.8.23, 2001다41568). 그러나 근로자가 이미 퇴직해 더 이상 근로계약관계에 있지 않은 상황에서 퇴직 시 발생한 퇴직금청구권을 나중에 포기하는 것은 허용된다. 따라서 퇴직 후 퇴직금청구권 포기약정은 강행법규에 위반된다고 볼 수 없다(대법 2018.7.12, 2018다21821).

4. 신규입사자만을 상대로 한 급여삭감의 경우

최근 경제위기 극복을 위한 대응으로 회사가 신규입사자만을 대상으로 취업규칙보다 낮은 임금으로 근로계약을 체결하는 것은 근기법 제97조의 위반으로 무효가 되므로 취업규칙의 변경이 선행되어야 한다. 기존 근로자의 임금은 종전과 동일하게 하고 신규입사자만을 대상으로 20~30%의 임금을 축소 내지 삭감하는 내용의 변경이 근기법 제94조와 관련하여 취업규칙의 불리한 변경인지 여부가 제기된다.

판례(대법[전원합의체] 2003.12.18, 2002다2843)는 취업규칙의 작성·변경의 권한은 원칙적으로 사용자에게 있으므로 사용자는 그 의사에 따라 취업규칙을 작성·변경할 수 있고, 사용자가 취업규칙을 변경한 경우에 취업규칙의 변경이 기존의 근로자에게 불이익한지 여부를 불문하고 취업규칙 변경은 유효해 현행 법규적 효력을 가진 취업규칙은 변경된 취업규칙이므로, 그 변경 후에 근로관계를 갖게 된 근로자에 대해서는 변경된 취업규칙이 적용되므로 신규입사자만을 상대로 한 대졸초임삭감은 취업규칙의 변경을 통해 적법하게 시행할 수 있다. 그러나 기존 취업규칙을 적용받던 신입사원들에게 불리한 변경이 될 경우 개인 동의절차뿐만이 아니라 근로자 과반수(또는 노조)의 동의도 필요하다.

17 임금을 압류할 수 있는가

1. 임금채권 압류의 의미

압류란 당사자간 채권관계에서 채무불이행 등의 사유 발생시 채권자가 본인의 채권을 확보하기 위해서 취하는 제조치를 말한다. 그 중 임금채권 압류란 채권자가 본인의 채권을 확보하기 위해서 회사(제3채무자)로부터 받을 근로자(채무자)의 임금에 대해 압류하는 것을 말하며, 이 경우 회사(제3채무자)는 근로자가 받을 임금 채권(급여, 상여금, 연차, 퇴직금 등) 총액에서 제세공과금을 제외한 법정 상당액을 압류하여야 하며, 근로자에게 지급해서는 아니된다.

2. 압류금지 급여채권의 범위

근로자 급여를 대금업자 등 제3자가 압류(가압류 포함)할 수 있는가의 문제이다. 최근 개정된 민사집행법 제246조제1항제4호 및 제5호의 내용은 다음과 같다.

> **제246조 【압류금지채권】** ① 다음 각 호의 채권은 압류하지 못한다.
> 4. 급료 · 연금 · 봉급 · 상여금 · 퇴직연금 기타 이와 비슷한 성질을 가지는 급여채권의 2분의 1 상당액. 다만, 그 금액이 국민기초생활보장법에 의한 최저생계비를 감안하여 대통령령이 정하는 금액을 초과하는 경우에는 각각 당해 대통령령이 정하는 금액으로 한다.
> 5. 퇴직금 그 밖의 이와 비슷한 성질을 가진 급여채권의 2분의 1에 해당하는 금액

압류금지급여채권에 관한 민사집행법 내용은 다음과 같이 유형별로 나누어 볼 수 있다.

(1) 급여채권의 2분의 1 상당액

급료 · 연금 · 봉급 · 상여금 · 퇴직연금 기타 이와 비슷한 성질을 가지는 급여채권의 2분의 1 상당액은 압류하지 못한다(민사집행법 제246조제1항제4호본문).

(2) 압류금지 최저금액

월급여가 185만원 이하인 경우에는 전액 압류할 수 없다. 민사집행법 제246조제1항제4호단서에서 "「국민기초생활보장법」에 의한 최저생계비를 감안하여 대통령령이 정하는 금액"이란 월 185만원을 말한다(민사집행법시행령 제3조).

월급여가 185만원을 초과하고 370만원까지는 185만원을 제외한 나머지 금액을 압류할 수 있다. 월급여가 370만원을 초과하고 600만원까지는 월급여의 2분의 1까지 압류할 수 있다.

(3) 압류금지 최고금액

월급여가 600만원을 넘을 경우에는 「300만원+[{(급여/2)−300만원}/2]」을 제외한 나머지 금액을 압류할 수 있다.

고임금근로자에 대하여는 종래 일률적으로 급여의 2분의 1의 압류를 금지하여 표준생계비를 초과하여도 이를 채무변제에 충당하지 아니하게 되므로 경제

적 정의에 반하는 문제점을 시정하는 한편 고임금근로자의 근로의욕의 감퇴로 인해 생산력 저하를 방지하는데 기여할 것으로 기대된다.

예컨대 1,000만원의 급여를 받는 근로자의 경우 [300만원+{500만원-300만원}÷2]=400만원은 압류가 제한되고 600만원은 압류가 가능하다.

(4) 퇴직금 등 급여채권

① 퇴직금의 경우

퇴직금 그 밖에 이와 비슷한 성질을 가진 급여채권의 2분의 1에 해당하는 금액은 압류가 금지된다(민사집행법 제246조제1항제5호). 예컨대 퇴직위로금이나 명예퇴직수당은 그 직에서 퇴임하는 자에 대하여 그 재직 중 직무집행의 대가로서 지급되는 후불적 임금으로서의 보수의 성질을 아울러 갖고 있다고 할 것이므로 퇴직금과 유사하다고 볼 것이고, 따라서 이들은 민사집행법 제246조제1항제5호 소정의 압류금지채권의 퇴직금 기타 유사한 급여채권에 해당한다(대법 2000.6.8, 2000마1439).

② 퇴직연금의 경우

근퇴법은 제7조에서 퇴직연금제도의 급여를 받을 권리에 대하여 양도를 금지하고 있으므로 위 양도금지 규정은 강행법규에 해당한다고 볼 것이다. 따라서 퇴직연금제도의 급여를 받을 권리에 대한 압류명령은 실체법상 무효이고, 제3채무자는 그 압류채권의 추징금 청구에 대하여 위 무효를 들어 지급을 거절할 수 있다. 한편 민사집행법은 제246조제1항제4호에서 퇴직연금 그 밖에 이와 비슷한 성질을 가진 급여채권은 그 1/2에 해당하는 금액만 압류하지 못하는 것으로 규정하고 있으나, 이는 위 근퇴법상의 양도금지 규정과의 사이에서 일반법과 특별법의 관계에 있으므로, 근퇴법상의 퇴직연금채권은 그 전액에 관하여 압류가 금지된다고 보아야 한다(대법 2014.1.23, 2013다71180). 퇴직연금 가입자가 퇴직하여 퇴직급여가 개인형퇴직연금(IRP)계정으로 입금된 경우에도 양도금지 및 압류금지가 적용된다(2015.2.23, 퇴직연금복지과-306). 근퇴법 제7조제1항은 근기법 제2조제1항제1호에 따른 근로자에게만 적용되고, 근기법상의 근로자에 해당하지 않는 주식회사의 대표이사에게는 적용되지 않는다(대법 2016.12.1, 2015다244333).

그러나 위와 같은 퇴직연금이 이사 등의 재직 중의 직무수행에 대한 대가로서 지급되는 급여라고 볼 수 있는 경우에는 그 이사 등의 퇴직연금사업자에 대한 퇴직연금 채권은 민사집행법 제246조제1항제4호 본문이 정하는 '퇴직연금, 그 밖에 이와 비슷한 성질의 급여채권'으로서 압류금지채권에 해당한다고 보아야 한다(대법 2018.5.30, 2015다51968).

3. 압류범위 임금

압류범위 임금에 있어서 가족수당, 연장근로수당 등의 제수당은 급료에 포함되지만 교통비 등의 복지후생비는 비대상이며 세금, 사회보험료 조합비 등의 원천징수분이 제외된 「법정수령금액」이 압류대상이다.

18 미지급 임금에 대한 지연이자

1. 지연이자제의 내용과 취지

근기법 제36조 및 근퇴법 제9조에 따라 사용자는 근로자가 사망 또는 퇴직한 경우에는 그 지급사유가 발생한 때부터 14일 이내에 임금·보상금·퇴직금 그 밖에 일체의 금품을 지급하여야 한다. 다만, 특별한 사정이 있는 경우에는 당사자 사이의 합의에 의하여 기일을 연장할 수 있다는 내용으로 금품청산의무를 규정하고 있다. 퇴직할 때 연말정산환급금도 퇴직시 14일 이내에 지급 정산해야 하는 금품에 해당한다(대법 2011.5.26, 2009도2357).

다만, 연말정산환급금은 근기법 제36조상의 "일체의 금품"에는 해당할 뿐이고 근로의 대가인 임금에는 해당한다고 볼 수 없다. 이 규정의 취지는 근로자가 사망 또는 퇴직으로 근로관계가 종료된 후에도 근로자가 당연히 지급받아야 할 임금 등의 금품이 조속히 지급되지 아니한다면 근로자는 금품을 받기 위하여 사업장에 남아 있는 등 부당하게 사용자에게 예속되기 쉽고 또한, 근로자 및 근로자가족의 생활이 위협받을 우려가 있을 뿐만 아니라 시간이 흐름에 따라 금품을 지급받지 못할 위험이 커지므로 이를 방지하기 위한 것이다(대법 2006.5.11, 2005도8364).

근기법 제37조의 취지는 사망·퇴직시에 금품청산을 하지 못한 사용자에게 경제적 압력을 통하여 사망·퇴직근로자에 대한 금품청산의무의 이행을 독려하는 데 있다. 근기법 제37조는 다음과 같다.

> **제37조 【미지급 임금에 대한 지연이자】** ① 사용자는 제36조에 따라 지급하여야 하는 임금 및 「근퇴법」 제2조제5호의 규정에 따른 급여(일시금만 해당된다)의 전부 또는 일부를 그 지급사유가 발생한 날부터 14일 이내에 지급하지 아니하는 경우 그 다음날부터 지급하는 날까지의 지연일수에 대하여 연 100분의 40 이내의 범위에서 「은행법」에 따른 은행이 적용하는 연체금리 등 경제 여건을 감안하여 대통령령으로 정하는 이율에 따른 지연이자를 지급하여야 한다.
> ② 제1항은 사용자가 천재 · 사변 그 밖에 대통령령으로 정하는 사유에 따라 임금지급을 지연하는 경우 그 사유가 존속하는 기간에 대하여는 적용하지 아니한다.

근기법 제37조에 따른 지연이자는 동법 제36조의 금품청산 대상 중 임금과 퇴직급여일시금에 한정하고 있어 재직 중인 근로자에게는 적용되지 않는다(2008.6.3, 근로조건지도과-1863).

2. 지연이자 발생기간

지급사유가 발생한 날(퇴사일)로부터 14일이 지난 날(15일째 되는 날)을 기산일로 하여 실제 지급일(변제일)까지 이자율이 적용된다. 그러나 당사자간의 합의에 의하여 지급기일을 연장했을 경우 그 자체가 근기법상의 청산의무에 위반되는 것으로 볼 수 없지만(동법 제36조단서) 근기법시행령 제18조에서 규정하고 있는 지연이자율 적용제외 사유에 해당하지 않는 한, 당사자간의 합의만으로 동법 제37조에 따른 지연이자 지급의무를 면할 수 있는 것은 아니다(2005.7.28, 근로기준과-3981). 동법 제37조제1항에서 "대통령령으로 정하는 이율"이란 연 100분의 20을 말한다(동법시행령 제17조).

3. 지연이자의 적용제외사유

지연이자 적용제외는 천재·지변등 사업주에게 책임을 묻기 어려운 경우에 지연이자 책임을 면제하고자 하는 취지이다.

지연이자의 적용제외사유인 "천재·사변 그 밖에 대통령령으로 정하는 사유"란 다음 각호의 어느 하나에 해당하는 경우를 말한다(동법시행령 제18조).

> 1. 「임금채권보장법시행령」 제7조제1항제1호부터 제3호까지 어느 하나에 해당하는 경우
> 2. 「채무자회생및파산에관한법률」, 「국가재정법」, 「지방자치법」 등 법령상의 제약에 따라 임금 및 퇴직금을 지급할 자금을 확보하기 어려운 경우

3. 지급이 지연되고 있는 임금 및 퇴직금의 전부 또는 일부의 존부를 법원이나 노동위원회에서 다투는 것이 적절하다고 인정되는 경우
4. 그 밖에 제1호 부터 제3호까지의 규정에 준하는 사유가 있는 경우

근기법시행령 제18조제3호에 해당하는 사례로는 그 지급이 지연되고 있는 임금 및 퇴직금의 전부 또는 일부의 존부를 법원이나 노동위원회에서 다투는 것이 적절하다고 인정되는 경우를 들 수 있다(대법 2021.7.21, 2021다225845 ; 대법 2017.7.11, 2015다54219).

근기법시행령 제18조제4호에 해당하는 사례로는 사용자인 회사가 기업구조조정특별법에 의한 워크아웃 절차에 들어간 경우를 들 수 있다(광주지법 2010.10.28, 2010가합8213). 해당하지 않는 사례로는 확정판결이나 체불확인서를 받은 경우를 둘 수 있다. 적용제외사유가 존속하는 기간은 근기법 제37조에 의한 지연이자는 적용되지 않으나 상법 제54조에 따른 이자(연 6%)까지 면제되는 것은 아니다.

4. 지연이자 미지급에 대한 처벌

지연이자는 민사상의 채권만 발생시킬 뿐 지연이자 미지급에 대한 처벌규정은 별도로 없다. 지연이자는 근기법 제36조의 체불금품에 포함되지 아니한다.

19 반의사불벌죄의 의의와 그 적용요건

1. 반의사불벌죄의 의의

반의사불벌죄란 피해자가 처벌을 희망하지 않는다는 의사를 명백히 한 때에는 처벌할 수 없는 죄를 말하는데 근기법 제109조제2항에서 반의사불벌죄를 신설하여 2005년 7월 1일부터 시행하고 있다. 동법 제109조제2항에 의하면 「제36조·제43조·제44조·제44조의2·제46조 또는 제56조를 위반한 자에 대하여는 피해자의 명시적인 의사와 다르게 공소를 제기할 수 없다」고 규정하고 있다. 해당 규정을 위반한 사용자에 대하여는 3년 이하의 징역 또는 3,000만원 이하의 벌금에 처하되 해당근로자가 처벌을 원하지 않는 경우에는 공소를 제기할 수 없도록 반의사불벌죄를 규정하고 있다.

2. 반의사불벌죄의 적용요건

반의사불벌죄에서 "처벌을 희망하지 아니하는 의사표시" 또는 처벌을 희망하는 의사표시의 철회를 인정하기 위한 요건은 피해자의 진실한 의사가 명백하고 믿을 수 있는 방법으로 표명되어야 한다. 그러한 의사가 명시적으로 표시된 후에는 그 의사표시를 철회하고 다시 처벌을 희망하는 의사표시를 하더라도 행위자를 벌할 수 없다(헌재 2020.7.16, 2019헌마1120 ; 대법 2015.4.9, 2015도1691 ; 대법 2010.11.11, 2010도11550 · 2010전도83 ; 대법 2009.1.15, 2008도10183). 반의사불벌죄의 경우 처벌을 희망하는 의사표시의 철회 또는 처벌을 희망하지 않는 의사표시는 제1심 판결 선고 전까지 제출했다면 공소기각 판결을 해야 한다(대법 2019.12.13, 2019도10678). 근기법상 반의사불벌죄로 열거한 죄에 대하여 피해근로자가 '처벌을 희망하지 않는다'는 의사표시가 있으면, 근로감독관은 수사를 종결하고 체불사업주에 대하여 처벌을 하지 않으며 일단 '처벌을 희망하지 않는다'는 의사표시를 한 후에는 이를 번복할 수 없어, 추후 재진정 또는 재고소 할 수 없다. 체불임금이 확인되더라도 피해자의 명시적인 "처벌불원 의사표시"가 있으면 체불임금의 일부 또는 전부가 청산되지 않더라도 형사처벌을 할 수 없다.

3. 순차 도급사업관계에서의 임금체불에 대하여 상위수급인에 대한 처벌을 희망하지 아니하는 의사표시의 해석

근기법 제44조에 따른 도급사업에서 상위 수급인의 연대책임과 관련해 근로자의 상위 수급인에 대한 처벌을 희망하지 아니하는 의사표시에 직상 수급인 또는 하수급인의 처벌도 희망하지 아니하는 의사표시가 포함된 것으로 해석할 수 있는지 여부이다. 상위수급인, 직상 수급인, 하수급인 순으로 순차 하도급이 이뤄진 사안에서 하수급인(사업주)이 퇴직 근로자에 대한 임금을 체불해 이들 모두 근기법 위반으로 기소된 경우 상위 수급인의 연대책임과 관련해 근로자들의 상위 수급인의 처벌 불희망 의사표시에는 직상 수급인 또는 하수급인의 처벌불원 의사표시도 포함된 것으로 봐야 한다(대법 2022.12.29, 2018도2720). 2022년도 대법원 판단은 "근로자가 상위 수급인의 처벌을 희망하지 않거나 처벌을 희망하는 의사를 철회하는 의사표시를 하는 경우 ▲근로자가 임금을 직접 청구하거나 형사고소 등의 법적 조치를 취한 대상이 누구인지, ▲상위 수급인과 합의에 이르게 된 과정 및 근로자가 처벌을 희망하지 않거나 처벌을 희망하는 의사를 철회하게 된 경우, ▲근로자가 그러한 의사표시에서 하수급인이나 직상 수급인을 명시적으로 제외하고 있는지, ▲상위수급인의 변제 등을 통해 근로자에 대한 임금지급채무가 어느 정도 이행됐는지 등의 여러 사정을 참작해 여기에 하수급인 또는 그 직상 수급인의 처벌을 희망하지 아니하는 의사표시도 포함되어 있는지를 살펴보아야 한다. 하수급인과 직상 수급인을 배제한 채 오로지 상위수급인에 대하여만 처벌을 희망하지 않는 의사표시를 했다고 쉽게 단정해서는 안 된다는 것이다. 이 판례는 "건설업이 아닌 도급사업 관계에서 근기법 제44조에 따른 직상 수급인과 상위 수급인의 연대책임과 관련해 상위 수급인의 처벌을 희망하지 않는 근로자의 의사표시가 있을 경우 여기에 직상 수급인과 하수급인의 처벌을 희망하지 않는 의사표시가 포함되어 있는지 판단하는 의사해석의 기준을 제시한 최초의 판례라는 점에 그 의의가 있다.

20 승진취소에 따른 급여 차이와 부당이득 판단기준

1. 부당이득의 반환을 청구할 수 없는 경우

공사(한국농어촌공사)는 직원들의 승진시험을 외부업체에 의뢰하여 실시하고 있었는데, 일부 직원들이 사전에 외부업체로부터 시험문제와 답을 제공받아 시험에 합격하고 그 대가로 금전을 제공하였다는 사실이 사후에 경찰의 수사과정에 확인되었다. 공사는 해당 직원들에 대한 승진발령을 취소하고 승진에 따른 급여상승분의 반환을 청구하는 소송을 제기하였다. 사건의 핵심쟁점은 승진을 이유로 근로자가 수령한 급여상승분이 법률상 원인 없이 지급된 이득(부당이득)으로서 공사에게 반환되어야 하는 금원 인가였다. 판례(대법 2022.8.19, 2017다292718)는 부당이득의 반환을 청구할 수 있는지 여부에 관하여 명확한 기준을 제시하였다. 승진발령이 무효임에도 근로자가 승진발령이 유효함을 전제로 승진된 직급에 따라 계속 근무하여 온 경우, 승진 전후 각 직급에 따라 수행하는 업무에 차이가 있어 승진된 직급에 따른 업무를 수행하고 그에 대한 대가로 임금이 지급되었다면, 근로자가 지급받은 임금은 제공된 근로의 대가이므로 근로자에게 실질적인 이득이 있다고 볼 수 없어 사용자가 이에 대해 부당이득으로 반환을 청구할 수 없다.

2. 부당이득의 반환을 청구할 수 있는 경우

그러나 승진 전후 각 직급에 따라 수행하는 업무에 차이가 없어 승진 후 제공된 근로의 가치가 승진 전과 견주어 실질적 차이가 없음에도 단지 직급의 상승만을 이유로 임금이 상승한 부분이 있다면, 근로자는 임금 상승분 상당의 이익을 얻었다고 볼 수 있고, 승진이 무효인 이상 그 이득은 근로자에게 법률상 원인 없이 지급된 것으로서 부당이득으로 사용자에게 반환되어야 한다. 여기서 승진 전후 제공된 근로의 가치 사이에 실질적으로 차이가 있는지는 ▲제공된 근로의 형태와 수행하는 업무의 내용, ▲보직의 차이 유무, ▲직급에 따른 권한과 책임의 정도 등 여러 사정을 종합적이고 객관적으로 평가하여 판단하여야 한다.

제2절 평균임금과 통상임금

1 평균임금의 의의

평균임금은 각종 급여산출의 계산단위로서 중요한 개념이다. 평균임금은 근기법상 휴업수당, 각종 재해보상금, 제재로서의 감급액 및 근퇴법상의 퇴직급여 등을 산출하는 기준임금으로 삼고 있으며 원칙적으로 "1일"을 단위로 하여 산출한다.

근기법 제2조제1항제6호에 의하면 「'평균임금'이란 이를 산정하여야 할 사유가 발생한 날 이전 3개월 동안 그 근로자에게 지급된 임금의 총액을 그 기간의 총 일수로 나눈 금액을 말한다. 근로자가 취업한 후 3개월 미만인 경우도 이에 준한다」고 규정하고, 동조제2항은 「제1항제6호에 따라 산출된 금액이 그 근로자의 통상임금보다 적으면 그 통상임금액을 평균임금으로 한다」라고 규정하여 그 개념을 명확히 하였다.

이러한 평균임금은 개별 근로자의 실제 근로시간이나 근무실적 등에 따라 증감・변동되는 것으로서, 법정 기간 동안 근로자에게 실제 지급된 임금의 총액을 기초로 하여 산정되므로, 과거의 근로시간이나 근무실적 등을 토대로 사후적으로 산정되는 근로자의 통상적인 생활임금이라 할 수 있다.

평균임금 제도의 취지는 근로자의 생활임금을 사실대로 반영함으로써 통상적인 생활수준을 보장하려는 것이다(대법 2023.6.1, 2018두60380).

2 평균임금의 산정사유 발생일과 기산일

1. 일반적인 경우의 산정사유 발생일과 기산일

평균임금을 산정하여야 할 사유는 근로자의 퇴직, 사용자의 귀책사유로 인한 휴업, 재해보상금과 감급의 제재 등이며 산정사유 발생일과 기산일은 다음과 같다.

(1) 산정사유 발생일

첫째, 퇴직의 경우 : 퇴직일이다. 근로자가 퇴직원을 제출하여 퇴직하는 경우에는 사용자가 사표를 수리한 날이 퇴직일이 된다. 근로자의 퇴직의 의사표시에 대하여 사용자가 이를 승낙하지 않거나 단체협약·취업규칙 등에 퇴직일에 대한 특약이 없으면 사용자가 근로자의 의사표시를 통고받은 날로부터 1월이 경과함으로써 퇴직의 효력이 발생한다(민법 제660조제2항). 퇴직금 중간정산의 경우에는 당사자간 별도 정함이 없었다면 근로자의 중간정산 요구일이 산정사유 발생일이 될 것이다(2005.9.29, 퇴직급여보장팀-155 ; 2001.5.2, 임금 68207-312).

둘째, 휴업수당의 산정 : 사용자의 귀책사유로 인한 휴업수당을 산정함에 있어서 평균임금의 100분의 70 이상의 수당을 지급하여야 하는 바, 사유발생일은 휴업이 실제로 발생한 날이다(2013.5.30, 근로개선정책과-3190).

셋째, 재해보상의 경우 : 재해보상에 있어서 휴업보상·장해보상·유족보상·장사비·일시보상 등을 산정하는 경우의 평균임금의 산정은 사망 또는 부상의 원인이 되는 사고가 발생한 날 또는 진단에 따라 질병이 발생되었다고 확정된 날이 사유발생일이 된다(근기법시행령 제52조).

넷째, 감급 제재의 경우 : 감급의 제재의 제한액을 정하는 데 있어서의 평균임금의 산정은 제재의 의사표시가 당해 근로자에게 도달된 날이 사유발생일이다.

다섯째, 연차유급휴가수당의 산정 : 연차유급휴가수당을 산정하는 경우에는 취업규칙 등으로 통상임금 또는 평균임금을 기초로 할 수 있고 실제로 통상임금이 일반적이지만, 평균임금으로 할 경우에는 근로자에게 연차유급휴가를 준 날이다. 유급휴가가 2일 이상 계속되는 경우에는 연차유급휴가의 첫날이 사유발생일이다.

(2) 기산일

산정사유 발생일이 확정되면 실제의 기산일은 「사유발생일의 전일」이 된다.

2. 특별한 경우의 산정사유 발생일과 기산일

첫째, 교대제근로자의 경우 : 교대제근로자의 평균임금 산정시의 산정사유 발생일과 기산일이 언제이냐의 문제이다. 1일 근로시간이 역일을 달리하여 걸쳐 있는 교대제근로자의 경우에는 역일상 계속된 근로를 하였더라도 이를 연속된 하나의 근무로 보아 1근무로 취급하여 시업시간이 속하는 날을 산정사유 발생일로 보아 기산일은 그 전날부터 산정한다(2005.4.7, 보상부-1471).

둘째, 근로제공의 첫 날에 평균임금 산정사유가 발생한 경우 : 근로를 제공한 첫 날(근기법 제35조제5호에 따라 수습기간 종료 후 첫 날을 포함한다)에 평균임금 산정사유가 발생한 경우에는 그 근로자에게 지급하기로 한 임금의 1일 평균액으로 평균임금을 추산한다(2015.11.15, 고용노동부고시 제2015-77호, 평균임금산정특례고시 제2조).

셋째, 평균임금의 계산에서 제외되는 기간이 3개월 이상인 경우 : 평균임금의 계산에서 제외되는 기간이 3개월 이상인 경우에는 제외되는 기간의 최초일을 평균임금의 산정사유가 발생한 날로 보아 평균임금을 산정한다(2015.10.14, 고용노동부고시 제2015-77호) 평균임금산정특례고시 제1조제1항). 그렇게 산정된 금액에서 산재보험법 제38조제3항의 규정에 따라 증감을 거친 금액을 그 근로자의 보험급여 산정기준이 되는 평균임금으로 하여야 한다(대법 2023.6.1, 2018두60380).

넷째, 근로자가 여러 사업장에서 근무하다 퇴직한 후 진폐 등 직업병 진단이 확정되어 평균임금을 산정할 때 그 기준이 되는 퇴직일 : 원칙적으로 그 직업병의 발병 또는 악화와 상당인과관계가 있는 업무를 수행한 사업장들 중 직업병 진단 확정일에 가장 가까운 마지막 사업장에서 퇴직한 날을 의미한다(대법 2023.6.1, 2018두60380).

다섯째, 평균임금 산정시 법정방식이 아니라 당사자간의 사후적인 의사에 따라 행한 계산방식의 적법성 여부 : 평균임금도 통상임금과 같이 근로조건의 기준을 마련하기 위하여 법이 정한 도구개념이므로 그 산정방식과 관계되는 사항에 대하여 당사자간 의사로 정할 수 없다.

〈평균임금의 적용〉

구 분	산정사유 발생일	지급액
퇴 직 금 (근퇴법 제8조)	퇴직한 날	계속근로연수 1년에 대하여 평균임금 30일분
휴업수당 (근기법 제46조)	휴업한 날	평균임금 70% 또는 통상임금 100% 중 적은 금액
연차유급휴가수당 (근기법 제60조)	실제로 근로자가 연차유급휴가를 사용한 날	평균임금 100% 또는 통상임금 100%
재해보상금 (근기법 제79조)	재해가 발생한 날 또는 진단에 의해 질병이 발생하였다고 확정된 날	재해보상 유형에 따라 다름
감 급 액 (근기법 제95조)	감급제재의 의사표시가 근로자에게 도달한 날	1회의 액이 평균임금의 1일분의 2분의 1을 초과하지 못함

3 평균임금의 계산방법

① 평균임금의 계산방법에 관하여 근기법 제2조제1항제6호에서 규정하고 있으며, 원칙적으로는 다음과 같다.

$$\text{평균임금} = \frac{\text{사유발생일 이전 3개월 동안 지급된 임금총액}}{\text{사유발생일 이전 3개월 동안 총 일수}}$$

② 산정사유발생일 이전 3개월 동안은 90일이 아니라 실제 근로를 제공하였는지 여부와 관계없이 사유가 발생한 날부터 이전 월력(月曆)상의 3개월간을 말한다. 산정사유 발생 당일은 민법 제157조의 초일불산입의 원칙 및 포함될 경우 근로시간의 차이에 따라 임금격차가 발생하므로 산입하지 아니한다. 해당기간 중 월의 길고 짧음에 따라 실제 3개월간의 총일수는 89일 내지 92일이 된다. 사유발생일이 5월 15일인 경우 총일수는 89일이 되며 10월 15일인 경우 총일수는 92일이 된다.

③ 근로자가 취업한 후 3개월 미만인 경우의 평균임금은 3개월 이상인 경우에 준하여 산정한다(동법 제2조제1항제6호후단).

④ 이상의 방법에도 불구하고 평균임금을 산정할 수 없는 경우 또는 일용근로자의 평균임금은 고용노동부장관이 정하는 바에 따른다(동법시행령 제3조, 제4조).

4 평균임금의 산정시 제외되는 기간과 임금

[실무사례]
甲은 A회사의 영업직 사원으로 입사하여 약 10년간 근무하여 오다가 2017.11.30.자로 사직하였다. 甲은 A 노동조합 조합원으로 퇴직금을 계산할 때 위 파업기간(2007.9.1~2017.9.30)과 그 기간 중의 임금을 포함하여 평균임금을 산정하였다. 이러한 A회사의 평균임금 산정 방식은 적법한가?

1. 근기법시행령 제2조제1항의 규정 내용

평균임금의 산정은 사유발생 당시 근로자의 통상적인 생활임금을 가장 정확하게 반영하는 것을 그 기본으로 한다(대법 2019.6.13, 2015다65561). 과거 일정기간의 총수입(임금총액)을 그 기간의 총일수로 나누어 계산하는 것이 원칙이다. 그러나 그 기간 중 통상의 생활임금을 산정하기에 부적당한 휴업기간 등이 있는 경우에는 이를 제외할 필요가 있다. 근기법 제2조제1항제6호에 의한 평균임금 산정기간 중에 다음 각 호의 1에 해당하는 기간이 있는 경우에는 그 기간과 그 기간 중에 지급된 임금은 평균임금 산정기간과 임금의 총액에서 각각 공제한다(동법시행령 제2조제1항). 동 조항의 취지는 위와 같은 기간과 그 기간 중의 임금을 공제하지 아니한다면 정상적인 근로의 제공을 전제로 하여 이에 대하여 지급된 실제임금의 평균치를 산정하는 평균임금제도의 취지에 맞지 아니하고, 평균임금이 부당하게 낮아지게 될 염려가 있기 때문이다(대법 2003.7.25, 2001다12669). 근로자의 정당한 권리행사 또는 근로자에게 책임을 돌리기에 적절하지 않은 사유로 근로자가 평균임금 산정에서 불이익을 입지 않도록 특별히 배려한 규정이다(대법 2019.6.13, 2015다65561 ; 대법 2009.5.28, 2006다17287).

① 근로계약을 체결하고 수습 중에 있는 근로자가 수습을 시작한 날부터 3개월 이내의 기간

② 법 제46조에 따른 사용자의 귀책사유로 휴업한 기간

③ 법 제74조에 따른 출산전후휴가기간, 유사산휴가기간

④ 법 제78조에 따라 업무수행으로 인한 부상 또는 질병을 요양하기 위하여 휴업한 기간

⑤ 남녀고용평등법 제19조에 따른 육아휴직기간

⑥ 노조법 제2조제6호에 따른 쟁의행위기간

⑦ 병역법, 예비군법 또는 민방위기본법에 따른 의무를 이행을 위하여 휴직하거나 근로하지 못한 기간. 다만, 그 기간 중 임금을 지급받은 경우에는 그러하지 아니한다.

⑧ 업무외 부상·질병, 그 밖의 사유로 사용자의 승인을 받아 휴업한 기간

2. 육아기 근로시간 단축기간, 가족돌봄휴직기간·가족돌봄휴가기간, 가족돌봄 등을 위한 근로시간 단축기간

남녀고용평등법 제19조의3제4항에 의하면 「육아기 근로시간 단축을 한 근로자에 대하여 근기법 제2조제1항제6호에 따른 평균임금을 산정하는 경우에는 그 근로자의 육아기 근로시간 단축 기간을 평균임금 산정기간에서 제외한다」고 규정하고 있다. 또한 남녀고용평등법 제22조의2제5항에 의하면 「가족돌봄휴직기

간 및 가족돌봄휴가기간은 근속기간에 포함한다. 다만, 근기법 제2조제1항제6호에 따른 평균임금산정기간에서는 제외한다」고 규정하고 있다. 또한 「가족돌봄 등을 위한 근로시간 단축을 한 근로자에 대하여 근기법 제2조제1항제6호에 따른 평균임금을 산정하는 경우에는 그 근로자의 근로시간 단축기간을 평균임금 산정기간에서 제외한다고 규정하고 있다」(남녀고용평등법 제22조의4 제4항).

3. 결근기간, 직위해제, 대기발령, 정직, 감봉기간의 공제 여부

(1) 결근기간, 직위해제, 대기발령, 정직, 감봉기간

근로자의 귀책사유로 인한 결근기간과 징계처분으로서의 직위해제, 대기발령, 정직, 출근정지, 감봉의 기간의 경우 이 기간 중 지급된 임금을 포함하여 평균임금을 산정하여야 한다. 반대로 근로자에게 특별히 유리한 기간이 포함되었다 하여 이를 제외할 수도 없다고 보아야 한다. 이는 평균임금의 개념이 산정사유 발생시의 근로자의 임금상황을 나타내기 위한 것이기 때문이다. 즉 평균임금을 산출하는데 있어서는 근로시간의 장단에 의한 임금의 다소에 불구하고 당해 기간 중에 근로의 대가로서 지급된 임금의 총액으로 이해하여야 한다(대법 1967.1.31, 66다2270). 예컨대 대기발령이 정당한 처분이라면 그 기간과 그 기간 중에 지급된 임금은 평균임금 산정기준이 되는 기간과 임금총액에 각각 포함해 평균임금을 산정하고, 부당한 처분이라면 이를 근기법시행령 제2조제1항제8호에 준하는 것으로 봐 그 기간과 그 기간 동안에 지급받은 임금을 평균임금 산정기준이 되는 기간과 임금총액에서 각각 빼는 것이 타당하다.

(2) 근기법시행령 제2조제1항의 법적성격

평균임금의 계산에서 제외되는 기간 및 임금을 규정한 근기법시행령 제2조제1항각호를 예시적 열거규정으로 보아야 하는지 아니면 제한적인 열거규정으로 보아야 하는지 문제되고 있다. 판례(대법 2009.5.28, 2006다17287 ; 대법 2003.7.25, 2001다12669)는 제한적 열거규정으로 해석하여 동 조항에서 명시하고 있는 기간에 해당하지 않는 기간에 대해서는 그 기간의 일수와 그 기간 중에 지급받은 임금액을 평균임금 산정의 기준에서 제외할 수 없다고 판시하고 있다.

4. 임금총액의 일부가 명확하지 아니한 경우

평균임금의 산정기간 중에 지급된 임금의 일부를 확인할 수 없는 기간이 포함된 경우에는 그 기간을 빼고 남은 기간에 지급된 임금의 총액을 남은 기간의 총일수로 나눈 금액을 평균임금으로 한다(2015.10.14, 고용노동부고시 제2015-77호 ; 평균임금산정특례고시 제4조).

5 평균임금의 조정

평균임금의 증감 제도는 오랜 기간 재해보상금 또는 보험급여를 받거나 오랜 기간이 지난 후 재해보상금 또는 보험급여를 받을 때, 평균임금을 산정할 사유가 생긴 날인 재해일 또는 진단 확정일을 기준으로 평균임금을 산정하고, 이에 따라 재해보상금 또는 보험급여액을 정할 경우 재해보상금 또는 보험급여의 실질적 가치를 제대로 반영하지 못하는 불합리한 경우를 시정하기 위하여 마련된 제도이다(대법 2006.9.22, 2004두2103). 이에 따라 근기법시행령 제5조는 두 가지의 평균임금 조정원칙을 정하고 있다.

1. 평균임금의 조정과 재해보상금 산정

근기법 제80조 · 제81조 및 제83조부터 제85조까지의 규정에 따른 보상금 등을 산정할 때 적용할 평균임금은 그 근로자가 소속한 사업 또는 사업장에서 같은 직종의 근로자에게 지급된 통상임금의 1명당 1개월 평균액이 그 부상 또는 질병이 발생한 달에 지급된 평균액보다 100분의 5 이상 변동된 경우에는 그 변동비율에 따라 인상된 또는 인하된 금액을 기초로 평균임금을 조정하여 보상하도록 규정하고 있다(그 변동사유가 발생한 달의 다음 달부터 이를 적용한다. 다만, 제2회 이후의 평균임금을 조정하는 때에는 직전 회의 변동사유가 발생한 달의 평균액을 산정기준으로 한다. 근기법시행령 제5조제1항). 산재보험법에서는 평균임금산정사유 발생일로부터 1년이 지난 이후에는 매년 전체근로자의 임금평균액의 증감률에 따라 평균임금을 증감하되, 근로자의 연령이 60세에 도달한 이후에는 소비자물가변동률에 따라 평균임금을 산정한다(산재보험법 제36조제3항).

2. 평균임금의 조정과 퇴직금산정

근로자가 업무상 부상 · 질병으로 장기간 요양을 한 후 퇴직하는 경우 재해발생 당시의 평균임금을 기준으로 근퇴법 제8조에 따른 퇴직금을 산정할 때 적용할 평균임금은 조정된 평균임금으로 한다. 이러한 경우에는 당해 근로자가 소속한 사업장의 같은 직종의 근로자의 임금변동에 따라 평균임금액을 조정하고 조정된 평균임금에 따라 퇴직금을 산정한다(근기법시행령 제5조제4항).

6 평균임금 산정시 사유발생일 당일의 포함 여부

평균임금을 산정하여야 할 사유가 발생한 날 이전 3개월은 사유가 발생한 날의 전일부터 소급하는 3개월을 말하며, 사유가 발생한 당일은 포함되지 않는다(대법 1997.10.28, 96다13415). 또한 민법 제157조의 기간계산의 기산일도 초일을 산입하지 않는 것이 원칙이므로 이와 같이 해석하여야 할 것이다.

7 평균임금 산정시의 임금총액

1. 임금총액의 범위

① 평균임금의 산정대상이 되는 기초임금은 산정하여야 할 사유가 발생한 날 이전 3개월간에 지급된 임금총액으로 그 기간에 지급된 것이라면 수당의 종류를 불문한다.

평균임금 산정의 기초가 되는 임금총액에는 사용자가 근로의 대가로 근로자에게 지급하는 일체의 금품으로서, 근로자에게 계속적·정기적으로 지급되고 그 지급에 관하여 단체협약, 취업규칙, 급여규정, 근로계약, 노동관행 등에 의하여 사용자에게 지급의무가 지워져 있으면 그 명칭 여하를 불문하고 모두 포함된다(대법 2018.12.13, 2018다231536 ; 대법 2018.10.12, 2015두36157 : 대법 2011.3.10, 2010다77514 ; 대법 2001.10.23, 2001다53950). 사용자에게 근로의 대가성이 있는 금품에 대해 그 지급의무가 있다는 것은 그 지급 여부를 사용자가 임의적으로 결정할 수 없다는 것을 의미하는 것이고, 그 지급의무의 발생근거는 단체협약이나 취업규칙, 급여규정, 근로계약에 의한 것이던 그 금품의 지급이 사용자의 방침이나 관행에 따라 계속적으로 이루어져 노사간에 그 지급이 당연한 것으로 여겨질 정도의 관계가 형성된 경우처럼 노동관행에 의한 것이든 무방하다(대법 1997.5.28, 96누15084). 비록 현물로 지급되었다 하더라도 근로의 대가로 지급하여 온 금품이라면 평균임금의 산정에 있어 포함되는 임금으로 봄이 상당하다(대법 2005.9.9,

2004다41217 ; 대법 2001.10.23, 2001다53950).

② 임금총액에는 기본급, 연차유급휴가수당, 연장·야간·휴일근로수당, 특수작업수당, 위험작업수당, 기술수당, 관리·감독직의 직책수당, 장려·정근·개근·생산장려수당, 상여금 등이 모두 포함된다. 사용자(병원)는 매달 근로자(안과의사)의 실수령액에 대한 근로소득세 등을 대납하기로 하였으므로 그 명칭 여하를 불문하고 사용자가 대납하기로한 해당 근로소득세 등 상당액은 평균임금 산정의 기초가 되는 임금총액에 포함되어야 한다(대법 2021.6.24, 2016다200200).

③ 일반적으로 사용자가 근로자에게 지급하는 임금 중 법령(국민건강보험법 등)에 근거해 그 일부를 공제하여 원천징수하는 경우에는 원칙적으로 공제 전 금액으로 평균임금을 산입하는 것이 타당하다(2008.4.1, 근로조건지도과-598).

④ 단체협약에 따라 택시운전근로자에게 직접 귀속된 초과운송수입금은 퇴직금 산정기초가 되는 평균임금에 포함되지 않는다. 사용자의 퇴직금 출연에 예측 가능성을 기할 수 있게 하기 위하여 사용자가 관리가능하거나 지배가능한 부분이 아니기 때문이다(대법 2023.5.18, 2020다255986).

2. 임금채권은 확정되었으나 미지급된 임금의 경우

지급된 임금총액이란 근로자에게 현실적으로 지급된 임금뿐만 아니라 평균임금을 산정하여야 할 사유가 발생한 날을 기준으로 하여 사용자가 지급의무를 부담하는 금액도 포함된다(대법 2023.4.13, 2022두64518).

3. 월의 중도 퇴직자에게 당월 보수 전액을 지급하는 경우

취업규칙상 월의 중도에 퇴직하더라도 퇴직 당해 월의 보수 전액을 지급하도록 규정되어 있는 경우 퇴직하는 근로자에 대한 임금계산에 있어서의 정책적·은혜적 배려가 포함된 취지라고 볼 것이지, 실제 근무일수와 무관하게 퇴직 당해 월의 임금을 인상하여 전액 지급한다는 취지는 아니라고 할 것이므로, 퇴직금 산출의 기초가 되는 평균임금을 산정함에 있어서는 퇴직 당해 월에 지급받은 보수전액을 산입하여서는 안된다(대법[전원합의체] 1999.5.12, 97다5015 ; 대법 2000.2.25, 98다18544). 이 판례는 퇴직하는 해당 월의 실제 근무일수에 상응하는 보수액만큼 산입하여 계산하여야 한다는 것이다.

8 연차유급휴가근로수당의 평균임금 산입방법

최근 '연차유급휴가청구권·수당·근로수당과 관련된 지침'(2021.12.15, 임금근로시간과-2861)을 중심으로 살펴본다. 연차유급휴가를 사용하지 아니하고 퇴직한 근로자에 대하여 연차유급휴가미사용수당을 지급하는 경우, 퇴직금산정을 위한 평균임금산정 기준임금에 퇴직하기전 이미 발생한 연차유급휴가수당이 포함되는지 아니면 퇴직함으로써 비로소 지급사유가 발생하는 연차유급휴가수당이 포함되는지에 대한 다툼도 있을 수 있다.

1. 퇴직하기 전 이미 발생한 연차유급휴가미사용수당

퇴직 전전년도 출근율에 의하여 퇴직 전년도에 발생한 연차유급휴가 중 미사용하고 근로한 일수에 대한 연차유급휴가미사용수당액 또는 퇴직 전년도에 입사하여 그 당시 1개월 개근시마다 발생한 연차유급휴가 중 최초 1년의 근로가 끝날 때까지 미사용하고 근로한 일수에 대한 연차유급휴가 미사용 수당액의 3/12을 〈퇴직금 산정을 위한 평균임금 산정 기준임금〉에 포함한다.

(예시) 2020년도에 80퍼센트 이상 출근하여 17일의 휴가가 발생하였으나 이중 2021년도 12월 말까지 10일만 사용하고 7일은 근로한 경우, 근로자가 2022년 3월 1일 퇴직했다면 미사용일수에 대한 수당은 2022년 3월 정기지급일에 전액 지급하고, 이 중 3/12에 해당하는 금액을 퇴직금 지급을 위한 평균임금에 포함한다. 이는 연차유급휴가미사용수당이 매월 지급하는 임금이 아니라는 점을 감안해 근로월별로 균등하게 산입하려는 것이다(2014.1.24, 근로개선정책과-370)

2. 퇴직으로 인해 비로소 지급사유가 발생한 연차유급휴가미사용수당

퇴직 전년도 출근율에 의하여 퇴직년도에 발생한 연차유급휴가를 미사용하고 퇴직함으로써 비로소 지급사유가 발생한 연차유급휴가미사용수당은 평균임금의 정의상 산정사유 발생일 이전에 그 근로자에 대하여 지급된 임금이 아니므로 〈퇴직금 산정을 위한 평균임금 산정 기준임금〉에 포함되지 아니한다.

(예시) 퇴직 전년도(위의 사례에서 2021년에 80퍼센트 이상 출근하여 18일의 연차유급휴가가 발생하였으나 2022년도에 3일만 사용하고 2022.3.1 퇴직하였다면) 미사용일수 15일에 대한 수당은 2022년도에 휴가를 사용할 수 있는 날이 있었는지 여부에 관계없이 2022.3.1 퇴직일로부터 14일 이내에 전액 지급해야 한다. 다만, 이 금액은 퇴직금 산정을 위한 평균임금에는 산입하지 아니한다.

3. 판례의 입장

판례는 평균임금 산정기준이 되는 임금총액에 산입되는 연차유급휴가수당의 범위에 관하여 행정지침·행정해석과는 상이한 판단을 하고 있다.

퇴직하기 전년도에 80퍼센트 이상 출근함으로써 받을 것으로 확정된 연차유급휴가를 사용하지 아니한 채 퇴직함으로 말미암아 그 기간에 대한 연차유급휴가근로수당 지급청구권이 발생하였다고 하더라도 이는 연차유급휴가를 받게 된 원인이 된 "퇴직하기 전 해 1년간"의 근로의 대가로 지급되는 것이기 때문에 연차유급휴가를 받게 된 원인이 된 "퇴직하기 전 해 1년간"의 일부가 평균임금 산정기간인 퇴직한 날 이전 3개월간 내에 포함되지 아니하는 한 연차유급휴가 근로수당은 퇴직금의 산출근거가 되는 평균임금에 포함시킬 수 없다(대법 2015.11.27, 2012다10980 ; 대법 2011.10.13, 2009다86246).

연차유급휴가권의 기초가 된 80퍼센트 이상 근로한 1년간의 일부가 퇴직한 날 이전 3개월간 내에 포함되는 경우에 그 포함된 부분에 해당하는 연차유급휴가근로수당만이 평균임금 산정의 기준이 되는 임금총액에 산입된다고 본다.

9 상여금의 평균임금 산입방법

[실무사례1]
A회사는 외제승용차를 수입·판매하는 회사이고, 아래와 같은 '보수규정'에 따라 영업직 근로자들에게 보수를 지급하여 왔다. A회사에는 영업직 근로자를 조합원으로 하는 A노동조합(기업별 노동조합)이 조직되어 있다. A노동조합의 조합원인 근로자 甲은 A회사의 영업직 사원으로 입사하여 약 10년간 근무하여 오다가 개인적 사정을 이유로 2017.11.30자로 사직하였다.

보수규정 제33조 **【영업직 사원의 급여】** ① 영업직 사원의 월 급여는 정액의 기본급과 영업실적에 따라 지급되는 성과급으로 구성한다.
② 기본급은 사원의 근속연수에 따라 차등 지급하며 지급액은 〈별표1〉의 내용에 따른다.
③ 성과급은 매월 급여산정기간 동안 사원이 판매한 자동차의 수에 비례하여 지급한다.
④ 전항의 성과급 액수는 차량 1대를 판매할 경우 발생하는 순이익의 10%로 한다.

제34조 **【중 식】** ① 회사는 영업직 사원에게 구무일 1일에 대하여 5,000원 상당의 중식을 제공할 수 있다.
② 전항의 중식은 구내식당에서 제공하며, 중식을 먹지 않는 사원에게 별도의 중식비를 지급하지 아니한다.

A회사는 甲의 퇴직금을 산정·지급하면서 '보수규정' 제33조의 성과급과 제34조의 중식에 상응하는 금액(5,000원)을 퇴직금 산정의 기초가 되는 평균임금에서 제외하였다. 이러한 A회사의 행위는 적법한가?

[실무사례2]

상시 300명의 근로자를 사용하여 가전제품의 제조 및 판매업을 영위하는 A회사는 정기상여금에 관해 취업규칙 제40조에서 다음과 같이 규정하고 있다.

제40조 【정기상여금】 정기상여금은 다음의 기준에 따라 지급한다.

1. 1년을 4분기로 나누어 매 분기 말(3월, 6월, 9월, 12월)의 임금지급일에 월 기본급의 100%를 지급한다.
2. 지급대상은 사무직 및 생산직 사원이며, 영업직 사원에 대하여는 별도의 기준에 따라 성과상여금을 지급한다.
3. 지급대상기간 도중에 퇴직한 근로자에 대하여는 근무일수에 따라 일할 계산하여 지급한다.

A회사는 연장근로수당의 계산에 사용되는 통상임금에서는 위의 정기상여금을 제외하였다. 이에 대해 A회사의 사무직 사원인 甲은 A회사의 정기상여금이 정기성, 일률성, 고정성을 갖추어 「근기법 시행령」 제6조의 통상임금에 해당하므로 정기상여금을 포함하여 산정한 통상임금을 기준으로 연장근로수당을 지급하여야 한다고 주장한다. 甲의 주장은 타당한가?

1. 상여금이 임금인지 여부의 판단기준

사용자가 근로자에게 지급하는 금품이 평균임금 산정의 기초가 되는 임금 총액에 포함될 수 있는 임금에 해당하려면 그 금품이 근로의 대가로 지급되는 것이어야 한다. 어떤 금품이 근로의 대가로 지급된 것이냐를 판단함에 있어서는 그 금품 지급의무의 발생이 근로제공과 직접적으로 관련되거나 그것과 밀접하게 관련된 것으로 볼 수 있어야 할 것이다. 이른바 상여금이 임금후불적 성질의 것인지 또는 은혜적, 포상적 성질의 것인지는 획일적으로 분류할 수 없는 것이기는 하나 상여금 명목의 금원이 근로자들에게 불확정적이고 일시적으로 지급되는 것이 아니라 계속적·정기적으로 지급되고 그 지급액이 확정되어 있다면 근로자에 대한 근로의 대가로 지급되는 임금의 성질을 가지는 것으로서 평균임금 산정의 기초가 되는 임금 총액에 포함될 수 있다고 해석하여야 한다(대법 2002.10.25, 2000두9717).

상여금이 계속적·정기적으로 지급되고 그 지급액이 확정되어 있다면 이는 근로의 대가로 지급되는 임금의 성질을 가지나, 그 지급사유의 발생이 불확정적이고 일시적으로 지급되는 것은 임금이라고 볼 수 없다(대법 2011.10.13, 2009다86246).

또한 그 상여금이 퇴직금 산정의 기초가 되는 평균임금에 산입될 수 있는지의 여부는 특별한 사정이 없는 한 퇴직 당시를 기준으로 판단하여야 한다(대법 2006.5.26, 2003다54322·54339).

2. 상여금의 구체적인 금액 결정방법

상여금의 구체적인 금액은 노동조합이 있는 경우에는 통상 단체교섭을 거쳐, 노동조합이 없는 경우에는 사용자가 구체적인 산정방식이나 지급액을 결정하여 책정한다. 객관적 요소(연령, 근속년수, 직종, 출근일수 등)에 의하여 지급액을 결정하는 부분과 근무실적, 인사고과 등의 사용자의 주관적 평가에 따라 결정하는 부분이 있는 것이 많다. 산정방식 중 고과사정 등의 평가요소가 포함되어 있는 경우 사용자의 평가를 거쳐 구체적인 금액이 확정된다.

상여금에는 고정비적인 기본급과는 달리 변동비로서 임금제도에 유연성을 가져오는 성격이 있다. 즉, 매년 기업실적에 따라 상여총액을 결정하고 또한 개인의 업적에 따라 배분이 가능하다. 나아가 기본급이 인상되면 통상임금이나 퇴직금 등에 직접 반영되나 상여금은 통상임금의 산정기초에서 제외되는지의 여부에 관해서는 ⑫ 통상임금의 의의와 요건에서 기술한다.

3. 상여금을 기본급화한 경우 평균임금 산정방법

상여금이 임금체계 개편에 따라 기본급에 산입하여 지급하고 있는 경우 사실상 평균임금 산정사유가 발생한 날 이전 3개월 동안의 임금총액에 산입되어 있는 경우라면, 근로자의 통상 생활 임금을 사실대로 산정하는 것을 기본원리로 하는 평균임금 산정의 기본취지를 감안할 때 임금체계 개편 이전의 상여금을 중복하여 평균임금 산정범위에 산입할 이유는 없을 것이다(2014.8.4, 근로개선정책과-4339).

4. 매년의 상여금 지급은 관행화되는가

상여금의 지급의무의 유무도 취업규칙 등의 규정 내용에 따른다. "매년 6월과 12월에 상여금을 지급하는 경우가 있다"라고 하는 데 그치는 경우에는 근로자에게 법률상의 상여금 청구권은 발생하지 아니한다.

그러나 위 규정에 근거하여 매년 6월과 12월에 상여금을 계속적으로 지급하여 왔던 사실이 있으면 그것이 관행화되어 근로자의 청구권은 발생한다. 그러나 업적이 나쁘면 지급하지 않는다는 내용이나 우연히 좋은 성적이 계속되었기 때문에 상여금의 지급이 계속되었음에 불과한 경우에는 위 관행이 청구권을 발생시키는 사실인 관습으로서의 효력은 부정된다. 그러나 상여금 지급 관행이 근기법과 단체협약 등에 반하지 아니하고 근로자에게 유리한 공통적인 근로조건이 된다면 개별근로관계를 규율하는 효력이 있는바 이를 변경할 경우 취업규칙의 변경에 준하는 절차를 거쳐야 할 것이다(2016.9.27, 근로기준정책과-6052).

또한 상여금은 해당 기간의 전기간에 노무를 제공한 데 따른 포상과 장래의 노무제공을 장려하는 취지가 포함되어 있으므로 상여금의 지급시 지급일 재적을 조건으로 하더라도 위법이 아니다.

〈평균임금산정상의 상여금 취급요령〉

(고용노동부예규 제96호, 2015.10.14)

1. 상여금이 단체협약, 취업규칙, 그 밖에 근로계약에 미리 지급되는 조건 등이 명시되어 있거나 관례로 계속 지급하여온 사실이 인정되는 경우 그 상여금의 지급이 법적인 의무로써 구속력을 가지게 되어 이 때에는 근로제공의 대가로 인정되는 것이므로 이는 임금으로 취급하여야 할 것이다. 그러므로 지급되는 상여금은 지급횟수(예를 들어 연 1회 또는 4회 등)를 불문하고 평균임금 산정기초에 산입한다.
2. 상여금은 근로자가 지급받았을 당해 임금지급기간만의 임금으로 취급하여 일시에 전액을 평균임금에 산입하는 것이 아니고 평균임금을 산정하여야 할 사유가 발생한 때 이전 12개월 중에 지급받은 상여금 전액을 그 기간 동안의 근로개월 수로 분할 계산하여 평균임금 산정에 산입하여야 한다.
3. 근로자가 근로를 제공한 기간이 1년 미만인 경우에는 그 기간 동안 지급받은 상여금 전액을 해당 근로개월 수로 분할 계산하여 평균임금의 산정기초에 산입한다.

근로월수 1년 이상	사유발생일 이전 1년 기간 동안의 상여금 총액×3월/12월
근로월수 1년 미만	근로기간 중의 상여금 총액×(이전 3개월간의 총일수/총근로일수)

5. 근로자가 근로를 제공한 기간이 1년 미만인 경우

근로자가 근로를 제공한 기간이 1년 미만인 경우 그 기간 동안 지급받은 상여금 전액을 해당 개월 수로 분할 계산하여 평균임금의 산정 범위에 산입시켜야 한다. 이는 상여금이 일반적인 임금지급주기를 벗어나 지급되었을 경우 이를 조정함으로써 통상의 임금을 사실대로 산정하기 위한 평균임금의 기본 취지를 반영토록 하기 위한 것이다(2017.2.15, 근로기준정책과-1217).

10 성과급의 평균임금 산정방법

성과급의 지급 등에 대해서는 노동관계법에 따로 규정되어 있지 아니하다. 만일 회사의 단체협약·취업규칙 등에 지급조건, 지급액, 지급시기를 미리 정하여 지급하거나 전 근로자에게 관례적으로 지급하여 사회통념상 근로자가 당연히 지급받을 수 있다는 기대를 갖게 되는 경우에는 임금성이 인정된다고 할 수 있다. 반면에 단체협약·취업규칙 등에 지급조건, 지급액, 지급시기 등에 관하여 아무런 규정도 없이 사용자의 재량에 의해 매년 그 지급시기, 지급액을 달리하거나 지급되지 아니하는 경우라면 이는 그 지급이 계속적·정기적으로 이루어져 사용자에게 지급의무가 확정되는 임금성을 갖는다고 보기 어렵다(2017.10.17, 근로기준정책과-6363). 성과급이 임금에 해당하는 경우 평균임금에 포함되어야 할 성과급을 계산하여야 하는데, 성과급은 대부분 분기별 또는 연간으로 계산됨에 따라 근기법상 퇴직 전 3개월간 근로의 대가로 지급된 금원인지 여부가 문제된다.

1. 임금성을 인정하는 판례 및 행정해석

(1) 판례의 태도

① 경영평가성과급 : 경영평가성과급이 계속적·정기적으로 지급되고 지급대상, 지급조건 등이 확정되어 있어 사용자에게 지급의무가 있다면, 이는 근로의 대가로 지급되는 임금의 성질을 가지므로 평균임금 산정의 기초가 되는 임금에 포함된다고 보아야 한다. 경영실적 평가결과에 따라 그 지급 여부나 지급률이 달라질 수 있다고 하더라도 그러한 이유만으로 경영평가성과급이 근로의 대가로 지급된 것이 아니라고 볼 수 없다(대법 2018.12.13, 2018다231536 ; 대법 2018.10.12, 2015두36157). 근로자의 근로제공의 결과로 성과(이익)가 발생한 것이므로 성과급은 근로의 대가인 임금이라는 것이다.

한편 2012년부터는 공공기관 경영평가성과급의 최저지급률과 최저지급액이 정해져 있지 않아 소속 기관의 경영실적 평가결과에 따라서는 경영평가성과급을 지급받지 못할 수도 있다. 이처럼 경영평가성과급을 지급받지 못하는 경우가 있다고 하더라도 ㈎ 성과급이 전체 급여에서 차지하는 비중, ㈏ 그 지급 실태와 ㈐ 평균임금 제도의 취지 등에 비추어 볼 때 근로의 대가로 지급된 임금으로 보아야 한다.

이 판례는 공공기관(한국공항공사)의 경영평가성과급이 평균임금 산정의 기초가 되는 임금에 포함되므로, 공공기관은 퇴직 근로자들에게 공공기관의 경영평가성과급을 포함하여 재산정한 퇴직금과 기지급한 퇴직금의 차액을 지급할 의무가 있다고 본 원심을 수긍한 사례이다(대법 2018.10.12, 2015두36157 ; 대법 2011.10.27, 2011다42324).

② 인센티브성과급 : 판례(대법 2011.7.14, 2011다23149)는 「자동차판매회사가 영업사원들에게 매월 자동차 판매수량에 따른 일정 비율의 인센티브(성과급)를 지급한 경우 이러한 성과급은 퇴직금 산정의 기초가 되는 평균임금에 포함한다」고 하여 성과급의 임금성에 대한 대법원의 전향적인 태도를 확인할 수 있는 판결이다. 또한 판례(대법 2011.3.10, 2010다77514)는 병원의 의사에게 지급한 진료포상비도 임금이라는 것이다.

(2) 예규 및 행정해석의 태도

① 성과급은 상여금과 같이 특수한 성격의 임금으로 1년을 단위로 산정하는 것이 타당하다. 근기법 제2조제1항제6호에 의한 평균임금 산정시 성과급의 취급에 대하여는 성과급이 단체협약이나 취업규칙 기타 근로계약에 미리 지급조건이 명시되어 있거나 관례로서 계속 지급하여 온 사실이 인정되는 경우에는 평균임금을 산정하여야 할 사유가 발생한 때로부터 이전 12개월 중에 지급받은 성과급 전액을 그 기간동안의 근로월수로 분할 계산하여 평균임금 산정시 산입하여야 할 것이다(2015.10.14, 고용노동부예규 제96호 ; 2007.7.4, 임금근로시간정책팀-2286).

② 또한 성과급이 임금에 해당되는 것으로 판단되는 경우 성과급 지급기준기간의 중간에 퇴직한 경우에는 근무한 기간에 비례한 금액을 지급하는 것이 합리적인 것으로 보고 있다(2006.1.13, 임금근로시간정책팀-117).

2. 임금성을 부정하는 판례 및 행정해석

(1) 판례의 태도

근로자 개인의 실적에 따라 결정되는 성과급은 지급조건과 지급시기가 단체협약 등에 정하여져 있다고 하더라도 지급조건의 충족 여부는 「근로자 개인의 실적에 따라 달라지는 것으로서 근로자의 근로제공 자체의 대상이라고 볼 수 없으므로 임금에 해당된다 볼 수 없다(대법 2004.5.14, 2001다76328).

(2) 행정해석의 태도

'생산성장려금과 초과이익배분금'과 같이 단체협약·취업규칙 등에 미리 지급조건 등을 정하여 계속적·정기적으로 지급되는 것이 아니라 경영이익의 발생 및 CEO의 재량에 따라 지급여부가 결정되는 등 그 지급사유가 불확정적인 경우라면 이는 개별 근로자의 근로의 대가와 무관하게 지급되는 것으로써 사용자에게 지급의무가 부과되는 근기법 상 임금으로 보기는 어렵다(2017.10.17, 근로기준정책과-6363).

11 특별한 경우의 평균임금의 산정방법

1. 평균임금 산정이 곤란한 경우

근기법 제2조제1항제6호 및 동법시행령 제2조 및 제3조에 따라 평균임금을 산정하기 곤란하거나 현저히 부적당한 경우에는 고용노동부장관이 사업이나 직업에 따라 정하는 금액에 따른다(동법시행령 제4조).

여기서 평균임금을 산정할 수 없다는 것은 문자 그대로 그 산정이 기술상 불가능한 경우에만 한정할 것이 아니라, 근기법의 관계 규정에 의하여 그 평균임금을 산정하는 것이 현저하게 부적당한 경우까지도 포함하는 것이라고 보아야 한다(대법 2002.12.27, 2000다18714). 근기법시행령 제4조에 의하여 고용노동부고시(2015.10.14, 제2015-77호 평균임금산정특례)가 현재 시행되고 있으므로 이를 전제로 근로자의 평균임금을 산정할 수 있다(대법 2019.11.14, 2016두54640).

2. 특별한 사유로 통상의 경우보다 현저하게 적거나 많을 경우

(1) 통상의 경우보다 현저하게 적거나 많다고 볼 예외적인 경우

① 근기법 제2조제1항제6호의 규정에 의하여 "평균임금"을 마련한 것은 근로자가 정상적으로 근로를 제공하고 그 대가로 임금을 지급 받을 수 없는 등의 사유가 발생한 경우에 근로자의 생활을 종전과 동일하게 보장하기 위한 것이다. 따라서 「평균임금 산정사유 발생일 이전 3개월 동안의 임금」이 특별한 사

유로 인하여 통상의 경우보다 현저하게 적거나 많을 경우 이를 평균임금 산정의 기초로 삼는다면 이는 통상의 생활을 종전과 같이 보장하려는 제도의 근본 취지에 어긋난다고 하지 않을 수 없고 이러한 경우 평균임금은 근로자가 의도적으로 현저하게 평균임금을 높이기 위한 행위를 한 기간을 제외한 그 직전 3개월간의 임금을 기준으로 산정하여야 한다(대법 1998.1.20, 97다18936).

② 또한 판례(대법 2015.6.11, 2014다87496 ; 대법 2010.4.15, 2009다993696)는 「근기법 및 근기법시행령 등이 정한 원칙에 따라 평균임금을 산정하였다고 하더라도, 근로자의 퇴직을 즈음한 일정 기간 특수하고 우연한 사정으로 인하여 임금액 변동이 있었고, 그 때문에 위와 같이 산정된 평균임금이 근로자의 전체 근로기간, 임금액이 변동된 일정 기간의 장단, 임금액 변동의 정도 등을 비롯한 제반사정을 종합적으로 평가해 볼 때 통상의 경우보다 현저하게 적거나 많게 산정된 것으로 인정되는 예외적인 경우라면, 이를 기초로 퇴직금을 산출하는 것은 근로자의 통상적인 생활임금을 기준으로 퇴직금을 산출하고자 하는 근기법의 정신에 비추어 허용될 수 없는 것이므로, 근로자의 통상적인 생활임금을 사실대로 반영할 수 있는 합리적이고 타당한 다른 방법으로 그 평균임금을 따로 산정하여야 한다.

(2) 통상의 경우보다 현저하게 적거나 많다고 볼 예외적인 경우가 아닌 경우

근로자의 평균임금이 통상의 경우보다 현저하게 적거나 많다고 볼 예외적인 정도까지 이르지 않은 경우에는 근기법 제2조제1항제6호 등이 정한 원칙에 따라 평균임금을 산정하여야 하고, 다만 그 금액이 통상임금보다 저액일 경우에는 그 통상임금액을 평균임금으로 할 수 있을 뿐이다(대법 2010.4.15, 2009다99396 ; 대법 2009.5.28, 2006다17287).

(3) 의도적인 행위와 무관한 임금항목이 혼재된 경우

택시기사인 근로자가 퇴직금을 더 많이 받기 위하여 의도적으로 퇴직 직전 5개월 동안 평소보다 많은 사납금 초과 수입금을 납부한 사안에서, 근로자가 지급받은 임금의 항목들 중 사납금 초과 수입금 부분에 대하여는 의도적인 행위를 하기 직전 3개월 동안의 임금을 기준으로 평균임금을 산정하되 '의도적인 행위를 한 기간 동안의 동종 근로자들의 평균적인 사납금 초과 수입금의 증가율'을 곱하여 산출하고, 이를 제외한 나머지 임금 항목들에 대하여는 퇴직 전 3개월 동안 지급받은 임금총액을 기준으로 평균임금을 산정함이 적절하다(대법 2009.10.15, 2007다72519).

12 근로시간 면제자의 평균임금 산정방법 및 과다지급의 부당노동행위 성립 여부

> **[실무사례]**
> 상시 근로자 250명을 사용하는 X회사와 조합원수 170명의 기업별 노동조합 Y는 2019.7.1. 노동조합 전임자의 근로시간면제에 관하여 단체협약을 체결하였다. 단체협약상 근로시간면제 조항에는 Y노동조합 위원장 및 부위원장을 근로시간 면제자로 지정하고, 근로시간면제 한도는 고용노동부 고시에 따르되, 근로제공 의무 면제 시간에 대한 급여액은 동일 직급의 근로자보다 50% 증액된 급여를 지급한다고 규정되어 있다. 단체협약에 따라 X회사가 Y노동조합의 근로시간 면제자들에게 동일 직급 근로자보다 50% 증액된 급여를 지급하는 행위가 부당노동행위에 해당하는지 검토하시오.

1. 근로시간 면제자 제도(노조법 제24조제2항)의 의의

근로시간 면제자 제도는 노동조합이 사용자에게 경제적으로 의존하는 것을 막고 노동조합의 자주성을 확보하기 위하여 노조전임자 급여지원 행위를 금지하는 대신, 사용자의 노무관리업무를 대행하는 노조전임자제도의 순기능도 고려하여 일정한 한도 내에서 근로시간 면제방식으로 노동조합활동을 계속 보장하기 위한 것이다(대법 2018.4.26, 2012다8239).

2. 근로시간 면제자 급여의 법적성격과 평균임금 산정방법

① 근로시간 면제자 급여의 법적성격 : 근로시간 면제자에 대한 급여는 근로시간 면제자로 지정되지 아니하고 일반 근로자로 근로하였다면 해당 사업장에서 동종 혹은 유사 업무에 종사하는 동일 또는 유사 직급·호봉의 일반 근로자의 통상 근로시간과 근로조건 등을 기준으로 받을 수 있는 급여 수준이나 지급기준과 비교하여 사회통념상 수긍할 만한 합리적인 범위를 초과할 정도로 과다하지 않은 한 근로시간 면제에 따라 사용자에 대한 관계에서 제공한 것으로 간주되는 근로의 대가로서, 그 성질상 임금에 해당하는 것으로 봄이 타당하다.

② 근로시간 면제자의 평균임금 산정방법 : 근로시간 면제자의 퇴직금과 관련한 평균임금을 산정할 때에는 특별한 사정이 없는 한 근로시간 면제자가 단체협

약 등에 따라 지급받는 급여를 기준으로 하되, 다만 과다하게 책정되어 임금으로서 성격을 가지고 있지 않은 초과 급여 부분은 제외하여야 한다(대법 2018.4.26, 2012다8239).

노조법 제24조제2항에 따라 급여지급이 금지된 노조전임자와 달리 동조 제4항의 근로시간면제자의 경우에는 근로시간 면제 한도를 초과하지 아니하는 범위에서 임금의 손실 없이 사용자와의 협의·교섭, 고충처리, 산업안전 활동 등 또는 노조법 또는 다른 법률에서 정하는 업무와 건전한 노사관계 발전을 위한 노동조합의 유지·관리 업무를 할 수 있다.

3. 급여지급이 과다한 경우의 부당노동행위 성립 여부

근로시간 면제자가 면제받은 근로시간이 동일한 호봉의 근로자들이 제공하는 근로시간보다 많고, 지급받은 급여 및 상여의 합계액이 평균 급여 및 상여의 합계액을 초과하는 경우, 근로시간 면제자에 대한 급여지급이 과다하여 부당노동행위에 해당한다(대법 2018.5.15, 2018두33050). 근로시간 면제제도의 취지에 비추어볼 때 근로시간 면제자에게 지급하는 급여는 근로제공의무가 면제되는 시간에 상응한 것이어야 하기 때문이다.

〈노조전임자와 근로시간 면제자의 급여지급 허용 여부 및 부당노동행위 성립 여부〉

구 분	급여지급 허용 여부	부당노동행위 성립 여부	임금성 여부
노조전임자	금 지	부당노동행위 성립	임금성 부정
근로시간 면제자	사회통념상 수긍할 만한 합리적인 범위 내의 급여 : 허용	부당노동행위 아님	임금성 긍정
	사회통념상 수긍할 만한 합리적인 범위를 초과한 급여 : 금지	부당노동행위 성립	임금성 부정

13 평균임금 산정대상기간 중 임금수준의 변경과 평균임금의 산정방법

1. 평균임금의 산정대상기간 중의 임금변동의 문제

평균임금 산정에 있어서 기초가 되는 임금은 이 산정기간에 그 근로자에 대해서 지급된 임금의 총액이 되는 것이나 이것은 위에서 말한 산정기간에 현실로 이미 지급된 임금뿐만 아니라 산정사유 발생일에 있어서 이미 채권으로서 확정되어 있는 임금도 포함된다고 보아야 된다. 예를 들어 임금이 체불된 경우 체불된 임금은 현실적으로는 근로자가 지급받지 못한 상태이지만 이 금액을 포함하여야 한다. 그런데 산정사유 발생일 이전 3개월 동안이라는 산정기간 안에 임금의 수준이 변동되는 경우 변동된 임금을 산입해야 되느냐 안해야 되느냐의 여부가 문제가 된다.

2. 산정사유 발생일 이후에 임금이 소급 인상되는 경우

평균임금 산정사유 발생일 이후에 임금이 소급해서 인상된 경우에 퇴직하거나 사망한 경우 어떻게 할 것인가의 문제가 있다. 예를 들면 10월 27일 퇴직하였는데 10월 31일 노・사합의로 임금이 10% 인상됨과 동시에 6월 1일부터 소급하여 임금을 인상 지급하기로 결정된 경우 평균임금의 산정기초가 되는 임금은 임금인상 전의 임금이 된다.

단체협약・취업규칙・보수규정・근로계약 등에 특약이 없는 한 임금인상 결정일 이전에 퇴직한 근로자에게는 인상된 임금이 적용될 수 없다는 것이 대법원 판례나 행정해석의 입장이다.

3. 산정사유 발생일 이전에 임금이 소급 인상된 경우

산정사유 발생일 이전에 예를 들어 10월 31일 임금 10% 인상과 6월 1일부터 소급지급한다는 결정이 있은 후 11월 2일 퇴직하였다면 소급인상된 임금액이 평균임금 산정의 기초가 된다. 10월에 협정이 성립되고 6월에 소급해서 추가지급액(6월에 소급인상된 액)이 지급되는 경우 그것이 10월의 임금지급일에 일괄해서 지급되었더라도 그것은 10월분의 임금이 아니고 6월에서 10월의 각 월에 지급된 것으로 간주하여 각 월의 임금액에 할당하여 평균임금을 산정하게 된다. 이렇게 해야 평균임금제도의 취지에 비추어 통상의 생활임금을 산정할 수 있기 때문이다.

임금인상협정 체결일 이후 평균임금을 산정할 사유가 발생한 경우에는 그 협정에 의한 임금에 의거 평균임금을 산정해야 된다. 따라서 노사간의 임금협정시 원칙적으로 임금인상안만이 결정되고 세부협정이 미성립된 경우에는 현실로 지급되는 임금을 기준으로 평균임금을 산정하여 퇴직금 등을 지급한 후 세부협정안이 성립되면 그 성립된 협정안에 의거 정산액을 다시 산출해야 할 것이다. 즉, 임금수준에 대하여 협정이 성립된 경우에는 그것에 따라 신임금이 확정된 것이므로 그 후에 산정사유가 발생하였을 때에는 평균임금을 새로운 임금에 의하여 산정해야 할 것이다.

14 통상임금의 의의와 요건

1. 통상임금의 개념과 특징

① 통상임금의 개념 : 「통상임금이란 근로자에게 정기적이고 일률적으로 소정근로 또는 총근로에 대하여 지급하기로 정한 시간급금액, 일급금액, 주급금액, 월급금액 또는 도급금액」을 말한다(근기법시행령 제6조제1항). 즉, 통상임금이란 근로자가 소정근로시간에 통상적으로 제공하는 근로인 소정근로시간(도급근로자의 경우에는 총 근로)의 대가로 지급하기로 약정한 금품으로서 정기적·일률적·고정적으로 지급되는 임금을 말한다(대법 2021.9.30, 2019다288904 ; 대법 2016.3.24. 2015다14075 ; 대법[전원합의체] 2013.12.18, 2012다89399).

어떤 임금이 통상임금에 속하는지 여부는 그 임금이 소정근로의 대가로 근로자에게 지급되는 금품으로서 정기적·일률적·고정적으로 지급되는지를 기준으로 그 객관적인 성질에 따라 판단하여야 하는 것이지 임금의 명칭이나 그 지급주기의 장단 등 형식적 기준에 따라 판단하는 것은 아니다(대법[전원합의체] 2013.12.18, 2012다89399 ; 대법 2020.8.20, 2019다14127, 14134, 14141 ; 대법 2020.4.29, 2016다7647). 통상임금이 근로자가 소정근로시간을 초과하는 근로를 제공할 때 가산임금 등을 산정하는 기준임금으로 가능하다는 점을 고려하면 그것은 당연히 근로자가 소정근로시간에 통상적으로 제공하는 근로의 가치를 금전적으로 평가하는 것이어야 하고 또한 근로자가 연장근로를 제공하기 전에 미리 확정되어 있어야 하는데, 이러한 요건이 구비되어 있다면 그 명칭에 관계없이 모두 통상임금에 해당하는 것으로 보아야 한다(대법 2021.9.30, 2019다288904 ; 대법[전원합의체] 2013.12.18, 2012다89399).

② 통상임금의 특징 : 통상임금은 그것 자체가 임금의 종류 또는 항목에 해당하는 근로의 대가가 아니라, 가산임금을 산출하거나 법률이 정한 수당 등을 지급하기 위한 기준(단위)임금을 말한다. 평균임금이 퇴직금이나 휴업수당 등을 지급하기 위한 기준임금인 것과 마찬가지이다. 다만, 평균임금이 근로자의 통상적

인 생활수준의 보장을 목적으로 하는 단위임금임에 반하여 통상임금은 통상적 소정근로에 대하여 지급되는 기본적 단위임금이다(김형배, 「노동법」, 27판, p.419).

③ 약정통상임금의 위법 여부 : 근기법에서 아무런 기준을 정하지 아니한 수당을 지급하기로 약정하면서 노사간의 합의로 근기법에서 정한 개념이나 범위와 다른 통상임금을 그 수당 산정의 수단으로 삼은 경우에는, 근기법에서 법정기준에 따라 법정수당을 지급하도록 한 취지가 몰각될 우려가 없으므로 위와 같은 합의는 유효하다(대법 2019.2.28, 2015다200555).

2. 통상임금의 요건과 범위

통상임금의 개념적 징표는 소정근로의 대가, 정기성, 일률성, 고정성을 갖추어야 한다. 어떤 임금이 통상임금에 속하는지 여부는 그 임금이 소정근로의 대가로 근로자에게 지급되는 금품으로서 정기적·일률적·고정적으로 지급되는지를 기준으로 그 객관적인 성질에 따라 판단하여야 하는 것이지 임금의 명칭이나 그 지급주기의 장단 등 형식적 기준에 따라 판단하는 것은 아니다(대법[전원합의체] 2013.12.18, 2012다89399).

(1) 소정근로의 대가

① 소정근로의 대가의 의의

여기서 소정근로의 대가란 근로자가 소정근로시간에 통상적으로 제공하기로 정한 근로에 관하여 사용자와 근로자가 지급하기로 약정한 금품을 말한다.

소정근로의 대가가 무엇인지는 근로자와 사용자가 소정근로시간에 통상적으로 제공하기로 정한 근로자의 근로의 가치를 어떻게 평가하고 그에 대하여 얼마의 금품을 지급하기로 정하였는지를 기준으로 전체적으로 판단하여야 한다. 월급제근로자의 고정시간외수당(고정OT)은 소정근로의 대가로 지급된 통상임금에 해당한다고 볼 수 없다(대법 2021.11.11, 2020다224739). 어떤 금품이 소정근로시간에 근무한 직후나 그로부터 가까운 시일 내에 지급되지 아니하였다고 하여 그러한 사정만으로 소정근로의 대가가 아니라고 할 수는 없다.

② 소정근로의 대가로 볼 수 없는 임금

소정근로의 대가로 볼 수 없는 임금은 첫째 근로자가 소정근로시간을 초과하여 근로를 제공하여 지급받은 임금, 둘째 근로계약에서 제공하기로 정한 근로 외의 근로를 특별히 제공함으로써 사용자로부터 추가로 지급받은 금품, 셋째 소정근로시간의 근로와는 관계없이 지급받은 임금 등이다. 따라서, 소정근로시간에 야간근로시간(오후 10시부터 다음 날 오전 6시 사이)이 포함되어 있어 야간근로 가산임금을 지급받았다 하더라도, 이는 소정근로의 대가가 아닌 근기법 제56조에 의하여 지급의무가 부여된 법정수당을 지급받은 것이므로 통상임금에서 제외된다(2019.11.27, 근로기준정책과-5975).

(2) 정기성

① 정기성의 의미

어떤 임금이 통상임금에 속하기 위해서는 정기성을 갖추어야 한다. 정기적으로 지급되는 임금이란 미리 정해진 일정한 기간마다 계속적으로 지급되는 임금이다. 정기성은 미리 정해진 일정한 기간마다 정기적으로 지급되는지 여부에 관한 것으로서, 1개월을 초과하는 기간마다 지급되더라도 일정한 간격을 두고 계속적으로 지급되는 것이면 통상임금이 될 수 있다.

② 대법원[전원합의체] 판결과 고용노동부 행정해석 차이

대법원[전원합의체] 판결은 종전 통상임금을 둘러싼 논쟁에서 통상임금의 산정기준을 1임금산정기간인 1개월을 기준으로 해야 한다는 소위 "1임금산정기준설"(고용노동부예규)을 정면으로 부인하였다. 대법원[전원합의체] 판결의 법리에 의하면 어떤 임금을 1년에 한 번 지급하더라도 지정된 날짜에 지급한다면 정기성이 인정되어 통상임금에 해당하게 된다. 정기상여금과 같이 일정한 주기로 지급되는 임금의 경우 단지 그 지급주기가 1개월을 넘는다는 사정만으로 그 임금이 통상임금에서 제외된다고 할 수는 없다.

(3) 일률성

① 일률성의 의미

㈎ 어떤 임금이 통상임금에 속하기 위해서는 그것이 일률적으로 지급되는 성질을 갖추어야 한다. '일률적으로 지급되는 것'이란 어떤 임금이 '모든 근로자'에게 지급되는 것뿐만 아니라 '일정한 조건 또는 기준에 달한 모든 근로자'에게 지급되는 것도 포함된다. 따라서 일정한 자격을 갖춘 자에게만 지급되는 자격수당도 일률적으로 지급되는 것은 통상임금에 해당 될 수 있다. 여기서 '일정한 조건'이란 고정적이고 평균적인 임금을 산출하려는 통상임금의 개념에 비추어 볼 때 고정적인 조건이어야 한다.

㈏ 일정 범위의 모든 근로자에게 지급된 임금이 일률성을 갖추고 있는지 판단하는 잣대인 '일정한 조건 또는 기준'은 통상임금이 소정근로의 가치를 평가한 개념이라는 점을 고려할 때 작업 내용이나 기술, 경력 등과 같이 소정근로의 가치 평가와 관련된 조건이라야 한다(대법 2018.9.28, 2016다212869).

② 일률성 요건의 구체적 적용

가족수당 중 부양가족 수에 따라 차등 지급되는 경우는 근로와 관련된 일정한 조건 또는 기준에 따른 것이라 할 수 없어 일률성이 부정된다(**眞性 가족수당**). 다만, 가족수당 중 기본금액을 동일하게 지급하면서 부양가족 수에 따라 추가적으로 지급하는 경우 그 기본금액은 통상임금에 해당한다. 모든 근로자에게 일정금액을 기본금액으로 지급하는 가족수당은 통상임금에 포함된다.

(4) 고정성

[실무사례]
상시 근로자 100명을 사용하여 금속 가공업을 하는 A회사와 노동조합이 체결한 단체협약 제20조는 "정기상여금은 기본급의 600% 지급률에 따라 지급하되, 지급일 이전에 입사, 복직, 휴직하는 사람의 정기상여금은 일할 계산한다."라고 규정하고 있다. 한편, A회사의 취업규칙 제30조는 "입사 또는 퇴직한 날이 속하는 월의 임금(기본급 및 제수당)은 일할 계산하여 지급한다."라고 규정하고 있고, 취업규칙 제35조는 "정기상여금은 지급일 현재 재직 중인 자에 한하여 지급한다."라고 규정하고 있다. A회사는 위와 같은 단체협약과 취업규칙에 따라 정기상여금을 2개월마다 기본급의 100%씩 정기적, 계속적으로 지급하였는데, A회사가 실제로 지급일 이전에 퇴직한 근로자에게 정기상여금을 일할 지급하지 않았음을 확인할 수 있는 객관적 자료는 없었다. A회사의 정기상여금이 고정성이 있는 통상임금에 해당하는지를 논하시오.

① 고정성의 의미

어떤 임금이 통상임금에 속하기 위해서는 그것이 고정적으로 지급되는 임금이어야 한다. 고정성은 근로자가 제공한 근로에 대하여 그 지급 여부가 업적, 성과 기타 추가적인 조건과 관계없이 사전에 이미 확정되어 있는 것이어야 인정된다. 고정적 임금은 명칭을 묻지 않고, 임의의 날에 소정근로시간을 근무한 근로자가 그 다음 날에 퇴직한다 하더라도 그 하루의 근로에 대한 대가로 당연하고도 확정적으로 지급받게 되는 최소한의 임금을 말한다.

② 고정성 판단기준

㈎ 근로자가 임의의 날에 소정근로를 제공하면 추가적인 조건의 충족 여부와

관계없이 당연히 지급될 것이 예정된 금액으로서 제공한 근로에 대하여 그 업적, 성과 기타의 '추가적인 조건의 충족 여부와 관계없이' 당연히 지급될 것이 예정되어 지급 여부나 지급액이 사전에 확정된 것인지 여부를 기준으로 판단해야 한다(대법 2019.8.14, 2016다9704 ; 대법 2018.12.27, 2016다10131).

㈏ 어떠한 임금이 소정근로에 대한 대가로서 고정성을 갖고 있는지는 그 근로계약이나 단체협약 또는 취업규칙 등에서 정한 내용에 따라 판단하여야 하고, 근로계약 등에 명시적인 규정이 없거나 그 내용이 불분명한 경우에는 그 임금의 성격이나 지급 실태, 관행 등 객관적 사정을 종합적으로 고려하여 판단하여야 한다(대법 2019.2.28, 2015다200555). 이 판례는 원심은 이 사건 명절휴가비가 지급일 당시 근로자가 재직 중일 것을 지급요건으로 하는 고정성을 결여한 임금으로서 통상임금에 포함되지 않는다고 판단하였다. 원심의 판단에 통상임금의 고정성에 관한 법리를 오해하거나 자유심증주의의 한계를 벗어난 위법이 없다는 것이다. '추가적 조건'이란 '초과근무를 제공하는 시점'에 성취 여부가 불분명한 조건을 의미한다. 따라서 근로제공 이외의 추가적인 조건이 충족되어야 지급되는 임금이나, 그 충족 여부에 따라 지급액이 달라지는 임금 부분은 고정성이 결여되었다고 본다(대법 2020.1.16, 2019다223129).

㈐ 그렇다면 무엇이 "당연히 지급될 것이 확정"된 임금이고 무엇이 "추가적인 조건"에 따라 변동되는 금원인지가 쟁점이 될 것이다. 문제의 핵심은 지급이 "확정"된 금원인지 "변동"되는 금원인지에 대한 판단은 "임의의 날(가산임금 산정시점)"을 기준으로 한다는 것이다. 바꿔 말하면, 근로자의 전체 근로기간 중 임의로 하루를 정하여 그 날 지급받을 것이 "확정"된 "최소한"의 금원만이 "고정적 임금"인 통상임금이 된다.

㈑ 단체협약이나 취업규칙 등에 휴직자나 복직자 또는 징계대상자 등에 대하여 특정 임금에 대한 지급 제한사유를 규정하고 있다고 하더라도, 이는 해당 근로자의 개인적인 특수성을 고려하여 그 임금 지급을 제한하고 있는 것에 불과하므로, 그러한 사정만을 들어 정상적인 근로관계를 유지하는 근로자에 대하여 그 임금이 고정적 임금에 해당하지 않는다고 할 수는 없다(대법 2019.8.14, 2016다9704).

③ 지급제외자 요건

대법원은 고정성이 결여된 두 사례를 제시했는데, 근로자가 어떤 임금의 지급일 당시 재직하고 있어야 한다는 이른바 재직자 요건이 부가된 임금과, 최소한 일정 근무일수를 충족해야만 지급한다는 이른바 최소근무일 요건이 부가된 임금이 그것이다.

(가) 재직자 요건

㉠ 근로자가 소정근로를 했는지 여부와는 관계없이 지급일 기타 특정 시점에 재직 중인 근로자에게만 지급하기로 정해져 있는 임금은 그 특정 시점에 재직 중일 것이 임금을 지급받을 수 있는 자격요건이 된다. 그러한 임금은 기왕에 근로를 제공했던 사람이라도 특정 시점에 재직하지 않는 사람에게는 지급하지 아니하는 반면, 그 특정 시점에 재직하는 사람에게는 기왕의 근로 제공 내용을 묻지 아니하고 모두 이를 지급하는 것이 일반적이다. 그와 같은 조건으로 지급되는 임금이라면, 그 임금은 이른바 '소정근로'에 대한 대가의 성질을 가지는 것이라고 보기 어려울 뿐 아니라 근로자가 임의의 날에 근로를 제공하더라도 그 특정 시점이 도래하기 전에 퇴직하면 당해 임금을 전혀 지급받지 못하여 근로자가 임의의 날에 연장·야간·휴일 근로를 제공하는 시점에서 그 지급조건이 성취될지 여부는 불확실하므로, 고정성도 결여된 것으로 보아야 한다(대법 2020.4.29, 2017다247602 ; 대법 2018.10.25, 2016다237653 ; 대법 2017.9.21, 2016다15150 ; 대법 2017.9.26, 2017다232020 ; 대법 2015.11.27, 2012다10980 ; 대법 2014.8.28, 2013다74363 ; 대법[전원합의체] 2013.12.18, 2012다89399). 또한 관행적으로 재직자에게만 상여금을 지급해 왔다면 그 상여금은 통상임금에 포함되지 않는다(대법 2020.4.9, 2017다4638).

㉡ 정기상여금의 지급일 재직조건에 대한 제한해석 판단

재직조건 규정을 제한적으로 해석하는 판례(대법 2022.4.28, 2019다238053)가 있다. 이 판례는 정기상여금에 대해 취업규칙에서 소위 '재직조건' 규정을 두고 있음에도 불구하고 ▲ 단체협약에서 상여금 지급일 이전에 입사, 복직, 휴직하는 자의 상여금은 일할 계산한다고 규정하고 있는 점, ▲ 취업규칙상 퇴직자에 대한 임금을 일할 지급하는 것이 원칙임을 분명히 하고 있는 점, ▲ 회사가 실제로 지급일 이전에 퇴직한 근로자들에게 정기상여금을 일할 지급하지 않았다고 볼 객관적 자료가 없는 점 등의 이유를 들어 해당 재직조건의 의미가 지급일 전에 퇴직한 사람에게는 이미 근무한 기간에 비례하는 만큼의 정기상여금을 지급한 것이라고 봐 해당 정기상여금이 고정성 있는 통상임금에 해당한다고 판단했다. 이에 대하여 하급심판례(서울고법 2018.12.18, 2017나2025282)는 재직조건은 위법, 무효로서 통상임금에 해당한다고 한다. 그 이유는 근로제공으로 이미 발생한 임금(상여금)을 지급하지 않는 것은 근기법 위반이라고 한다. 해당 사건은 현재 대법원 전원합의체사건(대법 2019다204876)으로 심리 중에 있다. 또 다른 하급심판례(서울고법 2020.12.2, 2016나2032917)는 재직조건은 유효하나, 통상임금에 해당한다고 판시했다. 재직조건은 퇴직이라는 예외적 상황에서 임금 정산의 편의를 위한 방편일 뿐이라는 것이다.

(나) 최소근무일 충족 요건

대법원 전원합의체 판결은 재직자요건 외에도 최소근무일 충족 요건의 고정성 여부를 판단하고 있다. 판례(대법 2020.1.16, 2019다223129 ; 대법 2019.5.16, 2016다212166 ; 대법 2016.3.24, 2015다14075)는 일정 근무일수를 충족하여야만 지급되는 임금은 소정 근로를 제공하는 외에 일정 근무일수의 충족이라는 추가적인 조건을 성취하여야 비로소 지급되는 것이고, 이러한 조건의 성취는 임의의 날에 연장·야간·휴일근로를 제공하는 시점에서 확정할 수 없는 불확실한 조건이므로 고정성을 갖춘 것이라 할 수 없다고 한다. 2019년도 판결은 근무일수가 50% 미만인 경우에는 지급하지 않는 기말수당, 정근수당, 체력단련비, 명절휴가비는 통상임금에 해당하지 않는다는 것이다. 2개월의 기준 중 15일 이상 근무한 근로자에게만 지급한 정기상여금과 특정일 현재 재직하고 있는 근로자에게만 지급한 특별상여금은 고정성이 결여되어 통상임금에 포함되지 않는다는 것이다.

15 통상임금으로 산정하여야 할 경우

〈통상임금의 적용〉

구 분	지 급 액
① 평균임금이 통상임금보다 적을 경우 (근기법 제2조제2항)	통상임금 100%
② 해고예고수당(근기법 제26조)	30일분의 통상임금
③ 휴업수당(근기법 제46조)	평균임금 70% 또는 통상임금 100% 중 적은 금액
④ 시간외 · 야간 · 휴일근로수당(근기법 제56조)	통상임금의 50% 가산
⑤ 연차유급휴가수당(근기법 제60조)	통상임금 100% 또는 평균임금 100%
⑥ 법정유급휴가 및 법정유급휴일수당	통상임금 100%

16 임금인상 소급분의 통상임금 여부

노사간에 매년 12월경 정기적으로 임금협상을 진행하여 실제 노사합의에 이른 날과는 관계없이 1년 단위로 임금 인상률을 합의하고, 그에 따라 재직 중인 근로자에게 임금인상 소급분을 일시금으로 지급한 사실 등을 인정한 후, 그러한 임금인상 소급분이 근기법시행령 제6조에서 정한 통상임금에 해당한다고 판시하고 있다(대법 2021.8.26, 2017다269145).

회사는 당해 연도 임금협약이 늦게 체결됨에 따라 추후 소급하여 인상된 임금을 지급한 부분은 통상임금으로 볼 수 없다고 주장하나 다음과 같은 이유로 통상임금에 해당한다. ① 임금인상 소급분이 당초 인상 전 기본급, 조정수당, 대우수당 등과 그 성격을 달리한다고 보기 어려운 점, ② 회사 소속 근로자들이 소정근로를 제공한 날에는 임금의 포함 여부나 폭이 구체적으로 정해지지 않았더라도 이후 노사합의에 따라 임금이 인상될 경우 소급 적용되는 임금을 받게 되리라는 것을 노사 양측이 예정하고 있다고 할 수 있는 점, ③ 임금인상에 관한 노동조합과 피고 사이의 합의는 기본급 등의 구체적인 액수를 정하는 시점만을 근로의 제공 이후로 미루어 체결된 것이라고 봄이 타당한 점, ④ 인상된 임금 중 소급하여 적용되는 부분만을 따로 떼어 '특정 시점에 재직 중일 것'을 지급요건으로 한 별개의 임금으로 볼 수 없는 점 등으로 볼 때, 임금인상 소급분은 소정근로의 대가로서 정기적, 일률적, 고정적으로 지급되는 임금이므로 통상임금에 해당한다(대법 2021.9.9, 2021다219260).

17 고정시간외수당(고정OT)계약의 정당성 판단기준 및 통상임금인지 여부

1. 고정시간외수당(고정OT)제 계약의 정당성 판단기준

(1) 고정시간외수당(고정OT)계약의 의의

고정시간외수당계약은 근로계약으로 연장근로 등 초과근로 실시를 미리 합의하고, 사전 합의된 초과근로시간에 대해 법정 제수당(사전 합의된 시간에 대한 금액이므로 매월 정액으로 지급)하는 것을 말한다. 포괄임금제 계약과 유사한 것으로 보이지만 포괄임금제는 근로시간 산정이 어려운 업무에 한해 활용 가능하고 고정시간외수당제는 근로시간 산정이 가능한 업무에 주로 활용되고 있다.

(2) 고정시간외수당(고정OT)계약의 정당성 판단기준

고정시간외수당(고정OT)계약의 정당성 판단을 명시적으로 제시하고 있지는 않으나 고용노동부 배포 자료 등을 토대로 볼 때 ① 당사자간 명시적 합의(근로계약서에 기본급과 각 개별수당을 구분하여 기재), ② 연장근로시간 제한(1주12시간)준수, ③ 약정시간을 초과한 실근로시간에 대한 초과분 추가 지급의 요건을 충족하여야 유효한 고정시간외근로수당(고정OT)계약으로 인정받을 수 있다.

2. 고정시간외수당(고정OT)의 통상임금인지 여부

(1) 고정시간외수당(고정OT)의 통상임금인지 여부에 대한 판단기준

사용자가 근로자에게 지급하는 고정OT(overtime pay · 시간외수당)는 통상임금인지 여부가 노사간 중요한 쟁점이 되어왔다. 대부분 대기업에서 사무직 근로자들에게 근로시간 산정이 가능함에도 계산의 편의, 예측가능성 등을 이유로 이른바 고정OT약정을 활용하고 있다. 이와 같이 고정OT를 지급하는 임금 체계를 운영하고 있는 상황에서 고정OT가 통상임금으로 인정될 경우 기업의 인건비 부담도 폭증할 것이라는 우려가 제기돼 왔고 근로자는 수당 감소 등 수입이 줄어들 수 있다는 우려가 크다.

어떠한 임금이 통상임금에 속하는지 여부는 그 임금이 소정근로의 대가로 근로자에게 지급되는 금품으로서 정기적 · 일률적 · 고정적으로 지급되는 것인지를 기준으로 그 객관적인 성질에 따라 판단하여야 한다. 소정근로의 대가라 함은 근로자가 소정근로시간에 통상적으로 제공하기로 정한 근로에 관하여 사용자와 근로자가 지급하기로 약정한 금품을 말한다.

소정근로의 대가가 무엇인지는 근로자와 사용자가 소정근로시간에 통상적으로 제공하기로 정한 근로자의 근로의 가치를 어떻게 평가하고 그에 대하여 얼마의 금품을 지급하기로 정하였는지를 기준으로 전체적으로 판단하여야 한다.

〈포괄임금과 고정OT 비교〉

구분	포괄임금	고정OT
정의	각각 산정해야 할 복수의 임금항목을 포괄하여 일정액으로 지급하는 계약	기본임금 외 법정수당 모두 또는 일부를 수당별 정액으로 지급하기로 하는 계약
형태 및 구분 방법	▲(정액급) 기본임금과 수당이 구분 안됨 예) 임금100만원(연장, 야간, 휴일 포함) ▲(정액수당) 기본임금과 수당 총액은 구분되나 개별 수당 간 금액은 구분 안됨 예) 기본임금70만원+법정수당30만원(연장, 야간, 휴일 포함)=100만원	기본임금과 개별 수당이 구분됨 예) 기본임금 70+연장 10+야간 10+휴일 10 =100만원 예) 기본임금 90+연장 10(고정OT)=100만원, 야간, 휴일은 근로시간만큼 지급
추가 지급 의무	▲유효한 포괄임금 계약의 경우 추가 지급의무 없음 ▲유효하지 않은 포괄임금 계약의 경우 실근로시간에 따라 초과분 추가지급	약정된 연장근로시간을 초과할 경우 초과분 추가지급

(2) 고정시간외수당(고정OT)이 통상임금이 아니라는 이유

고정시간외수당이 소정근로에 대한 대가로 삼성SDI 소속 근로자 두명이 회사를 상대로 제기한 임금 소송에서 판례(대법 2021.11.11, 2020다224739)는 통상임금으로 지급된 것이라고 보기 어렵다고 판단했다. 그 이유는 다음과 같다.

① 회사는 1994년 3월경 이전까지 시급제 근로자와 달리 월급제 근로자에게는 실제 평일 연장·야간근로시간을 별도로 산정하지 않는 채 기본급 20% 상당액을 '시간외수당'으로 지급한 것으로 보인다. 이와 같이 지급된 '시간외수당'이 월급제 근로자의 소정근로시간에 통상적으로 제공하기로 정한 근로의 대가라고 볼 만한 자료를 기록상 찾을 수 없다.

② 조기출퇴근제 시행기간 동안 위 '시간외수당'의 명칭이 '자기계발비'로 변경되었으며 시급제 근로자에게도 같은 명칭의 수당이 지급되었다고 하더라도, 같은 기간동안 시급제 근로자들에게는 평일 연장·야간근로에 대한 별도의 법정수당이 지급된 점 등에 비추어 보면 월급제 근로자들에게 종전과 마찬가지로 지급된 '기본급 20% 상당액의 수당'의 성격이 소정근로의 대가로 변경되었다고 단정하기 어렵다.

③ 조기출퇴근제 폐지 이후에는 '기본급 20% 상당액의 수당'이 월급제 근로자들의 평일 소정근로시간을 초과하여 제공하는 근로에 대한 대가로서 지급되었을 가능성을 배제할 수 없다.

④ 회사가 해당 고정시간외수당을 신규채용자・퇴직자 등에게 일할 계산하여 지급하였다는 등의 사정만으로 위 수당이 소정근로의 대가로서 지급되었다고 단정할 수도 없다.

이 판례는 고정시간외수당(고정OT)의 연혁과 본질이 중요하다고 판단해 통상임금의 판단기준을 정립하고 그간의 논란을 정리한 점에 그 의의가 있다.

18 통상임금 재산정 관련 추가법정수당청구의 신의칙 적용과 허용 한계

1. 원칙과 예외

판례(대법 2019.2.14, 2015다217287 ; 대법 2014. 5.29, 2012다116871 ; 대법[전원합의체] 2013.12.18, 2012다89399)는 상여금을 통상임금에서 제외하는 노사합의의 무효를 주장하여 추가 법정수당을 청구하는 것이 신의칙에 위배되는지 여부를 판단하고 있다. 신의성실의 원칙(신의칙)은, 법률관계의 당사자는 상대방의 이익을 배려하여 형평에 어긋나거나 신뢰를 저버리는 내용 또는 방법으로 권리를 행사하거나 의무를 이행하여서는 아니 된다는 추상적 규범을 말한다. 신의칙은 통상임금을 둘러싼 분쟁에서 근로자가 요구하는 금액이 지나치게 많아 회사 경영상 어려움이 있거나 기업의 존속에 위기를 초래할 경우 지급의무를 제한할 수 있다는 취지의 요건을 말한다. 대법원 판례는 갑을오토텍의 정기상여금의 통상임금 해당 여부에 관한 판결(대법[전원합의체] 2013.12.18, 2012다89399)에서 다음과 같은 원칙과 예외로 나누어 적용한다.

(1) 원 칙

단체협약 등 노사합의의 내용이 근기법의 강행규정을 위반하여 무효인 경우에, 그 무효를 주장하는 것이 신의칙에 위배된다고 볼 수 없음이 원칙이다.

(2) 예 외

① 위에서 본 신의칙을 적용하기 위한 일반적인 요건을 갖춤은 물론 근기법의 강행규정성에도 불구하고, ② 신의칙을 우선하여 적용하는 것을 수긍할 만한 특별한 사정이 있는 예외적인 경우에 한하여 그 노사합의의 무효를 주장하는

것은 신의칙에 위배되어 허용될 수 없다. 신의성실에 위배된다는 이유로 법률관계 당사자 간 상대방에 대한 권리행사를 부정하기 위해서는, 상대방에게 신의를 공여하였거나 객관적으로 보아 상대방이 신의를 가지는 것이 정당하고, 그러한 상대방의 신의에 반하여 권리를 행사하는 것이 정의관념에 비추어 용인될 수 없는 정도의 상태에 이르러야 한다(대법 2019.6.13, 2015다69846 ; 대법 2019.5.10, 2015다75179 ; 대법 2019.4.23, 2016다37167, 2016다37174 ; 대법 2019.2.14, 2015다217287 ; 대법 2017.2.15, 2016다32193 ; 대법 1991.12.10, 91다3802). 그러나 통상임금에서 제외하기로 하는 노사합의가 없는 임금에 대해서는 이를 토대로 추가적인 법정수당의 지급을 청구하더라도 신의칙에 반한다고 볼 수 없다(대법 2021.6.10, 2017다49297).

2. 신의칙 위반을 이유로 추가 법정수당 청구를 배척하기 위한 요건

① 노사합의에서 정기상여금은 그 자체로 통상임금에 해당하지 아니한다는 전제로, 정기상여금을 통상임금 산정기준에서 제외하기로 합의하고 이를 전제로 임금수준을 정한 경우, 근로자측이 정기상여금을 통상임금에 가산하고 이를 토대로 추가적인 법정수당의 지급을 구함으로써, 사용자에게 새로운 재정적 부담을 지워 중대한 경영상의 어려움을 초래하거나 기업의 존립을 위태롭게 하는 것은 정의와 형평 관념에 비추어 신의에 현저히 반할 수 있다(대법[전원합의체] 2013.12.18, 2012다89399).

② 최근 대법원 판례는 경영상태의 악화를 충분히 예견할 수 있었고 향후 경영상의 어려움을 극복할 가능성이 있는 경우에는 신의칙을 들어 근로자의 추가 법정수당 청구를 쉽게 배척해서는 안된다(대법 2021.12.16, 2016다10544(현대중공업사건) ; 대법 2021.12.16, 2016다7975)는 것이다. 이 판례는 통상임금 재산정에 따른 근로자의 추가 법정수당 청구가 기업에 중대한 경영상의 어려움을 초래하거나 기업 존립을 위태롭게 하는지는 추가 법정수당의 규모, 추가 법정수당 지급으로 인한 실질임금 인상률, 통상임금 상승률, 기업의 당기순이익과 그 변동추이, 동원 가능한 자금의 규모, 인건비총액, 매출액, 기업의 계속성·수익성, 기업이 속한 산업계의 전체적인 동향 등 기업운영을 둘러싼 여러 사정을 종합적으로 고려해서 판단해야 한다. 기업이 일시적으로 경영상의 어려움에 처하더라도 사용자가 합리적이고 객관적으로 경영 예측을 하였다면 그러한 경영상태의 악화를 충분히 예견할 수 있었고 향후 경영상의 어려움을 극복할 가능성이 있는 경우

에는 신의칙을 들어 근로자의 추가 법정수당 청구를 쉽게 배척해서는 안된다는 것이다.

③ 통상임금소송에서 사용자가 한 신의칙 항변을 인용할 것인지에 관하여, 추가 법정수당 지급으로 인하여 사용자에게 중대한 경영상 어려움을 초래하거나 그 기업의 존립을 위태롭게 하는지에 대한 대법원([전원합의체] 2013.12.18, 2012다89399) 판결의 판단 기준을 원칙적으로 유지한다.

다만, 근로자의 추가 법정수당 청구가 사용자에게 중대한 경영상의 어려움을 초래하거나 기업의 존립을 위태롭게 하여 신의칙에 위반되는지는 신중하고 엄격하게 판단하여야 함을 추가로 판시하면서 현대중공업 통상임금 사건에서 경영상태의 악화를 충분히 예상할 수 있었고 향후 경영상의 어려움을 극복할 가능성이 있는 경우에는 신의칙을 들어 근로자의 법정수당 청구를 쉽게 배척해서는 안된다고 하여 사실상 신의성실의 원칙(신의칙)을 적용할 수 없도록 한 이번 판결을 통해 2013년 전원합의체 판단을 수정했다는 평가를 받고 있다.

19 통상임금의 단위

통상임금에 포함되는 여러 명목의 임금은 시간급, 일급, 주급, 월급 금액 등 다양한 형태로 존재한다. 한편 해고예고수당은 일급통상임금을 기준으로 산출해야 하지만, 연장・야간・휴일근로에 대한 가산임금은 시간급통상임금을 기준으로 산출해야 한다. 따라서 일급, 주급, 월급 형태의 통상임금은 시간급이나 일급으로, 시간급 형태의 통상임금은 일급으로 환산할 필요가 생긴다.

20 통상임금의 시간급 산정방법

통상임금을 시간급금액으로 산정할 경우에는 다음에 의한다. 이 경우 통상임금을 일급금액으로 산정할 때에는 시간급금액에 1일의 소정근로시간 수를 곱하여 계산한다(근기법시행령 제6조제2항 및 제3항).

1. 시간급금액인 경우

시간급금액으로 정한 임금은 그 금액을 통상임금으로 한다.

2. 일급금액의 경우

일급금액으로 정한 임금은 그 금액을 1일의 소정근로시간 수로 나눈 금액이다. 시간급이나 일급인 경우의 지급방법은 반드시 1시간 또는 1일에 한 번씩 임금을 지급하여야 하는 것이 아니고 월 단위로 1~2회 지급하는 것이 통례이다. 그리고 월 단위로 하여 별도의 수당이 지급되는 경우에는 각종 수당을 포함하여 산정한다.

3. 주급금액의 경우

주급금액으로 정한 임금은 그 금액을 1주의 통상임금 산정기준시간 수(1주의 소정근로시간과 소정근로시간 외에 유급으로 처리되는 시간을 합산한 시간)로 나눈 금액이다.

4. 월급금액의 경우

(1) 월의 통상임금 산정기준시간 수

월급금액으로 정한 임금은 그 금액을 월의 통상임금 산정기준시간 수(1주의 통상임금 산정기준시간 수에 1년 동안의 평균 주의 수(週數)를 곱한 시간을 12로 나눈 시간)로 나눈 금액이다. 월 통상임금 산정기준시간의 개념은 임금을 월급으로 지급되는 경우 이를 시간급 통상임금으로 산정하기 위해 필요한 개념이다. 즉, 월급으로 급여가 정해져 있다고 하면 시간당 임금을 구하기 위해서는(주당 소정근로시간 40시간+유급주휴 8시간)에 1년간의 평균 주(週) 수를 곱한 후 이를 다시 12개월로 나누면 약 209시간이 나오는데 이것을 월 통상임금 산정기준시간 수라고 하고, 월급을 이 숫자로 나누면 시간당 통상임금이 나오게 된다.

'주40시간근로제'를 실시할 경우 토요일이 무급휴일이라면 월의 통상임금을 시급 통상임금으로 환산하는 '월의 통상임금 산정기준시간 수'는 달리 정한 바가 없으면 209시간으로 볼 수 있으며 통상임금 산정기준시간 수를 변경(184→209시간)한 단체협약이 현저히 합리성을 결하여 노동조합의 목적을 벗어난 것으로 볼 수 있는 경우와 같은 특별한 사정이 없는 한 그러한 노사간의 합의를 무효라고 볼 수 없다(2011.8.26, 근로개선정책과-2728).

월의 통상임금 산정기준시간 수의 계산방법은 다음과 같다.

<월의 통상임금 산정기준시간 수 계산방법>

{[40시간(주 중의 근로시간)+8시간(주휴일)]×52주+8시간}÷12월=209시간

즉, 소정근로시간이 주40시간일 경우에는(주당 소정근로시간수 40시간 + 유급주휴 8시간)에 1년간의 평균 주(週) 수를 곱한 후 이를 다시 12개월로 나누면 209시간이 나오고, 월급을 이 숫자로 나누면 시간당 통상임금이 된다. 이와 같이 월의 통상임금 산정기준근로시간 수를 1년 대비 평균개념으로 계산하는 이유는 매월마다 실제의 총일수가 28~31일로 주휴일도 4~5일로 상이하기 때문이다.

(2) 토요일 처리방식에 따른 통상임금 산정기준시간 수의 변화

① 토요일을 무급 처리키로 한 경우

월의 통상임금 산정기준시간 수 계산시 무급 처리키로 한 시간을 포함하지 않으므로 통상임금 산정기준시간은 209시간이 된다. 따라서 이 경우 시간당 통상임금이 올라가게 되며, 결국 연장근로수당 등 시간당 통상임금을 기초로 산정되는 임금이 함께 올라간다.

② 토요일을 유급 처리키로 한 경우

월의 통상임금 산정기준시간 수 계산시 유급 처리키로 한 시간을 포함해 계산해야 하므로 통상임금 산정기준시간은 4시간을 유급 처리하는 경우 226시간, 8시간을 유급 처리하는 경우 243시간이 된다. 4시간을 유급 처리하는 경우에는 주44시간제 하에서의 시간당 통상임금과 변화가 없다.

(가) 단축되는 4시간을 무급으로 처리하는 경우
{(주40시간+주휴일8시간)×365÷7}÷12월=209시간
(나) 단축되는 4시간을 유급으로 처리하는 경우
{(주40시간+주휴일8시간+4시간)×365÷7}÷12=226시간
(다) 8시간을 유급으로 처리하는 경우
{(주40시간+일요일8시간+8시간)×365÷7}÷12월≒243시간

③ 취업규칙에 휴무하는 토요일에 유 · 무급을 규정하지 아니한 경우

취업규칙에 주40시간제는 규정하고 있으나 휴무하는 토요일에 대하여는 유·무급을 규정하고 있지 아니한 경우, 동법시행령 제6조제2항제3호 및 제4호에 따라 토요일 4시간이 유급으로 처리되는 시간으로 볼 수 있는 경우에는 월

의 통상임금산정기준 시간 수를 226시간으로 볼 수 있을 것이나, 그렇지 않을 경우에는 209시간으로 보아야 할 것이다(2009.11.25, 근로기준과-4987).

(3) 소정근로시간 단축 또는 무급휴일 증가의 경우

임금액이 월에 따라 정해지는 우리나라 통상 임금형태(월급제)에서는 가산임금(또는 가산임금)의 기초가 되는 '통상근로시간의 임금'은 월에 의한 임금액을 '월에 있어서 통상임금 산정기준시간 수'로 나눠서 산출된다(근기법시행령 제2조제1항제4호). 그러므로 1일 혹은 1주의 소정근로시간을 단축하거나 무급휴일을 증가시키는 것은 월의 통상임금산정기준 시간 수를 감소시켜 가산임금의 산정기초(시간단위)를 증가시킨다. 이것이 우리나라에서의 '시간단축에 의한 비용증가'의 중요한 측면이다.

(4) 고정수당을 시간급으로 환산하기 위한 '총 근로시간 수'의 산정 방법

① 판결 내용

근기법이 정한 기준근로시간을 초과하는 약정 근로시간에 대한 임금으로서 월급 또는 일급 형태로 지급되는 고정수당을 시간급 통상임금으로 환산하는 경우, 시간급 통상임금 산정의 기준이 되는 총 근로시간 수에 포함되는 약정 근로시간 수를 산정할 때는 특별한 정함이 없는 한 근로자가 실제로 근로를 제공하기로 약정한 시간 수 자체를 합산하여야 하는 것이지, 가산수당 산정을 위한 '가산율'을 고려한 연장근로시간 수와 야간근로시간 수를 합산할 것은 아니다(대법[전원합의체] 2020.1.22, 2015다73067). 이 판례는 해당근로자들이 월급 또는 일급 형태의 각종 고정수당이 통상임금에 포함된다고 주장하면서 연장근로수당 등의 차액 지급을 구한 사안에서, ▲근로제공시간에 대한 급여는 같은 액수로 정해져 있다고 보는 것이 통상적인 임금계산의 원리에 부합하고 가장 공평하며 합리적인 점, ▲근기법은 연장·야간·휴일근로시간 수에 관한 가산율을 별도로 규정하고 있지 않은 점 등의 이유로, 총근로시간 수에 포함되는 약정 근로시간 수를 산정할 때에는 특별한 정함이 없는 한 근로자가 실제로 근로를 제공하기로 약정한 시간 수 자체를 합산하여야 하는 것이라고 판단하여 종전 선례를 변경하고, 종전 선례에 따라 '가산율'을 고려한 연장근로시간 수와 야간근로시간 수를 합산하여야 한다는 취지로 판단한 원심을 파기한 사례이다.

② 사건의 쟁점과 구체적 사례

사건의 쟁점은 '월 단위로 지급된 수당'을 '해당 월의 총 근로시간'으로 나눠 산출하는 시간급 통상임금을 어떻게 계산할지였다. 시간급 통상임금은 연장·야간·휴일근로수당 등을 산정하는 기준이 된다. 총근로시간이 작아질수록 시간급 통상임금이 많아져 근로자에게 유리한 구조다. 예를 들어 하루 10시간 동안 근무(기본 8시간+연장 2시간)한 뒤 하루 환산 급여 10만원을 받은 A근로자의 시간당 통상임금은 1만원(10만원÷10시간)이 아니라 9,090원(10만원÷11시간)이다. 기본 8시간 외의 2시간짜리 연장근로에 대해선 가산율(1.5배)을 적용해야 해서다. 하지만 이번 대법원판결은 A씨가 받아야 할 통상임금이 시간당 9,090원이 아니라 1만원이라고 결정한 셈이다.

5. 일·주·월 외의 일정기간 임금제의 경우

일·주·월 외의 일정한 기간으로 정한 임금은 전 각 호에 준하여 산정한 금액으로 한다.

6. 도급금액의 경우

도급금액으로 정한 임금은 그 임금산정기간에서 도급제에 따라 계산된 임금의 총액을 해당 임금산정기간(임금마감일이 있는 경우에는 임금마감기간)의 총근로시간 수로 나눈 금액이다.

$$\text{시간급통상임금} = \frac{\text{도급금액}}{\text{해당 도급금액 산정기간의 총근로시간수}}$$

7. 근로자가 받는 임금이 둘 이상의 임금으로 되어 있는 경우

근로자가 받는 임금이 전 각호의 둘 이상의 임금으로 되어 있는 경우에는 그 부분에 대하여 전 각호에 따라 각각 산정된 금액을 합산한 금액을 통상임금으로 한다.

8. 일급통상임금의 산정

(1) 통상임금 산정기초인 임금이 일급금액으로 정해진 경우

통상임금이 일급금액으로 정해진 경우에는 그 금액을 일급통상임금으로 한다. 다만, 일당제 근로자의 1일 근로시간이 8시간을 초과하는 경우에는 초과근로에 대한 법정수당분을 감안하여 통상임금을 산출한다.

예컨대 1일 10시간 근로에 법정수당을 포함하여 110,000원을 받는 경우에는 1일 통상임금 = 110,000원÷(8시간+2시간×1.5시간)× 8시간 = 80,000원(시간급통상임금은 10,000원)이다.

(2) 통상임금 산정기초인 임금이 시간급금액으로 정해진 경우

통상임금이 시간급금액으로 정해진 경우에는 일급통상임금은 시간급금액에 1일 소정근로시간 수를 곱하여 산정한다.

(3) 통상임금 산정기초인 임금이 월급금액으로 정해진 경우

통상임금이 월급금액으로 정해진 경우에는 일급통상임금은 시간급통상임금을 산정한 후, 이에 1일 소정근로시간 수를 곱하여 산정한다.

제3절 최저임금

1 최저임금법의 내용 및 최저임금액의 단위

1. 최저임금제의 의의

최저임금제란 국가가 임금의 최저한도를 정하여 사용자에게 이에 대한 준수 의무를 법적으로 강제하는 제도이다. 고용노동부장관은 매년 8월 5일까지 최저임금액을 결정하여야 한다(최저임금법 제8조). 최저임금은 모든 사업장에 동일하게 적용되며, 근기법상 근로자라면 고용형태나 국적에 관계없이 모두 적용된다. 다만, 수습사용중인 자로서 수습사용한 날부터 3개월 이내인 자는 최저임금액의 10%를 감액할 수 있다. 다만 수습사용 중이어도 감액적용이 안되는 경우는 ① 1년 미만 근로계약 체결, ② 단순노무종사자(고용노동부장관이 고시한 직종에 종사하는 근로자) 등이다.

2. 최저임금액의 단위

최저임금액은 시간·일·주 또는 월을 단위로 하여 정한다. 이 경우 일·주 또는 월을 단위로 하여 최저임금액을 정하는 때에는 시간급으로도 표시하여야 한다(최저임금법 제5조제1항).

2 최저임금액의 범주에 포함될 수 있는 임금

1. 최저임금의 범위

최저임금법은 사업주로 하여금 근로자에게 동법에 의해 정해진 최저임금액 이상의 임금을 지급하도록 규정하면서 이에 위반할 경우 일련의 민 ·형사책임을 부담시키고 있다(동법 제6조제1항 및 제28조).

한편 기업 현실에 있어 임금은 제반 명목의 금품으로 구분돼 지급되고 있으므로 과연 어느 한도까지를 최저임금액의 범주에 포함할 수 있는지 여부가 문제될 수 있다. 이와 같은 사정을 고려해 최저임금법은 사업주가 당해 최저임금액 이상의 임금을 지급했는지 여부를 판단함에 있어 그 비교대상 항목에 포함될 임금의 범위를 별도로 규정하고 있다(동법 제6조제4항). 지급된 임금이 최저임금에 미달하는지의 여부는 지급된 임금 중 '최저임금 산입 제외 임금'을 제외한 임금액(비교대상 임금)과 최저임금액을 비교하여 판단하여야 한다(대법 2018.6.19, 2014다44673). 최저임금의 취지, 근로계약·취업규칙 등의 내용, 직종, 근무형태, 지급목적, 산정방법, 지급방법 등을 종합적으로 고려해 판단해야 한다(2015.1.15, 근로개선정책과-426 ; 2014.2.7, 근로개선정책과-659). 예컨대, '분기별로 지급되는 상여금'은 매월 지급되는 임금이 아니므로 최저임금에 산입되지 않으며, '가족수당 등'은 매월 지급된다 하더라도 복리후생적인 명칭의 금품이기에 최저임금에 산입되지 않는다. 야간근로수당은 야간근로를 전제로 한 수당으로서 최저임금법령에서 최저임금 산입 제외 임금으로 정한 '소정근로시간에 대하여 지급하는 임금 외의 임금'에 해당하고, 설·추석에 지급된 명절상여금은 최저임금에 산입되는 '매월 1회 이상 지급하는 임금'으로 보기 어려워 비교대상임금에 해당한다고 볼 수 없다(대법 2017.12.22, 2014다82354). 공직선거법에서 선거운동과 관련하여 수당 또는 실비를 보상하는 경우에 최저임금법이 적용된다고 보기 어렵다(대법 2020.1.9, 2019도12765). 그 이유는 공직선거법에서 선거운동과 관련하여 수당 또는 실비를 보상할 수 있는 경우에도 중앙선거관리위원회가 사회·경제적 상황에 따라 선거의 공정을 해하지 않는 범위내에서 정한 종류와 금액이 적용되어야 하고, 입법목적과 규율대상이 다른 최저임금법은 적용된다고 보기 어렵기 때문이다.

2. 정기상여금·복리후생비의 최저임금 포함 여부

(1) 최저임금 포함 여부에 관한 기준

최저임금법 개정(2018.5.28 개정, 2019.1.1 시행)에 따라 '매월 정기적으로 지급되는 상여금과 현금으로 지급하는 복리후생적 임금은 각각 해당년도 시간급 최저임금액을 월단위로 환산한 금액의 25%와 7%를 초과하는 부분을 최저임금 산입범위에 포함하되, 연차별로 그 비율을 단계적으로 축소하여 2024년 이후에는 모두 포함되도록 한다'는 내용이다.

종전에는 첫째 연·반기·분기 단위로 산정하는 매월 지급하는 상여금과, 둘째 식비·숙박비·교통비 등 복리후생의 경우 최저임금에 산입되지 않아 상여금 등의 비중이 높은 일부 고임금 근로자들도 최저임금 인상에 따라 기본급이 인상되는 사례가 있었다. 이에 최저임금법을 개정(2018.6.12)을 통해 이러한 불합리를 해소하고, 복잡한 임금체계를 단순화하는 계기를 마련했다.

2019.1.1부터 매월 1회 이상 정기적으로 지급하는 임금은 최저임금에 산입한다. 다만, 아래의 임금은 최저임금에 산입하지 아니한다(최저임금법 제6조제4항).

① 「근기법」 제2조제1항제8호에 따른 소정근로시간 또는 소정의 근로일에 대하여 지급하는 임금 외의 임금으로서 고용노동부령으로 정하는 임금

"고용노동부령으로 정하는 임금"이란 다음의 어느 하나에 해당하는 것을 말한다(동법시행규칙 제2조제1항).

㈎ 연장근로 또는 휴일근로에 대한 임금 및 연장·야간 또는 휴일 근로에 대한 가산임금

㈏ 「근기법」 제60조에 따른 연차 유급휴가의 미사용수당

㈐ 유급으로 처리되는 휴일(근기법 제55조제1항에 따른 유급휴일은 제외한다)에 대한 임금

㈑ 그 밖에 명칭에 관계없이 ㈎부터 ㈐까지의 규정에 준하는 것으로 인정되는 임금

② 상여금, 그 밖에 이에 준하는 것으로서 고용노동부령으로 정하는 임금의 월 지급액 중 해당 연도 시간급 최저임금액을 기준으로 산정된 월 환산액의 25%에 해당하는 부분

"고용노동부령으로 정하는 임금"이란 다음의 어느 하나에 해당하는 것을 말한다(동법시행규칙 제2조제2항).

㈎ 1개월을 초과하는 기간에 걸친 해당 사유에 따라 산정하는 상여금, 장려가급(奬勵加給), 능률수당 또는 근속수당

㈏ 1개월을 초과하는 기간의 출근성적에 따라 지급하는 정근수당

③ 식비, 숙박비, 교통비 등 근로자의 생활 보조 또는 복리후생을 위한 성질의 임금으로서 다음 각 목의 어느 하나에 해당하는 것

㈎ 통화 이외의 것으로 지급하는 임금

㈏ 통화로 지급하는 임금의 월 지급액 중 해당 연도 시간급 최저임금액을 기준으로 산정된 월 환산액의 7%에 해당하는 부분

(2) 최저임금 미산입 비율

이에 따라, 매월 1회 이상 정기적으로 지급하는 상여금과 현금으로 지급하는 복리후생비의 경우 해당 연도(2023년도) 시간급 최저임금액을 기준으로 산정된 월 환산액의 5%(정기상여금)와 1%(현금성 복리후생비)를 초과하는 부분은 최저임금에 산입한다. 다만, 연차별로 그 비율이 단계적으로 축소됨에 따라 2024년 이후에는 매월 1회 이상 정기적으로 지급하는 상여금과 현금으로 지급하는 복리후생비는 모두가 최저임금에 산입한다.

정기상여금, 현금성 복리후생비 중 해당 연도 시간급 최저임금액을 월 단위로 환산한 금액의 비율은 다음과 같다.

연 도	2019년	2020년	2021년	2022년	2023년	2024년~
정기상여금	25%	20%	15%	10%	5%	0%
현금성 복리후생비	7%	5%	3%	2%	1%	0%

매월 1회 이상 지급되는 임금이 최저임금에 산입되며, 2023년의 경우 월 환산액 기준으로 '산정단위 1개월 초과 상여금'은 5%, '현금으로 지급되는 복리후생비'는 1% 각 초과금액이 산입된다.

(예시) 주 40시간 근로자의 경우, 상여금 100,529원(9,620원×209시간×5%), 복리후생비 20,105원(9,620원×209시간×1%) 이상 지급되는 금액이 최저임금 산입범위에 포함됨.

(3) 최저임금과 취업규칙 변경절차의 특례

사용자가 개정 최저임금법에 따라 산입되는 임금을 최저임금에 포함시키기 위해 1개월을 초과하는 주기로 지급하는 임금을 총액의 변동 없이 매월 지급하는 것으로 취업규칙을 변경하려는 경우에는 근기법 제94조제1항에도 불구하고 과반수 노동조합 또는 과반수 근로자의 의견을 들어야 한다는 취업규칙 변경절차의 특례를 규정하였다(최저임금법 제6조의2).

취업규칙 변경 시에 의견을 듣지 않으면 500만원 이하의 벌금을 부과한다.

고임금 근로자에게도 최저임금 인상에 따라 기본급이 인상되는 불합리를 해소하고 복잡한 임금체계 개편을 위한 계기를 마련한 것이다.

3 최저임금과 통상임금의 차이와 관계

1. 최저임금과 통상임금의 구별

최저임금제도의 목적은 임금의 최저수준을 보장하여 근로자의 생활 안정과 노동력의 질적 향상을 기하고자 하는 데에 있어, 연장, 야간, 휴일근로에 대한 가산임금 등을 산정하기 위한 통상임금제도와 그 목적을 달리한다(대법[전원합의체] 2013.12.18, 2012다89399). 최저임금의 산입범위에 포함되는 임금은 근기법상의 임금에서 이에 산입하지 아니하는 임금을 제외한 임금을 의미한다. 반면 통상임금은 근로자에게 정기적・일률적으로 소정근로 또는 총근로에 대하여 지급하기로 정한 시간급금액・일급금액・주급금액・월급금액 또는 도급금액을 말한다. 따라서 최저임금은 그 성격상 사전적으로 확정되지 않은 임금도 포함될 수 있음에 비해, 통상임금은 연장근로수당 등의 계산 기초가 되므로 사전 확정이 필요하다. 예컨대, '분기별로 지급되는 상여금' 또는 '식대, 교통비, 가족수당 등 복리후생적 성격의 수당'의 경우 연장근로수당 등을 산정하기 위한 기초임금인 통상임금에는 포함될 수 있으나 최저임금에는 포함되지 않는다. 반면 생산고(월간 판매실적(생산고)에 따라 산정 지급되는 능률수당)에 따른 임금은 최저임금의 산입범위에는 포함되나, 통상임금에는 포함되지 않는다. 그러나 실질적으로는 그 범위가 유사하여 최저임금에 산입하는 임금의 범위를 판단함에 있어 통상임금의 개념을 참고할 수 있을 것이다(2007.11.26, 임금근로시간정책팀-3468). 판례는 최저임금법의 규정을 근거로 통상임금을 매월 1회 이상 정기적으로 지급하는 임금에 한정하여야 한다고 보는 것은 타당하지 않다(대법[전원합의체] 2013.12.18, 2012다89399). 그러므로 1개월을 초과하는 기간을 단위로 지급되는 상여금은 통상임금에 포함될 수 있다고 보고 있다. 그 결과 1개월을 초과하는 기간마다 지급되는 상여금이 통상임금에 포함되지만 최저임금의 적용을 위한 임금에는 산입되지 않는 차이가 발생하게 된다.

2. 통상임금이 최저임금보다 적을 경우 법정수당 산정 방법

① 최저임금이나 최저임금의 적용을 위한 비교대상 임금은 통상임금과는 그 기능과 산정방법이 다른 별개의 개념이다. 사용자가 최저임금의 적용을 받는

근로자에게 최저임금액 이상의 임금을 지급하여야 한다고 하여 곧바로 통상임금 자체가 최저임금액을 그 최하한으로 한다고 볼 수 없다. 다만 최저임금의 적용을 받는 근로자에게 있어서 비교대상 임금총액이 최저임금액보다 적은 경우에는 비교대상 임금총액이 최저임금액으로 증액되어야 하므로, 이에 따라 비교대상 임금에 산입된 개개의 임금도 증액되고 그 증액된 개개의 임금 중 통상임금에 해당하는 임금들을 기준으로 통상임금이 새롭게 산정될 수는 있을 것이다(대법 2017.12.28, 2014다49074). 또한 최저임금의 적용을 받는 근로자의 비교대상 임금 총액이 최저임금액보다 적은 경우, 비교대상임금이 최저임금액으로 증액되어야 하므로 이때 증액된 개개의 임금 중 통상임금에 해당하는 임금들을 기준으로 통상임금을 새로이 산정할 수 있다(부산고법 2019.7.11, 2018나18).

② 이에 따라 고용노동부 행정해석(2019.12.11, 근로기준정책과-6245 「통상임금의 최저임금 미달시 연장근로수당 산정방법」)은 종전 행정해석(2011.10.14, 근로개선정책과-3589)를 폐기하고 새롭게 산정방법을 제시했다.

㈎ 통상임금은 최저임금과 별개의 개념이며, 최저임금법은 연장근로에 대한 임금 및 가산수당의 수준에 대해서는 규율하지 않고 있어, 연장근로에 대한 임금 및 가산수당 등의 산정기준인 통상임금이 최저임금에 미달하더라도 최저임금법 위반으로 볼 수는 없다. 또한 법적 근거가 없는 상황에서 연장근로에 대해 기본임금(100%)은 최저임금을 기준으로, 가산수당(50%)은 통상임금을 기준으로 각 구분·산정하여 지급할 근거도 부족하다.

㈏ 따라서, 통상임금과 최저임금은 별개의 개념이므로 최저임금법을 위반하지 않은 경우에는 시간급 통상임금이 시간급 최저임금보다 낮더라도 통상임금을 기준으로 연장근로에 대한 임금(100%) 및 가산수당(50%)을 산정한다. 다만, 최저임금법을 위반한 경우에는 법정 최저임금액에 미달하는 비교대상 임금 총액은 최저임금액으로 증액되어야 하므로 이에 따라 비교대상 임금에 산입된 개개의 임금항목도 증액되고 그 증액된 개개의 임금항목 중 통상임금에 해당하는 임금항목들이 있는 경우 이들을 기준으로 새롭게 산정된 통상임금을 기준으로 재산정해야 한다.

4 최저임금의 효력

1. 최저임금액 지급 의무와 위반시의 처벌

고용노동부장관이 최저임금을 결정한 경우에는 사용자는 최저임금의 적용을 받는 근로자에 대하여 그 금액에 미달하는 임금으로 근로자를 사용할 수 없으며(최저임금법 제6조제1항) 만일 사용자가 이에 위반하여 최저임금에 미달되는 임금으로 근로자를 사용한 경우에는 3년 이하의 징역 또는 2천만원 이하의 벌금에 처한다. 이 경우 징역과 벌금은 병과(倂科)할 수 있다(최저임금법 제28조).

2. 최저임금을 이유로 종전 임금수준의 저하금지

사용자는 최저임금법에 따른 최저임금을 이유로 종전의 임금수준을 낮추어서는 아니 된다(최저임금법 제6조제2항).

3. 기준 미달의 최저임금에 관한 근로계약의 효력

최저임금의 적용을 받는 근로자와 사용자 사이의 근로계약 중 최저임금액에 미치지 못하는 금액을 임금으로 정한 부분은 무효로 하며, 이 경우 무효로 된 부분은 최저임금법으로 정한 최저임금액과 동일한 임금을 지급하기로 한 것으로 본다(최저임금법 제6조제3항). 다만, 근로자가 자기의 사정으로 인하여 소정의 근로시간 또는 소정의 근로일에 근로를 하지 아니한 경우나 사용자가 정당한 이유로 근로자에게 소정의 근로시간 또는 소정의 근로일에 근로시키지 아니할 경우에는 최저임금이 적용되지 아니한다(동법 제6조제6항). 근로자와 사용자가 최저임금의 적용을 위한 임금에 산입되지 않는 임금을 최저임금의 적용을 위한 임금의 범위에 산입하여 최저임금에 미달하는 부분을 보전하기로 약정한 경우 그 임금 약정의 효력은 무효이다(대법 2007.1.11, 2006다64245).

4. 도급으로 사업을 행하는 경우의 최저임금 보장

도급으로 사업을 행하는 경우에 도급인이 책임져야 할 사유로 수급인이 근로자에게 최저임금액에 미치지 못하는 임금을 지급한 경우 그 도급인은 해당 수급인과 연대하여 책임을 진다(동법 제6조제7항).

도급인이 책임져야 할 사유의 범위는 다음과 같다(동법 제6조제8항).

① 도급인이 도급계약 체결 당시 인건비 단가를 최저임금액에 미치지 못하는 금액으로 결정하는 행위

② 도급인이 도급계약 기간 중 인건비 단가를 최저임금액에 미치지 못하는 금액으로 낮춘 행위

이는 도급계약에 있어서 도급인의 귀책사유로 수급인의 근로자에게 최저임금이 지급되지 못한 경우 도급인의 연대책임을 명시한 것이다. 결국 도급인의 수급인과의 연대책임을 명시한 규정의 신설로 수급인 근로자의 임금확보 및 도급인의 사용자책임이 강화될 것으로 기대된다.

두 차례 이상의 도급으로 사업을 행하는 경우에 동법 제6조제7항의 수급인을 「하수급인」으로 보고, 제7항과 제8항의 도급인은 「직상수급인」(하수급인에게 직접 하도급을 준 수급인)으로 본다(동법 제6조제9항).

Chapter 6

근로시간을 둘러싼 법률지식

제1절 근로시간

1 근로시간이란 무엇인가

근로시간이란 '근로자가 사용자의 지휘·감독을 받으면서 근로계약에 따른 근로를 제공하는 시간'을 말한다. 근로자가 작업시간 도중에 현실로 작업에 종사하지 않는 대기시간이나 휴식·수면시간이라 하더라도 그 시간을 근로자에게 자유로이 이용이 보장된 것이 아니라 실질적으로 사용자의 지휘·감독을 받고 있는 시간이라면 근로시간에 포함된다(대법 2023.4.27, 2020다205837 ; 대법 2021.7.21, 2021다225845 ; 대법 2020.8.20, 2019다14110 ; 대법 2006.11.23, 2006다41990). 판례는 ① 사용자의 지휘·감독 아래 있을 것, ② 근로계약에 따른 근로계약상의 근로일 것, ③ 실제 근로를 제공할 것을 요구하고 있다. 특히 '지휘·감독성'의 요소가 근로시간 해당 여부의 핵심적인 판단기준임을 확인한 것이다.

사용자의 구속 아래에 있는 시간(구속시간)일지라도 노무제공을 위한 직접적인 지휘·명령 아래에 있지 않고 근로로부터 해방되어 있는 휴게시간이나, 시작·종료시각 전후의 자유시간, 교통기관에 탑승하여 출장여행 중의 시간은 근로시간이 되지 않는다. 근로시간을 산정함에 있어 「작업을 위하여 근로자가 사용자의 지휘·감독 아래에 있는 대기시간 등」은 근로시간으로 본다(근기법 제50조제3항).

1. 근로시간

회사의 직접적인 지휘·감독 아래에 현실로 노무를 제공하고 있는 시간으로, ① 실작업시간(실제 직접 작업에 종사하는 시간), ② 대기시간(현실의 지휘·명령)하에 취업을 위하여 대기하는 시간), ③ 준비·정리시간(지휘·명령하에 구속되어 업무명령상의 의무로서 행하는 작업에 필요 불가결한 준비·정리시간)등이 있다. 따라서 근로자가 작업시간 도중에 실제로 작업에 종사하지 않은 대기시간·휴식·수면시간도 근로자에게 자유로운 이용이 보장된 것이 아니라 실질적으로 사용자의 지휘·감독을 받고 있는 시간이라면 근로시간에 포함된다(대법 2023.4.27, 2020다205837).

2. 휴게시간

근로시간의 도중에 권리로서 근로로부터 이탈함을 보장받고 있는 시간

3. 구내자유시간

근로시간 전후에 있는 자유이용시간(출장 중 교통기관 승차시간 중 등의 유사시간)

2 작업복 착용시간, 입·출갱시간 등은 근로시간인가

1. 작업복 착용시간

근로자가 작업복으로 갈아입거나 청소, 정리, 목욕이나 뒤처리 등 실작업시간 전후의 시간이 어디까지 근로시간에 포함되느냐 하는 문제가 있다. 작업복 착용시간 등은 근로자가 채무의 내용에 따른 이행(민법 제390조)으로서의 작업에 알맞은 복장으로 노무를 제공할 의무가 있으므로 이는 근로자측이 작업시간 이전에 준비하여야 할 것이므로 근로시간에 포함되지 아니한다. 예를 들어 여성 행원의 제복착용 등이 이에 해당한다.

작업복착용 의무가 있더라도 사용자의 지휘·감독 아래에 착용하는 것은 아니고 자택에서 착용하더라도 자유이므로 작업복 착용시간은 근로시간이 아니다. 그러나 제복관리가 엄격하게 작업복 착용을 위한 일정한 시간, 장소가 정해지고 점검확인이 행해지는 경우에는 지휘·감독 아래의 구속업무로서 근로시

간이 된다. 즉, ① 본래의 업무나 작업에 있어서 필수 불가결한 준비 또는 마무리하는 시간이며, ② 사용자의 지배·구속하에 행하여지는 것이라면 근로시간이 된다. 예컨대 안전화·안전모 등 안전보호구의 착용은 재해방지·직무질서 유지 등을 위해 작업개시에 필수불가결한 업무관련행위이므로 근로시간에 해당한다. 그러나 출근카드의 입력, 목욕·작업복 탈의 등은 특별한 사정이 없는 이상 업무에 종사하는 것이 아니어서 근로시간에 산입되지 않는다.

2. 입·출갱시간

지하작업에 있어서 입·출갱시간은 근로시간에 산입된다. 구 근기법과 시행령은 지하작업에 대한 1일 법정근로시간을 6시간으로 하되, 입·출갱시간은 근로시간에 산입되지 않는다고 규정했으나 1990년 근기법과 시행령 및 산안법은 1일 법정근로시간을 8시간으로 늘리되 입·출갱시간에 대한 규정은 삭제했다.

3. 필요불가결한 시간

근로시간에 해당하는 필요불가결한 시간이란 일반적으로 다음과 같이 분류된다.

필요 불가결 시간

- **법령상의 불가결** : 법령에 의하여 일정한 준비나 마무리 등이 의무화되고 있는 경우. 예를 들어 산업안전보건법에 의하여 보호의, 보호구 등의 장착 등이 의무화되고 있는 경우, 작업 후의 신체의 세척이 의무화되고 있는 경우 등
- **성질상의 불가결** : 그 작업을 행할 경우에 작업의 성질상 반드시 일정한 준비나 마무리를 요할 경우. 예를 들어 시업시의 기계의 점검, 용구의 정비, 작업 후의 격납, 청소 등
- **사칙상의 불가결** : 작업의 성질상 불가결이라고까지는 말할 수 없으나 취업규칙 등으로 의무화 되어 있는 준비나 마무리, 예를 들어 출석의무가 있는 조례나 종례 등
- **관습상의 불가결** : 관습상 의무 내지 제도화하고 있으며, 동시에 그것을 행하지 아니하는 경우. 어떠한 불이익이 예상되는 준비나 마무리, 예를 들어 윤번제로 실시하는 사원의 청소나 당번제로서 업무의 시작시각 전에 출근하여 점포의 개점·점검 등

3 근기법상 근로시간의 규제

1. 1주 40시간 근로제의 원칙

근기법 제50조제1항에 의해 「1주의 근로시간은 휴게시간을 제외하고 40시간을 초과할 수 없다」라고 규정하여 이른바 「주40시간근로제」의 원칙을 정하였다. 여기서 1주란 휴일을 포함한 7일을 말한다(동법 제2조제1항제7호). 근기법 제50조제2항에 의해 「1일의 근로시간은 휴게시간을 제외하고 8시간을 초과할 수 없다」라고 규정하여 이른바 '1주 40시간근로제'의 원칙과 더불어 「1일8시간제」를 정하고 있다.

2. 주40시간제와 주5일근무제와의 관계

주40시간제는 반드시 주5일근무제를 의미하는지의 문제이다.

근기법 제50조에서 1주의 기준근로시간을 40시간으로 정하고 있는 바, 이는 1주의 근로시간의 한도를 정한 것일 뿐이며 주간 소정근로일수를 정한 것은 아니므로, 개별 기업의 노사 당사자는 1일 8시간과 1주 40시간을 초과하지 아니하는 범위 내에서 1주의 소정근로일수를 5일 또는 6일로 정할 수 있는 것이다. 따라서 개별 사업장에서는 주40시간제를 사업장 성격에 맞게 주5일제, 주6일제 등으로 정해 자율적으로 운영할 수 있고, 사업장에서 주40시간제를 주5일제로 운영하는 경우 토요일이 반드시 휴일이 되는 것은 아니므로 노사 당사자는 토요일의 유·무급 처리 및 휴일·휴무일 여부에 대해 자체적으로 정해야 하며, 노사가 별도로 정하지 않은 경우에는 무급 휴무일에 해당한다(2008.9.3, 근로조건지도과-3560).

〈1일과 1주의 근로시간의 관계〉

1주 40시간

각일에 취업규칙의 시작·종료시각의 정함에
따라 배분한다(정형제는 1일의 상한은 8시간)

A사	요일	일	월	화	수	목	금	토
	시간	휴일	8	8	8	8	8	휴무

B사	요일	일	월	화	수	목	금	토
	시간	주휴	7	7	7	7	7	5

3. 1주 40시간과 1일 8시간과의 관계

근로시간의 규제는 1주간 단위의 규제를 기본으로 하고 1일의 근로시간은 1주의 근로시간을 각 일에 배분하는 경우에 그 상한으로 이해되고 있다. 따라서 근로시간의 기본원칙은 1주 40시간이고, 1일 8시간제는 이러한 기본원칙에 부수하여 행해지는 1일의 최장근로시간의 규제이다. 이것은 종래의 1일 단위의 근로시간으로부터 1주 단위의 근로시간으로 이행했다는 점이 중요한 개정의 의의이다. 이것은 탄력적근로시간제, 선택적근로시간제에 있어서도 동일하다. 근기법 제50조, 제53조제1항, 제69조 및 제70조의 규정에 비추어 볼 때 18세 이상의 근로자의 경우에는 1주일에 12시간을 초과하지 않는다면 특별한 사정이 없는 한 1일 연장근로시간의 제한은 없다(대법 1997.7.25, 96다29892).

4. '1주' '1일'의 단위

(1) '1주'의 단위

근기법에서 '1주'란 휴일을 포함한 7일을 말한다(제2조제1항제7호). 이에 관해서는 대체로 취업규칙 등에서 규정하고 있으나, 별도의 규정이 없는 한 일요일부터 토요일까지의 역주(曆週)로 이해하면 될 것이다. 근기법은 1주는 휴일을 포함한 7일을 의미하므로 휴일근로를 포함한 연장근로가 1주간 12시간(총 근로시간 52시간)을 초과할 수 없다. 여기서 연장근로는 실 근로시간을 기준으로 1일 기준 8시간, 1주 기준 40시간을 초과하는 시간을 말한다.

(2) '1일'의 단위

근기법 제50조제2항의 '1일'이란 동조 제1항의 1주와 같은 정의규정은 없으나 역일(曆日)의 1일(오전 0시부터 오후 12시까지)을 의미한다. 그러나 계속근로가 2일에 걸칠 경우에는 역일(曆日)을 달리하더라도 하나의 근로로 보고 8시간 제한규정을 적용하여야 할 것이다. 당해 근무는 업무의 시작시각이 속하는 날의 근로로 보아 당해 업무의 시작시각이 속하는 날의 1일의 근로가 된다.

5. '연장 · 야간근로의 금지'와 예외

'근로시간금지'의 개요는 다음 표와 같다.

〈근로시간금지 개요〉

<table>
<tr><th>구 분</th><th>근로자의 종류</th><th>금지의 내용</th><th>근 거</th></tr>
<tr><td rowspan="5">연장근로 금지</td><td>18세 미만 자</td><td>상대적 금지, 당사자간의 합의에 의하여 1일 1시간, 1주일에 5시간 한도 가능</td><td>법 제69조단서</td></tr>
<tr><td>임산부</td><td>연장근로 금지</td><td>법 제74조</td></tr>
<tr><td>산후 1년이 경과되지 아니한 여성</td><td>단체협약이 있는 경우라도 1일에 2시간, 1주 6시간, 1년 150시간을 초과하는 연장근로 절대적 금지</td><td>법 제71조</td></tr>
<tr><td>유해작업 종사자 남성(18세 이상)</td><td>잠함·잠수 등 유해위험작업 절대적 금지</td><td>산업안전보건법 제139조</td></tr>
<tr><td>근로자(18세 이상)</td><td>1주일 12시간 한도 연장 가능</td><td>법 제53조</td></tr>
<tr><td rowspan="3">야간근로 금지</td><td>임산부 및 18세 미만 자</td><td>원칙적 금지. 다만, 본인의 동의와 고용노동부 장관의 인가를 얻은 경우 허용</td><td>법 제70조</td></tr>
<tr><td>여성(18세 이상)</td><td>본인의 동의를 얻은 경우 허용</td><td>법 제70조</td></tr>
<tr><td>남성(18세 이상)</td><td>금지하지 않는다.</td><td></td></tr>
<tr><td rowspan="3">휴일근로 금지</td><td>임산부 및 18세 미만 자</td><td>원칙적 금지. 다만, 본인의 동의와 고용노동부 장관의 인가시 허용</td><td>법 제70조</td></tr>
<tr><td>여성(18세 이상)</td><td>본인의 동의시 허용</td><td>법 제70조</td></tr>
<tr><td>남성(18세 이상)</td><td>금지하지 않는다.</td><td></td></tr>
</table>

근기법은 전술과 같이 1주 40시간, 1일 8시간 근로제의 원칙을 규정하는 동시에 당사자간의 합의가 있는 경우(근기법 제53조제1항) 이외에는 그 근로시간을 초과하여 근로를 강요하는 것을 금지하고 있다(근기법 제110조제1호). 그렇지만 업무의 필요상 연장근로가 발생할 경우도 있으므로 절대적으로 금지하는 것은 실정에 맞지 아니하다고 판단하여 비상재해의 경우나 일정한 절차를 거친 경우에는 예외적으로 연장근로를 허용하고 있다(근기법 제53조). 그러나 이 경우에도 특별한 보호를 필요로 하는 임산부인 여성과 18세 미만인 연소자에 관하여는 일정한 제한을 두고 있다. 또한, 근기법은 장시간근로의 금지 이외에 야간근로에 관해서도 임산부와 18세 미만인 연소자근로를 심신의 보호의 필요에서 그 동의와 고용노동부장관의 인가를 얻도록 하고 있다.

4 근기법의 '근로시간'과 기업이 규정하는 '근로시간'의 상위

근로시간에는 근기법상의 근로시간과 기업이 정하는 근로시간의 두 종류가 있다. 전자는 단속법으로서의 근기법상의 근로시간으로 형사적인 의의가 있으며 후자는 근로계약상의 근로시간으로 민사상의 의의가 있다. 그러므로 근기법상의 근로시간의 정의(근기법 제50조제3항)에 의하여 '작업을 위하여 근로자가 사용자의 지휘·감독 아래에 있는 시간'이라고 규정한 '근로시간'의 개념은 근기법상의 정의이므로, 각 기업의 취업규칙에서 규정하는 근로시간의 정의와 반드시 일치하지는 않는다.

1. 근기법상의 근로시간

(1) 실근로시간

① 근기법상의 근로시간은 실근로시간이다. 설령 업무의 시작시각부터 종료시각까지의 소정근로시간 중일지라도 사용자를 위하여 노무를 제공하고 있지 아니하며 그 지휘·감독에서 이탈하고 있는 시간은 근기법상의 근로시간에는 해당하지 아니한다. 예를 들어 노동조합활동시간, 개인적 용무로 인한 외출시간, 지각·조퇴시간 등은 사용자의 지휘·감독으로부터의 이탈시간이 되므로 설령 사용자의 승인이 있었다 하더라도 그 시간은 근기법상의 근로시간에서 제외된다.

② 한편, 각 기업은 취업규칙에서 근기법에 어긋나지 아니하는 한 자유롭게 근로시간을 규정할 수 있는데, 대부분의 경우 근로계약상 노무제공을 약속한 소정근로시간 즉 업무의 시작시각부터 종료시각까지의 근로시간을 취업규칙상의 근로시간으로 규정하고 있다. 이와 같이 규정한 경우 사용자의 지휘·감독으로부터 이탈하고 있는 개인적인 외출시간이나 지각·조퇴시간이라 할지라도 사용자의 허가·승인이 있을 경우에는 이 시간은 근로시간으로 볼 수도 있다.

근기법 제50조의 규정은 근로자들의 과중한 근무시간을 제한하고자 하는 규정이므로(대법 2019.7.25, 2018도16228) 위 규정에서 말하는 근로시간은 실근로시간을 의미한다.

(2) 지휘·감독 아래의 구속적 시간

① 근기법상의 근로시간은 사용자의 직접적인 지휘·감독 아래 구속적인 근로에 종사하는 시간이다. '사용자의 지휘·감독 아래'에 있는 시간이란 해당 시간이 사용자의 관리·관여하에 있을 것을 의미한다. 사용자가 명시적으로 근로를 지시 또는 명령하는 등 적극적·직접적으로 관여하는 경우는 물론이고, 근로자의 근로에 대하여 사용자가 묵시적으로 묵인 또는 허용하는 등 소극적으로 관여하거나, 근로자가 사용자의 지시나 방침에 따르지 않을 경우 불이익한 조치를 부과하여 간접적으로 강제하는 경우도 포함되어야 할 것이다. 그러므로 사용자의 직접적인 지휘·감독 아래에서 근로에 종사하지 아니한 채 고객에게 접대하는 식사시간 등은 근기법상 근로시간은 아니다.

② 그러나 기업내부에서 민사법상의 취급에 있어서는 이것을 근로시간으로 규정하여도 자유이다. 그리고 기업내부의 취급에 있어서는 근기법에 위반되지 않는 한 지각·조퇴시간을 근로한 것으로 취급하여, 1시간 지각한 근로자가 종료시각을 초과하여 1시간 연장근로하면 이를 연장근로로서 취급하며 오전중 파업을 하고 오후부터 근로를 하여도 종료시각을 초과한 근로는 설사 실근로시간이 8시간 이내 일지라도 이를 연장근로로 취급하여 가산임금을 지급하는 것은 노사간의 자유이다. 다만, 파업시간에 대하여 임금을 지급하는 것은 노조법 제44조에 위반되며 동법 제81조제4호의 경비원조의 부당노동행위가 성립된다.

③ 근기법상의 근로시간과 기업이 규정하는 근로시간의 의의는 동일하다고만 할 수 없다. 이 때문에 표면상은 종료시각을 초과한 연장근로로 보이는 경우일지라도 이를 근기법상의 '실근로시간'에 의한 통산이라는 점에서 본다면 당일 지각이나 개인적인 외출이 있었던 시간 등은 비록 사용자가 승인을 하였더라도 실근로시간이 법정근로시간을 초과하지 아니했으므로 근기법상의 연장근로에는 해당하지 아니한다.

(3) 근로계약상의 근로를 제공하는 시간

근기법상의 근로시간은 '근로계약상의 근로'를 제공하는 시간이어야 한다. 근로계약상 업무 내용으로 명시되어 있지 않다고 하더라도, 본래의 업무와 직접 또는 간접으로 관련성이 있는 업무라면 포함되어야 할 것이다. 또한 근로시간은 근로계약상의 근로를 '제공하는' 시간이므로 근로자가 현실적으로 작업에 종사한 시간만이 포함되는 것은 아니며 근로자가 자신의 노동력을 처분 가능한 상태로 사용자의 지휘・감독 아래 두고 있는 시간도 포함될 뿐 아니라, 또한 현실로 작업에 종사하지 않았더라도 근로자에게 그 자유로운 이용이 보장되어 있지 않으며 사용자의 처분아래 두어지는 시간도 포함된다.

2. 기업의 근로시간(시작 · 종료시각주의)

① 기업에서는 반드시 이와 같은 실근로시간에 의하지 아니하고, 연장근로를 업무의 시작・종료시각을 기준으로 하여 취업규칙에 규정하거나 관행으로 실시하고 있는 경우가 많다. 이러한 경우에는 업무의 시작시각 이전에 근로하였을 경우에는 설령 그 근로자가 오후에 조퇴하여 결과적으로 6시간 정도의 근로밖에 하지 아니하였다고 하더라도 '조출잔업'으로 인정하고, 종료시각 후에 근로하였을 경우에는 설령 오후부터 취업하여 결과적으로 5시간의 근로일지라도 '연장근로'로서 산정하여 다같이 '연장근로수당'을 지급한다. 이와 같은 근로시간은 법률을 상회하는 근로조건이므로 법 위반은 아니다.

② 취업규칙에 업무시작시간이 8:00이고, 종료시간이 17:00이며 휴게시간이 12:00~13:00라고 규정된 사업장에서 지금까지는 지각자들이 실제로 근무한 시간이 기본 8시간에 미치지 못하더라도 17:00~19:00의 시간에 대하여 연장근로수당을 지급해 온 경우 3시간 지각출근하여 11:00~19:00 근무한 근로자에게 17:00~19:00의 시간에 대하여 연장수당을 반드시 지급해야 하는지 여부이다. 업무의 시작시각이 정해져 있음에도 근로자가 이를 준수하지 않고 지각을 하는 경우, 당사자간에 당일의 업무의 시작 및 종료시각을 변경하지 않았다면 회사입장에서는 지각으로 근로를 제공하지 못한 시간에 대한 임금을 공제할 수 있고, 또한 단체협약이나 취업규칙 등에서 규정한 바에 따라 근무성적 불량 등에 대한 제재조치를 취할 수 있다. 이러한 제새내용과는 별도로 회사의 종료시각 이후에 근로한 시간은 연장근로수당을 지급할 의무는 없다(2002.8.21, 근기 68207-2776).

5 근로시간의 변경

근기법은 '실근로시간주의'를 택하고 있으므로 시작·종료시각을 변경하는 것은 자유이며, 결과적으로 하루의 실근로시간이 8시간을 초과하지 아니하면 1일 단위에 있어서 위법이 되지 아니하며 1주의 근로시간이 40시간을 초과하지 아니하는 한 근기법상의 연장근로는 아니다.

그러나 근기법에는 위배되지 않더라도 이와 같은 근로시간의 변경에 대하여 근로자가 반드시 따라야 할 의무가 있는 것은 아니므로 취업규칙 또는 단체협약에 "전항의 시작·종료시각은 업무의 형편에 따라서 이를 변경할 수 있다" 또는 "사용자는 업무상의 필요에 의하여 전조의 근로시간의 범위내에서 시작·종료시각을 임시로 변경하여 취업시킬 수 있다"는 등의 규정이 있는 경우에 한하여 사용자는 근로시간을 변경할 수 있다.

근로시간의 변경은 사업장 전체적으로 실시할 경우보다 각 근로자 단위로 실시하는 경우가 많다. 또 사용자의 지정에 의한 통고로 실시하는 것이 일반적이지만 '지각, 사용외출, 조합활동 등이 있었을 때는 그에 상당하는 시간은 자동적으로 당일의 종료시각이 연장되는 것으로 한다'는 취지의 규정을 정하여 자동적인 연장제도(조건부 뒤물림 등의 조건의 성취)도 가능하다.

6 근로시간의 시작시점과 종료시점은 어떻게 되는가

1. 근로시간의 시작시점

(1) 근기법상의 근로시간의 개시시점

근로시간은 언제부터 언제까지 계산하느냐가 명확하지 않는다면 문제가 있다. 근로시간의 기산점은 민사법(근로계약)상의 기산점과 형사법(근기법)상의 기산점이 있으며, 전자인 민사법상의 시점에 대하여는 강행법규에 반하지 않는 한 법적 자유의 영역에 속하는 사항으로서 취업규칙이나 명시 또는 묵시의 근로계약 등 그 해석(이러한 규정이 존재하지 않고 또는 해석에 의문이 있는 때에는 관행이나 사회통념 등에 의해서 판정하게 된다)에 의하여 정해져야 한다. 따라서 기산점은 취업규칙에 "업무의 시작시각은 입문시(入門時)로 한다"라든가, "근로시간은 작업개시 시점부터 기산한다" 등의 규정이 있으면 그에 따라야 한다. 근기법상의 근로시간은 민사법상의 정함이 있더라도 근기법은 형벌이 있는 단속법으로서의 형사법의 근로시간이다. 그러나 이와 같은 규정이 없으면 근기법상의 근로시간의 기산점은 형사상의 근로시간이므로 취업규칙의 규정에 좌우되지 아니하고 실제로 사용자의 지휘·감독에 복종하여 취업을 개시하였다고 인정되는 시점부터 기산한다. 근기법 제50조의 근로시간이란 근로자가, 사용자의 지휘·감독 아래에 놓여있는 시간이며, 이러한 근로시간에 해당하는지 여부는 근로자의 행위가 사용자의 지휘·감독 아래에 있다고 평가될 수 있는지는 근로계약, 취업규칙, 단체협약 및 당해 활동의 업무관련 정도 등을 종합하여 사회통념에 따라 객관적으로 결정되어야 한다.

(2) 근로계약상의 근로시간의 기산점

근로계약상의 근로시간의 기산점은 업무의 개시시점을 가지고 파악되어야 하며 단순한 입문 또는 타임카드의 타각은 업무에 해당되지 아니하므로, 이것을 가지고 근로계약상의 근로시간의 기산점으로 할 수는 없다. 특히 노사의 합의에 따라 엄격하게 업무에 해당되지 아니한 입문 또는 타임카드의 타각을 가지고 근로계약상의 근로시간의 기산점으로 하는 것은 자유이므로 민사상의 근로시간의 결정방법은 자유이나 근기법상의 근로시간의 기산은 입문시와 타임카드 타각시가 아니고 원칙적으로 실제 업무개시를 기산점으로 한다.

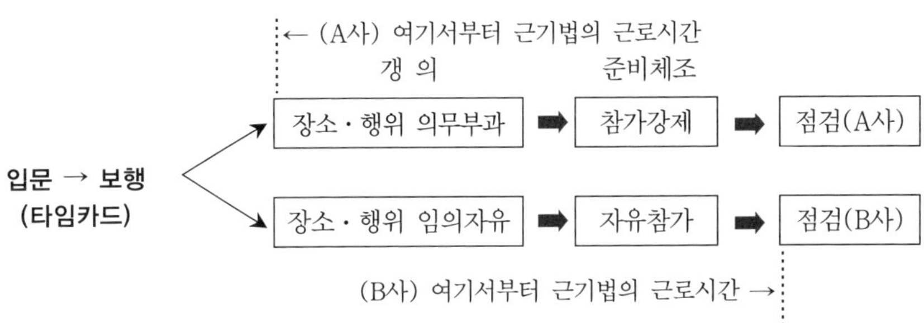

2. 근로시간의 종료시점

형식적인 종료시간 후에 ① 작업상 필요한 기계점검, 청소, 정리정돈, 인수·인계 등이 행해졌다면 이는 업무의 최종부분으로서 근로시간에 산입된다. ②

목욕이나 작업복을 벗는 행위 등은 특별한 사정이 없는 한 업무에 종사하는 것이라고 볼 수 없다.

7 법정근로시간과 소정근로시간은 어떻게 다른가

1. 법정근로시간

(1) 법정근로시간의 의의

법정근로시간이란 법률로 규정되어 있는 근로시간 즉 하루 8시간, 1주 40시간을 의미한다. 이러한 법정근로시간에 따라 시작시각과 종료시각이 엄밀히 지켜지는 경우에는 법정근로시간과 소정근로시간이 일치한다고 할 수 있으나, 소정근로시간 외의 시간도 근로시간으로 인정되는 경우가 있을 수 있다.

(2) 법정근로시간 위반의 법적 효과

사용자는 예외적인 경우를 제외하고 1주 40시간, 1일 8시간 이상의 근로를 시킬 수 없으므로 이에 위반하는 계약은 그 한도 내에서 무효이다. 그리고 근로자의 자진근로를 사용자가 묵인한 경우에도 벌칙(근기법 제110조제1호 2년 이하의 징역 또는 2천만원 이하의 벌금)이 적용될 것이다. 이때에 사용자는 벌칙의 제재를 받는 것 이외에 현실적으로 행하여진 초과근로에 대하여는 가산임금(근기법 제53조, 제56조 참조)을 지급해야 한다. 왜냐하면, 법정근로시간에 위반하는 근로계약이 무효라고 하는 것은 법정기준 이상의 근로를 사용자가 청구할 수 없다는 것에 지나지 않으며, 이미 급부된 근로에 대한 반대급부(가산임금)를 지급하지 않아도 좋다는 의미는 아니기 때문이다.

2. 소정근로시간

소정근로시간이란 근기법 제50조, 제69조본문 또는 산업안전보건법 제139조의 규정에 따른 근로시간의 범위에서 근로자와 사용자 사이에 근로하기로 정한 근로시간을 말한다(근기법 제2조제1항제8호). 일반적으로 기업의 취업규칙 등에서 규정하고 있는 업무의 시작시각부터 종료시각까지의 근로시간(휴게시간으로 정한 시간을 제외함)을 말한다. 소정근로시간은 반드시 근로계약서에 서면 명시하여야 하고(근기법 제17조제2항), 또한 취업규칙에 규정하여야 한다(근기법 제93조제1호). 소정근로시간을 규정하지 아니하면 근로자는 몇 시에 출근하여 몇 시에 퇴근하여야 할지 모르기 때문에 노무를 제공할 수가 없다. 또 연장근로에 대한 가산임금은 법률상 일·주·월 등에 의한 임금을 그 기간의 '소정근로시간' 또는 '통상임금 산정기준시간 수'로 나눈 임금을 가지고 계산(근기법시행령 제6조제2항)하게 되므로 소정근로시간을 명확히 규정하는 것이 필요하다. 소정근로시간은 근로자가 실제로 일한 실근로시간과 구분되고, 근로계약, 취업규칙, 단체협약 등에 미리 정하여진 '소정근로시간', '시업시각, 종업시각, 휴게시간' 등을 기준으로 판단되어야 한다(서울고법 2021.7.21, 2020누41223). 소정근로시간의 장단은 월급제·주급제·일급제근로자의 시간급 결정에 영향을 미치게 된다.

3. 법정근로시간과 소정근로시간의 차이

소정근로시간은 원칙적으로 임금의 지급대상인 시간을 의미한다. 그러므로 소정근로시간을 1일 7시간으로 정한 경우에 소정근로시간을 초과하여 근로하였다 하더라도 법정근로시간(하루 8시간)을 초과하지 아니하면 법률상의 1일 단위의 연장근로가 되지 아니하며, 따라서 가산임금을 지급할 필요는 없다. 그러나 초과근로 분에 대하여는 본래의 임금을 소정근로시간에 대응한 7시간에 대하여 지급하는 것이므로, 1일 8시간근로를 할 때에는 소정근로시간을 초과하여 근로한 1시간분은 근기법상의 가산임금은 지급하지 아니하더라도 초과근로시간에 따른 상당액(1시간분의 상당액)으로서 이에 대한 통상임금은 지급하여야 한다.

〈법정근로시간과 소정근로시간의 차이〉

◆법정근로시간 = 근기법에서 정한 기준근로시간
◆소정근로시간 = 근로계약 또는 취업규칙에서 정한 약정근로시간

8 근로시간의 앞당김과 연기

근기법은 1일 및 1주의 근로시간의 길이에 대하여는 규제하고 있으나, 그 위치에 대하여는 야간근로에 관한 것을 제외하고는 전혀 규제하고 있지 않다. 근기법은 '실근로시간주의'를 택하고 있으므로, 시업·종료시각의 앞당김, 연기는 자유이며 결과적으로 하루의 실근로시간이 8시간을 초과하지 아니하면 위법이 되지 아니하며 1주의 근로시간이 40시간을 초과하지 않는 한 마찬가지로 근기법상의 연장근로로 되지 아니한다.

그러나 근기법에 위배되지 않더라도 근로시간을 조정할 때 근로자에게 이에 따라야 할 의무가 있는지 없는지는 취업규칙이나 단체협약의 규정 내용에 따라서 달라진다. 취업규칙에 "전항의 업무의 시작·종료시각은 업무상의 사정에 따라서 이를 앞당기거나 연기할 수 있다"라든지, "사용자는 업무상의 필요에 따라 전조의 근로시간 범위 내에서 업무의 시작·종료시각을 임시로 변경하여 취업시킬 수 있다"라는 취지의 규정이 있으면 근로자는 여기에 일단 구속된다. 여기에는 사용자의 근로시간 변경권의 남용인 경우가 있을 수 있다.

근로시간을 앞당기거나 연기 등의 변경은 사업장 전체로서 실시하여야 할 필요는 없으며 각 근로자 개인별로 실시할 수 있다.

또한 사용자의 지정에 의한 통고로서 실시하는 것이 일반적이지만 「지각, 사용외출, 조합활동 등이 있을 때에는 이에 상당하는 시간은 자동적으로 당일 종료시각을 연장 할 수 있다」는 취지의 규정을 두어 자동적으로 앞당기거나 연장하는 제도(조건부 앞당기거나 연장하는 등의 조건의 성취)도 적법하다.

제2절 근로시간의 유연화

1 근기법상의 근로시간 유연화제도

근기법은 시대의 변천에 따라 새로운 근로시간제도를 설정하고 있다. 현행 근기법의 가장 큰 특징 중의 하나는 근로시간에 대한 법적 규제를 대폭적으로 유연화한 것이다. 이것은 제4차산업이 차지하는 비중의 증대 등의 사회경제정세의 변화에 대응하여 또한 근로시간의 단축에 부응하여 노사간의 서면합의(노사협정)의 체결 등 일정한 요건아래 다양한 형태의 근로시간의 유연화제도를 도입한 것이다. ① 2주·3개월 이내 및 3개월 초과 6개월 이내 탄력적근로시간제, ② 선택적근로시간제, ③ 간주근로시간제(사업장밖근로·재량근로), ④ 근로시간 및 휴게특례 등을 근기법상의 근로시간제도로서 인정하고 있다. 이러한 근로시간의 유연화제도의 도입에 따라 향후 우리나라 기업사회의 근로시간제에 있어서 여러 가지 유형의 근로시간이 가능하여 총근로시간의 단축에 있어서도 근로의 다양화가 촉진되고 있다.

2 탄력적근로시간제란 무엇인가

1. 탄력적근로시간제의 의의와 장·단점

(1) 탄력적근로시간제의 의의

탄력적근로시간제란 일정한 단위기간 내에서 소정근로시간을 평균하여 법정근로시간(1주 40시간)을 초과하지 않는다면, 단위기간 내의 특정일(3개월 단위 및 3개월 초과 6개월 이내 단위는 1일 12시간을 초과하지 아니하는 범위)이나 특정주(2주 단위는 1주 48시간, 3개월 단위 및 3개월 초과 6개월 이내 단위는 1주 52시간을 초과하지 아니하는 범위)에 대해서 법정근로시간을 초과하여도 탄력적 근로시간 한도 내에서는 법정근로시간을 초과한 시간을 연장근로 내지 시간외근로로 보지 않는 제도이다.

탄력적근로시간제는 취업규칙(2주 단위) 또는 노사합의(3개월 단위·3개월 초과 6개월 단위)로 특정 시기의 근로시간을 연장하는 대신 다른 시기 근로시간을 단축해 평균 근로시간은 법정근로시간을 지키도록 하는 제도로 급격한 근로시간 단축의 부작용을 완화할 수 있다.

(2) 탄력적근로시간제의 장점과 단점

① 탄력적근로시간제의 장점 : 특정한 시기에 따라 업무량이 현저한 차이를 보이는 사업(건설업, 항만업, 항공운수업 등)이나 업무의 성질상 생산설비 가동을 중단하기 어려워 교대제로 운영되는 기업에서 업무량에 따라서 교대제의 근로시간편성의 필요상 법정근로시간제의 원칙에 대한 일정한 예외를 인정하여 효율적인 근로시간의 운영을 가능하게 할 수 있다는 점이다.

② 탄력적근로시간제의 단점 : 생산공정이나 업무수행의 형편에 맞추기 위하여 근로자가 집중적인 근무로 인하여 부담하게 될 육체적 피로가 누적되며 누적된 피로는 건강파괴의 직접적인 원인이 될 수 있으며, 불규칙적인 근로시간의 배분으로 인하여 근로자의 정상적인 사회생활 및 가정생활을 저해할 수 있다는 점이다.

탄력적근로시간제는 법정근로시간의 원칙을 전제로 하여 그 탄력적 배분을 위하여 인정되는 제도로서 2주단위·3개월단위와 3개월 초과 6개월 이내 단위의 3종류가 있다.

2. 3개월 이내의 탄력적근로시간제

(1) 2주단위의 탄력적근로시간제

가. 의 의

사용자는 취업규칙(취업규칙에 준하는 것을 포함한다)에서 정하는 바에 따라 2주 이내의 일정한 단위기간을 평균하여 1주간의 근로시간이 1주 40시간의 근로시간을 초과하지 아니하는 범위에서 특정한 주에 1주 40시간, 특정한 날에 8시간을 초과하여 근로하게 할 수 있다. 다만, 특정한 주의 근로시간은 48시간을 초과할 수 없다(근기법 제51조제1항).

이 제도는 구(舊) 근기법상 1주 6일 근무 48시간, 1주 5일 근무 40시간 형태의 토요격주휴무제의 도입시 주44시간 초과근로시 연장근로수당을 지급하여야 하는 문제점을 시정하기 위한 것이다.

나. 요 건

① 취업규칙(취업규칙에 준하는 것을 포함)에서 정하는 바에 따라야 할 것

2주단위의 탄력적근로시간제는 취업규칙 그 밖에 이에 준하는 것에 의해 정하여야 한다. 즉, 10명 이상의 근로자를 사용하는 사업의 경우에는 취업규칙에 의해야 하며, '취업규칙에 준하는 것'이라는 것은 취업규칙 작성의무가 없는 사업장(상시 10명 미만의 근로자를 사용하는 경우, 근기법 제93조 참조)을 고려한 것으로, 이러한 사업장도 취업규칙의 경우에 준하여 문서로 이 '규정'을 작성하고 이를 근로자에게 주지시키지 않으면 안된다. 이러한 탄력적근로시간제는 법률에 규정된 일정한 요건과 범위 내에서만 예외적으로 허용된 것이므로 법률에서 정한 방식, 즉 취업규칙에 의하여만 도입이 가능할 뿐 근로계약이나 근로자의 개별적 동의를 통하여 도입할 수 없다. 근로계약이나 근로자의 개별적 동의로 탄력적근로시간제를 도입할 수 있다고 한다면 취업규칙의 불리한 변경에 대해 근로자 과반수로 조직된 노동조합(그러한 노동조합이 없는 경우에는 근로자 과반수)의 동의를 받도록 한 근기법 제94조제1항 단서의 취지가 무색해지는 결과가 초래되기 때문이다(대법 2023.4.27, 2020도16431).

② 단위기간 및 단위기간 내의 법정근로시간 총계 이내에서 행할 것

취업규칙 그 밖에 이에 준하는 것에는 2주 이내의 일정한 단위기간을 평균하여 1주의 근로시간이 법정시간(근기법 제51조제1항)을 초과하지 아니하는 범위에서 특정한 주, 특정한 날에 근로시간을 구체적으로 규정하지 않으면 안된다.

단위기간은 2주이지만 그 이내(예 : 1주간)라도 좋다. 그러나 단위기간 내의 소정근로시간의 합계는 그 기간의 법정근로시간 총계 이하가 되어야 한다. 현행 법정근로시간이 주40시간이므로 단위기간 내의 법정근로시간의 총계는 40시간×14일/7일=80시간으로 계산된다.

③ 소정근로시간의 특정

단위기간 내의 특정한 주·특정한 날의 소정근로시간을 특정하고 1일의 업무의 시작 및 종료시각을 취업규칙에 명시하여야 한다.

즉 '특정한 주' 또는 '특정한 날'에 각각의 법정시간을 초과하여 '근로하게 할 수 있다'라고 하는 등 법정시간을 초과하여 근로시키는 주 또는 날을 구체적으로 특정하여 취업규칙에 기재하여야 한다(근기법 제93조제1호).

④ **1주 최장근로시간의 설정**

2주단위의 탄력적근로시간제하에서도 특정한 주의 최장근로시간은 48시간을 초과하지 못한다(동법 제51조제1항 단서).

⑤ **유효기간**

2주단위의 탄력적근로시간제는 3개월단위의 탄력적근로시간제와는 달리 유효기간을 정하도록 법령에 의무화되어 있지 않아 노사가 별도로 유효기간을 정하지 않았다면 기간에 제한없이 실시할 수 있다.

(2) 3개월 이내의 탄력적근로시간제

가. 의 의

사용자는 근로자대표와의 서면합의에 따라 소정의 사항을 정하면 3개월 이내의 단위기간을 평균하여 1주간의 근로시간이 40시간을 초과하지 아니하는 범위에서 특정한 주에 40시간을, 특정한 날에 8시간을 초과하여 근로하게 할 수 있다. 다만, 특정한 주의 근로시간은 52시간을, 특정한 날의 근로시간은 12시간을 초과할 수 없다(근기법 제51조제2항).

이는 근로시간의 탄력성을 위하여 3개월 이내의 일정기간을 평균하여 1주의 근로시간이 법정근로시간을 초과하지 않는 경우, 특정의 주 또는 특정의 날에 각각 법정근로시간 이상 근로시키는 것을 인정하는 제도이다.

나. 요 건

① **근로자대표와의 서면합의에 의할 것**

사용자는 근로자대표와의 서면합의에서 정하는 바에 따라야 한다.

3개월 이내의 탄력적근로시간제를 채택하는 경우에는 서면합의(노사협정)의 체결이 필요하다. 3개월 이내의 탄력적근로시간제의 요건으로 근로자대표와의 서면협정을 요구한 것은, 상대적으로 단위기간이 긴 3개월단위의 탄력적근로시간제의 경우에는 2주단위와는 달리 근로자의 생활을 불안정하게 할 위험이 크기 때문에 그 시행에 앞서 근로자측의 의사를 실질적으로 반영하기 위한 것이다. 따라서 사용자가 일방적으로 작성하는 취업규칙이나 근로자대표가 아닌 대상근로자 과반수와 개별적 서면동의를 받는 경우, 또는 근로자대표와의 서면합의가 아닌 구두합의에 의해서는 탄력적근로시간제를 실시할 수 없다(2008.4.29, 근로조건지도과-1167).

서면합의(노사협정)는 사업장별로 체결하는 것이고, 근로자측의 체결 당사자는 당해 사업장에 근로자의 과반수로 조직된 노동조합이 있는 경우에는 그 노동조합, 근로자의 과반수로 조직된 노동조합이 없는 경우에는 근로자의 과반수를 대표하는 자가 된다. 설령, 단체협약상 탄력적근로시간제에 대한 명문 규정이 없고, 과반수가 되지 않는 노동조합의 반대가 있다 하더라도 근로자의 과반수를 대표하는 자의 동의가 있는 등 '근기법' 제51조제2항에 규정된 법적 요건을 갖추고 있다면 3개월 이내의 탄력적근로시간제를 적용할 수 있다(2008.4.29, 근로조건지도과-1167). 만약, 근로자 과반수로 조직된 노동조합이 없는 경우 당해 사업 또는 사업장에 근참법에 의한 노사협의회 근로자위원이 근로시간제도에 대한 대표권을 행사하는 것에 대하여 전체 근로자 과반수 의사를 대표하는 자로 선정된 경우가 아니라면 근로자대표로 볼 수 없을 것이다. 근로자대표는 사업 또는 사업장 단위로 선정되어야 하므로 해당 사업장이 근기법 적용의 사업(장) 단위로서 서로 다른 단체협약 또는 취업규칙을 적용받거나 노무관리, 회계 등이 독립적으로 운영되는 경우에는 별개의 사업장으로 볼 수 있으나, 이와 달리 사업운영의 독립성 등이 인정되지 않는 경우라면 당해 사업 단위로 근로자대표를 선정하여야 할 것이다(2015.7.1, 근로기준정책과-2872). 근로자대표의 선정방법에 대해서는 특별한 제한을 정하고 있지 아니하나, 전체 근로자에게 대표권 행사내용을 주지시킨 상태에서 근로자 과반수의 의사를 모으는 방법으로 선출하여야 한다(2017.11.9, 근로기준정책과-6953 ; 2015.7.1, 근로기준정책과-2872).

② 서면합의에서 체결해야 할 사항

▶ 대상 근로자의 범위(제1호)

㈎ 대상근로자의 의의 : '대상근로자'란 탄력적근로시간제의 적용대상으로서 탄력적근로시간제에 따라 근로할 자를 말한다. 근기법 제51조는 사용자는 취업규칙 또는 근로자대표와의 서면합의를 통하여 탄력적근로시간제를 도입할 수 있도록 규정하고 있으나, 탄력적근로시간제의 적용대상에 관하여는 '대상 근로자'의 범위를 정하여야 한다고 규정하고 있을 뿐 그 구체적인 방법에 대하여는 달리 정한 바가 없다.

㈏ 특정 직종이나 근로형태에 속하는 자의 적용 여부 : 또한, 특정 직종이나 근로형태에 속하는 자를 탄력적근로시간제 실시 대상으로 정하였다면, 달리 볼 사정이 없는 한 해당 직종 또는 근로형태에 속하는 근로자는 본인의 동의 여부

에 관계없이 탄력적근로시간제의 적용 대상자가 된다고 할 것이며, 아울러, 배치전환이나 근무명령으로 같은 직종 또는 근로형태에 속하게 된 자도 함께 적용된다.

근로자에 대한 근무지시 등은 사용자의 고유한 인사권에 속하는 사항으로서 사용자의 권리남용 등 특별한 사정이 없는 한 정당하다 할 것이므로, 사용자가 통상근로자(오전 출근, 오후 퇴근을 반복하는 근로자)를 정당하게 탄력적근로시간제를 실시하는 부서('교대제 또는 교번' 근무)로 일시적인 근무지시(근무지정)를 하였다면, 취업규칙 등에 근무지정자의 근로조건 등에 대하여 별도의 규정이 없는 한, 해당 근로자는 본인의 동의 여부와 관계없이 탄력적근로시간제의 적용 대상에 포함된 것으로 봄이 타당하다.

㈐ 단위기간 개시일 이후에 입사한 근로자의 적용 여부 : 단위기간 개시일 이후에 입사한 근로자에게도 탄력적근로시간제가 적용되는가에 대하여는 이를 부인하는 설과 긍정하는 설이 나누인다. 이것은 기본적으로 근로자의 개별적 동의를 탄력적근로시간제 근로의무의 성립요건으로 볼 것인가에 결부되는 문제이지만 탄력적근로시간제가 근로자대표와의 서면협정과 단체협약·취업규칙에 의해 실시될 수 있다고 볼 것이므로 개별근로자의 동의와 무관하게 새로 입사한 근로자에게도 적용된다고 볼 것이다.

▶ 단위기간 3개월 이내의 일정한 기간으로 정하여야 한다(제2호)

㈎ 단위기간 및 기산일의 특정 : 3개월 이내의 탄력적근로시간제의 단위기간은 '3개월 이내의 일정기간'으로 규정되어 있으므로 단위기간이 특정되어야 하며 기산일도 명확히 하여야 한다. 최장한도는 3개월이지만 3개월 이내라면 4주간, 3주간, 10일간이라도 된다. 사용자가 근로자대표(근로자의 과반수로 조직된 노동조합이 있는 경우 그 노동조합의 대표)와 서면합의(단체협약)로 6일을 주기로 '주간-주간-야간-야간-비번-휴일'이 반복되는 3조2교대제를 운영하되 이를 탄력적근로시간제로 하기로 정하였다면 그 내용이 근기법 제51조제2항에 규정된 요건에 저촉되지 아니하는 한 유효한 탄력적근로시간제가 시행되는 것으로 볼 수 있을 것이다(2005.5.30, 근로기준과-2915).

사용자가 탄력적근로시간제를 실시하려는 경우에는 그 단위기간을 미리 정하여야 하므로, 사용자와 근로자대표가 복격일제 근무(2근무일+1휴무일이 반복되는 근로형태)를 실시키로 임금협정서상 합의하였다면, 이는 일정한 단위기간을 정하여 탄력적근로시간제를 실시하기로 합의한 것으로 보기는 어렵다(2017.10.17, 근로기준정책과-6365).

(나) 단위기간이 반드시 2주 이상 3개월 이내로 정해야 하는지 여부 : 3개월 단위의 탄력적근로시간제는 그 단위기간이 반드시 2주 이상 3개월 이내로 정해야 하는지의 문제이다. 탄력적근로시간제를 규정하고 있는 근기법 제51조에서 제1항에 의한 2주 이내의 단위기간을 정한 경우와 제2항에 의한 3개월 이내의 단위기간을 정한 경우는 각각 별개의 것으로 보아야 할 것이다. 따라서 3개월 이내의 단위기간을 정하고 동조제2항에 의한 다른 요건도 모두 갖춘 경우라면, 동조제2항에 의한 탄력적근로시간제를 도입한 것으로 볼 수 있으며 그 단위기간이 반드시 2주 이상 3개월 이내일 필요는 없다. 또한 이 경우 그 단위기간이 2주 이내의 기간이라 하더라도 동조제2항에 의해 규율되기 때문에 특정 일의 근로시간은 12시간을 초과할 수 없을 것이다(2001.5.12, 근기 68207-1542).

(다) 총근로시간의 산정방법 : 3개월 이내의 일정기간(단위기간)을 평균해서 1주간 당 근로시간이 1주의 법정근로시간을 초과하지 않는 범위내라는 것은 결국 단위기간에 있어서 소정근로시간의 합계를 다음의 공식으로 계산되는 시간의 범위내로 하여야 한다는 것이다.

$$\text{총근로시간} = \frac{\text{1주의 법정근로시간} \times \text{단위기간의 역일수}}{\text{7일}}$$

1주의 법정근로시간은 40시간이므로 3개월단위로 계산하는 경우 총 92일인 경우는 526시간, 91일인 경우는 520시간이 된다. 이 시간은 3개월 단위의 탄력적근로시간제를 채택한 경우에 단위기간에 대한 법정근로시간이 된다. 따라서 1주 및 1일의 법정근로시간의 범위내에 있다고 해도 단위기간에 대한 총근로시간을 초과해서 근로시킨 경우 그 초과된 부분의 시간은 연장근로가 된다.

▶ 단위기간의 근로일과 그 근로일별 근로시간(제3호)

3개월 이내의 탄력적근로시간제를 채택하는 경우, 서면합의에 의해 단위기간의 근로일과 그 근로일별 근로시간을 미리 특정하지 않으면 안된다.

근기법 제51조제2항제3호에서 단위기간의 근로일과 근로일별 근로시간에 대한 합의를 요구하는 취지는 탄력적근로시간제를 운영함에 있어 근로자가 자신의 근로일과 근로시간을 미리 예상할 수 있도록 하기 위한 것으로, 사용자가 그날그날의 작업량에 따라 근로시간을 변경하여 근로자가 미리 예상하지 못하는 근로를 방지함으로써 근로자를 보호하고자 하는 것이다(2010.7.20, 근로기준과-199).

서면합의에 특정하는 방법은 단순히 '3개월을 평균하여 1주의 근로시간이 40시간을 초과하지 않는 범위 내에서 1일 8시간을 초과해서 근로시키는 일이 있다'는 등과 같이 불분명해서는 안되며, '특정한 주의 근로시간', '특정한 날의 근로시간' 등과 같이 각 근로일의 변형근무의 상태를 구체적으로 정하는 것이어야 한다. 3개월 이내의 탄력적근로시간제 도입시부터 근무형태가 특정 주나 특정 일의 근로시간이 근기법 제51조에서 정한 근로시간 한도를 초과한 것이라면 적법한 탄력적근로시간제로 볼 수 없다(2017.7.13, 근로기준정책과-4347). 그러나 업무실태상 개인별 근무배정시간을 정확히 예측할 수 없는 경우에는 서면합의에 각 근무의 업무의 시작 및 종료시각, 근무편성방식, 근무배정표의 작성절차 및 그 주지방법 등을 정해두고, 이에 따라 각 일별 근무배정은 단위기간의 개시 전까지 구체적으로 특정하는 것으로 충분하다. 근무형태 변경으로 근로일과 근로시간이 변경되면서 근로자가 미리 예상하지 못하는 근로를 제공하였을 경우에는 '근로일 및 당해 근로일별 근로시간'에 대한 서면합의 내용을 위반하였다고 볼 수 있으나 이와 달리 근무형태가 변경되었더라도 근로자가 자신의 근로일과 근로시간을 미리 예상할 수 있도록 조치가 이루어진 경우라면 '근로일 및 당해 근로일별 근로시간'에 대한 서면합의내용을 위반하였다고 볼 수 없다(2010.7.20, 근로기준과-199).

3개월단위의 탄력적근로시간제는 특정 주의 근로시간을 최고 52시간, 특정 일의 근로시간을 최고 12시간까지 명시할 수 있다.

▶ 그 밖에 대통령령으로 정하는 사항

근기법 제51조제2항제4호에서 '그 밖에 대통령령으로 정하는 사항'이란 서면합의의 유효기간을 말한다(동법시행령 제28조제1항).

노사가 합의하는 한 유효기간의 길이에 대해서는 특별한 제한이 없으므로 당사자가 합의하여 정할 수 있다. 탄력적근로시간제 운영을 위한 서면합의의 유효기간 만료 이전 노사합의로 그 유효기간을 연장할 수 있으며, 유효기간 경과를 대비하여 서면합의의 효력 연장에 대하여 자동갱신조항을 정하는 것도 가능하다(2016.6.24, 근로기준정책과-3971).

3. 3개월을 초과하는 탄력적근로시간제

(1) 의 의

종전 탄력적근로시간제 단위기간은 2주 단위, 3개월 단위만 인정되었으나, 근기법개정으로 3개월 초과 6개월 이내도 인정되었다(근기법 제51조의2제1항 본문). 3개월을 초과하는 탄력적근로시간제란 3개월을 초과하는 6개월 이내의 단위기간을 평균하여 1주간 근로시간이 40시간을 초과하지 아니하는 범위에서 특정한 주에 40시간을, 특정한 날에 8시간을 초과하여 근무하게 할 수 있는 제도이다(근기법 제51조의2제1항 본문).

(2) 도입요건

가. 대상 근로자의 범위

적용대상 근로자의 범위는 대상 업무, 대상 직종 등을 정한 후 이에 속하는 근로자를 대상으로 하거나 적용대상이 되는 개별근로자를 특정하여 정할 수 있다. 다만, 이 경우 해당 근로자에 대해서는 근로일 간 11시간 연속휴식제, 임금보전방안 마련 및 신고의무 등이 적용되므로 대상 범위를 명확히 규정하고, 해당 근로자에게도 알려줄 필요가 있다. 한편, 적법한 서면합의를 통해 탄력근로제를 도입하는 경우에는 개별근로자 또는 과반수 요건을 충족하지 못하는 노동조합의 동의는 필요하지 않다. 아울러, 서면합의의 내용에 따라 해당 근로자의 근로계약서 갱신 또는 취업규칙변경이 반드시 필요하지는 않으나, 제도의 원활한 운영을 위해 취업규칙 등에 세부 운영규정을 마련하여 다툼의 소지를 최소화하는 것이 바람직하다.

나. 단위기간(3개월을 초과하고 6개월 이내의 일정한 기간으로 정하여야 함)

근기법 제51조의2에 따른 탄력적근로시간제의 단위기간은 3개월을 초과하고 6개월 이내인 일정한 기간으로 정하여야 하며, 예컨대 4개월, 5개월, 6개월, 14주, 20주, 26주 등으로 정할 수 있다. 근로시간 사전 확정 및 중도 변경, 근로일 간 11시간 연속휴식 등의 이행이 있어 그 기준이 되는 단위기간의 시작일을 명확히 할 필요가 있다.

다. 단위기간의 주별 근로시간

이 경우 사용자는 각 주의 근로일이 시작되기 2주전까지 근로자에게 해당 주의 근로일별 근로시간을 통보하여야 한다(근기법 제51조의2제3항). 이 경우 단위기간 내의 각 주별 근로시간은 52시간을 초과하지 않아야 하며(근기법 제51조의2제1항 단서), 서면합의 등으로 정한 단위기간의 주별 근로시간은 게시나 열람, 개별근로자 통보 등의 방법을 통해 근로자가 자신의 주별 근로시간을 확인할 수 있도록 하는 것이 바람직하다. 사용자는 단위기간의 주별 근로시간을 근로자대표와의 서면합의 당시에는 예측하지 못한 천재지변, 기계 고장, 업무량 증가 등 불가피한 사유가 발생한 때에는 단위기간 내에서 평균하여 1주간의 근로시간이 유지되는 범위에서 근로자대표와의 협의를 거쳐 단위기간의 주별 근로시간을 변경할 수 있다. 이 경우 해당 근로자에게 변경된 근로일이 개시되기 전에 변경된 근로일별 근로시간을 통보하여야 한다(근기법 제51조의2제4항).

라. 그 밖에 대통령령으로 정하는 시간

근기법 제51조의2제1항제4호에서 "그 밖에 대통령령으로 정하는 사항"이란 서면합의의 유효기간을 말한다(근기법시행령 제28조의2제1항).

(3) 11시간 연속휴식 의무화

가. 규정내용 및 제도의 취지

사용자는 3개월 초과 탄력적근로시간제를 실시하는 경우, 근무일 종료 후 다음 근무일 개시 전까지 근로자에게 연속하여 11시간 이상의 휴식시간을 주어야 한다. 다만, 대통령령으로 정하는 불가피한 경우 근로자대표와의 서면합의가 있으면 이에 따른다(근기법 제51조의2제2항). 단위기간을 최대 6개월로 확대할 경우, 장기간 집중적인 근로가 가능해져 만성과로 및 근로자의 건강권을 위협하는 요인이 될 수 있으므로 별도의 건강권 보호조치를 마련할 필요가 있다. 특히, 연장근로가 더해지는 경우 1주 최대 64시간의 장시간근로가 일정 기간 연속적으로 이루어질 수 있으므로 건강이 훼손될 우려가 있다. 이에 근로자의 과로 방지를 위해 근로일 종료 후 다음 근로일 개시 전까지 최소 11시간 이상의 연속휴식기간 부여를 의무화하되, 천재지변 등 대통령령으로 정하는 불가피한 경우에는 근로자대표와의 서면합의로 예외를 인정한 것이다.

나. 대통령령으로 정하는 불가피한 경우

근기법 제51조의2제2항 단서에서 천재지변 등 '대통령령으로 정하는 불가피한 경우'란, ① 「재난및안전관리기본법」에 따른 재난 또는 이에 준하는 사고가 발생하여 이를 수습하거나 재난 등의 발생이 예상되어 이를 예방하기 위하여 긴급한 조치가 필요한 경우, ② 사람의 생명을 보호하거나 안전을 확보하기 위하여 긴급한 조치가 필요한 경우, ③ 그밖에 ①,②에 준하는 사유로 근기법 제51조의2제2항 본문에 따른 휴식시간을 주는 것이 어렵다고 인정되는 경우를 말한다(근기법시행령 제28조의2 제2항). 불가피한 경우란 사업운영에 있어 예측이 불가한 예외적인 사유의 발생으로 근로일 간 11시간 이상의 연속휴식을 부여할 수 없는 경우를 말한다.

다. 근로자대표와의 서면합의

대통령령으로 정한 불가피한 사유로 인해 '근로일 간 11시간 이상의 연속 휴식시간'을 준수하기 어려운 경우에는 근로자대표와의 서면합의가 있으면 이에 따른다. 근로자대표와의 서면합의 시에는 근로자의 과로를 방지하고 건강권을 보호할 수 있는 별도의 방안을 마련하는 것이 바람직하다. 대통령령으로 정한 사유에 해당하더라도 근로자대표와 서면합의로 달리 정한 바가 없다면 근로일 간 11시간 이상의 연속 휴식시간을 부여하여야 한다. 한편, 불가피한 사유로 '근로일 간 11시간 연속휴식시간'을 부여하기 어려운 경우에도, 사용자는 인력대체 등의 대책을 마련하여 근로일 간 연속휴식 시간이 최대한 보장될 수 있도록 노력하여야 한다.

4. 탄력적근로시간제의 효과

① 탄력적근로시간제와 연장근로수당 : 탄력적근로시간제는 법정근로시간의 영역 내에서 이를 변경한 것이기 때문에 특정 주 또는 특정 일에 법정근로시간 이상 근로시키더라도 연장근로가 되지 않으며, 따라서 가산임금 지급의무도 발생하지 않는다. 그러나 탄력적근로시간제를 도입하였더라도 단체협약상의 연장근로수당은 지급하여야 한다. 단체협약서는 그 기재내용대로 의사표시의 존재 및 내용이 인정되고 단체협약상의 규정을 근로자에게 불리하게 해석할 수 없고 근기법은 근로기준의 최하한을 정한 것으로 이보다 상향하는 수당지급은 인정된다.

② 탄력적근로시간제와 1주 12시간 한도 내의 연장근로 가능 여부 : 탄력적근로시간제를 시행하더라도 종전과 마찬가지로 근기법 제53조제2항에 따라 1주 12시간을 초과하지 않는 범위 내에서 연장근로를 할 수 있다. 연장근로에 대한 개별근로자와의 합의는 연장근로를 할 때마다 할 필요는 없고 근로계약 등으로

미리 약정하는 것도 가능하므로(2013.12.13, 근로개선정책과-7771), 탄력적근로시간제를 적법하게 도입한 상태라면 연장근로에 대해 해당 근로자와 사전 약정하였다고 하더라도 탄력적근로시간제의 효력이 부인된다고 보기는 어렵다(2017.7.13, 근로기준정책과-4347). 탄력적근로시간제와 연장근로는 병행 시행할 수 있다(서울행법 2023.7.14, 2022구합69452). 탄력적근로시간제 실시하에서 특정일 또는 특정주근로시간을 추가로 연장하는 경우 법정근로시간 내라 하더라도 단위기간에 허용되는 총근로시간의 범위를 초과하는 근로시간은 연장근로로 된다. 따라서 이러한 경우에 사용자는 가산임금의 지급의무(근기법 제56조)가 있다.

탄력적근로시간제를 도입하였다 하더라도 법정휴일 및 약정휴일을 부여해야 하며, 야간근로나 휴일근로의 경우는 가산수당을 지급해야 한다.

〈6개월 이내의 탄력적근로시간제의 규제〉

구 분	6개월 이내의 탄력적근로시간제	
단위기간	3개월 이내	3개월 초과 · 6개월 이내
기본적 요건	근로자대표와의서면합의(취업규칙에 대한 기재도 필요)	좌 동
소정근로시간의 특정방법	-근로자대표와의 서면합의로 사전에 단위기간(1개월, 3개월 등)과 근로일 및 근로일별 근로시간 등을 정하도록 돼 있음 -따라서, 탄력근로제 시행기간 동안 일(日)단위로 근로시간을 정함	-주(週)별로 근로시간을 정함 -최소 2주 전에 근로일별 근로시간을 근로자에게 통보 -다만, 천재지변, 기계고장, 업무량급증 등 불가피한 사정이 발생한 경우, 근로자 대표와의 협의를 거쳐 주별 근로시간을 변경할 수 있음
소정근로시간의 상한	특정주 52시간, 특정일 12시간을 초과하지 못함	좌 동
연장근로의 상한	주 52시간 적용 이후 : 64시간(52+12시간)	좌 동
근로자의 과로방지 방안	없 음	-근로일 간 11시간 연속 휴식시간을 의무화 -불가피한 경우 근로자대표와의 서면합의에 의한 예외
근로자의 임금보전방안	-사용자는 기존의 임금수준이 저하되지 않도록 임금보전방안을 강구해야 함(주의규정) -고용노동부장관은 필요한 경우 임금보전방안을 제출하게 하거나 이를 직접 확인할 수 있음 -단, 이에 대한 벌칙규정 없음	-사용자는 임금저하 방지를 위한 보전수당, 할증 등 임금보전 방안을 마련해 이를 고용노동부 장관에게 신고해야 함(효력규정) -신고하지 않은 경우 과태료 부과 -근로자대표 서면합의로 임금보전 방안 마련 시 신고의무 면제

탄력적근로시간제는 단위기간을 평균한 근로시간이 주 40시간을 초과하지 않는 범위에서 근로시간 운영의 유연성을 높이는 제도로, 단위기간 전체의 근로시간을 평균하여 1주의 근로시간이 법정근로시간인 1주 40시간 이내여야 한다. 다만, 단위기간 도중 입・퇴사 등이 발생하거나 기간제근로자의 잔여 근로계약기간이 단위기간보다 짧은 경우 등에 있어서는 단위기간 전체의 근로시간을 평균할 수 없으므로, 이러한 경우에 대한 임금산정 기준을 명확히 할 필요가 있다.

5. 임금보장방안의 강구

(1) 2주단위 또는 3개월단위 탄력적근로시간제의 경우

① 임금보전방안의 강구

사용자는 2주단위 또는 3개월단위의 탄력적근로시간제에 의하여 근로자를 근로시킬 경우에는 기존의 임금수준이 낮아지지 아니하도록 임금보전방안을 강구하여야 한다(근기법 제51조제4항). 그러나 이 규정은 사용자가 이를 준수하지 아니하여도 어떠한 벌칙이나 제재가 가해지지 않으므로 훈시규정에 지나지 않으므로 사용자에게 임금보전을 강제할 수 없다.

② 고용노동부장관에게 임금보전방안 신고

근기법 제51조제4항에 따른 임금보전방안을 강구하기 위하여 필요한 경우에는 사용자에게 그 임금보전방안의 내용을 제출하도록 명하거나 이를 직접 확인할 수 있다(동법시행령 제28조제2항).

(2) 3개월을 초과하는 탄력적근로시간제의 경우

① 임금보전방안의 강구

사용자는 3개월을 초과하여 근로자를 근로시킬 경우에는 기존의 임금수준이 낮아지지 아니하도록 임금항목을 조정 또는 신설하거나 가산임금 지급 등의 임금보전방안을 마련하여 고용노동부장관에게 신고하여야 한다. 다만 근로자대표와의 서면합의로 임금보전방안을 마련한 경우에는 그러하지 아니하다(근기법 제51조의2제5항).

'임금보전'이란 탄력적근로시간제를 도입하지 않았을 경우의 근로자 임금액을 기준으로 하여 제도 도입으로 인해 임금수준이 저하되지 않도록 보충하는 것을 의미한다. 임금수준의 저하 여부는 단위기간 전체 임금을 기준으로 판단한다.

구체적으로, 임금항목을 조정 또는 신설하거나 가산임금 지급 등의 방안을 별도로 마련해야 하며, 노・사간 분쟁을 차단하기 위해 사전 충분한 협의를 통해 마련하는 것이 바람직하다. 예컨대 전체 단위기간에 대해 사전에 근로하기로 정한 시간 이내라 하더라도 1일 8시간, 1주 40시간을 초과하는 시간에 대해서는 가산임금을 지급하는 방안 등이다.

한편, 실질적인 임금보전방안이 포함되지 아니하였거나, 객관적으로 현저히 미달하는 수준으로 보전하기로 정한 경우 등은 적법한 임금보전 방안 마련으로 보기 어려우며, 임금보전방안을 마련하였음에도 이를 이행하지 않을 경우에는 근기법 제43조 위반이 될 수 있음에 유의해야 한다.

② 고용노동부장관에게 임금보전방안 신고

사용자는 3개월을 초과하는 탄력적근로시간제를 시행하여 근로자를 근로시킬 경우에는 기존의 임금수준이 낮아지지 아니하도록 임금항목을 조정 또는 신설하거나 가산임금 지급 등의 임금보전방안을 마련하여 고용노동부장관에게 신고하여야 한다. 다만, 근로자대표와의 서면합의로 임금보전방안을 마련한 경우에는 그러하지 아니하다(근기법 제51조2제5항).

③ 단위기간 중 입 · 퇴사한 근로자의 근로시간 산정방법

단위기간 도중 입・퇴사 등인 발생한 경우 단위기간 내에서 실제 근로한 기간 전체를 평균하여 1주의 근로시간을 산정해야 한다.

④ 평균 주 40시간을 초과한 시간은 통상임금의 100분의 50을 가산

실제 근로한 기간을 평균하여 1주 40시간을 초과한 시간에 대해서는 그 시간만큼의 임금 및 제56조제1항에 따른 가산수당을 지급해야 한다. 실근로기간을 평균하여 1주 40시간을 초과한 시간은 "당해 기간의 총 실근로시간"에서 "40시간(법정근로시간)×(실제 근로한 기간의 역일수/7)"의 식으로 계산된 시간을 제외한 시간이다.

$$\text{실근로기간 평균 1주 40시간을 초과한 시간} = \text{실근로기간의 총 실근로시간} - \left(40\text{시간} \times \frac{\text{실근로기간의 역일수}}{7\text{일}}\right)$$

이 경우, 1일 및 1주의 연장근로로서 이미 가산수당이 지급된 시간에 대해서는 평균 주 40시간을 초과한 시간 산정시 제외한다. 근기법 제51조의3의 규정에 따라 임금 및 가산수당을 산정하여야 하는 시점은 중도 퇴직자 등에 대해서는 퇴직 등의 시점, 중도 채용자 등에 대해서는 당해 단위기간 종료시점이 될 것이다. 한편, 탄력근로제 도입 후 실근로시간에 따라 근기법 제56조에 따른 법정 연장근로수당 이상을 이미 지급해 왔다면 재차 산정하여 지급해야 하는 것은 아니다. 예컨대 임금보전방안의 일환으로 탄력적근로시간제 하에서도 실근로시간이 1일 8시간, 1주 40시간을 초과한 시간에 대해 가산수당을 지급하는 등 법정근로시간을 기준으로 가산수당을 지급하여 왔다면, 추가로 가산수당을 산정하여 지급해야 하는 것은 아니다.

6. 단위기간보다 짧은 근로기간에 대한 임금정산

(1) 규정내용과 취지

사용자는 2주단위·3개월이내단위 및 3개월초과단위 기간 중 근로자가 근로한 기간이 그 단위기간보다 짧은 경우에는 그 단위기간 중 해당 근로자가 근로한 기간을 평균하여 1주간 40시간을 초과하여 근로한 시간 전부에 대하여 근기법 제56조제1항에 따른 통상임금의 100분의 50이상을 가산한 가산임금을 지급하여야 한다(근기법 제51조의3).

탄력적근로시간제는 단위기간을 평균한 근로시간이 주 40시간을 초과하지 않는 범위에서 근로시간 운영의 유연성을 높이는 제도로, 단위기간 전체의 근로시간을 평균하여 1주의 근로시간이 법정근로시간인 1주 40시간 이내여야 한다. 다만, 단위기간 도중 입·퇴사 등이 발생하거나 기간제근로자의 잔여 근로계약기간이 단위기간보다 짧은 경우 등에 있어서는 단위기간 전체의 근로시간을 평균할 수 없으므로, 이러한 경우에 대한 임금산정 기준을 명확히 할 필요가 있다.

(2) 적용범위 및 적용 여부 판단

① 적용범위 : 단위기간보다 짧은 근로기간에 대한 임금 정산 기준은 3개월 초과 6개월 이내의 탄력근로제 뿐만 아니라, 근기법 제51조에 따른 2주 또는 3개월 이내의 일정 기간을 단위기간으로 하는 탄력적근로시간제에도 적용된다.

② 적용 여부 판단 : 실제 근로한 기간이 탄력근로제 단위기간보다 짧은 경우'란 단위기간 도중 채용 및 퇴직, 배치전환, 휴직 등으로 탄력근로제를 새로

이 적용받거나 적용이 중지되는 경우를 의미한다. 예컨대 하나의 사업장에서 복수의 탄력적근로시간제(A제도, B제도)가 적용되고 있는 경우, (A)제도를 적용받던 근로자가 단위기간 도중 배치전환으로 (B)제도를 적용받게 되었다면 배치전환 전의 제도(A)에서는 중도 퇴직자와 동일한 정산이, 배치전환 후의 제도(B)에서는 중도 채용자와 동일한 정산이 필요하다. 이 경우, 기간제·임시직 등 근로계약 형태로 판단하지 않고, 실제 근로한 기간을 기준으로 적용 여부를 판단해야 한다.

7. 탄력적근로시간제의 적용제외

근기법은 근로시간규제의 탄력화를 위하여 2주단위·3개월단위 및 3개월초과 6개월미만단위의 탄력적근로시간제를 설정하고 있는 바, 이것은 서비스산업의 증대나 경제의 서비스화에 따른 조치로서 소정근로시간의 불규칙적인 배분이나 탄력적 배치를 내용으로 한다. 따라서 이에 적응하기 곤란하다고 판단되는 15세 이상 18세 미만 근로자와 임신 중인 여성근로자에 대해서는 이를 적용하지 않는다. 이것은 연소자보호와 모성보호의 일환으로서 규정한 것이다(동법 제51조제3항).

3 선택적근로시간제란 무엇인가

1. 선택적근로시간제의 의의

선택적근로시간제란 일정기간(1개월이내 단, 신상품 또는 신기술의 연구개발 업무에 한해 3개월이내) 소정의 정산기간 중에 총근로시간을 근로하되 근로자가 그 범위 내에서 각일의 시작 및 종료시각을 선택하여 근로할 수 있게 하여 근로자가 그 생활과 업무와의 조화를 꾀할 수 있도록 하여 효율적인 근로가 가능하고 근로시간을 합리적으로 조정할 수 있도록 한 것이다(근기법 제52조). 선택적근로시간제는 근로자가 출퇴근 시각 및 1일의 근로시간을 자율적으로 결정할 수 있는 제도로, 업무 몰입도에 따라 일정기간 집중 근무가 불가피한 측면이 있고, 업무수행에 있어 근로자의 자율적 시간선택권이 중요한 연구개발 업무에 적합한 제도라 할 수 있다.

선택적근로시간제는 정산기간 중 총근로시간을 근로하되 1일의 근로시간 및 출퇴근시각을 근로자의 결정에 맡길 수 있도록 하며, 적용대상 근로자의 범위, 정산기간, 정산기간 중의 총근로시간, 의무시간대(core time) 및 가변시간대(flexible time)의 개시와 종료시각 등을 노사간의 서면합의로 정하고, 해당 근로자가 이 서면합의에 근거하여 특정 일 또는 특정 주에 법정근로시간을 초과하여 근로하더라도 연장근로로 보지 않는 제도를 말한다.

〈선택적근로시간제의 예〉

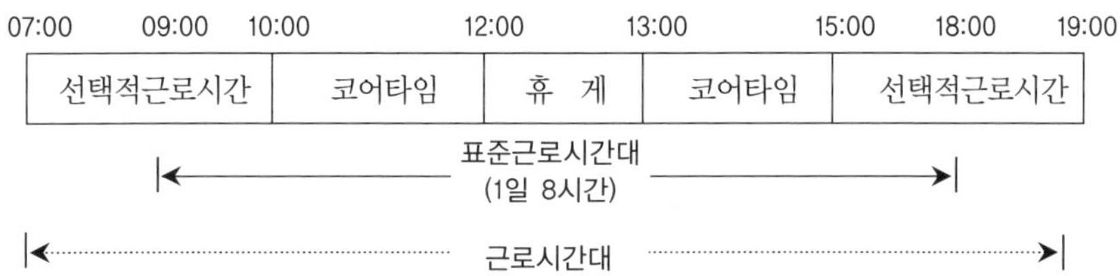

선택적근로시간제는 그림과 같이 정산기간 중 소정의 총근로시간을 자기의 선택에 따라 자주적으로 업무시작·종료시각을 정하여 시간배분과 업무수행방법을 조정하여 근무할 수 있으므로 선택시간대 중에서 근로자가 그 근로시간을 자주적으로 선택할 수 있는 제도이다. 일반적으로 반드시 근로하여야 할 시간대(코어타임)와 근로자가 그의 결정에 근로할 수 있는 시간대(플렉스타임) 및 표준근로시간을 정하도록 하는 자주근무제도이다.

2. 선택적근로시간제의 요건

(1) 취업규칙 및 근로자대표와의 서면 합의

선택적근로시간제 도입의 첫째 요건은 취업규칙에서 업무의 시작·종료시각(시작·종료시각 한쪽만의 시각을 정하는 것은 요건을 충족한 것이 아니다)을 당해 근로자가 결정할 수 있는 것이 포인트이며 이 점을 담보하기 위해 취업규칙에 명시하도록 했다. 둘째 요건은 1개월 이내 또는 3개월 이내의 선택적 근로시간을 채택하는 경우에는 취업규칙 그 밖에 이에 준하는 것에 이를 정할 필요가 있다. 여기서 '취업규칙에 준하는 것'이란, 근기법 제93조의 규정에 의해 취업규칙을 작성해야 할 의무가 없는 상시 10명 미만의 근로자를 고용하는 사업에서 1개월 이내의 선택적근로시간제를 채택하는 경우를 예정한 것이다.

(2) 시작 및 종료시각을 근로자의 결정에 맡기기로 할 것

선택적근로시간제는 근로자의 자유로운 시간관리가 보장되는 것을 전제로 근로일, 각 주의 근로시간을 미리 특정하는 것을 요건으로 하지 않으며, 일 또는 주의 법정근로시간을 초과해서 근로시키는 것도 가능하다. 따라서 시작 및 종료시각에 대해서 근로자의 자주적인 결정이 중요하기 때문에, 취업규칙 그 밖에 이에 준하는 것에 이 점을 명확히 하도록 한 것이다. 즉 근로자가 시작 및 종료시각을 모두 자주적으로 결정할 수 있는 권리를 가지면서도 다른 한편으로 근무계획(즉, 출퇴근시각)을 다시 신고해야 한다거나, 그 근무계획에 대하여 소속부서장의 승인을 필요로 한다는 등 규정을 두는 것은 선택적근로시간제의 취지에 반한다.

근기법 제52조는 시작 및 종료시각 모두를 근로자의 결정에 일임하는 것을 요건으로 하고 있으므로, 시작시각 또는 종료시각 한쪽에 대해서만 근로자의 결정에 맡기기로 하는 것은 이에 포함되지 않는다. 동일한 관점에서 선택적 근로시간(근로자의 선택에 의해 근로할 수 있는 시간대)이 극단적으로 짧은 경우, 즉 코어타임(근로자가 근로해야 하는 시간대)의 개시에서 종료까지의 시간대가 1일 사실상 근로시간대와 거의 일치하는 경우 시작 및 종료시각을 근로자의 결정에 일임하는 것이라고 보기 어렵다. 예를 들어 시작 및 종료 각각의 선택적근로시간이 30분 정도라면 근기법 제52조의 선택적근로시간제라고 할 수 없다.

이 밖에도 선택적근로시간제에 있어서 그 시작 및 종료시각을 30분 등의 단위로 구분해 두고, 그 중에서 근로자에게 선택하도록 하는 방법은 시작 및 종료시각을 자주적인 결정에 일임한 것이 아니라고 해석된다.

(3) 노사간의 서면합의에 의할 것

가. 서면합의

1개월 이내의 선택적근로시간제를 채택할 경우에는 노사간의 서면합의의 체결이 필요하다. 노사간의 서면합의는 사업장별로 체결하는 것이고, 근로자측의 체결당사자는 당해 사업장 근로자의 과반수로 조직된 노동조합이 있는 경우에는 그 노동조합, 근로자의 과반수로 조직된 노동조합이 없는 경우에는 근로자의 과반수를 대표하는 자로 한다.

노사간의 서면합의(노사협정)의 효력은 그 합의에 정한 바에 따라 근로시켜도 근기법의 원칙규정(제50조)에 위반되지 않는다는 면제적 효과를 부여하는 필수적 요건이다. 노사협정을 사용자가 정하는 취업규칙으로 백지위임하는 것은 동조에 위반하는 것으로 아무런 효력이 없다(김형배, 「노동법」, 27판, p.501). 다만, 취업규칙에 "1개월 단위의 선택적근로시간제를 채택하고 구체적으로는 노사간의 서면합의에서 정한 바에 따른다"고 규정한 경우 노사간의 서면합의를 취업규칙의 일부로 취급하는 것은 가능하다. 그러나 이와 같이 노사간의 서면합의가 취업규칙의 일부가 되는 경우에는 노사간의 서면합의를 체결할 때마다 취업규칙을 변경하는 절차를 밟아야 한다.

나. 합의사항

① 대상 근로자의 범위

업무의 내용에 따라서는 선택적근로시간제가 적합하지 않는 경우도 있으므로 적용대상자의 범위를 노사협정사항으로 하는 것이 타당하다. 시작·종료시각의 자주적 결정이 요건이므로 통상의 지각, 조퇴 등이 없으며 근무시간을 엄수해야 할 필요가 있는 직무의 종사자, 정·개근수당을 지급하는 시간준수이행의 업무에 종사하는 근로자들은 그 성질상 대상이 되지 아니한다. 실제로 동제도가 적용되고 있는 업종으로서는 연구기술개발부문, 사무관리부문, 판매영업부문, 정보처리부문 등을 들 수 있다. 그러나 이 제도는 노사간의 서면합의가 있다고 하더라도 연소근로자(15세 이상 18세 미만)에게는 적용되지 않는다.

근로자의 범위는 각 사업장에서 임의로 정해지기 때문에 대상업무, 직군, 부서 등을 정한 후 이에 속하는 근로자를 대상으로 하여 과별, 그룹별 혹은 사업장 전체 등 여러 가지 범위를 정할 수 있다.

② 정산기간

㈎ 1개월 이내의 정산기간

정산기간이란 근로계약상 근로자가 선택적근로시간제하에서 자주적으로 근로해야 하는 시간을 정한 기간이다. 근로자는 정산기간에 정해진 시간을 근로하도록 근로일의 시작 및 종료시각을 스스로 결정해서 일하게 된다. 정산기간은 1개월 이내의 기간으로 한정하고 있는데, 이는 월급제 임금지급 방식과의 균형을 고려한 것이다. 다만 신상품 또는 신기술의 연구개발업무의 경우에는 3개월로 한다. 그러므로 정산기간을 4주 또는 2주로 하더라도 무방하다. 이 경우에 기산일을 명확히 하여야 한다. 월간 등의 근로시간 중에서 자주관리를 하면서 근무를 하는 것이므로 당해 기산일이 명백하지 않으면 이 제도의 운용을 할 수 없기 때문이다. 취업규칙 그 밖에 이에 준하는 것 또는 노사간의 서면합의에 1개월 이내의 범위에서 정산기간의 기산일을 명확히 규정하여야 한다.

(나) 3개월 이내의 정산기간

3개월 이내의 정산기간이 적용되는 경우는 신상품 또는 신기술의 연구개발업무에 국한된다. 신상품 또는 신기술의 연구개발 업무란 재료, 재품, 생산·제조공정 등의 개발 또는 기술적 개선 등을 의미한다. 제조업에서의 실품제품 뿐만아니라 SW, 게임, 금융상품 등 무형의 제품의 연구개발 등을 포함한다. 다만 인문사회과학 또는 자연과학 분야의 연구업무는 포함되지 않는다(2021.1.26, 고용노동부설명자료). 이 경우 근로자의 건강권 보호를 위해 근로일 간 11시간 연속휴식제를 의무화하고, 임금손실 방지를 위해 정산기간 매 1개월마다 1주 평균 40시간을 초과하는 경우 가산임금의 정산과 지급을 해야 하므로 그 기준이 되는 정산기간의 시작일을 명확히 할 필요가 있다.

(다) 정산기간의 '총근로시간'

선택적근로시간제에 있어서 근로계약상 근로자가 일정기간 내에 근로해야 할 총근로시간을 정하는 것이 그 요건이다.

정산기간에 있어서 총근로시간이란 근로자가 정산기간에 근로해야 하는 시간으로 정해진 소정근로시간을 말한다. 선택적근로시간제에 있어서 총근로시간은 노사간의 서면합의로 정해진 정산기간에 있어서 총 법정근로시간의 범위내에서 정하여야 한다. 따라서 총근로시간은 '1개월 이내의 정산기간을 평균하여 1주의 근로시간이 제50조제1항의 근로시간을 초과하지 아니하는 범위'에서 결정되는 것이다.

$$\text{선택적근로시간제의 총근로시간} = \text{1주 법정근로시간 (40시간)} \times \frac{\text{정산기간 중의 총일수}}{\text{7일}}$$

예컨대, 1월을 정산기간으로 정한 경우, 그 월이 30일이라면 총 법정근로시간은 171.4시간{40시간×(30일÷7일)}이 되고, 이 시간을 넘는 시간이 법상 가산수당이 지급되는 연장근로가 된다(2021.3.14, 임금근로시간과).

(라) 1개월을 초과하는 정산기간을 정하는 경우와 사용자의 조치

사용자는 근기법 제52조제1항에 따라 1개월을 초과하는 정산기간을 정하는

경우에는 다음의 조치를 하여야 한다(근기법 제7조제2항).

첫째 근로일 종료 후 다음 근로일 시작 전까지 근로자에게 연속하여 11시간 이상의 휴식시간을 줄 것. 다만, 천재지변 등 대통령령으로 정하는 불가피한 경우에는 근로자대표와의 서면합의가 있으면 이에 따른다.

근기법 제52조제2항제1호 단서에서 "천재지변 등 대통령령으로 정하는 불가피한 경우"란 근기법시행령 제28조의2제2항제1호 또는 제2호에 해당하는 경우 그 밖에 제1호에 준하는 사유로 근기법 제52조제2항제1호 본문에 따른 휴식시간을 주는 것이 어렵다고 인정되는 경우를 말한다(근기법시행령 제29조제2항).

둘째 매 1개월마다 평균하여 1주간의 근로시간이 제50조제1항의 근로시간을 초과한 시간에 대해서는 통상임금의 100분의 50 이상을 가산하여 근로자에게 지급할 것. 이 경우 제56조제1항은 적용하지 아니한다.

(4) 반드시 근로하여야 할 시간대를 정하는 경우 그 시작 및 종료시각

반드시 근로하여야 할 의무가 있는 의무적 근로시간대를 설정할 것인지의 여부는 자유이지만 이를 설정하는 경우에는 그 시간대의 개시 및 종료시각을 정하여야 한다. 이 시간은 직장규율을 위해 전체 근로자의 연락사항이나 노무관리상의 필요성이 있으므로 설정하는 것이 바람직하다.

(5) 근로자가 그의 결정에 따라 근로할 수 있는 시간대를 정하는 경우 그 시작 및 종료시각

선택적근로시간대(플렉스타임)를 설정할 것인지의 여부는 자유이지만 이를 설정하는 경우에는 그 시간대의 시작 및 종료시각을 정하여야 한다. 이 시간대는 노무관리상의 직장규율이나 기업질서와의 관계에서 설정하는 것이 바람직하다.

(6) 그 밖에 대통령령으로 정하는 사항

근기법 제52조제1항제6호에서 "그 밖에 대통령령으로 정하는 사항"이란 표준근로시간(유급휴가 등의 계산기준으로 사용자와 근로자대표가 합의하여 정한 1일의 근로시간)을 말한다(근기법시행령 제29조제1항). 근기법 제52조 및 동법시행령 제29조에 따라 표준근로시간을 정하도록 규정한 취지는 선택적근로시간제를 실시할 경우 각 근로일별 근로시간이나 각 주별 근로시간이 근로자별로 달라질 수 있으므로 표준이 되는 1일 근로시간을 정하여 유급휴일수당이나 연차유급수당 계산의 기준을 삼기 위한 것이다. 그러므로 사전에 근로자가 근로하기로 신청한 시간이 아니라 대상근로자 전체에 일률적으로 적용되는 특정의 근로시간을 표준근로시간으로 정하는 것이 타당하다(2011.4.8, 근로개선정책과-703).

선택적근로시간제는 1일의 근로시간을 특정하지 않기 때문에 연차유급휴가를 취득할 경우에 지급하는 임금의 산정기초가 되는 근로시간이나 출장의 경우에 간주시간의 길이를 정하는 경우에 1일의 근로시간(표준근로시간)을 정하여야 하며, 표준근로시간은 원칙적으로 1주 평균 40시간의 범위 내에서 총근로시간 수를 정산기간내의 근로일수로 나눈 시간이 된다.

3. 선택적근로시간제와 연장 · 휴일 · 야간근로

(1) 1개월 이내 선택적근로시간제인 경우

선택적근로시간제를 채택한 경우에는 근로자 선택에 따라 주 또는 1일의 법정근로시간을 초과해서 근로시켜도 법에 위반되지 않는다. 근로자가 자주적으로 선택한 결과, 특정한 날의 근로시간이 8시간을 초과하거나 특정한 주의 근로시간이 40시간을 초과하여도 근기법 제53조의 연장근로가 되지 않으므로 동법 제56조의 가산임금의 대상이 되지 않는다. 따라서 선택적근로시간제를 채택한 경우 연장근로는 정산기간에 있어 총 법정근로시간을 기준으로 판단되므로 정산기간에 있어서 총 법정근로시간의 한도를 초과한 시간이 연장근로가 된다. 일 · 주 단위로 연장근로는 계산할 수 없으며, 실제 연장근로를 하였는지 여부는 정산기간 후에 알 수 있다. 연장근로의 한도는 정산기간을 평균하여 1주 12시간 한도이다.

(2) 3개월인 경우의 선택적근로시간제의 경우

선택적근로시간제의 정산기간이 3개월로 연장된 경우라도 가산수당 지급의 정산기간은 1개월 단위로 한다. 정산기간을 3개월로 합의하더라도 매 1개월마다 평균하여 주40시간이 초과되는 경우, 법정연장근로는 아니라고 보지만 연장근로와 동일하게 가산수당(50%)을 지급한다(근기법 제52조제2항제2호). 다만 근기법 제57조의 보상휴가제 개정(2021.1.5)이 함께 이루어져 해당 초과근로에 대해서 임금지급대신 근로자대표와의 서면합의에 따라 보상휴가를 줄 수 있다. 사용자는 1개월을 초과하는 정산기간을 정하는 경우에는 근로일 종료 후 다음 근로일

시작 전까지 근로자에 연속하여 11시간 이상의 휴식시간을 주어야 한다(근기법 제52조제2항제1호). 11시간 연속휴식제는 기존 정산기간 1개월 이내의 선택적근로시간제는 적용되지 아니한다. 다만, 선택적근로시간제에서도 근로가 야간 또는 휴일에 해당하는 경우에는 야간 또는 휴일근로수당이 지급되어야 할 것이다. 선택적근로시간제는 탄력적근로시간제와는 달리 사용자에게 임금보전 강구의무가 없다.

4. 선택적근로시간제와 적용제외

연소자(15세 이상 18세 미만), 취직인허증을 보유한 15세 미만 근로자에 대해서는 적용되지 않는다. 탄력적근로시간제와 달리 임신 중인 여성에 대해 제한규정이 없다.

4 사업장 밖 근로에 대한 근로시간의 간주

1. 사업장 밖 근로에 대한 근로시간의 취급

(1) 관련 규정

근기법 제58조제1항·제2항은 「① 근로자가 출장이나 그 밖의 사유로 근로시간의 전부 또는 일부를 사업장 밖에서 근로하여 근로시간을 산정하기 어려운 경우에는 소정근로시간을 근로한 것으로 본다. 다만, 그 업무를 수행하기 위하여 통상적으로 소정근로시간을 초과하여 근로할 필요가 있는 경우에는 그 업무의 수행에 통상 필요한 시간을 근로한 것으로 본다. ② 제1항 단서에도 불구하고 그 업무에 관하여 근로자대표와의 서면합의를 한 경우에는 그 합의에서 정하는 시간을 그 업무의 수행에 통상 필요한 시간으로 본다」고 규정하고 있다.

(2) 사업장 밖 근로에 대한 간주규정의 취지

근로시간의 산정은 실제로 근로한 시산 수에 의하는 것이 원칙이지민 사업장 밖 근로로서 그 시간을 산정하는 것이 어려운 경우에 근로시간의 계산을 근로자에게 불이익이 되지 않는 방법으로 쉽게 하기 위해 「간주규정」을 마련한 것이다. 간주근로시간제는 통상적인 방법에 따른 근로시간의 계산이 곤란한 경우에 대비한 근로시간계산의 특례제도이다. 그러므로 실제 근로시간을 계산하는 것이 아니라 법정방식에 따라 정해진 근로시간만큼 근로한 것으로 간주하는 제도이다.

(3) 사업장 밖 근로시간의 산정방법

이러한 사업장 밖 근로시간의 산정은 다음과 같다.

① 원칙적으로 소정근로시간을 근로한 것으로 본다(연장근로수당은 발생하지 않음).

② 통상 당해 사업장 밖에서 근로를 수행하기 위해서는 소정근로시간을 초과하여 근로하는 것이 보통인 근무상황에 있어서는 그 사업장 밖에서의 근로를 하기 위해 통상 객관적으로 실근로시간이 소정근로시간을 초과하는 경우에는 그 업무의 수행에 통상 필요한 시간을 근로한 것으로 본다(연장근로수당이 발생함).

③ ②의 경우에 근로자대표와의 서면합의(노사협정)한 경우에는 그 서면합의에서 정하는 시간을 근로한 것으로 본다.

이를 위해 근기법 제58조제2항에서 「제1항 단서에도 불구하고 그 업무에 관하여 근로자대표와의 서면합의가 있는 경우에는 그 합의에서 정하는 시간을 그 업무의 수행에 통상 필요한 시간으로 본다」고 규정하고 있다.

기업간 경쟁의 격화나 소비자 의식의 고도화·다양화 등에 따라 영업사원의 수를 늘려 매출액의 유지·확대를 도모하는 기업이 증가하고 있다. 영업사원은 판매처나 거래처를 방문하여 세일즈, 상품설명, 회수 등 그 업무영역이 대부분 회사 밖에서 이루어지는 경우가 많다. 이것은 밖에서 사람과 만나 협의하는 업무의 성격상 제3자에 의한 시간관리가 극히 곤란하며 영업사원이 스스로 시간관리를 하는 것이 보다 효과적이기 때문이다.

신문·잡지·텔레비전의 편집자나 기자 업무도 대부분 회사 밖에서 이루어지기 때문에 사용자의 구체적 지휘·명령이나 지시가 미치지 않는 동시에 실제 정확히 몇 시간 근로한 것인지에 대한 정확한 산정이 곤란하다.

(4) 근로시간의 산정이 어려운 업무사례

이 밖에도 근로시간의 계산이 어려운 업무로는 ① 이용자를 순회하는 판매상품의 애프터서비스, ② 현지에서의 마케팅조사나 시장조사, ③ 광고필름이나 선전포스터의 사진 촬영, ④ 영화촬영, ⑤ 일반 사원의 출장과 같은 경우가 있다.

근기법은 이와 같이 근로자가 사업장 밖에서 이루어져 근로시간의 계산이 어려운 업무에 있어 일정한 시간을 근로시간으로 간주하는 제도를 도입하고 있다.

〈사업장 밖 근로의 간주근로시간제의 요건과 근로시간 계산의 특례〉

요 건	근로시간 계산 특례
1. 근로자가 출장이나 그 밖의 사유로 근로시간의 전부 또는 일부를 사업장 밖에서 근로하여 근로시간을 산정하기 어려운 경우	소정근로시간을 근로한 것으로 간주한다(근기법 제58조제1항 본문).
2. 다만, 그 업무를 수행하기 위하여 통상적으로 소정근로시간을 초과하여 근로할 필요가 있는 경우	그 업무의 수행에 통상 필요한 시간을 근로한 것으로 간주한다(근기법 제58조제1항 단서).
3. 그 업무에 관하여 근로자대표와의 서면합의를 한 경우	그 합의에서 정하는 시간을 그 업무의 수행에 통상 필요한 시간으로 간주한다(근기법 제58조제2항).

2. 간주규정의 적용이 있는 사업장 밖의 근로

(1) 사업장 밖 근로의 형태

사업장 밖 근로에 관하여 간주근로시간제의 대상이 되는 것은 사업장 밖에서 업무를 종사하고 그 밖에 사용자의 구체적인 지휘·감독이 없으며 실근로시간을 산정하기가 어려운 업무이다.

사업장 밖 근로의 형태는 ① 상태적(常態的)인 사업장 밖 근로(예컨대 취재기자·외근영업사원·신문판매요원 등), ② 출장 등과 같은 임시적인 사업장 밖 근로, ③ 근로시간의 전부를 사업장 밖에서 근로하는 경우, ④ 근로시간의 일부를 사업장 밖에서 근로하는 경우를 포함한다.

(2) 간주근로시간제의 적용범위

간주근로시간제는 사업장 밖 근로 중에서도 근로시간의 산정이 어려운 경우(제58조제1항 본문)에만 허용된다. 예컨대 사업장 밖 근로의 업무시작과 종료시각이 해당 근로자의 자유에 맡겨져 있고, 휴게시간의 운용이 자유로우며, 근로자의 조건이나 업무상태에 따라 근로시간의 장단이 결정되는 경우가 여기에 해당된다. 반면에 사업장 밖 근로라 하더라도 근로시간을 산정할 수 있는 경우에는 산정된 근로시간 동안 근로한 것으로 본다. 근로시간 산정의 가능성 여부는 사용자의 구체적 지휘·감독이나 시간관리가 가능한지의 여부에 따라 판단된다(김형배, 「노동법」, 27판, p.519).

이러한 사업장 밖 근로의 사례로서는 보험회사의 외무원, 외교원, 각종판매회사의 세일즈맨, 수금원, 각종의 조사·정보수집원, 신문기자나 취재원 등 다양한 직종이 있으며 이른바 재택근무자도 이에 포함된다.

이러한 자가 회사 밖에서 근로한 경우에는 몇 시에 방문하여 몇 시에 종료하는가는 각 근로자의 자유에 위임되고 일의 진행사정, 상대방의 부재 등이 있을 때에는 일찍 끝내는 수도 있고 마감시에는 상대방과 식사대접을 하는 경우도 있으므로 실근로시간이 몇 시간인지를 산정할 수는 없다.

사업장 밖의 근로라도 야간·휴일근로가 발생한 경우에는 별도로 가산수당을 지급하여야 한다.

(3) 사업장 밖 근로와 사용자의 구체적 지휘·감독이 미치는 경우의 취급

그러므로 다음의 경우에 사업장 밖에서 업무에 종사하는 경우라도 사용자의 구체적인 지휘·감독이 미치는 경우에는 근로시간의 산정이 가능한 것이므로 간주근로시간제의 적용은 없는 것이다(고용노동부 2019.9.16, 유연근로시간제가이드).

① 여러 명의 그룹으로 사업장 밖에서 근로에 종사하더라도 그 구성원 중에 근로시간 관리를 하는 자가 있는 경우

② 사업장 밖에서 업무를 수행하는 사람이 정보통신기기 등에 의하여 수시로 사용자의 지시를 받으면서 근무하는 경우

③ 미리 회사로부터 사업장에서 방문처와 귀사시각 등 당일 업무를 구체적으로 지시받은 다음 사업장 밖에서 업무에 종사하고 사업장에 돌아오는 경우

(4) 근로시간의 일부를 사업장 밖에서 근로한 경우의 근로시간 취급

① 일괄간주설과 별도간주설의 차이 : 우선 근로가 전부 사업장 밖에서 행해진 경우에는 별 문제가 없다. 통상 사업장 내에서 근로하던 근로자가 출장 등으로 일시적으로 근로시간의 일부를 사업장 밖에서 근로한 경우가 문제된다. 이에 대해서는 두 개의 견해가 있다. 첫째, 일괄간주설은 사업장 내 근로와 사업장 밖 근로를 일괄하여 소정근로시간을 근로한 것으로 간주하는 견해이다. 둘째, 별도간주설은 사업장 내 근로는 그 시간대로 산정하고 사업장 밖 근로만을 간주시간의 대상으로 하여 별도로 보고 이를 합산하는 견해이다.

② 평가 : 근로시간 간주제는 근로시간의 산정이 어려운 경우에 그 산정방법을 정한 제도이므로 근로시간의 산정이 가능한 사업장 내 근로를 간주제의 대상으로 할 필요가 없다는 점에서 별도간주설이 옳다고 본다(김형배, 「노동법」, 27판, p.520). 노사간의 서면합의에는 사업장 밖에서의 업무의 수행에 통상 필요한 시

간을 근로한 것으로 간주하여 서면합의할 수 있다. 이 서면합의의 유효기간을 정할 필요(단체협약의 경우를 제외한다)가 있다.

〈사업장 내 근로인 경우와 사업장 밖 근로의 간주근로시간제의 적용〉

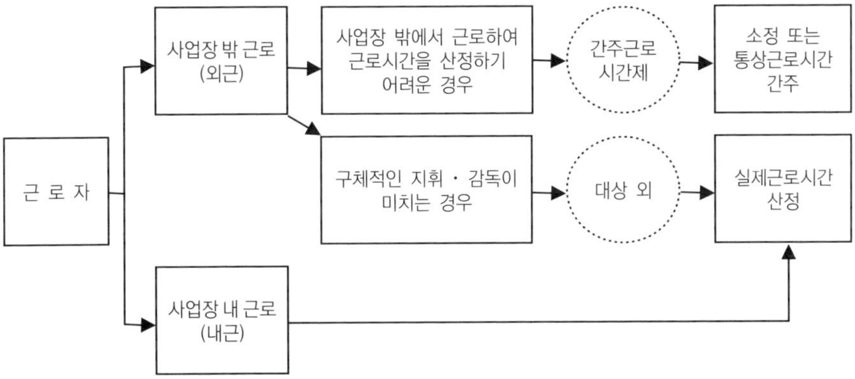

(5) 영업직근로자의 PDA시간의 간주규정의 적용 여부

영업직근로자의 PDA시간을 근로시간으로 볼 수 있는지 여부 또는 간주규정의 적용을 받을 수 있는지 여부이다. 주로 사업장 밖에서 근무하는 영업직 근로자가 업무수행과정에서 PDA에 입력한 시간을 전부 근로시간으로 인정할 수 있는지 여부에 관하여 다름이 있을 수 있다. 판례(서울중앙지법 2022.3.3, 2018가합6506)는 PDA에 입력된 시간 전부를 근로시간으로 인정할 수 없다고 판단했다. 이 판례는 그 근거로서 ① PDA에 입력된 방문일시가 정확하지 않는 점, ② 사용자가 영업직근로자들에 대해 거래처 방문시각, 근무상황, 이동경로 등과 관련하여 지휘 · 감독했다고 인정할 아무런 증거가 없는 점, ③ 외근이 잦은 영업 특성상 영업직근로자들은 일정을 유연하게 조정해서 일한 점 등을 근거로 제시했다.

3. 간주규정의 법적 효과

근기법 제58조의 「간주」의 법적 효과로서는 사용자의 근로시간 산정의무의 면제가 있다. 사용자는 근로자 보호라는 관점에서 근기법상 엄격한 근로시간 규제에 따르게 되므로 근로시간을 스스로 파악하고 산정하여야 하지만 자기의 지휘 · 명령권이 미치지 않거나 근로자의 업무수행실태를 파악하는 것이 어려운 사업장 밖 근로에 있어서 근기법 제58조의 간주제도에 의하여 사용자의 근로시간 산정의무를 면제한 것이 된다.

4. 간주규정의 유형

(1) 소정근로시간간주제

근로자가 출장이나 그 밖의 사유로 근로시간의 전부 또는 일부를 사업장 밖에서 근로하여 근로시간을 산정하기 어려운 경우에는 소정근로시간을 근로한 것으로 보는 방법이다. 이를 「소정근로시간간주제」라고 한다. 사업장 밖 근로시간의 간주제도에 있어 그 대상이 되는 것은 1일 근로시간의 전부 또는 일부를 사업장 밖에서 근로하여 근로시간을 산정하기 어려운 때이다.

또한 '소정근로시간을 근로한 것으로 본다'에서 '소정근로시간'이란 취업규칙 등에서 근로자가 계약상 근로해야 할 시간으로 정해진 시간을 의미한다. 근로시간의 일부를 사업장 밖 업무에 종사한 경우에는 사업장 내에서 근로한 시간은 근로시간 산정이 가능하므로 실근로시간을 산정하고 사업장 밖의 근로는 그 날의 소정근로시간을 근로한 것으로 간주된다. 예를 들어 소정근로시간이 8시간으로서 오전 중에는 사업장 내에서 오후부터 사업장 밖에서 근무한 경우에는 사업장 내에서 근무한 시간을 제외하여 사업장 밖의 근로시간을 소정근로시간 근무한 것으로 간주된다. 취업규칙에서 정한 바에 따라 당해 근로일 중 휴게시간을 제외하고 「시작시각에서 종료시각까지」 근로한 것으로 보아 근로시간을 산정하므로 연장근로가 있더라도 원칙적으로 발생하지 않는다. 「소정근로시간을 근로한 것으로 볼 수 있다」는 추정규정과는 그 성질이 다르다.

그러므로 「소정근로시간을 근로한 것으로 본다」는 경우에는 예컨대 근로자가 구체적인 근로시간 등을 기록하여 이에 의하여 연장근로를 신청하더라도 반증이 허용되지 아니하므로 그 주장에 따른 임금청구권을 인정할 수 없다.

(2) 통상필요근로시간간주제

① 통상필요근로시간간주제의 의의 : 당해 업무를 수행하기 위하여 통상적으로 소정근로시간을 초과하여 근로할 필요가 있는 경우에는 그 업무의 수행에 통상 필요한 시간을 근로한 것으로 보는 방법이다(근기법 제58조제1항 단서). 이를 「통상필요근로시간 간주제」라고 한다.

'그 업무의 수행에 통상 필요한 시간'은 평균인의 통상의 상태에서 그 업무를 수행하기 위해 객관적으로 필요로 하는 시간을 의미하므로 사업장 밖에서의 업무에 관하여 각 일의 상황이나 종사하는 근로자 등에 따라 실제로 필요한 시간이 다른 경우 당해 업무의 수행에 필요한 시간을 그 업무의 수행에 통상 필요한 시간으로 본다. 예컨대 어떤 사업장의 영업업무에 대하여 8시간 50분이 소요되는 경우가 있는가 하면, 9시간 10분 정도 소요되는 경우가 있다 하더라도 각 일 각 근로자가 그 업무의 수행에 소요되는 시간을 평균하면 9시간 정도인 경우에는 그 9시간이 통상 필요한 시간으로 본다.

② 「통상 필요하다고 인정되는 근로시간」의 판단기준 : ㈎ 당해 사업장의 취업규칙에서 정한 소정근로시간을 기준으로 하여, ㈏ 일반적, 평균적, 상태적으로 당해 사업장 밖에 있어서의 업무가 소정근로시간내에 종료되지 아니하고 소정근로시간을 초과하여 행할 필요가 있으며, ㈐ 근로자 개인에 착안하는 것이 아니고 통상의 근로자에 있어서 그 직장의 사업장 밖 업무에 종사하여 근로자의 평균적, 일반적인 업무수행상황에 있어서, ㈑ 소정근로시간을 초과하여 근로하는 것을 평균적인 근로시간으로 보는 것이다. 사업장 및 출장지가 소재하는 지역간 이동에 통상 소요되는 시간을 포함하여 출장근무 수행에 통상적으로 필요한 시간이 소정근로시간을 초과한 경우라면 그 필요한 시간을 근로한 것으로 보게 되므로 그 시간에 대하여 임금을 지급하여야 한다(2002.8.9, 근기 68207-2675).

(3) 노사서면합의에 의한 근로시간간주제

그 업무에 관하여 근로자대표와의 서면합의를 한 경우에는 그 합의에서 정하는 시간을 그 업무의 수행에 통상 필요한 시간으로 보는 방법이다(근기법 제58조 제2항). 이를 「노사협정에 의한 근로시간간주제」라고 한다.

사업장 밖에서의 업무로서 근로시간을 산정하기 어려운 사항에 관하여, 근로자대표와의 서면합의로 업무수행에 필요한 근로시간을 규정한 경우에는 '그 시간'을 '그 업무의 수행에 통상 필요한 시간'으로 간주하면 된다.

5 재량근로의 근로시간 산정

1. 제도의 개요

재량근로시간제란 근기법 제58조제3항에 따라 업무의 성질에 비추어 업무수행의 수단, 시간배분의 결정 등에 관해 구체적인 지시를 하기가 곤란한 업무에 대해 사용자가 그 수행방법 등을 근로자의 재량에 맡기고 근로시간은 실제 근로시간수에 관계없이 근로자대표와 서면합의로 정한 시간을 소정근로시간으로 간주하는 제도이다(2012.11.28, 근로개선정책과-6390).

기업의 기술개발 업무의 중요성이 증대되면서 기술개발만을 담당하는 근로자의 수가 증가하고 있다. 최근 기술혁신의 진전, 경제의 서비스화, 정보화 등에 따라 업무의 성질상 그 업무의 구체적인 수행에 있어서는 근로자의 재량에 위임할 필요가 있으므로 사용자의 구체적인 지휘·감독을 받지 아니하고 통상의 방법에 의한 근로시간의 산정이 적절치 아니한 업무가 증가하고 있는 실정에 대응하여 1997년 근기법 개정시에 도입한 것이다. 기술개발 업무는 극히 고도의 지적 작업이기 때문에 업무수행의 절차를 결정하거나 시간을 배분하는 문제를 사용자가 미리 결정하는 것이 불가능한 경우가 생긴다.

위와 같은 전문적 업무를 근기법에 정한 근로시간에 의해 규제한다는 것은 불가능할 뿐 아니라 비효율적이다. 또한 보수의 결정도 근로의 양에 의하는 것이 아니라 질이나 성과에 의하여 결정됨으로써 종래의 통상적인 방법에 의하여 근로시간을 산정하는 것이 부적절한 전문적 업무가 증가하고 있는데 대응하여 마련된 것이다. 재량근로의 간주시간제도는 재량근로자에 대해서는 근로의 양(시간)에 관계없이 그 질(내용) 내지 성과에 의하여 보수가 결정되도록 한 것이라는 데 의미가 있다. 따라서 근기법은 이러한 재량근로에 대해서는 근로시간 배분만 아니라 업무수행방법까지 근로자의 재량에 맡기고 실제 근로한 시간에 관계없이 노사가 서면합의로 정한 시간을 근로시간으로 간주하는 제도이다.

2. 재량근로제의 도입요건

업무의 성질에 비추어 업무 수행방법을 근로자의 재량에 위임할 필요가 있는 업무로서 대통령령으로 정하는 업무는 사용자가 근로자대표와의 서면합의로 정한 시간을 근로한 것으로 본다(동법 제58조제3항)고 규정하고 있다.

(1) 업무의 성질에 비추어 업무수행 방법을 근로자의 재량에 위임할 필요가 있는 업무로서 대통령령으로 정하는 업무

재량근로시간제의 대상이 되는 것은 업무의 성질상 업무수행의 수단, 시간배분의 결정 등에 따라 구체적인 지시를 하기가 곤란하여 그 수행방법을 근로자의 재량에 맡길 필요가 있는 업무이다. 운영방법에 따라 출·퇴근 자체를 따로 정하지 않거나, 출·퇴근시간 중 하나를 정해 놓고 그 외의 시간을 재량근로의 대상으로 하거나, 출·퇴근시간을 모두 정할 수 있다. 근기법시행령 제31조에서는 이에 해당하는 업무로서 다음의 업무를 규정하고 있다.

① 신상품 또는 신기술의 연구개발이나 인문사회과학 또는 자연과학분야의 연구 업무

② 정보처리시스템의 설계 또는 분석업무

③ 신문·방송 또는 출판 사업에서의 기사의 취재·편성 또는 편집 업무

④ 의복·실내장식·공업제품·광고 등의 디자인 또는 고안 업무

⑤ 방송 프로그램·영화 등의 제작 사업에서의 프로듀서 또는 감독 업무

⑥ 그 밖에 고용노동부장관이 정하는 업무

근기법시행령 제31조제6호에서 '그 밖에 고용노동부장관이 정하는 업무'란 회계·법률사건·납세·법무·노무관리·특허·감정평가·금융투자분석·투자자산운용 등의 사무에 있어 타인의 위임·위촉을 받아 상담·조언·감정 또는 대행을 하는 업무를 말한다(2019.7.31, 고용노동부고시 제2019-36호).

(2) 사용자가 근로자대표와 일정한 사항을 명시하여 서면으로 합의하여야 한다(서면합의사항)

노사간에 서면으로 합의하여야 할 사항은 다음과 같다.

① 대상업무 : 근기법시행령 제31조에서 정하는 업무이어야 한다.

② 사용자가 업무의 수행수단 및 시간 배분 등에 관하여 근로자에게 구체적인 지시를 하지 아니한다는 내용 : 이것이 재량근로제의 포인트이며 근로자의 재량권은 서면합의에 따라 보증하고 담보한다는 취지이다. 재량근로에서도 업무수행에 관한 기본적 지휘·명령권은 사용자에게 있으므로 사용자는 업무의 기본적 내용을 지시하거나 각 단계에서 진행 상황에 대한 보고의무를 요청할

수 있다. 또한 사용자가 근로자의 출·퇴근시간을 확인하기 위하여 일정한 조치를 취하는 것은 허용된다. 근로일에 출근할 것인지 여부까지 근로자의 재량에 위임하는 것이 아니므로 소정근로일에 출근의무를 지는 것도 당연하다.

③ 근로시간의 산정은 그 서면합의로 정하는 바에 따른다는 내용 : 서면합의로 근로시간의 산정을 어느 정도 특정해야 하는지 문제된다. 재량근로제가 기본적으로 근기법 제50조에 대한 특별규정이라는 점을 고려하면 서면합의에는 근로시간으로 간주할 1일과 1주의 근로시간을 정해야 할 것이다.

3. 재량근로제의 효과

(1) 근로시간의 간주

적법하게 도입·운영되는 재량근로시간제에서는 서면합의로 정한 시간을 근로한 것으로 본다

노사 서면합의로 재량근로에 해당하는 대상업무를 정하여 당해 협정 수행에 필요한 시간을 정한 경우에는 당해 업무에 종사하는 근로자는 당해 업무에 규정한 시간을 근로한 것으로 간주한다. 서면합의로 정한 시간을 근로한 것으로 간주하며, 휴게시간은 별도 부여할 수 있다. 재량근로시간이 서면합의로 간주근로시간 수를 정한 경우에도 법정근로시간을 초과하면 그 시간외근로에 관한 가산임금이 지급되어야 하며, 출·퇴근이 자유롭도록 재량근로시간을 정하면 야간근로는 발생하지 아니한다. 유급주휴와 연차유급휴가는 부여해야 하나, 근로시간을 완전 재량근로시간으로 정한 경우에는 주휴일에 근로를 하였더라도 사용자의 별도 지시가 없었다면 휴일근로 임금이나 가산수당은 발생하지 아니한다.

(2) 야간근로 · 휴일 등의 간주시간 포함 여부

이러한 간주근로시간제는 근로시간에 관한 규정 중의 「근로시간의 길이」에 관하여 규정한 것으로 휴게시간·야간근로·휴일근로시간에 관한 규정은 「간주근로」로서 적용제외가 되는 것은 아니다. 그러므로 야간(하오 10시부터 상오 6시까지)근로 또는 휴일근로를 할 때에는 예컨대 간주시간 내에 있더라도 야간가산임금 또는 휴일가산임금(근기법 제56조)을 지급할 의무가 사용자에게 발생한다.

(3) 요건을 충족하지 못한 재량근로

근기법상 재량근로의 요건을 갖추지 못하면 근로시간 간주의 효과가 없고 실근로시간을 산정하여야 한다. 다만 서면합의에도 불구하고 사용자가 업무 수행 방법에 대해 구체적인 지시를 하고 출·퇴근시간을 통제한다면, 이는 재량근로로 볼 수 없으므로 실근로시간에 따라 근로시간을 산정해야 하고 법정근로시간을 초과한 경우에는 법정근로수당을 지급해야 한다(2012.11.28, 근로개선정책과-6390).

4. 재량근로와 다른 제도와의 차이

(1) 재량근로시간간주제와 선택적근로시간제의 차이

재량근로는 근로시간의 배분뿐 아니라 업무수행 방법까지 근로자의 재량에 맡기고, 실제 근로시간과 관계없이 노사간 서면합의한 시간을 근로시간으로 간주하는 제도이다. 반면, 선택적근로시간제는 업무수행 방법 등에 대해서는 사용자의 지시를 받으면서 시작과 종료시각(즉, 근로시간의 배분)만을 근로자가 자유로 결정하고 근로시간도 실제 근로한 시간이 정확히 계산된다. 또한 재량근로는 대통령령으로 정한 일정한 사업에 한정되는 반면, 선택적근로시간제는 노사간의 서면합의가 있는 경우 어떠한 업종에서나 실시할 수 있다.

〈재량근로시간간주제와 선택적근로시간제의 차이〉

구 분	재량근로시간간주제	선택적근로시간제
근거조항	근기법 제58조제3항, 동법시행령 제31조	근기법 제52조
개 념	근로시간 결정이 곤란한 경우에 있어서 근로시간 결정에 관련된 개념	근로시간 배분과 관련된 개념
대 상	근기법시행령 제31조에서 정한 업무에 한정	특정 업종의 제한 없이 다양한 업무에서 활용 가능
사용자의 지시여부	업무수행 방법 자체가 근로자의 재량에 맡겨짐	출근한 시간 동안에는 사용자의 지시에 따라 업무 수행
근로시간	실제 근로한 시간과 관계없이 노사가 서면합의한 시간을 근로시간으로 간주함	시업과 종업시각을 근로자가 자유롭게 결정하나, 실제 근로한 시간은 정확히 계산됨

(2) 재량근로시간간주제와 재택근로의 차이

재량근로는 업무수행방법과 근로시간의 배분을 근로자의 재량에 맡기는 반면, 재택근로는 업무수행 방법에 대한 재량 여부와 관계없이 근무장소가 근로자의 주택인 경우를 말한다. 또한 재량근로는 근로장소에 대한 법적 제한은 없지만 실제 사업장에 나와서 근로하거나 출장 등의 형태를 취한다는 면에서 재택근로와 차이가 있다. 다만, 재량근로와 재택근로 모두 상당 부분 근로시간의 배분이나 휴게시간의 설정 등에 있어서는 근로자의 자유에 맡겨져 있다는 점에서는 그 성격이 유사하다.

5. 재량근로와 업무상의 지시 및 근무의무

(1) 재량근로와 업무상의 지시

재량근로는 그 업무의 수행을 근로자의 재량에 위임하므로 사용자는 업무수행방법이나 시간배분에 있어서 구체적 지시를 하지 않을 것이 노사 서면합의의 요건이 된다. 그러나 이것은 개별적인 업무수행의 수단방법이나 시간배분에 있어서 구체적인 지휘명령을 하지 않는데 있으며 그 이외의 사항에 있어서는 사용자에게 지휘명령권이 있다. 즉, 업무수행수단 및 시간배분의 결정 등 이외에는 사용자는 근로자에 대하여 필요한 지시를 할 수 있으며 근로자는 그 제한을 받아야 한다. 그러므로 사용자가 근로자에 대하여 업무의 개시 시에 해당 업무의 목적, 목표, 기한 등의 기본적 사항을 지시하거나 중도에 경과보고를 받고 기본적 사항에 있어서의 필요한 변경지시를 하는 것은 가능한 것이다.

(2) 재량근로와 근로의무와의 관계

또한 재량근로의 경우에도 근무의무는 당연히 있으므로 재량근로종사 근로자의 출퇴근관리를 할 수 있다. 근로자는 성실근무의무가 있으므로 근로일에 출근하여 직장질서를 준수하고 동료 등과의 협조를 통하여 직무에 전념하여야 한다. 업무 수행시 구체적 지휘·명령을 하지 않더라도 결근이나 사적인 외출까지 자유재량이 있는 것이 아니므로 성실히 직무를 수행해야 한다. 소정근로시간(예컨대 7시간)에 더하여 1일 2시간의 소정연장근로를 할 수 있으며 「9시간 간주한다」는 취지의 재량근로 협정인 경우에는 1일 결근한다면 1일 9시간 근무를 하지 않는 것으로 볼 수 있다. 또한 연구내용이나 그 성과 등에 있어서 상사에게 보고하거나 지휘·명령이나 지도를 받는 것은 재량근로와 모순되지 않는다. 예컨대 신문·출판사업의 기사의 취재·편집업무에 있어서 취재 등을 지시하는 것까지 자유재량이 있다는 이유로 당연히 거부할 수 있는 것은 아니다. 어떠한 목적내용의 업무를 행하는가의 지시에 따라야 하며 다만 그 수단·방법에 있어서 재량성이 있으므로 지시에 따른 업무를 어떻게 수행하는가의 시간배분 등에 있어서 재량권까지 근로자에게 있는 것은 아니다.

6 근로시간 및 휴게의 특례

법 제59조 【근로시간 및 휴게시간의 특례】 ①「통계법」 제22조제1항에 따라 통계청장이 고시하는 산업에 관한 표준의 중분류 또는 소분류 중 다음 각 호의 어느 하나에 해당하는 사업에 대하여 사용자가 근로자대표와 서면으로 합의한 경우에는 제53조제1항에 따른 주 12시간을 초과하여 연장근로를 하게 하거나 제54조에 따른 휴게시간을 변경할 수 있다.

1. 육상운송 및 파이프라인 운송업. 다만, 「여객자동차 운수사업법」 제3조제1항제1호에 따른 노선(路線)여객자동차운송사업은 제외한다.
2. 수상운송업
3. 항공운송업
4. 기타 운송관련 서비스업
5. 보건업

② 제1항의 경우 사용자는 근로일 종료 후 다음 근로일 개시 전까지 근로자에게 연속하여 11시간 이상의 휴식시간을 주어야 한다.

1. 의 의

① 규정내용 : 근기법은 1주 40시간, 1일 8시간근로(근기법 제50조제1항) 및 근로시간이 4시간인 경우에는 30분 이상, 8시간인 경우에는 1시간 이상의 휴게시간을 근로시간 도중에 주도록 규정하고 있다(동법 제54조제1항). 근기법 제59조는 동법 제53조제1항에 의한 당사자 간의 합의시 1주 12시간을 한도로 한 연장근로의 제한 및 동법 제54조의 휴게시간의 규제에 대한 예외를 인정한 것이다.

② 특례의 의의 : 근기법 제59조에 의한 근로시간 및 휴게시간 특례제도란 사업의 성격 내지 업무의 특성을 감안할 때 연장근로 시간 및 휴게시간을 엄격하게 적용할 경우 공중생활의 불편을 초래할 수 있거나 사업 목적 달성이 어려운 사업에 대해 사용자는 근로자대표와 서면합의를 한 때에는 근기법상 연장근로 제한시간(주12시간)을 초과하여 연장근로를 하게 하거나, 휴게시간을 변경할 수 있는 것을 말한다(2015.8.20, 근로기준정책과-3842 ; 2014.1.3, 근로개선정책과-62). 이 특례

사업연장근로는 연장근로의 한도를 적용받지 않으므로 근로자대표와 서면합의를 통해 제도를 도입한 경우 사실상 무제한적인 장시간 노동이 가능해 근로자의 건강과 안전은 물론 공중의 생명까지 위협하는 요인이 될 수 있다. 이에 따라 근로시간 및 휴게시간의 특례적용업종을 대폭 축소하고 특례사업 연장근로를 도입한 경우에도 근로일 종료 후 다음 근로일 개시 전까지 최소 11시간의 연속 휴식시간 부여를 의무화하여 과도한 장시간 근로를 방지함으로써 근로자의 기본적인 근로조건을 보장하려는 것이다.

2. 요 건

(1) 근로시간 및 휴게의 특례가 인정되는 사업

가. 특례가 인정되는 사업

① 육상운송업 및 파이프라인 운송업(다만, 「여객자동차 운수사업법」 제3조제1항제1호에 따른 노선(路線)여객자동차운송사업은 제외한다), ② 수상운송업, ③ 항공운송업, ④ 기타 운송관련 서비스업, ⑤ 보건업 등 5개 업종이다.

근로자대표와 서면합의를 하면 연장근로의 한도(1주 12시간)가 적용되지 않아 장시간 근로의 주요 원인으로 지적되어 온 특례업종이 과거 26개 업종에서 5개 업종으로 축소되었다.

특례존치(5개)	특례제외(21개)
① 육상운송업(「여객자동차운수사업법」의 노선여객자동차운송사업 제외), ② 수상운송업, ③ 항공운송업, ④ 기타 운송관련 서비스업, ⑤ 보건업	① 보관 및 창고업, ② 자동차 및 부품판매업, ③ 도매 및 상품중개업, ④ 소매업, ⑤ 금융업, ⑥ 보험 및 연금업, ⑦ 금융 및 보험 관련 서비스업, ⑧ 우편업, ⑨ 전기통신업, ⑩ 교육서비스업, ⑪ 연구개발업, ⑫ 시장조사 및 여론조사업, ⑬ 광고업, ⑭ 숙박업, ⑮ 음식점 및 주점업, ⑯ 영상・오디오 기록물 제작 및 배급업, ⑰ 방송업, ⑱ 건물・산업설비 청소 및 방제서비스업, ⑲ 하수・폐수 및 분뇨처리업, ⑳ 사회복지서비스업, ㉑ 미용・욕탕 및 유사서비스업

나. 특례 적용대상 사업에 대한 판단기준

① 근기법 제59조는 그 적용대상을 근로자 개개인의 업무와 관련된 내용이 아니라 사용자가 운영하는 사업의 내용과 관계되는 것이다(서울남부지법 2013.2.21, 2012고정4007). 동조에 해당되는 적용대상을 '사업'으로 하고 있다.

② 근로시간 등의 특례적용 사업에 해당하는지 여부에 대하여는 기본적으로

통계법 제22조제1항에 따라 통계청장이 고시하는 「한국표준산업분류」에 따른 중분류 및 소분류 등에 의하여 판단하고, 산업분류는 사업체에서 수행하는 주된 산업활동의 특성(산출물, 원재료, 제조공정 및 방법, 기능 및 용도, 제공하는 서비스 및 제공방법 등)에 따라 분류하여야 할 것이다(2015.8.20, 근로기준정책과-3842).

③ 하나의 사업에 수 개의 사업장이 있는 경우 각 사업의 조직・인사・회계・노무 관리 등이 완전히 분리돼 독자적으로 사업 경영이 이뤄진다면 각 사업장별로 적용하되 그러한 독립성이 없으면 사업 전체를 적용단위로 보아야 한다(2011.1.27, 근로기준과-481).

(2) 근로자대표와의 서면합의

가. 서면합의에 개별 근로자의 동의를 얻어야 하는지 여부

특례적용 사업에 해당되어야 할 뿐만 아니라 연장근로를 확대하거나, 휴게시간을 변경하기 위해서는 사용자는 근로자대표와 서면합의를 하여야 한다(서울남부지법 2013.2.21, 2012고정4007). 이때 서면합의는 연장근로시간 및 휴게시간의 특례가 인정되기 위한 요건이므로 개별 근로자로부터 별도의 동의를 얻지 않았더라도 유효한 서면합의가 있으면 사용자가 근로자에게 연장근로를 명할 수 있다고 해석된다.

나. 소급합의의 유효성 여부 및 서면합의의 효력발생시기

사용자가 근로자대표와 서면합의하면서 이 합의를 소급적용한다고 규정할 경우 이의 유효성 여부이다. 공익적 사업의 근로시간 및 휴게시간 특례적용을 위한 근로자대표와의 서면합의는 특례제도 도입을 위한 절차적 필수요건이므로 서면합의 효력은 노사간에 합의한 이후부터 발생한 것으로 보아야 할 것이다(2015.8.20, 근로기준정책과-3842).

(3) 연속 휴식시간 11시간 보장

또한, 존치되는 5개 업종에 대해서도 근로일 종료 후 다음 근로일 개시 전까지 근로자에게 연속하여 11시간 이상의 휴식시간을 주어야 한다(근기법 제59조제2항). 이와 같은 보완장치 마련을 통해 장시간근로로부터 근로자의 휴식권과 건강권 확보가 가능하도록 하였다. 그러나 특례업종에 해당되더라도 특례제도를 도입하지 않으면 연속 11시간 휴식보장은 적용되지 않는다.

3. 효 과

(1) 특례연장근로 허용 및 가산임금의 지급 여부

근기법 제59조가 적용되면 사용자는 동법 제53조제1항에 따른 주 12시간을 초과하여 근로자를 연장근로하게 할 수 있다. 이를 특례사업연장근로라고 부른다. 다만, 이 경우에도 1주 12시간의 통상연장근로시간뿐만 아니라 이를 초과하는 특례사업연장근로시간에 대하여도 연장근로시간에 대해서는 당연히 근기법 제56조가 적용되므로 가산임금이 지급되어야 한다.

(2) 노사간의 서면합의로 휴게시간을 축소 · 폐지할 수 있는지 여부

근로시간 및 휴게시간의 특례로 1주 12시간을 초과하여 연장근로하게 하거나, 제54조에 의한 휴게시간을 변경할 수 있다. 운수업 등 일부 업종에서 휴게시간을 변경할 수 있도록 한 것은 휴게시간의 최저기준은 유지하되 공중의 편의 또는 근로자의 업무특성을 고려해 휴게시간의 간격이나 시간대를 변경할 수 있다는 제한적인 의미로 이해해야 하며 이를 벗어나 휴게시간을 법률에서 정한 기준보다 줄이거나 전혀 주지 않도록 변경할 수 있다는 의미는 아니다(법제처 2015.3.27, 안건번호 15-0068).

(3) 근기법 제59조의 법정 요건을 갖추지 못한 경우의 법적 효력

근기법 제59조의 요건을 갖추지 못한 상태에서 휴게시간을 줄이거나 주 12시간을 초과하는 연장근로를 약속하는 것은 효력이 없고 휴게에 관한 근기법 제54조를 위반하거나 연장근로 제한에 관한 근기법 제53조를 위반하여 소정의 벌칙에 처한다.

4. 구체적 사례

① 철도공사는 운수업에 해당한다는 사례(2004.1.9, 근로기준과-228)

② 응급의료정보센터는 보건업에 해당한다는 사례(2011.1.27, 근로기준과-481)

③ 항공기 청소 서비스, 항공화물 하역 등 운송관련 서비스업은 운송업에 해당한다는 사례(2014.1.3, 근로개선정책과-62)

④ 대한적십자혈액원은 보건업에 해당한다는 사례(2015.8.20, 근로기준정책과-3842) 등이 있다.

제3절 근로시간의 관리

1 사용자의 근로시간의 산정 · 파악의무

1. 근로시간의 산정 · 파악의무

근기법은 근로시간, 휴일, 휴가 등에 있어서 근로자보호를 위하여 여러 가지로 규제하고 있으며 그 준수의무는 주로 사용자에게 부과되어 있고 근로시간관계의 규제에 있어서도 사용자에게 그 준수를 하여야 할 법률상의 책임을 지우고 있다. 예컨대 근기법 제50조제1항은 「1주의 근로시간은 휴게시간을 제외하고 40시간을 초과할 수 없다」고 규정하고 동조제2항은 「1일의 근로시간은 휴게시간을 제외하고 8시간을 초과 할 수 없다」고 규정하고 있다. 그 의미는 사용자는 근로자에게 법정시간을 초과하여 근로시키는 것을 금지하고 이를 위반한 경우에는 동법 제110조제1호에서 「2년 이하의 징역 또는 2,000만원 이하의 벌금에 처한다」고 규정하고 있다. 사용자가 이러한 법률규정에 위반하는 행위를 하지 않기 위해서는 상시 근로시간을 파악하여 근로자가 몇 시간의 근로를 하였는가, 법률상의 허용시간은 몇 시간인가를 알아야 할 필요가 있다.

사용자는 근로시간의 파악 · 산정의무를 준수하고 이를 위반하는 일이 없도록 하여야 한다.

2. 근로시간 파악 · 산정의무 법적 근거

사용자의 근로시간 파악 · 산정의무의 법률상 근거로서는 근기법 제48조제1항에서 발생한다. 즉 동조항은 직접적으로 임금대장의 작성의무를 규정하여, 「사용자는 각 사업장별로 임금대장을 작성하고 임금과 가족수당 계산의 기초가 되는 사항, 임금액, 그 밖에 대통령령으로 정하는 사항을 임금을 지급할 때마다 적어야 한다」라고 규정하고 있다.

근기법시행령 제27조(임금대장의 기재사항)는 사용자가 근로자 개인별로 ① 성명, ② 생년월일, 사원번호 등 근로자를 특정할 수 있는 정보, ③ 고용연월일, ④

종사하는 업무, ⑤ 임금 및 가족수당의 계산기초가 되는 사항, ⑥ 근로일수, ⑦ 근로시간수, ⑧ 연장근로·야간근로 또는 휴일근로를 시킨 경우에는 그 시간수, ⑨ 기본급·수당·그 밖에 임금의 내역별 금액(통화 이외의 것으로 지급된 임금이 있는 경우에는 그 품명 및 수량과 평가총액), ⑩ 법 제43조제1항 단서에 따라 임금의 일부를 공제한 경우에는 그 금액을 적어야 한다고 규정하고 있다. 사용자는 근로자에게 법정근로시간을 초과하여 근로를 한 경우에는 가산임금을 지급하여야 할 의무가 있다(동법 제56조). 이러한 의무를 이행하기 위해서는 사용자는 근로시간을 정확하게 파악하는 것이 전제되어 있으므로 사용자에게는 근로시간을 파악해야 할 의무가 있다고 해석된다.

3. 근로시간 파악의 방법

가산임금 등의 대상이 된 근로시간(근기법 제56조)을 파악하는 방법에 관한 법의 규제는 없다. 이를 위해서 ① 현장확인, ② 자기신고, ③ 타임카드 등 어떠한 방법으로 행하는가는 사용자의 의사결정에 위임되어 있다. 근기법 제48조제2항에 의한 임금명세서 교부의무에 대한 감독을 강화하고, 정부가 제시한 '근로시간 기록관리제'를 도입해서 근로시간 파악을 명확하게 할 필요가 있다.

2 타임레코더 등에 의한 근로시간 파악은 필요한가

사용자는 근로시간 파악책임이 있으므로 임금대장 등에 기입하여야 할 의무가 있는 근로일수나 근로시간 수를 파악하는 방법으로서 통상 출근부나 타임레코더 등이 이용되고 있다. 타임카드나 출근부를 폐지하고 자유근무제를 실시하는 것은 근로자에게 지각·조퇴 등에 관하여 불이익취급을 하지 아니한다는 점에서는 유리할 수 있다. 그러나 자유근무제하에서도 사용자의 법률상 '근로시간 파악·산정의무'가 면제되는 것은 아니다. 법률상으로는 출근부나 타임레코더의 기입이 특별히 의무화되고 있는 것은 아니므로 이와 같은 방법에 의하지 않고 관리자나 수위가 근로자 개인별의 출근상황이나 근로시간 수를 체크하고 있거나, 혹은 근로자 개인별로 영업일지나 운전일지와 같은 것을 이용하여 자기 기장을 하는 등 임의의 방법을 택하여도 무방하다.

요컨대 사용자가 근로자 각 개인에 관하여 그 근로일수나 근로시간 수를 확실하게 파악하여 둘 수만 있다면 그 방법은 문제가 되지 않는다. 그러나 임금대장 등의 작성의무는 그 정확한 기록에 의하여 노사간의 쓸데없는 분쟁을 사전에 피하기 위한 것이므로 근로시간의 파악 산정방법은 그 정확성과 공정성이 담보될 수 있는 방법이어야 한다. 그리고 근기법상으로는 출근부나 타임카드를 폐지하여 관리방법은 자유롭게 하여도 좋으나 사용자의 근로시간 산정의무는 면제된 것이 아니므로 어떠한 방법으로든지 이것을 이행하지 않으면 안된다.

또한 근로자의 성적을 평가하는 데 있어서 출근일수나 지각·조퇴 등은 고려하지 아니하고 영업성적만을 가지고 평가하는 것은 기업의 자유이므로 출근하여 근무하였는가 아니하였는가라는 형식적인 사항만으로 근무성적의 판단은 하지 아니한다고 하는 의도를 명확하게 근로자에게 제시하기 위하여 출근부 등의 폐지라는 방법을 택하는 것도 가능하다. 다만, 여기에서도 각 근로자의 근로시간의 파악 또는 근로시간의 산정의무는 노사간에서 발생하는 제반권리·의무와 같은 것이 아니고, 사용자의 국가에 대한 공법상의 의무이기 때문에 타임카드나 출근부를 폐지하였다고 하여 이와 같은 의무가 면제되는 것은 아니다. 어떠한 방법으로든지 적정하게 근로시간을 파악·산정할 의무가 사용자에게 부과된 것이다.

3 일·숙직근로와 근로시간의 산정

1. 일·숙직근로의 의의와 그 형태

일·숙직근로에 대한 노무관리지도지침(2007.10.25, 임금근로시간정책팀-3230)에 의하면 「일·숙직근로란 본래의 담당업무와는 별개의 근로로서 근로의 내용이 사업장 시설의 정기적 감시, 긴급문서 또는 전화의 수수, 기타 돌발사태 발생을 대비한 준비 등 경미한 내용의 근로를 단속적으로 수행하는 것을 말한다」라고 정의하고 있다. 이러한 업무는 시설 내에서 대기하거나 전화 착신하여 자택에서 대기하는 경우로서 원래 근로계약에 부수되는 의무로 이행되어야 하는 것이어서 정상근무에 준하는 임금을 지급할 필요는 없으며 연장·야간·휴일근로수당 등이 지급되어야 하는 것은 아니다(2006.10.10, 임금근로시간정책팀-2974). 근기법에서는 특정한 당직근무형태 및 당직수당에 대하여는 별도로 규정하고 있지 않으므로 회사의 취업규칙 등에 정하여 시행할 수 있다(2014.5.28, 근로개선정책과-3090).

일・숙직근로에 대한 노무관리지도지침은 「사업장 취업규칙(복무규정, 일・숙직 규정 등 내규)이나 사용자의 일반적 지휘・감독권에 근거한 지시(명령) 또는 관행으로 이루어지고 있는 일・숙직은 본래의 업무와는 별도의 부수적 근로계약이 이루어진 것으로 본다」고 한다.

2. 일・숙직근로에 대한 연장・야간・휴일근로수당의 지급 여부

(1) 일・숙직근로만을 한 경우

근로자가 본래의 담당업무 이외의 일・숙직근로를 할 경우 통상의 근로로 보아 근기법 제56조의 규정에 의한 연장・야간・휴일근로로 보아야 할 것이냐에 대한 다툼이 있을 수 있다. 휴일, 연장, 야간근로란 근로자의 본래의 업무를 휴일이나 기본 근로시간 이외의 연장시간 또는 야간에 근로하는 것을 말하므로 본래의 업무와 다른 일・숙직 근로는 휴일, 연장, 야간근로로 볼 수 없으므로 이에 따른 본래의 통상임금을 기준으로 한 근기법 제56조의 수당지급의 문제는 발생하지 아니한다. 일・숙직근로에 대하여 일정액의 수당을 지급하는 경우에는 그것이 실비변상이라고 할 만한 특별한 사정이 없는 한 이는 일・숙직근로의 대가인 임금으로 본다. 일・숙직을 본래의 업무로 하는 근로자에 대하여는 이 지침의 적용대상에서 제외한다(2007.10.25, 임금근로시간정책팀-3230).

(2) 통상 업무를 수행하는 경우

① 은행 청원경찰의 숙직・일직 근무 중 4시간의 근무시간당 30분의 휴게시간을 제외한 나머지 시간 동안의 근로는 그 내용과 질에 있어서 통상근로와 마찬가지로 평가할 수 있으므로 그러한 초과근무에 대하여 야간・연장・휴일근로수당 등을 지급하여야 한다(대법 2023.6.23, 2023다223508). 이 판례는 기본적으로 일직 등 근로가 "그 업무의 내용과 질이 통상의 근로와 마찬가지로 평가될 수 있는지"를 기준으로 통상의 근로와 달리 판단해야 할 필요가 없다면, 일직 등 근로가 반드시 가산수당 지급대상이 된다는 것이다.

② 판례를 보면 "일반적으로 일・숙직이란 정기적 순찰, 전화와 문서의 수수, 기타 비상사태 발생 등에 대비하여 시설 내에서 대기하고 있는 것으로서 그 자체의 노동의 밀도가 낮고 감시・단속적 노동인 경우가 대부분이어서 이러한 업무는 관행적으로 정상적인 업무로 취급되지 아니하여 별도의 근로계약을 필요로 하지 아니하며, 원래의 계약에 부수되는 의무로 이행되어야 하는 것으로서

정상근무에 준하는 임금을 지급할 필요가 없고, 야간·연장·휴일근로수당 등이 지급되어야 하는 것도 아니며, 관례적으로 실비변상적 금품이 지급되고 있다는 등의 특징이 있다. 이러한 감시·단속적인 일·숙직이 아니고 일·숙직시 그 업무의 내용이 본래의 업무가 연장된 경우는 물론이고 그 내용과 질이 통상의 근로와 마찬가지로 평가되는 경우에는 그러한 초과근무에 대하여는 야간·연장·휴일근로수당 등을 지급하여야 한다"라고 한다(대법 2019.10.17, 2015다213568 ; 대법 1995.1.20, 93다46254 ; 대법 2000.9.22, 99다7367 ; 대법 2002.6.14, 2002다16958). 이와 같이 판례의 입장은 첫째 당직근무의 형태가 그 내용과 질에 있어서 통상근무의 태양과 마찬가지라고 인정될 때에는 시간외근로수당을 받을 수 있으나, 둘째 당직근무의 형태가 전체적으로 보아 근무의 밀도가 낮은 대기성의 단속적 업무에 해당하는 경우에는 실제로 방사선촬영 등 통상적인 업무에 종사한 시간에 대하여서만 시간외근로수당을 받을 수 있다는 취지이다.

③ 2019년도 판례(대법 2019.10.17, 2015다213568)는 당직근무 시간에 처리하는 업무가 주간에 이루어지는 다른 업무와 내용과 질이 다르다고 볼 수 없는 점, 당직근무 시간에 처리하는 업무의 강도가 주간의 것에 비해 적다고 보기는 어려운 점, 식사나 수면시간을 제외한 나머지 당직근로시간에 수면이나 휴식이 보장되었다고 보기는 어려운 점, 당직근무가 미리 정한 4교대제 근무의 일부를 이루고 당직근무시 당직보고도 2차례씩 이루어지는 등 당직근무가 사용자의 지휘·감독으로부터 완전히 벗어난 것이라고 보기도 어려운 점 등을 앞서 본 법리에 비추어 보면, 당직근무 중 식사나 수면시간을 제외한 나머지 시간의 근로는 그 내용과 질에 있어서 통상근무와 마찬가지라고 볼 여지가 크다고 한다.

4 임산부·연소근로자의 근로시간의 특례

1. 특례내용

사용자는 산후 1년이 지나지 아니한 여성에 대하여는 단체협약이 있는 경우라도 1일에 2시간, 1주일에 6시간, 1년에 150시간을 초과하는 시간외근로를 시키지 못한다(근기법 제71조). 그러므로 소정의 종업시각 예컨대 오후 5시를 초과하여 연장근로를 하여도 시업부터 통산하여 실근로시간이 8시간을 초과하지 않는 한 근기법상의 시간외근로는 아니며 그 제한시간 중에 포함되지 아니한다.

근기법 제71조(시간외근로) 규정에 의한 "산후 1년"의 기산일은 출산일로부터 1년을 의미한다(2003.7.11, 평정 68240-240). 따라서 근기법 제53조제1항에 의한 노사간의 합의는 물론, 단체협약에 의하는 경우라고 할지라도 이 제한에 따라야 한다. 이 규정은 1일, 1주, 1년에 대한 각 연장근로의 최고한도를 규정한다.

연소근로자의 근로시간은 1일에 7시간, 1주일에 35시간을 초과하지 못한다(근기법 제69조본문).

2. 임산부 및 18세 미만자의 야간 · 휴일근로의 금지와 그 예외

사용자는 임산부와 18세 미만자를 오후 10시부터 오전 6시까지의 시간 및 휴일에 근로시키지 못한다. 다만, 다음 각 호의 어느 하나에 해당 경우로서 고용노동부장관의 인가를 받으면 그러하지 아니하다(동법 제70조제2항).

① 18세 미만자의 동의가 있는 경우

② 산후 1년이 지나지 아니한 여성의 동의가 있는 경우

③ 임신 중의 여성이 명시적으로 청구하는 경우

사용자는 이 경우 고용노동부장관의 인가를 받기 전에 근로자의 건강 및 모성보호를 위하여 그 시행 여부와 방법 등에 관하여 그 사업 또는 사업장의 근로자대표와 성실하게 협의하여야 한다(동법 제70조제3항).

사용자는 근기법 제70조제2항 단서에 따라 임산부 또는 18세 미만인 자를 야간근로 또는 휴일근로를 시키려면 임산부 또는 18세 미만인 자의 야간 또는 휴일근로 인가신청서(별지 제11호 서식)에 그 근로자의 동의서나 청구서 및 법 제70조제3항에 따른 근로자대표와 협의한 결과를 기록한 사본을 첨부하여 관할 지방고용노동관서의 장에게 제출하여야 한다. 관할 지방고용노동관서의 장은 인가신청에 대하여 인가를 할 경우에는 임산부 또는 18세 미만인 자의 야간 또는 휴일근로인가서(별지 제12호 서식)를 교부하여야 한다(동법시행규칙 제12조).

3. 임산부 및 18세 미만자의 야간 · 휴일근로 인가요건

임산부 및 18세 미만자의 야간 · 휴일근로 인가요건에 관하여 근로감독관집무규정 제71조(2023.7.24, 고용노동부훈령 제465호)에 규정하고 있다.

Chapter 7

연장근로 · 휴일근로를 둘러싼 법률지식

1 연장근로란 어떤 것인가

법 제53조 【연장근로의 제한】 ① 당사자 간에 합의하면 1주간에 12시간을 한도로 제50조의 근로시간을 연장할 수 있다.
② 당사자 간에 합의하면 1주간에 12시간을 한도로 제51조 및 제51조의2의 근로시간을 연장할 수 있고, 제52조제1항제2호의 정산기간을 평균하여 1주간에 12시간을 초과하지 아니하는 범위에서 제52조제1항의 근로시간을 연장할 수 있다.
③ 상시 30명 미만의 근로자를 사용하는 사용자는 다음 각 호에 대하여 근로자대표와 서면으로 합의한 경우 제1항 또는 제2항에 따라 연장된 근로시간에 더하여 1주간에 8시간을 초과하지 아니하는 범위에서 근로시간을 연장할 수 있다(2022.12.31.까지 유효).
1. 제1항 또는 제2항에 따라 연장된 근로시간을 초과할 필요가 있는 사유 및 그 기간
2. 대상 근로자의 범위
④ 사용자는 특별한 사정이 있으면 고용노동부장관의 인가와 근로자의 동의를 받아 제1항과 제2항의 근로시간을 연장할 수 있다. 다만, 사태가 급박하여 고용노동부장관의 인가를 받을 시간이 없는 경우에는 사후에 지체없이 승인을 받아야 한다.
⑤ 고용노동부장관은 제3항에 따른 근로시간의 연장이 부적당하다고 인정하면 그 후 연장시간에 상당하는 휴게시간이나 휴일을 줄 것을 명할 수 있다.
⑥ 제3항은 15세 이상 18세 미만의 근로자에 대하여는 적용하지 아니한다.
⑦ 사용자는 제4항에 따라 연장 근로를 하는 근로자의 건강 보호를 위하여 건강검진 실시 또는 휴식시간 부여 등 고용노동부장관이 정하는 바에 따라 적절한 조치를 하여야 한다.

1. 연장근로의 의의

연장근로란 근기법에서 정한 1주 또는 1일의 근로시간(법정근로시간)을 초과하는 근로를 말한다.

(1) 성인근로자의 경우

만 18세 이상의 성인근로자의 법정근로시간은 1일 8시간, 1주일 40시간을 의미하며(근기법 제50조), 당사자간에 합의하면 1주간에 12시간을 한도로 제50조의 근로시간을 연장할 수 있다(동법 제53조제1항). 당사자간에 동의 또는 희망이 있는 경우라 하더라도 「법정 연장근로시간」을 초과할 수 없다(2012.7.6, 근로개선정책과-3569). 그러나 당사자간에 합의하면 1주간에 12시간을 한도로 제51조의 근로시간을 연장할 수 있고 제52조제2호의 정산기간을 평균하여 1주간에 12시간을 초과하지 아니하는 범위에서 제52조의 근로시간을 연장할 수 있다(동법 제53조제2항). 사용자는 특별한 사정이 있으면 고용노동부장관의 인가와 근로자의 동의를 받아 법 제53조제1항과 제2항의 근로시간을 연장할 수 있다(동법 제53조제3항).

(2) 연소근로자의 경우

연소근로자(15세 이상 18세 미만자)의 경우에는 1일 7시간, 1주일에 35시간의 기준근로시간을 초과하는 근로(동법 제69조)가 모두 연장근로에 해당한다.

(3) 유해 · 위험 작업 종사 근로자의 경우

산업안전보건법 제139조제1항은 「사업주는 유해하거나 위험한 작업으로서 높은 기압에서 일하는 작업 등 대통령령으로 정하는 작업에 종사하는 근로자에게는 1일 6시간, 1주 34시간을 초과하여 근로하게 해서는 아니된다」고 규정하고 있다.

동법 제139조제1항의 규정에 의하여 근로시간이 1일 6시간, 1주 34시간으로 제한되는 작업은 동법시행령 제99조제1항에서 규정하고 있는 "잠함 또는 잠수작업 등 높은 기압에서 하는 작업"을 말한다. 사업주는 유해하거나 위험한 작업에 종사하는 근로자에 대하여 필요한 안전조치 및 보건조치 외에 작업과 휴식의 적정한 배분 및 근로시간과 관련된 근로조건의 개선을 통하여 근로자의 건강보호를 위한 조치를 하여야 한다(산안법 제139조제2항).

2. 계속근로가 역일을 달리하여 이어지는 경우 연장근로 여부

역일을 달리하여 계속적으로 근로가 이어지는 경우에는 이를 전일의 근로의 연장으로 보아 근기법 제56조에 의한 가산수당을 지급하여야 할 것이나, 익일의 소정근로시간대까지 계속 이어지는 경우에는 익일 업무의 시작시각 이후의 근로는 근로계약·취업규칙 등에 의하여 당초 근로제공의무가 있는 소정근로시간이므로 이를 전일의 근로의 연장으로 볼 수 없다. 또한 주휴일에 시작된 근로가 역일을 달리하여 계속되어 익일의 소정근로시간 종료 후 퇴근한 경우 그 익일의 소정근로 시작시각 전까지에 대하여는 전일(휴일)의 근로의 연장으로 보아 근기법 제56조에 의한 휴일근로수당(연장 및 야간근로에 해당되는 경우 동조에 의한 연장·야간근로수당은 각각 별도 산정)을 지급하여야 하며, 월요일 시작시각 이후의 근로는 이를 휴일근로와 연장근로로 볼 수 없다고 한다(2003.3.31, 근기 68207-402).

3. 교대제 근무조 편성변경에 따라 사실상 연속근무가 되는 경우의 연장근로 여부

교대제 근무조 편성변경에 따라 사실상 연속근무가 되는 예외적인 경우에는 전체적으로 하나의 근로로 보아 연장근로로 본 사례가 있다.

교대제 형태를 취하더라도 1주간 40시간, 1일 8시간을 초과하는 연장근로에 대해서는 근기법 제56조의 규정에 의한 가산임금을 지급해야 한다. 이때, 소정근로시간을 초과하는 계속 근로로써 역일을 달리하여 그 다음날까지 이어지는 경우에도 전일의 근로의 연속으로 보아 동법동조에 의한 가산임금을 지급해야 한다. 교대조의 변경으로 인하여 전일의 근로와 다음날의 근로가 연속하여 이어지는 경우라면(예 : 야간근무 후 바로 주간근무로 이어지는 경우) 계속근로가 인정되는 한 전일의 근로의 연속으로 보아 8시간을 초과하는 부분에 대하여는 근기법 제56조에 의한 연장근로가산수당을 지급해야 함이 타당하며, 야간근무를 한 후 09:00에 주간근무조와 교대하고 당일 다시 야간근무조에 편성되어 근무한 경우에는 근로가 연속되는 것으로 볼 수 없으므로 각각 별개의 근무로 보는 것이 타당하다(2002.2.27, 근기 68207-811).

4. 업무 시작·종료시각과 연장근로와의 관계

통상 취업규칙 등에서 소정근로시간과 시작 및 종료시각을 함께 정하는 경우가 많다(예 : 소정근로시간을 1일 8시간, 1주 40시간으로 하고 시작 · 종료시각을 평일 09:00~18:00, 토요일 09:00~13:00). 이와 같이 정해진 상태에서 시작시각 이전, 종료시각 이후의 근로가 바로 연장근로가 되는지 여부가 문제이다.

연장근로의 판단은 실근로시간을 기준으로 하므로 실근로시간이 1일 8시간, 1주 40시간을 초과하지 아니하면 종료시각을 초과하더라도 연장근로가 아니다.

5. 연장근로 제한과 위반한 경우 처벌규정을 둔 취지

근기법이 연장근로를 제한하면서 이를 위반한 경우 처벌 규정을 둔 취지는 연장근로의 사실적 행위를 금지하는 것뿐만 아니라, 연장근로시간의 상한을 초과하는 근로계약에 대해서는 사법상의 효력까지도 제한해 근로자를 보호하려는 데 있으므로 이는 강행법규(효력규정)에 해당한다(2014.2.26, 근로개선정책과-1182).

2 소정근로시간이 법정근로시간보다 유리한 경우

1. 법내 초과근로에 대한 법적 규제

당해 기업의 소정근로시간이 7시간이라고 정해진 경우와 같이 근기법에 규정한 8시간에 이르지 못한 경우에는 소정근로시간을 초과하여 법정근로시간 8시간까지 근로시간을 연장하는 것을 법내 초과근로 또는 법내 연장근로라고 한다. 근기법 제50조, 제69조에 정한 기준근로시간 범위 안에서 사용자와 근로자 사이의 소정근로시간을 초과하는 근로는 근기법 제56조에서 말하는 연장근로에 해당하지 아니하므로 그에 대하여는 그 법조에서 정한 가산임금을 지급할 필요가 없다(대법 1991.6.28, 90다카14758 ; 대법 1998.6.26, 97다14200).

2. 1일 법정근로시간을 초과한 경우의 가산임금

다만, 주 단위 법정근로시간을 초과하지 않는다 하더라도 1일 단위 법정근로시간인 8시간을 초과하는 경우에는 그 초과시간에 대하여는 해당 시간급 통상임금과 가산임금이 지급되어야 할 것이다.

3. 주 중에 유급휴일 등이 있는 경우의 근로시간의 산정

주 중에 유급휴일 등이 있어 비록 토요일 8시간을 근로한다고 하더라도 실근로시간이 주40시간을 초과하지 않게 되는 경우에는 토요일 근무시간분에 대하여 가산수당을 지급할 필요가 없다. 토요일에 8시간의 근무를 명하더라도 실근로시간은 40시간(8시간×5일)이 되므로 근무명령은 근기법 소정의 주당 40시간 근무제에 관한 규정을 위배한 것으로 보기 어렵다(대법 1992.10.9, 91다14406).

3 연장근로에 대한 당사자간의 합의방법

1. 연장근로의 의의 및 유형

연장근로란 근기법이 정하고 있는 법정기준시간 또는 변형기준시간을 초과하는 근로를 말한다. 근기법이 정하고 있는 연장근로의 유형에는 ① 업무의 일시적 증가와 같이 사업운영상 통상적으로 예상할 수 있는 상황에서 인정되는 연장근로(통상연장근로), ② 자연재해 그 밖에 특별한 사정이 있는 경우에 인정되는 연장근로(특별연장근로), ③ 운수업 등 법정 사업의 경우에 특례적으로 인정되는 연장근로(특례사업연장근로)가 있다.

2. 당사자간 합의의 의의

근기법 제53조제1항의 「당사자간의 합의」란 원칙적으로 사용자와 근로자의 합의를 의미하고, 개별 근로자의 연장근로에 대한 합의권을 박탈하거나 제한하지 아니하는 범위 내에서는 단체협약에 의한 합의도 가능하다(대법 1993.12.21, 93누5796). 그 이유는 개별근로자의 근로조건 결정의 자유가 존중되어야 하기 때문이다. 그러므로 연장근로는 근로의 내용이 공익적 목적이 있는 경우라도 관련 규정에 따라 개별 근로자의 합의하에 실시되어야 하고 연장근로에 동의하지 않는 근로자에게 이를 강제할 수 없다(2015.5.6, 근로기준정책과-1911).

3. 포괄적 합의와 개별적 합의 효력

개별 근로자가 회사에 채용된 때 연장근로 여부를 회사 방침에 일임하는 근로계약을 체결하는 포괄적 합의의 효력을 인정할 것인지의 여부이다. 그런데 판례(대법 1995.2.10, 94다19228 ; 대법 2000.6.23, 98다54960)는 「개별근로자와의 연장근로에 대한 합의는 연장근로를 할 때마다 그때 그때 할 필요는 없고 근로계약 등으로 미리 이를 약정하는 것도 가능하다. 또한 이 때의 연장근로계약에서 특별히 기간을 정하지 아니한 경우에는 그 근로계약은 기간의 약정이 없는 것으로서 이와 같은 경우 매년 당사자가 근로계약을 새로이 갱신하여야 하는 것은 아니므로 근로자가 위 근로계약을 해지하지 아니한 이상 연장근로계약에 관한 합의의 효력은 유효하다」고 하여 포괄적 합의를 인정하고 있다. 행정해석(2013.12.13, 근로개선정책과-7771)도 판례와 같이 「여기서 당사자간의 합의란 원칙적으로 사용자와 근로자와의 개별적 합의를 의미한다고 할 것이고, 이와 같은 개별근로자와의 연장근로에 관한 합의는 연장근로를 할 때마다 할 필요는 없고 근로계약 등으로 미리 약정하는 것도 가능할 것이다」라고 한다.

연장근로를 사용자의 결정에 맡기는 포괄적 합의도 유효한 것으로 보는 견해(임종률, 「노동법」, 19판, p.457)도 있으나 사용자의 편의에 따른 연장근로의 포괄적 합의를 인정한 판례의 태도는 근로자의 보호를 위해 연장근로의 예외적 적용을 규정하고 있는 근기법의 기본취지에 부합하지 않는다고 판단된다는 견해(김형배, 「노동법」, 27판, p.506)가 있다. 결국 포괄적 합의의 유효성 여부는 객관적 사안과 관련하여 신의칙에 따라 판단할 수밖에 없다고 생각된다.

4. 당사자간 합의의 방식

당사자 사이의 합의는 서면으로 작성하여야 한다는 견해가 있다(김형배, 「노동법」, 25판, p.452). 근기법 제17조가 준용되어야 하기 때문이다. 당해 합의서면에는 연장근로사유·연장근로일수·연장근로업무의 종류 등이 기재되어 있어야 한다는 것이다. 그러나 근기법은 합의와 형식·내용·시기에 대해 정하지 않고 있다. 그러므로 구두 합의도 그 효력을 부정하기 어렵다(임종률, 「노동법」, 17판, p.447 ; 하갑래, 「노동법총서」, p.150).

5. 노사간 합의로 일정한 시간외근무시간을 인정한 경우의 취급방법

노사간의 합의로 근무환경의 특성 등을 감안하여 일정한 시간외근무시간을 인정하여 왔다면, 사용자로서는 근로자의 실제 근무시간이 해당 합의한 시간에 미달함을 이유로 근무시간을 다투는 것은 허용되지 아니한다(대법 2016.8.24, 2015다253986 ; 대법 2011.9.8, 2011다37797 ; 대법 2007.11.29, 2006다81523).

4 휴일근로란 무엇인가

1. 휴일근로의 의의

① 휴일근로의 의의 : 휴일이란 근로자가 근로할 의무가 없는 날을 의미한다. 휴일에는 유급휴일과 무급휴일이 있고 법정휴일과 약정휴일이 있다. 법정휴일은 사용자가 근로자에게 반드시 부여해야 하는 휴일로서 근기법 제55조에 따라 1주일간 소정근로일수를 개근한 경우에 부여하는 주휴일, 「근로자의날에관한법률」에 의한 매년 5월 1일(근로자의 날)과 대통령령으로 정하는 휴일(관공서의 공휴일(일요일은 제외한다) 및 대체공휴일) 의미하고 약정휴일은 관공서의 공휴일이 아닌 국경일 또는 회사창립기념일 등으로 근로자에게 당연히 휴일로 부여되는 것이 아니라 단체협약이나 취업규칙이 정하는 바에 따라 특정한 날을 유급휴일 또는 무급휴일로 할 수 있다(2014. 6.13, 근로개선정책과-3361).

② 가산임금의 지급대상인 휴일의 범위 : 판례(대법 2020.8.20, 2019다14110 ; 대법 2020.6.25, 2016다3386 ; 대법 2019.8.14, 2016다9704 ; 대법 2018.9.28, 2016다212869 ; 대법 1991.5.14, 90다14089)는 「근기법 제56조에 따른 "휴일근로"는 제55조의 주휴일근로 뿐만 아니라 단체협약이나 취업규칙에 정하여진 약정휴일 등의 근로도 포함된다」고 하였다.

2. 주5일근무제 채택시의 주휴일과 휴무일

(1) 휴일과 휴무일의 구별

휴일이란 근로의무가 없는 날로서 소정근로일에서 제외된다(대법 2019.8.14, 2016다9704 · 9711). 법적으로 의무적으로 유급으로 부여해야 하는 휴일에는 근기법 제55조에 규정된 주휴일(주1회 이상 부여)과 근로자의 날(근로자의날제정에관한법률)이 있다. 이러한 휴일에 근로를 하게 되면 임금 외에 가산임금 50%를 추가로 지급해야 한다(휴일근로가산수당).

휴무일은 교대제 근로에 있어서 '비번일'과 같이 소정근로일에 포함되지 않아 근로의무가 없는 날이다. 휴무일에 대해서는 별도 정함이 없는 한 무급으로 처리하는 것이 원칙이다. 격일제 근무형태에서 근무가 없는 날에 근로를 제공한 경우에도 마찬가지여서 단체협약이나 취업규칙 등에서 휴일로 정하였다고 볼 수 없다면 그 날의 근로제공(안전교육, 친절교육)을 한 경우 휴일근로수당을 지급해야 하는 휴일근로에 해당하지 않는다(대법 2020.6.25, 2016다3386). 휴무일에 근로를 하게 되면 그 날의 근로에 대한 임금 100%만 지급하면 되며 휴일근로가산수당은 발생하지 않는다. 다만, 휴무일 근로가 1일 또는 1주 법정근로시간을 초과하여 이루어진 경우에는 연장근로가산수당을 지급해야 한다.

(2) 주5일근무제 채택시의 휴일과 휴무일

주40시간제하에서 주5일근무제를 채택한 경우 주휴일과 법정공휴일을 제외한 나머지 휴무일에 대하여 휴일로 한다는 명시적인 약정이 없는 한, 휴일이 아닌 휴무일이며 휴무일에 근로한 것은 휴일근로가 아닌 통상의 근로에 해당된다. 그러나 노사 당사자간에 휴무하는 토요일을 휴일로 한다는 명시적인 약정이 있는 경우라면 그날에 근로한 것은 휴일근로에 해당된다. 즉, 토요일을 '휴일'로 할 것인지 아니면 단순히 근로의무가 면제된 '무급휴무일'로 할 것인지는 노사가 정하는 바에 따른다. 노사간에 토요일을 휴무로 정했다면 달리 볼 사정이 없는 한 해당 일에 근무해 주 40시간을 초과해 근로했을 경우 연장근로수당을 지급해야 할 것이다(2013.11.26, 근로개선정책과-7212).

5 연장 · 야간 및 휴일근로수당의 산정은 어떻게 하는가

> **근기법 제56조 【연장, 야간 및 휴일근로】** ① 사용자는 연장근로(제53조 · 제59조 및 제69조 단서에 따라 연장된 시간의 근로를 말한다)에 대하여는 통상임금의 100분의 50 이상을 가산하여 근로자에게 지급하여야 한다.
> ② 제1항에도 불구하고 사용자는 휴일근로에 대하여는 다음 각 호의 기준에 따른 금액 이상을 가산하여 근로자에게 지급하여야 한다.
> 1. 8시간 이내의 휴일근로 : 통상임금의 100분의 50
> 2. 8시간을 초과한 휴일근로 : 통상임금의 100분의 100
>
> ③ 사용자는 야간근로(오후 10시부터 다음 날 오전 6시 사이의 근로를 말한다)에 대하여는 통상임금의 100분의 50 이상을 가산하여 근로자에게 지급하여야 한다.

1. 가산임금(할증임금)제도의 취지

근기법은 사용자로 하여금 연장 · 야간 · 휴일근로에 대하여 통상임금의 50% 이상을 가산하여 지급하도록 규정하는 가산임금제도의 취지는 사용자에게 금전적 부담을 가함으로써 연장 · 야간 · 휴일근로를 억제하는 한편, 이러한 근로는 법정근로시간 내에서 행하여지는 근로보다 근로자에게 더 큰 피로와 긴장을 주고 근로자가 누릴 수 있는 생활상의 자유시간을 제한하므로 이에 상응하는 금전적 보상을 해주려는 데에 그 취지가 있다(대법[전원합의체] 2013.12.18, 2012다89399).

2. 법정가산수당의 종류

법정가산수당의 지급사유 종류에는 ① 법정근로시간을 초과하여 연장근로하는 경우, ② 야간근로(오후 10시부터 오전 6시까지 사이의 근로)의 경우, 그리고 ③ 휴일근로에 대하여는 8시간 이내의 휴일근로는 통상임금의 100분의 50 이상을, 8시간을 초과한 휴일근로는 통상임금의 100분의 100 이상을 가산하여 지급하도록 규정하고 있다(제56조). 이것을 일반적으로 말할 때, ①의 경우를 '연장근로수당'·'시간외근로수당'이라고 하며, ②의 경우를 '야간근로수당'·'심야수당'이라고 하며, ③의 경우를 '휴일근로수당' 또는 '주휴수당'이라고 한다. 통상임금의 일정률(100분의 50)을 가산하여 지급한다는 측면에서 위와 같은 수당을 가산임금 또는 가산임금이라고 한다. 그러나 소득세법시행령 제12조의2에서 사용하고 있는 주휴수당이라는 말은 근기법이나 그 시행령에 나오는 용어가 아니며, 기업에서 노무관리상 일반적으로 사용하고 있는 용어이다.

3. 연장·휴일·야간근로수당의 산정방법

근기법상의 법정근로시간은 1일에 8시간, 1주에 40시간(제50조)이며, 유해위험작업의 경우에는 1일에 6시간, 1주에 34시간(산업안전보건법 제46조)이다. 그리고 1주일에 평균 1회 이상의 유급휴일을 주도록 되어 있다. 시간외(연장)근로가산수당은 사용자가 근로자에게 법정근로시간을 초과하여 근로를 시킨 경우, 그 초과한 시간에 대하여 근기법 제56조에 따라 가산임금을 지급하는 것을 의미한다. 근기법 제56조의 연장근로란 동법 제50조의 규정에 의한 기준근로시간(1주 40시간, 1일 8시간)을 초과하는 시간을 말하며, 동 기준근로시간은 휴게시간을 제외한 실근로시간을 의미하므로 단체협약 등에 단순히 '휴게시간을 근로시간으로 인정한다'고 규정한 것만으로 동법 제56조에 의한 연장근로수당 산정기초가 되는 기준근로시간에 휴게시간이 포함된다고는 할 수 없을 것이다. 다만, 단체협약 등에 '휴게시간이 연장근로수당 등의 산정기초가 되는 기준근로시간에 포함된다'는 별도의 규정이 있을 경우에는 그러하지 아니할 것이다(1991.3.28, 근기 01254-4347).

4. 월급제 및 시급제근로자가 기본 시급과 함께 고정수당을 월급으로 지급받는 경우의 유급주휴일 수당의 산정

① 월급제근로자의 경우 : 근로자에 대한 임금을 월급금액으로 지급할 경우 특별한 사정이 없는 한 월급금액에는 근기법 소정의 유급휴일에 대한 임금도 포함된 것으로 볼 수 있다(대법 1998.4.24, 97다28421 ; 부산고법 2017.11.15, 2015나5422).

② 시급제근로자의 경우 : 시급제근로자가 기본 시급과 함께 매월 고정수당을 월급의 형태로 지급받는 경우, 그 고정수당 중에는 유급휴일에 대한 임금의 성격을 갖는 부분도 포함되어 있는 것으로 보는 것이다. 따라서 기본 시급과 매월 고정수당을 월급으로 지급받는 경우에는 그 고정임금(수당)에 주휴수당이 포함된 것으로 봄이 타당하다(2008.7.8, 근로조건지도과-2455).

5. 직업능력개발훈련시간의 연장근로와 야간근로 특례

국민평생직업능력개발법 제9조제5항에서는 기준근로시간 외의 훈련시간에 대하여는 생산시설을 이용하거나 근무장소에서 하는 직업능력개발훈련의 경우(현장훈련)를 제외하고는 연장근로와 야간근로에 해당하는 임금을 지급하지 아니할 수 있다(국민평생직업능력개발법 제9조제5항).

6. 현업공무원의 초과근무수당의 지급 여부

현업공무원 등의 공무원은 근무명령에 의하여 실제로 초과근무한 시간에 해당하는 초과근무수당의 지급을 요구할 수 있다(대법 2019.11.15, 2015두3492).

6 법정가산수당의 계산

사용자는 근로자가 1일 8시간 또는 1주 40시간을 초과하여 연장근로를 하거나, 야간(오후 10시부터 오전 6시까지의 근로) 또는 휴일(법정휴일 또는 약정휴일)에 근로를 한 경우에는 통상임금의 50퍼센트 이상을 가산하여 지급하여야 한다. 즉 근기법 제56조에서는 시간외·야간 및 휴일근로에 대한 가산임금의 율을 통상임금의 50퍼센트 이상이라고 규정하고 있다. 법정가산수당 지급사유가 중복되는 경우에는 각각의 가산수당을 중복 가산하여 산정하여야 한다. 예컨대 연장근로와 야간근로가 중복되는 경우에는 연장근로에 대한 가산수당과 야간근로에 대한 가산수당을 중복하여 계산하여야 한다. 시간외 · 야간 · 휴일근로수당 등은 통상임금에는 포함되지 않으며 평균임금의 산정기초인 임금총액에 포함하여 산정한다.

7 휴일근로수당은 어떻게 계산, 지급하는가

1. 휴일근로수당의 산정

휴일근로에는 유급휴일 [근로자의 날(5월 1일), 주휴일 등]과 무급휴일이 있을 수 있다. 근기법 제55조의 주휴일 또는 「근로자의날제정에관한법률」에 의한 「근로자의 날」, 「관공서의공휴일에관한규정」의 공휴일과 대체공휴일은 유급휴일다. 그 외의 국경일(제헌절) 또는 회사창립기념일 등은 단체협약이나 취업규칙이 정하는 바에 따라 유급휴일 또는 무급휴일이 될 수 있다. 이 경우 휴일에 근로시 휴일근로에 해당하기 때문에 8시간 이내의 휴일근로는 통상임금의 100분의 50 이상을 가산하여 지급하여야 하고 8시간을 초과하는 휴일근로는 통상임금의 100분의 100 이상을 가산하여 지급하여야 하나, 휴일이 아닌 사업장의 경우에는 별도의 휴일근로수당 지급의무가 없다.

사용자는 주휴일과 공휴일에 대하여는 근로자가 회사에 출근하지 않고 근로를 하지 않아도 100%의 통상임금을 지급하여야 한다. 이러한 휴일을 유급휴일이라고 하여 무급휴일과 구분한다. 한편, 단체협약이나 취업규칙에서 주휴일이 당해 회사의 유급휴일(근로자의 날 또는 유급으로 정한 회사창립기념일 등)과 중복되는 경우 그 익일을 휴일로 한다는 등 별도의 정한 바가 없다면 근로자에게 유리한 하나의 휴일을 실시함이 타당하다(2003.11.1, 근기 68207-1423).

2. 휴일근로시의 할증률 적용 사례

(1) 월~금까지 8시간씩 근로한 후 주휴일 10시간을 근로한 경우 주휴일 10시간분의 가산수당 산정방법

근기법 개정에 따라 연장근로에도 불구하고, 휴일근로에 대하여는 1일 8시간 이내에 대하여는 통상임금의 50% 가산, 8시간 초과분에 대하여는 통상임금의 100%를 가산하여 지급하면 된다.

월요일부터 금요일까지 주40시간을 근무하여 주휴일 10시간이 연장근로이자

휴일근로라 하더라도 근기법 제56조제2항에 따라 8시간에 대하여는 통상임금의 50%, 2시간에 대하여는 통상임금의 100%를 가산하여 지급하여야 한다.

(2) 단시간근로자가 월요일부터 금요일까지 6시간씩 근로한 후, 주휴일 10시간을 근로한 경우 주휴일 10시간분의 가산수당 산정방법

단시간근로자의 휴일근로 가산임금에 대하여 기간제법에는 규정한 바 없으므로 근기법 제56조제2항을 적용하여야 한다. 따라서, 단시간근로자도 주휴일 8시간에 대하여는 50%, 2시간에 대하여는 100% 가산하여 지급하여야 한다.

(3) 무급휴무일인 토요일에 10시간 근로한 경우 근기법 제56조제2항에 따른 '휴일근로 가산임금'이 적용되는가?

근기법 제56조제2항은 휴일근로에 대한 가산임금 지급율을 정한 것이므로 법정휴일과 약정휴일의 근로에는 적용되지만, 휴무일이나 비번일 등 휴일이 아닌 날은 적용되지 않는다.

8 연장시간근로와 휴일근로가 겹치는 경우

연장시간근로와 휴일근로가 겹치는 경우에는 연장근로수당과 휴일근로수당을 함께 지급하는 것이 아니다. 근기법 제56조제2항에 따라 연장근로에도 불구하고 휴일근로에 대하여는 1일 8시간 이내에는 통상임금의 50%를 가산하고 8시간 초과분에 대하여는 통상임금의 100%를 가산하면 된다. 종전에는 연장근로수당과 휴일근로수당의 중복할증을 둘러싸고 하급심판례와 행정해석이 엇갈렸으나 개정 근기법은 제56조제2항에서 이 문제를 입법적으로 해결하였다. 판례(대법[전원합의체] 2018.6.21, 2011다112391 ; 대법 2019.5.10, 2015다56383)는 중복할증문제를 다음과 같이 판시하였다. 근기법과 근기법시행령 규정의 내용과 체계 및 취지, 법률규정의 제·개정 연혁과 이를 통해 알 수 있는 입법취지 및 목적, 근로관계당사자들의 인식과 기존 노동관행을 종합적으로 고려하면 휴일근로시간은 구 근기법 제50조제1항의 1주간 기준근로시간 40시간 및 제53조제1항의 '1주간 연장근로시간 12시간'에 포함되지 않는다고 하는 것이 타당하다는 것이다.

9 연장시간근로와 야간근로가 겹치는 경우

연장시간근로와 야간근로가 겹치는 경우에는 연장근로수당과 야간근로수당을 함께 지급하여야 한다. 그러나 여기에서 실무적으로 좀 어려운 것은 휴일근로와 시간외 연장근로 또는 야간근로가 2중·3중으로 겹치게 되는 경우이다. 예를 들면 주휴일의 근로시간이 8시간을 초과하여 연장근로하는 경우 근기법에서는 명확한 규정이 없다. 휴일근로가 연장근로를 거쳐 야간근로까지 해당된 경우라면 연장근로수당 50%와 야간근로수당 50%는 2중으로 가산되어야 할 것이다.

10 특별한 사정이 있을 경우 근로시간(특별연장근로) 연장 여부

1. 특별연장근로의 법적 근거

특별연장근로란 사용자는 특별한 사정이 발생하여 불가피하게 고용노동부장관의 인가와 근로자의 동의를 받아 1주에 12시간을 초과하여 추가적인 연장근로를 할 수 있는 예외제도이다(근기법 제53조제4항).

특별연장근로의 취지는 근기법상 근로시간은 근로자와 합의하면 1주에 12시간을 한도로 연장할 수 있지만 동법 제53조제1항은 1주에 12시간을 초과하는 연장근로는 근로자가 동의를 하더라도 허용되지 않는다. 그러나 자연재해, 재난 등의 사고가 발생하여 이를 수습하기 위해 불가피하게 이러한 법정한도시간을 넘어서 연장근로를 해야만 하는 경우가 있을 수 있다. 이러한 불가피한 경우에 고용노동부장관의 인가 또는 사후 승인과 근로자의 동의를 거쳐 1주 12시간의 연장근로를 초과하여 근로할 수 있도록 한 것이다. 이를 응급연장근로 또는 인가연장근로라고 부른다.

2. 특별연장근로의 인가제도 적용 요건

(1) 특별한 사정

근기법 제53조제4항 본문에서 특별한 사정이란 다음 각 호의 어느 하나에 해당하는 경우를 말한다.(근기법시행규칙 제9조)

1. 「재난및안전관리기본법」에 따른 재난 또는 이에 준하는 사고(이하 이 호에서 "재난 등"이라 한다)가 발생하여 이를 수습하기 위한 조치가 필요하거나 재난등의 발생이 예상되어 이를 예방하기 위하여 긴급한 조치가 필요한 경우
2. 사람의 생명을 보호하거나 안전을 확보하기 위해 긴급한 조치가 필요한 경우
3. 갑작스런 시설 · 설비의 장애 · 고장 등 돌발적인 상황이 발생하여 이를 수습하기 위해 긴급한 조치가 필요한 경우
4. 통상적인 경우에 비해 업무량이 대폭적으로 증가한 경우로서 이를 단기간 내에 처리하지 않으면 사업에 중대한 지장이 초래되거나 손해가 발생하는 경우
5. 「소재 · 부품전문기업등의육성에관한특별조치법」 제2조제1호 및 제1호의2에 따른 소재 · 부품 및 소재 · 부품 생산설비의 연구개발 등 연구개발을 하는 경우로서 고용노동부장관이 국가경쟁력 강화 및 국민경제 발전을 위해 필요하다고 인정하는 경우

(2) 고용노동부장관의 인가 또는 승인

특별연장근로를 하기 위해서는 고용노동부장관(권한위임에 따라 지방고용노동관서장)에 신청하여 사전에 인가를 받아야 한다(원칙). 다만 사태가 급박하여 인가를 받을 시간이 없는 경우에는 사후에 지체 없이 승인을 받아야 한다(예외).

(3) 근로자의 동의

주 12시간을 초과하여 특별한 경우의 연장근로를 시키기 위해서는 근로자의 동의서를 첨부하여 지방관서장의 인가를 받아야 한다(원칙). 다만 사태가 급박하여 인가를 받을 시간이 없는 경우에는 사후에 승인신청서와 함께 근로자의 동의서를 첨부할 수 있다(예외). 근로시간을 연장할 수 있는 기간은 특별한 사정에 대처하기 위하여 필요한 최소한으로 한다(근기법시행규칙 제9조제4항).

(4) 인가(승인)대상 판단 기준

자연재해, 재난및안전관리기본법에 따른 재난, 이에 준하는 사고가 발생하여 이를 수습하기 위한 연장근로를 피할 수 없는 경우에 해당하는지 여부의 판단 기준은 ① 재난 등 사고가 발생하였거나 발생이 임박하였고, ② 이러한 사고를 수습하기 위한 범위 내에서, ③ 다른 근로자로 대체가 어려워 연장근로가 불가피한 경우에 한하여 인가 및 승인이 가능하다. 사안의 긴급성과 연장근로 불가피성에 대해 개별 사안별로 종합적으로 판단하여야 한다(고용노동부 2018.7.22, 「특별연장근로인가제도 적용지침」).

3. 특별연장근로에 대한 근로자 건강보호 조치 의무

특별연장근로는 법정 연장근로시간을 초과하여 근로할 수 있는 제도인 만큼, 장시간근로에 따른 건강훼손 우려가 있었으며, 개정 근기법은 그간 시행규칙에 근거하여 이루어진 근로자 건강보호조치에 대해 사용자의 법적 의무를 명확히 규정함으로써, 불가피하게 특별연장근로를 하는 경우에도 근로자의 건강권 보호가 한층 강화될 수 있도록 했다. 특별연장근로를 하는 근로자의 건강 보호를 위해 건강검진실시 또는 휴식시간 부여 등 적절한 조치를 할 의무를 사용자에게 부여하였다(근기법 제53조제7항).

① 건강검진 : 건강검진이 가능하다는 점을 사전에 서면으로 통보하고 근로자 요청시 건강검진을 실시하고 진료 소견에 따라 적절히 조치해야 한다.

② 휴식시간 : 1주 8시간이내, 근로일간11시간 연속휴식, 특별연장근로 도중 또는 종료 후 그 시간에 상당하는 연속휴식 부여 중 하나 이상 실시해야 한다.

4. 사전인가를 받지 아니하고 행한 근로시간의 연장

사태가 급박하여 고용노동부장관의 인가를 받을 시간이 없는 경우에는 사후에 지체없이 승인을 받아야 한다(근기법 제53조제4항 단서).

사용자는 근기법 제53조제4항의 규정에 의하여 근로시간을 연장하려거나 연장한 경우에는 근로시간연장인가 또는 승인신청서에 근로자의 동의서사본을 첨부하여 관할지방노동관서의 장에게 제출하여야 한다(근기법시행규칙 제9조제1항).

고용노동부장관은 사전인가를 받지 아니하고 행한 근로시간의 연장이 부적당하다고 인정하면 그 후 연장시간에 상당하는 휴게시간이나 휴일을 줄 것을 명할 수 있다(근기법 제53조제5항). 이와 같은 명령을 대휴명령이라 한다. 대휴명령에 위반하면 벌칙이 적용된다.

근기법 제53조제5항 단서의 규정에 의한 사후승인은 근로자 본인의 동의를 받은 경우에 한한다.

11 시간외 · 휴일 · 휴게의 적용 제외자를 둘러싸고

1. 근로시간 · 휴일 · 휴게의 적용제외사업 및 근로자

사업의 성질이나 업무의 종류 또는 근로자의 사업장에서 차지하는 지위로 보아 1주일 40시간제나 1일 8시간 근로의 원칙, 주휴제를 일률적으로 엄격하게 벌칙을 적용하는 것이 적당하지 아니하거나 그 필요성이 적은 경우도 있다. 그러므로 이러한 자에게 근기법은 근로시간, 휴게 및 휴일에 관한 규정은 그 적용을 제외하고 있다.

근기법 제63조는 다음과 같이 적용제외 근로자의 종류를 정하고 있다.

> **제63조 【적용의 제외】** 이 장과 제5장에서 정한 근로시간, 휴게와 휴일에 관한 규정은 다음 각 목의 어느 하나에 해당하는 근로자에 대하여는 적용하지 아니한다.
> 1. 토지의 경작 · 개간, 식물의 식재(植栽) · 재배 · 채취사업 그 밖의 농림사업
> 2. 동물의 사육, 수산 동식물의 채취 · 포획, 양식사업 그 밖의 축산 · 양잠 · 수산사업
> 3. 감시 또는 단속적으로 근로에 종사하는 자로서 사용자가 고용노동부장관의 승인을 받은 자
> 4. 대통령령으로 정하는 업무에 종사하는 근로자

이러한 적용제외를 둔 취지는 사업이나 업무의 특수성에서 기업 내에서의 근로자의 지위, 직종 내지 태양(態樣) 등에 따라서는 근기법상의 근로시간 등에 관한 법적 규제를 적용하는 것이 부적당하다는데 착안하고 있다. 그러나 이 규정이 사용자의 이익에 중점을 둔 예외규정이 아님을 주의하여야 한다.

2. 근기법 제63조제1호 및 제2호의 적용제외 사업에서 근로계약 체결시 초과근로수당 지급을 약정한 경우

근기법 제63조제1호 및 제2호의 식물재배업, 축산 · 양잠 · 수산사업 등은 원칙적으로 연장 및 휴일근로시 통상임금 상당의 근무수당을 지급하지 않아도 된다.

근기법 제63조제2호의 사업에 종사하는 근로자에 대해서는 근로시간과 휴일 등에 관한 근기법상의 규제가 적용되지 않도록 되어 있더라도 사용자의 취업규칙 등에 초과근로에 관해 통상임금 범위 내의 수당을 지급하기로 하는 취지의 규정을 두었다면 근기법 제63조의 규정에도 불구하고 취업규칙 등에 정한 바에 따라 초과근로에 대한 수당을 지급하기로 한 것으로 보아야 한다. 이는 동법 제63조제1호의 사업에서도 마찬가지로 적용된다(대법 2009.12.10, 2009다51158).

3. 감시 · 단속적근로와 고용노동부장관의 승인

(1) 감시적근로와 고용노동부장관의 승인

① 감시적근로자의 의의

근기법 제63조의 적용을 받는 감시적근로자란 통상의 근로와 비교하여 근로밀도가 낮고 정신적 긴장이나 육체적 피로도가 현저하게 낮은 근로자로서 근기법 제4장과 제5장에서 정하는 근로시간, 휴게, 휴일의 적용을 제외하고 있다.

또한 이들에 대한 근로시간 등의 규정을 적용하지 않더라도 근기법의 노동보호법적 취지에 역행되지 않기 때문이다.

② 고용노동부장관의 승인 취지

감시적 · 단속적 근로에 종사하는 근로자의 경우 어떠한 직종과 업무의 성질이 감시적 · 단속적 업무인가는 그 형태가 천차만별이며 일반근로자와 명확히 구별할 객관적 기준이 없고, 근로조건에 영향을 주기 때문에 그 판단은 근로자 보호의 견지에서 사용자의 주관적 자의에 맡길 수 없고 근로관계를 감독하는 행정관청(고용노동부장관)의 판단에 따르도록(승인을 받게 하는 행위) 규정하고 있다고 해석된다. 감시적 · 단속적 근로자의 근로형태가 평균적인 업무에 비해 육체적 · 정신적인 피로도가 덜하다는 데에 있다(대구지법 2019.8.29, 2018구합25044). 위와 같은 예외를 허용하더라도 과중한 근로로 인해 근로자가 적절한 휴식을 취하지 못하는 것을 방지하기 위해 휴일근로 관련 규정을 둔 취지에 어긋나지 않는다는 점을 고려한 것이다(법제처 2016.8.19, 안건번호-0432). 감시적 근로자에 대한 고용노동부장관의 근로시간 · 휴게 · 휴일에 관한 적용제외 승인이 없으면 근기법상 해당 규정이 모두 적용된다.

③ 감시 · 단속적 근로자의 근로조건이 근기법 제4장과 제5장의 근로시간 · 휴게와 휴일에 관한 기준 중 전부 또는 일부를 따르고 있는 경우

감시 · 단속적 근로자의 근로조건이 근기법 제4장과 제5장에서 정한 근로시간, 휴일, 휴게에 관한 기준 중 전부 또는 일부를 따르고 있는 경우에도 근기법 제63조제3호에 따른 고용노동부장관의 적용제외 승인대상이 될 수 있다(법제처 2016.11.29, 안건번호 16-0349).

④ 감시적근로자의 적용사례

㈎ 경비계장은 총 근무시간 중 대부분의 시간 동안 경비실에서 비교적 작업

강도가 낮다고 볼 수 있는 경비원들에 대한 관리·감독 등 경비업무에 종사하였다면 그의 주된 업무는 경비원들을 관리·감독하는 경비업무 전반의 총괄로 감시적 근로에 해당하는 경비직 직원에 해당한다(대법 1993.7.27, 92다46462).

㈏ 야간경비원이 1일 6시간 정도 화재예방과 외곽 순찰(일 평균 6회 순찰, 1회 순찰시 20분정도 소요) 등의 감시업무를 수행하고 나머지 시간은 대기하거나 휴식하여 이는 감시를 본래의 내용으로 하는 것으로 신체 또는 정신적 긴장이 적은 감시적 근로에 해당한다(대법 1999.5.28, 99다2881).

㈐ 한국도로공사의 보안직 사원은 별정직 보안원과 2인 1조를 이루어 고속도로 정기순찰, 교통사고 처리와 교통사고원인자부담금 부과징수 및 사고기록카드 작성, 고장차량 편의제공, 제한차량 호송 등의 업무는 감시하는 것을 본래의 업무로 하여 상태로서 신체 또는 정신적 긴장이 적은 감시적 근로에 해당한다(대법 1996.11.22, 96다30571 ; 대법 1996.12.23, 96다39042).

㈑ 양수발전소의 경비업무를 맡고 있는 근로자들은 '감시적 근로종사자 적용제외 승인'의 대상에 해당하지 않는다(대구지법 2019.8.29, 2018구합25044).

⑤ 적용제외 승인기준

근로감독관집무규정(2023.7.24, 고용노동부훈령 제465호) 제68조제1항은 감시적근로에 종사하는 자의 적용제외 승인은 다음 각 호의 기준을 모두 갖춘 때에 한한다.

1. 수위·경비원·물품감시원 또는 계수기감시원 등과 같이 심신의 피로가 적은 노무에 종사하는 경우. 다만, 감시적 업무이기는 하나 잠시도 감시를 소홀히 할 수 없는 고도의 정신적 긴장이 요구되는 경우는 제외한다.
2. 감시적인 업무가 본래의 업무이나 불규칙적으로 단시간 동안 타 업무를 수행하는 경우. 다만, 감시적 업무라도 타 업무를 반복하여 수행하거나 겸직하는 경우는 제외한다.
3. 사업주의 지배 하에 있는 1일 근로시간이 12시간 이내인 경우 또는 다음의 어느 하나에 해당하는 격일제(24시간 교대) 근무의 경우
   가. 수면시간 또는 근로자가 자유롭게 이용할 수 있는 휴게시간이 8시간 이상 확보되어 있는 경우
   나. 가목의 요건이 확보되지 아니하더라도 공동주택(「주택법시행령」 제2조제1항 및 「건축법시행령」 별표 1 제2호 가목부터 라목까지 규정하고 있는 아파트, 연립주택, 다세대주택, 기숙사) 경비원에 있어서는 당사자간의 합의가 있고 다음날 24시간의 휴무가 보장되어 있는 경우
4. 근로자가 자유로이 이용할 수 있으며 다음 각 목의 기준을 충족하는 별도의 수면시설 또는 휴게시설이 마련되어 있는 경우. 다만, 수면 또는 휴식을 취할 수 있는 충분한 공간과 시설이 마련되어 있는 경우에는 별도의 장소에 마련하지 않아도 적합한 것으로 본다.

가. 적정한 실내 온도를 유지할 수 있는 냉·난방 시설을 갖출 것(여름 20~28℃, 겨울 18~22℃)
나. 유해물질이나 수면 또는 휴식을 취하기 어려울 정도의 소음에 노출되지 않을 것
다. 식수 등 최소한의 비품을 비치하고, 주기적인 청소 등을 통해 청결을 유지하며, 각종 물품을 보관하는 수납공간으로 사용하지 않을 것
라. 야간에 수면 또는 휴게시간이 보장되어 있는 경우에는 몸을 눕혀 수면 또는 휴식을 취할 수 있는 충분한 공간과 침구 등 필요한 물품 등이 구비되어 있을 것

5. 근로자가 감시적 근로자로서 근로시간, 휴게, 휴일에 관한 규정의 적용이 제외된다는 것을 근로계약서 또는 확인서 등에 명시하고 근로자에게 다음 각 목의 근로조건을 보장하는 경우
가. 휴게시간(수면시간을 포함한다. 이하 이 호에서 같다)이 근로시간 보다 짧을 것. 다만, 사업장이 특성상 불가피성이 인정되고 휴게시간에 사업장을 벗어나는 것이 허용되는 경우에는 예외로 한다.
나. 휴게시간 보장을 위해 외부 알림판 부착, 소등 조치, 고객(입주민) 안내 등의 조치를 취할 것
다. 월평균 4회 이상의 휴(무)일을 보장할 것

⑥ 적용제외 승인 신청시 근로자 동의 여부

업무의 성질상 감시·단속적 근로자에 해당하고, 근기법 제63조제3호에서 규정한 고용노동부장관의 승인을 받으면 동법 제4장 및 제5장의 근로시간, 휴일, 휴게에 관한 규정이 적용되지 아니하는 것이고, 그 적용제외의 승인신청에 노동조합 또는 근로자의 동의를 요하는 것은 아니라고 할 것이다(대법 1996.11.22, 96다30571).

⑦ 적용제외 승인 효력 시기 및 승인의 효력

㈎ 적용제외 승인 효력 시기 : 아파트 경비원이 감시적 근로에 종사하는 근로자에 해당되더라도 감시적 근로종사자에 대한 적용제외를 승인한 이후부터 근로시간 등의 규정을 적용하지 않을 수 있으므로 근로자로부터 근로시간 적용제외 등에 대한 동의서 등을 제출받았다 하여 적용제외 승인의 효력이 승인일 이전으로 소급된다고 보기는 어렵다(2014.9.2, 근로개선정책과-4886).

㈏ 승인의 효력 : 한국도로공사가 감시 또는 단속적 근로에 종사하는 근로자에 대해 고용노동부장관으로부터 근기법 제4장과 제5장에서 정한 근로시간, 휴게와 휴일에 관한 규정의 적용을 제외하는 승인을 받았다면 위 공사는 승인받은 근로자에 대하여는 제수당의 지급의무가 없다(대법 1996.12.10, 95다40908).

(2) 단속적근로와 고용노동부장관의 승인

① 단속적 근로자의 의의

단속적 근로자란 "근로의 제공이 간헐적으로 이루어지기 때문에 휴게시간이나 대기시간이 많아 노동력의 밀도가 낮고 육체적인 피로나 정신적인 긴장이 적은 업무에 종사하는 자"를 의미한다. 이에 해당하기 위해서는 종사하는 업무의 성질, 근로제공의 형태, 실근로시간과 휴게시간 또는 대기시간의 비율, 충분한 휴게시간 및 시설의 제공 여부, 지급받는 임금의 액수 등의 제반사정을 참작하여 법정근로시간과 휴게 및 휴일에 관한 일반 규정의 적용을 배제하는 것이 합리적이라고 판단되는 경우라야 할 것이다(서울행법 2003.6.12, 2002구합29050 ; 2011.6.9, 근로개선정책과-1603).

② 단속적근로자 적용사례

㈎ 예컨대 법원청소업무 종사자는 간헐적으로 근로를 제공하고 있다고 볼 수 없으므로 단속적 근로자에 해당하지 않는다(서울행법 2003.6.12, 2002구합29050).

㈏ 장애인 학생들의 생활지도를 하는 생활지도원은 단속적 근로자가 아니다(2011.6.9, 근로개선정책과-1603).

㈐ 공영주차장의 주차관리원의 주 업무가 주차 차량의 입·출차시간기록, 요금징수, 주차 차량 보호 등의 업무를 수행하고 있다면 감시·단속적 근로에 종사하는 해당 근로자가 아니다(2012.8.27, 근로개선정책과-4335).

③ 적용제외 승인기준

근로감독관집무규정(2023.7.24, 고용노동부훈령 제465호) 제68조제2항은 「단속적 근로에 종사하는 자의 적용제외 승인은 다음 각 호의 기준을 모두 갖춘 때에 한한다」고 규정하고 있다.

1. 평소의 업무는 한가하지만 기계고장 수리 등 돌발적인 사고발생에 대비하여 간헐적·단속적으로 근로가 이루어져 휴게시간이나 대기시간이 많은 업무인 경우
2. 실 근로시간이 8시간 이내이면서 전체 근무시간의 절반 이하인 업무의 경우. 다만, 격일제(24시간 교대) 근무인 경우에는 이에 대한 당사자간 합의가 있고, 실근로시간이 전체 근무시간의 절반 이하이면서 다음날 24시간의 휴무가 보장되어야 한다.
3. 근로자가 자유로이 이용할 수 있으며 다음 각 목의 기준을 충족하는 별도의 수면시설 또는 휴게시설이 마련되어 있는 경우. 다만, 수면 또는 휴식을 취할 수 있는 충분한 공간과 시설이 마련되어 있는 경우에는 별도의 장소에 마련하지 않아도 적합한 것으로 본다.

가. 적정한 실내 온도를 유지할 수 있는 냉·난방 시설을 갖출 것(여름20~28℃, 겨울 18~22℃)
나. 유해물질이나 수면 또는 휴식을 취하기 어려울 정도의 소음에 노출되지 않을 것
다. 식수 등 최소한의 비품을 비치하고, 주기적인 청소 등을 통해 청결을 유지하며, 각종 물품을 보관하는 수납공간으로 사용하지 않을 것
라. 야간에 수면 또는 휴게시간이 보장되어 있는 경우에는 몸을 눕혀 수면 또는 휴식을 취할 수 있는 충분한 공간과 침구 등 필요한 물품 등이 구비되어 있을 것

4. 근로자가 단속적 근로자로서 근로시간, 휴게, 휴일에 관한 규정의 적용이 제외된다는 것을 근로계약서 또는 확인서 등에 명시하고 근로자에게 다음 각 목의 근로조건을 보장하는 경우
가. 휴게시간(수면시간을 포함한다. 이하 이 호에서 같다)이 근로시간보다 짧을 것. 다만, 사업장이 특성상 불가피성이 인정되고 휴게시간에 사업장을 벗어나는 것이 허용되는 경우에는 예외로 한다.
나. 휴게시간 보장을 위해 외부 알림판 부착, 소등 조치, 고객(입주민) 안내 등의 조치를 취할 것
다. 월평균 4회 이상의 휴(무)일을 보장할 것

④ 영업의 양도 · 양수로 아파트 위탁관리업체가 변경된 경우의 적용제외 승인 효력의 승계

아파트 위탁관리업체가 변경됐다면 근로조건 결정권한을 가진 사용자가 변경된 것이므로 감시·단속적 근로 종사자에 대한 적용제외 승인을 새롭게 받아야 하는 것이 원칙이다. 다만, 아파트 위탁관리업체가 변경되면서 새로운 위탁관리업체가 종전 위탁관리업체 소속 근로자의 고용을 승계하고, 승계 이후 회사의 사업종료, 감시·단속적 근로 종사자의 종사업무·근로형태 및 승인근로자 수가 변경되지 않는 등 사업을 포괄적으로 양도·양수한 경우라면 새로운 위탁업체에 감시·단속적 근로 종사자에 대한 적용제외인가 효력이 승계되는 것으로 볼 수도 있을 것이다(2019.5.24, 임금근로시간과-309 ; 2014.12.18, 근로개선정책과-7375).

⑤ 파견근로자의 경우 적용제외 승인신청의 주체

파견근로자의 경우 근기법상 근로시간·휴게·휴일에 관한 규정 및 같은법 제63조 규정의 적용에 있어서는 파견법 제34조제1항에 따라 사용사업주를 사용자로 보고 있고, 파견대상이 되는 업무에 종사하는 자가 '감시·단속적 근로에 종사하는 자'에 해당되어 승인 요건에 부합되는지 여부도 그 업무를 수행하고 있는 장소에서 판단되어져야 하므로 '근로시간 등의 적용제외 승인 신청'의 사용자는 사용사업주로 보아야 할 것이다(2010.6.30, 근로기준과-1557).

4. 적용제외 및 적용규정

(1) 적용제외규정

근기법 제63조는 감시・단속적 근로종사자에게는 근로시간(제50조), 휴게(제54조), 휴일(제55조)에 관한 규정만 적용제외하고 있으므로, 연장근로 및 휴일근로에 대하여는 이와 연계된 규정인 동법 제56조에 의한 가산임금(연장근로와 휴일근로에 대한 가산수당 포함)은 적용되지 아니한다. 감시・단속적 근로자라고 하더라도 야간근로(오후 10시부터 오전 6시까지의 근로)는 근로시간과는 구별하여 사용하는 개념이며 야간근로로 인한 피로에 대해서는 일반근로자와 같은 보호가 필요하므로 근기법 제56조에 따라 야간근로수당을 지급해야 한다(법제처 2015.7.9, 안건번호 15-0344 ; 2019.11.27, 근로기준정책과-5975).

(2) 적용규정

다른 법령에서 정하고 있는 휴일(예컨대 근로자의 날)이나 근로시간에 관한 규정(예컨대 산업안전보건법 제46조)은 적용이 배제되지 않는다(2005.2.4, 근로기준과-669). 근로자의 날은 「근로자의날제정에관한법률」에 의해 특정일을 기념하여 규정하고 있으므로 근기법 제63조의 적용제외 근로자에게도 유급휴일로 보장하고 있다(2007.11.13, 임금근로시간정책팀-3356). 근기법 제55조제1항에 따른 주휴일, 「관공서의공휴일에관한규정」 제2조에 따른 공휴일과 제3조에 따른 대체공휴일은 근기법 제56조에 따른 휴일이므로 적용된다. 그리고 근기법 제4장과 제5장에서 정하고 있는 것이라도 근로시간, 휴게와 휴일을 제외한 것 예를 들어 야간근로에 관련된 규정(야간근로에 대한 가산임금을 정한 근기법 제56조의 부분이나 연소자와 임산부에 대한 야간근로의 특칙을 정한 동법 제70조), 연차유급휴가(동법 제60조와 제61조)와 각종 모성보호를 위한 휴가(생리휴가, 출산전후휴가)・육아휴직(남녀고용평등법 제19조)・육아시간(근기법 제75조) 등은 적용된다(2010.1.5, 근로기준과-27).

12 시간외 · 휴일 · 휴게와 관리 · 감독자의 적용제외

근기법 제63조제4호는 「대통령령으로 정하는 업무에 종사하는 근로자」로 규정하고, 근기법시행령 제34조는 법 제63조제4호에서 대통령령으로 정하는 업무에 종사하는 근로자란 「사업의 종류에 관계없이 관리 · 감독 업무 또는 기밀을 취급하는 업무에 종사하는 근로자를 말한다」라고 규정하여 적용제외 근로자의 종류를 정하고 있다.

문제는 '관리 · 감독업무에 종사하는 근로자'(약칭 '관리 · 감독자'라 한다)란 어떠한 범위까지 포함할 수 있는가 하는 점인데, 그 적용제외의 취지에 따라 해석하는 것이 바람직할 것이다.

〈적용제외의 관리 · 감독자〉

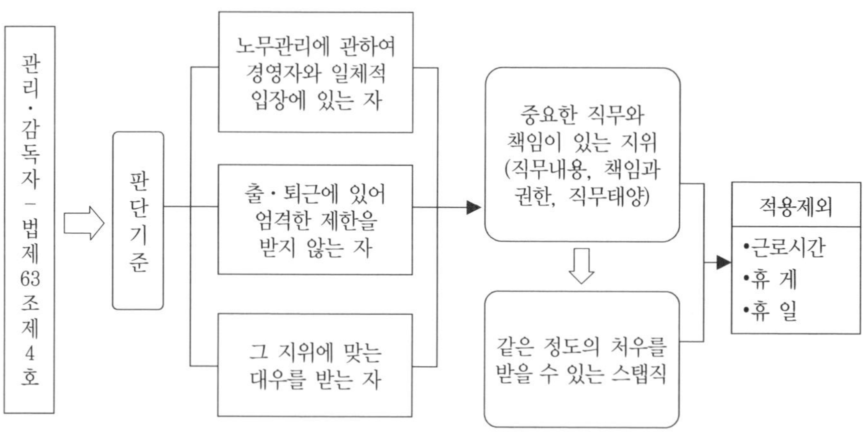

근기법 제63조제4호 및 동법시행령 제34조에서 규정하는 관리 · 감독자란 일반적으로 과장, 부장, 공장장 등 근로조건의 결정 기타 노무관리에 있어서 경영자와 일체적인 입장에 있는 자로서 직위나 직급의 명칭에 불구하고 실태에 따라 출 · 퇴근 등에 있어서 엄격한 제한을 받지 아니하거나 특별수당을 지급받고 있는지 여부를 종합해서 판단하여야 할 것이다.

1. 원 칙

근기법에서 규정하는 근로시간, 휴게, 휴일 등의 근로조건은 최저기준을 정하고 있으므로 이 규제를 받지 아니하고 관리·감독자로서 근로하는 경우에는 법소정의 가산임금을 지급하지 아니하더라도 무방하다. 당해 근로자에게 공통되는 기본원칙이 있는 바, 기업의 인사관리상 또는 영업정책상의 필요 등에서 임명되어 직제상의 관리·감독책임을 맡고 있는 관리·감독자로서의 예외적 취급이 인정되고 있다.

2. 관리·감독자 적용제외의 취지

이러한 직제상의 관리·감독자 중 근로시간, 휴게, 휴일 등에 관한 규제를 벗어난 활동이 요청되어 중요한 직무와 책임을 가지고 현실의 근무형태도 근로시간 등의 규제를 받지 아니하는 입장에 있는 자에 한하여 관리·감독자로서 근기법 제63조에 의하여 적용제외가 인정되더라도 근로자보호법으로서의 근기법의 취지에 어긋나지 않는다는 것이다. 따라서 그 적용제외 범위는 법 취지에 따라 한정하여 해석할 수밖에 없다.

3. 관리·감독자에 대한 판례와 행정해석의 판단기준

최근 서비스잔업 문제로부터 발단이 된 마트, 체인점이 전국에 산재되어 있고 다점포로 운영하는 소매업, 음식점 등의 점포에 있어서의 관리·감독자 범위가 노사간의 새로운 쟁점이 되고 있다.

(1) 판례의 태도

판례(대법 1989.2.28, 88다카2974 ; 대법 1988.4.25, 86다카1124)는 「회사의 감독이나 관리의 지위에 있는 자로서 기업경영자와 일체를 이루는 입장에 있고 자기의 근로시간에 대한 자유재량권을 가지고 있어서 근기법 제63조에서 정한 근무시간·휴게와 휴일에 관한 규정이 적용되지 아니하는 자라면 시간외근무(평일의 법내초과근로시간을 포함한다)나 휴일근무에 대하여 통상임금 상당의 근무수당을 지급받을 수 없다」라고 판시한 것이다. 1988년도 대법원 판례는 이라크에서 건설회사 관리과장의 직을, 사우디아라비아에서 자재차장의 직을 맡으면서 출·퇴근의 엄격한 통제를 받지 않고 현장소장을 보필하여 타 근로자들을 감독하고 관리하는 업무를 수행한 경우 관리·감독업무에 종사하는 자에 해당한다는 것이다. 1989년도 판례는 판례의 '기업경영자와 일체적인 입장에 있는 자'를 기업 전체의 운영에 대한 관여를 필요로 한다고 오해하고 있는 경향이 있다. 기업경영자는 관리자에게 기업조직의 부문마다의 관리를 분담시키면서 이들을 연계 통합하고 있는 것으로, 담당하는 조직부문에 대하여 경영자의 신분으로서 경영자를 대신하여 관리하는 입장에 있는 것이 '기업경영자와 일체적인 입장'이라고 생각해야 한다. 동 판례는 관리・감독자인지의 판단기준으로 ① 노무관리방침의 결정에 참여하거나 노무관리상의 지휘권한을 가지느냐의 여부, ② 자기의 근로에 대하여 자유재량권을 가지고 출・퇴근 등에 엄격한 제한을 받지 않는가의 여부, ③ 그 지위에 따른 특별수당을 받고 있는지의 여부를 들고 있다.

(2) 행정해석의 태도

관리・감독자란 행정해석(2015.12.10, 근로기준정책과-6667 ; 2014.7.18, 근로개선정책과-4034 ; 2012.1.12, 근로개선정책과-603)에 의하면 「근기법 제63조제4호 및 동법시행령 제34조에서 규정한 관리・감독업무에 종사하는 근로자란 사업의 종류에 관계없이 일반적으로 근로조건의 결정, 기타 노무관리에 있어서 사업주와 일체적인 입장에 있는 자」를 말한다. 관리・감독업무에 해당하는지 판단기준은 ① 직무내용이 적어도 어떤 부문 전체의 총괄적인 입장에 있는지 여부, ② 사업장내 형식적인 직책에 불구하고 노무관리 방침 결정에 참여하거나 노무관리상의 지휘・감독 권한을 가지고 있는지 여부, ③ 출・퇴근 등에 있어서 엄격한 제한을 받는지 여부, 자신의 근로에 대하여 자유재량권을 가지고 있는지 여부, ④ 그 지위에 따른 특별수당을 받고 있는지 여부 등을 종합적으로 검토하여 직무내용, 책임과 권한, 근무실태 등에 따라 구체적으로 판단하여야 한다」라고 한다.

4. 적용제외 및 적용규정

⑪ 시간외・휴일・휴게의 적용 제외자를 둘러싸고 4. 적용제외 및 적용규정이 그대로 적용된다.

5. 관리・감독자 적용제외의 구체적인 적용사례

① 매장 점장을 관리・감독자로 본 사례(2000.3.14, 근기 68207-742)
② 아파트 관리소장을 관리・감독자로 본 사례(2005.5.9, 근로기준과-2528)
③ 건설공사 현장소장을 관리・감독자로 본 사례(2004.9.17, 근로기준과-4983)
④ 전자제품 도・소매업 지점장을 관리・감독자로 본 사례(2015.12.10, 근로기준정책과-6667)

6. 기밀취급 업무 종사자

'기밀사무를 취급하는 자'란 비서, 그 밖에 그 직무가 사업의 기밀사무를 취급하고 그 지위가 경영자 또는 관리·감독적 지위에 있는 자의 활동과 일체불가분의 관계에 있으며 출·퇴근 등에 엄밀한 제한을 받지 않는 자를 말한다. 비서라고 하더라도 주로 사무실 내에서 비서실장 등의 지휘·감독 아래에 비서의 사무에 종사하는 자의 경우 다소 기밀사항을 취급하는 일이 있어도 원칙적으로 여기서 말하는 기밀사무 취급자에는 해당하지 않는다.

7. 관리·감독자성이 부정되는 경우의 관리·감독수당 등의 취급

(1) 관리·감독자성이 부정되는 경우

근기법 제63조제4호의 관리·감독자로서 기업 내에서 대우받는 것이 행정관청의 판단에 의한 시정지시나 법원에서 동조의 관리·감독자에 해당되지 아니한다고 판결한 때 당해 근로자에 대하여 지금까지의 연장근로나 휴일근로의 대가적인 의미도 포함하여 관리·감독수당을 지급하고 있을 때의 취급이 문제된다. 명시 또는 묵시의 합의 내지 취업규칙 등에 의한 제도적 취급으로서 관리·감독수당 등의 전부 또는 일부가 연장근로시 가산임금 상당액으로 지급된 것일 때에는 정액제의 연장근로수당으로서 유효하며 실제 근로시간에 대한 가산임금이 정액수당액을 초과할 때는 그 초과분을 청구할 수 있다.

(2) 관리·감독수당 등의 취급

그러므로 현재 기업으로서는 관리·감독자에 해당된다고 판단하여 연장·휴일근로 등의 적용이 제외된다고 주장하는 경우에도 만일의 경우를 예상하여「직책수당의 ○○만원은 연장·휴일·야간근로 시의 가산임금 상당액이다」는 취지의 규정을 둘 필요가 있다. 기업으로서는 법률상의 관리·감독자라고 주장하기 어려운「관리·감독직」에게는 직책수당에 일정시간분의 연장수당 등을 포함하는 것을 명확히 하고 이를 초과하는 부분은 별도 지급한다는 취지를 규정할 필요가 있다. 그러므로 적어도 취업규칙 또는 임금규정 중에「제○조(직책수당의 지급)」로 하여「제○조의 직책수당을 지급받는 자는 연장·휴일근로의 가산임금을 지급하지 아니한다」고 규정하여 가산임금의 지급대상자와 구별할 수 있다. 이 점에서 관리·감독자로서 직책수당을 지급받은 자가 재판 등에서 관리·감독자성이 부정되는 경우에 예비적인 주장으로서 직책수당이 연장근로수당을 대체하여 지급한 것이므로 미불 연장근로수당에 충당한다고 주장할 수 있을 것이다.

8. 관리 · 감독자에 대한 야간근로가산임금 문제

근기법 제63조 본문은 「이 장(제4장)과 제5장에서 정한 근로시간, 휴게와 휴일에 관한 규정」은 「적용하지 아니한다」고 규정하므로 근로시간과 별도의 야간근로 관계규정(근기법 제56조)은 적용이 배제되지 아니한다. 근기법 제63조에 따라 근로시간 등의 적용제외를 받는 자라도 심야의 야간근로시간대에 근로하는 경우에는 근기법 제56조에서 정하는 야간근로가산임금을 포함해서 소정임금을 약정한 것이 명확한 경우에는 별도의 야간근로가산임금을 지급할 필요는 없다. 그리고 관리 · 감독자 등의 직책수당 중에 이러한 임금도 포함하여 약정한 경우에는 그 범위 내에서 별도의 야간근로가산임금을 지급할 필요는 없다.

9. 감시 · 단속적 근로자의 연차유급휴가수당 및 근로자의 날 휴일수당 산정

(1) 감시 · 단속적 근로자의 연차유급휴가수당 산정

감시 · 단속적 근로자의 경우 일반근로자와 달리 법정근로시간, 휴게, 휴일 규정의 적용을 받지 않는다는 점을 고려할 때, 통상 하루의 소정임금(1일 소정근로시간)을 1주 40시간에 비례 산정하기보다는 근무주기를 기준으로 하여, 해당 주기의 근로시간 합계를 해당 주기의 일수를 나누는 것이 제도 취지에 부합하는 것이다(고용노동부 2022.5.4, 임금근로시간과-982).

* 주 단위 근무는 1주 근로시간 합계 ÷ 7일, 격일제(24시간 격일제 포함)는 근무일의 근로시간 합계 ÷ 2일, 「2일근무, 1일휴무」는 2일근무일의 근로시간합계 ÷ 3일 등

(2) 근로자의 날 유급휴일수당

근로자의 날 유급휴일수당은 근로자의 날에 근무를 한다면 지급받을 수 있는 임금을 지급하는 것이 아니라, 통상 하루의 소정임금(1일 소정근로시간)을 산정하여 지급하는 것이 타당하다[감시 · 단속적근로자의 통상 1일 소정근로시간은 연차유급휴가수당 산정방법을 참조할 필요가 있다.(2022.5.4, 임금근로시간과-982)].

Chapter 8

휴일을 둘러싼 법률지식

1 휴일과 휴가의 차이는 무엇인가

휴일이란 근로계약, 취업규칙 등에서 미리 근로자가 사용자에 대하여 '근로제공의 의무가 없는 날'로 규정되어 있는 날을 의미한다. 즉 휴일은 근로자가 사용자의 지휘·명령으로부터 완전히 이탈하는 날을 말한다. 휴일과 비슷한 제도인 휴가는 사용자가 근로자의 노무수령을 할 수 있는 상태임에도 그 날의 '근로제공의무의 면제'를 근로자측의 신청(의사표시) 등에 의하여 근로자가 획득한 날을 말한다(1999.12.15, 근기 68207-883).

휴일과 휴가의 대비를 도시하면 다음과 같다.

• **휴 일 : 근로의무가 없는 날 … 비근로일 … 소정근로시간이 없음.**

휴일 중 무급휴일의 증가는 시간당 임금단가 증액 $\left(\frac{\text{임 금}}{\text{소정근로시간의 단축}}\right)$

• **휴 가 : 근로의무가 있는 날에 의무면제 … 근로일 … 소정근로시간이 있음.**

휴가의 증가는 시간당 임금단가 증감 없음 $\left(\frac{\text{임 금}}{\text{소정근로시간의 불변}}\right)$

즉, 휴일은 소정의 근로일이 아니며, 따라서 휴일의 근로는 소정근로시간 외의 근로가 되어 가산임금의 지급대상이 되지만, 휴가일은 근로일이기 때문에 휴가를 취소하여 근로하더라도 소정 연장근로에 해당되지 아니하므로 가산임금의 지급대상이 되지 아니한다. 또 휴일의 증가는 소정근로시간의 단축을 의미함으로 임금액에 변경이 없다면 필연적으로 1시간당 임금단가의 인상을 초래하지만, 휴가의 증가는 소정근로시간에 변경을 초래하지 않으므로 1시간당의 임금단가는 변하지 아니한다.

노사간에 단체협약 또는 취업규칙에서 정한 이른바 약정휴일 또는 약정휴가의 경우는 근로제공의무가 없는 근기법상의 휴일과는 달리 근로제공의무가 있는 날임에도 노사간 특약에 의하여 사용자가 근로제공의무를 면제시켜 준 것이다. 회사의 노무지휘권이 상실된 공장점거기간이나 점거파업기간 중에 근로자들의 경조휴일·휴가사유가 발생하더라도 사용자가 사실상 근로자의 노무제공을 수령할 수 없고, 사용자의 면제행위도 행사할 수 없는 상태였다면 약정휴일 또는 약정휴가 자체가 발생하지 아니한다(1999.12.15, 근기 68207-883). 그러므로 휴일과 휴가는 법적으로 다르므로 효과에 있어서 중요한 차이가 있다.

2 주휴제의 원칙과 그 의의는 무엇인가

근기법 제55조 【휴 일】 ① 사용자는 근로자에게 1주에 평균 1회 이상의 유급휴일을 보장하여야 한다.
② 사용자는 근로자에게 대통령령으로 정하는 휴일을 유급으로 보장하여야 한다. 다만, 근로자대표와 서면으로 합의한 경우 특정한 근로일로 대체할 수 있다.

1. 주휴제의 원칙

주휴일이란 근기법 제55조제1항에 의하여 주 1회 이상 휴일로 보장되는 근로의무가 없는 날을 말한다(대법 2023.6.15, 2020도16228). 근기법상의 주휴일제도는 연속된 근로에서의 근로자의 피로회복과 건강회복 및 여가의 활용을 통한 인간으로서의 사회적·문화적 생활의 향유를 위하여 마련된 것이다(대법 2013.11.28, 2011다39946).

근기법상 주휴일 제도의 취지는 ① 근로자의 피로를 회복시킴으로써 노동의 재생산을 꾀하고 생산성을 유지하기 위하여 정신적·육체적 휴식을 취하는 데서 그치지 않고 나아가, ② 근로자로 하여금 근로제공의무를 벗어나 사업장 이외의 장소에서 자유로운 시간을 갖도록 하려는 데에 있다(대법 2004.7.1, 2002두2587). 이 판례는 근기법 제55조(휴일) 및 같은법시행령 제30조에서 사용자로 하여금 1주의 소정근로일수를 개근한 근로자에게 1주에 평균 1회 이상의 유급휴일을 주도록 한 규정은 ① 1주에 1회 이상의 휴일을 의무화(근기법 제55조)하는 한편, ② 성실근로를 유도·보상하기 위하여 소정의 근로일수를 개근하는 경우에 유급으로 할 것을 정한 것(근기법시행령 제30조)이다.

휴일은 매주 1일의 주휴제가 원칙이며「사용자는 근로자에게 1주에 평균 1회 이상의 유급휴일을 주어야 한다」(근기법 제55조제1항)라고 규정하고 있다. 1주에 평균 1회 이상의 유급휴일은 1주 동안의 소정근로일수를 개근한 자에게 주어야 한다(동법시행령 제30조)고 하여 유급주휴일의 부여 요건을 설정하고 있다(대법 2019.2.14, 2015다66052). 다만, 주의 소정근로일 전부가 법령상·성질상 출근한 것으로 보아야 하는 기간에 해당되더라도 실제 출근한 날이 하루도 없는 경우에는 유급주휴일을 주지 않아도 된다. 여기서 "1주"란 연속한 7일의 기간을 의미하는 것으로 반드시 월력에 의한 일요일부터 토요일까지로 해야 하는 것은 아니다. "유급휴일"이란 휴일제도의 취지를 살려 근로자가 이를 충분히 활용할 수 있도록 해주기 위하여 임금의 지급이 보장되어 있는 휴일, 즉 휴식을 취하더라도 통상적인 근로를 한 것처럼 임금이 지급되는 날을 말하는 것이다(대법 2013.11.28, 2011다39946).

주휴일은 산정단위가 되는 1주의 기간 중 평균 1일 이상 주면 되므로 반드시 주휴일간의 간격이 7일이 되어야 하는 것은 아니나, 근로자가 주휴일을 사전에 예측할 수 있도록 해야 할 것이다. 다만, 근로자의 건강 등을 고려하여 가급적 규칙적으로 부여하는 것이 바람직하다(2001.5.21, 근기 68207-1540). 이때 주휴일간의 간격이 7일을 초과한다하여 그 7일째 되는 근무일이 주휴일이 되는 것도 아니다(2002.12.2, 근기 68207-3309). 그러나 4주간에 4일 이상의 휴일을 주는 '변칙휴일제'에 관하여는 명문의 규정이 있는 일본과는 달리 휴일대체의 경우를 제외하고는 인정되지 않고 있다.

휴일은 사업장 근로자에게 일제히 부여할 필요는 없으며 각 근로자 개인마다 교대로 부여하여도 무방하다. 따라서 영업은 '연중무휴'로 하여도 상관없지만 근로자에게는 교대로 매주 1일의 휴일은 반드시 주어야 한다.

2. 관공서의 공휴일

사용자는 근로자에게 대통령령으로 정하는 휴일을 유급으로 보장하여야 한다. 다만 근로자대표와 서면으로 합의한 경우 특정한 근로일로 대체할 수 있다(근기법 제55조제2항). 관공서의 공휴일은 관공서의공휴일에관한규정에 따른 공휴일(일요일 제외)에 해당되며(근기법시행령 제30조제2항) 당연히 적용되는 것이지 해당 주의 개근 여부와는 아무런 관계가 없다.

3. 주휴일과 약정유급휴일이 중복된 경우

근기법상 주휴일은 1주의 소정근로일수를 개근한 자에게 1회의 유급휴일을 부여하는 것으로서 단체협약이나 취업규칙에서 주휴일이 당해 회사의 유급휴일과 중복되는 경우, 그 익일을 휴일로 한다는 등 별도의 정한 바가 없다면 1회의 휴일을 실시함이 타당하다(1999.8.18, 근기 68207-2016).

4. 1주간 소정근로일 전부에 대해 하기휴가(유급)를 부여한 경우 해당 주에 주휴일을 유급으로 부여하여야 하는지 여부

근기법 제55조 및 같은 법 시행령 제30조에 따라 사용자는 1주 동안의 소정근로일을 개근한 근로자에게 1주일에 평균 1회 이상의 유급휴일(주휴일)을 주어야 한다. 1주 동안의 소정근로일 개근 여부를 판단함에 있어 연차유급휴가, 생리휴가, 산전후휴가 등 법령상 또는 그 성질상 출근한 것으로 보아야 하는 날 또는 기간은 소정근로 일수 계산에 포함하되 출근한 것으로 보아야 한다. 따라서 사용자가 유급으로 부여하는 하기휴가는 그 성질상 소정근로일수 계산에 포함하되 출근한 것으로 보아야 할 것이고 1주 동안 하기휴가일 제외한 소정근로일을 개근하였다면 유급주휴일(주휴수당)을 부여하여야 한다. 다만, 근기법에서 1주 동안 소정근로일을 개근한 근로자에게 1회 이상의 유급주휴일을 부여하도록 한 취지는 근로자의 피로를 회복시켜 노동의 재생산을 꾀하고 생산성을 유지하는 한편 성실근로를 유도·보상하기 위함을 고려하면 1주 동안 소정근로일 전부에 대해 하기휴가를 부여하여 실제로는 근로를 제공하지 아니한 경우에는 주휴일을 유급으로 부여하지 않을 수 있다. 다만, 이러한 경우에도 사용자에게 주휴일을 유급으로 처리하여 줄 것을 청구할 수 없을 뿐 휴일 자체가 보장되지 않는다고 볼 것은 아니어서 무급으로 주휴일을 부여하여야 한다(2018.11.1, 근로기준정책과-7252).

5. 주 중 결근자의 주휴일 부여 여부

주휴일의 성격이 1주에 1회 이상 근로의무를 면제해 주는 것이며 개근 여부는 주휴일이 유급이냐 무급이냐의 판단에 영향을 미치는 것일 뿐 주휴일 부여 그 자체에 영향을 미치는 것이 아니므로, 결근자에게도 주휴일을 부여해야 하나 이를 무급으로 처리할 수 있고, 주 중 결근자라고 하더라도 주휴일에 근무해야 할 의무가 있는 것은 아니므로 근무하지 않더라도 이를 결근으로 처리할 수 없다(대법 2004.6.25, 2002두2857). 주 중 결근자가 주휴일에 근무하는 경우 '유급휴일수당'은 지급되지 않더라도 휴일근로에 대한 임금(통상임금 100%)과 휴일근로 가산수당(통상임금 50%)은 지급되어야 한다(1987.6.10, 근기 01254- 9370).

6. 교섭대표노동조합의 창설기념일만을 유급휴일로 지정한 경우의 효력

단체협약 세부지침에서 교섭대표노동조합의 창립기념일만을 유급휴일로 지정한 것은 합리적인 이유없이 다른 노동조합을 차별한 것이므로 공정대표의무 위반에 해당한다(대법 2019.10.31, 2017두37772).

7. 주 중 1일 파업시 주휴일 발생 여부

근기법 제55조에 따른 유급휴일은 1주 동안의 소정근로일을 개근한 자 또는 관공서의 공휴일과 대체공휴일에 주어야 하고 이때 법령 또는 약정에 의해 근로하지 않기로 정해진 날과 당초 근로하기로 정했지만 특별한 사유로 근로제공의무가 정지된 날은 소정근로일에서 제외된다. 노동조합이 행한 주 중 1일 파업이 노조법에 의한 적법한 쟁의행위라면 적법한 쟁의행위기간은 근로계약에 따른 근로자와 사용자의 주된 권리·의무가 정지된다고 보아야 하고, 이 기간은 근로제공의무가 있는 소정의 근로일로 보기 어려우므로 이 날을 제외한 나머지 소정근로일 개근하였을 경우에는 1일분의 주휴수당을 지급해야 하나, 불법쟁의행위라면 결근으로 취급되어 유급주휴는 발생하지 않는다(2017.12.5, 근로기준정책과-7725 ; 2008. 10.20, 근로조건지도과-4581).

3 상시 4명 이하의 근로자를 사용하는 사업 또는 사업장에도 주휴제가 적용되는가

① 주휴제의 상시 4명 이하의 사업장 적용 여부 : 근기법 제11조는 상시 5명 이상의 근로자를 사용하는 모든 사업 또는 사업장에 적용되는 것이 원칙이나, 동조제2항에 따라 상시 4명 이하의 근로자를 사용하는 사업 또는 사업장에 대하여도 근기법의 일부규정이 적용된다. 근기법시행령 제7조에 따른 [별표 1] '상시 4명 이하의 근로자를 사용하는 사업 또는 사업장에 적용하는 법규정'에 의하면 근기법 제55조제1항의 주휴제에 관한 규정은 이와 같은 일부 규정에 해당되므로 4명 이하의 근로자를 사용하는 기업에 종사하고 있는 근로자들에게도 주휴제는 적용된다.

② 휴일근로시의 가산임금 적용 여부 : 그러나 상시 4명 이하의 사업 또는 사업장에는 근기법 제56조가 적용되지 않으므로 연장근로, 야간근로, 휴일근로시의 가산임금 규정은 적용되지 아니한다(근기법 시행령 별표 1).

③ 주휴일에 실제 출근하지 않는 근로자의 상시 사용 근로자수에서 제외 여부 : 주휴일에 실제 근무하지 않은 근로자는 근기법 제11조제3항의 '상시 사용하는 근로자수'를 산정하는 기준이 되는 같은법 시행령 제7조의2제1항의 '산정기간 동안 사용한 근로자의 연인원' 및 같은조제2항 각호의 '일(日)별 근로자수'에 포함하여서는 아니 된다. 주휴일은 매주 일정하게 발생하는 휴일로서, 주휴일에 실제 출근하지 않은 근로자를 상시 사용 근로자수에서 제외하여야 해당 사업장의 보통 때의 통상적인 사용 상태를 제대로 반영할 수 있고, 이를 제외하여도 사용자나 근로자가 근기법의 적용 여부를 사전에 파악하는 데에 어려움이 없어 법적안정성과 예측가능성을 해하지 않기 때문이다(대법 2023.6.15, 2020도16228). 이 판결은 상시 근로자수 산정시 주휴일에 실제로 근무하지 않은 근로자를 제외해야 통상적인 사용상태를 제대로 반영할 수 있다고 최초로 판시한 판결이란 점에 그 의의가 있다.

4 소정근로일수를 개근 또는 결근한 자란 무슨 뜻인가

1. 개근의 의의

근기법 제55조제1항에서 말하는 '주휴일'은 1주의 소정근로일수를 개근한 자에게 유급으로 매주 1회 이상 주어야 한다. 여기에서 '소정근로일수를 개근한 자'란 근로제공의무가 있는 소정근로일에 결근하지 않는 것을 의미한다(2005.6.16, 근로기준과-3204). 반드시 만근을 의미하는 것은 아니므로, 그 주간에 국경일이나 추석 등 다른 휴일이 있어서 출근하지 않았다 해도 소정의 근로일수만을 모두 출근하였다면 주휴일을 주어야 한다.

근기법상 '결근'의 개념에 관하여 규정한 바는 없으나, 일반적으로 결근일이란 법령의 범위 내에서 노사 당사자가 근로를 제공하기로 정한 날인 '소정근로일'에 근로자가 임의로 근로를 제공하지 아니한 날을 의미한다고 볼 수 있다(2004.8.18, 근로기준과-4336). 그러므로 결근기간이 근로제공의무가 없는 법정휴일(주휴일 등) 또는 약정휴일인 경우에는 원칙적으로 이를 결근으로 처리할 수는 없으나, 단체협약 또는 취업규칙에 의하여 출근의무가 명시되어 있는 날(예 : 교대제 근무시 휴일근로로 인정해주는 근무일)에 결근시 이를 결근으로 처리할 수 있다(2003.2.24, 근기 68207-218).

2. 월 3회의 지각은 1일의 결근으로 본다는 규정의 적법 여부

'월 3회의 지각은 1일의 결근으로 본다'고 하거나 '1주의 지각 또는 조퇴시간을 합산하여 8시간이 되면 1일 결근으로 간주하여 유급휴일수당을 지급하지 아니한다'는 취업규칙에 의해서 3회의 지각이나 조퇴를 결근으로 보고 유급휴일을 주지 않는 것은 위법이다(2009.12.23, 근로기준과-5560).

지각 · 조퇴 · 외출 등의 사유로 소정근로일의 근로시간 전부를 근로하지 못하였다 하더라도 소정근로일을 단위로 그 날에 출근하여 근로를 제공하였다면 이를 결근으로 처리할 수 없다. 그러므로 단체협약 · 취업규칙 등에 지각 · 조퇴 · 외출을 몇 회 이상하면 결근 1일로 취급한다고 규정하고, 일정횟수 이상의 지각 · 조퇴 · 외출시 결근 1일로 취급하여 주휴일, 연차유급휴가 등에 영향을 미치게 하는 것은 근기법 취지에 비추어 타당하지 아니하다.

5 취업규칙에 따라 비번일 또는 주휴일도 결근일수에 포함되는가

1. 비번일 또는 주휴일을 전후하여 결근한 경우 결근일수에 포함 여부

주휴일 제도는 근로자의 피로를 회복시킴은 물론 근로제공의무를 벗어나 사업장 이외의 장소에서 자유로운 시간을 갖도록 하는 취지의 강행규정이므로, 1주 소정근로일수를 개근하지 못했어도 유급휴일로 처리되지 않을 뿐 휴일 자체는 보장되어야 한다. 따라서 휴일 전후의 근로일을 결근하였다고 하여 휴일을 결근으로 처리할 수 없다(대법 2004.6.25, 2002두2857).

파업기간 중 계속적으로 결근한 7일에 비번일 또는 주휴일이 포함되어 있을 경우에 회사의 취업규칙 규정에 따라 비번일 또는 주휴일도 결근일수에 포함되는지의 여부에 대해서, 판례는 「교대제 근무기간 중의 비번일은 전날의 근무일에 정상적인 근무가 이루어진 경우에 인정되는 휴일일 뿐 전날의 정상적인 근무 여부와는 상관없이 인정되는 휴일이 아니다. 그러므로 취업규칙 조항 중 그 전의 정상근무를 전제로 인정되는 휴일인 비번일을 포함시킨 것은 유효하나, 비번일과 별도로 월 5~6일씩 부여되는 주휴일은 그 전의 소정근로일수를 모두 정상근무한 것을 전제로 인정되는 것이 아니라 그 전의 정상근무와 상관없이 근로의무 자체가 없는 날이므로 이를 결근일수에 포함시킨 부분은 유효한 것으로 볼 수 없다('비번일'을 무계결근일수에 포함하더라도 휴일을 무계결근일수에서 제외하면 모두 취업규칙에서 정한 '무계결근 7일'에 미치지 못하므로 회사의 면직처분은 부당하다고 판시한 사례)」고 한다(대법 2004.6.25, 2002두2857). 따라서 대법원이 '비번일'과 '휴일제도'의 취지를 구별하고, 휴일제도에 대해 1주의 소정근로일에 대한 개근 여부와 무관하게 1주에 1회 이상의 휴일(무급을 포함한)을 부여하여야 한다고 해석한 것은 당연하다.

2. 약정휴일근무 합의 위반의 경우 결근처리 여부

행정해석은 단체협약, 취업규칙 등에 정해진 약정휴일은 유·무급을 불문하고 근로의무가 없는 날이므로 이날은 소정근로일로 볼 수 없는 것이며 또한 출근의무가 없으므로 이날에 출근하지 않았다 하여 결근으로 처리할 수 없다. 따라서 단체협약 등에서 휴일로 정한 토요일을 노사가 근무하기로 하였더라도 동

휴일에 근무하지 않았다고 하여 결근으로 처리할 수 없으며 또한 연차유급휴가로 대체할 수도 없다(2010.5.20, 근로기준과-1141).

6 일용근로자가 개근할 경우의 주휴수당 지급 및 근로자의 날 적용 여부

1. 원 칙

일용근로자에게도 주휴일을 부여하여야 하는가의 문제가 있다. 근기법상의 주휴일은 1주의 소정근로일수를 개근한 자에게 주도록 되어 있으므로 근로계약이 1일 단위로 체결되어 1주의 소정근로일수를 산정할 수가 없는 일용근로자에게는 원칙적으로 주휴일을 부여할 수 없다.

2. 일용근로자가 계속적으로 근로를 한 경우

그러나 주휴일의 부여 목적이 1주의 근로로 인하여 축적된 근로자의 피로를 풀어주고 건강을 회복하게 하며 여가의 이용을 가능케 하여 사회적·문화적 생활을 할 수 있도록 하는데 있으므로, 일용근로자가 계속적으로 근로를 한다면 이때에는 소정근로일수 대신 실근로일수를 기준으로 하여 1주에 소정근로일을 개근하였으면 주휴일을 부여하여야 한다.

한편, 일용근로자의 경우 주휴수당을 포함하여 임금을 지급받기로 사전에 약정하지 않은 한 주휴수당은 임금과는 별도로 지급되는 것이므로 주휴일이 부여된 일용근로자에게는 임금과는 별도로 주휴수당을 지급하여야 한다(1997.4.2, 근기 68207-424).

3. 일용근로자의 일당에 주휴수당을 포함해 지급할 수 있는가

일용직근로자의 일당에 주휴수당을 포함해 지급할 수 있는가에 대해 살펴보면, 1일 단위로 근로관계가 단절되어 계속고용이 보장되지 않는 순수 일용근로자의 경우에는 주휴수당을 미리 임금에 포함할 수 없을 것이나, 일정 기간 사용이 예정된 경우라면 근로기간 중 사용자가 소정근로일의 근무를 전제로 지급되는 주휴수당을 미리 임금에 포함해 지급하는 것은 가능할 것으로 판단된다(2012.5.14, 근로개선정책과-2617).

4. 일용근로자에 대한 근로자의 날 적용 여부

근로자의 날은 평상적인 근로관계를 전제로 근로계약 기간 내에 있어야 유급휴일로 될 수 있는바, 일일단위로 근로계약이 체결되는 일용근로자의 경우 원칙적으로 유급휴일 부여 문제가 발생하지 않는다. 다만 근로계약을 반복 갱신해 근로자의 날을 전후해 계속근로한 것으로 인정될 수 있는 경우라면 그 기간 내 포함된 근로자의 날에 대해서는 유급휴일을 부여해야 할 것이다(2014.11.12, 근로개선정책과-6257).

7 1주에 평균 1회 이상의 유급휴일이란

1. 평균 1회 이상의 유급휴일의 의의

'1주에 평균 1회 이상의 유급휴일'이란 반드시 일요일을 주휴일로 정하여야만 한다는 뜻이 아니며, 또 전근로자에게 같은 날 일제히 주어야 한다는 뜻도 아니다. ILO조약에서는 주휴일은 계속 24시간의 휴일을 주면 되는 것으로 되어 있으나, 우리나라의 경우는 1일은 오전 0시부터 24시까지(역일)의 1일을 말하는 것이다. 그러므로 주휴일은 역일로서 만 1일이 완전히 확보될 수 있도록 주어져야 하는 것이 원칙이다.

2. 3교대 연결작업시의 계속 24시간의 유급휴일 부여의 취급

그러나 3교대제를 실시하고 있는 경우 역일로서의 1일을 고집할 때 크게 불합리한 경우가 생기게 되므로, 이러한 경우에 한하여 예외적으로 계속 24시간이 확보되는 주휴제가 허용되고 있다.

이에 대한 고용노동부의 해석예규를 보면 「근기법 제55조에 의한 주휴일은 역일에 의한 24시간(0:00~24:00)을 유급으로 계속 휴무케 함이 원칙인 것이나, 3교대연결작업을 실시하는 경우(야간반 22:00 출근, 익일 06:00 퇴근)의 근로자에 대하여 취업규칙에 정해진 주휴일(통상 일요일)에 6시간(0:00부터 06:00까지)을 근무케 함은 부득이한 일로서, 이러한 자에게는 역일에 의한 주휴제를 실시할 수 없을 것인 바, 3교대연결작업을 하는 경우 주휴제의 입법취지에 비추어 계속 24시간의 유급휴일을 부여하면 될 것이다」(1969.6.7, 근기 14559-6327)라고 해석하고 있다.

근기법에서 사용자가 의무적으로 부여해야 하는 주휴일은 1주에 '평균 1회 이상' 보장되는 1주에 1일의 유급휴일 이외에 관공서의 공휴일이 있다면 이를 유급휴일로 보장하여야 한다(근기법 제55조). 회사 창립기념일 등을 휴일로 정하더라도 무방한 것이며, 반대로 주휴일이나 공휴일, 근로자의 날 이외의 휴일은 일체 주지 않는다 해도 근기법 위반은 성립되지 않는다.

3. 소정의 근로일수를 개근하지 아니한 경우의 휴일의 취급

1주에 1회 이상의 유급휴일을 청구할 수 있기 위해서는 소정의 근로일수를 개근해야 한다(근기법시행령 제30조). 이는 1주에 1회 이상의 휴일을 의무화(근기법 제55조)하는 한편, 성실근로를 유도·보상하기 위하여 소정의 근로일수를 개근하는 경우에 유급으로 할 것을 정한 것이다. 따라서 근로자가 소정의 근로일수를 모두 근무하지 아니하였다 하더라도 사용자에 대하여 유급휴일로 처리하여 줄 것을 청구할 수 없을 뿐이지 당해 주의 휴일 자체가 보장되지 않는다고 볼 수는 없다. 근기법 제55조제1항, 동법시행령 제30조의 해석상 사용자는 근로자가 소정근로일수를 모두 근무한 경우에는 근로자에게 1주에 1회 이상의 유급휴일을 부여해야 하고, 근로자가 소정근로일수를 모두 근무하지 않은 경우에도 근로자에게 적어도 1주에 1회 이상의 무급휴일을 부여해야 한다(대법 2004.6.25, 2002두2857).

4. 주휴 2일제의 경우 법정휴일(주휴일)을 특정해야 하는가

법정휴일(주휴일)을 초과하고 증가하는 휴일(법정휴일 외의 약정휴일)에 근로시키는 경우에도 근기법상의 휴일근로에 해당한다. 주휴 2일제의 경우 1일의 휴일에 근로시키더라도 다른 날에 휴일이 부여되어 있는 한 「1주 1일의 휴일」이 부여되고 있으므로 법률상의 주휴일을 부여한 것이 된다. 근기법은 예컨대 토·일요일이 휴일인 경우 법정 주휴일을 일요일로 특정할 것을 요구하지는 않는다. 그러므로 토·일요일의 휴일 중 어떤 1일에 휴일근로시키더라도 다른 1일을 주휴일로 부여하는 한 그 날의 근로는 법정휴일의 근로에 해당하는 것이 아니므로 근기법 위반은 아니지만 휴일근로에 대한 가산임금은 지급되어야 한다.

이 경우 토·일요일도 휴일이므로 1일의 휴일에 휴식을 갖도록 하는 것은 법정주휴일 부여는 충족한 것이므로 다른 날의 근로는 그 회사 독자적 취급상의 약정휴일근로에 해당하더라도 법률상의 주휴일근로가 되는 것은 아니다. 이 경우에는 취업규칙이나 근로계약서에 그러한 취지를 규정하는 것이 바람직하다(서울남부지법 2010.12.17, 2008가합26231).

5. 주휴수당은 1주를 초과한 날(8일째)의 근로가 예정되어 있어야 하는가 여부

1주간 소정근로일을 개근하였다면 1주를 초과한 날(8일째)의 근로가 예정되어 있지 않더라도 주휴수당은 발생한다(2021.8.4, 임금근로시간과-1736). 종전 행정해석(2015.12.7. 근로기준정책과-6551)은 1주간 소정근로일을 개근하고 아울러 1주를 초과하여 근로가 예정되어 있는 경우라야 한다는 것이었으나 이를 변경한 것이다. 예컨대 월요일부터 일요일까지 근로관계가 존속한 채 월요일에 퇴직하면 주휴수당이 발생한다는 것이다. 개정이유는 ① 근기법에서는 1주동안의 소정근로를 개근한 자에게 부여하도로 규정하고 있을 뿐, 다음주까지 근로관계가 유지되어야 한다는 내용은 없다. ② "1주에 평균 1회 이상의 유급휴일을 보장한다"는 취지는 1주 동안의 근로관계 존속을 전제한다. ③ 종전 행정해석이 인용한 대법원 판결(대법 2009.12.24, 2007다73277)은 개인사정에 의한 휴직기간이 포함된 주휴일에 관한 판례이다.

8 휴일의 대체와 대휴의 차이

1. 휴일대체의 의의와 요건

(1) 휴일대체의 의의

휴일의 대체란 특정된 휴일을 근로일로 하고 대신 통상의 근로일을 휴일로 대체할 수 있는 제도로서 단체협약, 취업규칙 등에서 정하고 있거나 근로자의 동의를 얻은 경우 실시 할 수 있다(2013.1.30, 근로개선정책과-875)(예컨대, 전주의 금요일로 앞당기거나 혹은 그 주의 화요일로 미루는 식으로 하여 사전에 교환하여 근로일을 휴일로 하고 휴일을 근로일로 하는 것을 말한다). 갑자기 작업수주량이 증가하거나 일시적 업무상의 필요에 따라 주휴일로 정해진 특정일을 근로일로 변경하고 그 전후에 근로일을 휴일로 변경하는 것을 말한다. 휴일은 사전에 특정하여 다른 날과 대체할 수 있으므로, 일정한 기간의 범위 내에서 대체하였을 경우에는 휴일에 근로하였다고 해도 휴일근로가 되지 아니한다. 그러나 휴일대체 절차를 밟지 아니하고 휴일에 근로시킨 뒤에 대신 휴일을 주더라도 처음 휴일근로는 무효가 되지 아니하므로 휴일근로가 된다. 따라서 '휴일의 대체'와 '대휴'는 그 요건과 법적 효력이 다르다.

(2) 휴일대체의 요건

① 휴일대체 : 단체협약이나 취업규칙에 휴일대체에 대한 근거가 있거나 근로자의 동의가 있어야 하고 업무상의 필요성 등의 대체사유·방법 등이 명시되어야 할 것이다. 즉 ㈎ 업무상의 필요성, ㈏ 휴일대체에 대한 예고, ㈐ 휴일대체의 사전 특정 없이 사용자가 자의적으로 휴일대체하는 것은 허용될 수 없다.

② 공휴일의 대체 : 사용자는 근로자에게 관공서의 공휴일을 유급으로 보장하여야 한다. 다만 근로자대표와 서면으로 합의한 경우 특정한 근로일로 대체할 수 있다(근기법 제55조제2항). 관공서의 공휴일을 대체할 때에는 근로자의 동의 와는 무관하게 근로자대표와의 서면합의가 있어야 한다.

(3) 판례 및 행정해석의 태도

판례(대법 2020.6.25, 2015다61415 ; 대법 2008.11.13, 2007다590 ; 대법 2000.9.22, 99다7367)는 「단체협약 등에서 특정한 휴일을 근로일로 하고 통상의 근로일을 휴일로 교체할 수 있도록 하는 규정을 두거나 그렇지 않더라도 근로자의 동의를 얻은 경우, 미리 근로자에게 교체할 휴일을 특정하여 고지하면 달리 보아야 할 사정이 없는 한 이는 적법한 휴일대체가 되어, 원래의 휴일은 통상의 근로일이 되고 그 날의 근로는 휴일근로가 아닌 통상근로가 되므로 사용자는 근로자에게 휴일근로수당을 지급할 의무를 지지 않는다」는 것이다.

행정해석(2013.1.30, 근로개선정책과-875)은 「주휴일을 대체하려는 경우에는 반드시 1주 1일씩 실시하여야 하며, 그 지정된 날짜를 변경하고자 할 때에는 미리 취업규칙이나 단체협약에 그 절차를 규정하고 있다면 그에 따라 실시할 수 있다. 다만, 휴일의 사전대체를 하고자 할 때 사용자는 그러한 사유를 밝히면서 이러한 사실을 적어도 24시간 이전에 근로자에게 통보하는 등 사전에 근로자와의 충분한 의견 수렴 절차를 거치는 것이 바람직하다」고 한다. 근기법 제55조의 주휴일과 단체협약이나 취업규칙 등으로 정한 휴일(약정휴일)을 다른 날로 변경(대체)하고자 하는 경우, 단체협약이나 취업규칙 등에 그에 관한 요건과 절차 등을 정하고 있을 때에는 그에 따라야 할 것이나 그와 같은 정함이 없는 경우에는 노사간의 합의가 있어야 한다는 입장이다.

근로자의 자발적 동의, 즉 적법한 휴일대체의 절차를 거친 경우에는 원래의 휴일은 통상의 근로일이 되어 통상임금이 지급되며 휴일근로수당을 별도로 지급하지 않아도 무방하다.

2. 대체휴일의 부여시기

근기법 제55조에 "1주에 평균 1회 이상의 유급휴일을 주어야 한다"고만 규정되어 있는 점과 다음 주휴일이 7일 만에 또 발생한다는 점을 감안할 때 반드시 1주 1일씩(당초의 휴일로부터 6일 이내 또는 다음 주휴일 이전에) 부여해야 하는 것으로 해석하는 것이 타당할 것이다(2013.1.30, 근로개선정책과-875).

3. 휴일대체 방법

'휴일의 대체'는 전술한 바와 같이 "금주 일요일의 휴일을 어느 요일의 근로일과 대체하여 출근일로 하고, 그 대신 어느 요일을 휴일로 한다"라고 사전에 명시하여 변경하는 일이며, '대휴'란 "금주 일요일 휴일에는 출근해 주어야 하겠는데 자네 형편이 좋은 날에 대신 쉬도록 하게나" 하고 사전에 대휴일을 미리 지정하지 아니하고 휴일에 출근을 명령하는 것이다. 중간적인 것으로 「금주의 일요일의 휴일은 출근해 주시고 근로일과 대체하므로 근로자의 사정에 좋은 날을 대체휴일로 지정하여 신청해 주세요」라고 하여 근로자에게 대체일의 지정권을 부여하는 대체휴일제가 있다.

4. 휴일대체 효과

(1) 적법한 휴일대체의 경우

① 통상근로의 경우

단체협약 등에서 특정된 휴일은 근로일로 하고 통상의 근로일을 휴일로 교체할 수 있도록 하는 규정을 두거나 그렇지 않더라도 근로자들의 동의를 얻은 경우, 미리 근로자에게 교체할 휴일을 특정하여 고지하면 달리 보아야 할 사정이 없는 한 이는 적법한 휴일대체가 된다. 원래의 휴일은 통상의 근로일이 되고 그 날의 근로는 휴일 근로가 아닌 통상근로가 되므로 사용자는 근로자에게 휴일

근로수당을 지급할 의무를 지지 않는다(대법 2020.6.25, 2015다61415 ; 대법 2008.11.13, 2007다590 ; 대법 2000.9.22, 99다7367). 변경될 휴일의 근로에 대해서만 가산임금을 지급한다(2001.8.22, 여원 68204-342).

② **휴일대체와 연장근로의 경우**

또한 휴일대체의 결과 1주(7일)에 40시간을 초과하는 근로는 연장근로가 되어 연장근로에 대하여는 가산임금이 지급되어야 한다. 예컨대 월~금 40시간을 근로하였는데 해당 주 휴일을 일요일에서 다음주 수요일로 변경하고 일요일에 근로한 경우라면, 일요일의 근로는 연장근로에 해당된다.

(2) 적법하지 않은 휴일대체의 경우

휴일대체가 휴일대체절차를 밟지 아니하여 위법한 경우에는 휴일에 근로시켜도 그 대상으로서 이에 갈음하여 휴일을 부여하여도 앞의 휴일근로는 해소되지 아니하고 휴일근로이다. 따라서 본래의 휴일이 주휴일이 되고 대체된 날은 근무일이 된다. 사용자는 당해 휴일에 출근을 거부한 것을 이유로 결근처리하거나 징계처분을 할 수 없다. 본래의 휴일에 출근한 근로자는 휴일근로를 한 것이므로 가산임금이 지급되어야 할 것이다.

5. 휴일의 대체와 대휴의 차이

대휴는 휴일대체처럼 사전에 휴일과 다른 근로일을 대체하는 조치를 하지 아니하고 실제로 휴일에 근로를 시킨 후에 휴일근로의 대상으로 통상 근로일을 휴일로 부여하는 것을 말한다.

대휴는 대상적인 휴일의 부여와 임금정산(충당)의 취급이다. 휴일대체의 경우는 대체되는 당초의 휴일의 근로는 휴일근로가 아니나 대휴의 경우는 후일 휴일을 부여하더라도 실제 휴일에 근로하는 경우라면 휴일근로에는 변함이 없으므로 휴일에 근로를 시킨 경우에는 가산임금 지급의무가 있다. 근기법상 휴일근로에 대해서는 가산수당을 지급하는 것으로 법적 의무를 다한다는 점을 고려할 때 '대휴'는 노사합의에 기초해 휴일근로에 대한 가산임금지급과는 별도로 근로자에게 실제 휴일사용을 보장함으로써 근로자에게 충분한 휴식을 부여하기 위한 제도로 이해되고 있다.

휴일의 사전대체인지 대휴인지 여부는 첫째, 휴일근로와 관련해 노사합의로 운영하는 제도 또는 관행적으로 운영되고 있는 제도가 무엇인지, 둘째, 휴일을 사전에 변경하였는지 여부에 따라 구분될 수 있다고 판단된다.

휴일의 대체는 근로자와의 합의하여 휴일을 바꾼 것이므로 원래의 휴일에 근무를 하더라도 휴일근로가산수당(50%)을 지급하지 않아도 무방하지만, 대휴는 사용자의 지시에 의하여 휴일에 근무하고 이에 대한 은혜적인 대상(代償)으로 다른 근무일에 쉬는 것이므로 휴일근로에 대하여 가산수당(50%)을 추가로 지급해야 한다(서울중앙지법 2005.12.28, 2004가단273036).

〈휴일의 대체와 대휴의 차이〉

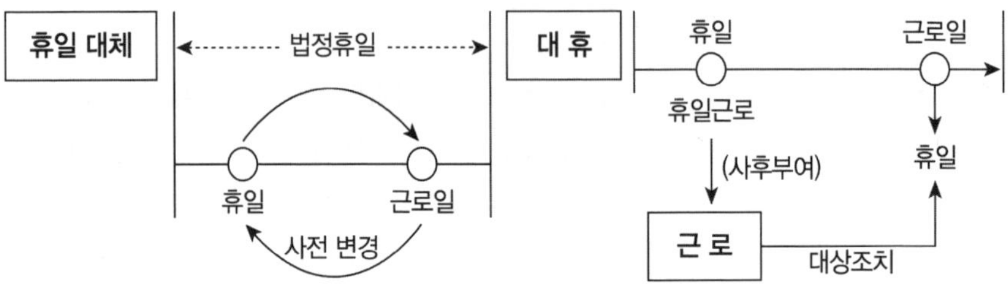

9 사업장 전체 또는 부분적 휴일대체의 실시는 가능한가

휴일의 대체는 사업장 전체가 아니라 근로자 개개인에 관하여 행하더라도 적법이며 개별 근로자별, 과별, 또는 작업장별로 행하더라도 상관없다. 본래 휴일은 반드시 '사업장 일제 부여'를 하는 것이 아니므로, 근로자 개개인에 관하여 매주 1일 부여하는 것이므로, 연중무휴나 24시간 연속 조업하는 회사에서는 근로자 개개인에게 교대로 휴일을 부여하여도 무방하다.

근기법 제55조는 반드시 휴일을 특정할 것을 요구하고 있지 아니하나 특정하는 것이 법의 취지에 비추어 바람직한 것이다. 그러므로 회사 사정에 따라 휴일을 변경할 수 있고 근로자 개인별로 할 수 있으며, 사업장 전체가 일시에 대체할 필요는 없다.

10 「공휴일에관한법률」 및 「관공서의공휴일에관한규정」의 공휴일 유급휴일 보장

1. 「공휴일에관한법률」에 의한 공휴일

「공휴일에관한법률」 제2조에 의한 공휴일은 다음과 같다.

① 「국경일에관한법률」에 따른 국경일 중 3·1절, 광복절, 개천절 및 한글날
② 1월 1일
③ 설날 전날, 설날, 설날 다음 날(음력 12월 말일, 1월 1일, 2일)
④ 부처님 오신 날(음력 4월 8일)
⑤ 어린이날(5월 5일)
⑥ 현충일(6월 6일)
⑦ 추석 전날, 추석, 추석 다음 날(음력 8월 14일, 15일, 16일)
⑧ 기독탄신일(12월 25일)
⑨ 「공직선거법」 제34조에 따른 임기 만료에 의한 선거의 선거일
⑩ 기타 정부에서 수시 지정하는 날

동법은 "공휴일"의 종류를 열거하고(제2조), 다만 일요일은 동법이 아닌 「관공서의공휴일에관한규정」에서 공휴일에 포함시키고 있다.

공휴일이 토요일·일요일 또는 다른 공휴일과 겹칠 경우에는 대체공휴일을 지정·운영할 수 있도록 하고, 그 지정·운영에 관한 사항은 대통령령으로 정하도록 규정(제3조)함에 따라 대체공휴일은 대통령령인 「관공서의공휴일에관한규정」에서 규정한다.

결국 공휴일에관한법률상 공휴일과 대체공휴일은 「관공서의공휴일에관한규정」으로 구체화 되고, 이 내용이 근로기준법령을 통해서 민간기업에 적용되고 있다.

2. 「관공서의공휴일에관한규정」의 공휴일의 유급휴일 보장

근기법 제55조제2항에 따라 사용자는 근로자에게 대통령령으로 정하는 휴일(관공서의 공휴일과 대체공휴일)을 유급으로 보장하여야 한다. 다만 근로자대표와 서면합의한 경우 특정한 근로일로 대체할 수 있다. 동 조항에서 말하는 대통령령으로 정하는 휴일이 바로 「관공서의공휴일에관한규정」에 의한 공휴일(일요일 제

외)과 대체공휴일이다(근기법 시행령 제30조제2항). 「관공서의공휴일에관한규정」은 관공서의 공휴일에 관한 사항을 규정함을 목적으로 제정된 대통령령이다(동규정 제1조). 현재 공무원들에게만 공휴일로 부여되는 명절, 국경일 등에 대해 민간 사업장의 근로자들에게도 유급공휴일로 적용함으로써 모든 근로자가 공평하게 휴일을 향유할 수 있도록 하였다.

3. 관공서의 공휴일

관공서의 공휴일은 다음 각 호와 같다(관공서의공휴일에관한규정 제2조).

1. 일요일
2. 국경일 중 3·1절, 광복절, 개천절 및 한글날
3. 1월 1일
4. 설날 전날, 설날, 설날 다음날(음력 12월 말일, 1월 1일, 2일)
5. 삭제 <2005.6.30>
6. 부처님오신날(음력 4월 8일)
7. 어린이날(5월 5일)
8. 현충일(6월 6일)
9. 추석 전날, 추석, 추석 다음날(음력 8월 14일, 15일, 16일)
10. 기독탄신일(12월 25일)

10의2. 「공직선거법」 제34조에 따른 임기만료에 의한 선거의 선거일

11. 기타 정부에서 수시 지정하는 날

4. 대체공휴일의 요건과 효과

(1) 대체공휴일제도의 의의

대체공휴일제도란 「관공서의공휴일에관한규정」 제2조제2호부터 제10호까지의 공휴일이 다음 어느 하나에 해당하는 경우에는 그 공휴일 다음의 첫번째 비공휴일(규정 제2호의 공휴일 아닌 날)을 대체공휴일로 운영하는 제도를 말한다(동규정제3호).

(2) 대체공휴일의 요건

근기법 제55조제2항에 따라 근로자대표와 서면 합의한 경우 공휴일을 특정한 근로일로 대체할 수 있다. 이 경우 대체될 휴일을 특정하여 사전(24시간전)에 고지한 때에는 법정공휴일을 근로일로 하고 대체된 통상의 소정근로일을 휴일로 하는 휴일대체제도를 도입할 수 있다. 서면합의서에 명시해야하는 사항에 대해서는 별도로 규정하고 있지 않으나 일반적으로 ▲법정공휴일 종류, ▲휴일대

체 방법(24시간 전 사전고지), ▲ 대체일, ▲ 휴일대체 시행기간 등을 명시한다.

① 제2조제2호·제6호·제7호 또는 제10호의 공휴일이 토요일이나 일요일과 겹치는 경우

② 제2조제4호 또는 제9호의 공휴일이 일요일과 겹치는 경우

③ 제2조제2호·제4호·제6호·제7호·제9호 또는 제10호의 공휴일이 토요일·일요일이 아닌 날에 같은 조 제2호부터 제10호까지의 규정에 따른 다른 공휴일과 겹치는 경우

관공서의공휴일에관한규정 제3조제1항에 따른 대체공휴일이 같은 날에 겹치는 경우에는 그 대체공휴일 다음의 첫 번째 비공휴일까지 대체공휴일로 한다.

대체공휴일이 토요일인 경우에는 그 다음의 첫 번째 비공휴일을 대체공휴일로 한다. 즉 근기법 제55조제2항 및 같은법시행령 제30조제2항에 따라 사용자는 근로자에게 「관공서의공휴일에관한규정」 제2조 각호에 따른 공휴일(일요일 제외) 및 제3조에 따른 대체공휴일을 유급휴일로 보장하여야 한다.

(3) 대체공휴일의 효과

적법한 휴일대체가 이루어진 경우에는 당초의 휴일은 통상의 근로일이 되고 대체된 통상의 소정근로일은 휴일이 되므로 당초의 휴일에 근로를 했더라도 휴일근로수당을 지급하지 않을 수 있다.

11 공휴일 또는 대체공휴일을 다른 날로 대체하는 방법과 임금 및 가산수당 지급 여부와 결근시 취급방법

1. 공휴일 또는 대체공휴일을 다른 날로 대체하는 방법

근기법 제55조제2항 및 동법시행령 제30조제2항에 따라 근로계약 또는 근무편성에 의하여 근로제공의무가 있는 소정근로일이 공휴일 또는 대체공휴일에 해당하는 경우에는 이날을 유급휴일로 보장하여야 하고, 부득이 이날 근로가 필요한 경우, 사용자는 근기법 제55조제2항 단서에 따라 '근로자대표와 서면합의'로 소정근로일인 다른 특정한 날과 대체가 가능하나 비번일 또는 휴무일과 대체는 할 수 없다. 기존 판례는 근로자의 사전 동의를 휴일대체의 요건으로 봤으나(대법 2020.6.25, 2015다61415 ; 대법 2008.11.13, 2007다590), 2020년 근기법 개정에 따라 공휴일을 다른 날로 대체하려면 근로자대표와 서면 합의가 필요하다.

근기법 제55조제2항은 "사용자는 근로자에게 대통령령으로 정하는 휴일을 유급으로 보장하여야 한다. 다만, 근로자대표와 서면으로 합의한 경우 특정한 근로일로 대체할 수 있다" 규정하고 있다.

2. 임금 및 가산수당 지급 여부

(1) 휴일대체 후 대체휴일 도래 전에 퇴직한 경우, 임금지급 방법

휴일대체 후 대체된 휴일을 부여하고자 하나 그 전에 퇴직을 한 경우에는 특별한 사정이 없는 한, 대체전의 휴일(원래의 휴일)이 소정근로일이 되었으므로 그 날에 근로한 시간에 해당하는 임금(가산수당없이 실근로시간분)을 지급하면 된다(2021. 11.12, 임금근로시간과-2571).

(2) 가산수당 지급 여부

위와 같이 적법하게 휴일을 대체하였다면 '대체된 날'이 휴일이 되는 것으로, 원래의 공휴일은 휴일이 아니라 대체되기 전 소정근로일에 해당하므로, 이날에 근로를 하더라도 휴일근로 가산수당은 발생하지 않는다. 한편, 대체된 날은 휴일이므로 근로를 하지 않는 것이 원칙이나, 불가피하게 근로를 한다면 '휴일근로'에 해당되어 휴일근로 가산수당을 포함하여 지급하여야 한다.

유급휴일수당 100% + 휴일근로임금 100% + 휴일근로가산수당 50%(8시간이내) = 250%

만약 휴일대체를 하지 않고 공휴일 또는 대체공휴일에 근로를 제공한 경우에도 '휴일근로'에 해당하므로 위의 휴일근로와 동일하게 휴일근로 가산수당을 포함하여 지급해야 한다.

3. 공휴일 및 대체공휴일이 소정근로일인 경우 결근 취급방법

「관공서의공휴일에관한규정」의 공휴일 및 대체공휴일이 소정근로일인 경우, 이날 근로자가 출근하지 않으면 결근으로 볼 수 있는지 여부이다.

「관공서의공휴일에관한규정」에 따른 공휴일 또는 대체공휴일은 근로기준법령에 따라 민간기업에서도 유급휴일로 보장해야 한다. 따라서, 이 날이 소정근로일로 정해져 있었다 하더라도 유급휴일로 보장해야 하며, 근로자가 출근하지 않더라도 결근으로 볼 수 없다. 다만, 부득이 근로제공이 필요한 경우에는 근기법 제55조제2항 단서에 따라 근로자대표와 서면합의로 다른 특정한 소정근로일과 휴일대체가 가능하며, 휴일대체가 불가한 경우에는 근로자의 동의를 받아 휴일근로를 시킬 수 있다.

4. 근로자의 날이 일요일과 중복된 경우의 취급방법

① 일요일이 주휴일인 경우 : 별도로 정함이 없는 한 하나의 휴일만 인정된다. 일요일이 소정근로일이면, 근로자의 날을 유급휴일로 주어야 하고, 이날 근무했으면 휴일근로수당과 가산임금을 추가로 지급해야 한다.

② 교대제근로자인 경우 : 예를 들어 4월 30일 오후 9시부터 5월 1일 오전 6시까지 근무한 근로자 갑과, 5월 1일 오후 9시부터 5월 2일 오전 6시까지 근무한 근로자 을이 있다면, 24시를 지나 역일(曆日)상 이틀에 걸쳐 계속되는 근로는 업무의 시작시각이 속하는 날의 근로로서 하나의 근로로 본다는 행정해석(2003.3.31, 근기 68207-402)에 비추어 볼 때, 근로자 갑은 휴일근로에 해당하지 않으나 근로자 을의 근로는 휴일근로에 해당된다.

③ 초단시간근로자인 경우 : 1주 소정근로시간이 15시간 미만인 이른바 초단시간근로자에게 근기법의 유급휴일이 적용되지 않지만(근기법 제18조제3항), 근로자의 날은 유급휴일로 부여되어야 한다(2015.9.10, 근로기준정책과-4361). 또한 행정해석은 근로시간·휴게·휴일에 관한 규정이 적용되지 않는 감시·단속적 근로자에게도 근로자의 날이 유급휴일로 부여되어야 하나, 휴일근로에 대한 가산임금은 적용되지 않는다(근로자의 날 관련 근기법 적용지침, 2007.11.13, 임금근로시간정책팀-3356).

④ 상시 5인 미만 사업장 근로자인 경우 : 상시 5인 미만을 사용하는 사업 또는 사업장 근로자에게도 근기법 제55조제1항의 주휴일과 근로자의 날은 유급휴일로 보장되어야 한다.

5. 공무원에게도 근로자의 날이 공휴일로 인정되는지 여부

근로자의 날(5월1일)을 관공서의공휴일에관한규정 제2조에서 정한 공휴일에 포함하지 않은 공무원규정이 위헌인지의 여부에 관해 논란이 있지만 헌법재판소는 위헌이 아니라고 결정했다. 헌법재판소(헌재 2022.8.31, 2020헌마1025)는 공무원은 근로자이면서도 국민 전체에 대해 봉사하고 책임을 져야 하는 특별한 지위에 있다. 공무원의 근로조건을 정할 때는 국민 전체에 대한 봉사자로서의 지위 · 직무의 공공성을 고려할 필요가 있기 때문이다. 공무원은 관공서 공휴일(일요일포함)과 대체공휴일뿐만 아니라 토요일까지 휴일로 인정받고 있다. '근로자의 날'을 공무원의 유급휴일에 해당하는 관공서의공휴일에관한규정에 의한 공휴일로 정하지 않았다고 해서 일반 근로자에 비해 현저하게 부당하거나 합리성이 결여돼 있다고 볼 수 없다고 결정했다.

12 휴일근로 또는 연장근로를 거부한 경우의 책임문제

[실무사례1]
A사는 상시 근로자 100명이 종사하는 전열기구 제조회사이다. A사에는 70명의 근로자로 조직된 노동조합 乙이 있다. 2015년 2월 1일 A사 사용자 甲은 기존의 직원자녀학자금제도를 2016년 1월부터 폐지하겠다고 발표하였다. 이에 대해 乙은 강력하게 반발하면서 甲과의 교섭을 정식으로 요구하였다. 甲이 망설이자 乙은 관행적으로 이루어져 오던 연장근로를 2015년 2월 4일부터 집단적으로 거부하였다. 이후 乙은 2015년 4월 1일부터 쟁의행위 찬반 투표 등의 절차를 거쳐 태업을 개시하였다. 연장근로거부의 법적 성질에 대하여 설명하시오.

[실무사례2]
A회사는 상시 1,000명의 근로자를 사용하여 전자부품을 제조 · 판매하는 회사이고, B노동조합은 A회사 근로자 800명을 조합원으로 하는 기업별 노동조합이다. 2022.3. A회사와 B노동조합은 2022년 임금교섭을 시작하여 2022.5까지 모두 10차례에 걸쳐 교섭하였으나 합의에 이르지 못하였다. B노동조합은 2022.6.10 임금인상 요구안을 회사가 수용하도록 압박하기 위해 연장근로를 거부하기로 결의하였다. 이 결의에 따라 B노동조합 조합원 700명은 2022.6.20부터 6.24까지 연장근로를 거부하였다.
B노동조합이 2022.6.20부터 6.24까지 실시한 연장근로거부가 「노조법」 제2조제6호의 쟁의행위에 해당하는지 여부와 그 이유를 기술하시오.

1. 휴일근로 또는 연장근로를 거부한 경우의 책임

사용자의 휴일근로 또는 연장근로지시를 거부한 경우에 그 거부에 따른 책임문제가 있다. 노사간에 체결된 단체협약에 작업상 부득이한 사정이 있거나 생산계획상 차질이 있는 등 업무상 필요가 있을 때에는 사용자인 회사가 휴일근로 또는 연장근로를 시킬 수 있도록 정하여져 있어서 회사가 이에 따라 관행적으로 휴일근로 또는 연장근로를 시켜왔음에도 불구하고, 근로자들이 자신들의 주장을 관철할 목적으로 정당한 이유도 없이 집단적으로 회사가 지시한 휴일근로 또는 연장근로를 거부한 경우이다.

2. 휴일근로 또는 연장근로의 집단적 거부와 쟁의행위 해당여부

이 문제에서 가장 큰 쟁점은 관행적으로 이루어져 오던 휴일근로 또는 연장근로의 집단적 거부를 노조법 제2조제6호에서 정의하고 있는 쟁의행위로 볼 수 있는가이다. 이른바 준법투쟁의 쟁의행위 해당 여부에 관한 문제라고 할 수 있다. 준법투쟁이란 노동조합이 그 주장을 관철하기 위하여 법령의 규정대로 권리를 행사하겠다면서 집단적으로 정시출퇴근, 연장·휴일근로 거부, 연차휴가 사용 등을 수단으로 사용하는 투쟁이다. 준법투쟁을 쟁의행위로 볼 수 없다는 견해도 있으나 판례는 업무의 정상적인 운영을 저해하는 행위로써 쟁의행위로 보고 있다(대법 1991.10.22, 91도600판결 외 다수). 업무의 정상적인 운영은 관계법령을 엄격하게 준수하는 적법한 운영을 의미하는 것이 아니라 관행상 행하여지고 있는 평상시의 운영을 의미한다. 근로자의 쟁의행위가 형법상 정당행위에 해당하려면, ① 주체가 단체교섭의 주체로 될 수 있는 자이어야 하고, ② 목적이 근로조건의 향상을 위한 노사 간의 자치적 교섭을 조성하는 데에 있어야 하며, ③ 사용자가 근로자의 근로조건 개선에 관한 구체적인 요구에 대하여 단체교섭을 거부하였을 때 개시하되 특별한 사정이 없는 한 조합원의 찬성결정 등 법령이 규정한 절차를 거쳐야 하고, ④ 수단과 방법이 사용자의 재산권과 조화를 이루어야 함은 물론 폭력의 행사에 해당되지 아니하여야 한다는 조건을 모두 구비하여야 한다. 이러한 기준은 쟁의행위의 목적을 알리는 등 적법한 쟁의행위에 통상 수반되는 부수적 행위가 형법상 정당행위에 해당하는지 여부를 판단할 때에도 동일하게 적용된다(대법 2022.10.27, 2019도10516).

연장근로의 집단적 거부가 업무의 정상적인 운영 저해를 가져왔는지에 대한 판단이 중요하다. '업무의 정상적인 운영'과 관련해서는 사실상 또는 관행적으로 행해지는 업무운영의 상태로 보는 견해(사실정상설), 적법한 영업운영으로 보는 견해(법률정상설), 그리고 근로자로서의 권리행사와 법령·취업규칙에 따른 안전의무 이행을 나눠 판단하는 견해(절충설)로 나눠진다. 우리 판례는 사실정상설에 입각해 준법투쟁을 쟁의행위로 보고 있다.

3. 판례의 태도

① 판례(대법 1991.7.9, 91도1051)는 휴일근로에 관하여 「회사업무의 정상적인 운

영을 저해하는 것으로서 노조법 제2조제6호 소정의 쟁의행위에 해당한다고 할 것이다」라고 하여 그 쟁의행위가 정당하지 않는 한 책임을 져야 할 것이다.

② 판례(대법 1996.2.27, 95도2970 ; 대법 1991.10.22, 91도600)는 「연장근로가 당사자의 합의에 의하여 이루어지는 것이라고 하더라도 근로자들을 선동하여 통상적으로 해 오던 연장근로를 집단적으로 거부하도록 함으로써 회사업무의 정상운영을 방해하였다면 이는 쟁의행위로 보아야 한다」라고 하여 그 쟁의행위가 정당하지 않는 한 법적책임 또는 징계책임을 져야 할 것이다.

③ 판례(대법 2016.3.10, 2013도7186 ; 대법 2014.6.12, 2012도2701 ; 대법[전원합의체] 2011.3.17, 2007도482)는 조합원들이 노동조합의 지시에 따라 연장근로(잔업) 및 휴일근로(특근)을 거부한 것이 쟁의행위에 해당한다 하더라도 곧바로 업무방해죄에 성립하는 것이 아니라, 전후 사정과 경위 등에 비추어 사용자가 예측할 수 없는 시기에 전격적으로 이루어져 사용자의 사업운영에 심대한 혼란 또는 막대한 손해를 초래하는 등으로 사용자의 사업계속에 관한 자유의사가 제압·혼란할 수 있다고 평가할 수 있는 경우에 한해 비로소 그 집단적 노무제공의 거부가 위력에 해당하여 형법 제314조제1항이 정한 업무방해죄가 성립된다는 것이다.

④ 판례(대법 2022.6.9, 2016도11744)는 연장근로의 집단적 거부와 같이 사용자의 업무를 저해함과 동시에 근로자들의 권리행사로서의 성격은 아울러 가지는 행위가 노조법상의 쟁의행위에 해당하는지는 해당 사업장의 단체협약이나 취업규칙의 내용, 연장근로를 할 것인지에 대한 근로자들의 동의 방식 등 근로관계를 둘러싼 여러 관행과 사정을 종합적으로 고려하여 엄격하게 제한적으로 판단해야 한다는 것이다. 회사는 노조지회의 동의를 얻고 필요시 근로자의 신청을 받아 연장근로·휴일근로를 실시해 왔을 뿐 일정한 날에 연장근로·휴일근로를 통상적 혹은 관행적으로 해왔다고 단정하기는 어렵다고 한다. 연장근로·휴일근로를 통상적·관행적으로 해오지 않던 사업장에서, 근로자들이 노조의 지침에 따라 연장근로·휴일근로를 거부하였다면 기업업무의 정상적인 운영을 저해하는 것으로 평가할 수 없다는 것이다. 이 판례는 잔업과 특근 거부뿐만 아니라 준법투쟁을 쟁의행위로 평가하는 판단기준을 제시한 것이다. 또한 준법투쟁이 사용자의 업무를 저해할 경우 쟁의행위에 해당할 수 있다는 법리는 유지하면서도 연장·휴일근로 등과 관련된 관행의 존재 여부를 엄격하게 해석함으로써 사실상 쟁의행위의 범위를 축소하고 있다는 점에 그 의의가 있다.

Chapter 9

휴게를 둘러싼 법률지식

1 휴게시간의 의의

① 휴게시간의 의의 : 휴게시간이란 근로시간 도중에 근로자가 사용자의 지휘·감독으로부터 해방되어 근로자가 자유로이 이용할 수 있는 시간을 말한다(대법 2021.8.12, 2019다266485 ; 대법 2021.7.21, 2021다225845). 근기법에서는 휴게시간에 대한 별도의 정의를 하고 있지는 않으나, 같은법 제50조제1항·제2항에서는 근로시간에서 휴게시간을 제외한다고 규정하고 있다. 근기법 제54조제2항에서는 휴게시간은 근로자가 자유롭게 이용할 수 있다고 규정하고 있다. 휴게시간이란 근로자가 작업시간 중에 실제로 작업에 종사하지 않은 대기시간이나 휴식, 수면시간 등으로 실질적인 사용자의 지휘·감독 없이 근로자의 자유로운 이용이 보장된 시간이다(대법 2019.7.25, 2018도16228 ; 대법 2017.12.13, 2016다243078 ; 대법 2006.11.23, 2006다41990).

② 휴게시간 규제의 취지 : 법률에서 근로시간에 따른 휴게시간의 최저기준과 그 기준 위반에 대하여 벌칙까지 부과하고 있는 것은, 근로자에게 충분한 휴게시간을 보장하여 계속적 근로로 인한 육체적·정신적 피로를 회복하게 함으로써 근로자의 건강을 보호하고 작업 능률을 증진시키며 재해를 방지하려는 데 그 목적이 있다(법제처 2015. 3.27, 안건번호 15-0068).

2 휴게시간의 배치

1. 근로시간 중 부여

(1) 근로시간 도중 부여

근기법 제54조에 의하면 사용자는 근로시간이 4시간인 경우에는 30분 이상, 8시간 이상인 경우에는 1시간 이상의 휴게시간을 근로시간 중에 주어야 한다. 여기에서 '근로시간이 4시간인 경우'란 실근로시간의 총계가 4시간 이상 8시간 미만 근로하는 경우를 말한다. 이 때에는 근로시간 도중에 30분 이상의 휴게를 주어야 한다는 뜻이다. 1일 8시간을 초과하여 발생한 연장근로나 야간작업시에도 근로시간이 4시간인 경우에는 30분 이상, 8시간인 경우에는 1시간 이상의 휴게시간을 근로시간 도중에 주어야 한다(2012.7.24, 근로개선정책과-3358).

한편 근기법 제54조에 의한 휴게시간에 대하여 사용자는 원칙적으로 임금지급의무가 없으며, 단체협약 등에 휴게시간을 근로시간으로 인정하여 임금을 지급하기로 정한 경우라면 이에 따라야 할 것이다. 그러나 그 유급휴게시간이 파업시간에 포함되어 있다면 노조법 제44조에 의거 사용자는 임금지급의무가 없다(2002.8.21, 근기 68207-2776).

(2) 근로시간 종료 후 잔여 휴게시간 부여 여부

근로시간 도중에 휴게시간 일부를 부여하고 1일 8시간 근로가 종료된 후 잔여 휴게시간을 부여할 수 있는가의 문제이다. 휴게시간은 근기법 제54조제1항에 따라 근로시간 도중에 주어야 하며, 휴게시간을 근로시간 도중이 아닌 업무의 시작 전 또는 업무가 끝난 후에 부여하는 것은 근기법 위반이 된다(2013.3.19, 근로개선정책과-1773).

2. 근로시간이 4시간 이상 8시간 미만인 경우 1시간 이상의 휴게시간을 정할 수 있는가

근기법 제54조제1항은 사용자는 근로시간이 4시간인 경우에는 30분 이상, 8시간인 경우에는 1시간 이상의 휴게시간을 근로시간 도중에 줘야 한다고 규정하고 있으므로, 이는 문언상 일정 시간 동안 계속적으로 근로하는 근로자에게 사업주가 부여해야 하는 휴게시간의 최저기준을 정한 것이라고 할 것이다. 근기법 제54조제1항은 근로시간이 4시간 이상 8시간 미만인 경우 노사 간의 합의로 1시간 이상의 휴게시간을 정하는 것을 제한하고 있지 않다고 할 것이다(법제처 2015.12.24, 안건번호 15-0847).

3. 휴게시간은 반드시 무급이어야 하는가

근기법은 법정 휴게시간만 정하고 있을 뿐 해당 휴게시간이 유급인지 무급인지 규정하고 있지 않다. 휴게시간의 유·무급 여부는 노사 합의로 정해야 한다. 유급으로 휴게시간을 주기로 합의하지 않은 이상 근로자가 자유롭게 이용할 수 있는 휴게시간에 대해 사용자가 임금을 지급할 의무는 없다.

3 휴게시간의 부여방법

1. 일제부여 또는 분할부여

휴게시간을 부여하는 방법에 대해서 근기법상 아무런 규정이 없다. 근로시간의 도중에 부여되는 이상 도중의 어느 시간대라도 관계없다. 다만, 휴게제도는 적절한 휴게를 부여함으로써 근로자의 건강보호, 작업능률의 증진 및 재해방지에 그 목적이 있는 것이므로 휴게시간을 일시적으로 부여함이 휴게제도의 취지에 부합된다. 그러나 작업의 성질 또는 사업장의 근로조건 등에 비추어 사회통념상 필요하고도 타당성이 있다고 일반적으로 인정되는 범위 내에서 휴게제도 본래의 취지에 어긋나지 않는 한 휴게시간을 분할하여 주어도 무방할 것이다(2017.4.28, 근로개선정책과-2915).

그러나 1시간마다 10분간씩 휴게를 하게 한다든가 2시간 근로하고 20분간 쉬게 한다거나 세분화한 휴게시간은 근로시간에 포함되는 것이지 근기법상의 휴게시간이라고는 할 수 없다. 또한 긴 휴게시간은 필연적으로 구속시간도 길게 하여 근로자의 여가를 박탈하는 결과가 될 수 있으므로 불필요한 휴게시간의 연장을 피해야 한다. 또한 근기법 제54조는 근로시간의 길이에 따라 일정한 휴게시간을 근로시간의 도중에 줄 것을 규정하고 있으므로 업무의 시작 전 또는 업무가 끝난 후에 휴게시간을 주는 것은 허용되지 않는다(2013.3.19, 근로개선정책과-1773).

작업의 성질상 또는 사업장의 작업조건 등에 비추어 사회통념상 필요하고도 타당성이 있다고 일반적으로 인정되는 범위내에서 해당 사업장의 단체협약·취업규칙 또는 근로계약의 형식으로 휴게시간에 관한 사항을 명시하여 시행할 수 있다.

2. 브레이크타임제(크로스타임제)의 허용 여부

근무시간 중 작업량이 현저히 적거나 없는 시간을 이용하여 법이 정한 휴게시간 이상의 장시간을 휴식케 하는 제도(호텔업인 경우 오후 2시부터 5시까지)이다. 근기법 제54조는 휴게시간의 최저한만을 명시하고 있으므로 브레이크타임제 실시를 불법으로 보기는 곤란하다(1990.11.28, 감독01254-6054).

4 자유이용의 원칙과 예외

[실무사례]
乙은 광고업체인 B회사에서 1일 8시간을 근무하는 근로자이다.
1. B회사가 근로자대표와 서면합의하여 휴게시간을 1일 30분으로 정하였다면 이는 적법한가?
2. B회사가 휴게시간에 乙에게 방문객의 응접이나 전화 당번을 맡겼다면 이는 근로시간에 포함되는가?
3. B회사가 휴게시간 외출허가제를 둔다면 이는 적법한가?

1. 자유이용의 원칙

휴게시간이란 근로자가 근로시간 도중에 휴식을 위해 갖는 권리로서 사용자의 지휘·명령으로부터 이탈함이 보장되어 있는 시간이다. 지휘·명령으로부터의 해방은 소극적으로 업무에 종사하지 않는다는 점뿐만 아니라, 적극적으로 근로자의 자유이용이 보장되는가에 따라 판단한다. 따라서 근로자는 근로시간 도중에 근로로부터 이탈하여 자유롭게 이용할 수 있음은 당연하다(근기법 제54조 제2항). 이를 「휴게시간 자유이용의 원칙」이라 한다.

여기서 자유롭게 이용한다는 것은 휴게시간 중에 근로자는 근로로부터 완전히 해방됨을 의미한다. 따라서 사용자는 휴게시간 중 근로자에게 단순히 근로를 하지 않게 하는 것만으로는 휴게시간의 부여의무를 다한 것이 아니고 또한 어떠한 행위를 하지 못하도록 금지(예 : 잡담금지) 등의 제약을 해서는 안된다. 따라서 휴게시간 중에 직장체조를 의무화하거나 방문객접대 등을 위하여 남아 있도록 강요하거나, 혹시 일이 발생할지도 모르니 대기하고 있도록 명령하거나 하는 것은 휴게시간의 자유이용의 원칙에 위반된다.

2. 자유이용과 규제방법-휴게시간 외출허가제의 적법 여부

자유이용이라 할지라도 근로 내지 사용자의 취업명령으로부터 해방되어 있을 뿐, 휴게시간은 업무의 시작시각부터 종료시각에 이르는 동안의 일부이므로, 건물이나 시설 등의 관리상 필요한 규제에 따라야 하고, 기업질서를 침해하거나 동료 근로자의 자유로운 휴게를 방해하는 일 등은 금지된다. 즉, 휴게시간은 근로할 의무가 없는 시간이긴 하지만 작업의 시작으로부터 종료까지 제한된 시간 중 일부이므로 사업장의 직장규율과 시설관리상의 제약을 받으며 다음 작업의 계속을 위하여 어느 정도의 범위 내에서 사용자의 제약을 받는 것(예컨대, 외출을 어느 정도 제한하거나 휴게시간의 이용장소와 이용방법을 어느 정도 제한하는 것)은 부득이 한 것이다. 근기법 제54조제2항에 따라 근로자에게 휴게시간의 자유로운 이용이 인정된다고 하더라도 그 이용 장소와 방법에 있어 일체의 제약이 없는 무제한의 자유가 인정되는 것은 아니라고 할 것이다(법제처 2016.8.19, 안건번호-0432).

이상과 같은 구속 내지 제한은 ① 사용자의 물적 관리권 즉 건물설비 등의 유지·보전 및 휴게시설을 관리하는데 필요한 제한, ② 인적인 관리권 즉 직장의 질서유지에 필요한 제한, ③ 휴게시간의 성질에 따른 행동의 제한 등 3가지 형태로 존재한다.

3. 자유이용원칙의 적용제외

업무의 특성에 따라서는 휴게시간의 자유이용의 원칙을 적용하는 것이 곤란한 경우가 있다. 근기법 제59조에서 운수업·전기통신업 등에 있어서 사용자는 근로자대표와 서면합의를 한 때에는 휴게시간을 변경할 수 있다. 그러나 근기법 제59조에 따른 휴게시간의 변경을 하더라도, 휴게시간을 전혀 주지 않거나 이를 단축할 수는 없다(2015.3.27, 법제처 15-0068).

5 휴게시간에 방문객의 응접이나 전화당번을 맡겼다면 근로시간에 포함되는가

휴게시간 중에 방문하는 손님이나 전화를 받기 위하여 근로자 중 몇 사람 당번을 정하여 이른바 잔업을 하는 경우에는 휴게시간을 부여한 것이 되지 아니하므로, 그 업무에 종사하고 있는 시간은 근로시간이 된다. 즉, 고객접대나 전화받기 등은 통상적 업무이며, 그 근로를 위하여 당번으로서 남아 있음은 이른바 대기시간이므로 근로로부터 이탈함을 보장한 시간이 아니므로 휴게시간이 아니다. 다만, 통상적으로 항시 방문객을 위하여 대기하고 있어야 하는 상점 등의 물품판매업에 관하여는 노사간 서면합의시에 휴게의 원칙(법 제59조)이 변경되며, 고객당번 등으로 연장근로를 시키고 다른 시간에 휴식을 주는 교대휴게제를 실시할 때에도 근기법에 위반되지 아니한다. 또한 관리·감독업무 담당자에게는 적용되지 아니하며 경비, 수위 등 근기법 제63조제3호에 의하여 '감시 또는 단속적으로 근로에 종사하는 자'로서 관할 지방고용노동관서장의 승인을 받은 자는 휴게시간의 적용은 제외된다.

6 휴게시간 변경지시와 근로자의 지시 거부시 임금지급 여부

근기법에 따른 휴게시간을 보장하면서 사용자가 직무의 특수성이나 민원업무 처리 등을 위하여 필요하다고 인정될 때는 휴게시간을 조정할 수 있도록 규정한 취업규칙에 의거 각 사업장별로 필요한 인원에 대하여 교대로 당초의 휴게시간을 변경하여 근무토록 하더라도 이를 위법이라 보기는 어렵다.

한편, 근로자가 휴게시간을 변경하여 근무토록 한 사용자의 지시에 위반하여 당초의 휴게시간에 휴게하고 근로시간에 근무한 경우, 사용자가 그와 같은 근로제공을 거부하지 아니하고 수령하였다면 사용자의 정당한 업무지시를 이행하지 아니한 데 대한 징계 여부는 별론으로 하더라도 그 시간에 대한 임금을 지급하지 아니할 수는 없다(2004.5.12, 근로기준과-2328).

7 취업규칙 등에 휴게시간을 근로시간으로 인정하는 경우의 취급

취업규칙 등에 휴게시간을 근로시간으로 인정하는 경우에는 근로시간에 포함될 수 있으나 휴게시간을 법정근로시간에 포함할 수 있는가의 문제이다.

근기법상 '연장근로'란 같은 법 제50조의 규정에 의한 법정근로시간(1일 8시간, 1주 40시간)을 초과하는 시간을 말하며 '근로시간'은 휴게시간을 제외한 실근로시간을 의미하므로, 취업규칙 등에 단순히 휴게시간을 근로시간으로 인정한다고 규정한 것만으로 근기법 제56조에 의한 연장근로수당 산정기초가 되는 기준근로시간에 휴게시간이 포함된다고 할 수는 없다(2013.4.9, 근로개선정책과-2215).

8 대기시간의 근로시간 및 휴게시간 해당 여부 판단기준

1. 대기시간이 근로시간인지의 판단기준

근로계약에서 정한 휴식시간이나 수면시간이 근로시간에 속하는지 휴게시간에 속하는지는 특정 업종이나 업무의 종류에 따라 일률적으로 판단할 것이 아니다. 이는 근로계약의 내용이나 해당 사업장에 적용되는 취업규칙과 단체협약의 규정, 근로자가 제공하는 업무 내용과 해당 사업장의 구체적 업무 방식, 휴게 중인 근로자에 대한 사용자의 간섭이나 감독 여부, 자유롭게 이용할 수 있는 휴게 장소의 구비 여부, 그 밖에 근로자의 실질적 휴식이 방해하거나 사용자의 지휘·감독을 인정할 만한 사정이 있는지와 그 정도 등 여러 사정을 종합하여 개별 사안에 따라 구체적으로 판단하여야 한다(대법 2023.4.27, 2020다205837 ; 대법 2021.8.12, 2019다266485 ; 대법 2021.7.21, 2021다225845).

근기법 제50조제3항은 대기시간의 근로시간 해당 여부에 관하여 「제1항 및 제2항에 따른 근로시간을 산정함에 있어 작업을 위하여 근로자가 사용자의 지휘·감독 아래에 있는 대기시간 등은 근로시간으로 본다」고 규정하고 있다. 대기시간과 휴게시간의 공통점은 모두 출근한 상태에서 근로시간에 직접 연결되어 있다는 점이고, 그 차이점은 대기시간은 사용자의 지시가 있으면 바로 작업에 종사해야 하는 시간으로서 사용자의 지휘·감독 아래 놓여 있다. 반면에 휴게시간은 사용자의 지휘 · 감독에서 이탈하여(근로의무에서 벗어나) 근로자가 자유롭게 이용할 수 있는 시간이다. 따라서 양자의 구별은 그 시간을 근로자가 자유롭게 이용할 수 있는지의 여부에 있다.

2. 대기시간을 근로시간으로 판단한 사례

① 근로자가 출근해 근로태세를 갖추고 있었으나 작업지시가 없어 대기한 시간(대법 1965.2.4, 64누162)

② 노선버스 운전기사가 승차시간 사이에 배차를 기다리는 대기시간(대법 1992.4.14, 91다20548). 최근 판례는 버스기사들의 버스 운행 사이 대기시간 중에는 사용자의 지휘 · 감독이 미치지 않고 근로자의 자유로운 이용이 보장된 시간(휴게시간)도 포함되어 있으므로 대기시간 전부를 근로시간으로 볼 수는 없다(대법 2021.8.12,2019다266485 ; 대법 2019. 7.25, 2018도16228)고 한 사례도 있다.

③ 우편물 운송차량의 운전기사가 격일제로 근무하는 도중에 수면 · 식사 등을 하는 시간(대법 1993.5.27, 92다24509)

④ 작업 도중에 정전 · 기계고장 · 원료공급 중단 등으로 인한 대기시간

⑤ 식당 · 호텔 등의 접객원이 근무장소에서 고객을 기다리는 시간

⑥ 사립초등학교에서 근무하는 교사가 수업시간 중간 중간에 쉬는 시간

⑦ 점포 안에서 휴식을 취하다 손님이 오면 곧바로 응대하는 시간

⑧ 격일제 형식으로 근무하는 아파트 경비원들의 근로시간

24시간 동안 일한 후 24시간을 쉬는 격일제 형식으로 근무하는 아파트 경비원들이 사용자의 지휘 · 명령으로부터 완전히 해방되어 휴게시간 등의 자유로운 이용이 보장된 형식으로 주어진 것이 아니라면 이를 근로시간에서 제외할 수 없다(대법 2017.12.13, 2016다243078 ; 대법 2006.11.23, 2006다41990). 2017년도 판결은 경비실에서 가면(parasleep, 일명 '일탈수면'이라고도 하며, 이는 머리의 활동과 몸의 활동이 따로 분리된 상태를 말한다. 즉 몸은 자고 있어도 머리는 활동을 하고 있는 것이다)을 취한 시간(이른바 가면시간)이 휴게시간에 해당하는지 여부가 문제가 된 사건으로서 근로시간에 해당한다는 것이다. 아파트 경비원들의 가면시간의 법적 성격을 명확히 한 것이다.

⑨ 아동복지센터 직원들이 아동들과 함께 잠을 자는 밤시간(서울행법 2015.5.8, 2014구합59207)

9 휴게시간 중에 유인물 배포나 정치활동을 하여도 되는가

1. 휴게시간 중의 유인물 배포와 사전 승인

① 유인물 배포와 규제 : 근기법 제54조제2항은 휴게시간의 자유이용을 규정하고 있으나, 사용자는 '직장의 질서를 유지하며 환경을 정비하기 위하여 시설관리권 및 인사권에 의거하여 회사 구내에서의 근로자의 행동에 관하여 필요한 제한을 행할 수 있으므로' 일정한 절차, 내용을 정하여 휴게시간 중의 문서배포 등의 규제를 함은 휴게제도 본래의 목적을 해치는 것이 아니다.

우리나라의 노동조합은 기업내 노조가 대부분이며, 따라서 기업내의 조합활동이 중심이 된다. 그러나 근로시간 중은 원칙적으로 조합활동이 금지되어 있으므로 휴게시간이나 시작 전·종료 후의 구내 자유시간에만 유인물 배포에 의한 교육선전 활동을 할 수 있다. 휴게시간이라 하더라도 회사의 관리권과의 조화를 도모하여 일정한 장소·방법·태양 안에서 허용된다. 한편 회사측에서도 업무상 필요가 있는 경우에는 규제할 수 있다.

② 유인물 배포와 사전 승인 : 회사가 취업규칙에서 유인물의 배포에 관하여 회사의 사전승인을 얻도록 하고 있다고 할지라도 노동조합의 정당한 업무를 위한 행위나 근로자들의 근로조건의 유지·향상이나 복지 증진을 위한 정당한 행위까지 금지할 수는 없는 것이다. 유인물 배포 행위가 정당한가 아닌가는 회사의 승인 여부만을 가지고 판단할 것은 아니고, 신문방송이나 유인물의 내용, 매수, 배포의 시기, 대상, 방법, 이로 인한 기업이나 업무에의 영향 등을 기준으로 노동조합의 정당한 업무를 위한 행위로 볼 수 있는지를 살펴본 다음 판단하여야 한다(대법 2017.8.18, 2017두227325 ; 대법 2011.9.8, 2009두14682 ; 대법 1997.12.23, 96누11778).

2. 휴게시간 중의 노동조합 활동인 유인물 배포

① 유인물의 배포가 노동조합 활동의 일환으로 이루어진 것이라 하더라도 그것이 기업이나 사용자의 임원 등에 대한 신용이나 명예를 훼손하거나 실추시키는 등 기업의 영업이익이나 개인의 신체적, 정신적, 인격적 자유를 침해하는 것이라면 원칙적으로 정당성은 부정된다(대법 1992.3.13, 91누5020). 그리고 회사의 승인 또는 노조의 수권이나 승인도 없이 심야에 유인물을 배포한 경우에는 정

당하다고 할 수 없다(대법 1994.12.23, 94누3001).

② 한편 노동조합활동으로 이루어진 선전방송이나 배포된 문서에 기재되어 있는 문언에 의하여 타인의 인격·신용·명예 등이 훼손 또는 실추되거나 그렇게 될 염려가 있고, 또 선전방송이나 문서에 기재되어 있는 사실관계의 일부가 허위이거나 표현에 다소 과장되거나 왜곡된 점이 있다고 하더라도, 선전방송이나 문서를 배포한 목적이 타인의 권리나 이익을 침해하려는 것이 아니라 노동조합원들의 단결이나 근로조건의 유지·개선과 근로자의 복지증진 기타 경제적, 사회적 지위의 향상을 도모하기 위한 것이고, 또 선전방송이나 문서의 내용이 전체적으로 보아 진실한 것이라면, 그와 같은 행위는 노동조합의 정당한 활동범위에 속하는 것으로 보아야 한다. 그리고 이러한 법리는 사용자가 징계사유로 삼은 근로자의 행위가 선전방송이나 유인물의 배포인 경우 행위의 정당성 여부를 판단함에 있어서도 마찬가지로 적용된다(대법 2017.8.18, 2017다227325 ; 대법 2016.12.29, 2015두38917 ; 대법 2011.2.24, 2008다29123).

③ 조합원들에게 회사의 임금체계에 대한 문자메시지를 발송하거나 유인물로 배포된 문서에 타인의 인격, 신용, 명예를 훼손하는 내용이 있다 하더라도 그 문서를 배포한 목적이 조합원들의 단결이나 근로조건의 유지 개선과 근로자의 복지증진 기타 경제적, 사회적 지위의 향상을 도모하기 위한 것으로서 그 문서의 내용이 전체적으로 보아 진실한 것이라면 이는 노동조합의 정당한 활동범위에 속한다(대법 2016.10.27, 2014두4245 ; 대법 2013.5.23, 2012두28490).

④ 해당 근로자들이 정당한 노동조합활동과 관련된 유인물을 배포하기 위하여 해당 기숙사 현관까지 나아간 행위는 그 행위의 동기나 목적, 수단이나 방법, 보호이익과 침해이익, 경위 등에 비추어 사회상규에 위배되지 않는 정당행위로서 위법성이 조각된다고 봄이 타당하다(대법 2015.8.27, 2013도10003).

3. 휴게시간 중의 정치활동

① 기업 내에서의 정치활동은 사내적 이해의 대립, 이데올로기의 반목을 초래하여 직장의 규율을 문란케 하고, 작업능률을 저하시키며, 노무제공에 지장을 가져오는 결과를 초래할 우려가 있기 때문에 원칙적으로 금지될 수 있으나 제반사정에 비추어 기업질서를 문란하지 아니하는 특별한 사정이 있을 때에는 허용되는 경우도 있다. 다만, 취업규칙은 사용자까지도 구속하기 때문에 회사

측이 휴게시간 중에 근로자에게 정치활동을 하면서, 근로자측의 정치활동만을 금지하는 것은 허용되지 아니한다.

② 취업시간 중에 아무 근거 없이 정치적 활동의 일환으로 기업내에서 선전문·신문 등을 배포하거나 서명운동을 하는 경우에는 기업시설의 관리와 근로자들의 자유로운 휴게시간의 이용을 방해함으로써 경영 전체의 작업능률을 저하시킬 수 있다는 점에서 징계사유가 될 수 있다(대법 1992. 6.23, 92누4253). 직장규율 위반과 관련하여 사업장내에서 전단, 유인물부착, 배포, 서명활동 등 정치활동의 규제가 문제되고 있다. 구체적으로는 근로자가 이러한 정치활동의 금지규정이나 허가제에 위반한 경우의 징계처분의 효력이 문제된다. 이 점에 있어서 추상적 위험설은 사업장 내 정치활동은 직장규율이나 시설관리를 방해하거나 근로자간의 대립을 초래하는 등 기업질서를 문란하게 할 우려가 있으므로 취업규칙에 의한 일반적 규제는 유효하다고 해석하는 견해와 구체적 위험설은 표현의 자유(헌법 제21조)나 휴게시간 자유이용의 원칙(근기법 제54조)을 중시하여 직장규율이나 시설관리에 지장을 발생할 수 있는 구체적 위험이 있는 경우에 이러한 규제를 적용해야 한다는 견해가 대립하고 있다. 판례는 추상적 위험설에 입각하고 있으나 다수설은 구체적 위험설에 입각하고 있다.

10 휴게시설은 반드시 설치해야 하는가

① 휴게시설 설치의무 : 산업안전보건법 제128조의2에서 근로자의 신체적 피로와 정신적 스트레스를 해소할 수 있도록 휴게시설을 반드시 설치하도록 했다(2022.8.18 시행).

② 휴게시설 설치 적용대상 : 상시근로자 20명이상 사업장(건설업은 총공사금액 20억원이상)이나 전화상담원, 배달원, 경비원 등 7개 취약 직종근로자를 2명이상 고용한 상시근로자 10명이상 사업장이다.

③ 휴게시설 설치기준 : 모든 사업장은 면적 6㎡, 높이 2.1m이상 등 휴게시설을 설치해야 한다.

④ 위반시의 제재 : 사업주가 휴게시설을 설치하지 않을 경우에는 1,500만원 이하의 과태료, 휴게시설 설치·관리기준을 위반할 경우에는 1,000만원 이하의 과태료가 부과된다.

Chapter 10

휴가를 둘러싼 법률지식

1 휴가의 원칙

휴가란 근로의무가 있는 근로일에 근로자가 사용자로부터 취업의무의 면제를 얻은 날을 말한다. 휴가는 법적 근거를 기준으로 법률의 규정에 의하여 발생하는 법정휴가와 취업규칙이나 단체협약의 규정에 의하여 발생하는 약정휴가로 구분되며, 분류하면 다음 표와 같다.

〈휴가의 분류〉

구분	휴가의 명칭	발생 요건	일 수	근 거
법정휴가	연차유급휴가	① 1월간 개근 ② 연간 80퍼센트 이상 출근	1일 15일	근기법 제60조
	생리휴가	여성인 근로자	월 1일	근기법 제73조
	출산전후휴가	① 임신 중의 여성 ② 출산 후의 여성	90일(산후 45일 이상 확보)	근기법 제74조
	배우자 출산휴가	배우자가 출산한 근로자	10일 (유급)	남녀고용평등법 제18조의2
	난임치료휴가	① 인공수정 ② 체외수정	3일 (최초 1일 유급)	남녀고용평등법 제18조의3
	가족돌봄휴가	가족의 질병, 사고, 노령, 자녀양육	10일(무급)	남녀고용평등법 제2조의2제2항

구분	휴가의 명칭	발생 요건	일 수	근 거
약정휴가	회사유급휴가	법정유급휴가에 준하여 부여	소정 일수	단체협약, 근로계약
	경조휴가	취업규칙 등에 정하는 결혼, 장의 등	소정 일수	상 동
	병가휴가	취업규칙 등에 정하는 업무상·업무외 상병	소정 일수	상 동
	특별휴가	취업규칙 등에 정하는 특별한 사유	소정 일수	상 동
	육아휴가	취업규칙 등에 정하는 육아 등의 사유	소정 일수	상 동
	기타 휴가	취업규칙 등에 정하는 기타의 휴가 사유	소정 일수	상 동

2 법정휴가와 약정휴가와의 차이

1. 휴가의 종류

휴가에는 법률로 부여의무가 규정되어 있는 법정휴가와, 법정휴가 이외에 취업규칙 등의 규정에 따라 노사간에서 자유롭게 설정한 휴가인 약정휴가가 있다.

이 구별에 관하여 그 법적 성질, 법률상의 취급 등에 있어서 큰 차이가 있으며, 특히 연차유급휴가에 있어서는 법적인 효력의 차이가 현저하므로 이 점을 충분히 이해할 필요가 있다.

2. 법정휴가

법정휴가는 원칙적으로 근로자가 행한 휴가를 얻고 싶다는 취지의 의사표시에 의하여 성립하므로(다만, 사용자에게 시기변경권이 있다), 사용자의 승인을 요하지 아니하며(승인은 사용자의 시기변경권의 불행사의 의사표시가 된다), 휴가의 이용목적을 기재할 필요가 없다. 또한 휴가청구절차에 관하여 '2일 전까지 문서로서 행할 것' 등의 훈시규정을 두는 것은 무방하지만 그 밖에 강제적 방법이나 매수방법은 인정되지 아니하고 무효가 된다.

3. 약정휴가

약정휴가는 단체협약·취업규칙 또는 근로계약 등으로 정하며 근로제공의무가 있는 날임에도 사용자가 그 날의 근로제공의무를 면제해 주는 것을 말한다(2018.2.1, 근로기준정책과-855). 약정휴가는 근기법상의 법정휴가(법정휴가)를 상회하거나 이용목적을 한정하여 특별히 부여하는 휴가로서 법정외 휴가라고도 한다. 약정휴가는 근기법의 적용은 없으며 약정휴가의 요건도 노사자치에 위임되어 있으므로 근로자의 청구를 사용자가 승인한 때에만 가능하다는 취지로 규정하여도 무방하며, 회사의 업무가 폭주하여 이를 거부하더라도 위법은 아니다. 또한 지각, 조퇴를 보충하기 위하여 이것을 시간단위로 분할하는 것도 가능하며 사용기간을 1년에 한정하여 이월을 인정하지 아니하여도 근기법 제49조의 시효의 적용이 없으므로 무방하다. 이와 같이 '법정휴가'와 '약정휴가'는 그 취급에 있어 구별이 있으나 단체협약이나 취업규칙상 법정휴가와 약정휴가를 구별하지 아니하고 규정하였다면 일체로서 근기법 소정의 요건·효과가 적용된다.

3 교대제, 격일제 등의 경우 '1근로일'의 연차유급휴가란 어떤 의미인가

1. 교대제 근로자의 연차유급휴가

근기법 제60조제1항에 의하면 「사용자는 1년간 80퍼센트 이상 출근한 근로자에게 15일의 유급휴가를 주어야 한다」라고 규정하고 있다.

이러한 휴가부여의 단위가 되고 있는 "1일" 개념은 일하기로 정한 단위 근무일을 의미한다고 할 것이다. 따라서 토요일 휴가시에도 1일로 처리하는 것이 원칙이다. 그러나 노사당사자간 합의에 의하여 4시간 근무일인 토요일을 0.5일로 정하여 운영한다 하더라도 근기법 위반문제는 발생하지 아니한다(2000.7.14, 근기 68207-2122).

연차유급휴가는 '근로일'을 단위로 해서 부여되는 바, 교대제 등의 특별한 근무인 경우에는 근로일 산정이 문제가 된다. '근로일'이란 원칙적으로 역일 계산에 의하여야 한다. 또 1근무 16시간 격일근무나, 1근무 24시간의 1주야 교대근무에서 1근무가 2역일에 걸치는 경우도 역일(曆日) 원칙이 적용되어, 1근무의 휴가는 2근로일의 연차유급휴가가 된다.

또한 이 경우의 수당은 당연히 2근로일분의 임금을 지급하여야 한다. 연차유급휴가는 근로자가 청구하는 시기에 주어야 하므로 근로자가 휴가 사용을 청구한 날에 한하여 휴가를 사용한 것으로 보아야 한다. 따라서 2근무일 1휴무일 형태의 교대제근로인 경우 휴가 사용일을 특정한 경우에는 그 특정한 날에 대해서만 휴가로 처리해야 한다(2002.10.7, 근기 68207-3014). 이와 같이 '근로일'도 원칙적으로 역일에 의하게 되는데, 소정근로시간이 2역일에 걸치는 경우로서 이 원칙을 적용하게 되면 현저히 불합리한 결과가 되는 경우에는, 당해 근무시간을 포함한 계속 24시간을 1근로일로 한다. 그것은 8시간 3교대제 근무가 2역일에 걸치는 교대조와 이른바 낮과 밤이 바뀐 상시 야간근무(예컨대 오후 10시부터 오전 6시까지의 근무)의 경우이다.

이러한 3교대 근무에 있어서 근기법 제50조제2항에 의한 1일 8시간 원칙의 '1일'에 대해서는 2역일에 걸치는 계속근무는, 1근무로서 전날(업무의 시작시각이 속하는 날)의 근로시간으로 취급하는 데 대하여, 연차유급휴가에 대하여는 당해 근무시간을 포함한 임의의 24시간을 '근로일'로 하는 것은, 전자인 '1일'은 근로시간의 길이를 계산하는 기준인 까닭에 임의의 24시간으로 규제의 목적을 달성하기 어렵기 때문이지만, 후자인 '근로일'(또는 휴일)의 경우에는 사용자가 근로자에게 주는 휴식시간의 단위이므로, 그 목적을 달성할 수 있는 한 비교적 넓게 그 예외를 인정해도 무방하다고 생각되기 때문이다.

2. 격일제 근로자의 연차유급휴가

격일제 근로자에 대해서도 사용자는 근기법 제60조제5항에 따라 근로자의 청구가 있는 시기에 연차유급휴가를 부여하여야 한다. 근기법 제60조에 의해 연차유급휴가는 근로자가 청구한 시기에 부여토록 하고 있으므로 해당근무일에 휴가를 청구하면 될 것이다. 24시간 격일제 교대제 근무형태(통상 2개조로 나누어 1개조가 24시간 연속근무를 2역일에 걸쳐 반복하여 근무하고 전일의 근무를 전제로 다음날에 휴무일이 주어지는 형태)의 경우 24시간 휴무를 전제로 24시간의 근로를 시키는 것이므로 근무일에 휴가를 사용할 경우 그 다음 날 1일의 휴무를 부여하는 것이므로 근무일과 바로 다음 날(당초 비번일) 휴가를 사용한다면 연차유급휴가를 2일 사용한 것으로 보아도 되고, 근무일만 휴가를 사용하고 그 다음 날(당초 비번일)에 근무를 하면 1일의 휴가를 사용한 것으로 보아야 한다(2018.1.23, 근로기준정책과-561 ; 1999.2.5, 근기 68207-313). 또한 휴가 날짜를 특정하지 않고 기간으로 정한 경우 동 비번일을 특별히 유급휴일로 정하지 않았다면 휴가일수에 포함된다(2001.7.27, 근기 68207-2405).

4 연차유급휴가는 본인이 회사에 청구하는 것만으로 성립하는가

1년간 80퍼센트 이상 출근한 근로자에게는 15일, 계속하여 근로한 기간이 1년 미만인 근로자 또는 1년간 80퍼센트 미만 출근한 근로자에게 1개월간 개근 시 1일의 유급휴가를 주어야 하며, 3년 이상 계속하여 근로한 근로자에게 1년을 초과하는 계속근로연수 매 2년에 대하여 15일의 연차유급휴가에 1일을 가산한 유급휴가를 주어야 한다. 이 경우 가산휴가를 포함한 총 휴가일수는 25일을 한도로 한다(근기법 제60조제4항). 이러한 법정 연차유급휴가의 권리는 위와 같은 법정 요건을 충족하였을 경우 법률상 당연히 발생하는 권리이다.

그러므로 법정휴가에 관하여 근기법 제60조제5항 본문에서 「사용자는 제1항부터 제4항까지의 규정에 따른 휴가를 근로자가 청구한 시기에 주어야 하고, 그 기간에 대하여는 취업규칙 등에서 정하는 통상임금 또는 평균임금을 지급하여야 한다」라고 규정하고, 동조제5항 단서의 「근로자가 청구한 시기에 휴가를 주는 것이 사업 운영에 막대한 지장이 있는 경우에는 그 시기를 변경할 수 있다」라는 요건에 해당하지 아니하는 한 근로자가 가지는 휴가일수의 범위내에서 구체적인 휴가의 시기와 종기를 특정하여, 위의 시기지정을 하였을 때는 객관적으로 동조제5항 단서 소정의 사유를 이유로 사용자가 시기변경권의 행사를 하지 아니하는 한 위의 지정으로 인하여 연차유급휴가가 성립하며, 당해 근로일에서의 근로의무가 소멸하는 것으로 해석하는 것이 타당하다.

근로자의 연차유급휴가권은 근기법상의 성립요건을 충족함으로써 당연히 발생하지만, 근로자가 연차휴가를 언제부터 언제까지 사용할 것인지를 특정한 시기지정권을 행사하여야 하고 이와 같은 특정을 하지 아니한 시기지정은 적법한 시기지정이라고 할 수 없어 그 효력이 발생하지 아니한다(대법 1997.3.25, 96다4930). 휴가의 시기지정의 효과는 사용자의 적법한 시기변경권의 행사를 해제조건으로 하여(민법 제147조제2항은 「해제조건 있는 법률행위는 조건이 성취한 때로부터 그 효력을 잃는다」고 규정한다) 발생하는 것이므로 단순히 청구하는 것만으로는 휴가일의 전일까지 해제조건 성취의 위험성이 있다. 그러나 연차유급휴가의 성립요건으로서 근로자에 의한 '휴가의 청구'에 대해 사용자의 '승인'을 필요로 하지 않는다.

5 연차유급휴가 산정방법

1. 주요내용 및 근기법 제60조의 규정

(1) 연차유급휴가의 의의와 주요내용

연차유급휴가는 근로자에게 일정기간 근로의무를 면제함으로써 정신적·육체적 휴양의 기회를 제공하고 문화적 생활의 향상을 기하려는 데에 그 의의가 있다(대법 2013.12.26, 2011다4629 ; 대법 2008.10.9, 2008다41666). 근기법 제60조는 사용자는 근로자에게 매년 일정 일수의 유급휴가를 주어야 한다고 규정하고 있다. 근기법 제60조에 따라 근로자가 매년 일정일수의 유급휴가(연차유급휴가)를 취득하는 권리를 「연차유급휴가권」이라고 한다.

근기법 제60조의 내용에 의하면 첫째, 연차유급휴가 부여일수는 ILO기준(1970년 협약 제132호제3조제3항에 의한 3주)을 참조하여 80퍼센트 이상 출근시 15일의 연차유급휴가를 부여하고 계속근로년수가 3년 이상인 경우에 최초 1년을 초과한 2년마다 1일을 가산하되 휴가일수 한도를 25일로 정하였다. 둘째, 단기계약직 근로자를 배려하여 계속근로기간이 1년 미만 근로자에 대해서는 1월간 개근시 1일의 유급휴가를 부여하고, 1년 동안 80퍼센트 미만 출근한 근로자에게도 1개월 개근시 1일의 유급휴가를 준다. 셋째, 육아휴직기간은 연차유급휴가 산정시 출근한 것으로 간주한다.

(2) 근기법 제60조의 규정

근기법 제60조는 연차유급휴가에 관하여 다음과 같이 규정하고 있다.

제60조 【연차유급휴가】 ① 사용자는 1년간 80퍼센트 이상 출근한 근로자에게 15일의 유급휴가를 주어야 한다.
② 사용자는 계속하여 근로한 기간이 1년 미만인 근로자 또는 1년간 80퍼센트 미만 출근한 근로자에게 1개월 개근 시 1일의 유급휴가를 주어야 한다.
③ (2017.11.28 삭제).
④ 사용자는 3년 이상 계속하여 근로한 근로자에게는 제1항에 따른 휴가에 최초 1년을 초과하는 계속 근로 연수 매 2년에 대하여 1일을 가산한 유급휴가를 주어야 한다. 이 경우 가산휴가를 포함한 총 휴가 일수는 25일을 한도로 한다.
⑤ 사용자는 제1항부터 제4항까지의 규정에 따른 휴가를 근로자가 청구한 시기에 주어야 하고, 그 기간에 대하여는 취업규칙 등에서 정하는 통상임금 또는 평균임금을 지급하여야

한다. 다만, 근로자가 청구한 시기에 휴가를 주는 것이 사업운영에 막대한 지장이 있는 경우에는 그 시기를 변경할 수 있다.
⑥ 제1항부터 제2항까지의 규정을 적용하는 경우 다음 각 호의 어느 하나에 해당하는기간은 출근한 것으로 본다.
1. 근로자가 업무상의 부상 또는 질병으로 휴업한 기간
2. 임신 중의 여성이 제74조제1항부터 제3항까지의 규정에 따른 보호휴가로 휴업한 기간
3. 「남녀고용평등법」 제19조제1항에 따른 육아휴직으로 휴업한 기간
⑦ 제1항 · 제2항 및 제4항까지의 규정에 따른 휴가는 1년간(계속하여 근로한 기간이 1년 미만인 근로자의 제2항에 따른 유급휴가는 최초 1년의 근로가 끝날때까지의 기간을 말한다) 행사하지 아니하면 소멸된다. 다만, 사용자의 귀책사유로 사용하지 못한 경우에는 그러하지 아니하다.

(3) 연차유급휴가제도의 취지

연차유급휴가제도는 근로자에게 휴일 외에 매년 일정 일수의 휴가를 유급으로 보장하는 제도로 일정 기간 근로의무를 면제함으로써 정신적·육체적 휴양의 기회를 제공하고 문화적 생활의 향상을 기하려는 데 그 취지가 있다(헌재 2015. 5.28, 2013헌마619 ; 대법 2008.10.9, 2008다41666). 이러한 연차유급휴가는 근로자가 사용자에게 근로를 제공하는 관계에 있다는 사정만으로 당연히 보장받을 수 있는 것이 아니라, 1년간 80퍼센트 이상 출근하였을 때 비로소 부여받을 수 있는 것이다(대법 2013.12.26, 2011다4629).

2. 연차유급휴가의 산정방법

[실무사례]
甲과 乙은 모두 2019.1.1. 입사하여 A회사에 근무하였다. A회사 취업규칙에는 「근기법」에 따라 연차유급휴가를 부여한다는 규정과 휴업으로 근로를 제공하지 않는 일수는 출근일수에 포함하지 않는다는 규정 외 다른 특별한 규정은 없다.
1) 甲의 2019년도 소정근로일수는 원래 250일이었는데, 甲은 그중 60일은 업무상 질병으로 휴업하였고 나머지 190일은 출근하여 근무하였다. 2020년도에 甲이 연차휴가권을 가지는지 여부와 그 이유를 기술하시오.
2) 乙은 2019년도 1년 동안 개근하였으나 개인적 사정으로 2020.1.1에 퇴직하였다. 乙이 사용하지 못한 2020년도 연차휴가일수에 상응하는 연차유급휴가수당을 청구할 수 있는지 여부와 그 이유를 기술하시오.

(1) 1년 이상 근속자의 연차유급휴가 산정방법

근기법 제60조제1항 및 제4항에 따르면 사용자는 1년간 80퍼센트 이상 출근한

근로자에 대하여는 15일의 유급휴가를, 3년 이상 계속근로한 근로자에 대하여는 최초 1년을 초과하는 계속근로연수 매 2년에 대하여 1일을 가산한 유급휴가를 주도록 규정하고 있다. 연차유급휴가는 전년도 출근율에 따라 연차유급휴가가 주어질지 여부가 정해진다. 연차유급휴가 발생 여부와 그 일수를 산정해야 할 날 바로 그 직년 연도의 출근율이 80퍼센트 이상이면 연차유급휴가가 발생한다.

(2) 1년 기간제근로자 퇴직시 연차유급휴가일수 산정방법(11일 또는 26일)

1년 기간제근로자에게 부여되는 연차유급휴가일수는 11일인가, 26일인가의 문제이다. 근기법 제60조제1항 및 제2항에 따르면 해당 근로자가 최초 1년간 80퍼센트 이상 출근한 것에 대해서 2년차에 15일의 유급휴가가, 최초 1년간 개근한 것에 대해서 총 11일의 유급휴가가 각각 주어진다. 그리고 이러한 휴가는 1년간 행사하지 않으면 소멸된다(제7항). 구 근기법 제60조제3항은 '최초 1년간의 근로자에 대해 유급휴가를 주는 경우에는 제2항에 따른 휴가를 포함하여 15일로 하고, 근로자가 제2항에 따른 휴가를 이미 사용한 경우에는 그 사용한 휴가 일수를 15일에서 뺀다'고 했지만, 해당 규정은 2017년 11월 근기법이 개정되면서 삭제됐다. 과거 행정해석은 근기법 제60조제3항 삭제에 따라 1년 이상 2년 미만인 근로자에게는 제1항에 따른 15일과 제2항에 따른 11일이 중복적용되므로 최대 26일의 연차유급휴가가 발생한다고 해석했다. 이에 대하여 판례(대법 2021.10.14, 2021다227100)는 연차유급휴가를 사용할 권리는 다른 특별한 정함이 없는 한 그 전년도 1년간의 근로를 마친 다음 날 발생한다고 보아야 하므로, 그 전에 퇴직 등으로 근로관계가 종료한 경우에는 연차유급휴가를 사용할 권리에 대한 보상으로서의 연차유급휴가수당도 청구할 수 없다고 하여, 11일의 연차유급휴가가 발생된다고 하였다. 근기법 제60조제3항이 삭제된 취지, 연차유급휴가 총 일수를 25일 한도로 정한 제60조제4항의 해석, 장기근속자와의 형평성 문제 등을 언급하며 1년 동안만 근로를 제공한 근로자에게 제60조제2항만 적용되는 것이지 제60조제1항이 중첩 적용된다고 볼 수 없다고 해석한 것이다. 대법원판례에 따라 고용노동부도 행정해석을 변경(연차유급휴가청구권 · 수당 · 근로수당과 관련된 지침, 2021.12.16)했다. 그 내용은 다음과 같다.

① 근기법 제60조제1항의 연차유급휴가 사용 권리는 전년도 1년간 근로를 마친 다음 날 발생하며, 제60조제2항의 연차유급휴가 사용 권리도 1개월의 근로를 마친 다음 날 발생한다.

② 정규직·계약직 모두 1년(365일) 근로 후 퇴직하면 제60조제1항의 15일 연차 미사용 수당을 청구할 수 없고, 다음 날인 366일째 근로관계 존속 후 퇴직하면 15일 연차 전부에 대한 수당 청구가 가능하다.

근기법 제60조제2항의 연차유급휴가도 그 1개월 근로를 마친 다음 날 근로관계 존속 후 퇴직해야 퇴직 전월의 개근에 대한 연차 미사용 수당 청구가 가능하다.

③ 정규직이 마지막 근무하는 해 1년(365일) 근무하고 퇴직하는 경우, 80% 출근율을 충족하더라도 근기법 제60조제1항·제4항의 연차유급휴가·가산휴가에 대한 미사용수당 청구는 불가하다.

(3) 1년 초과 2년 이하 근무한 근로자의 연차유급휴가일수 산정방법(15일 또는 26일)

1년 초과 2년 이하 근무한 근로자(예 : 1년 3개월 근무)에게 부여되는 최대 연차유급휴가일수는 15일인가 또는 26일인가에 대하여 뚜렷한 해석기준이 없었다. 판례(대법 2022.9.7, 2022다245419)는 1년을 초과하되 2년 이하의 기간동안 근로를 제공한 근로자에 대하여는 최초 1년 동안의 근로제공에 관하여 근기법 제60조제2항에 따른 11일의 연차유급휴가가 발생하고, 최초 1년의 근로를 마친 다음 날에 근기법 제60조제1항에 따른 15일의 연차유급휴가까지 발생함으로써 최대 연차유급휴가일수는 총 26일이 된다는 것이다.

(4) 1년간 80퍼센트 미만을 출근한 근로자의 연차유급휴가 부여방법

① 근기법 제60조제2항의 적용대상인 1년간의 의미

근기법은 1년간 80퍼센트 미만 출근한 근로자에게도 계속근로기간이 1년 미만인 근로자와 동일하게 1개월 개근 시 1일의 연차유급휴가를 부여하도록 규정을 마련했다(근기법 제60조제2항). 여기서 「1년간 80퍼센트 미만 출근한 근로자에게 1개월 개근 시 1일의 연차유급휴가를 주어야 한다」는 조항의 취지는 구법상 1년간 80퍼센트 이상 출근한 자에게만 부여하던 연차유급휴가를 1년간 80퍼센트 미만 출근한 근로자에게도 동 휴가를 부여하고자 하는 것으로 그 적용대상은 계속근로기간이 1년 이상인 근로자이다. 따라서 근로자가 전년도 1년간 80퍼센트 미만을 출근했더라도 해당 기간 동안 개근한 월이 있다면 각 1일씩의 연차유급휴가가 발생한다(2013.2.14, 근로개선정책과-1113).

② **근기법 제60조제2항에 따른 유급휴가를 받을 수 있는 근로자의 범위**

입사 후 계속하여 1년 이상 근로한 후 1년 이상 휴직하고 복직한 근로자는 연차유급휴가의 산정기준이 되는 전년도 1년간 출근한 사실이 없으므로 근기법 제60조제2항에 따른 1년간 80% 미만 출근한 근로자에 해당하지 않으므로 해당 규정에 따른 연차유급휴가 지급대상이 아니다(법제처 2020.2.20, 안건번호19-0427).

③ **1년을 초과한 잔여기간의 처리**

연차유급휴가는 근로자의 1년간의 근로에 대한 출근율에 따라 발생하므로 근로자 퇴직시 등 휴가산정을 위한 1년간의 기간을 초과하는 잔여기간(예 : 2013.1.5. 입사하여 2014.3.5. 퇴직하여 1년 2개월 근로한 경우)은 단체협약 및 취업규칙 등에 달리 정하고 있지 않다면 연차유급휴가는 발생하지 아니한다(2014.6.13, 근로개선정책과-3360 ; 2014.3.20, 근로개선정책과-1727).

(5) 유급

휴가기간에 대해서는 취업규칙이나 그 밖의 정하는 바에 의한 통상임금 또는 평균임금을 지급하여야 한다(근기법 제60조제5항 본문). 이 때 지급되는 임금을 연차유급휴가수당이라고 한다.

3. 회계연도관리방식에 따른 연차유급휴가 부여 방법

(1) 부여방법 원칙

연차유급휴가는 근로자별로 입사일을 기준으로 산정하는 것이 원칙(개별관리방식)이나, 판례와 행정해석은 노무관리 편의상 노사가 합의할 경우(취업규칙, 단체협약) 회계연도 기준으로 모든 근로자에게 일괄 부여하는 것(회계연도관리방식)도 허용하고 있다. 회계연도를 기준으로 일괄적으로 연차휴가를 부여하는 경우, 연도 중 입사자에게 다음 연도에 부여하는 연차유급휴가일수는 전년도 근속기간에 비례하여 산정해야 한다. 이 경우 근로자에게 불이익이 없도록 하여야 한다.

(2) 연도 중 입사한 근로자의 연차유급휴가 계산방법

연도 중 입사자의 경우 다음 회계연도까지 발생하는 휴가일수는 다음과 같다.

① 근기법 제60조제2항에 따른 연차유급휴가 : 입사일부터 1년간 1월 개근시 1일씩 발생한 휴가일수

② 근기법 제60조제1항에 따른 연차유급휴가 : 다음 회계연도에 발생하는 연

차유급휴가일수(15일×근속기간 총일수/365일)

[예시] 연도 중 입사한 근로자의 연차유급휴가 계산

예를 들어 2022년 7월 1일 입사한 근로자에게 회계연도를 기준으로 연차유급휴가를 부여한다면 아래와 같다(입사 후 만 1년간 매월 개근했다고 가정한다).

〈2022.7.1. 입사한 근로자의 회계연도 기준 연차유급휴가 계산〉

구 분	22.8	22.9	22.10	22.11	22.12	23.1	23.2	23.3	23.4	23.5	23.6	23.7
제60조제1항						7.5일						
제60조제2항	1일	1일	1일	1일	1일	1일	1일	1일	1일	1일	1일	
누 계	1일	2일	3일	4일	5일	13.5일						18.5일

1. 2022년 7월 1일에 입사해서 매월 개근하면 2023년 6월까지 매월 1일씩의 연차유급휴가가 발생한다(근기법 제60조제2항).
2. 2022년 7월 1일부터 12월 31일까지 1년간 80% 이상 출근했으면, 15일을 기준으로 해당 근로자의 근무기간에 비례한 연차유급휴가(15일×6개월/12개월=7.5일)가 2023년 1월에 발생한다(근기법 제60조제1항).
3. 만약 위 사례에서 해당 근로자가 2023.7.2에 퇴직할 경우, 입사일 기준으로 계산하면 근기법 제60조제1항에 따른 연차유급휴가 15일과, 같은조제2항에 따른 연차유급휴가 11일 등 총 26일이 부여되어야 하므로, 회사가 재직 중 18.5일의 연차유급휴가를 주었다면 부족한 일수만큼(26일-18.5일=7.5일)은 연차유급수당으로 지급해야 한다.

4. 가산휴가의 산정

(1) 출근율과 가산휴가

연차유급휴가는 기본휴가와 가산휴가로 구성되어 있다. 기본휴가는 80퍼센트 이상의 출근율을 요건으로 한다. 근기법 제60조제4항에 의하면 「사용자는 3년 이상 계속하여 근로한 근로자에게는 제1항에 따른 휴가에 최초 1년을 초과하는 계속근로연수 매 2년에 대하여 1일을 가산한 유급휴가를 주어야 한다. 이 경우 가산휴가를 포함한 총 휴가일수는 25일을 한도로 한다」고 규정하고 있다. 연차유급휴가에 관하여 장기근속자를 우대하려는 것이다. 동조항에 의하면 가산휴가는 '제1항에 따른 휴가에 가산'하도록 규정하고 있어 이미 발생한 기본휴가가 있는 경우에 계속근로연수를 감안하여 부여된다. 따라서 80퍼센드 이상 출근율을 충족시키지 못하면 가산휴가의 전제가 되는 기본휴가 자체가 발생하지 않으므로 가산휴가도 발생하지 않는다(1989.1.28, 근기 01254-1488). 예컨대 계속근로년수가 5년인 자가 지난 1년 동안 80퍼센트 이상 출근했다면 총 휴가일수는 기본휴가 15일에 가산휴가 2일을 더하여 17일이지만, 지난 1년 동안 80퍼센트 미만 출근했다면 개근한 달에 한하여 1일의 연차유급휴가를 받을 수 있을 뿐이고 가산휴가는 적용되지 않는다.

가산휴가청구권은 출근율 산정대상기간 중에 기본휴가 부여를 위한 최소한 80퍼센트 이상의 출근율 이상을 출근한 자에게 발생하며, 산정 대상기간 전년도 이전에 계속하여 80퍼센트 이상 출근했어야 하는 것은 아니다(1979.12.6, 법무 811-28675).

(2) 가산휴가의 한도

주40시간근로제 사업장에서는 가산휴가를 포함한 연차유급휴가 총 일수는 25일을 초과할 수 없으며, 초과하는 날짜에 대해 근기법상 어떠한 보상도 규정되어 있지 않다.

6 연차유급휴가를 분할하여 지각 · 조퇴 또는 결근에 대체시킬 수 있는가

1. 연차유급휴가와 지각 · 조퇴의 대체

연차유급휴가는 '1년간 80퍼센트 이상 출근한 근로자에게 15일의 유급휴가'를 주어야 한다. 본래 연차유급휴가는 ILO조약이나 외국의 입법에서 볼 수 있듯이 '계속부여'가 취지로 되어 있지만, 근기법에서는 '계속 또는 분할' 부여가 인정되고 있다. 그러나 '분할' 휴가의 경우 그 한도에 관하여 본조항이 '15일'이라는 문언을 사용하여 '일' 단위를 위주로 규정하고 있으므로 분할의 최저 단위는 '1일'로 해석되며 1/2일 또는 시간 단위의 분할은 인정되지 아니한다. 이는 연차유급휴가제도의 취지가 근로자 심신의 휴양을 위한 것이므로 시간 단위의 분할을 인정하는 것은 그 목적에 어긋나기 때문이다. 즉, 법정휴가를 시간 단위로 분할하여 지각 · 조퇴에 충당하여 대체하는 것은 인정되지 아니한다.

회사측에서 법정일수분을 상회하는 일수를 부여하고 있는 약정휴가는 근기법상 제한이 없으므로 시간단위로 분할하여 부여하더라도 무방하다.

2. 연차유급휴가와 결근의 대체

근로자가 결근일을 연차유급휴가 사용일로 대체해 줄 것을 청구한 경우 사용자가 이를 인정해야 할 법적 의무는 없다. 이것은 사후적인 연차유급휴가 충당의 청구로서 근로자가 당연히 가지는 사후적인 대체충당 청구권은 아니며 사후충당을 인정하느냐 않느냐는 사용자의 자유이다. 그러므로 이 점에 관하여 취업규칙 등으로 명확하게 규정하는 것이 바람직하다. 비록 취업규칙의 규정이 없더라도 사후 대체충당의 관행이 있다면 당연히 그에 따라야 한다. 그러나 사용자가 일단 대체사용을 인정한 이상 그 날은 정식 연차유급휴가일로 보아야 하므로 그 날의 결근을 징계사유로 삼을 수 없다. 또한 특별한 근거규정없이 근로자의 의사에 반해서 일방적으로 근로자의 결근일을 연차유급휴가로 대체시키는 것은 근로자의 장래의 연차유급휴가권 행사를 침해하는 것이 되므로 위법이다.

3. 조퇴나 지각을 결근으로 보아 연차유급휴가를 사용한 것으로 간주할 수 있는지 여부

근로자가 지각이나 조퇴를 한 경우라 하더라도 이를 결근으로 처리하여 연차유급휴가발생에 영향을 주는 것은 불가능하다. 연차유급휴가의 부여요건인 출근이라 함은 취업규칙 등에서 정한 소정근로일의 만근을 의미하며 1일의 근로시간을 채워야 하는 것은 아니므로 지각, 조퇴 등이 있다 하더라도 연차유급휴가 일수 산정에 있어 결근으로 취급할 수 없다. 다만, 취업규칙에 '개인적인 사유로 인한 지각, 조퇴, 외출 누계 8시간은 연차유급휴가 1일로 계산한다' 등을 규정하여 지각, 조퇴, 외출 등으로 인해 근로를 제공하지 아니한 시간의 합계만큼 연차에서 휴가 차감하는 것은 가능하다(2000.1.22, 근기68207-157).

7 연차유급휴가 부여시 소정근로일수 및 출근일수의 판단기준

1. 소정근로일수의 산정방법

연차유급휴가 부여 시 병역법에 따른 병역의무를 이행하기 위해 휴직한 기간, 사용자의 귀책사유로 인한 휴업기간, 적법한 쟁의행위기간 등 특별한 사유로 근로제공의무가 정지되는 날(기간)은 소정근로일수 계산에서 제외되며, 근기법 제60조제1항에 따른 연차유급휴가(1년간 80% 이상 출근시 15일)는 사용자의 귀책사유로 인한 휴업기간, 적법한 쟁의행위기간 등을 제외한 나머지 소정근로일수의 출근율에 따라 산출된 일수에 당해 사업장의 연간 총 소정근로일수에 대한 위의 나머지 소정근로일수 비율을 곱하여 산정한다(법제처 2020.7.24, 안건번호 20-0289 ; 2018.12.28, 근로기준정책과-8676).

$$15일 \times \frac{\text{연간 총 소정근로일수} - \text{특별한 사유로 근로제공의무가 정지된 일수}}{\text{연간 총 소정근로일수}}$$

2. 출근율의 산정

(1) 1년간 80퍼센트 이상 출근의 의미

근기법 및 동법시행령은 주휴일, 연차유급휴가를 부여하는 기준으로 소정근로일수의 개근 또는 80퍼센트 이상의 출근율을 요구하고 있다. 근기법 제60조 제1항에서 규정한 '1년간 80퍼센트 이상 출근'이란 1년의 총일수에서 휴일을 제외한 일수 즉, 전근로일을 80퍼센트 이상 출근한 것을 말한다. 여기에서 기준이 되는 '소정근로일'은 법령·단체협약·취업규칙에 의하며, 주휴일·공민권행사를 위한 휴일 등은 물론 단체협약이나 취업규칙 등에서 정한 근로의무가 없는 휴일은 유급·무급을 불문하고 소정근로일에서 제외된다. 그러나 근로자가 소정휴일에 취업하여도 그 날은 근로일에 포함되지 않는다. 소정근로일에는 근로할 의무가 있으므로 출근하여야 한다.

(2) 1년간 80퍼센트 이상 출근하였는지 여부

근로자가 1년간 80퍼센트 이상 출근하였는지 여부는 1년간의 총 역일(曆日)에서 법령, 단체협약, 취업규칙 등에 의하여 근로의무가 없는 날로 정해진 날을 제외한 나머지 일수, 즉 연간 근로의무가 있는 일수(연간소정근로일수)를 기준으로 그 중 근로자가 현실적으로 근로를 제공한 일수(연간 출근일수)가 얼마인지를 비율적으로 따져 판단하여야 한다(대법 2019.2.14, 2015다66052 ; 대법 2013.12.26, 2011다4629). 즉, 출근율이란 소정근로일수에 대한 출근일수의 비율을 말한다(대법 2014.3.13, 2011다95519).

(3) 출근율 산정과 근로하지 않는 날의 처리

① 출근한 것으로 처리하는 경우

㈎ 업무상 부상 또는 질병으로 휴업한 기간(근기법 제60조제6항제1호)

㈏ 출산전후휴가기간(근기법 제60조제6항제2호)

(다) 남녀고용평등법에 의한 육아휴직기간(근기법 제60조제6항제3호)

(라) 예비군훈련기간(향토예비군설치법제10조), 민방위훈련기간(민방위기본법 제23조)

(마) 공민권(선거권, 피선거권 등) 행사를 위해 휴무한 기간(공직선거법 제6조의2)

(바) 연차유급휴가, 생리휴가, 배우자출산휴가를 사용한 날(2007.10.25, 임금근로시간정책팀-3228)

(사) 근로자가 부당하게 해고된 기간(대법 2014.3.13, 2011다95519)

(아) 노조법 제24조제3항에 따라 근로시간 면제가로 활동한 기간

② 결근으로 보는 경우

(가) 근로자의 결근기간

(나) 근로자가 정직의 징계를 받은 기간(대법 2008.10.9, 2008다41666)

(다) 근로자가 위법한 쟁의행위(불법파업)에 참가한 기간(대법 2019.2.14, 2015다66052)

③ 연간 소정근로일수에서 제외하되, 실질 소정근로일수 비율에 따라 계산하는 경우

(가) 적법한 쟁의행위기간(대법 2013.12.26, 2011다4629)

(나) 사용자의 귀책사유로 인해 휴업한 기간(2011.8.23, 근로개선정책과-2672)

(다) 업무외 부상・질병휴직・병가기간(2021.8.4, 임금근로시간관리과-1738)

(라) 정년퇴직예정자의 공로연수기간(2007.5.1, 임금근로시간정책팀-1663)

(마) 법정기간(1년)을 초과하는 약정육아휴직기간, 업무외 부상, 질병휴직기간 등 (대구지법 2023.7.4, 2023가소216013 ; 2021.8.4, 임금근로시간과-1738).

[예시] 연간 소정근로일수 245일, 적법한 파업기간 5개월, 근로자의 실질 소정근로일수 142일이면, 15일×142일÷245일≒8.7일

$$\text{출근율}(\%) = \frac{\text{실제 출근일수 + 출근 간주일수(산재휴업기간, 출산휴가기간, 육아휴직기간 등)}}{\text{연간 소정근로일수(365일 - 휴일, 휴무일 등 근로제공의무가 없는 일수)}} \times 100$$

3. 연차유급휴가 산정을 위한 출근율 계산시의 산정방법

(1) 정직기간, 강제휴직기간의 처리

정직 등의 징계를 받은 근로자는 징계기간 중 근로자의 신분을 보유하면서도 근로의무가 면제되므로 사용자는 취업규칙에서 근로자의 정직기간을 소정근로일수에 포함시키되 그 기간 중 근로의무가 면제되었다는 점을 참작하여 연차유급휴가 부여에 필요한 출근일수에는 포함되지 않는 것으로 규정할 수도 있고,

이러한 취업규칙의 규정이 근기법 제60조에 반하여 근로자에게 불리한 것이라고 보기는 어렵다(대법 2008.10.9, 2008다41666).

근로자의 정직, 직위해제 기간을 연차유급휴가 부여에 필요한 출근일수에서 제외한 취업규칙이 근기법 제60조를 위반한 것은 아니다.

(2) 파업기간의 처리

① 적법한 파업기간의 소정근로일수 포함 여부

근기법 제60조는 소정근로일수의 출근율에 따라 연차유급휴가를 부여하도록 규정하고 있으나 적법한 쟁의행위기간을 소정근로일수에 포함하여야 하는지 여부 등에 관하여 명문의 규정을 두고 있지 않다. 행정해석에 따르면 출근율 산정은 적법한 쟁의행위기간을 소정근로일수에서 제외한 '나머지 소정근로일수'에 대한 출근율에 따라 산출된 일수가 80퍼센트 이상이면 연차유급휴가를 부여하되, 연차유급휴가일수는 '당해 사업장의 연간 총 소정근로일수에 대한 출근일수의 비율'을 곱하여 산정하면 된다(2013.7.30, 근로개선정책과-4449 ; 2013.4.18, 근로개선정책과-2402)고 한다. 판례(대법 2013.12.26, 2011다4629)는 「근로자가 정당한 쟁의행위를 하거나 육아휴직을 하여 현실적으로 근로를 제공하지 아니한 경우, 헌법과 관련 법률에 따라 쟁의행위 등 근로자의 정당한 권리행사를 보장하고, 아울러 근로자에게 정신적·육체적 휴양의 기회를 제공하고 문화적 생활의 향상을 기하려는 연차유급휴가제도의 취지를 살리는 한편, 연차유급휴가가 1년간의 근로에 대한 대가로서의 성질을 갖고 있고 현실적인 근로의 제공이 없었던 쟁의행위 등 기간에는 원칙적으로 근로에 대한 대가를 부여할 의무가 없는 점 등을 종합적으로 고려할 때, 연간 소정근로일수에서 쟁의행위 등 기간이 차지하는 일수를 제외한 나머지 일수를 기준으로 근로자의 출근율을 산정하여 연차유급휴가 취득 요건의 충족 여부를 판단하되, 그 요건이 충족된 경우에는 본래 평상적인 근로관계에서 80퍼센트의 출근율을 충족하였을 경우 산출되었을 연차유급휴가일수에 대하여 '연간 소정근로일수에서 쟁의행위 등 기간이 차지하는 일수를 제외한 나머지 일수'를 '연간 소정근로일수'로 나눈 비율을 곱하여 산출된 연차유급휴가일수를 근로자에게 부여함이 합리적이라 할 것이다」(대법 2013.12.26, 2011다4629)라고 판시했다. 예컨대 '소정근로일'이 200일인 근로자가 받을 수 있는 연차유급휴가일수가 15일이라고 할 때, 합법적인 파업을 100일간 하고 나머지 100일을 정상적으로 출근했다면, 연차유급휴가를 받을 수는 있지만 실제 받는 연차유급휴가일수는 15일에 200분의 100을 곱한 7.5일이 된다.

$$15\text{일(연차유급휴가일수)} \times \frac{100\text{일(연간출근일수)}}{200\text{일(연간소정근로일수)}} = 7.5\text{일}$$

② 연차유급휴가 부여 시 정당한 파업기간 등이 포함된 경우, 근기법 제60조제2항에 따른 연차유급휴가 비례적 산정방법

종전 행정해석(2018.12.28 근로기준정책과-8676)은 연차유급휴가 산정기간에 적법한 쟁의행위기간이 포함된 경우라 하더라도 근기법 제60조제2항에 따른 연차유급휴가는 1일(日)단위로 부여 및 사용이 원칙이므로 비례하여 부여할 수 없다고 하였으나 최근 행정해석은 대법원판례에 따라 연차유급휴가를 "일" 단위로 주어야 한다는 명문의 규정이 있는 것이 아니고, 실무상으로도 시간단위 연차 사용이 활발하게 이뤄지고 있는 것이 현실이며, 쟁의행위의 법적 성질 및 효과는 근기법 제60조제1항이나 제2항에서 동일하게 평가되어야 하므로, 연차유급휴가 비례적 산정방법에 대한 판례(대법 2013.12.26, 2011다4629, 대법 2019.2.14, 2015다66052) 등 법리는 근기법 제60조제1항 및 제2항 모두 동일하게 적용하는 것이 타당하다는 것이다.

$$\text{연차유급휴가일수(시간)} = \frac{\text{1일(소정근로시간)} \times \dfrac{\text{월 실질 소정근로일수}}{\text{(월 소정근로일수 – 쟁의행위 등의 기간의 소정근로일수)}}}{\text{월 소정근로일수}}$$

(3) 직장폐쇄기간의 처리

① 적법한 직장폐쇄의 경우 : 사용자의 적법한 직장폐쇄로 인하여 근로자가 출근하지 못한 기간은 원칙적으로 연차유급휴가일수 산정을 위한 연간 소정근로일수에서 제외되어야 한다(대법 2017.7.11, 2013도7896). 다만 노동조합의 쟁의행위에 대한 방어수단으로서 사용자의 적법한 직장폐쇄가 이루어진 경우, 이러한 적법한 직장폐쇄 중 근로자가 위법한 쟁의행위에 참가한 기간은 근로자의 귀책으로 근로를 제공하지 않은 기간에 해당하므로, 연간 소정근로일수에 포함시키되 결근한 것으로 처리하여야 할 것이다(대법 2019.2.14, 2015다66052).

② 위법한 직장폐쇄의 경우 : 이와 달리 사용자의 위법한 직장폐쇄로 인하여 근로자가 출근하지 못한 기간을 근로자에 대하여 불리하게 고려할 수는 없으므로 원칙적으로 그 기간은 연간 소정근로일수 및 출근일수에 모두 산입되는 것

으로 보는 것이 타당하다.

③ 위법한 직장폐쇄기간 중 쟁의행위에 참가한 경우 : 다만 위법한 직장폐쇄 중 근로자가 쟁의행위에 참가하였거나 쟁의행위 중 위법한 직장폐쇄가 이루어진 경우에 만일 위법한 직장폐쇄가 없었어도 해당 근로자가 쟁의행위에 참가하여 근로를 제공하지 않았을 것이 명백하다면, 이러한 쟁의행위가 적법한지 여부를 살펴 적법한 경우에는 그 기간을 연간 소정근로일수에서 제외하고, 위법한 경우에는 연간 소정근로일수에 포함시키되 결근한 것으로 처리하여야 할 것이다. 이처럼 위법한 직장폐쇄가 없었다고 하더라도 쟁의행위에 참가하여 근로를 제공하지 않았을 것임이 명백한지는 쟁의행위에 이른 경위 및 원인, 직장폐쇄 사유와의 관계, 해당 근로자의 쟁의행위에서의 지위 및 역할, 실제 이루어진 쟁의행위에 참가한 근로자의 수 등 제반 사정을 참작하여 신중하게 판단하여야 하고, 그 증명책임은 사용자에게 있다(대법 2019.2.14, 2015다66052 ; 대법 2014.3.13. 2011다95519 ; 대법 2012.9.27, 2010다99279 ; 대법 2013.12.26, 2011다4629).

(4) 노동조합전임자의 전임기간의 처리

① 연차유급휴가권리의 발생 여부 : 노동조합의 전임자(노조전임자)는 사용자와의 사이에 기본적 노사관계는 유지되고 근로자로서의 신분도 그대로 가지는 것이지만 근로제공의무가 면제되고 사용자의 임금지급의무도 면제된다는 점에서 휴직상태에 있는 근로자와 유사하다(대법 2003.9.2, 2003다4815, 4822, 4839). 이러한 노조전임자 제도가 단체협약 또는 사용자의 동의에 근거한 것으로 근로자의 단결권 유지·강화를 위해 필요할 뿐만 아니라 사용자의 노무관리업무를 대행하는 성격 역시 일부 가지는 점 등을 고려하면, 노조전임기간 동안 현실적으로 근로를 제공하지 않았다고 하더라도 결근한 것으로 볼 수 없고, 다른 한편 「노조법」 등 관련 법령에서 출근한 것으로 간주한다는 규정 역시 두고 있지 않으므로 출근한 것으로 의제할 수도 없다. 결국 근로제공의무가 면제되는 노조전임기간은 연차유급휴가일수 산정을 위한 연간 소정근로일수에서 제외함이 타당하다. 다만 노조전임기간이 연차유급휴가 취득 기준이 되는 연간 총근로일 전부를 차지하고 있는 경우라면, 단체협약 등에서 달리 정하지 않는 한 이러한 노조전임기간에 대하여는 연차유급휴가에 관한 권리가 발생하지 않는다고 할 것이다(대법 2019.2.14, 2015다66052).

② 실질 소정근로일수의 취급 : 그리고 위와 같이 연간 소정근로일수에서 노

조전임기간 등이 차지하는 일수를 제외한 후 나머지 일수(실질 소정근로일수)만을 기준으로 근로자의 출근율을 산정하여 연차유급휴가 취득 요건의 충족 여부를 판단하게 되는 경우, 연차유급휴가제도의 취지, 연차유급휴가가 가지는 1년간의 근로에 대한 대가로서의 성질, 연간 소정근로일수에서 제외하지 않고 결근으로 처리할 때 인정되는 연차유급휴가일수와의 불균형 등을 고려하면, 해당 근로자의 출근일수가 연간 소정근로일수의 8할을 밑도는 경우에 한하여, 본래 평상적인 근로관계에서 8할의 출근율을 충족할 경우 산출되었을 연차유급휴가 일수에 대하여 실질 소정근로일수를 연간 소정근로일수로 나눈 비율을 곱하여 산출된 연차유급휴가일수를 근로자에게 부여함이 합리적이다(대법 2019.2.14, 2015다66052 ; 대법 2013.12.26, 2011다4629).

③ 단체협약에서 정한 경우의 취급 : 이러한 법리는 단체협약에서 정한 연차유급휴가와 관련하여 연차유급휴가 취득을 위한 출근율과 실질 소정근로일수를 기준으로 한 연차유급휴가일수를 산정할 때에도 다른 정함이 없는 한 마찬가지로 적용된다(대법 2019.2.14, 2015다66052).

(5) 해고기간 동안 임금청구시 연차유급휴가수당의 산입 여부

근로자가 부당해고로 인하여 지급받지 못한 임금이 연차유급휴가수당인 경우에도 해당 근로자의 연간 소정근로일수와 출근일수를 고려하여 근기법 제60조 제1항의 요건을 충족하면 연차유급휴가가 부여되는 것을 전제로 연차유급휴가 수당을 지급하여야 한다. 또한 이를 산정하기 위한 연간 소정근로일수와 출근일수를 계산함에 있어서 사용자의 부당해고로 인하여 근로자가 출근하지 못한 기간을 근로자에 대하여 불리하게 고려할 수는 없으므로 그 기간은 연간 소정근로일수 및 출근일수에 모두 산입되는 것으로 보는 것이 타당하다. 설령 부당해고기간이 연간 총근로일수 전부를 차지하고 있는 경우에도 달리 볼 수는 없다(대법 2014.3.13, 2011다95519). 이 판례는 부당해고기간 중의 연차유급휴가수당 등의 지급을 구하는 사안에서, 근기법에서 규정하는 연차 유급휴가제도는 근로자에 대해 휴일 외에도 매년 일정 일수의 휴가를 유급으로 보장하고자 하는 제도임에 비추어 사용자의 귀책사유에 의하여 근로자가 출근하지 못한 기간에 대하여 출근율을 계산함에 있어서 근로자에 대하여 불리하게 고려할 수는 없고, 사용자의 부당해고로 인하여 근로자가 출근하지 못한 기간은 전체 소정근로일

수 및 출근일수에 모두 산입되는 것으로 보아야 하므로 모두 출근율(출근일수/소정근로일수)이 80% 이상이어서 연차유급휴가수당의 지급대상이 된다는 것이다.

(6) 업무상 재해로 인한 요양기간 동안 연차유급휴가수당의 지급 여부

근기법 제60조제6항제1호는 출근율을 계산할 때 근로자가 업무상의 부상 또는 질병(업무상 재해)으로 휴업한 기간은 출근한 것으로 간주하도록 규정하고 있다. 이는 근로자가 업무상 재해 때문에 근로를 제공할 수 없었음에도 업무상 재해가 없었을 경우보다 적은 연차유급휴가를 부여받는 불이익을 방지하려는 데에 그 취지가 있다.

① 그러므로 근로자가 업무상 재해로 휴업한 기간은 장단(長短)을 불문하고 소정근로일수와 출근일수에 모두 포함시켜 출근율을 계산하여야 한다. 설령 그 기간이 1년 전체에 걸치거나 소정근로일 수 전부를 차지한다고 하더라도, 이와 달리 볼 아무런 근거나 이유가 없다(대법 2017.5.17, 2014다232296, 2014다232302 ; 2019.4.25, 임금근로시간과-30).

② 나아가 근로자가 연차유급휴가에 관한 권리를 취득한 후 1년 이내에 연차유급휴가를 사용하지 아니하거나 1년이 지나기 전에 퇴직하는 등의 사유로 인하여 더 이상 연차유급휴가를 사용하지 못하게 될 경우에는 사용자에게 그 연차유급휴가일수에 상응하는 임금인 연차유급휴가수당을 청구할 수 있다(대법 2000.12.22, 99다10806 ; 대법 2005.5.27, 2003다48549, 48556). 한편 연차유급휴가를 사용할 권리 혹은 연차유급휴가수당 청구권은 근로자가 전년도에 출근율을 충족하면서 근로를 제공하면 당연히 발생하는 것으로서, 연차유급휴가를 사용할 해당연도가 아니라 그 전년도 1년간의 근로에 대한 대가에 해당한다(대법 2017.5.17, 2014다232296, 2014다232302 ; 대법 2011.10.13, 2009다86246 ; 대법 2014.3.13, 2011다95519).

③ 따라서 근로자가 업무상 재해 등의 사정으로 말미암아 연차유급휴가를 사용할 해당연도에 전혀 출근하지 못한 경우라 하더라도, 이미 부여받은 연차유급휴가를 사용하지 않은데 따른 연차유급휴가수당은 청구할 수 있다. 이러한 연차유급휴가수당의 청구를 제한하는 내용의 단체협약이나 취업규칙은 근기법에서 정하는 기준에 미치지 못하는 근로조건을 정한 것으로서, 효력이 없다고 보아야 한다(대법 2017.5.17, 2014다232296, 2014다232302 ; 대법 1993.5.27, 92다24509).

8 당일의 전화에 의한 휴가청구의 취급

근기법상의 연차유급휴가는 「근로일」 단위이며 시간 분할은 인정되지 아니한다. 다만, 단시간근로자에게는 시간단위로 하며, 1시간 미만은 1시간으로 본다(근기법시행령 별표 2 제4호나목).

'1일'의 연차유급휴가라고 말할 경우, 그 1일이란 원칙적으로 오전 0시부터 오후 12시까지로 역일에 의하여 계산되므로 24시간 교대근로자의 경우에는 1근무의 연차유급휴가는 2역일의 휴가를 취하여야 하므로, 1근무 1근로일이 개시된 후의 신청이므로 2근로일로 취급된다.

즉, 1일 계산은 역일 단위를 원칙으로 하기 때문에 당일 아침에 전화로 "오늘 연차유급휴가를 얻고 싶다"라는 신청이 있었다면, 이미 당일의 오전 0시가 지난 다음의 연차유급휴가의 신청이기 때문에 사전 청구가 아니라, '사후 청구'가 된다. 사후의 경우에는 근로자의 청구일이 연차유급휴가일이 되므로 사용자의 시기변경권의 행사에 대한 근기법 제60조제5항의 규정이 적용될 여지가 없다. 근로자가 업무 외의 부상으로 출근하지 아니하면서 회사에 전화상으로 치료기간을 연차유급휴가로 대체해 줄 것으로 요청한 경우에는 취업규칙에 연차유급휴가청구절차에 관하여 달리 정함이 없는 경우에는 전화상의 청구도 적법하므로 이에 대하여 회사가 근기법 제60조제5항 단서에 의한 시기변경권을 행사하였다고 볼 만한 자료가 없다면 위의 연차유급휴가권의 행사는 정당한 것이다(대법 1992.4.10, 92누404).

다만, 사후 대체에 의한 연차유급휴가의 충당 문제가 발생할 수 있으나 사후 충당을 인정하느냐는 사용자의 자유이기 때문에 당일 청구의 휴가를 인정하지 아니하더라도 위법은 아니다. 그러나 취업규칙에 사후 충당에 대한 규정이 있거나, 취업규칙상 이에 대한 규정이 없더라도 사실상 이를 인정하는 것이 반복·계속되어 노동관행화 되어 있을 경우에는 사용자는 취업규칙이 정한 바에 따라 당일의 연차유급휴가 대체를 인정하여야 한다.

9 결근 · 질병 등의 사후 휴가대체는 적법한가

연차유급휴가제도는 휴일 이외에 매년 일정한 일수의 유급휴가일을 부여함으로써 근로자 심신의 피로를 회복시키며 노동력의 유지를 도모하는 것을 목적으로 하는 것이다. 사고결근이나 질병으로 인한 결근 후 그 결근을 연차유급휴가로 사후에 충당하는 것은 연차유급휴가제도의 목적에 적합하지 않다고 볼 수도 있다. 따라서 근로자가 개인적 상병 등 근로자의 귀책사유로 소정근로일에 근로를 제공하지 못하였다면 이를 결근으로 처리하여 근기법 제60조제1항의 규정에 의해 당해 근로자의 출근일수가 1년간 총 소정근로일수의 80퍼센트 미만이면서 개근한 달이 없는 경우에는 다음 연도에 연차유급휴가를 부여치 않더라도 이를 근기법 위반이라 할 수 없다(1999.3.4, 근기 68207-497).

연차유급휴가의 목적은 현실적으로 휴가를 부여하는 것이기는 하나 연차유급휴가의 이용목적을 묻지 아니하므로 사용자가 사후의 상병결근 등에 휴가를 충당하는 것을 인정하더라도 위법이라고 보기는 어렵다. 다만, 근로자가 당연히 대체충당의 청구권을 가지는 것은 아니므로 사후 충당의 인정 여부는 사용자의 자유다. 따라서 사용자는 취업규칙 등에 이 점을 명확하게 규정하는 것이 바람직하다. 질병으로 인한 결근의 경우 연차유급휴가의 대체가 제도화되어 있는 사업장에서는 취업규칙상에 그러한 취지를 규정하여야 한다. 다만 규정이 없더라도 사후 대체충당의 관행이 있다면 당연히 그에 따라야 한다. 실제로 노동관행에 의한 사후 대체를 인정하고 있는 기업은 의외로 많다.

10 연차유급휴가일의 임금산정 및 연차유급휴가를 사용하지 않고 근무할 경우의 임금산정방법

1. 연차유급휴가일의 임금산정

연차유급휴가를 취득하는 날은 근로자가 청구하는 시기에 주어야 하고 그 기간에 대하여는 취업규칙 등에서 정하는 통상임금 또는 평균임금을 지급하여야 한다(근기법 제60조제5항 본문). 연차유급휴가일의 임금산정은 실무상으로는 통상임금을 지급하는 것이 업무처리가 편리하고 효율적이다. 통상임금은 고정급이므로 그 계산이 간단하지만 평균임금은 변동급적 성격을 띤 임금의 계산단위이므로 산정사유시마다 계산하는 것이 번거롭기 때문이다. 단시간근로자의 연차유급휴가는 시간단위로 산정하며 사용자가 지급하여야 하는 임금은 시간급을 기준으로 한다(근기법시행령 별표2 제4호나목 및 마목).

2. 연차유급휴가를 사용하지 않고 근무할 경우의 임금산정방법

연차유급휴가 중 근로자가 근무를 할 경우의 임금은 취업규칙 등에서 정한 통상임금 또는 평균임금만을 계산할 것이냐 또는 연차유급휴가를 사용하지 않고 회사에서 근무한 근로자에 대해서는 통상임금의 1.5배를 수당으로 지급할 것이냐의 문제가 있다. 고용노동부는 이에 관한 지침 '연차유급휴가 미사용시 임금산정방법(1990.4.23, 근기 01254-5787)'에서 "근기법상 휴가는 통상임금의 1.5배를 지급하는 휴일근무와는 근본개념이 다르기 때문에 일반근무처럼 통상임금의 100%를 지급하면 된다"고 한다. 통상임금으로 지급하는 경우에는 특별한 사정이 없는 한 일급통상임금을 지급하면 된다(2002.10.7, 근기 68207-3014). 연차유급휴가기간에 근로자가 근로를 제공하지 않더라도 근로를 제공한 것으로 보아 지급되어야 하는 연차유급휴가수당은 취업규칙 등에서 산정 기준을 정하지 않았다면, 그 성질상 통상임금을 기초로 하여 산정하여야 한다(대법 2019.10.18, 2018다239110).

판례(대법 1990.12.26, 90다카12493)는 「근기법 제56조 소정의 휴일에는 같은 법 제60조 소정의 연차유급휴가는 포함되지 않는다고 봄이 상당하고, 근로자들의 연차유급휴가근로수당에 대하여는 근기법 제56조 소정의 가산임금(수당)을 지급할 의무가 없다고 보아야 할 것이다」라고 한다.

근로자가 연차유급휴가에 관한 권리를 취득한 후 1년 이내에 연차유급휴가를 사용하지 아니하거나 1년이 지나기 전에 퇴직하는 등의 사유로 인하여 더 이상 연차유급휴가를 사용하지 못하게 될 경우에 연차유급휴가일수에 상응하는 임금인 연차유급휴가수당을 청구할 수 있는데(대법 2017.5.17, 2014다232296, 232302), 이러한 연차유급휴가수당 역시 취업규칙 등에 다른 정함이 없다면 마찬가지로 통상임금을 기초로 하여 산정할 수당으로 보는 것이 타당하다(대법 2019.10.18, 2018다239110).

11 연차유급휴가의 환가는 적법한가

연차유급휴가의 환가 또는 매수란 사용자가 일정한 대가를 지급한다는 조건하에 휴가를 주지 않는 것을 의미한다. 법에 정해진 연차유급휴가는 현실로 근로자에게 부여되어야 한다. 그러므로 사용자는 연차유급휴가 청구권의 행사기간 중 연차유급휴가를 매수하여서는 아니 되며, 매수의 예약에 의거하여 연차유급휴가의 일수를 감하거나 청구된 일수를 부여하지 아니함은 근기법 제15조 및 제60조의 위반이다. 이는 휴가의 목적인 심신휴양이라는 효과는 실질적인 휴가부여에 의해서만 이루어질 수 있는 것이기 때문이다.

연차유급휴가를 받을 권리를 취득한 근로자가 그 휴가를 사용하기 이전에 미리 사용자가 일방적으로 그에 갈음하여 일정한 금전을 지급하고 휴가를 주지 않는 것은 법 위반에 해당된다 할 것이다(1993.3.23, 근기 01254-435). 이는 사용자가 근로자의 휴가권을 사실상 박탈하기 때문이다. 연차유급휴가의 실시를 시행하지 않을 목적으로 노사간의 근로계약이나 단체협약으로 환가 내지 매수약정을 하는 것은 무효이다.

이를 흔히 연차유급휴가의 금전대체 또는 매수라고 한다. 그러나 포괄임금제의 형태로 당사자가 미리 소정의 근로제공을 전제로 연차유급휴가 미사용수당을 매월의 임금액에 포함시켜 지급하는 것이 불가능한 것은 아니다(대법 1998.3.24, 96다24699). 다만, 이와 같이 연차유급휴가 미사용수당이 미리 지급되었다고 하더라도 근로자의 휴가청구권 자체가 없어지는 것은 아니며, 사용자는 근로자가 휴가를 청구하는 경우 이를 거부할 수 없다(2007.11.22, 임금근로시간정책팀-3444).

따라서 당사자간의 합의 및 수당지급이 있었다 하더라도 근로자가 동 휴가를 청구하면 사용자는 휴가실시를 거부하여서는 아니된다. 그러나 회사에서 단체협약이나 취업규칙 등에 의하여 근기법을 상회하여 법정 외로 부여하고 있는 약정휴가일수분의 휴가를 매수하거나 법정일수일지라도 1년간의 제척기간으로 소멸하는 것을 1년간 경과 후에 매수, 혹은 퇴직자의 연차유급휴가를 퇴직시에 매수하는 것은 당사자 합의가 있으면 가능하다(대법 1995.6.29, 94다18553).

12 연차유급휴가 사용기간 중 임시공휴일과 대체휴일이 중복되는 경우의 처리

임시공휴일과 대체휴일이 근로자의 연차유급휴가 사용기간과 중복되는 경우에는 당초에 근로자가 신청한 연차유급휴가 일수에 해당일(임시공휴일 또는 대체휴일)을 공제하여 연차유급휴가 사용처리를 하여야 한다. 예컨대 회사 사정상 노·사가 합의하여 12월 2일부터 12월 26일까지 일괄적으로 연차유급휴가를 사용하여 쉬기로 하였고, 그 기간 중에 사업장의 약정휴일이 포함되어 있다면 약정휴일은 제외하고 연차유급휴가 사용일수를 산정하는 것이 타당하다(2008.12.17, 근로조건지도과-2127). 그러나 법정연차유급휴가가 아닌 약정휴가(경조휴가, 특별하계휴가 등)의 경우에는 사업장별 노사관행에 따라 약정휴일과 약정휴가의 중복 문제를 처리할 수 있다.

13 퇴직예정자에게는 연차유급휴가를 주지 않아도 되는가

퇴직예정자가 연차유급휴가 일수를 계산하여 휴가 이후로 퇴직일을 조정하여 미리 퇴직원을 제출하고 그대로 연차유급휴가를 얻어 사용하는 경우, 이를 적법하다고 볼 수 있는가?

근로자가 미리 연차유급휴가일수를 예정하여 사직원을 제출하는 경우 사무인계 등으로 회사에 출근할 여지가 없으므로 이와 같은 연차유급휴가의 취득방법은 사무인계 등이 이루어지지 않아 업무에 지장을 초래할 수 있으므로 근로계약상의 신의성실의 원칙에 위반하며, 권리남용으로 볼 수도 있으나 위법이라고 단언할 수는 없다.

한편, 사무인계일 등이 필요한 경우 사용자는 그 날의 시기변경권의 행사는 가능하다. 그 연차유급휴가가 근기법에 따르는 한, 당해 근로자의 해고예정일 이후로 시기변경권을 행사하지 못한다. 이는 사용자의 일방적 해약인 해고가 근로자측으로부터의 해약인 퇴직과 상이하더라도 퇴직예정일 이후로 휴가시기를 변경하는 것은 부당하기 때문이다. 시기변경권의 행사요건이 존재하지 아니한 경우에는 결과적으로 근로자의 청구는 허용되어야 한다. 퇴직이 예정되어 있다 하더라도 근로자가 아직 그 회사에 재직 중이라면 퇴직시까지 연차유급휴가를 취득할 권리를 가지고 있으므로 이를 자유롭게 행사할 수 있다. 그러므로 근로자에게 이해를 구하여 원만하게 사무인계를 마치고 퇴직하도록 함이 타당하지만, 근로자가 끝까지 응하지 아니할 때는 근로자의 청구대로 인정하거나, 퇴직시에 휴가 잔여일수를 매수하여 처리하는 것 이외에는 본인에게 특별한 회사에 대한 해악의도가 없는 한 방법이 없다.

14 연차유급휴가 이용목적을 기재시켜도 되는가

연차유급휴가는 법정의 요건을 충족하였을 경우 법률상 당연히 근로자에게 발생하는 권리로서 근로자의 청구를 기다려 비로소 발생하는 것이 아니다. 또 연차유급휴가를 근로자가 어떻게 이용하느냐는 전적으로 근로자의 선택에 달려 있다.

근로자가 그 휴가를 조합활동·정치활동을 위하여 연차유급휴가를 이용하는 경우 사용자가 이를 저지할 수 있는가? 원칙적으로 정치활동이나 쟁의행위에 이르지 않는 일상적인 조합활동(조합 회의, 선전활동 등)에 연차유급휴가를 이용하는 것은 가능하다. 정치활동은 업무와 관계없고, 조합활동은 노사의 대항관계를 포함하는 것이지만 업무의 정상적인 운영을 저해하지 않기 때문이다.

조합활동으로 인해 업무운영이 막대하게 저해될 우려가 있는 경우에는 사용자는 시기변경권을 행사할 수 있으므로 조합활동 자체를 이유로 연차유급휴가를 인정하지 않을 수는 없다. 그러므로 근로자는 회사에 대하여 휴가이용 목적을 신고할 필요가 없으며 회사도 파업 목적의 경우를 제외하고는 휴가권 행사에 관여할 수 없다.

근로자가 휴가의 이용목적을 기재하지 아니하여도 무방하며, 사용자가 이용목적을 기재하지 아니한 것을 이유로 휴가 사용을 거부하지 아니하는 한 연차유급휴가 신고서에 이용목적 기재란을 두는 것은 위법이 아니다. 또한, 다수의 근로자로부터 같은 시기의 휴가가 요구되었을 경우 이용목적의 중대성, 긴급성의 정도에 따라 시기변경권 행사의 대상자를 선별하기 위하여 이용목적의 기재를 요구하는 것은 합리성과 필요성이 존재한다. 즉, 이용목적의 기재가 훈시적인 것에 머물거나, 시기변경권의 행사상 필요에 의한 것이라면 타당한 조치로 간주될 수 있다.

15 연차유급휴가의 시기지정권

1. 시기지정권이란 무엇인가

시기지정권이란 근로자가 휴가의 시기를 지정하는 권리를 의미한다.

판례(대법 1997.3.25, 96다4930)는 연차유급휴가권이 근기법상의 성립요건을 충족하는 경우에 당연히 발생하는 것이라 하여도 이와 같이 발생한 휴가권을 구체화하려면 근로자가 자신에게 맡겨진 시기지정권을 행사하여 언제부터 언제까지 연차휴가를 사용할 것인지를 특정하여야 한다고 한다.

근기법 제60조제5항에 따른 연차유급휴가의 '청구'란 이러한 휴가시기의 '지정'을 의미한다. 근로자의 청구에 의해 시기가 지정되면 동조제5항 단서 소정의 객관적 사유(사업운영에 막대한 지장이 있는 경우)가 존재하여 사용자가 시기변경권을 행사하지 않는 한, 연차유급휴가가 성립하고 당해 근로일에 근로의무가 소멸된다. 이렇듯 시기지정권은 근로자가 가지는 휴가권을 특정하기 위한 권리로서, 당사자의 의사표시만으로 법률관계의 변동을 초래하기 때문에 형성권으로서의 성격을 가진다. 또한 시기지정권의 효과는 사용자의 적법한 시기변경권의 행사를 해제조건으로 그 권리가 구체적으로 실현되는 것이고, 사용자가 휴가를 부여한다고 하는 적극적 작위가 요구되는 것은 아니다(대법 2000.11.28, 99도317).

2. 시기지정권은 어떻게 행사하는가

(1) 시기지정권의 행사방법

근기법 제60조제5항에서는 시기지정권의 행사방법에 관하여 특별한 규정을 두고 있지 않다. 따라서 서면으로 하든 구두로 하든 상관없이 근로자의 의사표시가 사용자에게 도달하면 시기지정의 효력은 발생한다. 전화로 하는 것도 무방하다(대법 1992.4.10, 92누404).

취업규칙 등에서 시기지정의 방식을 규정할 경우 이를 위반한 경우의 효력이 문제될 수 있다.

취업규칙에 휴가 사용을 위하여 사전 승인을 받도록 한 규정에 대하여 판례(대법 1992.6.23, 92다7542)는 「이는 근로자의 휴가시기지정권을 박탈하기 위한 것이 아니라 단지 사용자에게 유보된 휴가시기변경권의 적정한 행사를 위한 규정으로 해석되기 때문에 근기법 규정에 위반하는 무효의 규정이라고 할 수 없다」 라고 판시한 바 있다.

근로자의 시기지정은 사용자가 시기변경권을 행사할 수 있는 시간적 여유를 주어야 할 것이다. 따라서 휴가를 당일에 청구하거나 사후적으로 청구(대체)하는 경우와 같이 사용자에게 시기변경의 기회를 주지 않는 경우에는 권리남용법리(민법 제2조제2항)에 따라 시기지정의 효과를 인정하지 않을 수 있다. 그러나 사용자가 이에 대하여 동의하면 별 문제가 없다.

(2) 시기지정의 시점을 제한하는 규정의 효력

취업규칙 등에서 시기지정의 시점을 제한하는 규정은 사용자가 시기변경권을 행사할 것인가를 결정함에 있어 업무공백을 메우는 데 필요한 대체요원을 조사하거나 확보하는데 소요되는 시간을 정형적으로 예정한 것으로 해석되므로, 그 효력을 인정하여야 할 것이다. 사용자로부터 허락을 받아야 하는 심신단련휴가 등의 약정휴가의 경우에는 시기지정권이 근로자에게 인정된다고 보기 어렵다(서울고법 2010.3.18, 2009누20849).

3. 시기지정의 철회는 허용되는가

시기지정권의 행사로 인해 휴가시기가 확정되면 근로자는 사용자의 승낙이 없는 한 원칙적으로 이를 철회할 수 없다. 사용자는 휴가에 대비하여 대체요원의 확보 등의 조치를 취할 것이기 때문에 근로자가 임의로 철회하면 휴가 관련 업무상 혼란이 초래될 가능성이 있기 때문이다. 그러나 사용자가 예측할 수 없었던 손해를 입지 않게 할 충분한 시간적 여유를 가지고 근로자가 시기지정을 철회하는 것은 인정된다.

16 '시기지정권' 또는 '시기변경권' 행사와 '시기변경신청'과의 차이는 무엇인가

1. 시기지정권의 행사

(1) 관련규정

근기법 제60조제5항에 의하면 「연차유급휴가는 근로자가 청구한 시기에 주어야 하고, 그 기간에 대하여는 취업규칙 등에서 정하는 통상임금 또는 평균임금을 지급하여야 한다. 다만, 근로자가 청구한 시기에 유급휴가를 주는 것이 사업운영에 막대한 지장이 있는 경우에는 사용자가 그 시기를 변경할 수 있다」고 규정한다. 또한 연차유급휴가는 1년간 행사하지 아니하면 사용자의 귀책사유로 사용하지 못한 경우가 아닌 한 소멸된다(동조제7항).

(2) 날짜를 특정하지 아니한 휴가일의 지정은 효력이 있는가?

판례(대법 1997.3.28, 96누4220)는 「연차유급휴가권이 근기법상의 성립요건을 충족하는 경우에 당연히 발생하는 것이라고 하여도 이와 같이 발생한 휴가권을 구체화하려면 근로자가 자신에게 맡겨진 시기지정권(時期指定權)을 행사하여 어떤 휴가를, 언제부터 언제까지 사용할 것인지에 관하여 휴가시기를 특정하여야 할 것이고, 근로자가 이와 같은 특정을 하지 아니한 채 시기지정권을 행사하더라도 이는 적법한 시기지정이라고 할 수 없어 그 효력이 발생할 수 없다 할 것이고, 이와 같은 경우에는 적법한 휴가시기 지정이 있음을 전제로 하는 사용자의 시기변경권(時期變更權)의 행사도 필요하지 않다 할 것이다」라고 한다. 또한 회사가 근로자에게 휴가기간이 명시되지 아니한 연차유급휴가신청이 불허되었음을 통고하면서 출근하도록 지시하였다면 근로자가 회사의 승인을 얻지 아니한 채 회사에 출근하지 아니한 것은 무단결근에 해당한다고 할 것이다.

2. 시기변경권의 행사

(1) 시기변경권의 의의

시기변경권이란 근로자의 연차유급휴가 신청에 대하여 사용자가 그 시기를 변경할 수 있는 권리를 말한다. 연차유급휴가는 원칙적으로 근로자가 청구한 시기에 사용할 수 있도록 해야 하나 사업운영에 막대한 지장이 있는 경우에 한해 사용자가 그 시기를 변경할 수 있고, 사용자가 근로자에게 연차유급휴가 사용 계획을 받아 휴가 사용을 적극 권고하는 것은 휴가 제도의 본래 취지를 살리는 것으로 근로자의 기본권을 침해하는 것으로 보기 어렵다(2008.9.3, 근로조건지도과-3559). 사업운영에 막대한 지장이 있는 경우에는 사용자는 적절한 시기변경권을 행사할 수 있고 근로자는 이에 따라야 한다. 다만 시기변경권은 휴가부여시기를 조정하는데 그쳐야 하며 휴가 자체를 부여하지 않는 것은 근기법 위반이라고 할 수 없다(2017.11.22, 근로기준정책과-7316). 사업운영에 막대한 지장이 있는 경우에는 적절한 시기변경권을 행사할 수 있고 근로자는 이에 따라야 한다. 다만 시기변경권은 휴가부여시기를 조정하는데 그쳐야 하며 휴가 자체를 부여하지 않는 것은 근기법 위반이다(2017.11.22, 근로기준정책과-7316).

(2) 시기변경권의 행사 사유(사업운영에 막대한 지장이 있는 경우)

① 사업운영에 막대한 지장이 있는 경우

사용자가 근로자의 휴가신청을 불허하기 위해서는 근로자가 지정한 휴가시기가 사업운영에 막대한 지장이 있어야 한다. 여기서 '사업운영에 막대한 지장이 있는 경우'란 개별적·구체적·객관적으로 판단하여야 한다. 근로자가 지정한 시기에 휴가를 준다면 그 사업장의 업무 능률이나 성과가 평상시보다 현저하게 저하되어 상당한 영업상의 불이익을 가져올 것이 염려되거나 그러한 개연성이 엿보이는 사정이 있는 경우를 말한다. 단순히 근로자가 연차유급휴가를 사용함으로써 근로인력이 감소되어 근로자들의 업무량이 상대적으로 많아진다는 일반적인 가능성만으로는 시기변경권이 인정되지 않는다(서울고법 2019.4.4, 2018누57171). 시기변경권 행사의 판단기준으로 ① 그 사업의 규모와 상황, ② 연차유급휴가 청구권자의 직장에서의 배치, ③ 해당 근로자가 담당하는 작업의 내용·성질, ④ 업무수행의 긴박성, ⑤ 대체자의 배치의 난이, ⑥ 시기가 같은 연차유급휴가청구권자의 인원 수 등 제반사정을 고려하여 제도의 취지에 위반하지 아니하도록 합리적으로 결정하여야 한다(서울고법 2013.5.31, 2012누28522). 그러나 연차유급휴가 사용으로 인한 사업운영의 지장은 사용자가 인원대체방법을 제대로 강구하지 않은 잘못에 의하여 발생한 것이므로 이를 이유로 한 휴가신청 불허는 정당한 시기변경권 행사에 해당하지 않는다고 한다(서울행법 2016.8.19, 2015구합73392).

시기변경권의 행사요건인 「사업운영에 막대한 지장이 있는 경우」란 규정의 취지상 휴가로 인한 근로자의 결원에 따라 직접적으로 발생되는 지장만을 의미하고 휴가를 이용한 쟁의행위 등 근로자의 별도 행위에 따라 발생되는 지장은 이를 포함하지 아니한다고 보아야 한다(서울행법 2008.6.13, 2008구합2941). 이때 사용자는 대체가능한 날을 제시할 필요는 없다. 따라서 청구된 연차유급휴가 시기변경권의 행사에는 "다른 시기에 연차유급휴가를 준다"는 가능성의 존재가 전제가 된다. 그러므로 근로자가 퇴직시에 아직 사용하지 아니한 연차유급휴가를 일괄 시기지정하는 경우에는 그 가능성이 없으므로 시기변경권을 행사할 수 없다. 복수일에 걸친 일괄 연차유급휴가지정에 대해서는 휴가의 분할 제한이 없으므로 그 일부에 대한 시기변경권 행사도 가능하다.

특정 근로일에 대해 다수 근로자의 시기지정이 경합하여 그 일부의 자에 대해서는 시기변경권을 행사하지 않을 수 없는 경우에는 누구에 대해 그것을 행사할 것인가는 사용자의 합리적인 재량에 위임된다.

② 최근의 사례

다른 연차유급휴가 취득자가 많아 철도 우편차량의 복무자를 대체하기가 곤란한 경우, 마찬가지로 휴가 등의 결무가 많고 허용 인원을 넘어 보충조치가 곤란한 우편업무 종사자의 경우, 기말시험 당일 학교장의 불승인에도 불구하고 연차유급휴가를 취한 교사의 경우, 근무할당제의 근무체제를 채택하고 있는 사업장에서 통상적인 배려로는 대체근무자의 확보가 곤란한 경우, 신문기자가 1개월간(연차유급휴가일수 24일)의 유럽 여러나라 취재 목적이라고 청구한 때 등에 대하여 모두 '사업운영에 막대한 지장이 있는 경우'가 있다고 하여 사용자의 시기변경권의 행사를 정당하다고 인정할 수 있을 것이다.

(3) 시기변경권 행사의 시기

회사는 시기변경권을 언제라도 행사할 수 있는가의 문제이다. 시기변경권 행사의 의사표시는 시기지정이 이루어진 후, 사업운영에 막대한 지장이 있는 경우 그 사유의 존재를 판단하는데 필요한 합리적 기간 이상으로는 지연시키지 않고 가능한 빨리 실시할 것을 요한다. 그래서 연차유급휴가일에 비교적 근접한 날에 이루어진 시기지정에 대해서는 늦어도 연차유급휴가일개시 전에 할 것을 요구하는 것이 당연한 원칙이 된다.

그러나 근로자의 시기지정이 연차유급휴가 개시에 매우 접근해서 이루어졌기 때문에 사용자에 있어서 시기변경권을 행사할지를 사전에 판단할 시간적 여유가 없었을 때에는 객관적으로 시기변경권 행사의 사유가 존재하고 또한 그 행사가 지체없이 이루어지는 한 연차유급휴가개시 후의 행사도 적법이라 할 수 있다.

(4) 시기변경권 행사의 효과

① 적법한 시기변경권 행사 : 사용자의 시기변경권이 적법하게 행사되면 시기

지정의 효과는 소멸되고 근로자는 근로의무를 진다. 따라서 그 날에 출근하지 않으면 근로자는 결근한 것이 된다.

② 위법한 시기변경권 행사 : 그러나 시기변경권 행사 요건인 사업 운영에 막대한 지장이 없음에도 시기변경권을 행사하여 시기변경권 행사에 따르지 아니한 근로자의 연차유급휴가 사용을 결근으로 처리하거나, 징계 등 불이익 처분을 한 경우에는 사용자의 위법행위로 무효가 되며 벌칙 적용이 될 것이다. 예컨대 근로자의 이틀간의 무단 결근을 이유로 24일간의 정직처분을 내린 것은 재량권 남용으로 위법하다(서울고법 2019.4.4, 2018누57171).

(5) 시기변경권 행사에 대한 입증책임

사업운영에 막대한 지장이 있다는 점에 대한 입증책임은 사용자에게 있다(서울고법 2019.4.4, 2018누57171 ; 서울고법 2013.5.31, 2012누28522). 연차유급휴가 사용은 근로자가 청구한 시기에 주는 것이 원칙이고 예외적으로 사용자에게 시기변경권을 허용한 것이기 때문이다.

(6) 시기변경 신청

근로자가 성수기나 한참 바쁜 시기에 연차유급휴가를 청구할 때 상사로부터 지금 너무 바쁘니 다른 날로 바꿀 수 없느냐고 근로자에게 의뢰할 수 있다. 이것은 시기변경권 행사가 아니고 어디까지나 다른 날로 바꾸는 것이 좋겠다는 상사의 희망의 표명 내지 「변경 의뢰」에 지나지 아니하므로 법률적으로는 사용자의 「시기변경권의 행사」는 아니다. 근로자에게 「시기변경의 신청」에 지나지 아니하므로 그 취급은 노사의 자유에 위임되어 있다고 보아야 한다. 해당 회사의 휴가변경의 신청에 근로자가 이에 따라 동의하여 다른 날로 연차유급휴가를 변경하는 것은 합의에 따라 변경하는 것이므로 문제는 없다. 실제로 직장에서는 이러한 상사의 임의변경의 신청과 근로자의 승낙에 따라 원활하게 연차유급휴가 변경 운용과 취득이 행해진다. 또한 이러한 상사의 시기변경의 신청이 있는 경우에 근로자가 이에 따라야 할 의무는 없으므로 이에 따르지 아니할 때에도 어디까지나 당해 일은 연차유급휴가일이므로 「결근」으로 취급되지 않고 연차유급휴가를 부여받아야 한다. 또한 상사의 신청에 따르지 아니한 것을 이유로 불이익취급을 받아서도 안된다.

〈시기지정권과 시기변경권〉

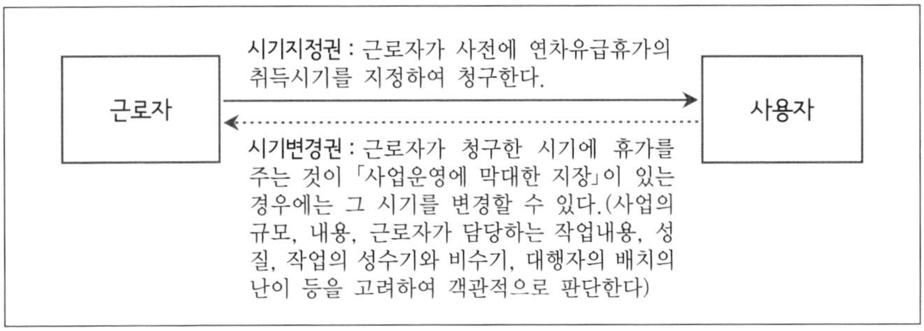

17 회사의 시기변경권은 언제라도 행사할 수 있는가

법정연차유급휴가는 근로자의 연차유급휴가일의 지정만으로 성립하며 사용자의 적법한 시기변경권의 행사를 해제조건으로 하여 발생한다. 그러므로 사용자는 객관적으로 사업운영에 막대한 지장이 있는 경우(근기법 제60조제5항 단서)에는 지정된 날의 연차유급휴가를 다른 날로 변경하도록(그 날이 아닌 날을 연차유급휴가로 하도록 의사표시하는 일) 명령할 수가 있다.

이와 같은 시기변경권은 언제까지 행사할 수 있느냐에 관하여 판례・해석상으로는 그 시기에 제한이 없으므로 연차유급휴가일 당일에 청구한 휴가에 있어서도 당일에 시기변경권을 행사하여도 유효하며 연차유급휴가일로서 희망하고 있는 날의 전일의 근무시간 종료 전까지 행사하면 된다.

근로자는 연차유급휴가일을 지정하여 사용자에게 통고하더라도 이는 단순한 통고에 그치며, 승인(시기변경권의 불행사의 의사표시)을 얻지 아니하고 있는 경우에는 '해제조건'(민법 제147조제2항)인 사업운영에 막대한 지장이 있는 사태가 발생하고 동시에 그것을 이유로 시기변경권을 행사하게 되면 그 날의 연차유급휴가는 성립하지 아니하게 된다. 그러므로 근로자가 여행 등 장기휴가를 계획하고 있을 경우에는 사용자로부터 시기변경권을 행사하지 아니한다는 취지의 의사표시를 얻어 둘 필요가 있으며, 그렇게 하면 근로자도 안심하고 장기휴가를 취득할 수 있게 된다.

18 일제휴가투쟁 인정 여부

노동조합이 주장을 관철할 목적으로 근로자가 조직적, 집단적으로 사업운영에 막대한 지장을 줄 목적으로 일시에 연차유급휴가를 신청하여 일제히 직장을 이탈하는 일제휴가투쟁이 연차유급휴가권의 행사로서의 효과를 인정하는가의 여부에 관해서는 학설상의 다툼이 있다.

1. 부정설과 그 근거

부정설에 의하면, 쟁의행위로 사용하기 위한 연차유급휴가는 시기지정권의 남용으로 보아 적법한 연차유급휴가권의 행사가 아니라는 입장이다. 그 논거로서 ① 연차유급휴가는 유급으로 보장되기 때문에 이것을 파업에 이용하는 것은 no work · no pay의 원칙에 반하고 조합에의 경비원조로 되며, ② 연차유급휴가는 정상적인 노사관계의 존재를 전제로 하는 것이고 정상적인 작업체제를 일시적으로 파괴하는 쟁의행위와는 성격상 친하지 않다는 점이 거론된다. 전교조 집회에 참석하기 위해 교사들이 낸 집단연차유급휴가를 일괄적으로 불허한 것은 정당한가의 문제이다. 노동조합이 요구관철의 수단으로서 조합원의 다수가 일제히 연차유급휴가를 취득하게 하는 이른바 일제휴가투쟁은 사업의 정상적 운영의 저해목적을 위한 파업과 다를 바 없으므로 정당한 연차유급휴가로 인정할 수 없다(대법 1991.1.23, 90도2852).

판례(서울행법 2008.7.8, 2007구합35753)는 「조합원(교원)들이 집단적으로 각급 학교에 연가를 내고 2006년 11월 교육능력개발평가제도 반대를 위한 연가 투쟁 집회에 참석하는 것은 교원노조법상 허용되는 정당한 단결권 행사의 범위를 벗어나 교원노조법 제8조에 따라 금지되는 쟁의행위에 해당한다 할 것이다. 또 1만여 명 이상 참석이 예상되는 집회를 준비하는 과정에서 피해를 최소화하기 위해 노력한다 할지라도 수업에 지장을 가져올 것이 명백함으로 참가인이 공문 및 서한문을 배포하고 각 시 · 도 교육감에 연가 신청 불허지시하는 등의 행위는 정당한 지시 · 감독권의 행사로 노조 운영에 대한 지배 개입의 부당노동행위로 볼 수 없다」고 한다.

2. 긍정설과 그 근거

긍정설에 의하면, 연차유급휴가의 자유이용의 원칙은 쟁의행위의 경우에도 적용되어야 하며 휴가투쟁을 개개 근로자의 연차유급휴가권의 행사로 환원하여 파악하는 입장이다. 따라서 사업 운영에 막대한 지장을 초래할 우려가 있는 경우에는 사용자가 시기변경권을 행사하면 별다른 손해가 생길 여지가 없다고 주장한다.

3. 판례와 행정해석

① 우리나라 다수의 판례는 연차유급휴가의 사용의도가 업무의 정상적인 운영을 저해함으로써 그 주장을 관철할 목적의 일제휴가투쟁을 쟁의행위로 파악하고 있다. 즉 일제휴가투쟁은 적법한 연차유급휴가권의 행사가 아니고, 따라서 이에 상응한 사용자의 시기변경권의 행사가 개재될 여지도 없다는 입장을 취한다(대법 1994.6.14, 93다29167 ; 대법 1993.4.23, 92다3494). 일제휴가투쟁은 그 실질에 있어서는 연차유급휴가라는 이름을 빌린 파업에 지나지 않으며, 본래적인 의미의 연차유급휴가권의 행사라고 할 수 없다. 이에 대해서는 사용자의 시기변경권의 행사도 필요하지 않으므로, 일제히 명목상의 휴가권을 행사하면서 파업에 들어간 근로자들에게는 노조법이 적용되어야 할 것이다. 왜냐하면 연차유급휴가권의 행사는 단순히 명목상의 것에 지나지 아니하고, 그 실질에 있어서는 의도적인 집단적 단체행동의 실시라고 보아야 하기 때문이다.

일반적으로 연차유급휴가를 어떻게 이용하느냐는 근로자의 자유이지만 그것이 조직적·집단적으로 요구관철의 수단으로 사용되어 사업의 정상적 운영을 방해하기 위해 이용될 수 있다면, 그 형식 여하에 불구하고 쟁의행위가 된다(노조법 제2조제6호).

② 그러나 근로자들의 연차유급휴가 사용목적이 권고사직을 받은 것에 대해 노동조합과 함께 항의를 위한 것이라 하더라도 집단적·일방적으로 연차유급휴가를 청구함으로써 사업의 정상적 운영을 저해하는 경우가 아니라면 원칙적으로 유급휴가는 근로자들이 원하는 시기에 부여해야 할 것이다(2010.6.18, 근로기준과-1457).

따라서 휴가투쟁과 같은 수단에 의한 연차유급휴가는 파업 목적의 이용으로서 정당한 연차유급휴가로 인정될 수 없다. 또한 사용목적을 밝히게 할 필요도 없기 때문에 객관적으로 근로자의 조직적·집단적인 요구관철 수단으로 인정될 수 있는 연차유급휴가 행사라면 쟁의행위로서 평가되므로 조합의 정식 지령의 유무 등 주관적인 요건에 구애되지 아니한다.

19 파업기간 중의 유급휴가 부여 및 하기휴가비 지급 여부

1. 파업시의 유급휴가 부여 및 시기지정권 행사

파업기간에 휴가를 신청한 조합원에게 사용자가 연차유급휴가의 파업이용을 인정하지 아니하고 휴가를 부여하거나 또는 파업이 사업에 막대한 지장을 줄 것을 이유로 시기변경권을 행사하는 것은 사용자의 자유이다. 요컨대, 회사는 조직적·집단적인 일제휴가를 정당한 연차유급휴가로 인정하지 아니하고 이를 거부할 수 있다. 파업일 이전에 사전에 휴가를 얻어 여행하려는 조합원 등에게 사용자는 연차유급휴가를 파업이용 목적이 아니므로 연차유급휴가를 부여하더라도 근로자의 정당한 권리행사이고 부당노동행위의사가 없으므로 부당노동행위는 아니다. 근로자의 개인적 연차유급휴가 신청이라면 파업 당일의 연차유급휴가로 인정하여도 무방하다. 또한 연차유급휴가를 취득하여 다른 회사나 다른 지점의 피켓팅쟁의 중의 근로자들의 파업 배반자를 방지하기 위한 감시인 등의 지원에 참가함은 허용되지 아니한다.

2. 파업기간 중에 포함된 약정유급휴가에 대한 임금청구권 발생 여부

① 관련 법률의 규정이나 단체협약·취업규칙·근로계약 등에 의하여 근로자에게 부여되는 유급휴가 역시 이를 규정한 규범적 목적에 비추어 보면 유급휴일과 마찬가지로 평상적인 근로관계를 당연히 전제하고 있는 것이다. 따라서 근로자가 유급휴가를 이용하여 파업에 참여하는 것은 평상적인 근로관계를 전제로 하는 유급휴가권의 행사라고 볼 수 없으므로 파업기간 중에 포함된 유급휴가에 대한 임금청구권 역시 발생하지 않는다(대법 2010. 7.15, 2008다33399).

② 파업기간 중 약정유급휴가와 같이 사용자가 사실상 근로자의 노무제공을 수령할 수 없고 사용자의 근로제공의무의 면제행위를 행사할 수 없는 상태였다면 약정휴가 자체가 발생하지 아니한다(2018.2.1, 근로기준정책과-855).

3. 파업기간 중 하기휴가비의 지급 여부

甲 주식회사가 노동조합과 체결한 단체협약에서 '지급기준일 현재 재직 중인 근로자에 한하여 하기휴가비를 지급하되, 지급기준일 현재 휴직 중인 근로자에게는 하기휴가비를 지급하지 않는다'라고 정하고 있는데, 근로자 乙이 하기휴가비 지급기준일에 파업에 참가한 사안에서 하기휴가비를 지급할 것인지의 여부이다. 근로자 乙은 파업으로 말미암아 甲 회사와 근로관계가 일시 정지되었을 뿐 근로관계 자체가 종료되었다고 할 수는 없으므로 단체협약에서 하기휴가비의 지급 대상으로 정한 '지급기준일 현재 재직 중인 근로자'에 해당하고, 乙이 하기휴가비의 지급기준일에 파업에 참가하였다고 하여 단체협약상 하기휴가비의 지급 대상에서 제외되는 '지급기준일 현재 휴직 중인 근로자'에 해당한다고 볼 수 없다(대법 2014.2.13, 2011다86387). 이 판례는 회사가 휴직 중인 근로자를 제외한 재직 근로자에게 연 1회 하기휴가비를 지급하기로 단체협약을 맺은 경우, 휴가비 지급기준일에 파업에 참가한 근로자를 휴직에 준하는 것으로 보아 휴가비를 지급하지 않는 것은 부당하다는 것이다.

4. 노동조합 조합원에게만 하기휴가비와 상여금을 차별적으로 지급한 경우 부당노동행위에 해당하는지 여부

사용자가 조합원들에 대한 2008년 하기휴가비와 2008년 추석상여금은 출근율에 비례하여 일부만 지급한 반면, 직장폐쇄가 철회된 이후 신규로 채용된 근로자들에게는 근무기간이 채 4개월이 되지 않았음에도 그 휴가비나 상여금 전액을 지급한 점 등 사정을 종합하여 보면, 사용자의 위와 같은 행위는 노동조합 활동을 이유로 한 불이익취급의 부당노동행위에 해당한다(대법 2017.7.11, 2013도7896).

20 법정연차유급휴가와 약정연차유급휴가의 우선순위

회사에서 근기법에 규정되어 있는 연차유급휴가(법정연차유급휴가)외에 이 기준을 상회하여 연차유급휴가(약정연차유급휴가)를 부여하는 경우, 근로자로부터 연차유급휴가청구가 있었을 때 어느 쪽의 연차유급휴가를 우선 부여하느냐에 문제가 있다.

본래는 근로자가 법정연차유급휴가분이나 약정연차유급휴가분을 구별하여 취득할 수 있으나, 실제로는 같은 연차유급휴가이므로 어느 쪽을 사용하는가를 구별하여 지정함은 인정되지 아니한다.

근로자측에서 어느 쪽을 취득하려는지 지장이 없을 때는 연차유급휴가 부여 의무를 지고 있는 채무자인 회사측에서 연차유급휴가를 부여할 때 변제충당의 지정을 할 수 있으며(민법 제476조), 양 당사자가 다같이 충당의 지정을 하지 아니하였을 때는 결국 법정충당(민법 제477조)의 규정에 따라 충당하게 된다.

법정충당인 경우는 「채무전부의 이행기가 도래하였거나 도래하지 아니한 것이 있으면 채무자에게 변제이익이 많은 채무의 변제에 충당한다」라고 규정되어 있으므로(민법 제477조제2호), 채무자인 회사에게 있어서 부여(변제) 이익이 많은 법정연차유급휴가부터 먼저 충당하게 되므로 법정연차유급휴가가 우선한다.

연차유급휴가에 관하여 공무원에 준하여 실시하는 내용의 단체협약을 체결하고, 노사 당사자가 이를 연차유급휴가에 갈음하는 것으로 인정하는 경우라면 그 범위 내에서는 근기법상의 연차유급휴가를 부여한 것으로 볼 수 있다. 다만 그 연차유급휴가일수가 근기법상의 휴가일수에 미달하는 경우에는 부족한 일수에 해당하는 휴가를 추가로 부여해야 한다. 또한 단체협약에 공가, 경조휴가 등 약정휴가가 있더라도 이는 노사간 협상의 결과로서 강행규정인 연차유급휴가일수에는 영향을 미칠 수 없다. 따라서 단체협약에 정한 연차유급휴가일수가 근기법상 연차유급휴가일수에 미달한 경우 그 부족한 일수에 해당하는 휴가를 추가로 부여해야 한다(2012.12.6, 근로개선정책과-6710).

21 병가 사용시 연차유급휴가를 먼저 사용하도록 하는 경우

1. 병가 사용시 연차유급휴가를 먼저 사용한 경우의 근기법 위반 여부

회사는 취업규칙에 유급병가규정을 두고 있으며 개인적 사정으로 인한 근로자의 부상 또는 질병시 가료를 요한다는 의사의 진단이 있을 경우 연차유급휴가를 소진한 후에 병가를 쓰도록 규정하고 있는 경우 병가사용시 연차유급휴가를 먼저 사용하도록 하는 것이 근기법 위반인지 여부가 문제된다.

근기법 제60조제1항에 따라 사용자는 1년간 80퍼센트 이상 출근한 근로자에게 15일의 유급휴가를 부여하고, 같은 조 제5항에 의거 근로자가 청구한 시기에 이를 사용하도록 하여야 한다. 연차유급휴가의 사용과 관련 사용자는 근기법 제61조에 의한 연차유급휴가의 사용촉진 및 같은 법 제62조에 따른 유급휴가의 대체가 아닌 경우 특정시기를 지정하여 근로자에게 휴가를 사용하도록 할 수 없다. 병가는 근기법에 규정되어 있지 않으므로 병가 사용에 대하여는 단체협약 및 취업규칙 등에 규정되어 있는 경우 그에 따라 처리하면 되며, 근로자가 업무외 질병 등으로 병가 사용시 연차유급휴가를 먼저 사용하도록 하는 것은 노사 약정에 따른 것으로 근기법 위반으로 단정하기는 어렵다. 다만, 근로자 신청 없이 다음해 발생할 연차유급휴가를 병가 사용 시 의무적으로 우선 사용하도록 하는 것은 연차유급휴가 발생 여부가 불확정적이고 근로자의 정신적·육체적 휴양기회 제공 등을 위한 연차유급휴가의 취지에 반할 수 있으며 향후 발생할 연차유급휴가의 시기지정권을 침해할 우려가 있는 점 등을 고려해 볼 때 근기법 위반의 소지가 있다(2014.7.18, 근로개선정책과-4027).

2. 연차유급휴가를 초과 사용한 경우에 임금 또는 퇴직금에서 공제할 수 있는지 여부

당해연도 연차유급휴가를 이미 모두 사용한 경우 아직 발생하지 않은 다음연도 연차유급휴가를 미리 당겨 사용할 수 있도록 허용해줄 수 있다. 그러나 근로자가 중도 퇴사하여 선부여한 연차유급휴가가 발생하지 않은 경우 초과 사용한 연차유급휴가에 대한 임금공제 문제가 발생한다.

근기법 제43조제1항에 따라 임금은 근로자에게 전액 지급하여야 하며, 예외적으로 근로자의 동의가 있는 경우 임금의 일부를 공제할 수 있다. 따라서 근로자의 동의를 얻은 경우에 초과 사용한 연차유급휴가 일수만큼 수당으로 환산하여 퇴사 월의 임금 또는 퇴직금에서 공제하는 것이 가능하다. 판례(대법 2001.10.23, 2001다25184)는 사용자가 근로자의 동의를 얻어 근로자의 임금채권에 대하여 상계하는 경우에 그 동의가 근로자의 자유로운 의사에 터 잡아 이루어진 것이라고 인정할 만한 합리적인 이유가 객관적으로 존재하는 때에는 근기법 제42조제1항 본문에 위반하지 아니한다고 보아야 할 것이라고 한다.

22 연차유급휴가 취득에 따른 불이익취급의 금지

연차유급휴가는 근기법 제60조에 따라 소정의 요건을 충족한 근로자에게 휴가청구권이 부여되며, 이때 사용자는 근로자의 연차유급휴가 사용을 이유로 불이익한 대우 등을 할 수 없다.

연차유급휴가를 취득하고 휴무한 날을 개근수당의 산정이나 상여의 지급 등에 있어서 일하지 아니한 날로 간주 취급하는 것은 연차유급휴가의 취득을 억제하는 효과를 가지므로 근기법 제60조의 정신에 반하며, 반사회질서 행위(민법 제103조)로서 민사상 무효로 해석될 수도 있다.

그러므로 정·개근수당 또는 상여액의 산정 등에 있어서 연차유급휴가를 취득한 날을 결근 또는 결근에 준하여 취급하는 것, 기타 근기법상 근로자의 권리로서 인정되고 있는 연차유급휴가의 취득을 억제하는 모든 불이익 취급은 하지 않는 것이 바람직하다. 예컨대 택시회사의 승무원이 월별근무예정표 작성 후에 연차유급휴가를 취득하는 경우 개근수당을 지급하지 아니한다는 규정에 따른 조치는 연차유급휴가의 취득을 일반적으로 억제하는 취지라고 볼 수 없다고 보는 것이 상당하므로 이러한 약정은 법령 또는 사회질서에 위반하여 무효로 볼 수 없을 것이다.

월급제근로자의 경우 연차유급휴가를 사용하는 날의 유급분 임금은 월 임금에 포함되어 있는 것으로 보아야 할 것이므로 별도의 정함이 없는 한 연차유급휴가 사용에 따른 유급분 임금을 추가로 지급하여야 할 의무가 있다고 보기는 어려울 것이다(2007.6.11, 임금근로시간정책팀-2079).

23 사용자의 연차유급휴가 사용촉진

1. 연차유급휴가 사용촉진 내용과 그 취지

(1) 주40시간제 개정과 연차유급휴가 사용촉진제도의 도입

연차유급휴가 사용촉진은 회사에서 휴가 사용기간이 만료되기 6개월 전에 근로자에게 사용하지 않은 연차유급휴가를 사용할 것을 요청하고 만일 근로자가 구체적인 휴가시기를 지정하지 않는 경우 회사가 시기를 지정하여 연차유급휴가를 사용하도록 촉진하는 제도이다. 사용자의 적극적인 사용권유에도 불구하고 근로자가 휴가를 사용하지 않는 경우 사용자의 금전보상의무를 면제하고 있다. 연차유급휴가 사용촉진으로 실근로시간이 단축되어 근로자의 삶의 질 향상 및 노동생산성을 높일 수 있게 된 것이다.

(2) 개정이유

우리나라의 연차유급휴가 등 실제 사용일수는 8.8일로 법정기준 휴가일수의 40%에 불과하여 외국에 비해 휴가 사용률이 크게 저조하였다. 따라서 휴가제도가 본래의 취지보다는 금전보전의 수단으로 이용되고 있는 실태를 개선하여 휴가 사용률을 제고할 필요가 있었다. 기존 근기법하에서는 사용하지 않은 연·월차휴가의 경우 실제 근로를 하였다면 사용자의 명시적 노무수령의사 유무에 관계없이 사용자는 미사용휴가에 해당하는 수당을 지급해야 했지만, 개정법에서는 일정한 절차에 의한 사용자의 휴가 사용 촉구에도 불구하고 근로자가 휴가를 사용하지 않을 경우에는 사용자의 금전보상의무를 면제하되 사용자의 악용방지장치를 함께 마련하였다.

(3) 연차유급휴가 사용촉진조치의 법적성격(당연적용 여부)

연차유급휴가 사용촉진 조치는 의무사항이 아니므로 사용자가 동 조항을 반드시 실시해야 할 의무가 있는 것은 아니다. 따라서 사용자가 동법에 의한 휴가 사용촉진조치를 하지 아니하고, 근로자도 휴가 사용시기를 지정하지 아니하여 휴가를 사용하지 않았을 경우 사용자는 미사용 휴가에 대하여 연차유급휴가 근로수당을 지급하여야 할 것이다(2004.1.7, 근로기준과-161).

연차유급휴가 사용촉진제도 자체만을 봤을 때 이 제도가 오로지 근로자에게만 유리한 제도라고 단정할 수 없다. 따라서 사용자는 근기법대로 연차유급휴가 사용촉진제도를 도입할 의무가 없으며, 연차유급휴가 사용촉진제도를 도입한 경우에도 사용촉진조치를 취할 의무가 없다. 근기법의 시행 이후 체결된 단체협약에서 연차유급휴가 사용촉진제도를 반영하지 않았다고 하더라도 그러한 단체협약이 근기법이 정하는 기준에 미치지 못하는 근로조건을 정한 것으로 무효라거나 근기법이 시행됨에 따라 연차유급휴가 사용촉진제도가 당연히 적용된다고 해석하기는 어렵다(대법 2015.10.29, 2012다71138).

2. 연차유급휴가 사용촉진의 요건

(1) 계속근로기간이 1년 이상인 경우

사용자의 금전보상의무가 면제되기 위해서는 일정한 연차유급휴가 사용촉진의 법적요건을 구비하여야 한다. 사용자의 연차유급휴가 사용촉진조치는 2가지로서 하나는 휴가 사용 시기지정이고, 다른 하나는 휴가 사용 촉구이다. 연차유급휴가 사용촉진방안은 근로자의 실 근로시간을 단축하고 기업의 임금부담을 줄이는 방향으로 작용하게 될 것이나, 사용자가 이를 악용하여 그 권리를 남용할 경우를 감안하여 사용자가 연차유급휴가의 사용을 촉진하기 위해서는 다음의 요건을 갖추어야 한다.

① 미사용 휴가일수 통보 및 사용시기 서면 통보 : 연차유급휴가권의 소멸시효기간이 끝나기 6개월 전을 기준으로 10일 이내에 사용자가 근로자별로 사용하지 아니한 휴가일수를 알려주고, 근로자가 그 사용시기를 정하여 사용자에게 통보하도록 서면으로 촉구하여야 한다. 여기서 서면이란 종이로 된 문서를 의미하고, 전자문서는 회사가 전자결재체계를 완비하여 전자문서로 모든 업무를 관리하는 경우 예외적으로 가능하다(2012.2.7, 근로개선정책과-1128). 따라서 기간, 결재, 시행 등을 진행하고 있는 전자결재시스템을 완비한 상태에서 근로자에게 도달 여부가 명확히 확인된다면 전자결재시스템을 통한 촉구 또는 통지도 가능할 것이다(2017.6.20, 근로기준정책과-3801).

② 사용시기 미통보자에게 미사용휴가의 사용시기 지정 통보 : 사용자의 서면 촉구에도 불구하고 근로자가 촉구를 받은 때부터 10일 이내에 미사용 휴가의 전부 또는 일부의 사용시기를 정하여 사용자에게 통보하지 않은 경우에는 연차유급휴가권의 소멸시효기간이 끝나기 2개월 전까지 사용자가 미사용 휴가의 사용시기를 정하여 근로자에게 서면으로 통보하는 조치를 하여야 한다.

사용자의 이러한 조치에도 불구하고 근로자가 휴가를 사용하지 아니하여 연차유급휴가권이 소멸되면 사용자는 그 미사용 휴가에 대하여 보상할 의무(미사용 휴가일수에 대한 임금지급의무)가 없으며, 소멸시효를 중단시키는 사유로서 사용자의 귀책사유에 해당하지도 아니하는 것으로 보아서 미사용 휴가일수를 다음 해로 이월하여 사용할 수도 없게 된다.

연차유급휴가 사용기간을 이월한 사유가 사용자의 귀책사유에 해당되지 않은 경우에는 원칙적으로 연차유급휴가 청구권이 발생해 1년이 되는 날을 기준으로 6개월 전에 연차유급휴가 사용촉진을 하여야 한다(2013.9.6, 근로개선정책과-5225).

▶ 사용자의 미사용일수 고지 및 시기지정 요구 : 7.1~7.10 (회계연도 기준시)

▶ 근로자가 10일 내 사용시기 미통보시 사용자의 시기지정 : 10.31까지(上同)

1년 이상인 근로자의 연차휴가 사용촉진

▪사용촉진 시기·방법

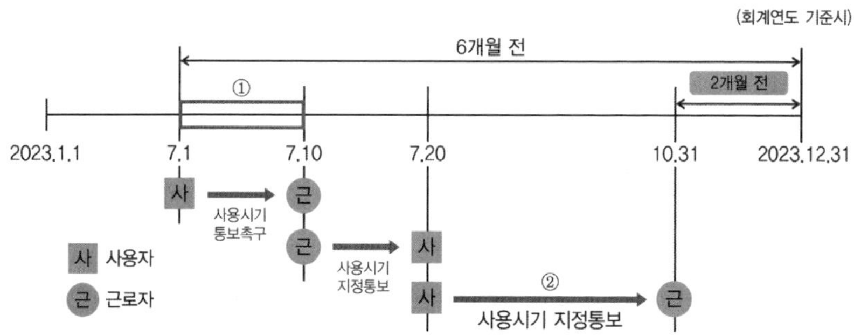

연차유급휴가는 발생한 때로부터 1년간 사용할 수 있으므로 "연차유급휴가 사용기간 만료일 6월 전을 기준으로 10일 이내"란 연차유급휴가가 발생하여 1년이 되는 날을 기준으로 6개월 전부터 10일간을 의미한다.

회계연도 단위(1.1~12.31)로 연차유급휴가를 부여하는 경우에는 매년 7.1~7.10 사이에 서면으로 시기지정을 요구해야 한다.

③ 서면촉구 또는 통보의 취지 : 사용자로 하여금 "서면"으로 촉구 또는 통보하도록 규정한 것은 휴가 사용촉진조치가 명확하게 이행하도록 하여 근로자의 권리보호를 보다 충실하게 하고 불명확한 조치로 인한 당사자간 분쟁을 방지하려는 취지로 볼 수 있다(2013.11.1. 근로개선정책과-6488). 연차유급휴가 사용촉진은 서면으로 통보하면 되고, 반드시 우편으로 해야 하는 것은 아니다(2017.11.22, 근로기준정책과-7316).

(2) 계속근로기간이 1년 미만인 근로자의 경우

근로자의 휴가권을 보장하기 위하여 연차유급휴가 사용촉진 제도를 도입하여 적용하고 있으나, 1년 미만 근로자의 연차 유급휴가에 대해서는 적용이 제외되어 왔다. 특히 2019년 근기법 개정을 통해 1년 미만 근로자가 월 단위로 받은 유급휴가를 1년경과 시 발생하는 연차 유급휴가에서 차감하지 않도록 변경하면서, 1년 미만 근로자도 다음 연도 연차유급휴가 일수와 관계없이 연차유급휴가를 사용할 수 있게 되었으나, 근로자가 금전보상을 선호하는 경우에는 실제 사용하는 연차유급휴가 일수에 비하여 금전으로 보상하는 일수가 많아 연차유급휴가 제도의 취지와 달리 연차유급휴가수당에 대한 사업주의 부담이 가중되고 있는 상황이었다. 이에, 1년 미만 근로자에게 발생하는 연차 유급휴가에도 사용촉진제도를 적용하고, 11일차 유급휴가를 최초 1년의 근로기간 동안 사용하게 함으로써 연차유급휴가 제도가 임금보전의 수단으로 이용되는 상황을 개선하여 근로자가 적극적으로 연차 유급휴가를 사용하도록 한 것이다.

사용자가 계속근로기간이 1년 미만인 근로자의 근기법 제60조제2항에 따른 유급휴가의 사용을 촉진하기 위하여 다음의 조치를 하였음에도 불구하고 근로자가 사용하지 아니하여 동법 제60조제7항 본문에 따라 소멸된 경우에는 사용자는 그 사용하지 아니한 휴가에 대하여 보상할 의무가 없고, 동법 제60조제7항 단서에 따른 사용자의 귀책사유에 해당하지 아니하는 것으로 본다(근기법 제61조제1항).

① 미사용 휴가일수 서면통보 및 사용시기 서면통보 : 최초 1년의 근로기간이 끝나기 3개월 전을 기준으로 10일 이내에 사용자가 근로자별로 사용하지 아니한 휴가 일수를 알려주고, 근로자가 그 사용 시기를 정하여 사용자에게 통보하도로 서면으로 촉구할 것. 다만, 사용자가 서면 촉구한 후 발생한 휴가에 대해서는 최초 1년의 근로기간이 끝나기 1개월 전을 기준으로 5일 이내에 촉구하여야 한다(동법 제61조제2항제1호).

② 사용시기 미통보자에게 미사용휴가의 사용시기 지정통보 : 제1호에 따른 촉구에도 불구하고 근로자가 촉구를 받은 때부터 10일 이내에 사용하지 아니한 휴가의 전부 또는 일부의 사용 시기를 정하여 사용자에게 통보하지 아니하면 최초 1년의 근로기간이 끝나기 1개월 전까지 사용자가 사용하지 아니한 휴가의 사용 시기를 정하여 근로자에게 서면으로 통보할 것. 다만, 제1호 단서에 따라 촉구한 휴가에 대해서는 최초 1년의 근로기간이 끝나기 10일전까지 서면으로 통보하여야 한다(동법 제61조제2항제2호).

A. 1년 미만 근로자(1.1 입사 가정) 1.1~9.30까지 발생한 연차일수

▪사용촉진 시기·방법 (연차 9일)

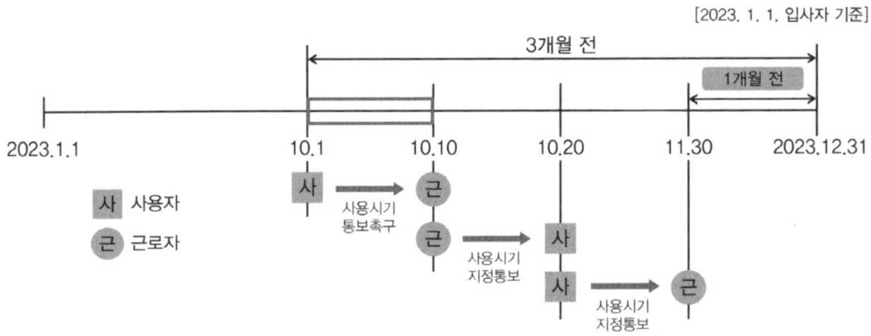

B. 1년 미만 근로자(1.1 입사 가정) 10.1~12.31 기간 동안 발생한 연차일수

▪사용촉진 시기·방법 (연차 2일)

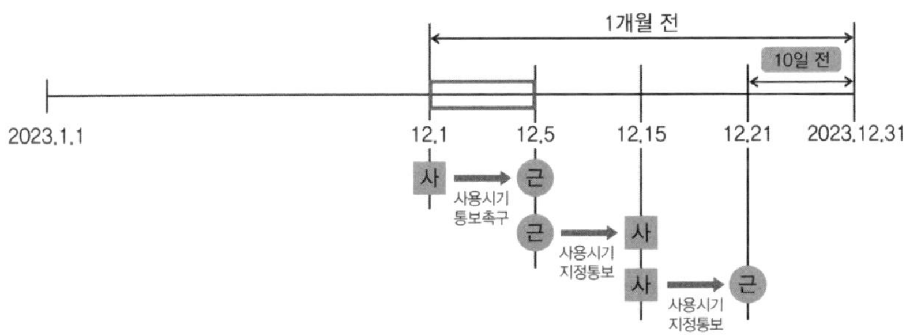

(3) 연차유급휴가 사용촉진과 근로자 · 사용자의 시기지정권 · 시기변경권

사용자의 연차유급휴가 사용촉진조치에 따라 근로자가 휴가사용시기를 지정하거나 근로자가 지정하지 않아 사용자가 사용시기를 지정한 경우에는 휴가 사용기간이 얼마 남지 않은 상태에서 이루어지는 것이므로 동 권리의 행사는 제한을 받게 된다. 원칙적으로 그 지정한 시기를 변경할 수 없다. 그러므로 근로자는 그 지정한 시기에 휴가를 사용하여야 하고 이를 변경할 수 없으나 사용자가 승인한 경우 변경할 수 있다.

사용자는 근기법 제61조에 따라 근로자로부터 휴가 사용을 지정받은 때 또는 근로자가 휴가시기를 지정하지 않아 사용자가 그 휴가시기를 지정한 경우에는 원칙적으로 그 지정된 시기를 변경할 수 없다. 다만 근기법 제61조에 따라 휴가시기가 지정되었더라도 사후에 그 시기에 휴가를 부여하는 것이 사업 운영에 막대한 지장을 초래하는 때에는 휴가시기를 조정하여 지정할 수 있다.

(4) 연차유급휴가 사용촉진행위의 의사표시방법

사용자의 연차유급휴가 사용촉진조치에 의하여 근로자가 휴가 사용시기를 정하여 사용자에게 휴가 사용계획서를 제출하였다면 그 지정된 시기에 연차유급휴가를 사용하겠다는 의사표시로 볼 수 있을 것이므로 휴가를 청구한 것으로 볼 수 있다(2005.10.21, 임금근로시간정책팀-285).

(5) 연차유급휴가 사용촉진조치 후 근로자가 지정된 휴가일에 출근한 경우

사용자는 지정된 휴가일에 근로자가 출근하여 노무를 제공한 경우 사용자가 휴가일에 근로한다는 사정을 인식하고도 노무의 수령을 거부한다는 의사를 명확하게 표시하지 아니하거나 근로자에 대하여 업무지시를 하였다면 특별한 사정이 없는 한 근로자가 자발적인 의사에 따라 휴가를 사용하지 않는 것으로 볼 수 없어 사용자는 근로자가 이러한 근로의 제공으로 인해 사용하지 아니한 휴가에 대하여 여전히 보상할 의무를 부담한다(대법 2020.2.27, 2019다279283).

(6) 노무수령 거부의사 유무에 대한 입증책임

노무수령 거부의사가 있었음에 대한 입증책임은 사용자에게 있다. 노무수령 거부의사 판단은 ① 업무수행 및 근태관리에 대한 지시 및 통제, ② 노무수령 거부의사 방법의 명확성, ③ 출근사유가 업무수행과 긴밀한 관련성이 있는지 등 구체적인 사실관계를 종합적으로 고려하여 명확한 노무수령 거부의사가 있었는지를 판단하여야 할 것이다(2010.3.22, 근로기준과-351).

(7) 노무수령 거부의사 표시의 방법

① 노무수령 거부의사방법

노무수령 거부방법으로는 ㈎ 연차유급휴가 지정일을 기준으로 전일에는 휴가기간임을 알리는 문제 메시지 전송, 당일에는 노무수령 거부 문자메시지를 전송하는 방법으로 휴가일임을 인지시키고 해당일에 출근하지 않도록 사전에 관리하여 출근한 경우 노무수령 거부통지서를 전달하고 즉시 귀가조치를 하거나, ㈏ 연차유급휴가 지정일 당일에 PC-OFF제 운영, ㈐ 근로자의 PC에 총사용일을 표기하고 퇴근을 요구하는 팝업창을 나타나게 하거나, ㈑ 사내 인트라넷 또는 이메일 시스템의 접근 권한을 제한하는 방식, ㈒ 연차유급휴가일에 해당 근로자의 책상위에 '노무수령 거부의사 통지서'를 올려놓거나, ㈓ 컴퓨터를 켜면

'노무수령 거부의사 통지' 화면이 나타나도록 하여 해당 근로자가 사용자의 노무수령 거부의사를 인지할 수 있는 정도라면 달리 볼 사정이 없는 한 노무수령 거부의사를 표시한 것으로 볼 수 있다(2010.3.22, 근로기준과-351).

② 이메일을 이용하는 방법

이메일을 이용하여 사용자가 노무수령 거부의사를 해당 근로자에게 통지하는 방법이 적법한 노무수령 거부의사 방법이 될 수 있는가의 문제이다. 이메일의 경우 해당 근로자가 근기법 제61조제2호의 휴가 사용시기 통보기간(10일) 이내에 반드시 열람한다는 보장이 없고, 열람했다 하더라도 메일 내용을 정확하게 인지했는지 확인할 수 없어 근로자가 인지할 수 있는 정도의 의사표시 수준이라고 보기 어렵다(2012.8.22, 근로개선정책과-4271).

3. 연차유급휴가 사용촉진의 효과

사용자가 연차유급휴가 사용촉진조치를 하면 근로자는 그 시기에 휴가를 사용해야 하고 만일 휴가를 사용하지 않아 근기법 제60조제7항에 따라 휴가가 소멸하더라도 사용자는 그 근로자에게 연차유급휴가근로수당을 지급할 의무를 면한다.

24 연차유급휴가의 대체

1. 연차유급휴가 대체의 의의 및 취지

(1) 의 의

연차유급휴가의 대체란 사용자가 근로자대표와의 서면합의에 따라 연차유급휴가일을 갈음하여 특정한 근로일에 근로자를 휴무시킬 수 있는 것을 집단적으로 결정하는 것을 말한다(근기법 제62조). 사용자는 근로자대표와의 서면합의를 통해 특정한 근무일을 휴무로 하고 대신 그만큼 연차유급휴가를 부여한 것으로 처리할 수 있도록 한 것이다.

(2) 취 지

'연차유급휴가 대체제도'는 근로자대표와의 서면합의에 따라 그 기업 또는 사업장 전체에 걸쳐 유급휴가일을 특정근로일에 배정함으로써 근로자들을 휴무할 수 있도록 하는 일종의 집단적 성질을 가진 휴가실시제도이다. 이 제도는 해당 기업 또는 사업장의 운영계획과 관련하여 노동력의 수요·공급을 시기적으로 적절하게 조절하기 위한 경영합리화를 그 기본취지로 하여 도입된 것으로 판단된다(김형배, 「노동법」 27판, p.553).

연차유급휴가의 대체제도는 근로자의 휴가 시기지정권의 예외로 사용자가 근로자대표와 합의하여 근로자들의 휴가를 지정·배치할 수 있게 한 것으로 일부 사업장에서 이른바 '하계휴가 계획'에 의하여 근로자들의 연차유급휴가일을 배치하는 것이나 징검다리 휴일을 연차유급휴가로 하거나 명절 전후의 근로일을 연차유급휴가로 대체하는 법적 근거가 된다(노동법실무연구회, 「근기법주해 III」, p.212).

2. 연차유급휴가 대체의 요건

(1) 대체휴가 결정의 당사자인 근로자대표와의 서면합의

대체휴가 결정의 당사자인 근로자대표는 당해 사업 또는 사업장에 근로자의 과반수로 조직된 노동조합이 있는 경우에는 그 노동조합, 노동조합이 없는 경우에는 근로자 과반수를 대표하는 자로 해석하여야 할 것이다. 근기법 제62조는 "사용자는 근로자대표와의 서면합의에 따라 제60조의 규정에 의한 연차유급휴가일에 갈음하여 특정 근로일에 근로자를 휴무시킬 수 있다"고 규정하고 있는데, 위 법률 규정의 입법 취지에 비추어 볼 때 연차유급휴가를 특정한 근로일로 대체하기 위해서는 반드시 근로자대표와의 서면합의가 필수이므로 단지 근기법 제62조 규정만을 근거로 사용자가 근로자대표와의 서면합의 아닌 근로자 과반수의 개별적 서면동의를 받은 경우에는 법적 요건을 충족하지 못한 것으로 보아야 하므로 법정공휴일을 연차유급휴가로 대체할 수 없다(2012.1.31, 근로개선정책과-996).

근로자대표가 연차유급휴가를 토요일 휴무로 대체하는 것에 대해 서면합의를 하였다고 볼 증거가 없고, 회사에 근로자를 대표하는 자격이 있는 자가 존재하지 아니하여 서면합의를 할 수 없었다는 사정만으로는 연차유급휴가 대체의 서면합의 요건을 충족하였다고 할 수 없다(대법 2011.7.14, 2011다23149).

서면합의에 규정해야 할 내용에 관하여, 특정한 근로일에 휴무하고 그 날을 휴가일에 갈음할 수 있다는 취지를 규정하면 족하고 그 특정 근로일의 구체적인 날짜나 적용 대상 근로자의 범위 등을 규정할 필요는 없다고 하는 견해도 있으나, 휴무시킬 수 있는 조건과 날짜를 명백히 정해야 한다고 보는 것이 일반적이다.

(2) 연차유급휴가 대체방식 및 대체 가능한 특정근로일의 의미

① 연차유급휴가 대체방식 : 대체휴가제를 도입하는 방식과 관련하여 법상의 제한이 없기 때문에 사업장 전체가 아닌 각 반별, 부서별로 실시하는 것도 가능하다. 또한 연차유급휴가의 대체휴가제는 근로자의 시기지정권을 배제하는 것이기 때문에 서면합의시 대체일이 특정되어야 할 것이다(2004.10.12, 근로기준과-5454). 다만, 동 합의서는 향후 노사 간 합의가 있을 경우 연차유급휴가의 특정근로일 대체가 가능하다는 근거를 규정한 것으로서 해석함이 타당하며, 추후 특정근로일을 연차유급휴가로 대체해 휴무케 할 경우에는 노사간에 별도 합의절차를 거쳐야 할 것이다(2011.9.19, 근로개선정책과-3099).

② 특정근로일의 의미 : 사용자는 근로자대표와의 서면합의에 따라 연차유급휴가일에 갈음하여 특정한 근로일에 근로자를 휴무시킬 수 있다(근기법 제62조). 여기서 특정한 근로일이란 근로의무가 있는 소정근로일 중의 특정일을 의미한다(2021.12.5, 임금근로시간과-2861). 따라서 사용자는 법정휴일·법정휴가일·약정휴일·무급휴일·휴가일에는 근기법 제62조의 규정에 의한 휴가를 대체할 수 없다(2023.1.25, 임금근로시간과-179). 예컨대 일요일이 근기법 제55조에 의한 주휴일이라면 소정근로일이 아니므로 연차유급휴가를 대체할 수 없다.

3. 유급휴가 대체의 효과 : 시기지정권·시기변경권의 배제

휴가 대체에 관한 서면합의가 이루어지면, 그 합의에서 정해진 바에 따라 연차유급휴가일을 갈음하여 특정한 근로일에 근로자를 휴무시킬 수 있다. 근로자는 이와 같이 갈음하게 된 휴가에 대하여는 시기지정권을 행사할 수 없고(시기지정권의 배제), 서면합의에서 정한 특정일에 휴가가 발생하여 사용자도 시기변경권을 행사할 수 없다(시기변경권의 배제). 유급휴가의 대체에 관한 사용자와 근로자대표와의 서면합의는 유급휴가일을 특정하는 효력을 가지므로 이에 반대하는 근로자에 대해서도 효력을 미친다고 보아야 한다(김형배, 「노동법」, 27판, p.554). 그러나 이에 대해서는 연차유급휴가 대제세도에 의하여 개별근로자의 연차유급휴가의 시기지정권이 부인된다고 해석되어서는 안 될 것이라는 견해도 있다. 그러나 유급휴가의 대체를 시행하는 이유가 '사업운영에 막대한 지장'(근기법 제60조제5항)을 막기 위한 것인 때에는 사용자에게 변경권이 인정되어야 할 것으로 판단된다.

4. 재택근무기간 또는 병가기간에 연차유급휴가 사용을 의무화하는 회사 규정의 근기법 위반 여부

(1) 재택근무기간의 경우

연차유급휴가의 사용과 관련 사용자는 근기법 제61조에 의한 연차유급휴가의 사용촉진 및 같은 법 제62조에 따른 유급휴가의 대체가 아닌 경우 특정시기를 지정하여 근로자에게 휴가를 사용하도록 할 수 없다.

회사규정으로 재택대기 발령기간에 의무적으로 연차유급휴가를 소진토록 하거나 소진한 것으로 간주하더라도 이는 효력이 없다. 한편, 근로자가 연차유급휴가를 사용하지 아니하고 근로를 제공한 경우 미사용 휴가일수에 대하여는 연차유급휴가근로수당을 지급하여야 할 것이다(2004.3.18, 근로기준과-1347).

(2) 병가기간의 경우

병가는 근기법에 규정되어 있지 않으므로 병가 사용에 대하여는 단체협약 및 취업규칙 등에 규정되어 있는 경우 그에 따라 처리하면 된다. 근로자가 업무외 질병 등으로 병가 사용시 연차유급휴가를 먼저 사용하도록 하는 것은 취업규칙상 유급병가기간에 따른 것으로 근기법 위반으로 단정하기는 어렵다. 다만, 근로자 신청 없이 다음해 발생할 연차유급휴가를 병가 사용 시 의무적으로 우선 사용하도록 하는 것은 연차유급휴가 발생 여부가 불확정적이고 근로자의 정신적·육체적 휴양기회 제공 등을 위한 연차유급휴가의 취지에 반할 수 있으며 향후 발생할 연차유급휴가의 시기지정권을 침해할 우려가 있는 점 등을 고려해 볼 때 근기법 위반의 소지가 있다(2014.7.18, 근로개선정책과-4027).

25 보상휴가제

1. 보상휴가제 내용과 그 취지

근기법 제57조에서 「사용자는 근로자대표와의 서면합의에 따라 제51조의3, 제52조제1항제2호 및 제56조에 따른 연장근로·야간근로 및 휴일근로 등에 대하여 임금을 지급하는 것을 갈음하여 휴가를 줄 수 있다」고 명시하고 있다. 종전에는 근기법 제56조에 한하여 보상휴가제가 가능했으나 2021년 근기법 개정으로 선택적근로시간제(1개월 초과의 경우), 탄력적근로시간제(2주, 3개월 이내, 3개월 초과 6개월 이내 모두 포함)에서 근로시간을 정산했을 때 발생한 연장근로 등에 대한 보상휴가 부여가 가능하게 되었다. 이렇게 임금에 갈음하여 지급되는 휴가를 보상휴가라 한다. 보상휴가제 도입취지는 근로자와 사용자로 하여금 임금과 휴가에 대한 선택의 폭을 확대하고 실근로시간 단축에 기여하는 데 있다.

2. 보상휴가제 도입요건

(1) 근로자대표와의 서면합의 방식

보상휴가제를 도입하기 위해서는 사용자와 근로자대표와의 서면합의가 있어야 하며, 서면합의에는 특별한 형식이 요구되지 않지만 적어도 사용자와 근로자대표가 서명한 문서의 형태를 가지고 있어야 한다. 동 요건을 갖추지 못하면 효력이 없다.

근로자대표는 근로자 과반수로 조직된 노동조합이 있으면 그 노동조합, 근로자 과반수로 조직된 노동조합이 없으면 근로자 과반수를 대표하는 자이며, 서면합의는 노사당사자가 서명한 문서의 형태로 작성되어야 한다. 세부적인 사항은 노・사가 자율적으로 서면합의에 포함하여 시행하여야 한다.

(2) 노사 서면합의에 포함되어야 할 사항

근기법 제57조의 규정에는 노사 서면합의로 보상휴가제를 도입할 수 있는 근거만 있으므로 세부적인 사항은 노사 서면합의에 의해 노사가 자율적으로 정할 수 있다.

첫째, 부여 방식에 있어서 ① 근로자의 청구에 의할 것인지 사용자가 일방적으로 지정할 것인지, ② 전 근로자에게 일률적으로 적용할 것인지 희망하는 근로자에 한하여 적용할 것인지 등, 둘째, 임금청구권에 있어서 휴가청구권과 임금청구권의 선택권을 인정할 것인지, 임금청구권을 배제하고 휴가청구권만 인정할 것인지 등, 셋째, 보상휴가 부여기준에 있어서 어느 정도의 기간 동안 연장・야간・휴일근로시간을 적치하여 언제까지 휴가로 사용할 수 있는지 등을 정한다. 따라서 노사서면합의에 의해 전 근로자에게 일률적으로 적용하고 휴가사용권만 인정하기로 한 경우에는 개별근로자가 이에 불구하고 임금을 청구하더라도 사용자는 이에 응할 의무가 없으며, 근기법 제56조 위반 등의 법 위반 문제도 발생하지 않는다.

(3) 「임금을 지급하는 것을 갈음하여」의 임금

① 근기법 제57조의 '임금을 지급하는 것을 갈음하여'의 임금의 범위 : '가산임금을 지급하는 것을 갈음하여'라고 규정하지 아니하고 '임금을 지급하는 것을 갈음하여'라고 규정하고 있는 점에 비추어 보면, 연장근로·야간근로·휴일근로에 대한 실제 '임금'은 물론 '가산임금' 모두가 대체 대상이고, 그 전체 임금의 전부 또는 일부에 해당하는 근로시간을 산정하여 대체휴가를 부여할 수 있다고 봄이 상당하다(노동법실무연구회, 「근기법주해 Ⅲ」, p.177).

② 탄력적근로시간제 적용 중 단위기간 내 탄력적근로시간제의 미적용 기간이 있는 경우 : 예컨대 단위기간 중 입·퇴사, 휴직 및 복직 등이 있는 경우에는 1주를 정산하여 초과하는 근로에 대해 연장근로수당을 지급하도록 개정(근기법 제51조의3)되었는바, 이를 갈음해 보상휴가를 지급할 수 있도록 근거규정을 마련한 것이다. 또한 기존 1개월 이내의 선택적근로시간제의 경우, 정산기간 내에 주40시간을 초과한 근로의 법적 성격을 연장근로로 보아 연장근로에 대한 수당을 지급하거나 보상휴가로 갈음하여 부과하는 것이 가능했다. 그러나 1개월 초과 3개월 이내의 선택적근로시간제를 도입함에 따라 매 1개월마다 평균하여 1주간 근로시간이 40시간을 초과시간에 대하여 그 법적 성격을 연장근로로는 보지 않으나 초과근로로서 50%를 가산하여 지급하도로 규정하였고, 이에 따라 법적으로 연장근로가 아닌 해당 초과근로에 대한 보상휴가를 지급할 수 있도록 근거규정을 마련한 것이다(근기법 제52조제2항제2호).

(4) 보상휴가를 미사용한 경우 지급되는 금품의 성격

근기법 제57조의 규정에 따라 사용자는 근로자대표와의 서면합의로 보상휴가제를 실시하는 경우, 합의 이후에는 임금청구권 대신 휴가 사용권이 발생하는 것이므로 노사가 정한 사용기간 내에 휴가를 사용하지 않은 경우 지급되는 임금은 휴가를 사용하지 않은 데 대한 보상으로 보아야 할 것이다(2014.1.24, 근로개선정책과-370).

3. 보상휴가 부여기준 및 산정방법

(1) 보상휴가 부여기준

연장·야간·휴일근로에 대하여 임금을 지급하는 것을 갈음하여 부여하는 휴가 사이에는 동등한 가치가 있어야 하므로 근기법 제56조에 의한 가산임금까지 감안되어야 한다. 따라서 휴일근로를 2시간 한 경우 가산임금을 포함하면 총 3시간분의 임금이 지급되어야 하므로 3시간의 휴가가 발생한다. 연장·휴일·야간근로가 중복된 경우에는 각각의 가산임금을 포함하여 산정된 임금에 해당하는 휴가가 발생한다.

(2) 보상휴가 산정방법

근기법 제57조의 규정에 의한 보상휴가는 유급으로서 소정근로일 또는 소정근로시간 중에 부여되어야 한다. 보상휴가를 시간단위로 부여할지 이를 적치하여 '일' 단위로 부여할지는 노사 서면합의로 정하는 바에 따른다. 부여되는 휴가는 유급으로 처리되어야 한다.

4. 휴가를 사용하지 않을 경우 임금지급의무

보상휴가제는 임금지급에 갈음하여 휴가를 부여하는 제도이므로 근로자가 자신의 귀책사유로 인해 휴가를 사용하지 않은 경우에는 그에 대한 임금을 지급하여야 한다(2020.2.20, 임금근로시간과-376).

보상휴가는 연차유급휴가와는 달리 사용자가 휴가사용촉진조치(근기법 제61조)를 통해 임금지급의무를 면제받을 수 없다.

보상휴가 미사용에 따른 임금청구권은 휴가를 사용할 수 없게 된 날이 확정된 날의 다음날부터 행사할 수 있다. 다만, 휴가를 사용할 수 없게 된 것이 확정된 날의 다음날부터 최초로 도래하는 임금 정기지급일에 위 임금을 지급한 경우에는 법 위반으로 보지 아니한다.

휴가를 사용할 수 없게 된 것이 확정된 날은 노사 서면합의에 정한 바에 따라 판단하며, 휴가를 전부 사용하지 못하고 퇴직한 경우에는 14일 이내에 잔여 휴가분에 대한 임금을 청산해야 한다. 노·사가 "보상휴가 사용기간 내에 사용자의 귀책사유 없이 근로자가 사용하지 않은 보상휴가에 대해 임금지급의무가 없다"고 합의하더라도 그러한 합의는 효력이 없다.

26 생리휴가

근기법은 「사용자는 여성근로자가 청구하면 월 1일의 생리휴가를 주어야 한다」(근기법 제73조)라고 규정하고 있다. 이 규정은 특히 여성근로자 생리시의 정신적·육체적인 특질에서 오는 근로에 어려움을 겪지 않도록 고려한 특별보호 규정이라고 할 수 있다.

27 출산전후휴가의 취급

근기법은 출산전후휴가에 대하여 다음과 같이 규정하고 있다.

제74조 【임산부의 보호】 ① 사용자는 임신 중의 여성에게 출산 전과 출산 후를 통하여, 90일(한 번에 둘 이상 자녀를 임신한 경우에는 120일)의 출산전후휴가를 주어야 한다. 이 경우 휴가기간의 배정은 출산 후에 45일(한 번에 둘 이상의 자녀를 임신한 경우에는 60일) 이상이 되어야 한다.
② 사용자는 임신 중인 여성근로자가 유산의 경험 등 대통령령으로 정하는 사유로 제1항의 휴가를 청구하는 경우 출산 전 어느 때라도 휴가를 나누어 사용할 수 있도록 하여야 한다. 이 경우 출산 후의 휴가 기간은 연속하여 45일(한 번에 둘 이상의 자녀를 임신한 경우에는 60일) 이상이 되어야 한다.
③ 사용자는 임신 중인 여성이 유산 또는 사산한 경우로서 그 근로자가 청구하면 대통령령으로 정하는 바에 따라 유산·사산휴가를 주어야 한다. 다만, 인공임신중절 수술(「모자보건법」 제14조제1항에 따른 경우는 제외한다)에 따른 유산의 경우는 그러하지 아니하다.
④ 제1항부터 제3항까지의 규정에 따른 휴가 중 최초 60일(한 번에 둘 이상의 자녀를 임신한 경우에는 75일)은 유급으로 한다. 다만, 「남녀고용평등법」 제18조에 따라 출산전후휴가 급여 등이 지급된 경우에는 그 금액의 한도에서 지급의 책임을 면한다.
⑤ 사용자는 임신 중의 여성근로자에게 연장근로를 하게 하여서는 아니 되며 그 근로자의 요구가 있는 경우에는 쉬운 종류의 근로로 전환하여야 한다.
⑥ 사업주는 제1항에 따른 출산전후휴가 종료 후에는 휴가 전과 동일한 업무 또는 동등한 수준의 임금을 지급하는 직무에 복귀시켜야 한다.
⑦ 사용자는 임신 후 12주 이내 또는 36주 이후에 있는 여성 근로자가 1일 2시간의 근로시간 단축을 신청하는 경우 이를 허용하여야 한다. 다만, 1일 근로시간이 8시간 미만인 근로자에 대하여는 1일 근로시간이 6시간이 되도록 근로시간 단축을 허용할 수 있다.
⑧ 사용자는 제7항에 따른 근로시간 단축을 이유로 해당 근로자의 임금을 삭감하여서는 아니 된다.
⑨ 제7항에 따른 근로시간 단축의 신청방법 및 절차 등에 필요한 사항은 대통령령으로 정한다.

출산전후휴가에 대하여는 제11장 5에서 기술한다.

Chapter 11

모성보호 · 육아와 근무상 조치의 법률지식

1 임신에서 육아까지의 근무상의 조치

남녀고용평등법의 법이념은 「대한민국헌법의 평등이념에 따라 고용에서 남녀의 평등한 기회와 대우를 보장하고 모성보호와 여성고용을 촉진하여 남녀고용평등을 실현함과 아울러 근로자의 일과 가정의 양립을 지원함으로써 모든 국민의 삶의 질 향상에 이바지 하는 것을 목적으로 한다」(남녀고용평등법 제1조)는 것이다.

남녀고용평등법은 ① 헌법의 평등이념에 입각하여 고용에 있어서 남녀의 균등한 기회 · 대우의 확보를 촉진함과 동시에, ② 여성근로자의 모성보호, 직장과 가정생활의 양립, 여성의 직업능력의 개발 및 고용촉진을 지원함으로써 남녀고용평등 실현을 목적으로 한다.

이 목적규성에 따라 동법은 근로자 상호간의 존중받는 직장문화 조성, 남녀근로자가 능력을 발휘할 수 있는 근로환경의 조성, 여성의 직업능력 개발 및 고용촉진 지원, 남녀고용평등 실현을 저해하는 요인의 해소라는 이념을 표명하고 이 이념에 입각한 관계자(근로자 · 사업주 · 국가와 지방자치단체)의 책무를 선언하고 있다(동법 제4조).

이와 같이 남녀고용평등법은 여성근로자의 복지(행복·이익)증진을 지향하는 법률이며 그를 위한 방책으로서 기회균등조치와 적극적 고용개선조치를 설정한다.

여기에서 남녀고용평등법상 고용에 있어서의 남녀평등이란 결과의 평등이 아니고 기회의 균등이며, 또 여성의 임신·출산기능을 고려해 넣은 실질적 평등이라는 생각에 근거한 것이다. 이러한 생각에서 남녀고용평등법은 평등한 기회와 대우의 보장이라는 표현을 사용하고, 다른 한편에서는 모성보호조치를 강화하면서 혼인·임신·출산을 이유로 하는 해고나 퇴직을 금지하고 있다.

이와 같은 사정에서 근기법, 남녀고용평등법에 있어서 근로자의 모성보호와 육아에 관하여 직업생활과의 조화를 도모하기 위하여 근로시간 등의 취급에 관하여 각종의 근무상의 조치를 규정하고 있다.

① 임신 중의 근로자에 대한 탄력적근로시간제의 적용 제한
② 임신 중의 근로자의 청구에 의한 시간외·휴일근로·야간근로의 제한
③ 출산전후휴가
④ 태아검진시간의 허용
⑤ 생리휴가
⑥ 육아휴직
⑦ 육아기 근로시간 단축
⑧ 가족돌봄휴직·가족돌봄휴가·가족돌봄을 위한 근로시간 단축청구권
⑨ 갱내근로 금지
⑩ 유해·위험한 사업에의 사용금지
⑪ 생후 1년 미만의 영아의 양육을 위한 육아시간의 부여 등이 있다.

2 육아휴직

1. 육아휴직의 의의

육아휴직이란 만 8세 이하 또는 초등학교 2학년 이하의 자녀가 있는 근로자가 그 자녀의 양육을 위하여 휴직을 신청하는 경우에 이를 사용하는 휴직을 말한다(남녀고용평등법 제19조). 남녀고용평등법 제19조는 모성보호와 자녀의 양육을 위하여 출산전후휴가 이외에 육아휴직제도를 규정하고 있다. 일·가정 양립을 원활하게 하고 여성 근로자의 육아환경 조성을 위하여 육아휴직 대상 자녀연령을

현행 만6세 이하에서 만8세 이하 또는 초등학교 2학년 이하로 상향조정하였다.

육아휴직제도의 취지는 근로자가 육아 부담으로 인해 퇴직하는 것을 방지하고 직장생활과 가정생활을 조화롭게 양립시킬 수 있도록 남녀근로자가 육아를 위해 휴직할 수 있도록 보장하기 위한 것이다.

2. 육아휴직 신청

사업주는 근로자가 만 8세 이하 또는 초등학교 2학년 이하의 자녀(입양한 자녀를 포함한다)를 양육하기 위하여 육아휴직을 신청하는 경우에 이를 허용하여야 한다. 다만, 대통령령으로 정하는 경우에는 그러하지 아니하다(남녀고용평등법 제19조 제1항). 재직기간이 6개월 미만인 경우 종전에는 동일한 자녀에 대하여 배우자가 육아휴직 중인 경우에는 근로자의 육아휴직신청을 거부할 수 있었으나 2020.2.28부터는 같은 영유아에 대하여 배우자가 육아휴직을 하고 있는 근로자의 경우에도 육아휴직 또는 육아기 근로시간 단축을 허용함으로써 같은 영유아에 대해 부모가 함께 육아를 할 수 있고 부모 모두에게 육아 휴직급여가 지급된다. 부모 동시 육아휴직 허용을 통해 남성의 육아휴직 사용이 보다 촉진되고 부모가 함께 아이를 돌보는 맞돌봄 문화가 확산될 것으로 기대된다. 현행 육아휴직제도는 자녀를 가진 남녀 근로자 모두를 육아휴직청구권자로 하고 있는 점에 특징이 있다. 배우자인 근로자도 육아휴직의 신청권자로 포함시킨 이유는 여성근로자 대신 그 배우자가 자녀의 양육을 담당할 수 있기 때문이다. 이 경우, 만 8세 이하 또는 초등학교 2학년 이하의 자녀는 친자 외에 법률상 양자도 포함되며 법률상 혼인관계뿐만 아니라 사실상 혼인관계로 인한 자녀도 포함된다. 육아휴직 사용자 본인이 휴직개시 예정일의 30일 전에 육아휴직 대상인 영유아의 성명, 생년월일, 휴직개시예정일, 휴직종료예정일, 육아휴직 신청연월일, 신청인 등에 대한 사항을 신청서에 적어 사업주에게 제출하여야 한다. 근로자가 30일 전에 신청하지 못한 경우도 사업주가 허용하면 가능하다. 그러나 사업주가 인력 운용상황 등을 고려하여 육아휴직 개시일을 늦추더라도 법 위반으로 보기는 어렵다. 단, 사업주가 육아휴직 개시일을 근로자가 신청한 날로부터 30일 이후로 결정할 수는 없다. 육아휴직 근로자가 동일한 자녀에 대하여 1년의 육아휴직을 이미 사용하였다면, 새로운 회사에서 신청한 육아휴직에 대하여 사업주가 허용할 의무는 없다(2014.2.13, 여성고용정책과-462).

3. 육아휴직 조기종료 요청에 대해 사업주가 응할 의무가 있는지 여부

남녀고용평등법 시행령 제14조는 영유아의 사망 등에 따라 육아휴직이 종료되는 경우에 사업주에게 이를 통보하고 복귀하는 절차를 규정하고 있으나, 육아휴직 종료 사유가 없는 경우에 업무에 복귀하는 절차는 규정하고 있지 않다. 또한, 통상 육아휴직은 1개월 이상 장기간 사용하므로 사업주가 이 기간에 대체인력을 채용하는 등 인력 운용에 변화가 있을 수 있으므로, 육아휴직이 종료되는 사유가 아니라면 갑작스럽게 사업주에게 업무에 복귀시킬 의무를 부과하기는 어렵다. 따라서 명백한 육아휴직 종료 사유가 없으나 근로자가 조기 복귀를 원하는 경우 복귀 시기는 근로자와 사업주간에 협의에 의하여 정해질 부분이지, 사업주에게 업무에 복귀 시킬 의무가 있다고 보기는 어렵다.

아울러 회사의 단체협약이 존재하고, 남녀고용평등법 조항보다 근로자에게 유리한 경우에는 단체협약을 적용하고, 남녀고용평등법 조항보다 불리한 경우에는 단체협약 규정은 효력이 없다(2015.1.27, 여성고용정책과-342).

4. 육아휴직기간의 보장 및 변경

(1) 육아휴직기간의 보장과 횟수 제한

육아휴직기간은 1년 이내로 한다(동법 제19조제2항). 부부는 육아휴직시기가 겹치더라도 각각 육아휴직을 사용할 수 있다. 동일한 자녀에 대하여 부부가 각각 1년씩 총 2년을 사용할 수 있다. 육아휴직은 2회에 한정하여 나누어 사용할 수 있다(동법 제19조의4제1항). 육아휴직은 출산전후휴가에 이어서 사용하지 않아도 되며, 출산 전으로 소급하여 사용할 수는 없다(1990.12.5, 부소 01254-16806).

육아휴직은 일정기간동안 근로제공의무를 면제해 주는 제도이므로 이미 근무에 종사하고 있지 않아 근로제공의무가 없는 무급휴직자에게까지 의무적으로 육아휴직을 부여하여야 한다고 볼 수는 없다(2015.2.29, 여성고용정책과-63).

(2) 육아휴직기간의 변경

육아휴직을 신청한 근로자는 휴직 개시예정일 7일 전까지 ① 출산 예정일 이전에 자녀가 출생한 경우 ② 배우자의 사망, 부상, 질병 또는 신체적·정신적 장애나 배우자와의 이혼 등으로 해당 영유아를 양육하기 곤란한 경우에는 사업주에게 그 사유를 명시하여 휴직개시예정일을 당초의 예정일 이전으로 변경하여 줄 것을 신청할 수 있다. 근로자는 휴직종료예정일을 연기하려는 경우에는 한 번만 연기할 수 있다(남녀고용평등법시행령 제12조).

5. 육아휴직급여

(1) 육아휴직급여의 지급책임

육아휴직의 경우 취업규칙 등에 따로 정하지 않으면 육아휴직기간에 대해 임금을 지급할 사용자의 법적 의무는 없다. 그러나 직장과 가정의 양립지원을 위해 고용보험에서 육아휴직기간 동안 육아휴직급여를 지급함으로써 육아휴직제도의 활용을 꾀하고 있다.

(2) 육아휴직급여의 지급조건

① 피보험자가 남녀고용평등법 제19조에 의해 육아휴직을 30일 이상 부여받았을 것

② 육아휴직개시일 이전 피보험기간이 통산하여 180일 이상일 것

구직급여의 수급자격을 인정받은 사실이 있으면 그 이전까지의 피보험기간은 제외하고 계산한다.

③ 동일한 자녀에 대해서 피보험자인 배우자가 육아휴직 중이 아닐 것

④ 육아휴직 개시일 이후 1월부터 종료일 이후 12월 이내에 육아휴직 급여를 신청할 것

(3) 지급기간

육아휴직기간 동안 지급한다.

(4) 지원금액 및 방식

육아휴직급여는 육아휴직 시작일부터 3개월까지는 근기법에 따라 산정한 월 통상임금의 80%(상한액 150만원, 하한액 70만원)을 지급하고, 육아휴직 시작일 이후 4개월째부터 육아휴직 종료일까지는 근기법에 따라 산정한 월 통상임금의 100분의 50에 해당하는 금액으로 하되 상한액은 월 120만원, 하한액은 월 70만원으로 한다(고용보험법시행령 제95조제1항). 이 때 육아휴직 급여 중 100분의 75를 매월 받고 100분의 25는 육아휴직 종료 후 해당 사업장에 복귀하여 「6개월 이상 근무한 경우」에 합산하여 일시불로 받는다. 육아휴직급여의 사후지급분을 둔

취지는 육아휴직 종료 후 복귀하여 계속 근로를 유도하는 데 있다(2018.12.5, 여성고용정책과-5041 ; 2015.2.26, 여성고용정책과-429). 그리고 육아휴직급여액의 지급대상 기간이 1개월을 채우지 못하는 경우에는 일할 계산하여 지급한다(고용보험법시행령 제95조제3항). 25%를 제외한 육아휴직급여 월액이 70만원 미만인 자는 70만원 월액이 50만원 미만인 자는 50만원을 지급한다(고용보험법시행령 제95조제4항).

육아휴직급여 사후 지급대상 요건 중 '복귀하여 6개월 이상 계속 근무한 기간'에 육아휴직 추가사용 기간 및 다른 자녀를 대상으로 한 육아휴직기간이 포함되는지 여부이다. '복직하여 6개월 이상 근무한 기간'은 육아휴직자가 육아휴직을 실시한 사업장에 복귀하여 실제 6개월 이상 근로를 제공한 기간을 의미하므로, 육아휴직 사용 또는 개인휴직 사용 등 실제 사용하지 않은 기간은 제외된다(2018.12.5, 여성고용정책과-5041).

(5) 기간제근로자에 대한 육아휴직급여 지급 확대

기간의 만료로 육아휴직 종료 후 사업장에 복직하여 6개월 이상 계속하여 근무할 수 없는 기간제근로자의 경우 육아휴직상태에서 근로계약기간이 만료되거나 복직 후 근로계약기간 만료일까지 계속 근무한 경우에는 육아휴직급여의 100분의 25에 해당하는 금액을 일시불로 지급받을 수 있도록 변경하였다(고용보험법 시행령 제95조제4항).

(6) 육아휴직급여 청구기간과 소멸시효 적용 여부

① 자녀별로 판단 : 남녀고용평등법 및 고용보험법 관계 규정에 의할 때 근로자는 각 자녀별로 육아휴직을 신청하여 각 자녀별로 육아휴직 급여를 지급받을 수 있으므로, 육아휴직 부여의 요건이나 육아휴직 급여지급의 요건 및 청구기간 역시 각 자녀에 관한 육아휴직별로 따로 판단하여야 한다. 같은 날 출산한 둘 이상의 자녀에 대한 육아휴직을 연속하여 허용받은 경우 육아휴직 급여의 신청기한은 자녀1명에 대한 육아휴직기간이 끝날 때마다 그 육아휴직이 끝난 날 이후 12개월 이내에 육아휴직급여를 자녀별로 신청해야 한다(법제처 2021.12.16, 심의안건 21-0683).

② 고용보험법 제70조제2항의 법적성격(강행규정인지 훈시규정인지 여부) : 고용보험법은 제70조제2항에서 육아휴직급여를 지급받으려는 사람은 육아휴직을 시작한 날 이후 1개월부터 육아휴직이 끝난 날 이후 12개월 이내에 육아휴

직급여를 신청하여야 한다고 규정한다. 한편 제107조제1항에서는 육아휴직 급여지급청구권의 소멸시효를 3년으로 규정하고 있다. 육아휴직급여를 받을 권리의 소멸시효를 3년으로 정하면서도 육아휴직이 끝나고 12개월 이내에 신청하지 않으면 육아휴직급여를 받을 수 없도록 한 것이다. 육아휴직급여 신청을 규정하고 있는 고용보험법 제70조제2항이 강행규정인지 훈시규정인지에 관한 것이 핵심쟁점이다.

③ 판례의 태도 : 판례(대법 「전원합의체」 2021.3.18, 2018두47264)는 고용보험법 제70조제2항에서는 신청기간을 규정하고, 이와 별도로 제107조제1항에서는 육아휴직급여청구권의 소멸시효기간을 규정하고 있다. 고용보험법 제70조제2항은 통상적인 제척기간에 관한 규정 형식을 취하고 있는 반면, 제107조제1항은 소멸시효에 관한 규정임을 명시하고 있다. 이러한 점으로 볼 때, 제70제2항과 제107조제1항은 사회보장수급권의 권리행사기간에 관한 입법 유형 중 각각의 권리 행사기간을 병존적으로 규정한 경우에 해당하고, 제70조제2항에서 정한 신청기간은 추상적 권리의 행사에 관한 '제척기간'이라고 봄이 타당하다. 제70조제2항은 육아휴직급여에 관한 법률관계를 조속히 확정시키기 위한 강행규정이다. 근로자가 육아휴직급여를 지급받기 위해서는 제70조제2항에서 정한 신청기간 내에 관할 직업안정기관의 장에게 급여지급을 신청하여야 한다. 다시 말하면, 육아휴직급여 신청기간을 정한 제70조제2항은 훈시규정이라고 볼 수 없다. 대법원전원합의체 판결은 육아휴직기간이 종료된 때부터 12개월 이내에 육아휴직급여를 신청하도록 한 고용보험법 제70조제2항은 강행규정이라는 점을 명확히 한 것이다.

6. 해고 및 불리한 처우 금지

① 금지내용과 취지 : 사업주는 육아휴직을 이유로 해고나 그 밖의 불리한 처우를 하여서는 아니 되며, 육아휴직기간에는 그 근로자를 해고하지 못한다. 다만, 사업을 계속할 수 없는 경우에는 그러하지 아니하다(동법 제19조제3항).

동 조항의 취지는 근로자가 자녀 양육으로 인하여 취업을 중단하거나, 퇴직하여야 하는 현실을 감안하여 자녀 양육에 대한 국가적·사회적 책임을 법으로 규정하여 사용자에게 근로자를 해고할 만한 정당한 사유가 있더라도 그 해당 기간에는 해고(정리해고 포함)할 수 없도록 한 것이다.

② 불리한 처우 내용 : 남녀고용평등법 제19조제3항의 '불리한 처우'란 육아휴직 중 또는 육아휴직을 전후하여 임금 그 밖의 근로조건 등에서 육아휴직으로 말미암아 육아휴직 사용 근로자에게 발생하는 불이익전반을 의미하므로, 사업주는 육아휴직 사용 근로자에게 육아휴직을 이유로 업무상 또는 경제상의 불이익을 주지 않아야 하고, 복귀 후 맡게 될 업무나 직무가 육아휴직 이전과 현저히 달라짐에 따른 생경함, 두려움 등으로 육아휴직의 신청이나 종료 후 복귀 그 자체를 꺼리게 만드는 등 근로자로 하여금 심리적으로 안정된 상태에서 육아휴직을 신청·사용함에 지장을 초래하지 않아야 한다(대법2022.6.30, 2017두76005).

불리한 처우에는 해고, 휴직, 정직, 배치전환, 전근, 출근정지, 승진, 승급, 승호정지, 감봉 등 근로자의 경제·정신·생활상에 불이익을 주는 경우를 포함한다. 예컨대 육아휴직 기간 중의 자만 승진에서 제외한다면 육아휴직을 이유로 한 불리한 처우에 해당된다(2018.3.9, 여성고용정책과-1044)

7. 육아휴직 전의 업무복귀는 반드시 같은 업무여야 하는가

① 규정내용 : 사업주는 육아휴직을 마친 후에는 휴직 전과 같은 업무 또는 같은 수준의 임금을 지급하는 직무에 복귀시켜야 한다. 또한 육아휴직기간은 근속기간에 포함한다(동법 제19조제4항).

② 불리한 처우의 의미 : 육아휴직기간 만료 후 복직을 시키지 않거나 근무지를 불합리하게 변경하거나(동법 제19조제4항) 또는 육아휴직기간을 승진·승급·퇴직금 또는 상여금 산정, 연차유급휴가일수 가산 등의 기초가 되는 근속기간에 포함시키지 않는 등은 육아휴직을 이유로 한 불리한 처우에 해당한다. 그러나 육아휴직기간을 출근으로 인정하지 않는 것은 불리한 처우에 해당되지 않는다.

③ 육아휴직 전과 같은 업무인지의 판단 : 사업주가 남녀고용평등법 제19조제4항에 따라 육아휴직을 마친 근로자를 복귀시키면서 부여한 업무가 휴직 전과 '같은 업무'에 해당한다고 보려면, 취업규칙이나 근로계약 등에 명시된 업무내용 뿐만 아니라 실제 수행하여 온 업무도 아울러 고려하여, 휴직 전 담당업무와 복귀 후의 담당업무를 비교할 때 그 직책이나 직위의 성격과 내용·범위 및 권한·책임 등에서 사회통념상 차이가 없어야 한다. 만약 휴직기간 중 발생한 조직체계나 근로환경의 변화 등을 이유로 사업주가 '같은 업무'로 복귀시키는 대신 '같은 수준의 임금을 지급하는 다른 직무'로 복귀시키는 경우에도 복귀하

는 근로자에게 실질적인 불이익이 있어서는 아니 된다. 사업주가 위와 같은 책무를 다하였는지 여부는 ▲근로환경의 변화나 조직의 재편 등으로 인하여 다른 직무를 부여해야 할 필요성 여부 및 정도 ▲임금을 포함한 근로조건이 전체적으로 낮은 수준인지 ▲업무의 성격과 내용·범위 및 권한·책임 등에 불이익이 있는지 여부 및 정도 ▲대체 직무를 수행하게 됨에 따라 기존에 누리던 업무상·생활상 이익이 박탈되는지 여부 및 정도 ▲동등하거나 더 유사한 직무를 부여하기 위하여 휴직 또는 복직 전에 사전협의 기타 필요한 노력을 하였는지 여부 등을 종합적으로 고려하여 판단하여야 한다(대법 2022.9.16, 2019두38571 ; 대법 2022.6.30, 2017두76005).

④ 왕따 분위기 조성·비하 모욕 등 : 회사가 육아휴직을 마치고 복귀한 해당 근로자를 휴직 전과 같은 업무에 복귀시키지 않음은 물론 해당 근로자 스스로 퇴직하지 않을 수 없도록 직원회의를 통해 왕따 분위기를 선동하고 회사의 임원이 직접 나서 해당 근로자의 책상을 치워 버리고 해당 근로자를 비하 모욕하는 등 부당하게 대우한 것은 해당 근로자에 대하여 불법행위를 구성하고 그로 인하여 해당 근로자가 정신상 고통을 받았을 것임은 경험칙상 넉넉히 추인되므로, 회사는 해당 근로자에게 위 불법행위로 인한 위자료를 지급할 의무가 있다(광주지법 2012.10.24, 2012나10375).

⑤ 판례의 태도 : 첫째 2022.9.16 판례는 광고팀장으로 근무하던 중 1년간 육아휴직을 사용하고 업무에 복귀한 근로자를 광고팀원으로 발령한 인사발령이 부당한 인사발령에 해당하지 않는다고 한다. 그 이유로 회사가 해당 근로자의 보직해임을 검토 및 결정한 것은 육아휴직에 들어가기 전이었다는 점을 근거로 해당근로자의 보직해임은 육아휴직으로 인한 것으로 보기 어렵다고 판단하였다. 또한 생활상 불이익이 없고, 휴직 전과 동일한 업무로 판단하였고, 신의칙상 요구되는 협의절차를 거쳤으므로 정당성이 인정된다는 것이다. 둘째 2022.6.30 판례는 롯데마트사건으로 ▲육아휴직 전 업무에 대신하여 회사가 근로자에게 부여한 냉장냉동영업담당의 직무가 육아휴직 전에 담당했던 생활문화매니저 업무와 비교할 때 임금을 포함한 근로조건, 업무의 성격·내용·범위 및 권한·책임 등에서의 불이익 유무 및 정도, ▲근로자에게 냉장냉동영업담당의 직무를 부여할 필요성 여부 및 정도, ▲그로 인하여 기존에 누리던 업무상·생활상 이익이 박탈되었는지 여부, ▲회사가 근로자에게 동등하거나 더 유사한 직무를

부여하기 위하여 휴직 또는 복직 이전에 협의 기타 필요한 노력을 하였는지 여부 등을 종합적으로 고려하여 해당 인사발령이 근로자에게 실질적으로 불리한 직무를 부여한 것인지를 판단하였어야 한다는 것이다. 이 판례는 전직처분이 정당성이 없다는 것으로 전직 전후 차별 여부를 판단하는 구체적 기준을 제시한 첫 판단이라는 점에 의의가 있다.

8. 1년을 초과하는 육아휴직의 계속근로기간 인정 여부

남녀고용평등법 제19조제2항에서 「육아휴직기간은 1년 이내로 한다」고 정하고 있으므로 이를 초과하여 휴직하는 기간은 사용자의 승인하에 이루어진 개인사유에 의한 휴직기간으로 볼 수 있다. 사용자의 승인하에 이루어진 개인사유에 의한 휴직기간은 일반적으로 계속 근로기간에 산정되며, 다만, 취업규칙이나 단체협약 등 규정을 통해 포함하지 않은 것으로 정한 경우 계속근로기간에서 제외할 수 있다(2019.12.13, 퇴직연금복지과-5359).

9. 육아휴직 중 배우자출산휴가를 부여할 수 있는지 여부

육아휴직기간은 근로제공의무가 없는 기간이고 배우자출산은 육아휴직의 종료사유에 해당하지 않으므로 근로자가 배우자출산휴가를 신청하는 경우 사업주가 배우자출산휴가를 부여할 의무가 있다고 보기 어렵다(2021.3.2, 여성고용정책과-682).

10. 육아휴직기간 중 취업하거나 직접 양육하지 아니한 경우의 육아휴직급여의 반환

(1) 취업한 경우

근로자가 육아휴직급여를 받던 중 일용직(취업기간 49일)으로 근무한 것은 "취업"에 해당되므로 관할 고용노동부 지방노동청의 육아휴직급여 반환명령 및 추가징수결정 처분은 정당하다(서울고법 2015.7.22, 2014누65600).

(2) 직접 양육하지 아니한 경우

고용보험법 제73조제3항 및 제74조제1항, 제62조제1항이 정하고 있는 육아휴직 급여의 지급 제한, 반환명령 및 추가징수 요건으로서 '거짓이나 그 밖의 부정한 방법'이란 육아휴직 급여를 지급받을 수 없음에도 지급받을 자격을 가장하거나 지급받을 자격이 없다는 점 등을 감추기 위하여 행하는 일체의 부정 행위로서 육아휴직 급여 지급에 관한 의사결정에 영향을 미칠 수 있는 적극적 및 소극적 행위를 뜻한다고 할 것이다.

일반적으로 양육(養育)은 '아이를 보살펴서 자라게 함'을 말하는데, 부모는 자녀의 양육에 적합한 방식을 적절하게 선택할 수 있으므로 육아휴직 기간 동안에도 해당 육아휴직 중인 근로자 및 육아휴직 대상 자녀의 사정에 따라 다양한 방식으로 양육이 이루어질 수 있다(대법 2017.8.23, 2015두51651). 판례는 육아휴직자가 육아휴직 대상 자녀를 국내에 두고 해외에 체류한 경우에도 그것이 육아휴직 대상인 자녀를 양육한 때에 해당하는지는 육아휴직자의 양육의사, 체류장소, 체류기간, 체류목적·경위, 육아휴직 전후의 양육의 형태와 방법 및 정도 등 여러 사정을 종합하여 사회통념에 따라 판단하여야 한다는 것이다. 원심인 서울고법(2015.8.28, 2014누56002)은 육아휴직의 지급요건인 자녀양육의 범위는 직접양육이 전제된다고 하였으나 대법원은 이를 파기환송한 것이다. 이 판례는 해당 근로자가 부정수급을 한 것은 아니지만 그렇다고 해서 근로자가 해외체류한 기간에 대해 지급된 것은 잘못 지급된 것이므로 그 부분에 대한 반환만큼은 정당하다고 판단하고 있다.

11. 국가적 지원

국가는 사업주가 근로자에게 육아휴직이나 육아기 근로시간 단축을 허용한 경우 그 근로자의 생계비용과 사업주의 고용유지비용의 일부를 지원할 수 있다(남녀고용평등법 제20조제1항). 이에 따라 고용보험법은 근로자의 생계비용으로서 육아휴직급여를 지급하고(고용보험법 제60조), 육아기 근로시간 단축급여(동법 제73조의2)를 지급한다.

12. 기간제근로자 또는 파견근로자의 육아휴직 활용 촉진

기간제근로자 또는 파견근로자의 육아휴직기간은 기간제법 제4조에 따른 사용기간 또는 파견법 제6조에 따른 근로자 파견기간에 산입하지 아니한다(남녀고용평등법 제19조제5항). 이는 사업주가 근로자의 육아휴직기간만큼 계약기간 또는 파견기간을 연장해 주어도 무기계약 근로자로 전환 또는 직접 고용해야 하는 부담을 지지 않도록 하여, 비정규직 근로자의 육아휴직이 보장될 수 있는 기반을 마련한 것이다. 계약기간 중 육아휴직기간을 제외한 기간이 2년을 넘어야 무기계약근로자로 전환한 것으로 보기 때문이다.

3 육아기 근로시간 단축

1. 육아기근로시간단축제도 및 신청요건

육아기근로시간단축제도란 육아휴직을 사용할 수 있는 근로자(만 8세 또는 초등학교 2학년 이하의 자녀가 있는 근로자)가 육아휴직 대신에 근로시간을 주당 15시간 내지 35시간 범위 내에서 근무할 수 있는 제도를 말한다. 이 제도는 전일제 육아휴직제도를 보완하기 위해 도입한 육아기 근로시간 단축제도를 활성화함으로써 육아기 근로시간 단축 근로자들의 선택의 폭을 확대하고 일·가정 양립 지원을 강화하기 위한 것이다.

육아기근로시간단축제도는 근로자가 자녀를 양육하기 위하여 육아휴직으로 인해 근로자들이 경력단절을 경험하기보다 근로시간을 단축하여 사용할 수 있도록 하는 제도이다. 휴직을 사용하지 않고 근무를 지속하기 때문에 근로자의 경력이 단절되지 않는 장점이 있다. 사업주는 현행 전일제 육아휴직 대신 주 15시간 이상 35시간 이내의 범위에서 근무하는 육아기 근로시간 단축을 근로자가 신청할 경우 허용하여야 한다. 만 8세 이하 또는 초등학교 2학년 이하 자녀를 둔 모든 남녀근로자로서 육아휴직을 다 사용하지 않은 근로자가 사용할 수 있다.

육아기근로시간단축제도는 최대 1년까지 사용할 수 있다. 다만 육아휴직 대신 사용하는 것이므로 육아휴직기간과 합산하여 1년을 초과할 수 없다. 다만, 대체인력채용이 불가능한 경우, 육아기 근로시간 단축으로 인해 정상적인 사업 운영에 중대한 지장을 초래하는 경우 등 대통령령으로 정하는 경우에는 그러하지 아니하다. 사업주가 육아기 근로시간 단축을 허용하지 아니하는 경우에는 해당 근로자에게 그 사유를 서면으로 알려주어야 한다(남녀고용평등법 제19조의2제1항 및 제2항). 신청요건은 육아휴직과 동일하다.

전일제 육아휴직제도를 보완하기 위해 도입한 육아기근로시간단축제도를 활성화함으로써 육아기 근로자들의 선택의 폭을 확대하고 일·가정 양립 지원을 강화한 것이다.

2. 육아기 근로시간 단축의 신청 거부

(1) 신청 거부사유

전일제 육아휴직은 대체인력 활용에 어려움이 크다는 의견이 있어 육아기 근로시간 단축은 근로자가 원하는 경우에 활용될 수 있도록 하되 예외적으로 허용할 수 없는 경우를 명시하였다. 계속 근로한 기간이 6개월 미만인 근로자가 신청한 경우(종전 1년)로 완화함으로써 신규 입사자 등의 육아기 근로시간 단축 사용을 보장하여 육아기 근로자의 일·가정의 균형을 도모하려는 것이다(동법시행령 제15조의2제1호)근로자의 육아기 근로시간 단축 신청에 대하여 사업주는 소정의 사유 외에는 거부할 수 없다. 개정 남녀고용평등법이 시행되기 전에 이미 육아휴직 1년을 사용한 사람은 같은법 제19조의2제1항에 따른 육아기 근로시간 단축을 사용할 수 없다(법제처 2001.23, 안건번호 19-0579).

(2) 신청절차

육아기 근로시간 단축을 신청하려는 근로자는 그 단축 예정일 30일 전까지 해당 영유아의 성명과 생년월일, 육아기 근로시간 단축의 개시 및 종료 예정일 등에 관한 사항을 적은 신청서를 사업주에게 제출하도록 하는 등 현행의 육아휴직에 준하여 육아기 근로시간 단축을 신청할 수 있도록 절차를 마련하였다(동법시행령 제15조).

(3) 신청 거부방법

사업주가 허용하지 않을 경우에는 해당 근로자에게 그 사유를 '서면 통보'해야 하며, '육아휴직을 사용하게 하거나 그 밖의 조치를 통하여 지원할 수 있는지를 해당 근로자와 협의'하여야 한다. 사업주가 정당한 사유없이 근로자의 신청을 거부하거나 서면통보 또는 협의의무를 위반할 경우 500만원 이하의 과태료를 부과한다.

3. 육아기 근로시간 단축기간의 급여액

(1) 임금지급액 산정

육아기 근로시간 단축기간 중 근무한 기간에 대해서는 사업주가 임금을 지급하고, 단축된 근무시간에 대한 육아기 근로시간 단축급여는 고용보험에서 지급한다. 월 통상임금이 200만원이고 주당 근로시간을 40시간에서 20시간으로 단축하여 육아기 단축근무를 하면 급여는 사업주에게 지급받는 임금은 실제 근무시간만 받는다. 따라서 근무시간이 1/2로 줄었으므로 통상임금 200만원의 1/2인 100만원을 받게 된다.

(2) 고용보험에서 지급하는 급여

이와 함께 고용보험에서 지급하는 육아기 근로시간 단축급여는 통상임금 200만원의 80%(상한액 150만원, 하한액 50만원)인 160만원을 기준으로 주당 근로시간(40시간)대비 줄어든 근로시간(20시간)에 비례하여 산정한다. 육아와 근로를 병행할 수 있는 육아기근로시간단축제도의 적극적인 사용을 장려하기 위하여 육아기 근로시간 단축급여를 통상임금의 100분의 80에 해당하는 금액으로 정함으로써 여성 근로자의 일·가정 양립을 촉진하고 있다(고용보험법시행령 제104조의2제2항).

육아기 근로시간 단축급여=160만원×(20/40)=80만원

매주 최초 5시간 단축분 〈육아기 근로시간 단축개시일을 기준으로 근기법에 따라 산정한 월 통상임금에 해당하는 금액(200만원을 상한액으로 하고, 50만원을 하한액으로 한다)〉	× 5 / 단축 전 소정근로시간
나머지 근로시간 단축분 〈육아기 근로시간 단축 개시일을 기준으로 근기법에 따라 산정한 월 통상임금의 100분의 80에 해당하는 금액(150만원을 상한액으로 하고, 50만원을 하한액으로 한다)〉	× (단축 전 소정근로시간 - 단축 후 소정근로시간 - 5) / 단축 전 소정근로시간

매주 최초 5시간의 단축분에 대한 육아기 근로시간 단축 급여의 산정기준 금액을 통상임금의 80퍼센트에서 100퍼센트로 상향하고, 그 산정기준 금액의 상한을 150만원에서 200만원으로 상향한다.

육아기근로시간단축급여제도가 원활하게 운영되어 육아기 부모의 근로부담 경감과 소득보전이 가능할 것으로 기대된다.

4. 육아기 근로시간 단축 후 근로시간

육아기 근로시간 단축 후 근로시간을 주당 15시간 이상 35시간 이내로 정한다. 단축하기 전 근로시간이 반드시 40시간일 필요는 없고 단축 후 근로시간이

주 15~35시간이면 된다. 예를 들면 주 36시간 근무하는 근로자가 주 16시간으로 단축하는 것도 가능하다. 또한 반드시 매일 근무해야 하는 것은 아니므로 일주일에 3일만 근무하고 2일은 휴무하는 방식으로 근로시간 단축을 실시할 수도 있다. 15시간 미만의 경우 고용보험 적용제외 근로자가 되므로 최저시간을 15시간 이상으로 규정할 필요가 있으며 상한을 규정하지 않을 경우 단축의 취지가 없어질 우려가 크므로 상한을 규제한 것이다.

육아기 근로시간 단축 후 근로시간이 노사 당사자간 합의로 주당 15시간 미만이거나 35시간을 넘는 경우에도 당사자간에 유효하다. 다만, 이 경우에는 고용보험으로 지원하는 육아휴직장려금 또는 대체인력채용장려금 등 지원금을 지급받을 수 없다. 소정근로시간이 주35시간 미만인 근로자의 근로시간 단축 청구에 대한 수용 여부는 사업주의 재량범위에 해당되지 아니하므로 단축 전 근로시간과 무관하게 근로자는 단축 후 근로시간을 주15시간 이상 35시간 이하로 청구할 수 있다. 사업주는 근로자가 신청한 육아기 근로시간 단축시간을 그대로 수용하는 것이 사업 운영에 중대한 지장을 초래하는 경우가 아니라면 신청한 근로시간 단축을 수용해야 할 것이다(2019.6.14, 여성고용정책과-893).

육아기 근로시간 단축을 하는 근로자의 근로조건은 당사자간에 서면으로 정하도록 하되, 근로시간과 비례하여 정하는 근로조건 외에는 육아기 근로시간 단축을 이유로 근로조건을 불리하게 하여서는 아니 되고, 연장근로는 해당 근로자의 명시적인 청구가 있는 경우에만 주 12시간 한도로 가능하도록 하며, 육아기 근로시간 단축기간은 평균임금 산정기간에서 제외한다(동법 제19조의3).

5. 육아기 근로시간단축제도와 분할 사용

육아기 근로시간단축제도도 육아휴직과 마찬가지로 1회에 한하여 나누어 사용할 수 있다. 이 경우 나누어 사용하는 1회의 기간은 3개월 이상이 되어야 한다(동법 제19조의4제2항).

육아기 근로시간 단축 사용방식은 근로자가 육아기근로시간단축제도를 한 번만 사용, 최대 1년까지 사용할 수 있다. 최대 1년인 육아기 근로시간 단축을 상황에 맞춰 1회에 한하여 분할하여 두 번으로 나눠서 사용할 수 있다.

예컨대 2021.1.1부터 2021.12.31(12개월)까지 육아기 근로시간 단축을 사용(합계 1년)할 수 있다. 그러므로 1회만 분할 사용할 수 있으므로 두 번의 육아기근로시간단축제도 사용일의 총합이 10개월이라 하여도 추가로 육아기 근로시간 단축을 사용할 수 없다.

또한 1년 범위에서 '육아휴직' 1회, '육아기 근로시간단축제도' 1회로 나누어 사용할 수 있다. 예컨대 2021.1.1부터 2021.5.31(5개월)까지 육아휴직 사용 후 복직하여 근무하다가 남은 기간 2022.1.1부터 2022.7.31까지(7개월) 육아기 근로시간 단축을 사용(합계 1년)할 수 있다.

6. 육아기 근로시간 단축 중 근로조건

(1) 근로조건의 비례적용

근로조건은 근로자와 사용자가 서면으로 정하되, 근로시간에 비례하는 경우를 제외하고는 육아기 근로시간 단축을 이유로 근로조건을 저하시키지 못한다. 임금, 연차유급휴가 등 근로시간에 비례하여 적용하는 경우 외에는 육아기 근로시간 단축을 이유로 근로조건을 불리하게 할 수 없다.

(2) 연차유급휴가의 경우

연차유급휴가는 근로시간에 비례하여 적용된다. 그 계산방법은 단시간 근로자의 근로조건 결정기준(근기법시행령 별표2)에 따라 부여한다. 예컨대 1년간 주 30시간제로 근무했다면 다음 해 발생하는 연차유급휴가 시간 수는 다음과 같다.

연차유급휴가일수(15일) × 30시간 / 40시간 × 8시간 = 90시간

(3) 상여금 또는 성과급의 경우

해당 사업장의 취업규칙 또는 단체협약 등으로 정한 기준에 따르되, 적어도 근무시간에 비례한 급여액 이상을 지급하여야 한다.

(4) 연장근로의 제한

사용자는 원칙적으로 연장근로를 요구할 수 없으나(위반시 1천만원 이하의 벌금), 해당 근로자가 명시적으로 청구하는 경우에 한하여 주12시간 한도로 가능하다.

(5) 평균임금 산정

육아기 근로시간 단축기간은 평균임금 산정시 기간에서 제외한다. 이는 육아휴직과 동일하다.

(6) 휴게시간 부여

육아기 근로시간 단축 중인 근로자에게도 근기법이 동일하게 적용되므로 근로시간이 4시간인 경우에는 30분 이상, 8시간인 경우에는 1시간 이상의 휴게시간을 근로시간 도중에 주어야 한다. 하루 근로시간이 5시간인 경우에도 중간에 30분 이상의 휴게시간을 주어야 한다.

(7) 해고 등 불리한 처우 금지

육아기 근로시간 단축을 이유로 해고나 그 밖의 불리한 처우를 하는 경우에는 3년 이하의 징역 또는 2천만원 이하의 벌금에 처한다(남녀고용평등법 제37조제2항 제3호). "그 밖의 불리한 처우"란 근기법 제23조제1항에 규정한 휴직, 정직, 전직, 감봉 등 징벌조치를 말한다. 또한 원거리 전보 등 사회통념상 단축근무 전과 비교하여 근로여건이 현저하게 불리하게 변경된 경우도 이에 해당될 수 있다.

(8) 육아기 근로시간 단축근무 후 원직복직

사업주는 근로자의 육아기 근로시간 단축기간이 끝난 후에 그 근로자를 단축 전과 같은 업무 또는 같은 수준의 임금을 지급하는 직무에 복귀시켜야 한다. "단축 전과 같은 수준의 임금을 지급하는 직무"란 육아기 근로시간 단축을 개시하기 전에 그 근로자가 종사하였던 직무와 다소 다르더라도 직무의 난이도·책임도 등이 유사하여 회사 규정상 같은 수준의 임금을 지급하는 직무를 말한다.

4 생리휴가

근기법은 「사용자는 여성근로자가 청구하면 월 1일의 생리휴가를 주어야 한다」(근기법 제73조)라고 규정하고 있는바 휴가 사용일에 대하여는 사용자는 임금 지급의무가 없다. 법정근로시간 단축에 맞추어 국제기준에 부합되도록 생리휴가를 무급화하되, 생리휴가 사용시 근로자의 임금이 저하될 수 있으므로 근로자의 청구에 따라 부여하도록 하고 있다. 생리휴가는 ILO기준에 없으며, 일본, 인도네시아만 무급으로 실시하고 있다.

생리휴가는 남성과 다른 생리적 특성을 가진 여성근로자의 건강뿐만 아니라 모성보호의 취지에서 근기법의 '제5장 여성과 소년'란에 특별히 둔 보호규정이므로, 생리휴가는 철저하게 보장되어야 한다. 생리휴가가 근기법 제5장 여성과

소년란에 위치하고 있다고 하더라도 사용자에게 보장의무를 지우고 있는 '법정휴가'이다(서울고법 2007.5.4, 2006나60054).

생리휴가의 청구는 생리기간 중 특정한 날에 근로제공의무를 면하는 청구이므로 근로의무가 없는 휴일에 생리휴가를 신청할 경우 사용자는 이를 부여할 의무는 없다. 생리휴가의 청구시기에 대해서는 별률에 별도의 규정이 없으므로 생리휴가를 휴가일 이전에 신청하는 경우 부여해야 할 것이다(2015.12.6, 여성고용정책과-3716).

5 출산전후휴가

1. 출산전후휴가의 의의

출산전후휴가란 임신 중의 여성근로자에게 출산일 전후에 사용할 수 있는 휴가를 말한다. 출산휴가라고도 한다. 사용자는 임신 중인 여성근로자에게는 근로계약의 형태, 직종, 근속기간 등과 관계없이 출산전후휴가를 부여해야 한다. 출산 전후 일정한 기간 근로제공의무를 면제함으로써 산모와 태아의 건강을 보호하고, 여성근로자가 임신·출산으로 소모된 체력을 회복하도록 돕는 데에 그 취지가 있다.

2. 유산·사산휴가제도

(1) 유산·사산휴가의 의의

사용자는 임신 중인 여성이 임신 이후 유산 또는 사산한 경우로서 그 근로자가 청구하면 대통령령으로 정하는 바에 따라 유산·사산휴가를 주어야 한다. 다만, 인공임신중절수술(모자보건법 제14조제1항에 따른 경우는 제외한다)에 따른 유산의 경우에는 그러하지 아니한다(근기법 제74조제3항). 이 때 부여되는 휴가를 유산·사산휴가라고 한다. 유산·사산은 여성에게 출산 못지않은 정신적·신체적 영향을 미친다. 유산 또는 사산하였을 때도 출산에 준하는 회복시간이 필요하다. 유산·사산휴가는 여성 근로자가 유산·사산에 의한 정신적·신체적 건강을 회복하여 정상적으로 업무를 수행할 수 있도록 지원하는 제도이다. 유산은 태아가 생존이 가능한 시기 이전에 임신이 종결되는 상태이며, 사산은 임신한 지 4개월 이상 지난 후 이미 죽은 태아를 분만하는 것으로서 각각 해당 임신주차에 해당하는 유산·사산휴가를 부여한다(2015.10.29, 여성고용정책과-3216). 사산은 출산 때 이미 사망한 것을 말하나 태아가 형성되기 전인 임신 초기(22주)에는 유산과 사산을 혼용하여 사용한다(2010. 6.14, 여성고용과-2112).

근로자가 유산 또는 사산한 경우 임신기간에 따라 건강회복기간이 달라짐에 따라 보호휴가기간을 달리 부여한 것으로 법률의 위임범위 내에서 행정해석으로 운영해오던 기준을 대통령령에 규정한 것이다. 저출산·고령화시대에 대응, 임신 이후 유산 또는 사산한 여성근로자의 건강 및 모성보호를 위해 2005년 개정법에서 보호휴가를 부여하였다. 근기법 제74조제3항의 위임에 따라 동법시행령에서 임신기간에 따른 건강회복 정도의 차이에 따라 단계별로 보호휴가를 부여하고 있다. 유산·사산휴가제도의 취지는 정상적인 출산과 아울러 유산 또는 사산한 경우에도 근로자의 건강회복을 위한 휴가가 필요하지만 종전 근기법에 근거가 명확하게 규정되어 있지 않아 실제 사업장에서 유산·사산휴가의 활용이 저조한 실정이었으므로 그 유산·사산휴가급여 지급을 법제화한 것이다.

(2) 유산 · 사산휴가 청구

근기법 제74조제3항에 따라 임신 이후 유산 또는 사산한 근로자가 유산·사산휴가를 청구하는 경우에는 휴가청구사유, 유산·사산 발생일 및 임신기간 등을 적은 유산·사산 휴가신청서에 의료기관의 진단서를 첨부하여 사업주에게 제출하여야 한다(동법시행령 제43조제2항). 유산·사산휴가는 출산전후휴가와 달리 근로자의 신청에 의하여 부여되는 휴가이므로 근로자가 청구하지 않으면 사용자는 이를 부여하지 않아도 법률 위반이 아니다. 근기법상 1인 이상 사업장의 여성근로자는 근로계약의 형태(임시직 · 일용직 · 정규직 · 비정규직)와 관계없이 누구든지 활용할 수 있다. 사산은 출산 때 이미 태아가 사망한 것을 말하나, 태아가 형성되기 전인 임신초기(22주)에는 유산과 사산의 개념을 혼용하여 사용하고 있다.

(3) 유산 · 사산휴가기간

사업주는 유산·사산휴가를 청구한 근로자에게 유산·사산휴가(유산일 또는 사산일을 포함한다)를 주어야 한다(동법시행령 제43조). 유산·사산휴가기간은 유산·사산하기 전까지의 임신기간에 따라 다르다.

구 근기법은 유·사산휴가를 임신 16주 이후에 유산 또는 사산한 경우에만 휴가를 부여하고 있어 임신 초기 여성의 모성보호는 미흡한 실정이었다. 특히 자연유산의 70~80퍼센트가 임신 초기인 16주 이내에 발생하는 것으로 나타나고 있어 임신 16주 이전의 유·사산 여성에 대한 보호가 필요한 실정이었으므로 보호휴가를 부여하되 근기법시행령 제43조에서 공무원의 경우와 같이 임신기간이 11주 이내인 경우에는 5일까지, 12주 이상 15주 이내인 경우에는 10일까지 유·사산휴가를 주어야 한다.

임 신 기 간	휴가부여일수
• 11주 이내인 경우	유산·사산한 날부터 5일까지
• 12주 이상 15주 이내인 경우	유산·사산한 날부터 10일까지
• 16주 이상 21주 이내인 경우	유산·사산한 날부터 30일까지
• 22주 이상 27주 이내인 경우	유산·사산한 날부터 60일까지
• 28주 이상인 경우	유산·사산한 날부터 90일까지

휴가기간은 유산·사산한 날부터 기산하므로 근로자가 유산·사산한 날 이후 일정한 기간이 지나서 청구하면 그 기간만큼 휴가기간이 단축된다. 근로자가 출산전후휴가를 사용하던 중 정상 분만하지 못하고 사산한 경우, 그 날부터 새로이 사산휴가를 부여하는 것이 아니라 당해 출산전후휴가를 계속하여 사용하도록 하고 이 때 사업주에게 사산을 증명할 수 있는 의료기관의 진단서를 첨부하여야 한다. 1년에 2회 이상 반복적 유산·사산의 경우도 근기법상 유산·사산휴가 요건에 해당되면 연 2회도 가능하다(2010.6.14, 여성고용과-2112).

(4) 인공임신중절수술의 경우와 유산·사산휴가의 사용 여부

유산·사산휴가는 자연적인 유산 또는 사산의 경우에만 주어지고 인공임신중절수술의 경우는 보호휴가는 주어지지 않는다. 법률상 금지된 낙태에 대해서까지 산모를 보호하지 않겠다는 취지이다. 다만, 모자보건법 제14조제1항에 따른 경우 외에는 보호휴가를 부여할 의무가 없다. 따라서 허용되는 인공임신중절수술에 따른 유산에는 보호휴가를 주어야 한다.

〈허용되는 인공임신중절수술(모자보건법 제14조)**〉**

- 본인 또는 배우자가 대통령령이 정하는 우생학적 또는 유전학적 정신장애나 신체질환이 있는 경우
- 본인 또는 배우자가 대통령령이 정하는 전염성 질환이 있는 경우
- 강간 또는 준강간에 의하여 임신된 경우
- 법률상 혼인할 수 없는 혈족 또는 인척간에 임신된 경우
- 임신의 지속이 보건의학적 이유로 모체의 건강을 심히 해하고 있거나 우려가 있는 경우

(5) 출산전후휴가 사용하던 중 유산 · 사산한 경우의 휴가일수

근기법시행령 제43조제3항은 유산 · 사산휴가를 청구한 근로자에게 부여해야 하는 휴가기간을 명시하고 있다. 유산 · 사산휴가는 출산전후휴가와 별도로 유산 · 사산한 근로자가 건강을 회복하기 위해 보장받아야 하는 최소한의 기간이다. 이미 사용한 출산전후휴가기간을 유산 · 사산휴가로 보아 남은 기간만 유산 · 사산휴가를 부여하도록 할 경우 여성근로자가 실제로 활용할 수 있는 휴가기간이 제도 취지에 맞지 않게 줄어들 수 있다. 따라서 이미 사용한 출산전후휴가 사용과 별개로 유산 · 사산한 시점부터 유산 · 사산휴가를 부여해야 한다(2015.10.29, 여성고용정책과-3216 ; 2013.3.28, 여성고용정책과 「출산전후(유산 · 사산)휴가 관련 시행지침」).

예컨대 임신 16주에 출산전후휴가를 5일 사용한 후에 임신 23주에 유산한 경우에는 임신 23주에 유산하였으므로 유산한 날부터 60일까지 유산 · 사산휴가를 사용할 수 있다(기존에 사용한 5일을 포함하여 총 65일을 쉴 수 있다). 또한 임신 36주에 출산전후휴가를 90일 신청하여 휴가를 사용하던 중 휴가 11일째 되는 날 유산한 경우에는 임신 37주에 유산하였으므로 유산한 날부터 90일까지 유산 · 사산휴가를 사용할 수 있다(기존에 사용한 10일을 포함하여 총 100일을 쉴 수 있다).

3. 출산전후휴가

(1) 출산전후휴가기간 및 사전 분할 사용 여부

① 출산전후휴가기간 : 출산전후휴가기간은 90일(다태아 120일)을 부여하되 반드시 출산후에 45일(다태아 60일) 이상이 보장되어야 한다. 출산전후휴가기간에 법정휴일, 기타 회사의 약정휴일 등이 포함되어 있다하더라도 역일상 90일을 부여한다.

② 출산전후휴가를 정상분만 전에 사용할 수 있는가 : 임신 중인 여성근로자가 정상분만 전에 출산전휴가를 사용할 수 있는가의 문제이다. 근기법 제74조에 따른 출산전후휴가기간 90일은 역일에 의한 기간으로 출산일을 전후하여 연속 사용하여야 하며, 반드시 출산 후에 45일 이상 사용할 수 있도록 휴가기간을 배정하여야 한다.

출산전후휴가는 출산 전과 출산 후에 연속하여 사용하는 것을 원칙으로 하되 임신 초 · 중기 응급상황 발생시 안정을 취할 수 있도록 출산 전 휴가를 임신기간 중 어느 때라도 분할하여 사용할 수 있도록 허용한 것이다.

③ 출산전후휴가의 사전 분할 사용 여부 : 근기법시행령 제43조에 의하면 임신 중의 여성이 과거에 유산한 경험이 있는 경우, 진단 결과 의사 소견상 유산의 위험이 있어 안정이 필요한 경우 등이다. 근기법 제74조제2항에 따라 출산 전에 분할하여 사용할 수 있는 경우는 다음과 같다(근기법 시행령 제43조제1항).

㈎ 임신한 근로자가 유산·사산의 경험이 있는 경우

㈏ 임신한 근로자가 출산전후휴가를 청구할 당시 연령이 만 40세 이상인 경우

㈐ 임신한 근로자에게 유산·사산의 위험이 있다는 의료기관의 진단서를 제출한 경우

④ 육아휴직기간 중 자녀를 출산한 경우 출산전후휴가기간 산정방법 : 근기법 제74조에서 '산전과 산후를 통하여' 90일의 보호휴가를 주도록 한 규정의 문언해석상 육아휴직 중이라 하더라도 둘째 자녀를 출산했다면 둘째 자녀에 대한 출산전후휴가를 시작해야 하며, 출산전후휴가기간은 사용자에게 시기변경권이 없으므로 근로자가 신청한 기간에 대해서 주어야 하되 둘째 자녀 출산일이 포함되며 출산후 45일(한 번에 둘 이상의 자녀를 임신한 경우에는 60일)이 확보된 90일(한 번에 둘 이상의 자녀를 임신한 경우에는 120일)이어야 한다(2008.5.9, 여성고용과-514).

남녀고용평등법시행령 제14조제4항에 의하여 육아휴직 중인 근로자가 출산전후휴가를 시작한 경우에는 그 새로운 출산전후휴가 개시일의 전날에 육아휴직이 끝난 것으로 본다. 둘째 자녀 출산으로 출산전후휴가를 사용하느라 첫째 자녀에 대한 미사용일이 남아있다면 그에 대해서는 둘째 자녀에 대한 출산전후휴가 종료 후 첫째 자녀가 만8세 이하 또는 초등학교 2학년 이하인 기간 동안에 마저 신청해 사용할 수 있다.

⑤ 위반 시 제재 : 여성근로자의 출산전후휴가 신청을 거부한 사업주에게는 2년 이하의 징역 또는 1천만원 이하의 벌금이 부과된다(근기법 제110조제1호).

(2) 출산전후휴가기간의 급여내용

① 출산전후휴가기간의 급여내용과 취지

사업주는 출산전후휴가기간 최초 60일(한 번에 둘 이상 자녀를 임신한 경우에는 75일)은 유급이므로(근기법 제74조제4항) 소정의 임금을 지급해야 한다. 급여지급액은 취업규칙, 단체협약 등에서 정하고 있는 경우에는 그에 따라 지급하되, 최소한

통상임금을 지급하여야 한다(2015.1.9, 여성고용정책과-86). 그리고 마지막 30일(한 번에 2 이상 자녀를 임신한 경우에는 45일)에 대해서는 고용보험에서 출산전후휴가 급여를 지급한다. 그 취지는 출산전후휴가(유산 · 사산휴가 포함)를 부여받은 근로자에게 지급하는 임금을 지원하여 근로자의 휴가 중 생계안정을 도모하고, 사업주의 부담을 경감시켜 준 것이다. 그 지급주체는 정부가 고용보험 재원으로 지급하나, 법률적으로는 근기법에 따라 사업주가 지급한 것으로 본다.

② 급여 지급요건

다음 요건을 모두 충족해야 한다.

㈎ 피보험자가 근기법 제74조의 규정에 의한 출산전후휴가, 유산 · 사산휴가를 사용한 근로자일 것

㈏ 출산전후휴가, 유산 · 사산휴가 끝난 날 이전에 고용보험법 제41조의 규정에 따른 피보험단위기간이 합산하여 180일 이상일 것

㈐ 출산전후휴가, 유산 · 사산휴가 끝난 날로부터 12월 이내 출산전후휴가급여 등을 신청할 것

③ 지급기간 및 금액

우선지원대상기업인 경우 90일, 우선지원대상기업이 아닌 경우 30일분을 지급한다. 휴가개시일을 기준으로 산정한 통상임금을 지급한다.

출산전후휴가의 경우 우선지원대상기업(제조업인 경우 상시 500명 이하, 광업, 건설업, 운수업 · 통신업 상시근로자 300명 이하, 그 외의 산업 상시근로자 100명 이하의 사업장)의 근로자가 출산하는 경우에는 90일간의 급여를 고용보험에서 지급한다.

이는 기업에 대한 지원혜택 범위를 넓히고 사업주의 부담을 덜면서 여성근로자의 고용을 촉진하는데 그 취지가 있다.

〈출산전후휴가 급여 등 상한액 고시(제2022-141호)〉

(유효기간 2023.1.1~2023.12.31)

1. 출산전후휴가기간 또는 유산 · 사산휴가기간 90일에 대한 통상임금에 상당하는 금액이 630만원을 초과하는 경우 : 630만원
2. 출산전후휴가 급여 등의 지급기간이 90일 미만인 경우 : 일수로 계산한 금액
3. 한 번에 둘 이상의 자녀를 임신한 경우의 출산전후휴가기간 120일에 대한 통상임금에 상당하는 금액이 840만원을 초과하는 경우 : 840만원
4. 한 번에 둘 이상의 자녀를 임신한 경우의 출산전후휴가 급여 등의 지급기간이 120일 미만인 경우 : 일수로 계산한 금액

④ 기간제근로자 · 파견근로자가 출산전후휴가기간 중(유산 · 사산휴가 기간 중 포함) 근로계약기간이 끝나는 경우 출산전후휴가급여의 지급 여부

종전에는 기간제근로자 · 파견근로자가 출산전후휴가기간 중 계약기간이 만료되는 경우, 법정휴가기간이 남았더라도 근로관계가 종료됨에 따라 출산전후휴가급여를 받을 수 없었으나 출산으로 인한 경제적 부담을 완화하고 고용형태상 차별 없는 모성보호제도 활용을 위해 향후(2021.7.1 이후) 기업 규모와 관계없이 남은 휴가기간에 대한 출산전후 휴가급여상당액(통상임금 100% 단, 월 210만원 상한)을 지급한다(고용보험법 제76조의2제1항). 그 취지는 출산으로 인한 경제적 부담을 완화하고 고용형태상 차별없는 모성보호제도의 활용을 위해 기업 규모에 관계없이 계약 종료후 남은 휴가기간에 대한 출산전후휴가급여상당액을 지급하도록 한 것이다. 또한 기간제근로자 · 파견근로자가 유산 · 사산휴가 기간 중 근로계약이 종료된 뒤에도 잔여 유산 · 사산휴가 급여상당액을 받을 수 있다(2023.1.1부터 시행).

⑤ 출산전후휴가 급여 수급권자

모든 여성근로자가 출산전후휴가를 사용할 수 있지만 고용보험에서 지원하는 급여는 휴가가 끝난 날 이전의 피보험단위기간이 180일 이상인 근로자만 지급받을 수 있다. 피보험단위기간은 현 사업장뿐만 아니라 이전 사업장 경력을 모두 합하여 계산하며, 구직급여를 받은 적이 있는 경우에는 그 이후부터 계산한다.

⑥ 출산전후휴가기간 중 임금을 일부 지급받을 때 출산전후휴가가 감액되는지 여부

고용보험법 제55조의9 및 동법시행령 제68조의12 규정에 의하여 출산전후휴가기간 중 사업주로부터 보호휴가를 이유로 금품을 지급받은 경우 사업주로부터 지급받은 금품과 출산전후휴가 급여 등을 합한 금액이 휴가개시일 기준 통상임금을 초과할 경우에는 초과하는 금액을 출산전후휴가급여 등에서 감액하여 지급한다.

6 임신 중인 여성근로자 보호

1. 시간외근로의 금지 및 제한

(1) 시간외근로의 금지

사용자는 임신 중의 여성근로자에게 본인의 동의, 신청 여부와는 상관없이 시간외근로를 하게 하여서는 아니되며 그 근로자의 요구가 있는 경우에는 쉬운 종류의 근로로 전환하게 하여야 한다(근기법 제74조제5항). 근기법 제74조제5항에 따른 임신근로자에 대한 "시간외근로"의 기준이 되는 근로시간은 법정근로시간이다(법제처 2022.4.26, 안건번호 22-0186).

임신 중인 여성을 특별히 보호하기 위하여 헌법 제32조제4항에 '여자의 근로에 대한 특별한 보호를 받도록' 규정하고 있고, 근기법 등에도 특별보호규정을 두고 있다. 임신 중인 여성근로자의 시간외근로는 예외없이 금지되므로 여성근로자가 청구하거나, 당사자가 합의하거나, 단체협약 등에서 정하더라도 허용될 수 없다. 여기서 말하는 시간외근로란 근기법 제50조에서 정한 근로시간, 즉 1일 8시간, 1주 40시간을 초과하는 근로시간을 말하며 이때 휴일근로시간은 시간외근로에 포함되지 않으며, 야간(22:00~06:00)에 근로하더라도 기준근로시간(근기법 제50조의 근로시간)을 초과하지 않으면 시간외근로에 해당하지 않는다(2001.11.6, 여원 68240-483).

예컨대 직급별로 시간외근무 인정시간 범위 내에서 시간외근무를 할 수 있도록 노사가 단체협약 등에 규정하고 있다 할지라도 임신 중인 여성의 경우는 근기법 제74조제5항에 의거 시간외근무를 시킬 수 없다(2002.11.28, 평정 68240-272).

(2) 시간외근로의 제한

근기법 제71조(시간외근로)는 「사용자는 산후 1년이 지나지 아니한 여성에 대하여는 단체협약이 있는 경우라도 1일에 2시간, 1주에 6시간, 1년에 150시간을 초과하는 시간외근로를 시키지 못한다」고 규정하고 있다. 출산 여성의 건강을 특별히 보호하기 위해 시간외근로 한도를 제한한 것이다.

2. 쉬운 종류의 업무로의 전환

쉬운 종류의 업무로의 전환은 본인의 요구에 의해서 발생하며 그 요구 여부는 근로자 본인의 자유다. 쉬운 종류의 업무로의 전환은 그 필요 여부 등에 개인차가 많으며 의학적으로도 반드시 그렇게 하여야 한다는 성질의 것은 아니다. 사용자는 근로자의 요구가 있을 때에 조치하면 되는 것이고 업무의 신설 또는 근무지역(장소) 변경까지 필요한 것은 아니다(2017.1.5, 여성고용정책과-113). 그러나 사용자는 근로자의 요구가 있으면 반드시 쉬운 종류의 업무에 전환시켜야 한다. 또한 업무내용의 전환 뿐만 아니라 근로시간대의 변경(주간교대를 야간교대로 변경하는 것)도 포함한다.

3. 임신기간 중의 근로시간 단축 허용

(1) 임신기간 중의 근로시간 단축 허용내용

사용자는 임신 후 12주 이내 또는 36주 이후에 있는 여성 근로자가 1일 2시간의 근로시간 단축을 신청하는 경우 이를 허용하여야 한다. 다만, 1일 근로시간이 8시간 미만인 근로자에 대하여는 1일 근로시간이 6시간이 되도록 근로시간 단축을 허용할 수 있다(근기법 제74조제7항). 사용자는 제74조제7항에 따른 근로시간 단축을 이유로 해당 근로자의 임금을 삭감하여서는 아니 된다(근기법 제74조제8항). 임신 후 12주 이내는 유산의 위험이 가장 높고 임신 36주 이후는 조산의 위험이 높기 때문에 해당 기간에 임신기간 근로시간 단축제를 도입하여 여성근로자와 태아를 적극 보호하고 임신·출산 친화적인 근로환경을 조성할 필요가 있기 때문이다. 임신기간 중의 근로시간은 8시간 미만으로 단축하면서 휴게시간을 1시간에서 30분으로 단축하는 것은 법 위반이 아니다(2015.7.8, 여성고용정책과-1998).

(2) 임신기간 중의 근로시간 단축 형태

근기법 제74조제7항은 구체적인 단축방법을 정하고 있지 않으므로 출근 또는 퇴근시간을 조정하거나 중간에 휴게시간을 부여하는 등 근로시간 단축방식을 자유롭게 정할 수 있다. 다만, 임신기 근로시간 단축은 사업장의 사정과 무관하게 근로시간을 정하는 것이 아니라, 근로자의 상황과 회사의 업무량 등을 고려하여 충분히 협의하여 결정하여야 하고 사업주가 근로자에게 임신기 근로시간 단축 유형을 제시하여 권고하는 것은 가능하나 임신기 근로시간 단축 유형을 정해두고 해당 유형 중의 하나만 선택하도록 강제하여서는 안된다(2015.5.22, 여성고용정책과-1473). 법정 임신기간 중 근로시간 단축의 형태는 1일 2시간 단축이나, 이는 법으로 정한 최소한의 규정으로서 노사가 합의하였다면 이를 주 단위로 적치하여 사용한다고 해서 법을 위반한 것으로 볼 수는 없다(2017.1.2, 여성고용정책과-46).

(3) 임신기간 업무의 시작 및 종료시각 변경의 신청

업무 시작 및 종료시각의 변경을 신청하려는 여성근로자는 그 변경 예정일의 3일 전까지 임신기간, 업무 시작 및 종료시각의 변경 예정기간, 업무의 시작 및 종료시각 등을 적은 문서(전자문서를 포함한다)에 임신사실을 증명하는 의사의 진단서(같은 임신에 대하여 근로시간 단축을 다시 신청하는 경우는 제외한다)를 첨부하여 사용자에게 제출하여야 한다(근기법시행령 제43조의4).

4. 임신기간 소정근로시간유지와 시작 및 종료시각의 변경 허용

사용자는 임신 중인 여성 근로자가 1일 소정근로시간을 유지하면서 업무의 시작 및 종료 시각의 변경을 신청하는 경우 이를 허용하여야 한다. 다만, 정상적인 사업운영에 중대한 지장을 초래하는 경우 등 대통령령으로 정하는 경우에는 그러하지 아니하다(근기법 제74조제19항). 대통령령으로 정하는 경우란 첫째 정상적인 사업운영에 중대한 지장을 초래하는 경우 둘째 임신근로자의 안전 및 건강을 현저히 해할 우려가 있는 경우를 말한다(동법시행령 제43조의3).

5. 유해 · 위험 사업 사용금지

근기법 제65조(사용금지)는 「① 사용자는 임신 중이거나 산후 1년이 지나지 아니한 여성(이하 "임산부"라 한다)과 18세 미만자를 도덕상 또는 보건상 유해 · 위험한 사업에 사용하지 못한다. ② 사용자는 임산부가 아닌 18세 이상의 여성을 제1항에 따른 보건상 유해 · 위험한 사업 중 임신 또는 출산에 관한 기능에 유해 · 위험한 사업에 사용하지 못한다. ③ 제1항 및 제2항에 따른 금지 직종은 대통령령으로 정한다」고 규정하고 있다. 금지직종은 근기법시행령 「별표 4」에서 명시하고 있다.

임신 중인 여성, 산후 1년이 경과되지 아니한 여성, 임산부가 아닌 18세 이상의 여성, 18세 미만자는 임신 또는 출산에 관한 기능에 유해 · 위험하거나, 도덕상 또는 보건상 유해 · 위험한 사업에 사용하지 못한다. 각각의 사용금지 직종은 근기법시행령 제40조에서 규정하고 있다.

6. 태아검진시간의 허용

(1) 근기법 제74조의2 규정내용

임신한 여성근로자에게 태아와 자신의 건강검진을 위하여 필요한 시간을 부여하고 있다. 근기법 제74조의2(태아검진시간의 허용 등)는 「① 사용자는 임신한 여성근로자가 「모자보건법」 제10조에 따른 임산부 건강진단을 받는데 필요한 시간을 청구하는 경우 이를 허용해 주어야 한다. ② 사용자는 제1항에 따른 건강진단 시간을 이유로 그 근로자의 임금을 삭감해서는 아니된다」고 규정하고 있다. 근기법 제74조의2 제2항의 취지는 임신한 근로자에게 건강진단을 위한 시간을 부여하고, 이를 이유로 임금을 삭감하여서는 아니 된다는 것이다.

(2) 모자보건법상 태아검진 허용 횟수

모자보건법 제10조제1항은 「시장・군수・구청장은 임산부・영유아・미숙아 등에 대하여 대통령령이 정하는 바에 따라 정기적으로 건강진단・예방접종을 실시하거나 모자보건요원으로 하여금 그 가정을 방문하여 보건진료를 하게 하는 등 보건관리에 관하여 필요한 조치를 하여야 한다」고 규정하고 있다(모자보건법 제10조에 따른 임산부 정기건강진단 실시기준(모자보건법시행규칙 제5조제1항 「별표 1」).

① 임신 28주까지는 매 4주에 1회
② 임신 29주에서 36주까지는 매 2주마다 1회
③ 임신 37주(259일) 이후에는 매 1주마다 1회

(3) 태아검진을 받는데 필요한 시간의 범위

태아검진시간제도는 태아검진에 필요한 합리적인 시간을 유급으로 보장하는 것으로 충분하고 반드시 1일의 태아검진휴가를 부여할 의무가 있는 것은 아니다. "건강진단을 받는 데 필요한 시간"의 범위에는 사업장 또는 거주지에서 진단기관까지의 통상적으로 소요되는 이동하는 시간 및 대기하는 시간, 실제로 건강진단을 받는 데 소요되는 시간까지 포함시켜야 할 것이다. 다만 근로자가 정기건강진단을 받는데 필요한 시간보다 과도한 시간을 요구하는 경우까지 근로자가 신청하는 시간을 모두 허용하는 것은 아니다(2012.10.30, 여성고용정책과-3717). 근기법 제74조의2 규정의 위반에 대한 제재규정은 없다. 입법상의 미비로 보인다.

7 출산전후휴가기간 및 종료 후의 보호

1. 해고의 제한

출산전후휴가기간과 그 후 30일 동안은 근기법 제23조제2항의 규정에 의하여 해고가 제한된다. 사용자가가 제84조에 따라 일시보상을 하였을 경우 또는 사업을 계속할 수 없게 된 경우를 제외하고는 출산전후의 휴업기간과 그 후의 30일 동안에는 여성근로자를 해고 할 수 없다. 따라서 이 기간 중에는 해고의 정당한 사유가 있더라도 출산전후의 여성근로자를 해고할 수 없다. 비록 즉시

해고사유가 존재하고 있더라도 즉시해고하지 못한다.

2. 연차유급휴가의 출근율 산정시 출근 간주

근기법 제74조에 의한 출산전후휴가기간은 법령상 또는 그 성질상 출근한 기간으로 볼 수 있는바 동 기간동안 근로자의 근로제공이 없었다 하더라도 소정근로일수를 계산함에 있어서는 이를 포함하여야 한다.

3. 보호휴가 종료 후 동일·유사 업무 직무복귀보장

사업주는 출산전후휴가 종료 후에는 휴가 전과 동일한 업무 또는 동등한 수준의 임금을 지급하는 직무에 복귀시켜야 한다(근기법 제74조제6항). 출산전후휴가 종료 후 복귀시 불합리한 전근, 부서이동 등 고용상의 불이익을 받지 않도록 한 것이다. 그동안 육아휴직에만 동일 직무복귀 규정이 적용되었으나 출산전후휴가의 경우에도 근기법에 명문규정을 삽입한 것이다. 휴가 종료 후 동일한 업무를 부여하거나 인사형편상 동일업무 복귀가 여의치 않을 경우 동등한 임금수준을 지급하는 직무에 복귀시켜야 한다.

4. 주휴일·약정휴일의 출산전후 유급휴가일수 제외 여부

출산전후휴가기간 중에 있는 주휴일이나 기타 법정공휴일 및 약정휴일이 출산전후 휴가일에서 제외되는지 여부이다. 근기법 제74조의 규정에 의하여 부여되는 90일의 출산전후휴가는 역월상의 일수를 의미한다. 따라서 출산전후휴가기간 중에 있는 법정휴일 또는 약정휴일은 출산전후휴가기간에 포함된다. 다만, 노사 당사자간 특약에 의하여 법정휴일 또는 약정휴일을 제외한다고 정하였다면 그에 따르면 된다(2006.1.24, 여성고용팀-333 ; 2000.8.10, 근기 68207-2385).

8 배우자 출산휴가

1. 배우자 출산휴가의 의의

배우자 출산휴가란 배우자가 출산했음을 이유로 휴가를 청구하는 경우 모든 남성근로자에게 10일간의 유급휴가를 부여하는 휴가를 말하며 그 취지는 배우자의 출산에 따른 배우자의 건강보호와 태어난 자녀의 양육을 위해 휴가를 부여하는데 있으며 남성의 육아 참여를 확대하기 위한 것이다.

2. 배우자 출산휴가의 규정내용

남녀고용평등법 제18조의2는 배우자 출산휴가제도를 도입하였다. 동조에 의하면 「① 사업주는 근로자가 배우자의 출산을 이유로 휴가를 청구하는 경우에 10일의 휴가를 주어야 한다. 이 경우 사용한 휴가기간은 유급으로 한다. ② 제1항 후단에도 불구하고 출산휴가급여 등이 지급된 경우에는 그 금액의 한도에서 지급의 책임을 면한다. ③ 제1항에 따른 휴가는 근로자의 배우자가 출산한 날부터 90일이 지나면 청구할 수 없다. ④ 제1항에 따른 휴가는 1회에 한정하여 나누어 사용할 수 있다. ⑤ 사업주는 배우자 출산휴가를 이유로 근로자를 해고하거나 그 밖의 불리한 처우를 하여서는 아니 된다」고 규정하고 있다. 배우자 출산휴가제도의 취지는 배우자가 출산시 도움을 줄 수 있도록 10일간의 휴가를 부여하되, 그 대상은 출산한 여성 근로자의 배우자인 남성이다.

3. 배우자 출산휴가 기간 및 사용방법 · 배우자 출산휴가 급여의 지급

(1) 배우자 출산휴가 기간 및 사용방법

배우자 출산휴가기간은 10일이다. 휴가기간은 유급휴가이다. 배우자 출산휴가는 근로자가 배우자의 출산을 이유로 휴가를 청구하는 경우에는 10일의 휴가를 반드시 부여하는 것이 원칙이나 1회에 한정하여 나누어 사용할 수 있다.

배우자 출산휴가기간 중 근로제공의무가 없는 날(휴일 등)이 포함된 경우에는 당해 휴가일수에 산입하지 아니한다(2019.6.14, 여성고용정책과-843). 배우자 출산휴가는 사용한 휴가기간만을 유급으로 하는 것이므로 사용하지 못한 휴가에 대해서는 수당 등으로 보상할 의무는 없다. 일반적으로 배우자 출산휴가는 출산일 이후에 사용한다. 그러나 출산을 위한 준비과정 등을 고려하여 휴가기간 안에 출산예정일이 포함하고 있다면 출산일 전에 휴가를 사용할 수 있다.

배우자 출산휴가는 출산 후 90일의 범위 내에서 남성근로자가 필요한 날을 정하여 신청하는 것이므로 특별한 사유가 없는 한 근로자가 지정한 날에 주는 것이 원칙이다. 휴가는 원칙적으로 연속하여 사용해야 한다. 배우자출산휴가는 출산일로부터 90일 이내 기간 중 1회 분할 사용이 가능하며 분할 사용일수 제한은 없다.

(2) 배우자 출산휴가급여의 지급

① 배우자 출산휴가 급여(우선지원대상기업에 한함)의 상한액은 매년 고용노동부장관이 고시(2023.1.1, 고용노동부고시 제2022-142호)하는 금액 최초 5일분(401,910원)으로 하고, 하한액은 최저임금법에 따른 시간 단위 최저임금액을 기준으로 산정된 배우자 출산휴가 급여의 지원기간 중 통상임금에 상당하는 금액으로 한다.

② 배우자 출산휴가기간 중 사업주로부터 받은 금품과 배우자 출산휴가 급여를 합한 금액이 휴가 시작일을 기준으로 한 통상임금을 초과한 경우 그 초과금액을 배우자 출산휴가 급여에서 빼고 지급한다.

(3) 파업기간 중 배우자 출산휴가를 승인해야 하는지 여부

파업기간 중 근로자가 파업에 참여하지 않거나, 파업참여를 중단하고 배우자 출산휴가를 신청한 경우에는 배우자 출산휴가를 부여해야 한다(2021.5.10, 여성고용정책과-1689).

9 난임치료휴가

1. 난임치료휴가의 의의

(1) 난임치료휴가의 의의

난임치료휴가란 근로자(남 · 녀 근로자 모두 해당)가 임신이 곤란할 경우에 인공수정 또는 체외수정 등 임신을 촉진하는 치료를 받기 위하여 청구하는 휴가를 말한다. 모성보호를 강화하여 저출산 해소에 도움이 될 것이다(남녀고용평등법 제18조의3 제1항).

(2) 난임치료휴가의 범위

인공수정, 체외수정 등 의학적 시술행위 당시를 위한 기간을 의미하며, 해당 시술 직후 안정기 · 휴식기도 포함된다. 다만, 체질개선 및 배란유도를 위한 사전 준비단계 등은 포함하지 아니한다.

체질개선 또는 준비단계는 최소 2~3개월의 기간이 소요되므로 이를 포함할 경우 휴가가 아닌 휴직의 도입이 필요한 것이다.

(3) 난임치료휴가의 분할 사용 가능 여부

남녀고용평등법 제18조의3 제1항에서 「연간 3일 이내의 휴가를 주어야 한다」고 규정하고 있으므로 연간 3일 이내라면, 1일 단위로도 분할 사용이 가능하다.

2. 난임치료휴가 기간 및 사용방법

사업주는 근로자가 난임치료휴가를 청구하는 경우에 연간 3일 이내에 휴가를 주어야 하며, 이 경우 최초 1일은 유급으로 한다. 다만 근로자가 청구한 시기에 휴가를 주는 것이 정상적인 사업 운영에 중대한 지장을 초래하는 경우에는 근로자와 협의하여 그 시기를 변경할 수 있다. 난임치료휴가는 3일의 범위 내에서 1일 단위로 분할 사용할 수 있다. 사업주는 난임치료휴가를 이유로 해고, 징계 등 불리한 처우를 하여서는 아니된다(남녀고용평등법 제18조의3 제2항).

난임치료휴가의 신청방법 및 절차 등은 대통령령으로 정한다(남녀고용평등법 제18조의3 제3항).

3. 난임치료휴가의 신청방법 및 절차

난임치료휴가를 신청하려는 근로자는 휴가를 사용하려는 날까지 사업주에게 신청하도록 하고, 사업주는 해당 근로자에게 난임치료를 받은 사실을 증명할 수 있는 서류의 제출을 요구할 수 있다(남녀고용평등법 제18조의3제3항 · 동법시행령 제9조의2).

난임치료를 받은 사실을 증명할 수 있는 서류란 의사 또는 의료기관에서 작성하고, 난임치료 예정일이 명기된 서류이면 충분하다.

10 육아시간은 무급인가

1. 육아시간제도의 의의

근기법은 「생후 1년 미만의 유아를 가진 여성근로자가 청구하면 1일 2회 각각 30분 이상의 유급수유시간을 주어야 한다」고 규정하고 있다(근기법 제75조). 육아시간이란 유아를 양육하기 위한 유급수유시간을 말한다. 이 규정은 유아를 가진 여성근로자의 직장생활과 육아책임이 양립할 수 있도록 제도적으로 보호하는 데 있다. 유급육아시간은 해당 시간에 임금은 지급되지만 근로시간에는 포함되지 않는다.

2. 육아시간의 청구권자

육아시간의 청구권자는 생후 1년 미만의 유아를 가진 여성근로자로서 기혼이든 미혼이든 불문한다. 유아는 해당 근로자가 직접 분만한 자녀만인지 또는 양자도 포함하는지에 관하여는 견해가 나누어진다. 그러나 모자접촉을 통한 인간다운 생활보장이라는 본 제도의 취지에서 본다면 친자에 한하지 않고 생후 1년 미만인 입양된 양자의 경우도 포함된다고 하여야 할 것이다. 육아시간을 청구할 수 있는 근로자는 정규직 근로자뿐만 아니라 단시간근로자 등 비정규직근로자에게도 적용된다.

3. 육아시간의 부여방법

육아시간은 사용자가 부여하는 시간이며 근로시간의 도중에 한정되지 아니하며 자택 또는 탁아시설까지의 왕복시간을 포함시켜도 무방하다. 수유시간은 수유뿐만 아니라 유아를 보살피는데 필요한 시간을 포함하는 것으로 해석하는 것이 일반적이다. 육아시간은 1일에 2회 30분 이상으로 한 것은 1일 근로시간을 8시간으로 하는 통상적인 업무형태를 예상하여 정한 것이므로 1일의 근로시간이 4시간 이내인 단시간근로자나 토요일 등에 근로시간이 4시간 이내인 경우에는 1회로서 충분하다. 또한 육아시간은 휴게시간과 달라 사용자가 언제 어디에서 줄 것인가는 제한이 없다. 구체적인 수유시간이나 횟수 등은 사업장내에서 협의하여 활용할 수 있다. 근로자는 필요에 따라 임의로 청구할 수 있으므로 근무시간의 시작 또는 종료시에 청구한 경우에도 특별한 이유가 없으면 부여하여야 한다. 예를 들면, 30분씩 출근시간을 늦추거나 퇴근시간을 앞당길 수도 있다. 유급수유시간은 근로자의 청구가 있는 경우에 주어야 하며 유급이다.

4. 위반의 효과

당해 여성근로자의 청구가 있음에도 불구하고 사용자가 근기법 제75조를 위반하여 수유시간을 주지 않을 때에는 2년 이하의 징역 또는 2,000만원 이하의 벌금에 처해질 수 있다(근기법 제110조).

11 가족돌봄휴직제도

1. 가족돌봄휴직제도의 의의

가족돌봄휴직제도란 근로자가 그 가족(조부모, 부모, 배우자, 배우자의 부모, 자녀 또는 손자녀)이 질병, 사고, 노령으로 인해 돌봄이 필요한 경우에 사용할 수 있는 휴직제도를 말한다. 일시적인 가족돌봄 부담으로 인한 경력 단절을 방지할 수 있다.

2. 가족돌봄휴직제도의 사용방법

돌봄이 필요한 가족(조부모, 부모, 배우자, 배우자의 부모, 자녀 또는 손자녀)이 있는 근로자는 누구나 사용할 수 있다. 다만 사업주가 거부할 수 있는 예외적인 사유에 해당되지 않아야 한다.

가족돌봄휴직제도는 연간 최장 90일을 사용할 수 있으며 이를 나누어 사용할 수 있다. 나누어 사용하는 1회의 기간은 30일 이상을 사용하여야 한다. 연간 90일 사용이 가능하므로 1년에 90일을 사용한 후 그 다음 해에도 90일을 사용할 수 있다. 1년을 나누는 기준은 입사일, 회계연도 등 회사 사정에 따라 정할 수 있으나 특별이 정한 바가 없으면 근로자의 입사일이 기준이 된다.

3. 가족돌봄휴직의 신청과 거부사유

(1) 신청절차

근로자는 가족돌봄휴직을 시작하려는 날의 30일 전까지 가족돌봄휴직 기간 중 돌보는 대상인 가족의 성명, 생년월일, 돌봄이 필요한 사유, 돌봄휴직개시 예정일, 가족돌봄휴직을 종료하려는 날, 가족돌봄휴직 신청 연월일, 신청인 등에 대한 사항을 적은 문서(전자문서 포함)를 사업주에게 제출하여야 하고, 사업주는 신청일로부터 30일 이내에 휴직개시일을 지정하여 허용하여야 한다(남녀고용평등법시행령 제16의2제1항 및 제2항). 한편 사업주는 가족의 건강상태, 신청인외의 가족의 돌봄 가능 여부 등 근로자의 가족돌봄휴직의 필요성을 확인할 수 있는 서류의 제출을 요구할 수 있다. 만약 휴직을 허용하지 않는 경우에는 서면으로 통보하고 적극적인 조치(탄력적 근로시간조정, 업무의 시작과 종료시간 조정, 연장근로시간 등)를 해야 한다.

(2) 거부사유

가족돌봄휴직을 신청하더라도 다음과 같은 경우 사업주가 거부할 수 있다.

① 대체인력 채용이 불가능한 경우

② 근로자 본인 외에도 조부모의 직계비속 또는 손자녀의 직계존속이 있는 경우

돌봄이 필요한 가족을 돌볼 수 있는 "다른 가족"이란, 돌봄이 필요한 가족을 기준으로 조부모, 부모, 배우자, 배우자의 부모, 자녀 또는 손자녀가 해당된다.

③ 사업주가 고용노동부 고용센터에 구인신청을 하고 대체인력을 채용하기 위해 14일 이상 노력하였으나 대체인력을 채용하지 못한 경우

정당한 이유없이 2회 이상 채용을 거부한 경우에는 인정하지 않는다.

④ 가족돌봄휴직이 정상적인 사업 운영에 중대한 지장이 초래되는 경우로서 사업주가 이를 증명하는 경우

근로자의 가족돌봄휴직 신청을 거부할 수 있는 사유가 없음에도 불구하고 거부한 사업주에게는 500만원 이하의 과태료가 부과된다.

4. 가족돌봄휴직기간 중 급여 및 근속기간 포함 여부

① 가족돌봄휴직은 원칙적으로 무급이므로 급여가 지급되지 않는다. 다만 단체협약이나 취업규칙 등에 별도의 규정이 있어 급여를 지급하는 것까지 금지하는 것은 아니다.

② 가족돌봄휴직기간은 근속기간에 포함된다. 승진, 퇴직금 산정, 연차유급휴가일수 가산 등을 할 때에는 근로자의 근속기간을 따지게 되는데 이 때 가족돌봄휴직기간도 포함된다. 다만, 가족돌봄휴직기간은 평균임금 산정기간에는 제외된다.

5. 가족돌봄휴직기간에 대한 연차유급휴가 산정 방법

가족돌봄휴직기간도 연차유급휴가의 발생요건인 출근율을 계산함에 있어서는 가족돌봄휴직기간을 제외한 나머지 소정근로일수의 출근율을 가지고 산정한다.

연차유급휴가일수는 가족돌봄휴직기간을 제외한 나머지 소정근로일수와 연간 총소정근로일수의 비율에 따라 산정한다.

6. 불리한 처우의 금지

가족돌봄휴직 또는 돌봄휴직 신청을 이유로 해고하거나, 근로조건을 악화시키는 등 불이익 처우를 금지하고 있다. 가족돌봄휴직이 끝난 후에 휴직 전과 같은 업무 또는 같은 수준의 임금을 지급하는 직무에 복귀시켜야 한다.

12 가족돌봄휴가제도

1. 가족돌봄휴가제도의 의의

가족돌봄휴가란 사업주는 근로자가 가족(조부모 또는 손자녀의 경우 본인 외에도 직계비속 또는 직계존속이 있는 등 대통령령으로 정하는 경우는 제외한다)의 질병, 사고, 노령 또는 자녀의 양육으로 인하여 긴급하게 그 가족을 돌보기 위한 휴가를 말하는데 신청하는 경우에 허용하여야 한다. 다만 근로자가 청구한 시기에 휴가를 주는 것이 정상적인 사업운영에 중대한 지장을 초래하는 경우에는 근로자와 협의하여 그 시기를 변경할 수 있다(남녀고용평등법 제22조의2제2항).

2. 가족돌봄휴가기간과 사용횟수

가족돌봄휴가기간은 연간 최장 10일로 하며, 일 단위로 사용할 수 있을 것이어야 하되 가족돌봄휴가기간은 가족돌봄휴직기간에 포함된다(남녀고용평등법 제22조의2 제4항제2호).

3. 가족돌봄휴가를 이유로 한 해고 금지

사업주는 가족돌봄휴가를 이유로 해당 근로자를 해고하거나 근로조건을 악화시키는 등 불리한 처우를 하여서는 아니 된다(동조 제5항).

4. 가족돌봄휴가기간의 급여, 근속기간 포함 및 평균임금 산정시 제외

가족돌봄휴가기간은 원칙적으로 무급이며 근속기간에 포함한다. 다만 근기법 제2조제1항제6호에 따른 평균임금 산정기간에서는 제외된다.

13 가족돌봄 등을 위한 근로시간 단축 청구권

1. 근로시간단축청구권의 의의

근로시간단축청구권이란 근로자가 자신과 그 가족을 돌보거나, 55세 이상의 근로자가 은퇴를 준비하는 경우 및 근로자의 학업을 위한 경우 등의 사유로 근로시간의 단축을 사용할 수 있는 권리를 말한다(남녀고용평등법 제22조의3 및 제22조의4).

2. 근로시간 단축 신청사유 및 예외

(1) 근로시간 단축 신청사유

사업주는 근로자가 다음 어느 하나에 해당하는 사유로 근로시간의 단축을 신청하는 경우에 이를 허용하여야 한다(남녀고용평등법 제22조의3 제1항 본문).

① 근로자가 가족의 질병, 사고, 노령으로 인하여 그 가족을 돌보기 위한 경우

② 근로자 자신의 질병이나 사고로 인한 부상 등의 사유로 자신의 건강을 돌보기 위한 경우

③ 55세 이상의 근로자가 은퇴를 준비하기 위한 경우

④ 근로자의 학업을 위한 경우

(2) 근로시간 단축 신청 예외

다만, 대체인력 채용이 불가능한 경우, 정상적인 사업 운영에 중대한 지장을 초래하는 등 대통령령으로 정하는 경우에는 그 신청을 거부할 수 있다(동조 제1항 단서). 사업주가 근로시간 단축을 허용하지 아니하는 경우에는 해당 근로자에게 그 사유를 서면으로 통보하고 휴직을 사용하게 하거나 그 밖의 조치를 통하여 지원할 수 있는지를 해당 근로자와 협의하여야 한다(동조 제2항).

3. 근로시간 단축 허용시의 근로시간 및 근로시간 단축기간

사업주가 해당 근로자에게 근로시간 단축을 허용하는 경우 단축 후 근로시간은 주당 15시간 이상이어야 하고 30시간을 넘어서는 아니 된다(동조 제3항).

근로시간 단축의 기간은 1년 이내로 한다. 다만 근로시간 단축 허용 사유(①부터 ③까지)에 해당하는 근로자는 합리적 이유가 있는 경우에 추가로 2년의 범위

안에서 근로시간 단축의 기간을 연장할 수 있다(동조 제4항).

4. 근로시간 단축과 신분보장 · 대우

① 해고금지 : 사업주는 근로시간 단축을 이유로 해당 근로자에게 해고나 그 밖의 불리한 처우를 하여서는 아니 된다(동조 제5항).

② 업무복귀 : 사업주는 근로자의 근로시간 단축기간이 끝난 후에 그 근로자를 단축 전과 같은 업무 또는 같은 수준의 임금을 지급하는 직무에 복귀시켜야 한다(동조 제6항).

5. 가족돌봄 등을 위한 근로시간 단축 중 근로조건 등

(1) 근로조건의 불이익변경 금지

사업주는 근로시간 단축을 하고 있는 근로자에 대하여 근로시간에 비례하여 적용하는 경우 외에는 가족돌봄 등을 위한 근로시간 단축을 이유로 그 근로조건을 불리하게 하여서는 아니된다(남녀고용평등법 제22조의4제1항).

(2) 근로조건의 서면 작성

근로시간 단축을 한 근로자의 근로조건(근로시간 단축 후 근로시간을 포함한다)은 사업주와 그 근로자 간에 서면으로 정한다(동조 제2항).

(3) 연장근로제한과 그 예외

사업주는 근로시간 단축을 하고 있는 근로자에게 단축된 근로시간 외에 연장근로를 요구할 수 없다. 다만 그 근로자가 명시적으로 청구하는 경우에는 사업주는 12시간 이내에서 연장근로를 시킬 수 있다(동조 제3항).

(4) 평균임금 산정기간에서 제외

근로시간 단축을 한 근로자에 대하여 근기법 제2조제1항제6호에 따른 평균임금을 산정하는 경우에는 그 근로자의 근로시간 단축기간을 평균임금 산정기간에서 제외한다(동조 제4항).

6. 단축청구권의 시행시기

가족돌봄 등을 위한 근로시간 단축 등의 개정규정은 다음 구분에 따라 시행한다.

① 상시 300명 이상의 근로자를 사용하는 사업, 공공기관, 지방공사 및 지방공단 등 : 2020년 1월 1일
② 상시 30명 이상 300명 미만의 근로자를 사용하는 사업 : 2021년 1월 1일
③ 상시 30명 미만의 근로자를 사용하는 사업 : 2022년 1월 1일

14 임산부 및 18세 미만자의 시간외 · 휴일 · 야간근로 제한

1. 제한내용

(1) 시간외근로의 제한

일반 여성근로자에 대하여는 근기법의 근로시간 제한규정이 완화되었으나 모성보호의 목적에서 보호조치가 철저해졌다. 임산부(임신 중의 여성 및 산후 1년이 지나지 아니한 여성)는 다음과 같이 야간근로·휴일근로 및 시간외근로 등이 제한되고 있다. 근기법 제71조에 의하면 「사용자는 산후 1년이 지나지 아니한 여성에 대하여는 단체협약이 있는 경우라도 1일에 2시간, 1주에 6시간, 1년에 150시간을 초과하는 시간외근로를 시키지 못한다」고 규정하여 임산부의 시간외근로는 일정한 한도 내에서 허용되지만 임신 중인 여성근로자의 시간외근로는 금지된다.

(2) 휴일 · 휴일근로의 제한

근기법 제70조제2항은 「사용자는 임산부와 18세 미만자를 오후 10시부터 오전 6시까지의 시간 및 휴일에 근로시키지 못한다. 다만, 다음 각 호의 어느 하나에 해당하는 경우로서 고용노동부장관의 인가를 받으면 그러하지 아니하다. 1. 18세 미만자의 동의가 있는 경우, 2. 산후 1년이 지나지 아니한 여성의 동의가 있는 경우, 3. 임신 중의 여성이 명시적으로 청구하는 경우」라고 규정하고, 동조제3항에서 「사용자는 제2항의 경우 고용노동부장관의 인가를 받기 이전에 근로자의 건강 및 모성 보호를 위하여 그 시행 여부와 방법 등에 관하여 그 사업 또는 사업장의 근로자대표와 성실하게 협의하여야 한다」라고 규정하고 있다.

(3) 금지되는 휴일근로의 범위

법정휴일에 한정된다. 휴일근로는 주휴일, 근로자의 날 등 법정휴일을 의미

하며 회사의 약정휴일에 근로가 필요한 경우에는 근로자의 동의가 있으면 되고 고용노동부장관의 인가는 필요하지 않다(1993.5.1, 근기01254-795).

(4) 근로자대표와의 협의

사용자는 인가를 받기 전에 근로자의 건강 및 모성 보호를 위해 시행 여부 및 방법 등에 대해 근로자대표와 성실하게 협의하여야 한다. 이 규정 위반시 500만원 이하의 벌금에 처할 수 있어 이는 훈시적이거나 선언적 규정이 아닌 강행규정이다. 법에서 요구하는 것은 합의가 아닌 협의이므로 근로자대표와 견해가 다르다 하더라도 협의를 거쳤으면 유효하다. 주요 협의 사항은 야간·휴일근로 업무 범위, 실시 필요성, 근로자 보호방안, 작업 형태 등 근무조 편성 등이며 인가 대상자가 발생할 때마다 협의할 필요는 없으나 업무내용, 근로방법 등 근무형태와 작업환경에 변동이 있어 야간 및 휴일 근로에 영향을 미칠 경우에는 새로이 협의하여야 한다.

2. 야간근로·휴일근로 인가 요건

근기법 제70조제2항의 규정에 의한 임산부 및 18세 미만자의 야간근로·휴일근로 인가대상은 법 제69조 및 제71조의 근로시간의 준수가 가능하다고 인정되고 다음 어느 하나에 해당하는 사유의 야간근로 또는 휴일근로에 한한다(2023.7.24, 고용노동부훈령 제465호, 근로감독관집무규정 제71조제1항).

① 교대제 실시로 인하여 야간근로가 불가피할 것

② 운송·방송 등 일상생활에 필수적인 공익사업에 해당하여 야간근로 또는 휴일근로가 불가피할 것

③ 업종의 특성상 야간에 가동(영업)하지 아니하면 사업의 계속적인 영위가 곤란하여 야간근로가 불가피할 것

④ 일시적인 주문량 증가 등으로 야간근로 또는 휴일근로가 불가피할 것

⑤ 그 밖에 위의 어느 하나에 준하는 사유가 발생할 것

근로감독관 집무규정 제71조제1항에도 불구하고 18세 미만자의 심야시간(24시~익일 6시) 근로는 생계곤란 등으로 불가피하고 사업장 근무실태 및 업무강도를 연소근로자가 감내할 수 있다고 판단되는 경우에 한하여 인가할 수 있다(동 규정 제71조제2항).

임산부 및 18세 미만인 자에 대한 야간·휴일근로인가는 「근기법 시행규칙」 별지 제12호서식에 인가종류, 근로자의 성명, 생년월일, 근무부서 및 업무, 인가기간, 근로시간(18세 미만자의 야간근로의 경우) 등을 표시한 "인가자 현황"을 첨부하여 발급하여야 한다. 다만, 임신근로자에 대한 야간 및 휴일근로 인가시 인가대상 임신근로자에게 야간·휴일근로의 명시적인 청구 여부, 모성보호 협의 및 임신근로자의 야간·휴일근로 필요성 등을 직접 확인해야 한다(동 규정 제71조제3항).

Chapter 12

인사이동을 둘러싼 법률지식

1 인사이동의 유형과 그 법적 성질

'인사이동'이란 근로자가 회사의 명령에 의하여 종래의 종사업무, 근무장소, 지위 등과는 상이한 취업장소 또는 종래에 종사하는 지위와는 다른 지위에 종사하여 근무하는 것을 말한다. 이 경우 근로계약의 요소(종사업무, 종사장소, 근기법 시행령 제8조 참조)가 변경된다고 인정되는 것이 이른바 '배치전환', '전근', '파견', '전출', '전적'이라 일컬어지는 것이며, 요소의 변경에 이르지 아니하는 일상의 업무명령의 범위내에 그치는 것이 '출장'이라고 일컬어지는 것이다.

또 인사이동은 근로계약을 체결하여 채용된 회사 내부에서의 것 즉 '기업내 인사이동'과 근로계약을 체결하고 있지 아니한 제3자인 회사에 이동하여 그 제3자인 회사 근로자로써의 업무에 종사하게 되는 '기업간 인사이동'이라는 회사 상호간의 인사이동이 있다.

파견법에 의하면 근로자파견사업은 고용노동부장관의 허가를 받아야 할 수 있는데, 여기에서 파견은 파견법상의 근로자파견이 아니고 타인의 지휘·명령에 의하지 아니한 일반적으로 인정되는 점원파견형이나 도급 내지 업무위탁형을 말한다.

백화점 등의 대형점포가 다양한 기업을 위하여 매장을 만들어 이들 기업으로부터 점원 파견을 받는 것(파견점원)이 있다. 이 경우 각 매장의 장소는 대형점포 안에 있지만, 각 기업의 사업장으로 되어 있다고 해석되고 있다. 이것을 정리하면 다음과 같다.

일상업무명령
- **통상출장** : 자기의 통상적인 업무를 수행하면서 통상의 근무장소 이외에서 업무를 행하는 것
- **지원출장** : 자기의 통상적인 업무와 동일하지 아니한 유사한 업무를 통상의 근무장소 이외의 자사의 다른 회사업장에 일시적, 임시적으로 출장하여 그 지휘하에 들어가서 업무의 지원을 행하는 것

기업내이동
- **파견(점원・도급 파견형)** : 근무장소를 변경하여 근무하는 것이며 다른 회사의 사업장 내에 설치되어 있으나 독립하여 근기법의 적용단위가 되지 아니한 점포・작업장 등에서 근무하는 것
- **배치전환** : 종사업무를 변경하여 종래의 업무와는 별도의 업무에 종사하는
- **전 근** : 종래의 근무장소(사업장)를 변경하여 종래와는 별도의 장소에 있는 사업장에서 근무하는 것

기업간이동
- **전 출** : 자사와의 근로계약에 따라 자사에 재직한 채로 회사의 명령에 의하여 다른 회사에 파견되어 다른 회사 지휘・감독에 따라 다른 회사의 노무를 제공하는 것
- **전 적** : 자사와의 근로계약을 해약하여 새로 다른 회사와 근로계약을 체결하여 다른 회사의 근로자로 되는 것, 자사퇴직과 다른 회사채용이 상호간에 법적으로 조건관계에 있는 것

또 이것을 알기 쉽게 도해하면 다음과 같다.

〈출장・전출・전근・파견전적・전적의 구분〉

① 출 장

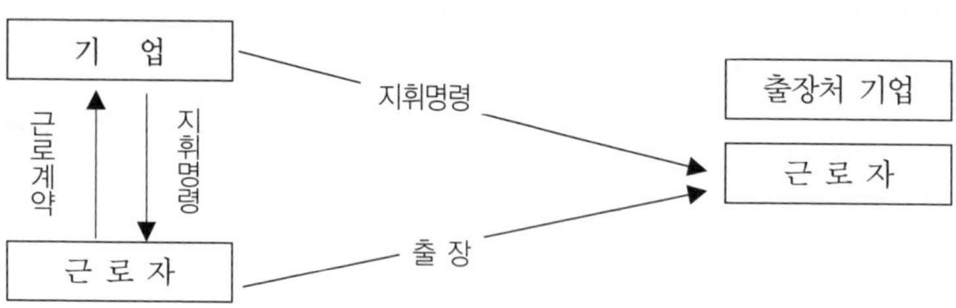

② 파 견(점원 · 도급파견형)

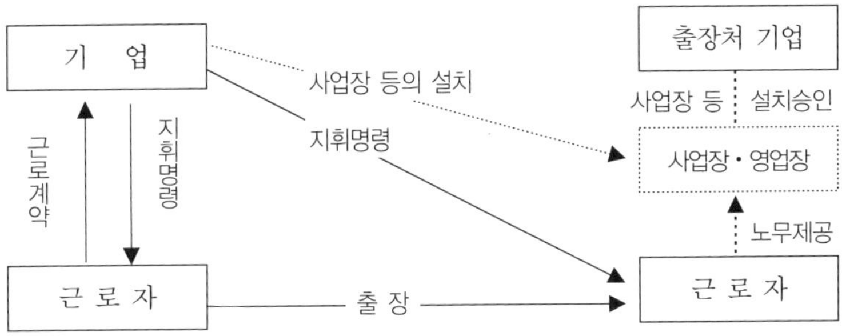

③ 전 근

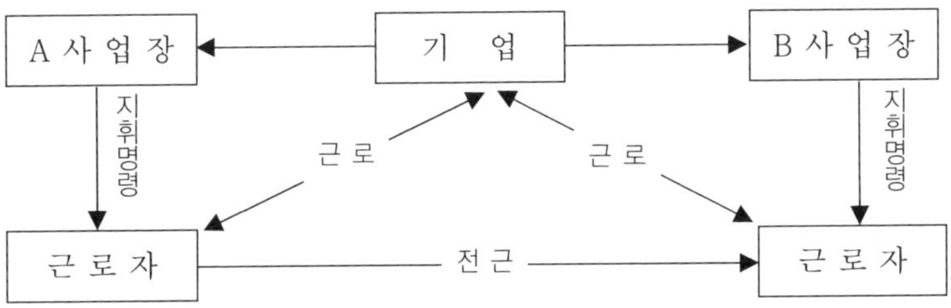

④ 전 출

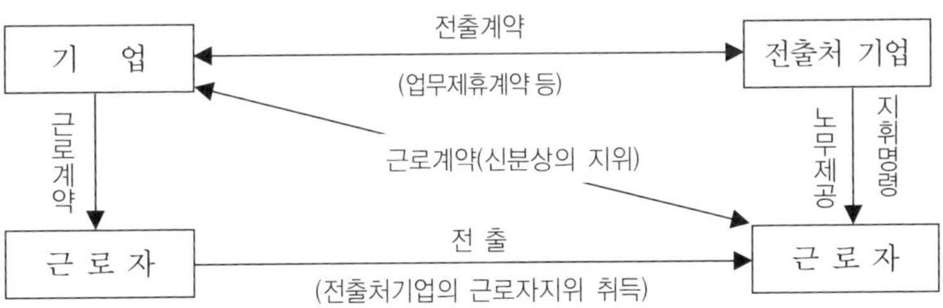

⑤ 전 적

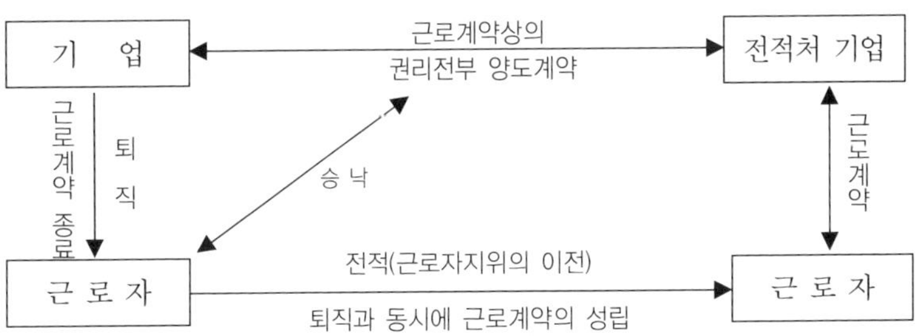

2 인사이동은 회사의 자유인가

1. 인사권과 인사이동

(1) 인사권의 의의와 주요내용

인사권이란 근로자의 채용, 배치, 이동, 인사고과, 승진, 승격, 휴직, 해고 등 경영조직에서 근로자의 지위변동이나 처우에 관계되는 사용자의 결정권한을 말하며 인사권의 주요내용으로는 지휘명령권, 징계권, 인사이동권 등이 있다. 근로계약의 체결에 있어 '어디서, 어떤 일을 하느냐'라고 함이 계약상의 중요한 요소이기 때문에 이를 명확하게 결정하는 것이 바람직하지만 우리나라에서는 그와 같은 명확한 결정을 하지 않고 '회사가 명하는 일을, 회사가 명하는 장소에서 하겠습니다'라는 전제 아래 계약하는 것이 통례이다.

그러므로 우리나라에서는 일반적으로 근로계약은 근로자가 그 노동력의 사용을 포괄적으로 사용자에게 위임하는 것을 내용으로 하는 것이며 개개의 구체적 근로를 직접 약정하는 것은 아니므로, 사용자는 근로자가 제공하는 근로의 종류·태양·장소를 결정하는 권한을 가지며, 따라서 사용자가 업무상의 필요에서 근로자에게 배치전환이라든가, 전근을 명한다는 것은 원칙적으로 허용된다(취업규칙상의 명시가 없더라도 묵시적·포괄적으로 이와 같은 권한이 부여되어 있다고 생각되고 있는데, 취업규칙에 "업무상의 형편으로 전근, 배치전환을 명하는 경우가 있다"라는 취지의 규정이 있으면 이것은 보다 강하게 적용된다).

(2) 인사이동의 법적 근거

근로계약 당사자 사이에 직무내용이나 근무장소에 관한 약정이 없는 경우 사용자의 인사이동의 법적 근거가 무엇인지 문제에 대하여 두 개의 학설이 있다. 첫째, 포괄적 합의설이란 "근로계약은 근로자가 자신의 노동력의 처분을 사용자에게 포괄적으로 맡기는 계약이므로, 사용자는 인사권에 근거해 근로자에게 인사이동을 명령할 수 있다"는 견해와 둘째, 계약설이란 "사용자의 인사이동명령은 명시적·묵시적으로 근로계약에서 합의된 범위 내에서만 법적 구속력을 가지므로 그 합의를 벗어난 인사이동명령은 근로자의 동의를 요한다"는 견해가 있다.

판례는 근로자에 대한 전직이나 전보처분은 원칙적으로 인사권자인 사용자의 권한에 속하므로 업무상 필요한 범위 안에서는 상당한 재량을 인정해야 한다는 입장이다. 판례는 포괄적 합의설에 가까운 것으로 보이나, 근로자 보호 측면에서 근로자와의 협의를 거쳤는지를 배치전환 정당성 판단의 추가적 근거로 삼고 있다(대법 2013.2.28, 2010두20447).

2. 인사이동과 회사의 권한행사의 한계

판례(대법 2023.7.13, 2020다253744 ; 대법 2015.10.29, 2014다46969 ; 대법 2013.2.28, 2010두20447 ; 대법 2009.4.23, 2007두20157 ; 대법 2007.10.11, 2007두11566 ; 대법 2000.4.11, 99두2963 ; 대법 1997.7.22, 97다18165 · 18172)는 「근로자에 대한 전직이나 전보처분은 근로자가 제공하여야 할 근로의 종류 · 내용 · 장소 등에 변경을 가져온다는 점에서 근로자에게 불이익한 처분이 될 수도 있으나, 원칙적으로 인사권자인 사용자의 권한에 속하므로 업무상 필요한 범위 안에서는 상당한 재량을 인정하여야 한다. 그것이 근기법 제23조제1항에 위배되거나 권리남용에 해당하는 등 특별한 사정이 없는 한 무효라고 할 수 없다. 전직처분 등이 정당한 인사권의 범위 내에 속하는지의 여부는 당해 전직처분 등의 업무상의 필요성과 전직에 따른 근로자의 생활상의 불이익을 비교 · 교량하고, 근로자가 속하는 노동조합(노동조합이 없으면 근로자 본인)과의 협의 등 그 전직처분을 하는 과정에서 신의칙상 요구되는 절차를 거쳤는지 여부를 종합적으로 고려하여 결정하여야 한다」고 한다.

3. 정당 또는 부당한 인사이동명령 불응시의 효력

① 근로자에 대한 전출명령이 무효가 아니라면 근로자로서는 이에 따라야 할 의무가 있다 할 것이므로 그 전출명령에 따른 부임을 거부하는 근로자를 이를 이유로 회사의 취업규칙이나 인사규정에 따라 해고한 것이 무효라고 할 수 없다(대법 1991.9.24, 90다12366). 전직명령의 업무상의 필요성이 근로자가 입은 생활상의 불이익보다 큰 경우 전직명령은 유효하며 이러한 전직명령에 불응한 근로자를 해고한 것은 정당하다(대법 2007.10.11, 2007두11566).

② 근로자가 무효인 전직명령의 효력을 다투면서 전직발령지에서 근로를 제공하지 아니하는 경우 이는 부당한 전직명령을 한 사용자의 귀책사유로 말미암은 것이므로, 근로자는 전직명령시부터 원직복귀시까지의 기간 동안 종전 근무지에서 계속 근로하였을 경우에 받을 수 있는 임금의 지급을 청구할 수 있다(대법 2006.9.14, 2006다33531).

4. 법령 위반의 인사이동의 효력

또한 인사권의 행사가 예컨대 업무상 부상을 당하여 요양 중인 근로자를 해고한다면 그 해고는 근기법 제23조제2항 위반으로 무효가 된다. 인사권의 행사가 법령에 위반된다면 이것을 전제로 한 인사권의 행사도 무효가 된다. 예컨대 전출명령을 행하고 근로자가 이것을 거부했다는 이유로 징계해고한 경우, 전제인 전출명령이 법령 위반으로서 무효라면 이것을 거부했다는 이유로 한 징계해고는 객관적이고 합리적인 이유가 없으므로 권리남용으로서 무효가 된다.

3 인사이동의 정당성 판단기준

> **[실무사례]**
> 상시 근로자 50명을 사용하는 A법인은 복지관과 재활센터를 포함한 사회복지 시설을 운영하고 있다. 최근 A법인은 복지관 업무량은 감소하고 재활센터 업무량은 대폭 증대되었다. 하지만 재정난으로 재활센터의 인력충원이 어려워지자, A법인은 복지관에서 사회복지사로 근무 중인 甲에게 그 직무와 근무지를 변경하여 복지관에서 도보로 10분 거리에 있는 재활센터에서 근무하도록 명하였다. 甲은 A법인의 명령에 대하여 월 3만원의 수당이 감소하고 출퇴근시간이 늘어나게 되며, 본인이 재활센터 근무에 동의한 사실이 없으므로 부당하다고 주장한다. 근로계약서상 甲의 직무 및 근무지를 한정하는 내용은 없고 甲의 거부로 협의는 하지 못하였다. 甲의 주장은 정당한가?(다툼이 있는 경우 판례에 따름)

1. 인사이동의 중요성

근로자의 적재적소 배치와 이동은 인사의 핵심적 과제이다. 한정된 인재를 최대한으로 활용하기 위해 근로자를 효과적으로 배치할 필요가 있다. 또한 사업의 신설·폐지, 근로자의 퇴직·채용을 계기로 근로자의 인사이동(전근·배치전환 등)을 효율적으로 행할 필요가 있다. 나아가 유능한 근로자를 승격시키거나 반대로 평가가 나쁜 근로자에 대해 강격인사가 필요한 경우도 있다. 기업활동이 자본이나 거래관계에서 글로벌화되고 있는 오늘날에는 회사 간의 인사이동(전출·전적 등) 등도 불가결하다. 그러나 배치전환에 따라 주거지가 변동되어 가족을 위해 단신부임하면 근로자의 가정생활에 중대한 영향을 미친다. 또한 회사간 이동은 경력이나 근로조건 문제가 발생한다. 특히 강격인사나 강격이동은 분쟁 요인이 되는 경우가 많다. 인사이동에 있어서는 사용자와 근로자 간에 어떠한 이익조정이 필요할 것이다. 그 중심에 있는 것이 「업무상의 필요성」과 「근로자의 생활상의 불이익」의 비교 교량, 근로자측과의 협의이며 이를 결여한 전보처분은 부당하다. 이에 관해서는 많은 판례가 축적되어 있고 어느 정도 안정된 법리가 형성되어 있다(대법 2012.11.29, 2011두30069). 최근 인사권의 배경을 형성하고 있는 장기고용시스템 자체의 변화에 따라 기업 스스로 인사권을 제약한다든지(직종 · 근무지한정제도, 근로자에게 직무선택권을 인정하는 제도(사내공모제 · 사내 FA제)), 인사권에 대하여 법규제를 강화하려는 경향이 생기고 있다(근로자의 경력형성을 지원하는 관점에서의 규제, 일과 생활의 조화관점에서의 규제). 인사권과 인사이동에 대해서는 이와 같은 변화를 충분히 유의할 필요가 있다.

2. 회사의 업무상의 필요성

(1) 업무상의 필요성의 의의

업무상의 필요란 인원 배치를 변경할 필요성이 있고 그 변경에 어떠한 근로자를 포함시키는 것이 적절할 것인가 하는 인원선택의 합리성을 의미하는데, 여기에는 업무능률의 증진, 직장질서의 유지나 회복, 근로자간의 인화 등의 사정도 포함된다(대법 2023.7.13, 2020다253744 ; 대법 2013.2.28, 2010다52041). 조직개편이나 공장신설 등으로 일부 근로자를 선별하여 전직처분을 하는 경우에는 해당 근로자를 대상자로 선정한 것에 합리성과 공정성이 인정되어야 한다. 업무상의 필요성은 사용자의 주관적 판단에 의할 것이 아니라 노동력의 적정배치로 인한 업무의 능률증진, 근로자의 능력개발과 근무의욕의 고취, 업무운영의 원활화 등 기업의 합리적 운영에 기여하는 것인지 여부에 관한 객관적 기준에 의하여 판단되어야 한다(대법 2006.1.27, 2005두16772). 회사가 종래의 인사운용 체제의 문제점과 경영환경의 변화 등으로 인하여 일반열차 차장을 역무원으로 전보 발령할 필요성을 가지게 된 점, 경영환경의 변화에 따라 고객서비스 저하라든지 타성적 업무관행을 탈피하기 위한 필요성이 없다고 할 수는 없는 점 등에 비추어 볼 때 일반열차 차장을 역무원으로 발령한 인사명령의 업무상 필요성이 인정된다(대법 2013.6.27, 2013다9475).

(2) 업무상의 필요성이 인정된 사례

지금까지의 판례와 노동위원회 판정례 등에 의하면 사용자측의 업무상 필요성(목적)이 인정된 경우는 다음과 같다. ① 인사적체 해소를 통한 근로의욕의 향상 및 경영능률의 증대, 부서간 인사교류를 통한 업무운영 원활화 등의 포괄적·종합적인 목적, ② 직제·업무조직 등의 개편을 통한 노동력의 적정배치 및 인사교류의 필요성, ③ 누적된 인사적체를 해소하기 위한 방편, ④ 정원의 증감으로 충원 내지 잉여인력의 재배치, ⑤ 직장질서의 유지나 회복, ⑥ 근로자간의 인화, ⑦ 구성원의 기술·업무능력 제고 및 배치상의 융통성·신축성 제고, ⑧ 환경문제 등 사업외적 요인, ⑨ 정기적인 인사교류, ⑩ 사업상 필요에 의한 부서신설 및 인력배치, ⑪ 경영혁신·고용조정으로 인한 인력재배치 등을 인정하고 있다. 근로자측의 귀책사유도 업무상 필요성의 범위에 포함될 수 있으며 여기에는 ① 업무실적·능력의 결함 부족, ② 직원간의 마찰 및 근무분위기 훼손의 시정, ③ 사업장 내 위계질서 확립 등이 고려될 수 있다.

3. 근로자의 생활상의 불이익

(1) 생활상의 불이익의 의의

근로자측의 생활상의 불이익으로는 「통상 근로자가 감수할 수 있는 정도를 현저히 초과하였는가」를 기준으로 한다(대법 2023.7.13, 2020다253744). 근로자의 생활상의 불이익에는 경제적인 것에 국한되지 않으며 물질적·시간적 요소 등이 고려의 대상이 된다 할 것이며(대법 2006.1.27, 2005두16772), 육체적인 불이익·가족·사회 생활상의 불이익이나 조합활동상의 불이익, 시간적요소 등을 고려하여야 한다.

(2) 생활상의 불이익이 인정된 사례

생활상의 불이익에 해당하는 사례로는 ① 종전 근로조건이 불이익하게 변경되는 경우로 종전 업무의 변경, 담당업무의 소멸, 직급의 변경, 임금액의 감소, 출·퇴근상의 어려움 및 생활근거지로부터의 이탈 등이 있으며, ② 장래에 기대되는 이익이 감소·소멸되는 경우로 승진(승급)기회의 박탈, 기술(경험)의 손실과 발전 저해 및 취업기회의 상실 등도 있다. ③ 팀장에서 팀원으로 직위가 변경됨으로 인하여 실질적으로 강등된 것과 동일한 지위의 변경이 있게 되었고, 이로 인해 감급된 것은 아니지만 팀장으로서 받을 수 있던 월 60만원의 업무추진비와 자긍심이나 리더십을 발휘할 기회를 모두 박탈당하게 된 경우(서울행법 2022.4.8, 2021구합52754)를 둘 수 있다.

(3) 업무상 필요성과 근로자의 생활상의 불이익과의 비교 형량

회사의 업무상의 필요성과 근로자의 생활상의 불이익을 비교 형량함에 있어서 함께 고려되는 요소로서 근로자의 불이익을 경감·회피하기 위한 완화조치의 유무 또는 보상조치(회사부담 숙소제공, 통근버스 제공, 벽지근무수당·부임수당·별거수당 또는 독신수당·귀성여비 등의 지급·무료식사제공 등 급여보상, 승진·승급, 노동강도의 경감 등)등 배려의무가 있다. 이 경우에 근로자의 배치전환에 있어서의 배우자의 취직 알선이나 동일기업에 근무하는 배우자의 동거 가능한 근무장소로의 배치전환 등과 인사이동 대상자의 선정기준·방법(종전관례, 자격·기술, 근무경력, 업무실적(능력) 부족, 징계대상자 선정기준 및 고용조정불응 등)이 부당한 동기·목적이 없었는가 등에 있다.

(4) 업무상의 필요성과 생활상의 불이익에 대한 입증책임

'업무상의 필요성'과 '생활상의 불이익'에 대한 입증책임과 관련하여 사용자는 전직으로 인한 근로자의 생활상 불이익보다 업무상 필요성 정도가 더 크고 신의칙상 요구되는 협의절차를 이행했는지를 증명하여야 하고, 근로자는 개인적인 사정에 근거한 생활상의 불이익을 증명하여야 한다.

4. 근로자측과의 협의

① 종전의 판례 : 전보처분 등을 함에 있어서 근로자 본인과 성실한 협의절차를 거쳤는지의 여부는 정당한 인사권의 행사인지의 여부를 판단하는 하나의 요소라고는 할 수 있으나 그러한 절차를 거치지 아니하였다는 사정만으로 전보처분 등이 권리남용에 해당하여 당연히 무효가 된다고는 볼 수 없다(대법 2005.9.30, 2005다32890 ; 대법 1997.7.22, 97다18165·18172 ; 대법 1998.12.22, 97누5435)는 입장이었다.

② 최근의 판례 : 근로자 본인과의 협의 등 전보명령을 하는 과정에서 신의칙상 요구되는 절차를 거쳤는지 여부 등도 고려되어야 한다. 신의칙 위반 여부는 사용자가 근로자를 설득하기 위하여 한 노력 여하 및 그 정도, 배치전환의 방법, 다른 근로자와의 형평성 등이 중요한 요소가 된다. 그리고 신의칙 위반은 그 내용과 정도에 따라 상대적 관점에서 사회통념에 따라 종합적으로 판단하여야 할 것이다(대법 2023.7.13, 2020다253744 ; 대법 2006.1.27, 2005두16772)라고 한다.

③ 단체협약에서 조합원 인사에 관하여 노동조합이 이의를 제기하는 경우 : 노동조합과 사전협의를 거치도록 한 취지는 조합원에 대한 사용자의 자의적인

인사권 행사를 방지하려는 뜻에서 사용자로 하여금 조합원에 대한 인사의 내용을 미리 노동조합에 통지하는 등 노동조합을 납득시키려는 노력을 하게하고, 노동조합에 의견을 제시할 기회를 주게 하며, 아울러 노동조합으로부터 제시된 의견을 참고자료로 고려하게 하려는 것에 지나지 않는 것이라고 봄이 상당하므로, 조합원에 대한 인사가 위와 같은 사전협의 절차를 거치지 아니한 채 행하여졌다고 하여 반드시 그 인사의 효력이 없는 것이라고는 할 수 없다(대법 2011.7.28, 2008두11693). 그러나 취업규칙이나 단체협약에 인사이동의 기준 및 절차를 별도로 규정하고 있거나 노동조합과의 합의절차를 거치도록 규정되어 있다면 원칙적으로 이에 따라야 한다(서울고법 2008.5.14, 2007누25710 ; 대법 2008.9.25, 2008두8321 심리불속행기각).

5. 근로계약상의 특약

노사간에 체결된 근로계약에서 근로의 종류나 내용, 근무장소 등을 특별히 한정하고 있는 경우 사용자가 그 근로자를 전직한다면 이는 근로계약의 변경이므로 해당 근로자의 동의가 필요하다(대법 2013.2.28, 2010다52041). 이러한 한정특약은 반드시 명시적일 필요는 없고 업무의 성격, 근무조건, 채용 후 관행 등을 고려해 묵시적으로 성립할 수 있다. 이를 표시하면 다음과 같다.

〈배치전환 · 전근명령정당성 판단방법〉

근무지(직종) 한정특약의 유무

↓ [특약이 있는 경우]

↓ 본인의 동의 없이 변경할 수 없다.

[변경 가능한 경우]

당해 사업장, 직종의 폐지 · 축소 등의 경우

↓ [특약이 없는 경우] = 포괄계약

↓ 배치전환 · 전근명령은 인사권 행사로서 본인의 동의 없이 업무명령으로 할 수 있다.

[권리남용이 되는 경우]

- 업무상 필요성 없이 명령한 경우
- 부당한 동기 · 목적으로 명령한 경우
- 근로자에게 통상 감수할 수 있을 정도를 초과하여 현저하게 불이익이 발생한 경우

6. 배치전환 · 전근 등 인사이동의 인사노무 관리상의 유의사항

배치전환 · 전근 등 인사이동명령권의 행사가 권리남용을 피하기 위해서는 다음 사항을 유의할 필요가 있다.

① 업무상의 필요성이 있는가, 업무상의 필요성은 기업의 합리적 운영의 관점에서 그 필요성이 인정되어야 한다.

② 인선의 합리성이 있는가, 다른 근로자로서는 대체하기 어려운 고도의 합리성이 있는가

③ 절차의 타당성 · 노무관리상의 배려를 하였는가, 본인의 개인적 사정을 고려하였는가, 통상 근로자가 감당하여야 할 정도를 초과하는 경우에 개인적 사정을 충분히 배려하고 해당 기업이 정하는 배치전환 절차를 준수하며 거부자에 대한 설명 · 설득 절차가 필요하다.

④ 배치전환 · 전근이 근기법에 위반되거나 권리남용에 해당되었는가, 그러나 특별한 사정이 있는 경우에는 허용되어야 할 것이다.

⑤ 근로계약에서 근로내용을 특별히 한정한 경우에 사용자가 이를 변경하는 전직이나 전보명령을 하려면 근로자의 동의가 있어야 할 것이다(대법 2011.11.10, 2011두20192).

4 입사시 배치전환 · 전근에 응한다는 서약서의 효력

1. 서약서의 효력

사용자는 근로계약 체결 또는 변경시에 근로자에게 「취업의 장소와 종사하여야 할 업무」를 명시하여야 한다(근기법 제17조, 동법시행령 제8조제1호).

이것은 고용 직후의 것을 명시하면 충분하며 장래의 취업장소나 종사업무를 예정하여 망라적으로 명시하지 않더라도 무방하다. 장래 전근 등의 인사이동이 있을 경우를 명시하면 더욱 좋을 것이다.

최근에는 "회사가 업무상의 필요에 따라 배치전환이나 전근을 명하였을 경우에는 정당한 이유가 없는 한 거부하지 아니하겠습니다"라는 내용의 서약서를 받는 회사가 있는데 이것을 알고 근로자가 서명하였을 경우에 특별한 효력이 발생하느냐의 문제가 생긴다.

전술한 바와 같이 특약이 없는 한 사용자에게 종사업무, 근무장소의 결정·변경권한을 위임하여 근로계약을 체결한 셈이 되기 때문에 취업규칙, 그 밖에 계약상의 특약을 반드시 필요로 하는 것은 아니다(다만, 일부의 학설·판례는 이것을 근거로 한다).

그러나 취업규칙에 "회사는 업무상의 필요에 의하여 근로자에게 배치전환·전근을 명하는 경우가 있다. 이 경우 근로자는 정당한 이유가 없는 한 거부하지 못한다"라는 취지의 규정이 있으면 회사에 포괄적인 인사이동 권한이 있음이 명백히 규정되어, 명문의 근로조건의 내용이 되므로 근로계약 내용으로서 명확하게 되므로 회사 입장에서는 취업규칙에 이와 같이 규정하여 두는 것이 필요하다. 이러한 취지를 더욱 확인하는 의미에서 서약서나 각서에 배치전환·전근에 따르겠다는 규정을 명시하여 둔다면 보다 확실하게 회사와 그 근로자 사이에 배치전환·전근의무가 있는 것으로 적용된다.

2. 서약서 작성을 근로자가 거부할 경우의 해고사유 여부

근로자가 '개인정보보안 및 비밀준수서약서'작성을 거부할 경우 해고사유가 될 수 있는지 여부이다. 당해 서약서 작성이 회사 업무수행에 필요불가결한 것이고, 회사에서 서약서로 인한 개인정보 유출위험에 대하여 충분히 노력하고 있음에도 근로자가 이유없이 서약서 작성을 거부하고 있는지 여부 등에 따라 해고의 정당성 여부가 판단되어야 할 것이다(2009.6.8, 근로기준과-1803).

3. 서약서 작성 제출행위와 부당노동행위 판단기준

일반적으로 사용자는 근로자의 채용 당시 혹은 근로기간 중에 준법의식 및 성실근로의식을 고취·함양한다거나 징계절차에서 양정자료로 삼을 목적 등으로 근로자로 하여금 장차 불성실 근무나 불법 쟁의행위를 하지 않을 것을 약속하고, 자신의 잘못을 인정하고 재발방지를 약속하는 내용의 서약서를 작성, 제출하게 할 수 있다. 또한 특별한 사정이 없는 한 이러한 행위가 노조법 제81조에서 정한 부당노동행위에 해당한다고 보기 어렵다. 그러나 당해 서약서 작성경위 및 과정 등에 비추어 볼 때 사용자의 근로자에 대한 서약서의 징구행위가 '근로자가 노동조합을 조직 또는 운영하는 것을 지배하거나 이에 개입'하기 위하여 행해졌다고 볼 수 있는 특별한 사정이 있는 경우 이러한 서약서 징구행위는 부당노동행위로서 허용되지 아니한다고 할 것이다(서울행법 2004.7.6, 2003구합32909).

4. 윤리강령과 서약서 서명행위

윤리강령이란 일정한 조직 혹은 단체가 외부적으로 공적인 사회적 책임을 인식하고 이를 바탕으로 구성원들의 의식혁신을 통하여 조직의 투명성을 제고하고, 윤리적 소명을 다하기 위하여 사회와 직장 및 나아가 사적인 생활영역에 이르기까지 스스로 준수하여야 할 자세와 실천규범을 정립하는 것을 의미하는 것이다. 따라서 윤리강령 자체만으로는 그 지향하는 목적이나 내용이 회사의 구성원들에게 법률적 의무를 부과하거나 새로운 규제를 가하여 구성원들을 통제하려는 것이라고 볼 수 없다.

이처럼 윤리강령이 본질적으로 강제적인 규범력을 가지는 것이 아니고 구성원의 자발적인 실천의지에 의존할 수밖에 없는 것이므로, 회사윤리강령의 시행에 있어서 그 실천의지를 대내·외적으로 나타내기 위하여 직원들로부터 당해 서약서를 제출받았고, 서약서 서두에는 근로자들이 윤리강령을 준수할 것을 약속하고 그 실천을 다짐하는 내용이 기재되어 있다.

판례(대법 2006.6.16, 2006두5335)는 「윤리강령이나 서약서 자체는 강제적인 규범력을 가지는 것으로 볼 수 없으나, 근로자가 이에 서명하면 윤리강령이나 서약서는 직원으로서 준수해야 할 규범 및 의무가 되었다고 할 것이므로 이에 위반하면 징계사유가 될 수 있다」라고 한다. 이 판례는 회사승인 없이 외부출강을 강행한 것은 징계사유에 해당한다고 한 사례이다.

5 법률상의 배치전환 · 전근 · 전보

배치전환이란 근로자의 직무내용이나 근무장소가 동일한 기업 내에서 상당기간 변경되는 것을 말한다. 배치전환의 유형에는 직무내용(직종)의 변경을 뜻하는 전직과 근무장소의 변경을 뜻하는 전근이 있다. 그러나 실제로 사업장에서는 전근, 전보, 전출, 인사이동 등 다양한 용어가 인사노무관리상 사용되고 있다. 사용자의 배치전환이나 전근 또는 전보 명령은 근로계약의 요소의 변경이라고 인정되는 경우에 법률상의 분쟁으로서 법원의 심리에 따라야 하나 근로계약의 요소의 변경이 아닌 경우에는 단순한 사실행위로서 법원에 소를 제기하여도 어떠한 법적 불이익한 처분이 아니므로 취소의 소는 부적법이다는 판단을 받게 된다. 근로계약의 요소의 변경 여부에 따라 그 정당성이 달리 판단된다. 그러므로 무엇이 요소의 변경인가를 미리 알아 둘 필요가 있다.

1. 동일 과(課)내 계(系)의 이동

계(系)란 소속과 내에서의 일상의 업무명령을 세분화하여 그 분담을 정형화하여 규정한 것이며, 동일 과(課)내의 이동이라고 하는 것은 일상의 업무명령 중의 문제이기 때문에 근로계약 요소의 변경이 되지 아니하므로 법률상의 배치전환에 해당되지 아니한다.

2. 동일 장소의 과(課)간의 이동

동일한 빌딩 내의 인사과로부터 기획과·경리과라는 식으로 동일 장소의 과의 이동도 종사업무의 사전에 예상된 범위를 넘지 아니하면(예를 들어, 사무계 직원) 문제가 되지 아니하며, 보험회사의 보험과·저금과·기획과 상호간의 배치전환에 관하여 일반직의 보험회사직원으로서 채용된 이상 이것을 근로계약의 내용에 위배한다고 말할 수 없다. 대학교기획처평가팀장인 근로자를 교무처수업담당으로 전보발령은 비록 팀장수당은 받지 못하였더라도 권리남용은 아니다(제주지법 2015.4.9, 2014가합5216).

3. 통근 가능한 영업소간의 이동

근로계약의 요소의 변경이 되는 전근이란 생활 본거지의 변경을 수반하는 것을 일컬으며, 통근 가능한 영업소 사이의 이동은 사내에서의 '배치전환·전근'에 해당하는 것일지라도 법률상의 분쟁이 되는 '전근'에 해당하지 아니한다. 통근가능한 영업소 사이의 이동은 종사 장소의 변경이라는 의미에서 배치전환의 범위에 들어가는데, 종사업무가 동일하며 생활 본거지의 변경도 아니므로 근로계약의 요소의 변경이라고는 말할 수 없다.

6 어떤 경우에 배치전환 · 전보 · 전근을 거부할 수 있는가

[실무사례]
상시근로자 150명을 고용하여 자동차용 부품을 제조 · 판매하는 C회사에는 기업별 노동조합인 D노동조합이 조직되어 있고, 생산직 근로자 85명이 가입하여 활동하고 있다. 최근 자동차산업의 불황이 계속되자 C회사는 인력 구조조정의 추진방안에 대하여 D노동조합과 협의를 시작하였다. 그러자 영업부 대리 甲등 35명은 D노동조합으로부터 아무런 지원을 받을 수 없는 사무직 근로자들을 대상으로 하는 새로운 노동조합을 조직하려고 준비하였다. 그런데 C회사는 업무상 필요성을 이유로 甲을 공석 중인 북미지역 영업지점의 과장급으로 발령하는 인사조치를 전격적으로 단행하였다. 이에 甲은 자신에 대한 인사조치는 불이익취급의 부당노동행위라고 주장하며 관할 지방노동위원회에 구제를 신청하였다. 甲의 주장은 정당한가?

배치전환이나 전근은 회사에 포괄적으로 위임된 권한의 행사인데, 그렇다고 하여 무제한으로 회사의 전근이나 배치전환명령이 허용되는 것은 아니다. 즉, 근로자에 대한 배치전환은 근로자가 제공하여야 할 근로의 종류와 내용 또는 장소 등에 변경을 가져온다는 점에서 근로자에게 불이익한 처분이 될 수 있으나, 원칙적으로 인사권자인 사용자의 권한에 속하므로 업무상 필요한 범위 안에서는 상당한 재량을 인정하여야 하고, 이것이 근기법 제23조제1항에 위반하거나 권리남용에 해당하는 등 특별한 사정이 없는 한 무효라고 할 수 없을 것이다.

배치전환이 정당한 인사권의 범위 내에 속하는지의 여부는 당해 배치전환의 업무상의 필요성과 배치전환에 따른 근로자 생활상의 불이익과의 비교교량 및 근로자측과의 협의 등 그 배치전환을 하는 과정에서 신의칙상 요구되는 절차를 거쳤는지의 여부에 의하여 결정되어야 한다(대법 1998.12.22, 97누5435).

배치전환 명령권의 존재가 인정되는 경우라도 업무상의 필요성이 없거나 부당한 동기 · 목적으로 명령한 경우이거나 또는 근로자에게 통상 감수할 수 있는 정도를 현저하게 벗어나 불이익을 준 때에는 그 배치전환 명령권의 행사는 남용으로서 무효가 된다.

직장질서의 유지나 회복, 또는 근로자간의 인화를 위한 배치전환도 업무상 필요성이 있다고 인정되므로 정당한 이유가 있는 경우에는 허용된다고 할 것이다. 이 경우 비록 배치전환에 당해 근로자에 대한 제재적인 의미가 내포되어 있다고 하더라도 그 자체가 단체협약이나 취업규칙 등에 정한 징계절차를 요하는 징계로서 규정되지 아니한 이상 그러한 징계절차를 거치지 않았다고 하더라도 배치전환의 효력에는 영향이 없다.

배치전환을 둘러싼 사례로서는 다음과 같은 경우가 있다.

1. 업무상 필요성이 없는 것

업무상의 필요성에 의하지 아니하는 배치전환 등은 근로계약상의 법적 근거를 결여하므로 무효이다. 예를 들어, 근로자의 단순한 사생활상의 문제나 회사와 근로자 간의 근로관계 외의 문제 등을 이유로 하는 전근명령이 이에 해당한다.

(1) 근무장소가 특정되어 있는 근로자의 전직 · 전보명령

근로계약상 근로장소가 특정되어 있는 경우에 이를 변경하는 전직이나 전보명령을 하려면 근로자의 동의가 있어야 한다. 예컨대 근로계약상 근무 장소가 국회 현장으로 되어있는 근로자를 다른 곳으로 전직명령한 것은 그것이 승진이기는 하나 근로자의 의사에 반하여 이루어진 것으로서 인사권의 남용에 해당된다(대법 1992.1.21, 91누5204).

(2) 구미생산부 보일러공 종사 근로자의 서울출장소 영업부 근무명령

구미시에 있는 회사생산부 보일러공으로 종사하여온 근로자에 대하여 서울출장소 영업부에서 근무하도록 한 조치는 중대한 근로조건의 변경으로서 근로자의 사전 동의가 없는 한 무효이며, 근로자가 개인적인 사정을 이유로 이를 거절하였다고 하더라도 근로제공의 거부라고 볼 수 없다(대법 1994.2.8, 92다893).

또한 보일러기사로 채용되어 15년 이상 기능직 근로자로 경주에서만 근무한 자를 본인의 동의없이 영업소판촉직으로 전보, 대구에 근무토록 한 것은 인사권의 남용에 해당된다(서울고법 1995.11.7, 94구29463).

2. 근로조건이 현저하게 저하하는 것

근로자의 일상생활에 영향을 미치는 임금의 상당한 감소가 되는 배치전환명령 등은 인사권의 남용이다. 예컨대 ① 임금총액은 거의 차이가 없으나 기본급이 줄고 성과급 비중이 증가하였으며 근로자가 실적을 올리는 것이 어려운 경우(서울고법 2011.2.1, 2010누19845)는 부당한 전보처분이다. ② 직책 강등을 수반한 전보가 일정연령 도달자 및 승진 탈락자의 퇴직을 유도하기 위한 것으로 그 목적이 부당할 뿐만 아니라 전보로 인한 기본임금이 지속적으로 30%에서 최대 50%까지 삭감되는 등 근로자들이 받는 불이익의 정도가 이례적으로 매우 크며, 이에 대하여 사전에 당사자 간에 충분한 협의 등이 없었는바, 이는 인사권의 남용으로 부당하다(중노위 2015.9.2, 2015부해524). ③ 또한 전보로 인하여 작업내용에 질적 변화가 생겼을 뿐만 아니라 월급도 약 180만원에서 130만원 정도로 줄어든 점 등 전보의 업무상 필요성보다는 전보로 인하여 근로자가 입게 될 생활상의 불이익이 훨씬 크다고 할 것이므로 회사로서는 이 사건 전보를 하는 과정에서 적어도 근로자와 협의를 하는 등 신의칙상 요구되는 절차를 거쳤어야 할 것이다(서울행법 2005.5.17, 2005구합760).

3. 직종·근무장소에 관해 합리적 예상범위를 현저하게 초과하는 것

당해 근로계약 체결시의 사정, 종래의 관행, 당해 배치전환에 있어서의 신·구 직무간의 차등을 종합적으로 판단하여 합리적이라고 인정되는 범위를 초과하는 현저한 직무내용의 변경 등은 일방적 명령으로 할 수 없다.

법원이 '해고처분이 무효임을 확인한다'는 내용의 판결을 선고하자 회사가 해당 근로자를 복직시키면서, 최초의 해고처분을 받기 이전에는 서울 노원구에 거주하며 서울 강남구의 본점에서 차장 직급인 유통팀장으로 근무하던 해당 근로자를 김포시의 물류센터에서 단순 노무 업무에 종사하도록 전보발령한 것은 그 업무상 필요성이 있다고 보기 어려운데 반하여 해당 근로자에게 미치는 생활상의 불이익은 상당하다고 보이며, 전직발령을 하는 과정에서 신의칙상 요구되는 절차도 거치지 아니하였으므로, 이 사건 전직발령은 정당한 이유가 없어 무효라고 봄이 상당하다(서울중앙지법 2013.3.7, 2012카합3124).

4. 부당노동행위에 해당하는 것

노동조합의 조합원이나 조합업무에 적극적으로 관여하는 자, 임원임을 이유로 하는 불이익 취급이나 조합활동에 타격을 주어 조합의 약체화를 의도하는 것 등 조합 운영의 지배·개입에 해당하는 것은 무효이다(노조법 제81조).

사용자가 근로자의 정당한 노동조합 활동을 실질적인 이유로 삼으면서도 표면적으로는 업무상 필요성을 들어 전보명령·배치전환한 것으로 인정되는 경우에는 부당노동행위라고 보아야 할 것이고, 전보명령·배치전환이 부당노동행위에 해당되는지 여부는, 전보명령의 동기, 목적, 전보명령·배치전환에 관한 업무상의 필요성이나 합리성의 존부, 전보에 따른 근로자의 생활상의 불이익과의 비교형량, 전보명령의 시기, 사용자와 노동조합과의 관계, 전보명령·배치전환을 하기에까지 이른 과정이나 사용자가 취한 절차, 그 밖에 전보명령 당시의 외형적 객관적인 사정에 의하여 추정되는 부당노동행위 의사의 존재 유무 등을 종합적으로 검토하여 판단하여야 한다(대법 1995.11.7, 95누9792).

사용자의 행위가 노동조합법에 정한 부당노동행위에 해당하는지 여부는 사용자의 부당노동행위 의사의 존재 여부를 추정할 수 있는 모든 사정을 전체적으로 심리 검토하여 종합적으로 판단하여야 하고(대법 2014.3.27, 2011두23139), 노동조합의 조직이나 운영 및 활동을 지배하거나 이에 개입하는 의사가 인정되는 경우에는 '근로자가 노동조합을 조직 또는 운영하는 것을 지배하거나 이에 개입하는 행위'로서 부당노동행위가 성립하고, 또 그 지배·개입으로서의 부당노동행위의 성립에 반드시 근로자의 단결권의 침해라는 결과의 발생까지 요하는 것은 아니다(대법 2006.9.8, 2006도388).

경력과 능력에 따른 인사가 아니라 노조활동과 성향 등을 인사의 주요한 기준으로 삼아 불이익을 주고, 노조탈퇴를 종용함으로써 노조의 조직 및 운영을 위축시킨 것은 부당노동행위에 해당한다(서울서부지법 2019.2.19, 2018고합3).

5. 성별·사상·신앙 기타 차별대우에 해당하는 것

사용자가 근로자의 성별·국적·신앙 또는 사회적 신분을 이유로 하는 차별적 취급을 하는 것은 금지되어 있으므로 이에 해당하는 배치전환 등도 위법·무효가 된다(근기법 제6조).

6. 기술·기능 등이 현저하게 저하되는 것

특히 기술계통의 근로자의 경우 기술·기능 등이 인격재산을 형성하므로 그 능력의 유지 내지 발전을 현저하게 저해하는 직종의 변경 등은 배치전환권의 남용이 된다.

그러나 엔지니어 세일즈 등에 종사하는 근로자의 경우 본인의 기술·기능의 발전에 도움이 되는 것이라면 정당한 배치전환으로 인정되고 있다.

7. 사생활에 현저하게 불이익이 발생하는 것

사생활상의 불편 내지 불이익이 현저한 경우에는 배치전환권의 남용이 될 수 있다. 즉 사생활의 불이익이 일반 근로자가 통상 예상할 수 있는 손해·고통을 넘어서 극히 현저한 경우에는 근로자가 정당하게 배치전환을 거부할 수 있다.

특히, 중병으로 요양 중인 가족이 있는 등 근로자 가족의 생명, 신체의 위험에 관련된 불이익의 경우에는 근로자의 배치전환 거부가 정당하다고 인정될 가능성이 높다. 그러나 오랫동안(20여년) 서울에서 거주하여 왔고 85세의 노모를 모시면서 자녀들을 서울 시내의 중·고등학교에 보내고 있으며 방송통신대학에 등록한 경우라도 고도의 업무상 필요와 불이익 감소를 위한 배려(숙소 및 근무수당과 식사의 제공, 대외호칭의 1직급 상향조정) 등에 비추어 부산으로 발령을 함으로써 입게 되는 불이익이 현저하게 크지 않다고 본 예도 있다(대법 1997.7.22, 97다18165).

7 기업의 경영위기시에 배치전환 등의 특례는 인정되는가

기업이 도산 등의 위기를 방지하기 위하여 인사이동이 필요할 때는 기업 측에서는 고도의 합리성이 있고 '기업을 유지하기 위하여 순수한 경제적 필요성'이 인정될 수 있으므로 근로자의 배치전환 거부사유는 축소되어, 이미 기술한 부분(5 4.부당노동행위, 5.차별대우)에 해당할 경우를 제외하고 다른 사유는 소멸 내지 축소된다.

사용자는 기업의 인사·경영권에 기하여 업무상 필요에 따라 근로자의 배치전환을 실시할 수 있으나, 근로계약 체결시 취업장소나 종사업무를 명확히 특정한 경우 이를 변경하기 위해서는 원칙적으로 당해 근로자의 동의가 필요하다고 할 것이다. 다만, 경영상 불가피한 사정 등으로 당초 약정한 취업장소 또는 종사업무를 유지토록 할 수 없는 경우에는 근기법 제23조에 위반되지 않는 한 근로자가 동의하지 않더라도 그 배치전환의 효력을 부인할 수는 없다(2004.3.20, 근로기준과-1377).

8 맞벌이를 이유로 하는 전근 거부는 정당한가

근로자가 사용자의 동의를 얻지 않는 한 근로자는 가정 사정 등 사생활을 이유로 배치전환을 거부할 수 없다.

전근에 수반하여 발생하는 부부별거라고 하는 점에 관하여 판례는 「본건 전근에 수반하여 발생한 별거생활 내지 재취직에 관한 고생은 동일기업에서의 부부 맞벌이가 아닌 동 근로자에게 있어서 예상외의 현저한 손해·고통으로 인정하는 것은 곤란하며, 해당 전근명령이 회사의 부득이한 업무상의 필요에 의거하여 이루어졌으므로 어느 정도의 고생은 근로자에게 있어서 근로계약상 감당하여야 할 범위 내에 속한다」고 판시하였다. 즉, 전근명령은 근로계약상 합리적 범위내 에서 인정되는 것이 타당하다는 것이다.

또한 근로자인 이상 전근은 당연히 예상되는 사항이며, 따라서 결혼에 있어서도 맞벌이인 한, 장래 어느 쪽인가의 전근으로 별거라는 사태가 발생하는 것도 어느 정도 예측하여야 한다고 생각되는 점, 전근 후 다소나마 남편에게는 별거수당도 지급되고 있으며, 또한 아내도 종전대로 사택의 사용이 허용되어 있다는 점, 더구나 전근에 관하여 회사에서 경영상의 필요가 있었다는 점 등을 아울러 고찰한다면, 근로자들은 맞벌이를 하고 있는 이상 어느 정도의 별거 및 이에 수반하는 정신적·경제적 고통은 사회통념에 비추어 이를 참고 견뎌야 한다고 해석함이 타당하다.

따라서 배치전환이나 전근으로 인한 사생활의 고통이나 불편은 크든 작든 발생하기 마련이므로 통상 예상되는 사생활상의 불이익은 배치전환의 거부사유가 되지 아니한다. 다만, 그 근로자의 전근으로 말미암아 한가족이 파탄을 일으켜 생활이 곤궁하게 되는 특별한 경우이거나, 부당노동행위의사에 의한 배치전환을 거부하는 것은 정당하다고 인정된다.

9 조합임원, 조합전임직원은 배치전환 · 전근시키지 못하는가

1. 조합간부에 대한 배치전환

조합임원이나 조합전임직원이 일반근로자와 다른 유리한 지위에 있는 자라고 할 수는 없으나 이들의 배치전환·전근은 일반사원의 경우와는 달리 부당노동행위 문제가 발생할 수 있다는 점에 특징이 있다.

사용자의 진정한 업무상의 필요에 의하여 조합임원에게 배치전환을 지시하는 경우에는 유효하지만, 조합활동에 타격을 가하거나 해당 근로자에 대한 불이익취급의 의도를 가진 배치전환이라면 무효가 된다. 즉 배치전환이 부당노동행위에 해당하기 위해서는 노조법 제81조제1호(불이익취급) 또는 제4호(지배 · 개입)에 해당하는 경우이다.

2. 부당노동행위의 해당성 판단

조합임원에 대한 직제상의 지위의 저하를 수반하는 경우에는 불이익 취급에 해당하느냐에 관하여 명백하고 그것이 반조합적인 의도를 가진 경영자의 부당노동행위의사에 따라 행한 경우에는 무효가 된다. 또한, 이 같은 경제적 불이익을 수반하지 아니하고 조합 활동상의 불이익만이 발생하는 경우에도 판례·학설은 지배·개입행위와 동시에 불이익 취급이 된다고 보고 있다.

그 밖에 조합임원에 대한 배치전환이 부당노동행위로 인정되기 위해서는 업무상의 필요성이 없으며, 본인의 불이익이 큰 경우, 혹은 다른 근로자와 차별하여 해당근로자만을 배치전환하는 것이 객관적으로 인정되어야 한다. 따라서 사용자가 근로자의 정당한 노동조합 활동을 실질적인 이유로 삼으면서도 표면적으로는 업무상 필요성을 들어 배치전환한 것으로 인정되는 경우에는 부당노동행위라고 볼 수 있다.

즉, 배치전환이 부당노동행위에 해당되는지 여부는 배치전환의 동기·목적, 배치전환에 관한 업무상의 필요성이나 합리성의 존부, 전보에 따른 근로자의 생활상의 불이익과의 비교 형량, 배치전환의 시기, 사용자와 노동조합의 관계, 배치전환을 하기에까지 이른 과정이나 사용자가 취한 절차, 그 밖에 배치전환 당시의 외형적 객관적인 사정에 의하여 추정되는 부당노동행위 의사의 존재 유무 등을 종합적으로 검토하여 판단하여야 한다(대법 1998.12.23, 97누18035).

근로자에 대한 승진 및 배치전환이 실질적으로는 근로자의 노동조합 활동을 혐오하여 이를 방해하려는 의사로 행한 것이라는 이유로, 부당노동행위에 해당한다고 본 사례가 있다(대법 1998.12.23, 97누18035).

10 노조와의 인사이동의 의견 개진 · 협의 · 동의와 인사권과는 어떠한 관계가 있는가

[실무사례]
A회사는 상시 근로자 100명을 사용하여 문구류 생산 · 판매업을 영위하고 있다. A회사의 노동조합 B는 2019년 11월부터 2020년 1월까지 파업을 실시하였다. B노동조합 위원장 甲은 파업 중 임직원에 대한 폭행 · 협박, 회사기물 손괴 등을 하여 징역형의 유죄 확정판결을 받았고, 회사의 중요 생산시설을 파손하여 7억원 상당의 손해배상 책임이 인정되는 확정판결을 받았다. 이에 A회사는 2022.4.13. 甲을 징계해고하였다. A회사와 B노동조합 사이의 단체협약은 노동조합 임원의 해고에 대해서는 사전에 노동조합과 합의한다고 규정하고 있고, 해고 사유의 하나로 "임직원을 폭행 또는 협박한 경우", "고의 또는 중대한 과실로 기물을 파손하는 등 회사의 재산에 손해를 끼친 경우"를 규정하고 있다. A회사와 B노동조합은 2022.2.17부터 2022.4.10까지 5차례에 걸쳐 甲에 대한 징계에 관하여 노사협의를 벌였는데, 이 과정에서 B노동조합은 단체협약에 규정된 해고사유가 아니라고 주장할 뿐 합리적 근거나 이유를 제시하지 않고서 징계해고를 반대하여 노사는 합의에 이르지 못하였다. 甲은 A회사의 자신에 대한 징계해고는 노동조합과 사전에 합의되지 않아 부당해고라고 주장한다. 甲의 주장은 타당한가?

1. 단체협약상 인사협의와 인사합의의 의미

단체협약의 인사협의(합의)조항에 노동조합간부의 인사에 대하여는 사전 '합의'를, 조합원의 인사에 대하여는 사전 '협의'를 하도록 용어를 구분하여 사용하고 있다면, 교섭 당시 사용자의 인사권에 대하여 노동조합간부와 조합원을 구분하여 제한의 정도를 달리 정한 것으로 보아야 한다. 그 정도는 노동조합간부에 대하여는 조합원에 대한 사전 협의의 경우보다 더 신중하게 노동조합측의 의견을 참작하여야 한다는 정도의 차이만 있는 것으로 볼 수는 없는 것이므로, 조합원에 대한 인사권의 신중한 행사를 위하여 단순히 의견수렴절차를 거치라는 뜻의 사전 '협의'와는 달리, 노동조합간부의 인사에 대하여는 노동조합과 의견을 성실하게 교환하여 노사간에 '의견의 합치'를 보아 인사권을 행사하여야 한다는 뜻에서 사전 '합의'를 하도록 규정한 것이라고 해석하는 것이 타당하다(대법 2012.6.28, 2010다38007). 이 사건 판결은 단체협약상의 인사조항에서 노동조합 간부의 인사에 대하여는 노동조합과 "합의"를, 조합원의 인사에 대하여는 "협의"를 하도록 구분하고 있다면 이는 문자 그대로 노동조합과 사전 "합의"할 것을 요구하는 것으로 보아야 한다는 기존 판례(대법 1993.7.13, 92다50263)의 연장선상에 있다. 甲 주식회사의 단체협약에서 노동조합간부에 대한 임면, 이동, 교육 등 인사에 관하여는 조합과 사전에 합의하여야 한다고 규정하고 있음에도 甲 회사가 노동조합과 사전 합의를 하지 않고 노동조합간부인 근로자 乙에게 정리해고 통보를 한 사안에서, 제반사정에 비추어 노동조합이 사전합의권을 남용하거나 스스로 사전합의권 행사를 포기한 경우에 해당한다는 이유로 정리해고가 무효라고 볼 수 없다고 한 사례이다.

2. 노동조합의 사전동의권의 행사한계

인사협의 내지 동의약관을 단체협약으로서 체결하고 있는 경우, 노조가 반대하면 회사가 일방적으로 인사이동을 할 수 없느냐 하면 반드시 그렇지만은 아니한 것이 사실이다. "인사(인사란 채용, 해고, 이동, 휴직, 임면 및 이들에 관한 사항을 말함)에 관하여 조합과 협의·결정한다"라는 규정을 단체협약에 둔 경우, 판례(대법 1994.9.13, 93다50017)는 「인사권이 원칙적으로 사용자의 권한에 속한다고 하더라도 사용자는 스스로의 의사에 따라 그 권한에 제약을 가할 수 있는 것이므로, 사용자가 노동조합과 사이에 체결한 단체협약에 의하여 조합원의 인사에 대한 조합의 관여를 인정하였다면 그 효력은 협약규정의 취지에 따라 결정된다(당원 1992.9.25, 92다18542 참조) 할 것이니, 같은 취지의 원심판단은 정당하고 징계회부는 노사합의하에 결정한다고 규정한 회사의 단체협약 제55조제5항이 인사권의 본질을 침해한 것으로서 무효라고 할 수는 없다」고 한다.

사용자가 인사처분을 할 때 노동조합의 사전 동의나 승낙을 얻어야 한다거나 노동조합과 인사처분에 관한 논의를 하여 의견의 합치를 보아 인사처분을 하도록 단체협약 등에 규정된 경우에는 그 절차를 거치지 아니한 인사처분은 원칙적으로 무효로 보아야 한다. 다만 이처럼 사전합의조항을 두고 있다고 하더라도 사용자의 인사권이 어떠한 경우를 불문하고 노동조합의 동의나 합의가 있어야만 행사할 수 있는 것은 아니고 '노동조합이 사전합의권을 남용하거나 스스로 사전합의권의 행사를 포기하였다고 인정되는 경우'에는 사용자가 이러한 합의 없이 한 인사처분도 유효하다고 보아야 한다(대법 2012.6.28, 2010다38007).

3. 인사동의조항 관련 노동조합의 동의권 포기 또는 남용의 요건과 효과

(1) 사전합의권을 포기 또는 남용하였다고 볼 수 없는 사례

그러나 단체협약에서 노동조합 임원의 인사에 대해서는 노동조합의 사전 합의를 얻도록 정하였음에도, 사용자가 노동조합과 사전 합의 없이 노동조합 임원들에 대하여 인사명령을 한 사안에서, 사용자가 위 인사명령에는 단체협약상 사전합의조항의 적용이 배제되는 것으로 잘못 판단하여 사전 합의 절차 자체를 거치지 않았으므로 노동조합과의 사전합의가 이루어지지 못한 주된 이유가 사용자에게 있다고 보아, 노동조합이 단체협약상의 사전합의조항을 들어 인사명령을 거부하였다고 하여 곧바로 사전합의권을 포기 또는 남용하였다고 볼 수 없다고 한다(대법 2010.7.15, 2007두15797 ; 대법 2007.9.6, 2005두8788 ; 대법 2003.6.10, 2001두3136). 이 판례는 노동조합의 "동의권남용, 동의권포기" 이론으로 사용자 일방의 징계처분에 대한 정당성 여부를 판단한다.

(2) 사전합의권을 포기 또는 남용하였다고 본 사례

노동조합의 동의권은 어디까지나 신의성실의 원칙에 입각하여 합리적으로 행사되어야 할 것이므로, 피징계자에게 비위사실이 있고 그것이 징계사유에 해당함이 객관적으로 명백하여 회사가 노동조합 측의 동의를 얻기 위하여 진지한 노력을 다하였음에도 불구하고 노동조합 측이 합리적 근거나 이유제시도 없이 무작정 징계에 반대함으로써 동의를 얻지 못하였다고 인정되는 경우 또는 노동조합 측이 스스로 이러한 동의권의 행사를 포기하였다고 인정되는 경우에는 사용자가 노동조합 측의 동의 없이 한 해고도 유효하다고 보아야 한다(대법 2004.3.11, 2003두10978 ; 대법 2003.6.10, 2001두3136). 여기서 노동조합이 사전합의권을 남용 또는 포기한 경우란 ① 노동조합 측에 중대한 배신행위가 있고 이로 인하여 사용자측의 절차의 흠결이 초래되었다거나, ② 인사처분의 필요성과 합리성이 객관적으로 명백하며, 사용자가 노동조합 측과 사전 합의를 위하여 성실하고 진지한 노력을 다하였음에도 노동조합 측이 합리적 근거나 이유제시도 없이 무작정 인사처분에 반대함으로써 사전 합의에 이르지 못하였다는 등의 사정이 있는 경우나 ③ 노동조합 측이 스스로 이러한 사전동의권의 행사를 포기하였다고 인정되는 경우를 의미한다(대법 2012.6.28, 2010다38007 ; 대법 2010.7.15, 2007두15797). 해당 정리해고는 그 필요성과 합리성이 객관적으로 명백하고 사용자가 노동조합 측과 정리해고에 관한 합의 도출을 위하여 성실하고 진지한 노력을 다하였는데도 노동조합 측이 합리적 근거나 이유제시 없이 정리해고 자체를 반대하고 불법적인 쟁의행위에 나아감으로써 합의에 이르지 못하였다고 할 것이므로, 이는 노동조합이 사전합의권을 남용하거나 스스로 사전합의권의 행사를 포기한 경우에 해당한다고 봄이 상당하다. 따라서 이 사건 정리해고가 노동조합과 사전 합의를 거치지 아니하였다는 사정만으로 무효라고 볼 수 없다(대법 2012.6.28, 2010다38007)고 한다.

11 다른 회사로의 파견명령은 회사의 자유인가

다른 회사로의 파견명령이란 파견법에 의한 근로자파견의 경우와 기업내 인사이동의 경우가 있다. 전자는 파견근로자로 고용되어 그러한 취지의 합의가 있는 경우에 파견법에 따라 허가를 받은 파견사업주가 근로자파견을 하는 사례이며, 후자는 일반적으로 소속회사의 업무명령으로 소속회사로부터 지휘・감독을 받고 소속회사를 위한 업무를 다른 회사에서 수행하는 명령의 실시로서 다른 회사에서 자기 회사의 업무를 수행하기 위해 파견하는 것이기는 하나 근로자파견에 해당되지 아니하는 「점원파견형」이나 「도급업무위탁형」의 경우가 있다.

따라서 자기 회사의 명령으로 다른 회사에서 다른 회사의 근로자로서 다른 회사를 위해 노무를 제공하여 업무를 행하는 '전출명령'이나, 근로자파견계약에 따라 회사의 사업으로서 자기회사와의 고용관계를 유지한 채 파견근로자로 파견되어 사용사업주회사의 지휘・명령을 받아 노무에 종사하는 '근로자파견'과는 법률상 명백히 구별되는 것이다. 각 회사 내에서 '다른 회사파견' 등으로 부르고 있지만, 실체가 고용주인 회사가 아니고 제3자를 위하여(또는 제3자의 업무로서) 제3자의 감독・지휘・명령하에 이루어진다면 법률상으로는 '전출'에 해당하여 기업간 인사이동이 된다.

즉, 파견명령이란 자기의 고용주를 위하여 자사 지휘・명령하에 행하는 업무라야만 한다. 이 점에 있어서 사용사업주 회사의 조직 속에 편입되어 지휘・명령을 받는가 또는 자기 회사의 업무로서 파견처로부터 독립하여 자기 회사의 지휘에 따라 업무를 수행하고 있는가에 따라 기업간 이동인가 기업내 이동인가로 구별된다.

예컨대 판매대리점에 파견근무명령을 받는 것은 직장의 이동 내지 근무장소의 이동에 해당되는 것이므로, 이것이 점원파견형의 경우로서 점원파견은 자사의 지휘·명령하에 있는 하나의 사업장이 파견처의 사업장 내에서 성립하며(이들은 근기법상에 하나의 적용단위가 되지 아니하는 사업장인 것이라도 무방함), 그곳으로의 전근 내지 배치전환으로 인정되고 있다. 그러므로 통상 기업사회에서 파견명령이라고 하여도 실제 법적 문제로서는 세 종류가 있으며 각각 그 법적 근거와 유효성이 다르다.

점원파견형의 경우는 파견처의 자기 회사 작업장소로 인정되는 작업장소에는 그 파견에 따라 해당 근로자의 근로자명부 및 임금대장을 비치하는 것이 바람직하며, 근로자파견의 경우는 파견법에서 사용사업주 관리책임자의 선임이나 관리대장의 작성이 필요하며, 전출의 경우에는 전출처의 근로자로서 산재보험의 가입이나 근로자명부나 임금대장 등의 작성의무가 전출처기업에 있다.

12 다른 회사로의 전출을 둘러싼 문제

1. 전출의 의의와 근로자파견과의 구별

① 전출의 의의 : 전출은 근로자가 원 소속 기업과의 근로계약을 유지하면서 휴직·파견·사외근무·사외파견 등의 형태로 원 소속 기업에 대한 근로제공의무를 면하고 전출 후 기업의 지휘·감독 아래 근로를 제공함으로써 근로제공의 상대방이 변경되는 것으로서 근로자의 원 소속 기업 복귀가 예정되어 있는 것이 일반적이다. 특히 고유한 사업 목적을 가지고 독립적 기업활동을 영위하는 계열회사 간 전출의 경우 전출근로자와 원 소속 기업 사이에는 온전한 근로계약 관계가 살아있고 원 소속 기업으로의 복귀 발령이 나면 기존의 근로계약 관계가 현실화되어 계속 존속하게 되는바, 위와 같은 전출은 외부 인력이 사업조직에 투입된다는 점에서 파견법상 근로자파견과 외형상 유사하다. 이에 대하여 파견법상의 '근로자파견'은 '파견사업주가 근로자를 고용한 후 그 고용관계를 유지하면서 근로자파견계약의 내용에 따라 사용사업주의 지휘·명령을 받아 사

용사업주를 위한 근로에 종사하게 하는 것'을 말한다. 양자는 근로자파견을 주된 목적으로 하는지(업(業)으로 행하는지 여부)가 주된 차이라 할 수 있다(2008.11.17, 차별개선과-2712). 근로자파견은 처음부터 다른 회사에 보낼 것을 전제로 채용하나 전출은 원래 소속회사에서 근무하던 근로자를 다른 회사로 보내어 근무케 하는 점에서 구별되고, 근로자파견은 근로자파견을 '업'으로 행하는 것으로 파견법의 적용을 받지만 전출은 '업'이 아닌 기업의 인사관리차원에서 이뤄지므로 파견법의 적용을 받지 않는 것이 원칙이다.

다만, 전출의 경우에도 파견 경위, 파견행위의 반복·계속성 여부, 규모, 횟수, 기간, 영업성의 유무 등을 종합적으로 고려해볼 때 자기가 고용한 근로자를 영리를 목적으로 계속 반복해서 파견한다고 인정되는 경우에는 근로자파견으로 판단될 수 있다. 판례(대법 2022.7.14, 2019다299393)의 입장은 그 제도의 취지와 법률적 근거가 구분되므로, 전출에 따른 근로관계에 대하여 외형상 유사성만을 이유로 원소속 기업을 파견법상 파견사업주, 전출 후 기업을 파견법상 사용사업주의 관계로 파악하는 것은 상당하지 않고, 여러 사정을 종합적으로 고려하여 신중하게 판단하여야 할 것이다. 이 판결은 계열회사가 업으로 근로자파견사업을 하였다고 볼 수 없다고 판시하였는 바, 실무상 문제가 되었던 근로자파견과 전출의 관계를 구별하는 기준을 명확하게 제시하였다는 점에서 그 의의가 있다.

② 전출과 근로자파견의 구분 : 전출과는 달리 근로자파견은 파견사업주가 근로자를 고용한 후 그 고용관계를 유지하면서 근로자파견계약의 내용에 따라 사용사업주의 지휘·명령을 받아 사용사업주를 위한 근로에 종사하게 하는 것을 말한다(파견법 제2조제1호). 근로자파견에 해당하기 위해서는 파견사업주, 사용사업주, 파견근로자라는 3자관계가 형성되어야 하며, 아울러 사용사업주가 파견근로자에 대하여 지휘·명령권을 행사하고 있어야 한다.

③ 계열사간 전출이 근로자파견에 해당하는지가 중요한 이유 : 계열사간 전출이 파견법상 근로자파견에 해당한다면 전출근로자의 원래 소속 사업주는 파견업 허가를 받아야 하고, 파견대상업무에만 전출할 수 있으며, 총 기간 역시 2년을 초과할 수 없다는 문제가 있다. 만약 원 소속 사업주가 위 3가지 중 어느 하나라도 준수하지 않는다면 파견법 위반에 따른 벌금 등의 제재를 받을 수 있고, 전출근로자로부터 근로를 제공받은 사업주는 해당 근로자를 직접고용해야 한다는 문제가 발생하기 때문에 전출과 근로자파견의 구분은 중요한 사안이다.

④ 판례의 태도 : 2022년도 대법원 판례는 A회사 소속 근로자들이 동일한 기업집단에 속한 계열회사로 전출을 가 근무한 것이 파견법상 근로자파견에 해당한다고 주장하면서 계열회사를 상대로 파견법상 직접고용의무를 주장(예비적 청구)한 사안에서, 파견법 제6조의2제1항에 따른 직접고용의무는 근로자파견사업을 하는 파견사업주, 즉 '근로자파견을 업으로 하는 자'가 주체가 되어 행하는 근로자파견의 경우에 적용된다고 판단한 후, '근로자파견을 업으로 하는 자'의 판단기준을 제시하고 계열회사간 전출과 파견법상 근로자파견이 구분된다는 점을 설시한 후, A회사를 '근로자파견을 업으로 하는 자'로 보기 어렵다고 판단하였다. 이 판례는 이와 달리 A회사를 '근로자파견을 업으로 하는 자'로 보아 계열회사의 직접고용의무를 인정한 원심(예비적 청구 부분)을 파기환송한 것이다(대법 2022.7.14, 2019다299393).

2. 다른 회사로의 전출은 자유로 명할 수 있는가

전출은 전근·근로자파견의 경우와는 달리 근로계약의 당사자가 변경되어 근로자가 스스로 희망하여 채용된 회사와는 재적한 채 전출기간 중에 한하여 다른 회사의 지휘·명령하에 노무를 제공하는 것으로 다른 회사 근로자의 지위도 취득하는 것이므로 그러한 취지의 법적 근거 없이 사용자의 명령 하나로 제3자인 다른 회사에서 노무를 제공하게 할 수 없다.

근로자의 동의없는 전출의 효력에 관한 행정해석(2002.7.29, 근기68207-2613 ; 1997.5.24, 근기 68007-683)은 「근로자를 다른 사업장으로 전출시키는 것은 노무제공을 하는 상대방의 변경을 수반하는 중요한 근로조건의 변경에 해당하므로 특별한 사정이 없는 한 당사자의 동의(개별적 동의가 아닌 사전의 포괄적 동의도 가능)가 수반되어야 한다. 따라서 만일 다른 회사로의 전출이 근로자의 동의가 전혀 없이 이루어졌다면 사용자의 전출명령은 정당한 권한을 벗어난 행위이다」라고 한다. 근로자가 모회사로부터, 다시 자회사로부터 모회사로 전출되는 경우에 근로자가 자의에 의하여 계속근로관계를 단절할 의사로써 모회사 또는 자회사에 사직서를 제출하고 퇴직금을 지급받은 다음 자회사 또는 모회사에 다시 입사하였다면 전자와의 근로관계는 일단 단절된 것이지만, 그것이 근로자의 자의에 의한 것이 아니라 모회사의 경영방침에 의한 일방적인 결정에 따라 퇴직과 재입사의 형식을 거친 것에 불과하다면 이러한 형식을 거쳐서 퇴직금을 지급받았더라도 근로자에게 근로관계를 단절할 의사가 있었다고 할 수 없고, 따라서 계속근로관계도 단절되지 않는다(대법 1997.3.28, 95다51397). 즉, 사용자가 기업체의 경영자로서 근로자의 노동력을 업무목적을 위하여 처분·이용하는 권한은 당해 근로자와의 계약에 의하여 비로소 취득하는 것이므로, 이 계약관계를 떠나서 노동력을 처분·이용할 수 있는 사용자의 권한은 존재하지 아니한다. 그런데 위 노동력의 처분·이용을 목적으로 하는 근로계약은 민법 제655조에 의거 근로자가 사용자(지휘·명령)의 지시하에서 노무에 복무하여 그 대가로서 임금을 얻음을 내용으로 하며, 목적인 급여의 성질상 사용자와 노무자와의 사이에서의 명령·복종의 인적 관계를 그 기반으로 하는 것이므로 근로자는 별단의 특약이 없는 한 사용자를 위하여서만 노무를 제공하는 의무를 부담하며 사용자가 노무자에게 요구할 수 있는 사항도 자기의 지휘·명령하에 노무를 제공하는 것에 그치는 것으로 해석함이 타당하다. 민법 제657조가 사용자의 제3자에의 권리양도, 노무자의 제3자에 의한 노무제공에 관하여 다같이 상대방의 승낙을 요할 것을 규정한 취지도 노무제공의무(또는 이에 대응하는 권리)의 일신전속적인 특질을 고려한 것이다.

위와 같은 근로계약의 특질은 근대기업에 있어서 사용자·근로자 사이의 인적관계가 희박해진다고 하더라도 조직화된 고용관계에서 상실되는 것은 아니며, 도리어 법은 근로자의 특정기업에의 종속성을 배제하기 위하여 사용자에게 근로계약을 체결하고, 근로조건의 내용을 근로자에게 명시하도록 강제함으로써(근기법 제17조) 근로자의 보호를 꾀하고 있다. 따라서 사용자는 근로계약에 명시한 근로조건의 범위를 넘어 당해 근로자의 노동력을 자유롭게 사용할 수 없으며, 당해 근로자의 승낙, 그 밖에 이를 정당화하는 특별한 근거도 없이 근로자를 제3자의 지휘하에서 근로에 복무시키는 것은 허용되지 아니한다.

전출은 노동력의 이용·처분 권한을 당초 자사로부터 전출처 회사로 양도하는 결과가 된다. 제3자인 회사가 다른 회사의 근로자를 자사의 근로자와 마찬가지로 지휘·명령하여 사용할 수 있는 것은 그 다른 회사로부터 노동력의 이용·처분권한 즉 근로자에 대한 지휘·명령권한의 양도를 받았기 때문이다. 따라서 전출은 민법 제657조제1항의 규정에 의하여, 원칙적으로 근로자의 '승낙'(명시·묵시를 묻지 아니한다)을 필요로 한다. 또한, 전출은 근로자로서의 지위(신분)관계상의 사용자와 현실의 지휘·명령관계상의 사용자가 발생하게 되어 '이중의 근로관계'를 성립시킨다. 근기법상 여러 사업장과의 근로계약에 대해 제한하고 있는 바는 없으므로 각각의 사업장과 근로계약이 가능할 것이다(2013.11.26, 근로개선정책과-7213). 「고용보험법」 제18조에서는 피보험자격 이중취득을 제한하고 있으므로 둘 이상의 사업에 동시에 고용된 자의 경우 「고용보험법」 시행규칙 제14조에 따라 우선 적용되는 사업장의 피보험자격을 취득하게 될 것이다.

3. 취업규칙 · 단체협약의 규정이 있으면 전출명령은 유효한가

근로계약에 전출에 관한 특약이 없는 경우, 취업규칙이나 단체협약에 단순히 '업무의 형편상 다른 회사로의 전출을 명하는 경우가 있다'는 등의 일반적 · 추상적인 규정만을 두고 있다면 그것이 전출명령권의 근거가 될 수 있는가? 회사가 근로자에게 전출명령권을 갖는지 여부는 다음 표와 같다.

〈전출명령의 유효성〉

입사시에 장래 전출합의(포괄)의 성립

↓

단체협약 · 취업규칙에 의한 명백한 특약 규정

↓

당해 기업에 있어서의 명백히 확립되어 있는 노동관행

↓

전출명령에 대한 근로자 본인의 명시 또는 묵시의 동의

문제가 되는 것은 단체협약이나 취업규칙의 규정이 어떠한 경우에 특약으로서의 효력을 발생하느냐이다. 특약이 전출명령권의 근거가 되기 위하여서는 전출을 함이 근로계약의 내용(근로자의 합의)으로 되어 있다고 인정될 수 있을 만큼 명백하고 구체적인 것이라야만 한다.

그러므로 취업규칙에서 "회사는 업무형편에 따라 근로자를 다른 회사 등으로의 전출을 명할 수 있다. 근로자는 정당한 이유없이 전출명령을 거부하지 못한다"는 규정이 있고, 또한 '전출 중의 근로조건 보장'이 있고 근로계약서에도 「갑(회사)의 업무상 사정에 따라 전출명령을 하면 을(해당근로자)은 이에 따라야 한다」는 내용이 포함되어 있으면, 포괄적인 승낙이 있었다고 해석되므로 업무명령으로서의 전출을 명할 수 있다고 생각된다. 문제는 전출의 운용에 있어서 업무상의 필요성과 인선의 합리성에 있는 것이다.

4. 전출근로자에 대한 근기법의 적용관계

(1) 근기법상의 사용자

전출근로자는 신분(근로자의 지위) 관계상의 사용자와 그 이외의 노무지휘관계상의 사용자와의 간에 1개의 근로계약서에서 발생하는 이른바 '2중의 근로관계' 하에 있으므로 실질적인 근로관계를 규제하는 근기법을 일률적으로 당초 소속회사나 전출처회사에 적용하기 위해서는 그 근로의 실태나 적용되는 구체적 조항에 착안하여 개별적으로 적용하여야 한다. 그런데 근기법의 적용에 있어서 전출근로자는 어느 사업장의 '근로자'로서 취급되느냐의 문제는 근기법 위반이 있었을 경우 위반의 책임을 묻게 되는 '사용자'는 누구냐라는 문제와 동일하다.

근기법 제2조제1항제2호는 「사용자란 사업주 또는 사업경영담당자 그 밖에 근로자에 관한 사항에 대하여 사업주를 위하여 행위하는 자를 말한다」라고 규정하고 있다. 따라서 동법상의 사용자는 단지 사업주에게만 한정되지 아니하며, 근로자를 지휘·감독하는 입장에 있는 자를 그 사용권한에 따라서 모두 사용자로서 근기법의 준수의무를 부과한 것이므로 명칭의 여하를 불문하고 각 사업에 있어서 근기법 각 조항의 의무에 관하여 실질적으로 일정한 권한이 부여되어 있는지 여부에 따라서 사용자로서의 책임을 부담한다고 보아야 한다.

(2) 전출근로자에 대한 근기법의 적용내용

그러므로 전출근로자에 대한 근기법상의 '사용자'는 전출처회사이냐 소속회사이냐 라는 양자택일적인 것이 아니라 각자의 사용권한에 따라서 사용자로서의 의무와 책임을 지게 된다. 예를 들면, 다수의 기업이 자금과 기술자를 서로 파견하여 설립한 연구조합에 대한 근기법의 적용에 관하여 전출근로자는 작업의 구체적 수행, 시작·종료, 휴게, 기타 사항에 관하여 연구조합(전출처)의 지휘·명령을 받고 있으며 그 한도에서 근로자와 조합(전출처) 사이에 근로관계가 존재하는데, 반면 해고의 권한은 당초 회사에 유보되고 있으며, 또 임금은 당초 회사로부터 지급되고 있으므로 자사와의 사이에도 근로관계가 존재하는 한도에서 적용이 있다고 판단하는 것이 타당하다. 퇴직금 등 산정을 위한 근속기간은 당초 기업 입사일로부터 기산해야 할 것이다.

또한 구체적인 관계조항의 운용에 관하여는 근기법 제43조의 임금관계에 관하여는 소속회사가, 동법 제50조(근로시간) · 제54조(휴게) · 제55조(휴일) · 제60조(연차유급휴가) 등의 근로시간, 휴게 · 휴일 · 휴가에 관하여는 연구조합(전출처)이, 동법 제6장의 안전보건관계, 산업안전보건법의 적용관계 및 동법 제8장의 재해보상관계, 산재보험법의 적용관계에 관하여는 연구조합(전출처)이, 근기법 제9장의 취업규칙관계에 있어서는 소속회사 또는 연구조합(전출처)의 각자가 권한을 가지는 한도에서, 근기법 제41조 · 제48조의 근로자명부, 임금대장관계에 관하여 그 조정 등의 의무는 연구조합(전출처) 및 소속회사의 각자에 있다고 하여야 할 것이다.

5. 전출근로자에 대하여 취업규칙의 적용 내용

(1) 전출근로자에 대한 취업규칙의 적용 여부

전출근로자에 대한 취업규칙의 적용관계에 있어서는, 근무의 제공이 전출처에서 이루어지므로 노무의 제공에 관계되는 사항에 관하여는 현실의 지휘 · 감독권을 가지는 전출처의 취업규칙이 적용되며, 그 이외의 기본적인 근로자의 지위에 관계되는 사항에 관하여는 소속회사의 취업규칙이 그대로 적용된다고 생각된다.

(2) 구체적인 취업규칙의 적용

따라서 업무시작 · 종료의 시각 등의 근로시간관계, 휴게 · 휴일 · 휴가, 출장 등의 근로관계, 작업방법, 직장준수사항 등의 복무규율관계, 안전이나 보건에 관한 사항 등은 전출근무처의 취업규칙에 의하게 되며, 해고 · 퇴직, 인사이동 등 근로자로서의 지위에 관한 신분상의 사항에 관하여는 소속회사의 취업규칙이 적용된다.

임금에 관하여는 근기법상의 임금지급방법에 관한 규정의 준수의무는 현실로 지급하는 자(지급의무자)에게 있으므로 지급기일 · 방법 등에 관한 사항은, 전출처가 지급자라고 한다면 전출처의 취업규칙에 의하게 된다. 또한 승급, 상여 등에 관한 사항은 전출처의 취업규칙에 명시 또는 묵시의 동의가 있었다고 인정되는 경우에는 전출처의 취업규칙이 그렇지 아니하는 경우에는 소속회사의 취업규칙이 적용된다고 판단해야 한다.

6. 전출명령 거부자를 해고할 수 있는가

① 사용자가 명령한 전출명령이 근로자의 동의 또는 포괄적 동의없이 행한

것이거나, 정당한 이유없이 행해지거나 전출절차규정 위배의 위법이 있는 경우에는 무효가 된다. 따라서 당해 근로자가 사용자의 전출명령을 거부하는 것은 유효하고 이를 이유로 한 해고는 무효가 된다. 사용자의 전출명령은 직원간의 마찰 이후 근무분위기 시정을 위한 것이었으나 근로자가 이에 따른 부임을 거부했다면 이를 이유로 회사의 취업규칙이나 인사규정에 따라 해고한 것은 무효라고 할 수 없다(대법 1991.9.24, 90다12366).

② 사용자의 전출명령이 무효가 되는 것과는 별도로 부당노동행위가 될 수 있느냐에 관하여 문제될 수 있다.

판례(대법 1993.2.23, 92누11121)는 「전출의 동기·목적, 전출명령에 관한 업무상의 필요성이나 합리성의 존부, 전출에 따른 근로자의 생활상의 불이익과의 비교교량, 전출명령의 시기, 사용자와 노동조합과의 관계, 전출명령을 하기에까지 이른 과정이나 사용자가 취한 절차, 그 밖에 전출명령 당시의 외형적·객관적인 사정에 의하여 추정되는 부당노동행위의사의 존재유무 등을 종합적으로 검토하여 판단하여야 한다」고 하고 있다.

전출명령이 부당노동행위가 인정되지 않는 상태에서 근로자가 전출명령을 거부하는 것은 회사의 정당한 업무명령에 위반하는 것으로서 이를 이유로 한 해고는 당연히 유효하게 된다.

7. 계열회사간의 전출과 법인격의 부인의 문제

기업매수(M&A)나 자회사화 전략에 있어서 최근 문제가 되고 있는 계열회사(모자회사)의 노동관계법령에 관한 적용문제의 근본이 되는 고용상의 법률관계에 있다. 모자회사 간에 자회사인 법인으로서의 독립의 주체성이 부정되어, 모회사에 사용자로서의 노동관계상의 책임이 긍정된다고 하는 '법인격부인', '모회사의 사용자성'에 관하여, 견해의 대립이 있다.

모회사가 자회사의 독자적인 법인격을 주장하는 것이 법인격의 남용에 해당하기 위한 요건이 문세된다.

모자회사는 상호간에 상당 정도의 인적·자본적 결합관계가 존재하는 섯이 당연하므로, 자회사의 임·직원이 모회사의 임·직원 신분을 겸유하고 있었다거나 모회사가 자회사의 전 주식을 소유하여 자회사에 대해 강한 지배력을 가진다거나 자회사의 사업 규모가 확장되었으나 자본금의 규모가 그에 상응하여 증가하지 아니한 사정 등만으로는 모회사가 자회사의 독자적인 법인격을 주장하는 것이 자회사의 채권자에 대한 관계에서 법인격의 남용에 해당한다고 보기에 부족하다. 적어도 자회사가 독자적인 의사 또는 존재를 상실하고 모회사가 자신의 사업의 일부로서 자회사를 운영한다고 할 수 있을 정도로 완전한 지배력을 행사하고 있을 것이 요구된다.

구체적으로는 모회사와 자회사 간의 재산과 업무 및 대외적인 기업거래활동 등이 명확히 구분되어 있지 않고 양자가 서로 혼용되어 있다는 등의 객관적 징표가 있어야 하며, 자회사의 법인격이 모회사에 대한 법률 적용을 회피하기 위한 수단으로 사용되거나 채무면탈이라는 위법한 목적 달성을 위하여 회사제도를 남용하는 등의 주관적 의도 또는 목적이 인정되어야 한다(대법 2006.8.25, 2004다26119). 판례는 법인격 남용에 해당하기 위해서는 「지배요건」과 「목적요건」(위법 또는 부당한 목적)의 쌍방의 요건을 갖추는 것이 필요하다고 한다.

13 다른 회사로의 전적을 둘러싼 문제

[실무사례]
A그룹은 그 산하에 B물산, C생명, D건설 등 여러 계열회사를 두고 있다. A그룹은 1990년부터 20년간 그룹 차원의 공개채용을 통해 직원들을 일괄 채용한 후에 각 계열회사에 소요인원을 배정하고, 계열회사 간 인사이동도 실시하였다. 2010년부터 각 계열회사는 자신이 필요한 인원을 개별적으로 직접 채용하였으나 계열회사간 인사이동은 여전히 유지하였다. 이를 위해 A그룹의 각 계열회사 취업규칙은 "회사는 필요한 경우 직원을 다른 계열회사로 인사이동 시킬 수 있고, 이 경우 직원은 회사의 인사명령에 따른다."라고 규정하고 있고, 각 계열회사는 직원을 채용할 때 직원으로부터 "저는 전환배치, 전보, 전근 기타 회사의 인사명령에 동의하고 그에 따르겠습니다."라는 서약서를 받아왔다. 2018.1.1. B물산에 신입사원으로 채용된 근로자 甲도 이 서약서를 제출하였다. B물산은 2021.12.20. 甲의 동의 없이 甲에게 2022.1.1자로 C생명으로 전적하라는 인사 명령을 내렸다. C생명에서 甲의 직급과 보수 등 근로조건은 B물산에서의 그것과 동일했으나, 甲은 이 인사명령을 거부하였다. 甲의 전적명령 거부가 정당한지 여부와 그 이유를 기술하시오.

1. 사용자의 전적명령의 유효요건

이 문제는 다른 회사로의 전적은 업무명령으로 명할 수 있는가 또는 반드시 근로자의 동의가 있어야 하는가의 문제이다. 기업간의 인사이동은 근로자가 당초 소속기업에 재적한 채 다른 기업의 사업장에서 상당히 장기간 업무에 종사하게 되는 전출과 종전 기업과의 고용관계를 해지하고 이적하게 될 기업과의 사이에서 새로운 근로관계가 체결되는 전적이 있다. 전적은 종래에 종사하던 기업과의 근로계약을 합의해지하고 이적하게 될 기업과 새로운 근로계약을 체결하는 것이거나 근로계약상의 사용자의 지위를 양도하는 것이므로 근로자의 동의가 있어야 한다. 근로자의 동의하에 전적된 것이라면 근로관계는 유효하게 해지된 것이므로 종전 기업으로의 복귀는 당사자간의 별도 합의 등 달리 볼 사정이 없는 한 신규입사 형태로 이루어져야 할 것이다(2005.2.25, 근로기준과-1154).

전적이란 근로자가 종래의 고용관계가 있었던 기업과의 근로관계가 해소(퇴직)되고 새로이 다른 기업으로 고용되는(채용) 일인데, 이 종전 회사의 퇴직과 신회사에의 취직이 법적인 관련성을 가지고 동시에 행해진다. 위의 관련성이란 전적처 회사와의 근로관계의 성립(채용)과 해소(퇴직)가 법적 조건관계로, 즉 전적이란 전적처에서의 받아들임(고용)을 정지조건(민법 제147조제1항)으로 하는 종전 회사의 퇴직을 의미한다. 또 거꾸로 전적처에서의 종전 회사에의 복귀(재고용) 효력의 발생요건(정지조건)으로 하는 복귀조건이 부관으로 붙는 경우도 있다. 또한 근로조건의 인계나 퇴직금의 계속, 연차유급휴가일수의 승계 등 근로계약상 권리의무관계의 이행(근로계약상의 권리의 전부의 양도)이 있는 경우도 많이 있는 실정이다.

2. 근로자의 동의는 사전 또는 포괄적으로 하더라도 유효한가

판례(대법 1993.1.26, 92다11695 대우캐리어사건)는 「근로자의 동의를 전적의 요건으로 하는 이유는 근로관계에 있어서 업무지휘권의 주체가 변경됨으로 인하여 근로자가 받을 불이익을 방지하려는 데에 있다고 할 것인 바, 다양한 업종과 업태를 가진 계열기업들이 기업그룹을 형성하여 자본·임원의 구성·근로조건 및 영업 등에 관하여 일체성을 가지고 경제활동을 전개하고, 그 그룹 내부에서 계열기업간의 인사교류가 동일기업내의 인사이동인 전보나 전근 등과 다름없이 일상적·관행적으로 빈번하게 행하여져 온 경우, 그 그룹 내의 기업에 고용된 근로자를 다른 계열기업으로 전적시키는 것은, 비록 형식적으로는 사용자의 법인격이 달라진다고 하더라도 실질적으로 업무지휘권의 주체가 변동된 것으로 보기 어려운 면이 있으므로 사용자가 기업그룹 내부의 이와 같은 전적에 관하여 미리(근로자가 입사할 때 또는 근무하는 동안에) 근로자의 포괄적인 동의를 얻어 두면, 그때마다 근로자의 동의를 얻지 아니하더라도 근로자를 다른 계열기업으로 유효하게 전적시킬 수 있다고 보아야 할 것이다」라고 하였다.

이렇듯 전적은 근로자의 퇴직이라고 하는 사실을 발생시키므로 근로자의 개인적·일신적인 권리의 문제가 된다. 따라서 설령 노동조합이 승낙하였다고 하더라도 조합원 전원의 퇴직을 규정한 단체협약은 개개의 조합원의 승낙이 없는 한, 당연히 개개의 근로계약을 소멸시키는 효력을 가지는 것은 아니다. 즉 어떠한 단체협약·취업규칙의 규정을 가지고서도 본인의 동의가 없는 한 전적을 할 수 없는 것으로 보아야 할 것이다.

전적처분은 업무지휘권자가 교체됨으로써 근로자에게 예측할 수 없는 손해를 끼칠 염려가 있으므로 통상의 인사발령과는 달리 근로자의 동의 또는 관행의 판단에 있어 보다 엄격하게 해석할 필요성이 있으며, 당사자간 협의 내지 동의가 결여된 전적은 부당하다(중노위 2007.11.6, 2007부해558).

3. 근로자의 동의없이 전적(轉籍)이 가능한 경우

근로자를 그가 고용된 기업으로부터 별개의 기업체인 다른 기업으로 적(籍)을 옮겨 그 다른 기업의 업무에 종사하게 하는 전적(轉籍)은 종전 기업과의 근로관계를 합의해지하고 이적하게 될 기업과 근로계약을 체결하는 것이다.

전적은 원칙적으로 근로자의 동의를 얻어야 효력이 생기는 것이다. 그러나 예외적으로 근로자의 동의없이 전적이 가능한 경우로서 판례(대법 1996.12.23, 95다29970)는 2가지를 제시하고 있다.

(1) 사전동의를 얻은 경우

다양한 업종과 업태를 가진 계열기업들이 자본·임원의 구성·영업활동 등에 있어서 어느 정도 밀접한 관련성을 갖고 경제활동을 전개하는 기업그룹 내의 계열기업 사이의 전적에 있어서는 미리 전적할 계열기업을 특정하고, 그 기업에서 종사하여야 할 업무에 관한 사항 등의 기본적인 근로조건을 명시하여 사전동의를 얻은 경우이다.

(2) 전적관행의 규범적 승인 내지 사실상의 제도화

기업그룹 내에서 근로자의 동의를 얻지 아니하고 다른 계열기업으로 근로자를 전적시키는 관행이 있어서 그와 같은 관행이 기업 내에서 일반적으로 근로관계를 규율하는 규범적 사실로 명확하게 승인되거나, 기업의 구성원이 일반적으로 아무런 이의를 제기하지 아니한 채 당연한 것으로 받아들여 기업 내에서 사실상의 제도로 확립되어 있다고 할 수 있을 정도의 규범의식에 의하여 지지되고 있어 근로계약의 내용을 이루는 것으로 인정되는 경우처럼 특별한 사정이 있는 경우(대법 2014.2.27, 2011다109531)에 한하여 근로자의 구체적인 동의를 얻지 아니하더라도 근로자를 다른 계열기업으로 유효하게 전적시킬 수 있다. 이 판례는 단순한 관행의 수준을 넘어 관행이 규범적인 승인 내지 사실상의 제도화의 단계에 이를 것을 요구하고 있다는 점이다.

또한 판례는 농업협동조합중앙회의 조정에 따라 인사 교류를 한다는 인사 규정을 두고 있었다는 사정만으로 직원의 동의 없는 일방적인 전적의 관행이 규범적인 사실로서 명확히 승인되었거나 사실상의 제도로서 확립되어 있었다고 볼 수도 없다(대법 2006.1.12, 2005두9873 ; 대법 1993.1.26, 92다11695). 그러나 자발적으로 포괄적인 사전동의형식으로 인사교류동의서를 제출한 자에 대해 지역농업협동조합 사이에 이루어진 전적은 정당하다(서울행법 2013.2.8, 2012구합36685)고 한다.

(3) 전적이 회사분할의 형식으로 이루어진 경우

회사 분할에 의한 근로관계의 승계는 일반적인 기업그룹 내의 전적과는 구별하여 근로자의 동의 여부를 판단해야 한다. 판례(대법 2013.12.12, 2011두1282)는 「회사 분할에 따른 근로관계의 승계는 근로자의 이해와 협력을 구하는 절차를 거치는 등 절차적 정당성을 갖춘 경우에는 해당 근로자의 동의를 받지 못한 경우라도 신설회사에 승계되는 것이 원칙이다. 그러나 회사의 분할이 근기법상 해고의 제한을 회피하면서 해당 근로자를 해고하기 위한 방편으로 이용되는 등의 특별한 사정이 있는 경우에는, 해당 근로자는 근로관계의 승계를 통지받거나 이를 알게 된 때부터 사회통념상 상당한 기간 내에 반대 의사를 표시함으로써 근로관계의 승계를 거부하고 분할하는 회사에 잔류할 수 있다」고 보았다.

4. 전적시 종전 회사와의 근로관계의 단절 여부

(1) 전적시 종전 회사와의 근로관계 단절 여부

근로자가 종전 회사에서 그 계열회사로 전적되는 경우 종전 회사의 경영방침에 의한 일방적인 결정에 따라 퇴직과 재입사의 형식을 거친 데에 불과한 것이 아니라 근로자가 자의에 의하여 종전 회사에 사직서를 제출하고 퇴직금을 지급받은 다음 계열회사에 입사하였다면, 종전 회사와의 근로관계는 단절된다.

그리고 근로자가 전적을 함에 있어 종전 기업에 사직서를 제출하고 퇴직금을 수령한 다음 이적하게 될 기업에 입사하여 근무를 하였다면 특별한 사정이 없는 한 이는 전적에 대한 동의를 전제로 한 행동이라고 보아야 한다.

유효한 전적이 이루어진 경우에 있어서는 당사자 사이에 종전 기업과의 근로관계를 승계하기로 하는 특약이 있거나 이적하게 될 기업의 취업규칙 등에 종전 기업에서의 근속기간을 통산하도록 하는 규정이 있는 등의 특별한 사정이 없는 한 당해 근로자의 종전 기업과의 근로관계는 단절된다(대법 2000.12.22, 99다10806).

(2) 퇴직금이 통산되는 특별한 경우

회사의 일방적인 경영방침에 의해 계열사간의 전적이 이루어졌거나 복귀가 예정되고 당초 기업이 임금차액을 계속 보전하고 퇴직금도 통산되는 특별한 경우에 있어서는 당초 기업에서의 재직기간도 계속근로년수에 포함되어야 하는 등 당초 기업도 근기법상의 사용자책임을 질 수 있다(대법 2003.4.11, 2001다71528).

5. 기업의 일부분의 분리·독립시 전적할 수 있는가

최근 경영의 다각화와 기업의 다양화에 따라 기업의 일부분을 독립시켜 신회사를 설립한다든지 새로운 사업개발을 위해 다른 회사와 공동출자하여 신회사를 설립하기도 한다. 이러한 경우 신설되는 회사에 당해 기업에서 지금까지의 개발부문에서 신규개발에 전념한 부문의 담당자를 신회사로 전적하는 사례가 있다. 이러한 경우 기업의 일부분 등을 독립시킨 신회사에의 전적에 있어서, 전출과 마찬가지로 사용자의 인사권의 행사로서의 기업의 배치전환과 동일하게 일방적으로 실시할 수 있을까의 문제이다.

기업의 일부분의 독립에 따라 형식적으로 고용된 회사의 적을 떠나(퇴직) 신설회사의 근로자가 되기 위해서는 근로자 본인의 개별적 승낙이 필요하다. 예컨대 화의 중의 회사에서 영업부문을 독립시켜 새로운 회사를 설립했다. 그리고 영업부문의 근로자 전원에 대하여 신설 회사로의 전적을 제시하여 해당 근로자를 제외한 전원(사원·촉탁 45명)이 이에 동의하였으나 해당 근로자가 동의하지 아니하므로 전적명령을 발하였으나 근로자가 이를 거부하므로 회사는 취업규칙에 따라 해당 근로자를 징계해고한 사안에 대하여, 전적은 전적 전의 사용자와 종전의 근로계약관계를 해소하고 전적처의 사용자간에 새로운 근로계약관계를 형성하는 것으로, 이것은 민법 제657조제1항에 따라 사용자에 의한 권리의 제3자에 대한 양도에 해당하는 것으로 근로자에게 중대한 이해가 생긴 것을 부정할 수 없는 것이므로 일방적으로 사용자의 의사에 따라 전적을 명하는 것은 정당하다고 할 수 없다는 것이다.

14 아웃소싱과 인사관리

1. 아웃소싱의 활용과 적법한 계약관계

아웃소싱(outsourcing)은 기업경쟁력을 높이기 위해 중요성이 떨어지는 업무를 다른 전문업체에 위탁하는 것을 말한다. 그 중심에 있는 것이 업무의 외부위탁(도급 · 업무위탁)과 근로자파견이다. 그러므로 기업의 인사담당자는 이러한 법률관계를 정확하게 이해하여 적정한 계약과 관리를 행하여야 하며, 그렇지 아니할 경우 법률을 위반하게 될 가능성이 있다. 이러한 법률관계에서 중요한 법률이 직업안정법이다. 직업안정법에서 「근로자공급사업이란 공급계약에 의하여 근로자를 타인에게 사용하게 하는 사업을 말한다. 다만, 파견법 제2조제2호의 규정에 의한 근로자파견사업은 제외한다(동법 제4조제7호)」라고 규정하고 있다.

「누구든지 고용노동부장관의 허가를 받지 아니하고는 근로자공급사업을 하지 못한다(동법 제33조제1항)」고 법에 명시하여 고용노동부장관의 허가를 받은 노동조합이 행하는 경우 이외에는 이를 금지하고 있다.

그러나 사회경제의 진전 · 변화에 따라 기업사회의 고용관행 및 노동시장의 상황에 맞추어 근로자의 취업조건의 정비와 고용안정을 꾀할 필요가 발생하였으며, 이에 노동력의 수급시스템으로서 금지되었던 근로자 공급형태를 새로운 관점에서 적정하게 행할 수 있도록 인정하는 내용의 입법화가 이루어졌다. 즉, 파견법(1998.2.20, 법률 제3512호)이 제정되어 1998년 7월 1일부터 시행되었으며 개정 파견법(2006.12.21, 법률 제8076호)은 2007년 7월 1일부터 시행됨에 따라 동법시행령에서 금지업무를 제외하고 파견대상업무를 종전보다 확대 소정하였다. 동법은 근로자파견사업에 관하여 「근로자파견이란 파견사업주가 근로자를 고용한 후 그 고용관계를 유지하면서 근로자파견계약의 내용에 따라 사용사업주의 지휘 · 명령을 받아 사용사업주를 위한 근로에 종사하게 하는 것을 말한다(동법 제2

조제1호)」라고 정의함으로써, 자기가 고용하는 근로자를 파견하는 경우에 한하여 이를 인정하고 있다. 이 제도의 의의는 노동력수급시스템의 새로운 분야를 개척하고 고용관리에 충실할 수 있도록 한 것으로서, 노동법 분야에 있어서도 「사용」과 「고용」의 분리라는 새로운 개념을 도입한 것이다.

(1) 근로자공급계약

근로자공급계약은 사실상의 지배관계 하에 있는 근로자를 공급처에 제공하여 공급처의 지휘·명령하에서 근로를 시키거나 또는 고용관계를 체결하여 근로시키기도 하여, 이른바 지배와 고용(사용)의 분리관계가 생기는 형태로서, 이는 노동조합이 허가를 얻은 경우가 아닌 한 금지되고 있다. 근로자공급사업에 해당하기 위해서는 공급사업자와 근로자 사이에 고용계약 등 계약상 또는 사실상 공급사업자가 근로자를 지배하는 관계가 있음으로 족한 것이지, 그들 사이에 반드시 고용계약이 성립되어 있을 것이 요구되지는 않는다(대법 2012.7.5, 2011도13346).

(2) 근로자파견

파견사업주가 고용하는 근로자에게 고용주로서의 책임을 지고 근로자파견계약에 따라 사용사업주의 지휘·명령하에 근로하게 하여 고용과 사용의 분리가 생기는 형태이다.

(3) 도급 · 업무위탁계약

고용과 사용이 일치하는 계약이다. 이 경우에는 고용관계와 사용관계를 일치시켜 도급기업이 직접 지휘·명령을 하며 근로시키는 상태가 형성되고 있으나 발주처기업이 직접 지휘 감독 하게 되면 고용과 사용이 분리된 근로자파견과 같이 되어 위장도급으로서 위법한 취업형태인 것이다.

〈3자간 고용관계의 구분〉

① 근로자공급(지배와 고용의 분리)

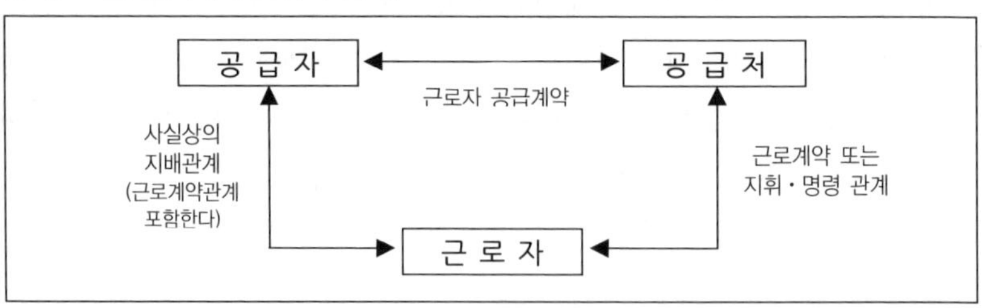

② 근로자파견(고용과 사용의 분리)

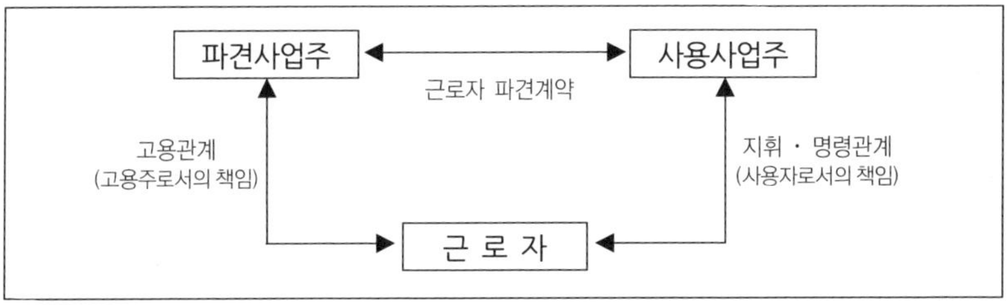

③ 도급 · 업무위탁(고용과 사용의 일치)

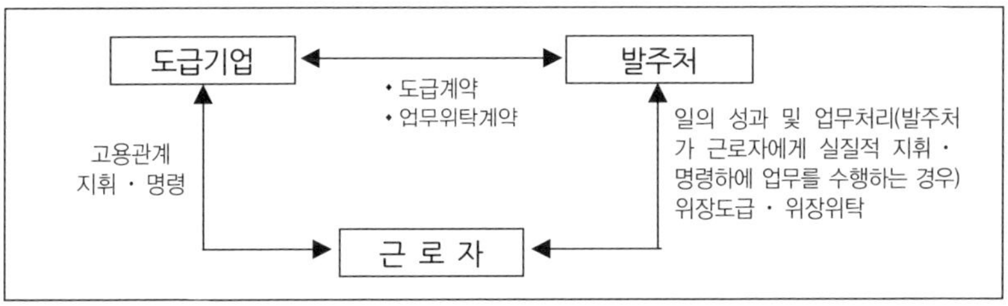

2. 업무처리도급

(1) 업무처리도급의 의의

업무처리도급이란 어떤 기업(도급기업)이 타기업(발주기업)에 대해 그 일정업무의 처리를 도급하여, 그 도급업무를 수행하기 위해 자기가 고용하는 근로자를 발주기업의 사업장에서 자기의 지휘·명령하에 근로시키는 것을 말한다. 업무처리도급은 도급기업이 발주기업에 근로자를 제공 내지는 파견하는 측면을 가지나, 어디까지나 도급업무의 처리를 위해 공급(파견)하므로 근로자에 대한 지휘·명령은 도급기업이 하며 발주기업은 하지 않는다. 업무처리도급은 스스로에 의한 지휘·명령 등을 하며, 이러한 요건을 충족시키면 직업안정법이 금지하는 근로자 공급뿐만 아니라 파견법의 규제를 받는 근로자파견과도 구별된다.

(2) 근로자파견과 도급의 특색

① 근로자파견과 관련하여 파견법상 자주 문제가 되는 것으로 "도급"(특히 사내하도급)이 있다. "도급"은 '당사자 일방(수급사업자)이 어느 일을 완성할 것을 약정함으로써 그 효력이 발생하는 민법상의 계약(민법 제664조)이다. 민법은 도급을 할 수 있는 업무나 도급기간을 제한하고 있지 않으며 또한 도급을 "업"으로 하기 위해 별도로 행정관청의 허가 등을 받도록 하고 있지 않으나 개별법에서 별

도로 규정하고 있는 사례도 있다. 「경비업법」은 "경비업"을 '경비업무를 도급받아 행하는 영업'으로 정의하면서 경비업을 하고자 하는 자는 지방경찰청장의 허가를 받도록 규정하고 있다.

② 파견법상 "근로자파견"은 '파견사업주가 근로자를 고용한 후 그 고용관계를 유지하면서 근로자파견계약의 내용에 따라 사용사업주의 지휘·명령을 받아 사용사업주를 위한 근로에 종사하게 하는 것'으로 정의(동법 제2조제1호)하고 있다. 파견법은 파견이 가능한 업무를 열거하여 규정하고, 파견기간도 일정기간을 넘지 못하도록 제한하고 있으며, 근로자파견사업을 하고자 하는 자는 고용노동부장관으로부터 허가를 받도록 규정하고 있다.

(3) 업무처리도급에 의한 근로관계

업무처리도급에서는 발주기업과 도급기업 간에 업무처리도급계약이 체결되고 이 계약에 근거하여 도급기업이 고용하는 근로자가 발주기업의 사업장에서 도급기업의 지휘·명령을 받아 도급업무를 수행한다. 즉, 근로자는 어디까지나 도급기업이 고용하는 근로자이며, 또한 그 도급기업에서의 취업도 도급기업의 지휘·명령을 받아 수행하는 것에 지나지 않는다. 따라서 업무처리도급이 원칙대로 실시되는 한, 근로계약이나 근기법 그 밖의 노동보호법상에서 사용자로서의 책임을 지는 것은 도급기업뿐이며, 발주기업에게는 책임이 생기지 않는다. 다만, 발주기업은 도급업체 소속 근로자에 대해 근로장소를 제공하고 있는 한도 내에서는 안전배려의무를 질 수는 있다.

15 도급과 근로자파견 구분에 관한 최근 판례의 태도

도급과 근로자파견의 구분에 관하여 대법원 판결(대법 2022.7.28, 2016다40439 ; 대법 2022.7.28, 2021다221638 ; 대법 2017.10.31, 2017나22315 ; 대법 2015.2.26, 2010다106436 ; 대법 2012.2.23, 2011두7076)에서 확인되고 있는 바와 같이 법률관계는 첫째, 원청업체와 사내협력업체 간에 체결한 계약의 명칭이나 형식이 아닌 그 근로관계의 실질에 따라 판단해야 한다는 원칙 하에서 둘째, 그 구체적인 기준으로 원청업체의 지휘·명령관계의 존부에 대한 판단 부분과 계약의 성격에 대한 판단 부분으로 나누어 판시하고 있다.

1. 근로자파견 또는 도급계약 해당 여부에 대한 판단기준

대법원은 근로자파견에 해당하는지를 판단함에 있어서는 세 가지 판단기준을 제시하고 있다.

(1) 실질 판단의 원칙

대법원은 원고용주가 어느 근로자로 하여금 제3자를 위한 업무를 수행하도록 하는 경우 그 법률관계가 위와 같이 파견법의 적용을 받는 근로자파견에 해당하는지는 당사자가 붙인 계약의 명칭이나 형식에 구애될 것이 아니라, 그 근로관계의 실질에 따라 판단하여야 한다는 것이다.

(2) 유형적 방법

근로자파견과 도급계약이 상호 대비되는 특징적인 여러 가지 판단기준을 나열하는 「유형적 방법」을 제시한다.

대법원은 근로자파견의 판단기준을 다음과 같이 제시한다. ① 제3자가 당해 근로자에 대하여 직·간접적으로 그 업무수행 자체에 관한 구속력 있는 지시를 하는 등 상당한 지휘·명령을 하는지, ② 당해 근로자가 제3자 소속 근로자와 하나의 작업집단으로 구성되어 직접 공동 작업을 하는 등 제3자의 사업에 실질적으로 편입되었다고 볼 수 있는지, ③ 원고용주가 작업에 투입될 근로자의 선발이나 근로자의 수, 교육 및 훈련, 작업·휴게시간, 휴가, 근무태도 점검 등에 관한 결정 권한을 독자적으로 행사하는지, ④ 계약의 목적이 구체적으로 범위가 한정된 업무의 이행으로 확정되고 당해 근로자가 맡은 업무가 제3자 소속 근로자의 업무와 구별되며 그러한 업무에 전문성·기술성이 있는지, ⑤ 원고용주가 계약의 목적을 달성하기 위하여 필요한 독립적 기업조직이나 설비를 갖추고 있는지 등의 요소를 바탕으로 그 근로관계의 실질에 따라 판단하여야 한다(대법 2022.7.28, 2016다40439 ; 대법 2022.7.28, 2021다221638 ; 대법 2020.5.14, 2016다239024 · 239031 · 239048 · 239055 · 239062 ; 대법 2020.3.26, 2017다217724 · 217731(병합) ; 대법 2019.8.29, 2017다219072 ; 대법 2018.12.13, 2016다240406 ; 대법 2017.12.22, 2015다32905 ; 대법 2015.2.26, 2010다106436 ; 대법 2015.2.26, 2010다93707 ; 대법 2015.2.26, 2012다96922).

이들 판단기준 중 ①과 ②의 요소는 근로자파견임을 보여주는 징표인 반면 ③,④,⑤는 해당 계약이 도급계약임을 보여주는 징표에 해당된다.

(3) 종합적 판단

대법원은 근로자파견임을 확인함에 있어 「종합적 판단」을 할 것을 요구한다.

2. 근로자파견 해당 여부에 대한 구체적 판단기준

(1) 한국도로공사와 외주사업체에 고용된 고속도로 안전순찰원간에 지휘·명령관계가 있는지의 여부

한국도로공사와 고속도로 안전순찰업무 등에 관한 용역계약을 체결한 외주사업체에 고용되어 고속도로 안전순찰원으로서 업무를 수행한 甲 등이 한국도로공사를 상대로 근로자 지위 확인 등을 구한 사안에서 판례(대법 2020.5.14, 2016다239024)는 ① 甲 등이 수행하는 안전순찰원 업무처리의 효율성을 위해서는 한국도로공사의 지휘·명령이 불가피했을 것이고, 실제로 한국도로공사가 甲 등의 작업량, 작업방법, 작업순서, 작업속도, 작업장소, 작업시간 등을 결정하거나 지시하였다고 보는 것이 타당한 점, ② 외주사업체 소속 근무자들은 한국도로공사 소속 현장직 안전순찰원 또는 상황실 근무자와 전체적으로 하나의 작업집단으로서 한국도로공사의 필수적이고 상시적인 업무를 수행하였을 뿐 아니라 그 과정에서 한국도로공사의 사업에 실질적으로 편입되었다고 봄이 타당한 점, ③ 외주사업체가 소속 근무자들에 대한 근무태도 점검, 휴가 등에 관한 사항을 독자적으로 결정하였다고 보기 어렵고, 특히 외주사업체가 독자적인 교육이나 훈련을 실시한 사례는 거의 없는 점, ④ 甲 등은 고속도로 유지 순찰업무 외에도 한국도로공사의 구체적인 지시를 받아 비전형적인 업무를 수행하기도 하는 등 용역계약의 목적 또는 대상이 구체적으로 범위가 한정된 업무의 이행으로 확정되었다고 보기 어려운 점, ⑤ 외주사업주 대부분이 원래 한국도로공사 소속 직원이었고, 용역계약 체결 당시 계약목적을 달성하는 데 필요한 기업조직이나 설비를 완전히 갖추지 못한 점 등에 비추어, 甲 등은 외주사업체에 고용된 후 고용관계를 유지하면서 한국도로공사의 사업장에서 한국도로공사의 지휘·명령에 따라 한국도로공사를 위한 근로에 종사하였으므로, 甲 등과 한국도로공사는 근로자파견관계에 있었다고 본 원심판단을 수긍한 사례이다.

(2) 현대자동차와 사내하도급근로자 간에 지휘 · 명령관계가 있는지의 여부

가. 지휘 · 명령관계가 있는지 여부

① 판례(대법 2015.2.26, 2010다106436 현대자동차사건)는 회사가 사내협력업체 소속 근로자에 대한 일반적인 작업배치권과 변경결정권을 가지고 사내협력업체 소속 근로자가 수행할 작업량과 작업방법, 작업순서, 작업속도, 작업장소, 작업시간 등을 결정한 점, ② 회사는 사내협력업체 소속 근로자를 직접 지휘하거나 사내협력업체 소속 현장관리인 등을 통하여 구체적인 작업 지시를 하였는데, 사내협력업체의 현장관리인 등이 소속 근로자에게 구체적인 지휘·명령권을 행사하였다 하더라도 이는 회사가 결정한 사항을 전달한 것에 불과하거나 그러한 지휘·명령이 회사에 의하여 통제된 것에 불과한 점, ③ 사내협력업체 소속 근로자가 회사 소속 근로자와 같은 조에 배치되어 동일한 업무를 수행한 점, ④ 회사는 소속 근로자의 결원이 발생하는 경우 사내협력업체 근로자로 하여금 그 결원을 대체하게 하기도 한 점, ⑤ 회사가 사내협력업체 소속 근로자에 대한 휴게시간 부여, 연장 및 야간근로, 교대제 운영 등을 결정하고 사내협력업체를 통하여 사내협력업체 소속 근로자의 근태상황 등을 파악하는 등 사내협력업체 근로자를 실질적으로 관리하여 온 점 등을 들어 현대자동차와 사내하도급근로자 간에 지휘·명령관계가 있다고 판단하였다.

나. 현대자동차와 사내협력업체 간에 체결한 계약이 도급계약인지 여부

① 사내협력업체가 도급받은 업무 중 일부는 회사 소속 근로자의 업무와 동일하여 명확히 구분되지 아니하는 점, ② 사내협력업체의 고유하고 특유한 업무가 별도로 있는 것이 아니라 회사의 필요에 따라 사내협력업체의 업무가 구체적으로 결정된 점, ③ 사내협력업체 소속 근로자의 담당업무는 회사가 미리 작성하여 교부한 각종 조립작업지시표 등에 의하여 동일한 작업을 단순 반복하는 것으로서 사내협력업체의 전문적인 기술이나 근로자의 숙련도가 요구되지 않고 사내협력업체의 고유 기술이나 자본이 투입된 바 없는 점 등이다. 이러한 사정을 종합하면, 해당 근로자들은 사내협력업체에 고용된 후 회사의 직업현장에 파견되어 회사로부터 직접 지휘·감독을 받는 근로자파견관계에 있었고 해당 계약은 도급계약이 아니라고 판단하였다.

(3) 포스코광양제철소와 협력업체에 고용된 크레인 운전기사 간에 지휘·명령관계가 있는지 여부

해당 근로자들은 회사와 협력작업 계약을 체결한 사내협력업체 소속으로 회사의 압연공정을 수행하는 열연·냉연·도금공장의 공정업무, 제품업무에서 크레인 운전업무 등을 담당하는 근로자들로서 파견법상 근로자파견관계가 있었다고 주장한 사건이다. 판례(대법 2022.7.28, 2016다40439 ; 대법 2022.7.28, 2021다221638)는 다음과 같은 취지의 이유를 들어 근로자들과 회사가 근로자파견관계에 있었다고 판단하였다. 그 이유는 다음과 같다.

① 해당 근로자들은 1999년경까지는 회사(포스코광양제철소)가 제공한 작업표준서에 따라, 그 이후에는 협력업체가 기존 작업표준서를 기초로 핵심적 내용이 질적으로 동일하게 자체적으로 작성하여 회사로부터 검증을 받은 작업표준서에 따라 작업을 수행하였다. 또한 회사의 제품 생산과정과 조업체계는 현재 전산관리시스템에 의해 계획되고 관리되는바, 근로자들은 전산관리시스템을 통해 전달받은 바에 따라 작업을 수행하였다. 근로자들에게 전달된 작업 정보는 사실상 구속력 있는 업무상 지시로 기능하였다.

② 크레인 운전을 통해 코일을 운반하는 업무는 압연공정에 필수적으로 수반되며, 크레인 운전 업무의 작업성과는 전체 압연공정의 소요시간과 작업결과에 영향을 미친다. 또한 해당근로자들은 코일 운반 외에도 다양한 업무에서 회사 소속 근로자들과 광범위하게 협업하였는바, 이들은 회사의 사업에 실질적으로 편입되었다고 볼 수 있다.

③ 회사는 협력업체가 수행할 업무, 크레인 운전에 필요한 인원수, 크레인 운전 작업자가 수행하는 작업량 등을 실질적으로 결정하였다.

④ 협력업체들이 수행한 협력작업에 대한 평가는 작업량 등 업무성과에 따른 점수를 가산하는 방식이 아니라, 회사의 업무를 저해하는 행위가 발생할 때마다 점수를 차감하는 방식으로 이루어졌다.

⑤ 회사가 협력업체에 지급하는 대가는 작업성과나 작업물량이 아니라, 작무별 투입인원수와 근무시간에 따라 결정되었다. 근로자들이 수행한 대부분 작업의 구체적인 내용은 작업표준에 따라 단순·반복적으로 행해지고, 고도의 전문성과 기술성이 필요한 것으로 보기 어렵다.

⑥ 천장크레인과 전산관리시스템은 모두 회사가 소유하고 실질적으로 관리하

였다. 협력업체는 대부분의 매출을 회사에 의존하고 있으며, 독자적인 사업주로서의 실체가 미미한 것으로 보인다.

(4) 판례의 의의

① 현대자동차사건 : 대법원은 2015년도 현대자동차사건(대법 2015.2.26, 2010다106436)에서 종전 컨베이어벨트 생산공정, 혼재공정 등을 불법파견의 기준으로 삼아 불법파견의 성립을 인정한 판결(대법 2012.2.23, 2011두7076)에서 더 나아가 조립공정 뿐 아니라 서브공정, 차체, 도장, 의장, 엔진공정 등에서 근무하는 모든 협력업체 근로자들에 대해 불법파견을 인정함으로써, 결국 현대자동차 소속 정규직과 혼재 업무를 하지 않고 하청업체가 특정 공정을 모두 전담하는 소위 '블록(block)화 공정'까지 모두 불법파견을 인정했다는 점에서 의미가 있다. 대법원은 2020년도(대법 2020.3.26, 2017다217724 ; 2017다217731(병합))에 차체, 도장과 같은 직접 생산공정뿐만 아니라 생산관리, 출고, 포장 등 컨베이어벨트를 사용하지 않는 간접공정도 불법파견에 해당한다고 판단하였다. 현대차, 기아 생산공장에서 사내협력업체 소속으로 일한 근로자에게 파견 관계가 성립하는지를 놓고 공정 전반의 성격을 광범위하게 판단한 최초의 대법원 판결이란 점에 그 의의가 있다. 파견법에서 정의한 대로 사용사업주가 아닌 자와 근로계약을 체결했더라도 "사용사업주의 지휘·명령을 받아", "사용사업주를 위한 근로에 종사하게 하는 것"이면 근로자파견이라고 봐야 한다는 점 등 계약의 성격을 분명히 했다는 점에 그 의의가 있다.

② 한국도로공사사건 : 2019년도·2020년도 대법원 판례(대법 2020.5.14, 2016다239024 ; 대법 2019.8.29, 2017다219072)는 한국도로공사의 외주사업체(안전순찰 업무 용역계약·통행료 수납업무 용역계약 체결) 소속으로 근무한 안전순찰원과 수납원들과 한국도로공사는 근로자파견관계에 있었다고 봄이 상당하다는 것이다.

③ 포스코광양제철소사건 : 2022년도 대법원판례(대법 2022.7.28, 2016다40439 ; 대법 2022.7.28, 2021다221638)는 포스코광양제철소 사내협력업체 크레인 운전기사의 근로자파견관계 성립 여부에 관하여 현대자동차사건(대법 2015.2.26, 2010다106436) 판결 등이 선언한 기존법리를 재확인하고, 그에 따라 근로자들과 회사 사이에 근로자파견관계가 성립한다고 본 각 원심의 판단을 수긍하였다. 이 판례의 핵심쟁점은 회사의 전산관리시스템(MES : Manufacturing Execution System)이 사내협력업체 근로자들을 지시·명령하는 수단이라고 인정한 첫 판결이다. MES를 두고

원청회사가 사내협력업체 근로자들에 대해 업무지시를 하는 불법파견인지 혹은 도급완성을 위한 정보공유수단인지 판단이 엇갈리고 있었는데 이 판결은 MES를 통한 정보전달이 사실상 구속력 있는 업무상 지시로 인정될 수 있음을 밝힌 최초의 대법원 판결이란 점에 그 의의가 있다.

3. 원청업체 · 하청업체근로자들이 혼재작업을 하더라도 하도급업체가 업무수행 및 노무관리를 독자적으로 행한 경우

원청업체가 업무매뉴얼을 두는 등의 방법으로 사내하도급업체 소속 근로자들의 업무에 관여하였지만, ① 사내하도급업체의 현장책임자, 현장대리인을 통하여 작업에 관한 지시를 하였고, 해당 근로자들이 원청업체가 마련한 작업요령에 따라 업무를 수행한 것은 도급계약에 따른 의무이행에 해당하며, 원청업체가 소속 근로자들을 안전관리자 등으로 선임한 것은 관련 법령에 따라 시설의 소유자로서 안전관리자 등을 선임할 의무를 이행한 것일 뿐, 해당 근로자들에 대한 지시·감독을 주된 목적으로 한 것이라고 보이지 않는 점, ② 원청업체 소속 근로자들과 사내하도급업체 소속 근로자들이 중앙제어실에서 함께 근무한 바 있지만, 그 업무 내용이 서로 다르고, 사내하도급업체가 도급받은 지원설비 운전 등 업무는 원청업체의 주된 업무인 제품생산과 무관하게 독립적으로 이루어지며, 원청업체 소속 근로자들의 결원이 발생하여도 사내하도급업체 소속 근로자들이 그 대체업무를 수행하지 않은 점, ③ 원청업체가 사내하도급업체 소속 근로자들을 대상으로 기업내 근로자 교육을 실시한 바 있지만, 사내하도급업체기 필요한 교육을 자체적으로 실시하고, 채용·징계 등에 관한 기본적 권한을 가지고 해당 근로자들에게 임금을 직접 지급하였으며, 원청업체와는 별도의 독립된 사업주체로서 해당 근로자들에 대한 작업 배치권과 변경권을 행사하였고, 조퇴·휴가 등 근태관리를 독자적으로 한 점, ④ 원청업체가 사내하도급업체와 해당 인력의 인건비 단가를 기초로 협상을 통해 도급금액을 산정하였지만, 이는 노무도급이라는 도급업무의 특수성에 기인한 것으로 보는 점 등에 비추어 보면, 해당 근로자들이 원청업체에 대한 관계에서 파견근로자에 해당한다고 보기 어렵다(대법 2017.1.25, 2014다211619). 또 다른 판례(대법 2018.12.13, 2016다240406)는 한국타이어 협력업체 근로자들이 한국타이어로부터 실질적인 지휘·명령을 받는 근로자파견관계에 있었다고 보기 어렵다고 판시했다.

4. 공간적으로 분리되어 있더라도 기능적으로 밀접한 경우

원청업체가 협력업체 소속 근로자의 업무수행 자체에 관해 직·간접적으로 상당한 지휘·명령을 했다면 근로자파견관계에 있었다고 봄이 상당하다는 것이다(대법 2017.12.22, 2015다32905). 이 판례는 원청업체는 원청업체의 협력업체 소속 근로자에 대하여 직·간접적으로 그 업무수행 자체에 관하여 상당한 지휘·명령을 하였고, 원청업체의 협력업체 소속 근로자들은 원청업체의 사업에 실질적으로 편입되었으며, 원청업체의 협력업체가 작업에 투입될 근로자의 선발이나 근로자의 수, 작업·휴게시간, 근무태도 점검 등에 관하여 원청업체의 영향을 받지 아니한 채 전적으로 결정권한을 행사하였다고 보기 어렵고, 원청업체의 협력업체 소속 근로자가 맡은 업무가 독자적인 일의 완성을 목적으로 하는 것이라고 인정하기 어려우며, 원청업체의 협력업체가 계약의 목적을 달성하기 위하여 필요한 독립적 기업조직이나 설비를 갖추고 있다고 보기 어렵다. 해당 근로자들은 원청업체의 협력업체에 고용된 후 원청업체의 작업현장에 파견되어 원청업체로부터 직접 지휘·감독을 받는 근로자파견관계에 있었다고 본다는 것이다. 이 판례는 원청업체가 협력업체(사내도급업체) 근로자들의 업무를 장소적·공간적으로 원청업체 근로자의 업무와 분리·독립하더라도 업무가 기능적으로 밀접하게 연계되어 있으면 원청업체에서 공동작업을 하는 것으로 보아 지휘·명령권을 인정할 수 있는 요소로서 실질적으로 편입되었다고 본 것이다.

Chapter 13

징계처분을 둘러싼 법률지식

1 징계처분이란 무엇인가

① 징계처분의 의의 : 징계처분이란 사용자가 근로자의 과거 비위행위에 대하여 기업질서 유지를 목적으로 사용자에 의해 부과되는 징벌적 제재를 말한다(대법 2021.1.14, 2020두48017). 징계처분은 첫째, 기업질서 위반행위에 대한 제재인 점. 둘째, 징계는 근로계약의 취소·해지 등 민법상 조치와는 질적으로 다른 질서벌로서의 성격을 가지는 점. 셋째, 승진·취업제한이라는 중대한 법률상 불이익조치라는 점에 특징이 있다(서울고법 2020.3.31, 2019나2029554). 사용자는 기업질서를 유지하기 위하여 다양한 수단을 가지고 있으며 그 중에서도 가장 효력이 강하고 사용자에게 「전가의 보도」인 제도가 징계이다. 징계란 업무명령이나 복무규율에 위반한 근로자에게 행하는 불이익 조치로서 통상 기업에서는 취업규칙에서 징계해고, 권고해고, 출근정지, 감봉, 견책, 경고 등으로 제도화되고 있다. 기업질서는 많은 근로자가 근무하고 있는 기업의 존립·유지를 위하여 필요한 것이므로, 사용자는 기업질서가 문란해지는 것을 방지하기 위해서 기업질서를 위반하는 행위가 있었을 경우에는 그 위반행위의 형태·정도 등을 조사하여 위반자에게 필요한 업무상의 지시를 내리거나 혹은 업무명령을 발하고, 또 취업규칙 등에 의거하여 징계처분을 행하는 등 기업질서를 회복·유지

하여야 할 필요가 있다. 기업질서는 기업의 존립과 사업의 원활한 운영을 위하여 필요 불가결한 것이고, 따라서 사용자는 이러한 기업질서를 확립하고 유지하는데 필요하고도 합리적인 것으로 인정되는 한 근로자의 기업질서 위반 행위에 대하여 근기법 등의 관련 법령에 반하지 않는 범위 내에서 이를 규율하는 취업규칙을 제정할 수 있다(대법 1999.3.26, 98두4672).

② 기업질서 위반의 범위 : 또한 단순히 직접적인 기업질서 위반 뿐 아니라, 근로자로서의 의무를 위반하거나 배신적인 행위를 행하여 회사에 손해를 끼치거나 기업외에서 회사의 명예를 실추시키는 행위를 하는 일도 근로자로서 신의칙에 어긋나거나 기업질서를 문란하게 하는 행위이다. 사회일반으로부터 불명예스런 행위로서 비난되는 근로자의 행위에 의하여 회사의 명예·신용, 그 밖의 사회적 평가를 현저하게 훼손하였다고 객관적으로 인정되는 경우에도 제재로서 징계처분 할 수 있다고 인정된다. 사용자는 징계처분과 관련하여, 취업규칙의 복무규율을 통하여 근로자가 준수해야할 사항을 구체적으로 정하고 있다. 이러한 징계처분은 사용자측에서 보면 기업의 질서·이익을 유지하기 위해 불가결한 제도지만, 근로자에게는 근로관계상 중대한 불이익을 받는 제도이다. 그러므로 양자의 이익을 적절하게 조정하기 위한 법규제가 필요하다. 이와 같은 사정아래 복무규율은 기업사회 내에 존재하는 기업질서를 구체적인 규범의 형태로서 제시하고 있다. 복무규율 위반시에는 사용자로부터 징계처분을 받게 된다.

2 징계처분과 면직처분의 구별

1. 면직처분 사유와 그 법적 성격

징계처분과 면직처분은 구별되는 개념이다. 당연퇴직(또는 면직처분)이란 '사용자 또는 근로자의 특별한 의사표시 없이 취업규칙 또는 단체협약에서 정한 사유의 발생만으로 근로관계가 종료되는 것'을 말한다. 일반적으로 사업 또는 사업장에서 단체협약 또는 취업규칙에 ① 근로자의 사망, ② 정년, ③ 근로계약기간의 만료 등을 당연퇴직 사유로 규정하고 있다(2016.7.14, 근로기준정책과-4404). 면직처분이란 임용(채용)결격사유가 채용시 또는 근속 중 발생 또는 발견된 경우에 근로계약을 해지할 수 있는 처분이다. 사용자가 취업규칙 등에 어떤 사유의 발생을 당연퇴직 또는 면직사유로 규정하고 그 절차를 통상의 해고나 징계해고와 달리하였는데 그 당연퇴직사유가 근로자의 사망이나 정년, 근로계약기간의 만료 등 근로관계의 자동소멸사유로 보이는 경우, 위와 같은 당연퇴직사유를 규정한 취업규칙이 유효한 이상 그러한 사유의 발생만으로 그 사유발생일 또는 소정의 일자에 당연히 근로관계가 종료하고, 정년 등과 같은 근로관계의 자동소멸사유로 인한 퇴직처리는 법률상 당연히 발생한 퇴직의 사유 및 시기를 공적으로 확인하여 알려주는 '관념의 통지'에 불과할 뿐 근로자의 신분을 상실시키는 '해고처분'과 같은 새로운 형성적 행위가 아니다(대법 2008.2.29, 2007다85997). 면직처분은 당연퇴직, 직권면직, 당연면직, 자동면직이라는 이름으로 부르고 있다. 한편 취업규칙, 인사규정 등에 규정된 당연퇴직사유에 의한 퇴직처리도 근기법의 제한을 받는 해고에 해당한다고 하더라도 그 정당성의 판단에 있어서는 이와 같은 당연퇴직 사유를 정한 것이 사회통념상 상당성을 인정하기 어렵다는 등의 특별한 사정이 없는 한 위 규정들의 취지는 존중되어야 하는 것이다(대법 2005.6.10, 2004두10548). 다만, 당연퇴직에 관한 인사규정이 유효하다고 하더라도 실제 그러한 인사규정에 근거한 개개의 당연퇴직처분이 정당한 이유가 있는지는 추가로 심리·판단하여야 할 문제이다(대법 2009.3.26, 2008다62724). 해고인 당연퇴직처분에 정당한 이유가 있는지 여부를 판단함에 있어서는 당연퇴직규정이 사회통념상 상당성이 있는지 여부에 대한 판단도 함께 이루어질 필요가 있다.

2. 면직처분과 징계처분절차 준수 여부

취업규칙 등에서 면직처분과 징계처분이 따로 규정되어 있으면서도 면직처분에 관하여는 일반의 징계처분과는 달리 아무런 절차규정도 두고 있지 아니하고 그 면직사유가 동일하게 징계사유로 규정되어 있는 것도 아니라면 사용자가 면직처분을 함에 있어 일반의 징계절차를 거쳐야 한다고 할 수 없고, 이는 면직사유가 실질적으로 징계사유로 보여지는 경우에도 달리 해석할 것은 아니다(대법 2000.6.23, 99두4235 ; 대법 1998.4.24, 97다58750 ; 대법 1995.6.30, 94다35350).

3. 면직처분과 근기법 제23조의 적용

(1) 면직처분과 근기법 제23조의 적용

사용자가 어떤 사유의 발생을 당연퇴직 또는 면직사유로 규정하고 그 절차를 통상의 해고나 징계해고와 달리한 경우에 그 당연퇴직사유가 근로자의 사망이나 정년, 근로계약기간의 만료 등 근로관계의 자동소멸사유로 보이는 경우를 제외하고는 이에 따른 당연퇴직처분은 근기법의 제한을 받는 해고라고 할 것이다. 이 경우 근로자는 사용자를 상대로 당연퇴직조치에 근기법 제23조가 정당한 이유가 없음을 들어 당연퇴직처분 무효확인의 소를 제기할 수 있다(대법 2018.5.30, 2014다9632).

(2) 당연면직을 인정 또는 불인정한 사례

첫째, 당연면직을 인정한 사례는 다음과 같다.

① 신체장애의 경우(대법 1996.12.6, 95다45934) ② 운전면허 취소의 경우(대법 1993.12.21, 93다43866), ③ 휴직사유의 해소 후 복직원을 제출하지 않은 경우(대법 1995.4.11, 94다4011), ④ 형사상의 유죄판결의 경우(대법 1988.5.10, 87다카2853), ⑤ 경력사칭의 경우(대법 1992.6.9, 91도2221), ⑥ 아버지의 청탁에 따라 부정행위에 의하여 이익을 받아 불공정하게 선발되었음이 명백한 경우(대법 2020.8.13, 2020두39419)

둘째, 당연면직을 불인정한 사례는 다음과 같다.

사용자가 아파트의 위탁관리업무를 주요 사업으로 하는 회사로서 그 근로자와 사이에, 근로자가 근무하는 아파트의 관리주체 등과 사용자 사이의 위탁관리계약이 해지될 때에 그 근로자와 사용자 사이의 근로계약도 자동 종료되는 것으로 한다고 약정했다고 해 그와 같은 해지사유를 근로관계의 자동소멸사유라고 할 수는 없다(대법 2017.10.31, 2017다22315 ; 대법 2009.2.12, 2007다62840)고 한다. 2017년도 판결은 공동주택 위탁관리계약의 해지나 종료를 경비원의 당연퇴직사유로 규정하는 것이 허용되지 않는다는 점을 명확히 한 것이고 2009년도 판례는 관리용역계약 해지는 근로관계의 자동소멸사유가 될 수 없음을 명확히 한 것이다. 따라서 공동주택 위탁관리계약의 해지나 종료를 경비원의 당연퇴직사유로 규정하는 것이 허용되지 않는다는 점을 명확히 한 것이다.

3 징계처분의 법적 근거

징계권은 기업질서 위반행위를 한 근로자를 기업질서의 유지, 회복을 목적으로 제재하는 사용자의 권리이다. 징계권의 법적 근거를 어디에서 구할 것인가? 징계권 내지 징계처분의 법적 근거에 관하여 크게 4가지의 견해가 있다.

첫째, '계약설'은 그 근거를 취업규칙, 단체협약, 근로계약 등에 의하여 노사간에 기업질서 위반의 행위가 있었을 때는 징계처분을 받아도 무방하다는 취지의 노사합의에서 찾고 있다.

둘째, '고유권설'은 단체가 있는 곳에 질서가 있다고 하는 원칙에 의거하여 질서유지에 필요한 징계권은 경영권에 유래하는 고유의 권한에서 그 근거를 찾고 있다. 판례(대법 1994.9.30, 94다21337)는 「사용자가 근로자에 대하여 징계권을 행사할 수 있는 것은 사업활동을 원활하게 수행하는데 필요한 범위내에서 규율과 질서를 유지하기 위한 데에 그 근거가 있다」라고 한다.

셋째, '집단적 합의설'은 징계권의 근거를 노사관계를 지배하는 단체협약이나 취업규칙 등의 자치규범에서 찾는 견해이다. 이러한 자치규범들은 노사간의 합의로 구성원 스스로의 행위를 규율하는 것이므로, 자체적으로 제재조치를 정하고 있다면 그에 의해 징계권이 부여된다고 본다. 단 이러한 자치규범들은 근기법을 준수하는 범위 내에서 효력을 가진다고 한다.

넷째, '법규범설'은 취업규칙의 법규범적 성질에서 징계권의 근거를 찾는 견해이다. 이 견해에 의하면 취업규칙에 징계에 관한 규정이 있는 경우에 한하여 사용자의 징계권이 허용된다.

우리나라에서는 사용자에게 징계처분권한이 있음은 법률상 당연한 일로 되어 있으며, 이 권한을 전제로 하여 근기법 제23조제1항은 정당한 이유없이 해고 등 징벌을 하지 못한다고 규정하고 있으며 동법 제93조제11호는 취업규칙의 필요적 기재사항의 하나로서 '제재에 관한 사항'을 규정하고 동법 제95조는 감급의 제재에 관하여 규정한다.

4 징계처분의 종류

근로자의 복무규율의 위반에 대한 징계처분의 종류로는 경고, 견책, 감급, 출근정지, 징계해고가 있다. 이러한 징계조치는 주로 취업규칙에 규정되어 있다.

1. 견책·경고

"견책"이란 근로자가 사용자에게 시말서를 제출하는 것으로 징계하는 방법을 말한다. "경고"는 단순한 훈계로 시말서의 제출을 요하지는 않는 징계처분이다. 이러한 견책·경고는 당장 현실적으로 근로자에게 불이익을 수반하지 않으나 후에 승진이나 배치전환 등의 인사고과에서는 불리하게 반영될 수도 있다.

2. 감 급

"감급"이란 근로자의 복무규율 등 위반시의 징계조치로 근로자가 실제로 제공한 근로에 대해 본래 지급되어야 할 임금액에서 일정액을 삭감하는 제재를 말한다(대법 2023.1.12, 2022다281194). 단, 징계조치로서 감급에 대하여는 일정한 제한이 있다. 근기법 제95조는 "취업규칙에서 근로자에 대하여 감급의 제재를 정할 경우에 그 감액은 1회의 금액이 평균임금의 1일분의 2분의 1을, 총액이 1임금지급기의 임금총액의 10분의 1을 초과하지 못한다"라고 규정하여 감급의 한도를 정하고 있다.

3. 출근정지

"출근정지" 또는 "정직"이란 사용자가 근로계약을 존속시키면서 출근을 일정기간 거부하는 징계처분이다. 이 기간 중에는 사용자와 근로자 사이의 근로계약은 존속되고 근속년수에도 포함되나, 통상적으로 근로제공이 이루어지지 않기 때문에 사용자의 임금 지급의무가 없고, 출근의무를 부여한 경우라도 근기법상 근로시간에 해당되지 않는 한 임금 지급의무는 없다(2011.9.20, 근로개선정책과-3105).

출근정지 처분으로 인한 출근정지기간은 불취업기간에 해당하므로 임금청구권은 발생하지 않는 것이며, 사규에 출근정지 및 그 기간 동안에는 임금을 지급하지 않는다는 규정은 근로자가 징계의 일환으로 출근정지의 제재를 받게 된 경우 출근정지기간 중 임금을 받지 못하는 것은 징계로서 출근 금지된 당연한 결과이다.

4. 징계해고

해고에는 통상해고, 징계해고, 정리해고 등이 있다. 그 중 "징계해고"는 사용자의 가장 무거운 징계조치이다. 이는 사용자의 일방적 의사표시로서 근로자와의 근로관계를 소멸시키는 징계처분이다.

5 징계처분의 법률상의 원칙

사용자가 징계처분권한을 행사하여 근로자에게 징계처분을 부과함에 있어서 지켜야 할 원칙이 있다. 그것은 다음과 같다.

1. 취업규칙에 해당하는 징계사유일 것

① 근로자의 행위가 취업규칙의 징계사유에 해당되어야 할 필요가 있다. 근기법은 근로자가 지켜야 할 사유도 제시되지 아니하고 갑자기 징계처분을 받는 것을 방지하고 근로자를 보호하기 위하여 '제재에 관한 사항'을 취업규칙에 기재하도록 10명 이상의 근로자를 사용하는 사용자에게 의무화하고 있다(근기법 제93조제11호).

이 때문에 원칙적으로 징계처분을 하려면 근로자의 행위가 취업규칙에 규정되어 있는 징계사유에 해당하는 것이어야 하며, 근로자에게 여러가지 징계혐의 사실이 있는 경우, 이에 대하여 어떠한 징계처분이 적정한지의 여부는 그 사유 하나씩 또는 그 중 일부의 사유만 가지고 판단할 것이 아니고, 전체의 사유에 비추어 사회통념상 근로관계를 계속할 수 없을 정도로 근로자에게 책임이 있는지 여부에 의하여 판단하여야 하고, 징계처분 이후의 비위행위라 하더라도 징계양정의 판단 자료로 삼을 수 있다. 수 개의 징계사유 중 일부가 인정되지 않더라도 인정되는 다른 일부 징계사유만으로도 당해 징계처분의 타당성을 인정하기에 충분한 경우에는 그 징계처분을 유지하여도 위법하지 아니하다(대법 2002.9.24, 2002두6620).

② 근로자의 어떤 비위행위가 징계사유로 되어 있느냐 여부는 구체적인 자료들을 통하여 징계위원회 등에서 그것을 징계사유로 삼았는가 여부에 의하여 결정되어야 하는 것이지, 반드시 징계의결서나 징계처분서에 기재된 취업규칙이나 징계규정에서 정한 징계근거 사유만으로 징계사유가 한정되는 것은 아니다(대법 2009.4.9. 2008두22211 ; 대법 2008.9.11, 2007두10174).

③ 징계는 근로자의 기업질서 위반을 대상으로 하는 제재이므로 징계사유 해당성을 긍정하기 위해서는 근로자가 취업규칙상의 의무를 위반한 것만으로는 충분하지 않고 기업질서를 현실적으로 침해(업무저해 · 직장규율 지장 발생 · 사용자의 손해 발생 등) 하거나 또는 실질적 위험이 인정되는 것을 요건으로 한다.

④ 징계해고의 요건에 대하여는 취업규칙 단체협약 등에 규정하는 것이 일반적이나 취업규칙·단체협약 등에 해고사유 및 절차 등에 관한 규정이 없더라도 사회통념상 해고를 정당시할 만한 합리적인 사유가 인정될 경우에는 정당한 해고사유가 될 수 있다(2004.9.18, 근로기준과-6697).

2. 취업규칙에 규정된 처분의 종류일 것

징계처분의 종류에 관하여는 법령 및 사회질서에 위반되지 않는 한 사용자가 자유롭게 규정할 수 있으며 훈계, 견책, 감봉, 출근정지, 휴직, 강등, 징계해고 등이 실시되고 있다. 실제로 사용자가 징계처분을 행함에 있어서 취업규칙에 규정되어 있는 종류의 처분을 행하여야 하며, 취업규칙에 없는 처분을 임의로 고안하여 과할 수 없다(서울고법 1990.10.12, 90나24474).

근기법 제23조제1항에서는 '그 밖의 징벌'이라는 용어를 사용하고 동법 제93조 및 법 제95조에서는 '제재'라는 용어를 사용하고 있으나 이는 모두 소위 징계를 의미하는 것이고, 이때 징계란 근로자가 자신의 귀책사유로 인하여 법령·단체협약·취업규칙 및 근로계약 등에 위반하는 행위를 한 경우에 이에 대하여 사용자가 취하는 제재조치를 말한다.

사용자가 근로자에 대하여 징계를 할 수 있는 근거에 대하여는 여러 가지 논의가 있을 수 있으나 징계는 기업질서 위반자에 대하여 사용자가 행하는 배치전환 등 일반적인 수단과는 별개의 특별한 제재벌이므로 사용자가 근로자를 징계함에 있어서 단체협약 또는 취업규칙 등에 징계사유와 징계의 종류가 미리 정하여져 있는 경우에는 그에 따라야 하고, 단체협약 또는 취업규칙에 규정한 사유가 발생한 때에 그에 상응하여 단체협약 또는 취업규칙에서 정한 징계의 종류 중 하나를 선택하여 징계를 할 수 있다. 징계처분에서 징계사유로 삼지 않은 비위행위라고 하더라도 징계종류의 선택의 자료로서 피징계자의 평소의 소행과 근무성적, 당해 징계처분 사유 이후에 저지른 비위행위 정도도 징계양정에 있어서의 참작자료가 될 수 있다(대법 1998.5.22, 97다49701).

3. 행위와 처분이 균형을 이루고 있을 것

(1) 징계처분의 상당성

근로자의 행위가 징계사유 해당성이 인정되는 경우라도 징계처분의 상당성

(행위와 처분의 균형)이 요구되고 이것을 결한 경우는 징계권의 남용으로 평가된다. 취업규칙이나 상벌규정에서 징계사유를 규정하면서 동일한 사유에 대하여 여러 등급의 징계가 가능한 것으로 규정한 경우에 그 중 어떤 징계처분을 선택할 것인지는 징계권자의 재량에 속한다. 이러한 재량은 징계권자의 자의적이고 편의적인 재량이 아니고 징계사유와 징계처분 사이에 사회통념상 상당하다고 인정되는 균형의 존재가 요구되므로 경미한 징계사유에 대하여 가혹한 제재를 과하는 것은 징계권 남용으로서 무효라고 하여야 할 것이다(대법 2018.5.30, 2014다9632 ; 대법 2008.1.31, 2005두8269).

(2) 징계권 남용과 그 효력

징계권자가 재량권의 행사로서 한 징계처분이 사회통념상 현저하게 타당성을 잃어 재량권을 남용한 것이라고 인정되는 경우 그 처분은 위법하다. 징계권의 행사가 공익적 목적을 위하여 징계권을 행사하여야 할 공익의 원칙에 반하거나 일반적으로 징계사유로 삼은 비행의 정도에 비하여 균형을 잃은 과중한 징계처분을 선택함으로써 비례의 원칙에 반하거나 또는 같은 정도의 비행에 대하여 일반적으로 적용하여 온 기준에 비추어 합리적인 이유없이 공평을 잃은 징계처분을 선택함으로써 평등의 원칙을 위반한 경우 이러한 징계처분은 재량권의 한계를 벗어난 처분으로서 위법하다(대법 2015.1.29, 2014두40616).

(3) 위반행위와 징계처분의 균형

근로자가 행하였던 반질서 행위와 그에 대하여 과해지는 징계처분은 균형을 이루어야 하므로 경미한 행위에 대하여 과중한 처분을 하는 것은 '징계권 행사의 남용'이 되어 무효가 된다. 판례(대법 2018.11.9, 2015두56366 ; 대법 2018.10.4, 2016다242884 ; 대법 2017.11.9, 2017두47472 ; 대법 2017.3.15, 2013두26750 ; 2014.6.26, 2014두35799 ; 대법 2012.9.27, 2010다99279 ; 대법 2008.7.10, 2007두22498)는 「근로자에게 징계사유가 있어서 징계처분을 하는 경우, 구체적으로 어떠한 처분을 할 것인가 하는 것은 원칙적으로 징계권자의 재량에 맡겨져 있는 것이므로, 그 징계처분이 위법하다고 하기 위해서는 징계권자가 재량권의 행사로서 한 징계처분이 사회통념상 현저하게 타당성을 잃어 징계권자에게 맡겨진 재량권을 남용한 것이라고 인정되는 경우에 한하여 그 처분을 위법하다고 할 수 있다. 그 징계처분이 사회통념상 현저하게 타당성을 잃은 처분이라고 할 수 있으려면 구체적인 사례에 따라 직무의 특성, 징계의 사유가 된 비위사실의 내용과 성질, 징계에 의하여 달성하려고 하는 목적, 징계양정의 기준 등 그에 수반되는 여러 요소를 종합하여 판단할 때에 그 징계내용이 객관적으로 명백히 부당하다고 인정되는 경우라야 한다」라고 한다.

(4) 징계양정 판단시 고려사항

그러므로 사용자가 취업규칙을 적용하여 징계처분을 행할 경우에 처분의 경중 등은 그 자유재량에 맡겨서는 아니 되며 객관적으로 타당한 적용을 하여야 한다는 구속을 받는다.

징계양정 판단시 고려될 요소에는 ㈎ 행위 관련 요소(징계사유의 내용과 성질, 비위행위의 동기와 경위, 기업의 경영질서가 문란하게 될 위험성의 정도), ㈏ 행위자 관련 요소(피징계자의 평소 소행, 근무성적 이외의 과거의 행적, 징계사유 발생 이후의 태도, 당해 근로자의 담당 직무의 내용), ㈐ 사업주 관련 요소(사업의 목적 및 성격, 사업장 여건과 기업의 규모, 징계에 의하여 이루고자 하는 목적, 재심징계위원회를 통한 감경 여부)를 꼼꼼히 살펴 신중하게 판단하여야 한다. 판례(대법 1997.10.28, 96누5780)는 「징계권자가 징계대상자들에 대한 징계수위를 낮추기 위한 방편으로 일응의 징계양정기준을 정하고 그에 따라 징계처분을 하였을 경우 정해진 징계양정기준이 전혀 합리성이 없다거나 특정의 근로자만을 해고하기 위한 방편이라는 등의 특별한 사정이 없는 한 이로써 바로 당해 징계처분이 형평의 원칙에 반하여 위법하다고 할 수 없다」고 한다. 또한 성폭력범죄행위로 징계의 대상이 된 경우에 징계를 감경할 수 없도록 한 징계양정규정이 객관적 합리성을 결여하였다고 볼 수 없다(대법 2019.12.24, 2019두48684).

(5) 징계양정의 적정성을 부정한 판례

① 정신병원 간호조무사들의 1일 집단결근을 이유로 주임간호조무사에 대하여만 해고처분을 한 것은 형평의 원칙에 반하여 징계권을 남용하였다고 본다(대법 1998.11.10, 97누18189).

② 시말서 제출요구의 거부와 그에 대한 해고처분은 균형을 상실한 것으로서 무효이다(대법 1991.1.11, 90다카21176). 징계사유와 징계의 종류 사이에 상당성이 결여하기 때문이다.

③ 버스운전사의 운행질서 위반이 징계의 사유는 되지만 그 징계사유와 징계

해고 사이에 사회통념상 요구되는 균형성이 없으므로 그 해고는 무효이다(대법 1993.5.25, 92다52139).

④ 해당 근로자들은 방호 및 경비업무를 수행하는 회사에 소속된 보안근무자들로서 고의로 직무태만행위를 하였거나 해당 근로자들의 주요 임무인 물품반출통제 또는 차량 검문·검색 의무를 해태하였다는 이유로 징계면직처분을 당하였는바, 현장상황과 근무여건, 근로자들이 반출사고를 적발하지 못한 횟수, 마지막 반출사고 당시의 상황 등에 비추어 해당 근로자들이 각자의 근무시간에 이 사건 반출사고를 적발하지 못하거나 이 사건 덤프트럭에 대한 검문·검색을 소홀히 한 것이 고의에 의한 것이라거나 비위의 정도가 극심한 정도라고 보기는 어려우므로, 해당 근로자들에 대한 이 사건 각 징계면직처분은 회사 상벌지침상의 징계양정기준에 부합한다고 할 수 없다. 징계면직처분은 징계재량권의 범위를 일탈하였다(대법 2016.11.24, 2015두54759).

⑤ 정당한 쟁의행위 기간 중 그 쟁의행위 이전에 발생한 징계사유를 들어 근로자를 징계하는 것은 단체협약상 '쟁의 중 신분보장' 규정을 위배해 징계재량권을 일탈·남용한 것으로 무효이다(대법 2018.10.4, 2016다242884).

(6) 징계양정의 적정성을 인정한 판례

① 해당 근로자의 행위는 강제 추행 또는 업무상 위력에 의한 추행으로 인정될 정도의 성적 언동도 포함된 성희롱 행위로서 고용 환경을 악화시킬 정도로 그 정도가 매우 심하다고 볼 수 있을 뿐만 아니라, 이러한 해당 근로자의 성희롱 행위가 우발적이라거나 직장내 일치감과 단결을 이끌어낸다는 의도에서 비롯된 것이라고 평가할 수 없다. 결국 해당 근로자의 성희롱 행위는 징계해직사유인 '위반의 크기가 크고 중하며 고의성이 현저한 경우'로 보아야 하므로 사용자가 해당 근로자에 대한 해당 징계해직처분은 명백히 부당하다고 인정되지 않는다(대법 2008.7.10, 2007두22498).

② 해당 운전기사 3인은 승객으로부터 회수한 승차권 중 일부를 회사에 제출하지 않고 가지고 있다가, 운임을 현금으로 지급한 승객이 있을 경우 가지고 있던 승차권을 승객으로부터 받은 것처럼 처리하고 현금을 회사에 입금하지 않는 방법으로, 5만원부터 7만5천원을 횡령하였음을 알 수 있다. 횡령금액이 많지 않지만, 버스의 운송수익금을 수입원으로 사업을 하는 버스회사로서는 운송수익금이 제대로 납입되는 것이 경영상 매우 중요하다. 버스운전기사 3인은 승

객으로부터 승차권과 현금을 운임으로 직접 받음으로써 회사로부터 운송수익금의 관리를 전적으로 위임받고 있는데, 이를 횡령할 경우 그 액수의 다과를 묻지 않고 회사와의 신뢰관계가 깨진 것으로 볼 수 있으므로 이것을 이유로 해당 운전기사를 해고한 것은 정당하다(대법 2017.3.15, 2013두26750).

③ 비록 택시운전기사가 회사의 운전기사로 근무하면서 운송수입금과 관련하여 징계처분을 받은 전력이 없고 택시운전기사의 횡령액이 소액이라고 하더라도 택시운전기사의 운송수입금 횡령행위는 사회통념상 고용관계를 계속할 수 없을 정도로 책임 있는 사유에 해당한다고 봄이 상당하므로 해당 해고는 정당하다(대법 2017.5.31, 2017다207260).

④ ㈎ 노조위원장으로서 발언은 시장에 미칠 영향이 크다고 할 것인데, 증권회사는 사실관계를 명확히 확인하지 아니한 상태에서 만연히 회사의 매각, 해외 투자와 관련된 내용을 유포 또는 게재하였고, 회사 경영진을 상대로 모욕적인 언사를 한 점, ㈏ 이러한 근로자의 행위는 2011.12.경부터 2013.7.경까지 장기간에 걸쳐 수차례 이루어진 점, ㈐ 금융산업의 특성상 회사 매각설이나 비자금 조성에 관련한 내용의 유포는 회사의 공신력에 큰 영향을 미칠 수 있는 행위인 점, ㈑ 근로자의 행위는 회사 경영진에 대한 극도의 불신 내지 증오심을 유발케 하여 회사의 원활한 운영에 지장을 가져오고 직장질서를 문란케 할 위험성이 있는 것으로 노조위원장으로서의 정당한 활동으로 보기 어려운 점 등을 종합하여 보면, 해당 해고가 사회통념상 현저하게 타당성을 잃어 징계권자에게 맡겨진 재량권의 범위를 벗어나 지나치게 가혹한 것이라고 볼 수 없다(대법 2018.11.9, 2015두56366).

4. 판단에 있어서는 단계적으로 고찰할 것

징계처분시에 징계의 종류를 결정함에 관하여 징계사유 해당행위의 정상에 따라야 하므로 정상이 가벼운 것으로부터 무거운 것으로 차례로 단계적으로 파악하여 그 정상이 매우 중대한 경우에 한하여 징계해고가 가능하도록 해야 한다(대법 2009.1.15, 2008두16094).

판례(서울행법 2007.3.27)는 「근로자가 업무태만 등 사유로 여러 건의 시말서를 제출하는 경우 사용자는 가장 무거운 징계인 면직처분을 하기 전에 먼저 상대적으로 가벼운 징계처분을 하고 그래도 시정되지 않으면 징계의 수위를 순차적으로 높여가야 한다」고 한다. 이것은 모든 징계가 가장 가벼운 처분부터 시작하여야 한다는 의미는 아니며, 사안이 중대한 것은 그보다 가벼운 처분으로는 균형을 결한다면 당연히 1회의 행위일지라도 즉시 징계해고하여도 무방한 것이다. 즉, 그 위반행위에 관하여 차례로 가벼운 처분을 적용할 수 없음을 고찰하여 징계해고밖에 타당한 처분이 없는 경우에 한하여 인정하여야 한다.

5. 증거에 의해 판단할 것

① 징계처분을 함에 있어서 징계사유의 해당성, 절차의 이행 및 징계처분의 적정성에 관한 입증책임은 사용자에게 있고 징계사유의 부존재에 관한 증명책임은 근로자에 있는바 증거에 의해 판단되는 사실인정의 영역이다. 이 단계에서 유의해야 하는 것은 사용자가 근로자의 어떤 비위행위를 징계사유로 주장한다는 이유만으로, 곧바로 그에 대하여 증거가 있는지 없는지 여부를 검토해서는 안된다는 점이다. 만약 취업규칙이나 징계규정에서 근로자에 대한 징계를 징계위원회의 의결을 거쳐 행하도록 규정하고 있다면, 그 징계처분의 정당성 여부는 징계위원회에서 징계사유로 삼은 사유에 의하여 판단하여야 하고 징계위원회에서 거론되지 아니한 징계사유를 포함시켜 징계처분의 당부를 판단할 수는 없기 때문이다(대법 1988.12.13, 86다카1035).

② 그리고 징계위원회에서 어떤 비위행위를 징계사유로 삼았는지 여부는 징계(해고)통보서, 징계위원회 의결서, 회의록 등 구체적인 자료들을 통하여 결정되지만, 반드시 징계의결서나 징계처분서에 기재된 취업규칙이나 징계규정에서 정한 근거만으로 징계사유가 한정되는 것은 아니다(대법 2001.12.27, 2000두9083). 그리고 징계위원회에서 징계사유로 삼지 않은 것이라고 하더라도, 그 사유들을 징계양정에 참작할 수는 있다(서울행법 2000.6.28, 99구12464).

③ 甲 주식회사가 그 회사 감사실장인 임원 乙에 대한 징계해고를 하면서, 회사와 경영진에 대한 비방, 감사결과의 독단적 작성, 회사의 업무상 기밀 및 감사 내용 누설, 법인카드 무단사용, 무단결근 등을 징계사유로 삼은 사안에서, 위 징계사유를 인정할 증거가 부족할 뿐만 아니라 설령 징계사유가 인정되더라도 乙의 담당 업무와 해고 경위에 비추어 그 사유만으로는 사회통념상 고용관계를 계속할 수 없을 정도로 책임 있는 사유가 乙에게 있다고 할 수 없다고 본 원심판단을 정당하다고 한 사례가 있다(대법 2011.10.27, 2011다42324).

6. 징계처분절차를 엄수할 것

징계절차는 징계에 대해 심의·의결하는 절차다. 근기법 등 노동관계 법령에서는 징계절차에 관하여 별도로 정한 바가 없다. 근기법 제23조에 따라 징계처분의 적법성을 판단할 때에는 '정당한 이유'의 존부가 핵심기준이 된다. 정당한 이유에는 실체적 정당성뿐만 아니라 절차적 정당성이 포함되므로 이를 모두 갖춰야 정당한 이유가 있는 유효한 징계처분으로 인정된다.

(1) 절차적 정당성이 인정되는 경우

'절차적 정당성'이란 '취업규칙 등에 규정된 징계절차가 제대로 준수해 징계가 이뤄졌는지 여부'에 관한 것으로서, ① 주로 근로자에게 적절한 소명기회를 보장했는지 여부, ② 징계절차의 객관성과 공정성이 확보됐는지 여부 등에 관한 문제다. 실제 징계처분의 정당성이 다툼이 된 사건에서 실제적 정당성은 충분히 갖추었으나, 절차적 정당성이 결여되어 부당징계로 판정되는 경우가 상당히 많다. 단체협약·취업규칙 등에서 징계권의 공정한 행사와 절차적 정의의 보장을 위해 징계위원회 개최일시 통보, 소명기회 부여 등 별도의 징계절차를 규정하고 있다. 징계처분시에 취업규칙에서 변명의 기회나 징계위원회 심의를 거친다는 절차규정이 있으면 이를 거치지 않는 징계는 중대한 절차 위반이므로 징계처분의 상당성을 결여한 경우와 더불어 징계권의 남용으로 평가된다.

단체협약이나 취업규칙에서 당사자에게 징계사유와 관련한 소명기회를 주도록 규정하고 있는 경우에도 대상자에게 그 기회를 제공하면 되며, 소명 자체가 반드시 이루어져야 하는 것은 아니다(대법 2020.6.25, 2016두56042 ; 대법 2007.12.27, 2007다51758). 그리고 징계위원회에서 징계대상자에게 징계혐의 사실을 고지하고 그에 대하여 진술할 기회를 부여하면 충분하고, 혐의사실 개개의 사항에 대하여 구체적으로 발문하여 징계대상자가 이에 대하여 빠짐없이 진술하도록 조치하여야 하는 것은 아니다(대법 2020.6.25, 2016두56042 ; 대법 1995.7.14, 94누11491).

(2) 절차적 정당성이 인정되지 않는 경우

① 징계위원회 출석통지서에 징계사유가 지나치게 포괄적이고 추상적으로 기재되어 있어 징계대상자들에게 자신의 징계사유를 구체적으로 알 수 있을 정도로 구체적 징계사유를 통보하였다고 보기 어려운 점, ② 단체협약에 따라 변명

과 소명자료의 준비를 할 수 있을 정도로 시간적 여유를 주었다거나 실질적인 소명 기회를 주었다고 보기 어려운 점, ③ 징계사유에 명시되지 않은 '업무 복귀 시기'의 배점을 35점으로 한 것은 실질적으로 중대한 징계사유를 추가하는 것과 다르지 않은 점 등을 종합하여 볼 때, 해당 징계처분은 절차상 문제점이나 부당한 양정기준 등으로 인해 하자가 중대하고 명백하여 무효이다(대법 2019.6.13, 2015다65561). ④ 징계규정에서 징계위원회의 구성에 관해 정하고 있는 경우 이와 다르게 징계위원회를 구성한 다음 그 결의를 거쳐 징계처분을 했다면 그 징계처분은 징계사유가 인정되는지 여부와 관계없이 원칙적으로 절차상 중대한 하자가 있어 무효라고 밝힌다(대법 2020.11.26, 2017두70793). 이 판례는 사내인사규정상 총괄임원들로만 구성해야 하는 근로자징계재심위원회에 총괄임원이 아닌 부문장을 포함시켜 내린 결정은 절차상 중대한 하자에 해당한다는 것이다.

7. 2중처분금지의 원칙

(1) 2중처분금지의 의의

근로자의 징계사유에 대해 이미 징계처분을 하고 그 후 같은 사유에 대하여 2중의 처분을 함은 허용되지 아니한다. 어떤 사실에 의거하여 갑이라는 징계처분이 취하여진 뒤에 그 사실에 관하여 또 다시 을이라는 다른 징계처분(처분의 형식은 동일하여도 무방하다)을 취함은 일사부재리의 원칙에 비추어 허용되지 아니하는 것으로 해석하여야 한다.

(2) 2중처분 금지원칙의 판단기준

판례(대법 2000.9.29, 99두10902)는 사용자가 근로자에 대하여 이중징계를 한 경우 일사부재리의 원칙이나 이중처분금지의 원칙에 위배되어 그 징계처분이 무효이다. 해당사건과 같이 "이중징계에 해당하려면 ① 선행처분과 후행처분이 모두 법적 성질상 징계처분이어야 한다. ② 선행징계처분이 취소됨이 없이 유효하게 확정되어야 한다. ③ 선행처분과 후행징계처분의 징계혐의사실이 동일하여야 한다"고 판시했다. 이 사건은 해딩 근로지가 회사로부터 받은 승무정지 40일의 징계처분상 징계혐의 사실은 1990.8.6부터 1992.8.20까지 사이에 교통사고 11건, 무단조퇴 2건, 동료기사 폭행 2건을 저질렀다는 것으로서 이 사건 징계해고처분상의 징계혐의 사실과는 전혀 다른 것임이 인정되므로, 이 사건 징계해고처분은 이중징계에 해당하지 않는다고 한 것이다. 또한 판결에 의하여 집행유예 이상의 형이 확정되었음을 이유로 한 해당 당연퇴직 처분과 징벌적 제재인 해당 징계 정직처분은 그 성질을 달리하므로 위 당연퇴직처분이 일사부재리 또는 2중처분 금지원칙을 위반한 것이라 할 수 없다(대법 2005.4.15, 2003두12639)라고 판시하고 있다. 그러나 교통사고 발생을 사유로 승무정지 처분을 한 후 동일한 사유로 징계해고한 것은 이중징계에 해당하여 부당하다(중노위 2021.2.19, 중앙 2020부해1746).

(3) 1차 징계를 취소한 후 재징계한 경우

1차 징계를 취소한 후 재징계시 일사부재리의 원칙에 위배되느냐의 여부이다. 판례(대법 2010.6.10, 2009다97611 ; 대법 1994.9.30, 93다26496)는 「사용자의 근로자에 대한 징계처분은 근로자의 기업질서 위반행위에 대한 제재로서의 벌이고 자체의 재심절차에서도 징계처분을 취소할 수 있으므로 사용자가 징계절차의 하자나, 징계사유의 존부, 징계양정 등에 잘못이 있음을 스스로 인정한 때에는 노동위원회의 구제명령이나 법원의 무효확인 판결을 기다릴 것 없이 스스로 징계처분을 취소할 수 있고, 나아가 새로이 적법한 징계처분을 할 수 있으며, 징계해고처분이 취소되면 소급하여 해고되지 아니한 것으로 보게 되므로, 그 후 새로이 같은 사유 또는 새로운 사유를 추가하여 다시 징계처분을 한다고 하여 일사부재리의 원칙이나 신의칙에 위배된다고 볼 수는 없다」고 한다.

6 시말서를 제출하지 않는 것을 이유로 중징계 할 수 있는가

1. 시말서 제출의 의미

시말서란 사고나 비위행위에 연루된 근로자가 사실의 확인, 일의 경위·전말을 자세히 적어서 제출하는 경위서를 의미하는 경우와 사고를 일으킨 자가 그 보고와 재발 방지를 위하여 그간의 사정을 적어서 제출하는 반성문을 의미하는 경우가 있다.

시말서 제출명령이 단순히 사건의 경위 등을 기재하여 보고하도록 하는 취지라면, 근로관계와 관련한 사고 등이 발생한 경우 근로자에게 근로계약에 부수하는 신의칙상 의무로서 사용자의 조사에 협조하여야 할 의무가 있으므로 시말서 제출명령은 정당한 업무 명령이라 할 것이고 따라서 이에 불응하여 시말서를 제출하지 않은 것은 징계사유에 해당한다. 시말서에 대해서는 법률상 아무런 규정이 없으므로 회사의 취업규칙에서 다양하게 취급하고 있다.

2. 시말서를 제출하지 아니한 경우와 징계처분

일사부재리의 원칙에서 흔히 문제가 되는 것은 시말서의 제출이 없다고 하여 더 무거운 처분을 과하는 예이다.

예를 들어, 본래 해고하여야 할 사안인데 일단 감봉처분에 그치고 그 대신 시말서의 제출을 명하였으나 이에 응하지 아니하고 시말서의 제출이 없어 해고하였던 사건에 관하여, 판례는 위 처분이 일체적으로 결정되었다 하더라도 이는 하나의 행위에 관하여 재차 처분함과 다를 바 없다고 본다.

판례(대법 1995.3.3, 94누11767)는 「인사규정에 견책의 징계처분을 당한 근로자는 시말서를 제출하도록 규정하고 있는데도 시말서를 제출하지 않는 것은 새로운 징계사유가 있으나, 이를 이유로 징계 중 가장 무거운 해고를 한 것은 징계권의 범위를 일탈한 것이다」라고 하였다.

3. 징계처분으로서의 시말서 제출과 업무명령에 의한 시말서의 구별

징계처분으로서의 시말서 제출은 업무명령이 아니다. 한편 근로자는 사용자로부터 신분적·인격적 지배까지 받는 것이 아니므로 사죄를 강요하는 시말서는 개인의사에 반하여 강요할 수 없으며 근로자의 임의에 맡겨져 있다. 따라서 견책처분은 징계처분의 통고를 하는 것으로 충분하며 본인이 시말서를 제출함은 처분 후의 실제상의 실행행위로써 이를 강요할 수는 없다. 이에 반하여 업무와 관련하여 행위내용에 관한 보고를 요구하는 보고서로서의 시말서를 요구하는 것은 그것이 업무에 관한 것이라면 근로자는 사용자에게 업무의 수행내용에 관하여 보고할 의무가 있으므로 이러한 사안의 내용을 명확히 할 목적으로 '보고서로서의 시말서'를 요구하는 것은 업무명령이라 할 수 있다.

4. 반성문 또는 사죄문 제출요구와 근로자의 양심의 자유

취업규칙에서 사용자가 사고나 비위행위 등을 저지른 근로자에게 시말서를 제출하도록 명령할 수 있다고 규정하는 경우, 그 시말서가 단순히 사건의 경위를 보고하는 데 그치지 않고 더 나아가 근로관계에서 발생한 사고 등에 관하여 자신의 잘못을 반성하고 사죄한다는 내용이 포함된 사죄문 또는 반성문을 의미한다면 이는 헌법이 보장하는 내심의 윤리적 판단에 대한 강제로서 양심의 자유를 침해한다. 그러한 취업규칙규정은 헌법에 위반되어 근기법 제96조제1항에 따라 효력이 없고, 그에 근거한 사용자의 시말서 제출명령은 업무상 정당한 명령으로 볼 수 없다(대법 2014.6.26, 2014두35799 ; 대법 2010.1.14, 2009두6605). 판례는 이 시말서 제출명령은 파견근무명령 불응에 대한 반성과 사죄의 내용을 포함하는 문서를 작성하여 제출하라는 의미로 보고 이는 일종의 반성문을 제출하라는 것으로 양심의 자유를 침해하는 위법한 업무명령에 해당하므로 시말서 제출명령에 불응하였음을 독립된 징계 사유로 삼은 것은 위법하다는 것이다.

7 징계처분 결정까지의 자택대기는 이중처분인가

1. 자택대기명령의 의의

자택대기명령이란 징계처분에 해당하는 사유로 판명된 경우, 징계처분에 회부할 것인가의 여부 또한 어떤 징계처분내용으로 할 것인가를 결정하기까지의 사이에 자택에 대기시켜 출근을 금지하는 것을 말한다.

2. 자택대기명령의 근거

자택대기명령은 취업규칙의 규정(예를 들면 징계의 대상자에 대한 최종 처분이 확정하기 전까지의 사이에 출근, 취업을 금하는 취지의 규정)에 기초를 둔 경우와 그렇지 않은 경우가 있다. 취업규칙의 규정에 기초를 두는 경우에는 특별한 문제는 없지만, 그렇지 않은 경우의 자택대기명령은 어떠한 근거에 기초하여 행할 수 있는 것인가가 우선 문제가 된다. 자택대기명령은 취업시간 중 자택과 그 밖에 사용자로부터의 연락이 가능한 장소에 대기하고 사용자로부터의 연락이 있으면 이에 따라야 할 태세를 갖추고 있을 것을 지시한 것이지만 사용자는 근로계약상 노무지휘권을 가지고 있는 것이기 때문에 그 행사의 한 양태로서 노무제공의 대기(자택대기)를 명할 수 있는 것이다. 자택대기명령은 근로계약상의 업무명령이라고 할 수 있다.

3. 자택대기명령 후 징계해고는 이중처분인가

징계해고에 상당하는 중대한 위반행위를 행한 근로자에 관하여 징계처분 결정까지의 기간 중에 자택에 대기시켜 출근을 정지하는 처분을 행하는 경우가 있다. 이와 같이 출근정지를 한 이후 징계해고 등의 처분을 행하는 일은 하나의 사안에 관하여 2회 처분하는 결과가 되므로 이중처분의 금지에 해당하는지 여부가 문제가 된다. 그러나 자택대기가 징계처분으로서의 출근정지처분이 아니라 처분결정까지의 기간 중 임금을 지급하는 전제하에 이루어진 것이며 또한 자택대기의 처분 및 당해 해고처분이 극히 밀접한 기간 내에 이루어졌다면 징계처분에 해당되지 아니하며, 그 준비적인 행위로서 유효라고 해석된다.

4. 징계처분까지의 기간 중 자택대기명령과 합리적 이유

징계처분까지의 기간 중에 본인을 회사에 출근시키는 것이 부적당하다는 합리적인 이유가 있다면 자택대기를 시켜도 무방하다. 그 합리적인 이유란 그 근로자가 취업함으로써 동종의 기업질서 위반을 반복할 위험이 있거나 증거를 인멸시키거나 조작할 우려 또는 다른 근로자에게 악영향을 미치고 직장질서를 문란하게 하는 우려가 있거나, 회사의 거래처에 대하여 나쁜 감정을 주어 회사의 신용을 떨어뜨리는 위험이 있는 등 회사 경영에 방해가 되는 경우를 가리킨다고 해석한다. 또 그 기간 중의 임금은 100%가 아니라 평균임금의 70%(근기법 제46조 참조)로 하여도 무방하며, 휴직발령이 이루어질 경우일지라도 위의 합리적 타당성이 객관적으로 인정되는 경우라면 70%의 임금으로 무방하다.

8 직위해제 · 대기발령

1. 직위해제 · 대기발령의 의의 및 종류

(1) 직위해제 · 대기발령의 의의

① 직위해제란 근로자의 직위를 박탈하여 직무수행을 못하게 하는 것이 본질적인 내용이다. 판례(대법 2007.5.31, 2007두1460)는 「직위해제는 장래에 있어서 계속 직무를 담당하게 될 경우 예상되는 업무상의 장애 등을 예방하기 위하여 일시적으로 당해 근로자에게 직위를 부여하지 아니함으로써 직무에 종사하지 못하도록 하는 잠정적인 조치로서의 보직의 해제를 의미한다」고 한다.

② 이에 대하여 대기발령이란 회사의 경영상의 사정을 이유로 하거나 또는 근로자의 일신상 · 행태상의 사유 등을 이유로 근로계약관계는 존속시키면서 근

로자의 근로제공을 일정기간 정지·금지 또는 면제시키는 인사처분을 말한다. 직위해제와 대기발령은 기능 면에서 유사하다. 인사실무상 양자를 동시에 행하거나, 직위해제 후 대기발령을 하는 경우가 많고 개념상 혼용되어 사용되기도 하며 실제 판례에서도 이를 엄격하게 구별하여 사용하고 있지 아니하다.

대기발령은 근로자가 현재의 직위 또는 직무를 장래에 계속 담당하게 되면 업무상 장애 등이 예상되는 경우에 이를 예방하기 위하여 일시적으로 당해 근로자에게 직위를 부여하지 아니함으로써 직무에 종사하지 못하도록 하는 잠정적인 조치를 의미하므로 근기법 제23조제1항의 휴직에 해당한다(대법 2013.10.11, 2012다12870 ; 대법 2011.10.13, 2009다86246). 이는 근로자의 과거 비위행위에 대하여 기업질서 유지를 목적으로 행하여지는 징벌적 제재로서 징계와는 성질이 다르다(대법 2011.10.13, 2009다86246).

(2) 직위해제 · 대기발령기간의 근로의무 및 임금지급 여부

대기발령과 직위해제는 실무상 혼용하기도 하지만 개념상 구별할 수 있다. 직위해제는 근로자가 보유하던 직위를 박탈하여 업무를 수행하도록 하는 것이지만 대기발령은 업무를 부여하지 않는 것을 의미한다. 통상 직위해제 후에 대기발령이 뒤따르게 된다.

(3) 직위해제 · 대기발령이 사용자의 고유권한에 속하는지 여부

기업이 그 활동을 계속적으로 유지하기 위하여는 노동력을 재배치하거나 그 수급을 조절하는 것이 필요불가결하므로, 대기발령을 포함한 인사명령은 원칙적으로 인사권자인 사용자의 고유권한에 속한다. 따라서 이러한 인사명령에 대하여는 업무상 필요한 범위 안에서 사용자에게 상당한 재량을 인정하여야 하고 이것이 근기법 등에 위반되거나 권리남용에 해당하는 등의 특별한 사정이 없는 한 위법하다고 할 수 없다(대법 2022.9.15, 2018다251486).

(4) 직위해제 · 대기발령처분과 징계절차와의 관계

대기발령처분은 그것이 근기법에 위반되거나 권리남용에 해당하는 등의 특별한 사정이 없는 한, 단지 징계절차를 거치지 아니하였다는 사정만으로 위법하다고 할 수는 없다. 한편 사용자의 인사명령에 속하는 불이익한 처분이 대기발령이나 보직의 해제와 같은 잠정적 처분인지, 전보 등 확정적 처분인지는 명칭과 상관없이 처분이 이루어진 구체적인 경위, 그로 인한 근로자 지위의 변화,

변경된 근로의 내용, 업무의 지속성 여부, 처분 당시 사용자의 의사 등 제반사정을 종합하여 판단할 것이다(대법 2013.5.9, 2012다64833).

(5) 징계로서의 직위해제 · 대기발령과 인사권 행사로서의 대기발령

① 운송사업체에 있어서의 승무정지처분은 사용자가 경영권 행사의 일환으로 업무수행을 위하여 근로자에 대하여 행하는 업무명령인 승무지시의 소극적 양태라 할 것이다. 이러한 승무정지처분이 경영상의 필요나 업무수행의 합리적인 이유에 기인한 경우에는 이는 정당한 업무명령에 속한다고 할 것이므로 비록 단체협약에 승무정지가 징계사유로 열거되어 있다고 하여도 징계로서의 승무정지와는 별도로 업무명령으로서의 승무정지도 가능하다. 회사가 근로자를 징계위원회에 회부하면서 징계위원회에 회부된 자가 차량을 운행할 경우 사고의 위험 등을 예방하기 위하여 징계처분이 이루어질 때까지로 기간을 한정하여 행한 대기발령은 업무수행의 합리적인 이유에 기인한 정당한 업무명령에 해당한다(대법 2006.11.23, 2006두11644).

② 인력관리를 통하여 은행의 존립을 보장받고 나아가 경쟁력을 강화하기 위하여 성과주의 인사관리방식을 운용함에 따라 지점장으로 근무할 당시 지점평가에서 하위의 평가를 받은 자를 업무추진역으로 발령하였음에도 업무 성과를 달성하지 못하자 대기발령을 한 것은 정당하다(대법 2007.11.30, 2005두13247).

〈대기발령(직위해제)와 징계의 비교〉

구 분	대기발령(직위해제)	징 계
의 의	현재의 직위나 직무를 계속 담당하게 되면 업무상 장애 등이 예상되는 경우에 일시적으로 근로자에게 직위를 부여하지 아니하여 직무에 종사하지 못하게 하는 잠정적인 조치	근로자의 과거의 비위행위에 대하여 기업질서 유지를 목적으로 행하여지는 징벌적 제재
목 적	인사상의 필요	기업질서 유지
성 질	일시적 · 잠정적 조치	확정적 · 종국적 조치
불이익 처분의 본질	불이익은 부수적 효과로서 발생	불이익 부과가 본질적 목적
절 차	원칙적으로 인사명령, 징계의 일종으로 규정된 경우 관련 징계절차에 따름	징계절차 규정이 있으면 그에 따름

출처 : 박수근, "직위해제의 노동법상 쟁점과 해석", 노동법학 26호, 2008.6, p.230.

2. 직위해제 · 대기발령의 정당성 판단기준

(1) 사유 및 절차의 정당성

근로자에 대한 대기발령의 정당성은 근로자에게 당해 대기발령 사유가 존재하는지 여부나 대기발령에 관한 절차규정의 위반 여부 및 그 정도에 의하여 판단하여야 한다(대법 2011.10.13, 2009다86246). 대기발령사유가 취업규칙 또는 단체협약 등에 근거가 있어야 하고 그 사유 자체가 적법하여야 한다. 판례(대법 1996. 10.29, 95누15926)는 대기발령의 경우 "대기발령사유가 존재하는 근로자에 대하여 대기발령처분 외의 다른 처분을 하도록 강제할 수 있는 것이 아닌 점 등에 비추어, 근로자에 대한 대기발령처분의 정당성은 근로자에게 당해 대기발령사유가 존재하는지 여부나 대기발령에 관한 절차규정을 위반한 것이 당해 대기발령처분을 무효로 할만한 것이냐에 의하여 판단할 것이라고 한다. 대기발령처분이 사회통념상 현저하게 타당성을 잃어 재량권이 남용된 경우에는 무효이다(대법 2012.9.27, 2010다99279). 그러나 대기발령이 근기법 등에 위반되거나 권리남용에 해당하는 등의 특별한 사정이 없는 한 위법하다고 할 수 없다(대법 2007.2.23, 2005다3991 ; 대법 2006.8.25, 2006두5151).

(2) 업무상의 필요성과 생활상의 불이익과의 비교 교량

대기발령이 정당한 인사권의 범위 내에 속하는지 여부는 대기발령의 업무상의 필요성과 그에 따른 근로자의 생활상의 불이익과의 비교교량, 근로자와의 협의 등 대기발령을 하는 과정에서 신의칙상 요구되는 절차를 거쳤는지의 여부 등에 의하여 결정되어야 한다. 근로자 본인과 성실한 협의절차를 거쳤는지의 여부는 정당한 인사권의 행사인지의 여부를 판단하는 하나의 요소라고는 할 수 있으나 그러한 절차를 거치지 아니하였다는 사정만으로 대기발령이 권리남용에 해당되어 당연히 무효가 된다고는 볼 수 없다(대법 2022.9.15, 2018다251486 ; 대법 2011. 7.28, 2009두2665 ; 대법 2005. 2.18, 2003다63029 ; 대법 2002.12.26, 2002두8011).

(3) 직위해제나 대기발령기간이 부당하게 장기간인 경우의 효력

대기발령과 같은 잠정적인 인사명령이 명령 당시에는 정당한 경우라고 하더라도, 그러한 명령의 목적과 실제 기능, 유지의 합리성 여부 및 그로 인하여 근로자가 받게 될 신분상·경제상의 불이익 등 구체적인 사정을 모두 참작하여 그 기간은 합리적인 범위 내에서 이루어져야 한다. 따라서 대기발령을 받은 근로자가 상당한 기간에 걸쳐 근로의 제공을 할 수 없다거나, 근로제공을 함이 매우 부적당한 경우가 아닌데도 사회통념상 합리성이 없을 정도로 부당하게 장기간 동안 대기발령 조치를 유지하는 것은 특별한 사정이 없는 한 정당한 이유가 있다고 보기 어려우므로 그와 같은 조치는 무효라고 보아야 할 것이다(대법 2007.2.23, 2005다3991). 그리고 위와 같은 법리는 대기발령처럼 근로자에게 아무런 직무도 부여하지 않아 근로의 제공을 할 수 없는 상태에서 단순히 다음 보직을 기다리도록 하는 경우뿐 아니라, 당해 근로자의 기존의 직무범위 중 본질적인 부분을 제한하는 등의 방식으로 사실상 아무런 직무도 부여하지 않은 것과 별 차이가 없는 경우 등에도 마찬가지로 적용된다고 보아야 한다(대법 2013.5.9, 2012다64833)

3. 인사규정에 직위해제·대기발령 절차가 규정되어 있지 않은 경우

인사규정에 직위해제·대기발령을 할 수 있는 사유에 관하여 규정하고 있으나 그 형식 및 절차에 관하여는 인사규정은 물론 취업규칙, 단체협약 등에서도 아무런 규정이 없는 경우, 직위해제·대기발령의 사유를 명시하지 아니하였다는 사정만으로 직위해제·대기발령이 무효로 되는지 여부이다.

직위해제·대기발령은 인사권자의 인사권에 속하는 사항이므로 그 사유를 명시하지 않았다고 하여 그 자체로 직위해제·대기발령이 무효로 된다고는 할 수 없다.

9 대기발령기간이 경과했다는 사정만으로 행한 면직처분의 효력

당연퇴직의 정당성을 대기발령의 정당성과 결부시켜 대기발령이 정당하고 그 대기발령사유가 소멸하지 않았다면 일정한 기간경과만을 요건으로 당연퇴직의 정당성을 인정하는 경우와, 대기발령의 정당성과는 별론으로 당연퇴직이 해고의 정당성 요건을 갖추었는지 여부를 독립적으로 판단하는 경우가 많다.

1. 대기발령 기간이 경과하는 경우 당연퇴직의 정당성을 인정하는 경우

기존 판례는 대기발령에 이은 당연퇴직의 경우에는 일단 대기발령이 적법하게 발령되었다면 그에 이은 당연퇴직 처분에 대해서는 인사재량권을 존중해 대기발령 기간 동안 직무수행능력의 회복이나 근무태도 개선 등 대기발령 사유가 소멸되어 마땅히 직위를 부여해야 할 사정이 있음에도 합리적인 이유없이 직위를 부여하지 아니하는 등의 경우가 아닌 한, 당연퇴직의 정당성을 넓게 인정해 주는 경향이었다(대법 2004.10.28, 2003두6665). 대기발령 처분을 받은 자는 그 처분 자체의 효력에 의해 일정한 조건하에 당연퇴직 처분을 당할 수 있는 상당한 개연성을 가지게 되므로, 대기발령 기간 동안 대기발령 사유가 소멸하지 않는 한 당연퇴직도 정당한 것으로 판단했다.

2. 당연퇴직의 정당성을 별도로 판단하는 경우

일단 대기발령 처분이 정당하게 내려진 경우라면 그 후 대기발령 기간 동안 직무수행능력의 회복이나 근무태도 개선 등 대기발령 사유가 소멸되어 마땅히 직위를 부여해야 할 사정이 있음에도 합리적인 이유없이 직위를 부여하지 아니하는 등의 경우가 아닌 한 당연퇴직은 정당성이 인정된다는 것이 전통적인 판례의 입장이다. 다만, 이 경우에도 대기발령 처분 후 대기발령 기간 중 대기발령 사유가 계속 존재한다는 것은 사용자가 입증해야 할 것이다(대법 2004.10.28, 2003두6665).

(1) 대기발령 기간이 경과해 복직발령을 받지 못한 경우의 면직처분

①「대기발령 후 일정기간이 경과해 복직발령을 받지 못한 경우 당연 퇴직된다」는 내용이 취업규칙이나 인사규정에 포함돼 있더라도 당연퇴직 당시에 해고사유가 없었다면 부당해고에 해당한다. 인사규정 등에 대기발령 후 일정기간이 경과하도록 복직발령을 받지 못하거나 직위를 부여받지 못하는 경우에는 당연퇴직 된다는 규정을 두는 경우 대기발령에 이은 당연퇴직 처리를 일체로서 관찰하면 이는 근로자의 의사에 반해 사용자의 일방적 의사표시에 따라 근로계약관계를 종료시키는 것으로서 실질적으로 징계 해고에 해당하므로 근기법 제23조제1항 소정의 정당한 이유가 필요하다(대법 2007.9.21, 2006다25240).

② 취업규칙에서 규정된 3개월간 대기기간 도과 후 자동면직된다는 조항에 따라 저성과자를 해고한 것은 근기법 제23조제1항 위반으로 정당하지 않으며 해고의 구체적인 요건은 엄격하게 심리해야 하는 저성과자 해고 법리는 그대로 적용되어야 한다는 것이다(대법 2022.9.15, 2018다251486).

(2) 복직발령을 받지 못한 경우의 면직처분이 정당한 처분이 되기 위한 요건

대기발령이 정당하게 내려진 경우라도 일정한 기간이 경과한 후의 당연퇴직 처리 자체가 인사권 내지 징계권의 남용에 해당하지 아니하는 정당한 처분이 되기 위해서는 ① 대기발령 당시에 이미 사회통념상 당해 근로자와의 고용관계를 계속할 수 없을 정도의 사유가 존재하였거나, ② 대기발령기간 중 그와 같은 해고사유가 확정되어야 한다(대법 2007.5.31, 2007두1460)고 판시했다. 이는 일정한 대기발령 사유에 기인한 대기발령 처분 이후 상황의 변화가 없다고 해서 자유롭게 해고시킬 수 있는 것이 아니고, 그 대기발령 사유가 대기발령 당시에 해고 사유에 해당하는 정도의 위법성을 지니거나, 대기발령 기간 중에 다른 해고사유가 발생해야 한다는 의미이다. 특히 이 판례는 대기발령의 정당성은 인정하면서도 당연퇴직 처분에 대해서는 그 정당성을 부정해 파기환송했다는 점에서 의의가 있다. 이 경우 일정한 객관적 사유가 존재하더라도 그 사유가 해고를 정당화하기 위해서는 사회통념상 근로관계의 유지에 대한 기대가능성이 없어야 한다(즉, 2단계정당성이론).

사회통념상 당해 근로자와의 고용관계를 계속할 수 없을 정도인지의 여부는 당해 사용자의 사업의 목적과 성격, 사업장의 여건, 당해 근로자의 지위 및 담당직무의 내용, 비위행위의 동기와 경위, 이로 인하여 기업의 위계질서가 문란하게 될 위험성 등 기업질서에 미칠 영향, 과거의 근무태도 등 여러 가지 사정을 종합적으로 검토하여 판단하여야 한다(대법 2007.5.31, 2007두1460 ; 대법 2006.11.23, 2006다48069).

(3) 면직처분의 정당성에 관한 판례의 태도

근로자는 최상위 직급인 1급 직원으로서 모범적인 업무수행과 성실한 근무태도가 요구됨에도, 노동조합으로부터 근무능력에 대한 검증요구를 받고 직위가 강등될 정도로 직무수행능력에 문제가 있었던 점, 직무수행능력 및 근무상태

불량 등의 사유로 대기발령을 받았으며 그 후에도 근무태도에 대한 반성의 빛이 없고 대기발령 사유의 해소를 위해 노력한 흔적이 없는 점, 인사규정에는 대기발령을 받은 직원이 3월이 경과하여도 직위 또는 직무를 부여받지 못하면 직권면직할 수 있도록 규정할 수 있는 점 등을 종합하면 근로자에게 사회통념상 회사와 고용관계를 계속할 수 없을 정도의 사유가 있다고 할 것이어서 이 사건 직권면직은 정당하다(서울행법 2009.4.17, 2008구합34443).

3. 평 가

대기발령에 이은 당연퇴직의 정당성을 대기발령의 정당성에 견련시켜 사회통념상 당해 근로자와의 고용관계를 계속할 수 없을 정도의 사유가 존재하는지 여부에 대한 별도의 평가조차 거치지 않고 당연퇴직의 정당성을 인정하는 것은 근기법 제23조제1항의 '정당한 이유'라는 해고의 정당성 기준을 우회적으로 회피하는 것을 용인하는 것이 될 가능성이 크다. 따라서 대기발령에 이은 당연퇴직에 대해서도 당연퇴직 자체의 정당성 판단을 별도로 행해야 한다는 판결(대법 2007.5.31, 2007두1460)의 취지는 지지되어야 할 것이다.

10 기소휴직 이후 판결확정에 의한 징계처분은 이중처분인가

1. 기소휴직의 의의

휴직이란 일반적으로 '어떤 근로자를 그 직무에 종사하게 하는 것이 불가능하거나, 또는 적당하지 아니한 사유가 발생한 때 그 근로자의 지위를 그대로 두면서 일정한 기간 그 직무에 종사시키는 것을 금지시키는 사용자의 처분'을 말한다(대법 2009.9.10, 2007두10440).

휴직은 당해 처분이 필요한 각종의 사유에 의거하여 행하여지는데, 그 사유 중 '형사사건으로 기소되었을 때'도 휴직의 테두리 안에서 고찰된다. 취업규칙에 "형사사건으로 기소된 자는 그 사건이 법원에 계속되는 기간 동안(혹은 형사판결이 확정될 때까지) 휴직시킨다"라는 규정을 두고 있는 경우가 흔한 바, 사용자가 이러한 규정에 근거하여 근로자가 기소되었음을 이유로 그 근로자에 대하여 휴직을 명령하는 조치를 기소휴직이라 한다. 이러한 기소휴직은 기업의 사회적 신용유지, 직장질서유지, 징계 또는 해고 등의 처분의 유보나 유예 등을 그 취지로 한다. 기소휴직제도의 취지는 형사사건으로 기소된 근로자를 계속 취업시키면 직무내용 또는 공소사실 내용에 따라서는 직장질서를 문란시키거나 기업의 사회적 신용을 침해하거나 해당 근로자의 노무의 계속적인 제공이나 기업활동의 원활한 수행에 장애가 생기므로 이를 규제하기 위한 것이다.

이처럼 기소휴직은 유죄가 확정되지 않은 근로자에 대하여 휴직이라고 하는 중대한 불이익을 부과하는 것이기 때문에 다른 인사조치에 비하여 신중한 취급이 요구될 것이다. 특히 기소된 근로자의 신병이 구속되어 있는 것이 아니라면 기소에도 불구하고 기소된 근로자는 여전히 노무제공이 가능하고, 또한 피고인이라 할지라도 유죄판결 확정 전에는 무죄의 추정을 받음에도 불구하고 일반적으로 기소휴직 중에는 임금이 보장되지 않는다는 점에서 그 정당성이 더욱 문제될 수 있을 것이다.

2. 기소휴직의 정당성 판단기준

형사사건으로 구속기소된 경우에는 상당한 기간 근로의 제공이 현실적으로 불가능하게 되므로 그로 인한 휴직처분에 대하여는 그 정당성을 인정받을 수 있을 것이다. 근기법 제23조제1항에서 사용자는 근로자에 대하여 정당한 이유 없이 휴직하지 못한다고 제한하고 있는 취지에 비추어 볼 때, 사용자의 취업규칙이나 단체협약 등의 휴직근거규정에 의하여 사용자에게 일정한 휴직사유의 발생에 따른 휴직명령권을 부여하고 있다 하더라도 그 정해진 사유가 있는 경우 당해 휴직규정의 설정 목적과 그 실제 기능, 휴직명령권 발동의 합리성 여부 및 그로 인하여 근로자가 받게 될 신분상·경제상의 불이익 등 구체적인 사정을 모두 참작하여 근로자가 상당한 기간에 걸쳐 근로의 제공을 할 수 없다거나 근로제공을 함이 매우 부적당하다고 인정되는 경우에만 정당한 이유가 있다고 보아야 한다(대법 1992.11.13, 92다16690).

예를 들어 근로자가 형사사건으로 기소되었음을 이유로 하는 휴직처분의 취지·목적은 근로자가 기소에 의하여 직무에 전념할 수 없다고 간주되는 동안 잠정적인 신분상의 조치를 취할 필요성 및 기소에 관련된 불확정한 기간 중 그 근로자를 그대로 직무를 계속하는 것이 직무질서상 바람직하지 아니하다는 배려에 있다. 그러나 형사사건으로 구속되었다가 구속 취소로 불구속 기소된 근로자에 대한 사용자의 명령휴직처분이 근로자가 구속취소로 석방된 후에는 정당한 이유가 없어 무효라고 한다(대법 2005.2.18, 2003다63029).

기소휴직은 징계처분으로서 행하는 것이 아니고 본인의 취업에 있어서 부적합 사유의 발생에 의한 휴직이므로, '징계처분으로서의 휴직'에는 해당되지 아니하며, 양자는 목적·사유·효과가 다르므로 그 후 판결 확정을 기다려 징계처분을 하는 것은 이중처분이 아니다.

11 유죄판결을 선고받았을 때를 당연면직사유로 할 수 있는가

1. 형사상 유죄판결과 당연면직의 정당성 여부

취업규칙에서 '구속기소로 인하여 휴직처리된 근로자가 제1심에서 유죄판결을 선고받았을 때' 또는 '구속기소 후 6개월이 경과하였을 때' 등을 자동면직사유로 규정하고 있는 경우 그 유효성이 문제될 수 있다.

먼저, 기소휴직에 따른 면직사유로 규정된 '구속기소로 인한 휴직에 있어서 유죄판결을 선고받을 때'라는 의미는 구속기소로 인하여 휴직처리된 근로자가 그 휴직기간이 만료되는 제1심판결 선고시까지도 현실적인 근로제공이 불가능한 신체구속이라는 당초의 실질적인 휴직사유가 해소되지 아니하는 내용의 유죄판결 즉 실형의 판결을 선고받는 것을 의미하는 것으로 보아야 할 것이다. 그 이유는 당해 유죄판결의 대상이 된 범죄사실이 당해 판결의 선고에 의해 확정적으로 인정되는 것으로 간주하여 그 범죄사실에 의하여 면직이라는 불이익처분을 한다는 것이 아니라, 근로자가 휴직기간이 만료되는 제1심판결의 선고시까지는 물론이고 그 이후에도 장기구속에 따른 장기결근이라는 근로자측의 사정으로 말미암아 근로계약에 기한 기본적 의무인 근로의 제공을 할 수 없게 되었다는 사실 그 자체에 기하여 면직처분을 한다는 취지이다. 그리고 이것은 형사피고인이 유죄의 판결이 확정될 때까지는 무죄로 추정된다는 헌법상 무죄추정의 원칙에 어긋나는 것은 아니다(대법 1995.3.24, 94다42082).

그리고 이와 같이 사용자의 일방적인 당면면직처분으로 근로자와의 근로계약관계를 종료시키는 경우, 그 처분이 정당한 것으로 인정되기 위하여는 종국적으로 근기법 제23조제1항에서 말하는 '정당한 이유'가 있어야 할 것이다. 당해 자동면직처분의 정당성 유무는 결국 휴직기간 만료시에 있어서의 조기석방 가능성의 유무, 구속이 직장에 미치는 영향, 당해 형사사건의 성질 등 제반사정을 종합적으로 고려하여 합리적으로 판단하여야 할 것이다(대법 1993.5.25, 92누12452).

'금고 이상의 형의 선고를 받고 그 형의 집행이 종료되지 아니하거나 집행을 받지 아니하기로 확정되지 아니한 자'에는 금고 이상의 형의 선고를 받은 자로서 형의 시효에 의하여 형의 집행이 면제될 때까지 사이의 자, 일반사면 또는 특별사면에 의하여 형의 선고의 효력을 상실하거나 형의 집행이 면제되기까지의 자, 일반사면 또는 특별사면에 의하여 형의 선고의 효력을 상실하거나, 형의 집행이 면제되기까지의 자, 집행유예의 선고를 받은 경우에는 그 선고의 실효 또는 취소됨이 없이 유예기간을 경과하여 형의 선고의 효력을 잃게 되기까지의 자 등이 포함된다(대법 1998.2.13, 97두1804).

2. 형사상 유죄판결과 해고의 정당성

단체협약 등에서 해고사유로 '형사사건으로 기소된 자가 금고 이상의 형의 판결을 받았을 때'라는 규정을 두고 있는 취지는 다음과 같다.

통상 그러한 유죄판결로 인해 ① 근로자의 기본적인 의무인 근로제공의무를 이행할 수 없는 상태가 장기화되어 근로계약의 목적을 달성할 수 없거나, ② 사용자와 근로자의 신뢰관계가 파탄되어 근로관계 유지를 기대할 수 없거나, 기업 내의 다른 근로자와의 신뢰관계나 인간관계가 손상되어 직장질서의 유지를 저해하거나, ③ 당해 근로자의 지위나 범죄행위의 내용에 따라서는 회사의 명예와 신용을 심히 훼손하거나 거래관계에까지 악영향을 미치게 되고 ④ 사용자와 근로자 간의 신뢰관계가 상실됨으로써 근로관계의 유지가 기대될 수 없기 때문이라고 할 것이므로 여기서의 「금고 이상의 형」이 반드시 실형만을 의미한다고 단정하여서는 안 되며 그 의미는 규정의 취지나 다른 면직사유의 내용 등에 비추어 합리적으로 판단하여야 한다(대법 2008.9.25, 2006두18423).

12 퇴직 후에 발각된 사유로 징계처분을 할 수 있는가

징계처분이란 기업질서 위반자에 대하여 기업질서 유지를 위하여 과하여지는 제재벌이므로 이미 퇴직한 사람에게는 질서유지상의 걱정도 없으며, 최고의 징계처분인 기업 외로 배제하는 징계해고의 필요성도 이미 소멸하였으므로 퇴직한 근로자에 대한 징계처분은 그 법적 근거를 결여하여 무효가 된다.

이 점에 관하여 징계처분은 징계절차를 운영하는 기관 내지 단체와 징계대상자 사이에 신분관계가 존속함을 전제로 하여 내부적으로 구속력있는 불이익처분을 가하는 것을 본질로 하고 있으므로, 이미 신분관계가 소멸하여 처분에 따른 구속력을 발생할 수 없는 사람에 대한 징계처분을 할 수 없고 사립학교법에서도 그 소속 교원만을 그 징계대상자로 규정하고 있다(서울고법 2014.11.19, 2014나2006327).

13 퇴직원 제출자를 징계해고 할 수 있는가

퇴직원이 제출되어 있더라도 회사직원으로서 고용관계가 계속되고 있으므로 아직 그 퇴직을 승인하지 아니한 때에는 징계해고하여도 무방하다. 근로자에게 징계사유가 인정되는 이상 관련된 형사사건이 아직 유죄로 확정되지 아니하였다고 하더라도 징계처분을 할 수 있다(대법 2001.11.9, 2001두4184).

그러나 퇴직원이 제출되었을 경우 다음 3가지 점에 주의하여야 한다.

첫째, 퇴직원이 제출되면 회사가 그 승인을 거부하더라도 민법 제660조에 의하여 ① 원칙적으로 1개월을 경과하였을 때, ② 기간으로 보수를 정한 때에는 상대방이 해지의 통고를 받은 후 당기 후의 1기를 경과하였을 때 근로계약은 종료되며 자동적으로 퇴직의 효력이 발생한다.

그러므로 이 기간을 경과하여 징계처분을 하더라도 퇴직자에 대한 처분으로 무효가 된다. 그러므로 본인의 동의에 의하여 퇴직일을 연기하거나, 위의 기간 내에 회사측에서 조사하여 징계처분을 결정하여야 한다.

둘째, 퇴직원을 제출하였다고 함은 스스로 회사를 떠나겠다는 의사를 표시한 셈이므로 정상참작 사유가 된다. 그러므로 퇴직원을 그대로 수리하느냐, 아니면 그것을 인정하지 아니하고 징계처분하느냐에 대해서는 정상참작을 신중히 하여야 할 것이다.

셋째, 중대한 비위행위에 대하여 징계해고를 하는 것이 사용자의 의무라고 생각하는 사람이 있다. 그러나 징계는 사용자의 권리이며 그 목적은 조직 유지에 있다. 권고사직, 보통해고, 사직으로 처리하여도 될 사안이라면 분쟁리스크를 계산하여 경영판단을 하는 것이 바람직하다. 판단을 신중히 하기 위하여 공인노무사나 변호사의 법률의견에 따르는 것도 하나의 대안이 될 수 있다. 실무적으로는 징계해고를 둘러싼 분쟁(소송비용, 심리기일의 장기화)을 피하고자 하면 사직처리가 무방한 경우도 있다. 법적판단과 경영판단에 있어서 어느 것이 우선하는가를 충분히 검토할 필요가 있다.

14 징계처분의 법령상의 제한

1. 감급처분의 제한

(1) 감급처분의 의의

근기법 제95조는 「취업규칙에서 근로자에 대하여 감급의 제재를 정할 경우에 그 감액은 1회의 금액이 평균임금의 1일분의 2분의 1을, 총액이 1임금지급기에 있어서의 임금총액의 10분의 1을 초과하지 못한다」고 규정하고 있다. 근기법 제95조에서 규정한 감급의 제재란 취업규칙에서 근로자의 복무규율 위반에 대하여 정한 징벌적 제재의 일종으로서 근로계약 관계가 존속하고 종래의 직무에 따라 근로를 제공하는 것을 전제로 근로 제공의 대가로 근로자가 받아야 할 임금의 일부를 감액하는 것을 말한다(2011.9.19, 근로개선정책과-3035).

근기법 제95조의 취지는 사용자가 취업규칙으로 감급의 제재를 정하는 경우 감급의 최고한도를 정함으로써 근로자의 생계를 보호하려는 규정으로 해석된다.

(2) 감급처분의 제한 내용

근로자의 임금에 대한 감급의 제재를 정함에 있어 아래와 같은 이중적 제한을 규정하고 있는 것이다.

① 1회의 감급액은 평균임금의 1일분의 2분의 1 이하일 것

1회의 감급액이란 하나의 사유로서의 감급이다. 하나의 징계사유에 있어서 감급되어야 할 액의 상한액은 평균임금의 1일분의 2분의 1이다. 1회의 액이란 하나의 사안을 의미하며 지각 1회도, 막대한 손실을 발생하는 교통사고도 하나의 사안으로 1회로 평가된다. 예컨대 지각을 10회 하면 평균임금 5일분(평균임금 $\times\frac{1}{2}\times$10회)까지는 감급되지만 월급의 10분의 1(3일분)을 초과할 수 없으므로 잔액은 결국 익월분에서 공제하여야 한다. 또한 10분의 1을 초과한 부분은 차기로 이월할 수 있다.

② **감급총액은 1임금지급기에 있어서의 임금총액의 10분의 1 이하일 것**

임금총액이란 1임금지급기간 내의 복수의 징계사유로서의 감급액의 총액을 말한다. 예를 들어 1일 평균임금이 50,000원이고, 1임금지급기가 월급형태이며, 월 임금총액이 1,500,000원이고, 감급이 감봉 6월의 경우라면 감급 1회의 액은 1일 평균임금 50,000원의 반액인 25,000원을 초과하지 않는 범위내에서 6개월 동안 분할감액 할 수 있으며, 6월간의 감급총액은 1임금지급기 임금총액의 10분의 1인 150,000원을 초과하여 감액할 수 없는 것이다. 따라서 1개월(1회) 25,000원을 기준으로 6개월 동안 총 150,000원을 감액할 수 있다(1999.12.30, 근기 68207-997).

1일 평균임금이 50,000원이고 감봉 4개월에 해당한다면 감급 1회의 액은 50,000원의 반액인 25,000원을 초과하지 않는 범위내에서 4개월 동안 감액하되, 4개월간의 감급총액은 1임금지급기 임금총액의 1/10을 초과하여서는 아니된다(2000.1.20, 근기 98207-144).

(3) 징계자에 대한 상여금 감급제재규정의 적용 여부

'상여금지급규정'이 당해 사업장의 전체 근로자에게 적용될 근로조건을 정한 것이라면 그 명칭 여하를 불문하고 취업규칙으로 볼 수 있으며, 징계자에 대하여 상여금을 제한하여 지급토록 정하는 것은 단순히 '상여금 지급조건을 정한 것'이라기보다는 징계를 이유로 근로조건에 차별을 둠으로써 제재하는 것으로 볼 수 있으므로 달리 볼 사정이 없는 한 근기법 제95조의 적용을 받는다(2006.3.29, 근로기준팀-1394).

(4) 무단결근 상당액을 임금에서 공제하는 것은 감금의 제재인가

월급제 근로자에 대하여 무단결근을 한 경우 30분의 1 상당의 임금을 공제할 수 있다고 정한 것은 근기법 제95조에 의한 감급의 제재는 아닌가의 문제가 있다. 감급의 제재란 직장규율을 위반한 근로자에 대한 징계로서 본래 그 근로자가 받아야 할 임금 중에서 일정액을 공제한 것을 말한다. 그러나 지각이나 조퇴, 결근에 대하여 그 노무를 하지 아니한 상당하는 시간분의 임금을 공제하는 것은 임금제도에 있어서의 하나의 임금계산방법으로서 근기법 제95조에 의한 제재로서의 감급에 해당하는 것은 아니다. 그러므로 무단결근에 대하여 월급제이지만 결근에 상당하는 임금을 공제하는 것은 감급의 제재가 아니다. 그러나 결근 상당분 이상의 임금을 공제하는 것은 허용되지 아니한다.

2. 강등처분의 제한

강등처분을 하더라도 동일직무에 종사시키면서 임금만을 감액하는 것이라면 근기법의 감급제재의 제한 위반이 된다. 즉 일은 종전과 마찬가지이면서 '강등' 처분으로 인하여 과장이 대리가 되고, 과장의 자리에서 과장의 직무를 그대로 계속하고 있음에도 불구하고 임금은 대리의 임금으로 감하는 경우나, 자격급에서 5급직이 6급직으로 강등하였는데 종전과 동일한 직장에서 동일한 책임과 의무를 가지고 마찬가지 일을 하고 있는 케이스이다.

(1) 판례의 태도

판례(서울고법 2004.8.20, 2003누12778)에 의하면 「회사는 보상업무를 담당하는 자동차보험본부장 산하에 센터장을 두고, 각 센터장이 몇 개의 팀장을 관할하는 형식으로 운영하며 각 팀에는 팀원을 두어 보상실무를 담당하고 있다. 그러나 차장으로서 센터장의 직책을 맡고 있다가 팀원으로까지 강등된 것은 전례가 없었고, 근로자의 근무평정은 이천 보상팀장으로 발령받은 후부터 갑자기 최하등급(D)으로 떨어지면서 평가과정에서 회사의 영향력이 개입되었을 여지가 큰 반면, 근로자에 대한 근무평정이 객관적이고 공정하게 이루어진 것이라고 볼 자료가 부족하다. 또한 회사의 간부들이 여러 차례에 걸쳐 근로자에게 계속 사직을 권유하였으며, 최고책임자인 본부장이 마지막으로 근로자를 불러 사직을 요구하였다가 거부당한 직후에 팀원으로의 강등이 이루어진 점 등을 비추어 볼 때 회사의 근로자에 대한 중앙보상 1팀 팀원으로의 인사발령은 사직권유에 불응한 데 대한 의도적인 보복인사로서 인사재량권을 남용한 것으로 볼 수 있다」고 한다.

(2) 중앙노동위원회 및 행정해석의 태도

중앙노동위원회(중노위 2015.9.2, 2015부해524)는 「직책 강등(근로자 1은 지점장에서 교사로, 근로자2는 사업팀장에서 교사로 각각 변경)을 수반한 전보가 일정연령 도달자 및 승진 탈락자의 퇴직을 유도하기 위한 것으로 그 목적이 부당할 뿐만 아니라 전보로 인한 기본임금이 지속적으로 30%에서 최대 50%까지 삭감되는 등 근로자들이 받는 불이익의 정도가 이례적으로 매우 크며, 이에 대하여 사전에 당사자 간에 충분한 협의 등이 없었는바, 이는 인사권의 남용으로 부당하다」는 것이다. 행정해석은 「단체협약 및 취업규칙 규정이 강임에 따라 직무가 변경되고 이에 수반하여 임금이 감액되는 경우라면 근로자의 직무가 변경됨에 따라 수반되는 당연한 결과이므로 근기법 제95조(제재 규정의 제한)는 적용되지 않을 것이다」(인천지법 2004.10.5, 2004가단2341 ; 2012.11.23, 근로개선정책과-6292)라고 한다.

3. 징계처분에 따른 감봉 이외에 정기승급 제외 조치가 병행되는 경우 감급제재규정에 위반되는가

취업규칙상에 입사일자를 기준으로 연 1회 1호봉을 정기승급시킨다고 규정하면서 당해연도에 징계처분을 받은 자는 정기승급에서 제외된다고 규정하고 있는 경우, 실제 근로자의 귀책사유로 인하여 징계처분으로 감봉을 받은 경우 인사규정에 정하는 바에 따라 당해 근로자는 한 사안에 대하여 감봉 이외에 정기승급제외 조치 등 결과적으로 두 가지 처분을 받게 되어 근기법 제95조 규정에 위배되는지가 문제될 수 있다. 이에 대하여는 직무의 변경없이 종전과 동일한 업무에 종사케 하면서 강등·감봉·감호봉 등의 징계조치를 함에 따라 삭감되는 임금액이 근기법 제95조(제재규정의 제한)의 기준을 초과할 경우 이는 법 위반이라 할 것이나, 취업규칙 등에서 승급의 기준을 정함에 있어 결격사유에 해당하는 근로자(예 : 징계처분을 받은 근로자)에 대하여 정기승급에 있어서 일정한 제한을 두는 승급정지는 이미 발생된 임금의 삭감이라고 볼 수 없으므로 이는 감급의 제재에 해당되지 않는다고 보아야 할 것이다.

4. 시험 부정행위로 승진취소를 받은 자의 급여상승분의 반환 여부

승진시험문제를 빼돌려 승진한 근로자가 부정합격 사실이 적발되어 승진이 취소된 경우 승진기간 중 지급받은 급여상승분이 부당이득에 해당하여 반환되는지 여부를 둘러싸고 다툼이 있다. 판례(대법 2022.8.19, 2017다292718, 2017다292725)는 다음과 같이 두가지로 나누어 판단하고 있다.

(1) 부당이득이 되는 경우와 되지 않는 경우

① 부당이득에 해당되지 않으므로 반환할 필요가 없는 경우 : 승진발령이 무효임에도 근로자가 승진발령이 유효함을 전제로 승진된 직급에 따라 계속 근무하여 온 경우, 승진 전후 각 직급에 따라 수행하는 업무에 차이가 있어 승진된 직급에 따른 업무를 수행하고 그에 대한 대가로 임금이 지급되었다면, 근로자

가 지급받은 임금은 제공된 근로의 대가이므로 근로자에게 실질적인 이득이 있다고 볼 수 없어 사용자가 이에 대해 부당이득으로 반환을 청구할 수 없다.

② 부당이득에 해당되어 반환할 필요가 있는 경우 : 승진 전후 각 직급에 따라 수행하는 업무에 차이가 없어 승진 후 제공된 근로의 가치가 승진 전과 견주어 실질적 차이가 없음에도 단지 직급의 상승만을 이유로 임금이 상승한 부분이 있다면, 근로자는 그 임금 상승분 상당의 이익을 얻었다고 볼 수 있고, 승진이 무효인 이상 그 이득은 근로자에게 법률상 원인 없이 지급된 것이므로 부당이득으로 사용자에게 반환되어야 한다.

(2) 부당이득이 있는지에 대한 판단기준

승진 전후 제공된 근로의 가치 사이에 실질적으로 차이가 있는지는 ▲제공된 근로의 형태와 수행하는 업무의 내용, ▲보직의 차이 유무, ▲직급에 따른 권한과 책임의 정도 등 여러 사정을 종합적이고 객관적으로 평가하여 판단하여야 한다. 이 판례는 한국농어촌공사사건으로 '급여상승분 부당이득' 여부의 판단기준을 제시한 판결이란 점에 그 의의가 있다.

15 근로자의 사생활에서의 비행과 징계

1. 사생활에서 비행과 징계권의 행사근거

사용자의 징계권은 근로관계와는 직접적으로 관계가 없는 사적인 생활영역에서 발생하는 근로자의 비위행위에 대해서는 원칙적으로 발동될 수 없다. 더구나 근로자의 사적 생활영역과 사용자의 징계권영역이 명확히 구분되는 것도 아니다. 최근 방송 등 미디어, 인터넷, SNS 등의 발달에 따라 사생활이 외부에 노출하게 되고 그로 인해 해당 근로자뿐만 아니라 회사와 회사 소속의 근로자들의 명예나 신용을 훼손하는 사례가 증가하고 있고 그 구분을 어렵게 하고 있는 것이 현실이다. 사용자의 징계권은 사업활동을 원활하게 수행하는데 필요한 범위 내에서 규율과 질서를 유지하기 위한 것에 그 근거가 있으므로, 근로자의 사생활에서의 비행은 사업활동에 직접 관련이 있거나 기업의 사회적 평가를 훼손할 염려가 있는 것에 한하여 정당한 징계사유가 될 수 있다(대법 2001.12.14, 2000두3689). 기업은 이러한 상황에 대비해 '품위유지의무 위반' 등을 징계사유로 규정해 놓고 있다.

2. 사생활의 비행과 징계처분의 정당성 판단기준

근로자의 사생활의 비행은 사업활동에 직접 관련이 있거나 기업의 사회적 평가를 훼손할 염려가 있는 것에 한하여 정당한 징계사유가 될 수 있다 할 것이다(대법 1994.12.13, 93누23275). 이러한 기준에 따라 회사측 판단으로 당사자를 징계처분(해고처분)할 수 있는지 여부와 그 판단기준이 문제된다.

여기에서 기업의 사회적 평가를 훼손할 염려가 있다고 하기 위해서는 반드시 구체적인 업무저해의 결과나 거래상의 불이익이 발생하여야 하는 것은 아니다. 당해 행위의 성질과 정상, 기업의 목적과 경영방침, 사업의 종류와 규모 및 그 근로자의 기업에 있어서의 지위와 담당업무 등 제반사정을 종합적으로 고려하여 근로자의 사생활에서의 비위행위가 기업의 사업활동에 직접 관련이 있거나 기업의 사회적 평가에 미친 악영향이 상당히 중대하다고 객관적으로 평가될 수 있어야 한다(대법 2001.12.14, 2000두3689). 사생활의 비행은 사용자의 지휘·명령에서 해방되는 근로시간외의 생활공간에서 발생되는 것이므로 노동력의 평가나 근로의 제공과 직접 관련되는 것이 아닌 근로자의 사적 영역에 속한다는 점을 고려하여 사생활상의 비행이 사업활동에 직접 관련이 있거나 기업의 사회적 평가를 훼손하고 직접적이고 중대한 침해를 야기한 경우에만 정당한 해고사유로 인정될 여지가 있다(대법 1994.12.13, 93누23275).

3. 사생활 비행을 이유로 한 징계해고가 정당하다고 한 판례

사생활 비행을 이유로 한 징계해고가 정당하다고 본 판결은 다음과 같다. ① 서울특별시 도시개발공사에서 부동산에 관련된 사무를 담당하는 직원이 부동산 매매업을 영위하였다고 볼 수 있을 정도로 부동산 투기를 계속한 사례(대법 1994.12.13, 93누23275), ② 교사가 학교에서 물의를 빚을 정도로 기혼자인 동료 교사와 불륜 관계가 있다고 의심할 만한 행동을 하여 해당 동료 교사의 가정이 파탄에 이른 사례(대법 1996.4.26, 95누18727), ③ 동료 직원들의 대화 내용을 비밀리에 녹음하여 형사고소 사건의 자료로 이용한 행위는 사생활의 비밀과 자유를 침해하고 직원 사이에 불신을 야기하여 직장 내 화합을 해하는 것으로 본 사례(대법 1995.10.13, 95다184), ④ 납품업체의 대표이사와 개인적인 친분관계를 맺으면서 그 부탁으로 납품업체를 위하여 거액의 보증을 하는 등으로 특수관계를 유지함으로써 납품 특혜의 의혹을 불러일으킨 사례(대법 2001.12.14, 2000두3689). ⑤ 근로자가 근로시간 중에 사내 공용 개인컴퓨터 등을 이용하여 공공연하게 불법 스포츠도박을 한 것은 사업장의 근무기강과 질서를 해치는 사례(대법 2015.2.26, 2014두14365),

16 사용자가 전자메일을 감시 · 열람 · 검색한 행위의 위법 여부

1. 전자메일의 감시 · 점검과 프라이버시와의 관계

근로자가 업무용 기기인 컴퓨터를 사용하고 사용자의 서버를 통하여 전자메일을 발신 · 수신하는 경우에 있어서 사용자가 이러한 메일을 어느 정도 감시 · 점검할 수 있는가가 근로자의 프라이버시와의 관계에서 문제되고 있다. 회사가 업무를 위하여 제공하는 장비나 기기는 일응 회사의 직무감독이 가능한 범위로서, 인권이나 프라이버시권이 보다 제한적으로 인정됨은 주지의 사실이다.

먼저 사용자는 개인의 사적사용을 회사 사용규정에 의하여 금지할 수 있다. 이러한 금지규정이 없는 경우에도 근로자는 기업의 업무용 기기를 사적인 목적을 위해 사용할 수 없으며 특히 근로시간 중에는 직무전념의무나 시설관리권의 관계에서 더욱 사용할 수 없다. 다만 이러한 원칙이 있음에도 불구하고 근무에 부수해서 경미한 사적 사용은 직장생활에 필연적으로 따르는 것으로서 사회통념상 허용된다고 할 것이다.

2. 이메일 열람과 근로자의 동의방법

이메일 열람에 관하여 취업규칙 등에 명확한 규정이 없을 때 사용자측은 근로자의 양해 아래 이메일의 열람 · 감시가 가능한지의 여부가 문제된다. 모니터링에 의한 정보관리나 확보는 근로자의 프라이버시 등의 인격적 이익의 침해라는 문제가 있으므로 합리적인 목적과 필요에 따라 적절한 방법이나 태양으로 행할 필요가 있다. 사용자가 근로자의 이메일에 대한 모니터링이 적법하기 위해서는 원칙적으로 사전에 근로자의 동의를 받아야 가능하다고 할 것이다. 해당 동의는 반드시 구체적 · 개별적일 필요는 없으며 사용자에게 근로계약 내지 취업규칙 등을 통해 사용자에게 포괄적인 권한을 부여하는 형태도 유효하다고 할 것이다. 이메일 열람시 근로자의 동의가 있었는지 여부와 관련하여 일부 회사는 개별적인 구체적 동의를 받지 않고 다만 근로계약이나 회사의 사규 등에 '정보관리/시스템 이용'이라는 항목에서 "컴퓨터는 회사 자산으로서 회사의 업무에만 사용하고, 개인적인 목적을 위해서 사용해서는 안된다"는 규정만 두고 있는 경우가 있는데, 이러한 규정만으로 근로자가 사용자로 하여금 이메일을 열람하도록 하는 권한을 부여하였다고는 보기 힘들 것이다. 일반적으로 근로계약서 또는 서약서에 「① 근로자는 회사 내의 전자메일・음성사서함・컴퓨터 시스템 등을 업무상의 목적으로 사용하여야 하며 개인적인 목적을 위해서는 사용할 수 없다 ② 회사는 업무상의 필요성, 회사 규정의 준수 여부, 회사 비밀의 유출 등 부정사용 여부를 확인하기 위하여 각종 전자단말기에 대한 열람 또는 검색을 할 수 있다」는 내용을 규정해야 할 것이다. 나아가 판례는 근로자가 "컴퓨터의 비밀번호를 알려주었다는 사실만으로 자신의 개인적인 이메일의 열람에까지 동의하였다고는 보이지 않는다"고 보아 근로자의 동의에 따른 열람 가능 범위에 관해 엄격하게 판단하고 있다(서울중앙지법 2003.5.14, 2002노9492).

3. 각종 전자단말기 사적 사용의 유무・정도의 점검 여부

보다 곤란한 문제는 사용자는 사적 사용의 유무・정도에 있어서 평상시 문제가 발생한 경우에 점검할 수 있는지의 여부이다. 회사사용규정에 그 권한이 규정되어 있지 않은 경우에도 사용자는 기업질서 위반의 유무의 조사에 필요한 경우 등 사업경영상의 합리적인 필요성이 있고, 그 수단・방법이 상당하다고 인정되는 한 사적 사용에 대한 점검이 허용된다. 판례(서울행법 2006.4.4, 2005구합37328)는 성적희롱・음란전화・비방중심의 메일이 있어서 그 진위나 태양을 조사하기 위해 근로자가 발・수신한 메일을 기업이 점검하는 행위는 이러한 관점에서 적법하다는 것이다. 또한 다른 사례에서 회사 대표이사가 해당 근로자의 컴퓨터를 확인한 결과 근로자의 컴퓨터에서 800개 이상의 음란물 동영상이 발견되었으며 그 중 대부분은 회사의 근무시간 내에 내려받은 것이다. 근로자의 위와 같은 평소 소행은 성실한 근로의무를 위반한 것일 뿐만 아니라 형법상 범죄에 해당한다고 하여 회사의 징계해고처분은 정당하다는 것이다(서울고법 2015.7.22, 2014누62311).

4. 동료 직원의 이메일에 무단접속・열람・다운로드한 경우의 위법 여부

① 판례(대법 2015.9.15, 2015다24409)는 근로자가 회사 소속 직원들의 이메일 계

정에 불법으로 접속하고 그곳에 저장되어 있던 문서파일을 열람하고 다운로드(회사 주요 정보 900여건)한 사실이 인정되므로 징계해고사유가 인정되고 징계양정도 적정하다고 보아 근로자의 청구를 기각한 원심판결을 확정한 것이다.

② 판례(대법 2018.12.27, 2017도 15226)는 컴퓨터에 저장되어 있던 직장 동료의 사내 메신저 대화내용을 몰래 열람·복사한 행위는 정보통신망에 의해 처리·보관·전송되는 타인 비밀의 침해·누설 행위에 해당한다는 것이다. 이 판례는 어떠한 행위가 위법성조각사유로서 정당행위나 정당방위가 되는지 여부는 구체적인 경우에 따라 합목적적·합리적으로 가려야 하고, 또 행위의 적법 여부는 국가질서를 벗어나서 이를 가릴수 없는 것이다. 정당행위로 인정되려면 첫째 행위의 동기난 목적의 정당성, 둘째 행위의 수단이나 방법의 상당성, 셋째 보호법익과 침해법익의 법익균형성, 넷째 긴급성, 다섯째 그 행위 이외의 다른 수단이나 방법이 없다는 보충성의 요건을 모두 갖추어야 한다. 그리고 정당방위가 성립하려면 침해행위에 의하여 침해되는 법익의 종류, 정도, 침해의 방법, 침해행위의 완급과 방위행위에 의하여 침해될 법익의 종류, 정도 등 일체의 구체적 사정들을 참작하여 방위행위가 사회적으로 상당한 것이어야 한다.

Chapter 14

퇴직을 둘러싼 법률지식

1 퇴직과 해고는 어떻게 다른가

퇴직이나 해고는 다같이 근로자가 회사를 그만두는 '근로계약의 종료'를 말한다. '해고'는 사용자측에서 행하는 근로계약의 일방적인 해지를 말하며, '퇴직'은 그 이외의 근로계약의 종료를 말한다. 근로관계는 퇴직(임의퇴직 · 합의퇴직 · 정년퇴직), 해고(통상해고 · 징계해고 · 정리해고), 자동소멸(근로자의 사망, 사용자의 파산 · 폐업, 근로계약기간의 만료)로 종료된다.

근로관계의 종료

퇴 직	해 고	자동소멸
근로자 요청 · 동의 등	근로자 의사에 반함	근로자 의사와 무관
✓임의퇴직 ✓합의퇴직 ✓정년퇴직	✓통상해고 ✓징계해고 ✓정리해고	• 근로자의 정년 · 사망 • 사용자의 파산 · 폐업 • 근로계약기간의 만료

사용자가 어떤 사유의 발생을 당연퇴직 또는 면직사유로 규정하고 그 절차를 통상의 해고나 징계해고와 달리한 경우에 그 당연퇴직사유가 근로자의 사망이나 정년, 근로계약기간의 만료 등 근로관계의 자동소멸사유로 보여지는 경우를 제외하고는 이에 따른 당연퇴직처분은 근기법 제23조 소정의 제한을 받는 해고라고 할 것이다. 위와 같이 취업규칙 등에 당연퇴직사유로서 근로관계의 자동소멸사유에 해당하지 아니하는 사유를 규정한 경우 그 의미는 그 규정 취지나 다른 당연퇴직사유의 내용 등에 비추어 합리적으로 판단하여야 할 것이다.

2 퇴직 · 해고에는 어떤 종류가 있는가

퇴직이나 해고는 다같이 근로계약의 종료를 말하는 것인데, 어느 쪽에 해당하느냐에 따라서 법적인 규제가 다르다. 그러므로 '해고'에 해당하느냐 '퇴직'에 해당하느냐에 따라서 법률상 큰 차이가 발생하며, '해고'가 될 경우에는 여러 가지 법적인 제한이 있으므로 주의하여야 한다.

퇴직이 되는 경우	해고가 되는 경우
① 임의퇴직(근로계약의 합의해지) ② 무단퇴직(근로자로부터 하는 근로계약의 일방적인 해지) ③ 계약기간 만료(계약기한의 도래) ④ 휴직기간 만료 자동퇴직(약정계약 종료 조건 성취와 기간의 도래) ⑤ 행방불명 기간경과에 의한 자동퇴직(상동) ⑥ 정년퇴직(종기의 도래) ⑦ 본인의 사망(법정 종료)	① 통상해고(정당한 이유가 있는 경우의 사용자측으로부터 하는 근로계약의 해지) ② 징계해고(근로자의 귀책사유를 이유로 행하는 근로계약의 일방적 해지) ③ 정리해고(긴박한 경영상의 이유로 인원정리의 필요성에 따른 근로계약의 해지) ④ 갱신기간 계약의 갱신 거부(기간의 정함이 없는 계약에의 준용과 그 해지) ⑤ 본채용 거부(수습시용기간 중의 유보해약권의 행사) ⑥ 채용내정 취소(취업 전의 근로계약의 해지) ⑦ 휴직기간 만료에 의한 해고(약정에 의한 부득이한 사유의 발생으로 인한 해지) ⑧ 정년해고(정년도래를 원인으로 하는 근로계약의 해지) ⑨ 2016년부터 60세 미만의 정년은 무효가 된다(고령자고용촉진법 제19조)

3 중견사원의 스카우트 퇴직을 금지할 수 있는가

1. 스카우트 퇴직의 금지

회사에서 중심적인 역할을 수행하고 있는 유능한 사원은 다른 회사로부터 좋은 근로조건이나 중요한 지위를 제공받고 스카우트되는 경우가 있다. 이른바 스카우트는 다른 회사의 근로자에 대한 적극적인 퇴직 및 전직 권유를 하는 행위를 의미한다. 퇴직한 임직원이 함께 근무하던 동료들을 이직한 직장으로 유인할 경우 개인단위 이직보다 회사에 더 부정적인 영향이 발생한다. 회사는 이와 같은 스카우트에 의한 퇴직을 금지할 수 있는가? 개인의 전직 자유 보장과 기업의 이익 보호라는 두 개의 요청을 어떻게 조정할 것인지의 문제이다. 개인의 전직 자유는 최대한 보장되어야 한다. 단순히 전직의 권유에 머무는 것은 위법한 행위는 아니며 해당 행위는 「직접 근로계약상의 성실의무」 위반으로 평가할 수는 없다.

후술하는 동업 다른 회사에 전직하는 경업금지에 해당할 경우 등 특별한 경우를 제외하고는 근로자의 퇴직을 금지하거나 제한할 수 없다. 다만, 근로자측에서도 업무인계 등이 차질 없도록 퇴직시기 등 성실근무상의 배려의무는 있다. 근로자에게는 헌법 제15조에 의하여 '직업선택의 자유'가 보장되어 있으므로 근로자가 그만두고 싶다고 하는데 그만 두지 못하게 하는 것은 직업선택의 자유에 위반된다. 또한 민법 제103조에 의하여서도 퇴직 제한은 무효가 되며 회사는 근로자의 퇴직을 금지할 수 없다.

2. 부당한 스카우트 금지 약정

임직원으로부터 재직기간 및 퇴직일로부터 일정 기간 동안 회사의 직원을 스카우트하거나 이를 시도하는 행위, 회사의 직원으로 하여금 회사와의 고용관계를 종료하도록 권유하거나 이를 시도하는 행위를 하지 않겠다는 부당유인금지 약정을 받아 둘 필요성이 있다. 약정에 의한 의무 위반시 손해배상금을 정해두면 위반 시 손해배상소송을 제기할 수 있으며 또한 의무 위반 시 부당유인금지 가처분 및 간접강제 신청도 제기할 수 있다.

3. 부당한 스카우트와 법적 책임

스카우트가 사용자의 이익을 부당하게 해하는 방법으로 이루어지는 경우에는 그 정당성이 문제될 수 있다. 다른 회사 근로자에 대한 전직 권유행위가 그 사용자의 이익을 부당하게 침해하여 위법한 것으로 평가되면, 적극적인 전직 권유행위를 한 회사만이 아니라 당해 근로자도 원래 회사에 대한 손해배상책임을 부담할 수 있다. 직업선택의 자유를 고려하더라도 전직시에 다른 근로자에게 전직을 권유하는 것은 위법은 아니지만 회사에 이적계획을 숨긴 채 대량으로 동료나 부하를 스카우트하는 등 스카우트가 사회적 상당성을 일탈하여 배신적 방법으로 행해지는 경우는 근로계약상의 성실의무 위반(재직 중) 또는 불법행위(퇴직 후)에 의한 손해배상책임이 발생한다. 그러나 전직의 권유가 통상적인 태양으로 행한 경우이거나 적극적인 스카우트가 있더라도 근로자가 자발적으로 퇴직한 경우에는 성실의무 위반은 부정된다. 최근 판례(서울중앙지법 2010.1.28, 2008가합76346)는 「회사의 간부직원으로서 특정 프로젝트를 책임지는 사람이 비밀리에 경업회사의 설립에 적극적으로 관여하고, 팀에 소속된 직원들 대부분을 상대로 급여와 인센티브 조건까지 제시하면서 적극적으로 전직을 권유함으로써 동시에 퇴직을 감행하게 하고, 종전 회사와 동일한 업무체제를 갖추고 동종의 업무를 수행하게 한다면 일반적으로 허용되는 전직의 권유를 넘어 사회적 상당성을 벗어난 것으로서 불법행위를 구성한다」고 한다. 이 판례는 계획적, 배신적으로 사회적 상당성을 일탈한 위법한 스카우트에 대하여 손해배상책임을 인정한 것이다.

4. 스카우트와 정당성 판단기준

사회적 상당성을 일탈한 스카우트 관여자에게 그 책임이 인정되는지는 적극적 전직 권유행위가 종전 사용자의 이익을 부당하게 침해하는지 여부에 따라 결정되어야 할 것이다. 이는 결국 사회통념에 따라서 판단될 수밖에 없다. 사회통념상 부당한 전직 권유행위인지 여부는 전직한 근로자가 종전 회사에서 차지하고 있던 직책이나 지위, 대우, 대상 근로자의 수, 전직이 종전 회사에 미치는 영향, 퇴직시기를 종전 회사에 고지하였는지 여부, 비밀스럽게 이루어졌는지 여부, 전직의 권유방법(계획적으로 이루어졌는지 여부, 퇴직시기의 예고의 유무, 비밀성)

등 전직 권유의 방법과 태양, 전직 권유행위를 한 자의 회사 내 지위나 직책 등을 종합적으로 고려하여 판단하여야 할 필요가 있다.

4 근로자의 일방적인 무단퇴직도 유효한가

본래 근로자가 퇴직하려면 사용자에게 사의를 표하여 그 승인을 얻어 퇴직(근로계약의 합의해약)함이 원칙이지만 근로자가 일방적으로 회사에 사직을 통고하거나 무단으로 퇴직하여 다른 회사에서 일하는 경우의 퇴직은 유효한 것인가? 사용자가 일방적으로 근로자에게 통고하여 그만두게 하는 '해고'에 관하여는 법률상으로 엄격한 규제가 있으나, 근로자가 일방적으로 그만두는 데에 관하여는 법률상 규제가 없다.

즉, 민법 제660조제1항에 의하면 「고용기간의 약정이 없는 때에는 당사자는 언제든지 계약해지의 통고를 할 수 있다」고 되어 있으며 제2항에서 「상대방이 해지의 통고를 받은 날로부터 1월이 경과하면 해지의 효력이 생긴다」라고 규정하고 있으며 제3항에서 「기간으로 보수를 정한 때에는 상대방이 해지의 통고를 받은 당기 후의 1기를 경과함으로써 해지의 효력이 생긴다」라고 규정하고 있으므로, 당해 임금계산기간에 신청하였을 때 당기 후의 1기를 경과한 차기의 초일에 퇴직의 효력이 발생한다.

그러므로 근로자에게 불리하지 않는 한 그 기간이나 절차에 관하여 취업규칙에서 이와 달리 규정하는 것도 가능하므로 근로자가 사직할 때에는 일정한 기간 내에 사용하여 승인을 얻도록 하고 있는 경우 근로자가 사직원을 제출하였으나 사용자가 승인을 거부할 합리적 이유가 없는데도 승인을 하지 않고 있을 때에는 퇴직원을 제출하여 1월(취업규칙에서 이보다 짧은 기간을 규정한 때에는 그 기간)이 경과하면 사용자의 승낙이 없더라도 퇴직의 효력이 발생한다(대법 1997.7.8, 96누5087). 따라서 극단적인 경우에는 사표를 제출한 이튿날부터 다른 회사에서 일하거나, 회사에 통고도 하지 아니하고 멋대로 그만두는 경우에도 1월이 지나면(취업규칙에서 이보다 짧은 기간을 규정한 때에는 그 기간) 퇴직의 효력이 발생한다. 이것은 해외 유학 중과 같은 특별한 경우에도 마찬가지이다. 또한 금전상의 부정을 은폐하기 위하여 사직서를 제출한 사례에 있어서도 근로자의 일방적인 근로계약 해지신청 효과의 발생은 민법 제660조제2항에 따라 해지신청 후 1월이 경과하면 해지의 효력은 발생하고 사직서 제출 후 8일 후에 도달한 징계해고의 의사표시는 근로계약계속 중에 행한 것이므로 적법·유효하다. 퇴직일까지의 1개월은 근무를 하지 아니한 결과로 업무상의 지장, 갑작스러운 퇴직의 영향, 사무인계의 유무 등 모든 사정을 고려하여 사안별로 판단하여야 한다.

5 일방적 퇴직자에게는 퇴직금을 지급치 않아도 되는가

회사의 승낙을 받지 않은 일방적인 퇴직을 한 경우에도 1월이 경과하면 그 효력이 발생하고 유효하게 되지만 이 경우에는 퇴직금을 지급치 아니하여도 되는가?

일방적 퇴직자에 대하여 퇴직금을 지급치 않는다는 것이 회사의 사정도 고려치 않아 업무에 지장을 초래하게 되기 때문에 유효라고 인정하는 것은 퇴직금으로 근로계약상의 채무불이행(1개월간의 효력발생기간을 근무하지 아니한다는 것 등)에 관한 손해배상에 충당하는 것으로 귀착되므로 근기법 제20조·제43조에 위반되며, 설사 위와 같은 규정(정상적인 퇴직자 이외에는 퇴직금을 지급하지 않는다는 취업규칙)이 있다 하더라도 이는 위의 법률에 반하는 것으로 무효로 된다. 퇴직일까지의 1개월간 근무하지 아니하여 생긴 업무상의 지장, 돌연퇴직으로 인하여 받게 되는 영향, 사무인계의 유무 등 취업규칙, 단체협약에 의한 징계처분은 별도문제로 하고, 퇴직금 부지급 그 자체는 위법한 것으로서 무효이다.

6 휴직기간 만료로 인한 자동퇴직도 퇴직으로서 유효한가

1. 상병휴직과 기간만료 퇴직과의 관계

① 휴직이란 근로자측의 사유에 의한 취업불능 내지 곤란한 사유의 발생으로 사용자가 일정기간의 취업의무를 면제하는 처분이다. 그 중 「상병휴직」은 취업규칙에서 사상병에 기인하는 결근이 장기에 걸치는 경우 '휴직' 처분을 하고, "휴직기간 중에 휴직사유가 소멸하지 아니하여 복직하지 못할 때는 자동퇴직(당연퇴직)으로 한다"라는 취지를 규정하고 있는 경우가 있다. 이는 일종의 퇴직유예의 제도로서 휴직기간 동안은 근로자로서 근로계약관계를 유지한 채로 노무에의 종사를 면제시키는 것으로 퇴직을 유예하여 상병이 회복될 때까지 근로자

를 보호하는 제도이다.

② 상병휴직제도는 본래는 보통해고사유인 「상병으로 장기간에 걸쳐 업무를 감당할 수 없을 때」로서 정상적인 근무 즉 근로계약의 본래 내용에 따른 근로제공을 장기에 걸쳐 할 수 없는 상태(근로자측 사정에 의한 채무불이행)가 발생하므로 계약관계의 통상 처리인 일반 계약해제(근로계약의 경우에는 해고)사유가 된다. 그러므로 본래 직접 해고사유로 하지 아니하고 일정한 유예기간을 설정하여 회복상태를 기다리는 제도이므로 휴직기간이 만료하여도 복직하지 않을 때에는 해고 내지 퇴직의 유예기간이 경과되어 기간만료시에는 해고 또는 퇴직하는 것이다.

이에 관하여는 ① 기간만료의 이튿날 등 일정한 날에 자동 종료함을 ② 명백하게 취업규칙에 명시하여 규정하고, ③ 또한 그 취급에 관하여 취업규칙대로 실시하여 예외적인 운용이나 재량이 이루어지지 아니하면 정년과 마찬가지로 종기의 도래에 의한 근로계약의 종료가 되어 '해고문제는 발생하지 아니한다'고 한다.

판례는 회사의 취업규칙과 인사규정이 "복직원을 제출하지 아니한 때에는 자진퇴직으로 간주하고 면직시킬 수 있다"고 규정한 취지는, 휴직한 직원이 복직원을 제출하지 아니하면 회사가 퇴직처분을 할 수 있고 퇴직처분을 하였을 때 회사와 직원 사이의 근로계약관계가 종료된다는 의미로 해석하여야 할 것이지, 이와 달리 "자진퇴직으로 간주한다"는 문구에 구애되어 근로관계의 당연종료사유를 규정한 것으로 보아서는 안된다」라고 한다(대법 1993.11.9, 93다7464).

2. 휴직사유 소멸의 효력

근로자의 휴직사유가 소멸되면 사용자는 근로자를 즉시 복직시켜야 한다. 나아가 일반적으로 휴직사유는 일시적이며 휴직사유가 소멸한 경우에는 당연히 직무에 복귀하는 것이 예정되어 있다는 점에서, 휴직사유가 소멸된 경우뿐 아니라 휴직기간 중 휴직사유가 소멸하지 않는 때에도 취업규칙이나 단체협약에 특별한 규정이 없는 한 근로자는 휴직기간의 만료에 의해 복직한다고 할 것이다. 이 경우 휴직사유 소멸에 대한 입증책임은 이를 주장하는 근로자측에 있다고 할 것이다.

7 퇴직의 의사표시방법

1. 구두 또는 서면의 경우

① 근로계약관계가 종료되는 경우는 사용자의 근로자에 대한 일방적 의사표시인 해고와 근로자의 사용자에 대한 일방적 의사표시인 사직 및 쌍방의 의사가 합치가 이루어진 합의해약(합의해지)의 3가지로 나누어진다.

현행법상 근로관계의 종료와 관련하여 서면방식이 도입된 해고 외에는 특별한 방식을 요구하지 아니하므로 퇴직의 의사표시는 서면(사직서)으로 행해지는 경우와 구두로 행해지는 경우에 법적효과의 차이는 발생하지 않는다. 그러므로 퇴직의 의사표시는 구두로도 유효하지만, 고용관계의 소멸이라는 중대한 결과를 초래하는 것이기 때문에 명백하고 확실히 하여 둘 필요가 있으므로 문서에 의함이 바람직하다.

② 판례(서울고법 2010.12.17, 2010누19836 ; 서울행법 2010.6.3, 2009구합53342)는 「퇴직할 경우 퇴직원을 제출해야 한다는 규정이 있지만, 근로자가 반드시 퇴직원이라는 명칭의 서면으로 제출해야 사직하겠다는 의사를 표시한 것이라고 볼 수 없다"며 근로자가 부서 총책임자에게 보낸 이메일에서 사직하겠다는 의사와 희망 퇴직일을 밝히기도 한 만큼 적법한 사직의사를 표시한 것으로 보인다」고 한다. 이 판례는 회사에 사의를 표시한 이메일을 보내도 사직서를 직접 낸 것과 동일한 효력을 갖는다는 것이다.

③ 근로자가 뇌일혈 등으로 쓰러져 의식불명이라든가, 정신장해로 입원 중인 경우 처나 양친 등이 퇴직원을 본인을 대신하여 써서 제출하였을 경우 본인이 그 후 이를 다투지 아니하는 때에는 본인 서명의 대행 또는 대리인에 의한 의사표시로서 유효하다. 그러나 본인이 이를 시인하지 아니하는 한 유효로 되지 아니하며, 부친이 본인에게 무단으로 퇴직원 용지에 본인명을 기입하고 작성하여 회사에 우송하였던 경우에 관하여 이것이 "본인 의사에 의거하는 것이 아니고, 당시 본인에게는 회사를 퇴직할 의사가 없었음은 명백하다"라고 하여 무효로 판시하였던 사례가 있으므로 주의가 필요하다.

④ 근로자가 근로계약관계를 종료시키려는 의사표시는 보통 사직원의 제출에 의하지만 구두로 사직의 의사표시를 하는 것도 가능하고, 근로자가 사직서를

제출하거나 사직의 의사표시를 한 경우 사용자가 민법 제660조에서 정한 기간 내에 승낙의 의사표시를 하면 근로관계는 합의에 의하여 종료하고, 그 기간 내에 승낙의 의사표시를 하지 않으면 그 기간이 경과함과 동시에 근로자의 사직서 제출에 따른 해지의 효력이 발생함으로써 근로계약관계는 종료된다 할 것이다(서울행법 2002.8.8, 2002구합2338). 근로자가 전화로 사직의사를 표시하였고 수리하였으므로 해고라고 볼 수 없다(중노위 2018.8.29, 중앙2018부해69).

2. 퇴직원의 날짜를 공란으로 하여 사직서를 제출한 경우

① 퇴직원의 날짜를 공란으로 하여 회사에 제출하였을 경우, 그 날짜를 회사의 사무처리절차의 완료로 하는 취지로 공란으로 비워두는 등, 본인의 의사로 회사에서 보충함은 무방하다. 단, 퇴직일자와 실제로 퇴직원의 제출이 있었던 날짜와의 사이에 상당한 기간이 있으며, 또한 본인이 퇴직원의 제출은 자신의 본심이 아니라 반성하는 점을 표시하기 위하여 맡겼다는 취지를 주장하여 다툴 경우에는 본인이 회사에게 날짜를 기입할 수 있는 권한을 부여하고 있지 않으므로 무효라는 취지의 주장이 인정될 수 있을 가능성이 있으므로, 다시 본인에게 기입하여 달라거나 재차 퇴직원의 제출을 요구하여 두는 편이 무난하다.

② 판례(서울고법 2015.7.24, 2014나53228)는 횡령 사고의 관리책임을 추궁당하여 위기에 몰린 이사가 회사 감사에게 자신의 인감이 날인된 백지와 인감증명서를 제출하자 회사 측은 같은 달 말 인감이 날인된 백지에 해당 이사의 사직서를 작성해 사임처리한 것으로 이는 사직 여부에 관한 전권을 회사에 위임한 것으로 사직처리는 유효하다는 것이다.

3. 회사의 경영방침에 따라 사직서를 제출한 경우

근로자가 회사의 경영방침에 따라 사직원을 제출하고 회사가 이를 받아들여 퇴직처리를 하였다가 즉시 재입사하는 형식을 취함으로써 근로자가 그 퇴직 전후에 걸쳐 실질적인 근로관계의 단절이 없이 계속 근무하였다면 그 사직원제출은 근로자가 퇴직을 할 의사 없이 퇴직의사를 표시한 것으로서 비진의 의사표시에 해당하고 재입사를 전제로 사직원을 제출케 한 회사 또한 그와 같은 진의 아님을 알고 있었다고 봄이 상당하다 할 것이므로 위 사직원제출과 퇴직처리에 따른 퇴직의 효과는 생기지 아니한다(대법 2005.4.29, 2004두14090).

8 퇴직의 효력발생시기

근로자가 사직서를 작성해 사용자에게 제출한 경우에 특별한 사정이 없는 한 그 사직서는 사용자와의 근로계약관계를 해지하는 의사표시를 담고 있는 것이므로 당사자 사이의 근로계약관계는 사용자가 그 사직서 제출에 따른 사직의 의사표시를 수락해 합의해지(의원면직)가 성립하거나 민법 제660조 소정의 일정 기간의 경과로 그 사직서 제출에 따른 해지의 효력이 발생함으로써 종료된다(대법 1996.7.30, 95누7765). 따라서 근로자의 사직서를 수리할 수 없는 합리적인 이유가 있다 하더라도 위에 따라 근로계약 해지의 효력이 발생한다(2013.1.9, 근로개선정책과-371). 근로자가 퇴직의 의사표시를 한 경우 사용자가 이를 수리한 시기 또는 별도로 계약 종료시기에 대한 특약을 정한 때에는 그 정한 시기에 각각 퇴직의 효력이 발생하게 된다. 다만, 사용자가 사직의 의사표시를 수락(수리)하지 않은 기간 동안 근로자는 출근할 의무가 있으므로 이를 이행하지 않으면 결근으로 처리하고 결근한 기간은 평균임금 산정시 포함할 수 있다(2015.7.16, 퇴직연금복지과-2345). 구체적으로 퇴직의 효력발생시기가 언제인지 여부는 사실관계가 다음의 경우에 해당하는지를 파악하여 적용하여야 할 것이다(2015.11.6, 고용노동부예규 제2015-100호 「퇴직의 효력발생시기」).

〈퇴직의 효력발생시기(고용노동부예규 제2015-100호, 2015.11.6)**〉**

기간의 정함이 없는 근로계약 관계에 있는 근로자가 사용자에 대하여 해당 근로계약의 해지(퇴직)의 의사표시를 한때 근로계약관계의 종료시기(퇴직의 효력 발생시기)에 관하여는 향후 아래 기준에 따라 처리한다.

1. 근로자가 사용자에게 퇴직의 의사표시(사표제출)를 한 경우 사용자가 이를 수리하였거나 또는 당사자 사이에 계약 종료시기에 관한 특약(단체협약, 취업규칙 및 근로계약)이 있다면 각각 그 시기(사표 수리한 시기 또는 특약에 따라 정한 시기)에 계약해지의 효력이 발생할 것이다. 다만, 이 경우 해당 특약내용이 관계법규에 저촉되어서는 아니된다.
2. 근로자가 사용자에게 퇴직의 의사표시(사표 제출)를 하였음에도 불구하고 사용자가 근로자의 퇴직의 의사표시를 수리하지 아니하거나 또는 계약종료시기에 관한 특약이 없다면 사용자가 해당 퇴직의 의사표시를 통고받은 날부터 1개월이 지날 때까지는 계약해지의 효력이 발생치 않으므로 고용종속관계는 존속되는 것으로 취급하여야 할 것이다(민법 제660조제2항).
3. 제1항 및 제2항의 경우 사용자가 근로자에게 지급하는 임금을 일정한 기간급으로 정하여 정기지급하고 있다면 사용자가 근로자의 퇴직의 의사표시를 통고받은 당기 후의 1임금지급기를 지난 때에 계약해지의 효력이 발생하는 것으로 취급하여야 할 것이다(민법 제660조제3항).

<table>
<tr><th colspan="2">퇴직의사</th><th>퇴직효력 발생시기</th></tr>
<tr><td colspan="2">근로자가 퇴직의 의사표시(사표제출)를 행하여 사용자가 이를 승낙(사표수리)한 경우</td><td>수리한 때 계약해지의 효력이 발생</td></tr>
<tr><td colspan="2">단체협약·취업규칙 및 근로계약에 특약이 있는 경우(특약내용이 관계법령에 위반되지 않을 것)</td><td>특약의 시기에 계약해지의 효력이 발생</td></tr>
<tr><td rowspan="2">근로자의 사표를 사용자가 수리하지 아니한 경우</td><td>임금을 기간급으로 정하지 아니한 경우</td><td>사용자가 근로자의 의사표시를 통고받은 날로부터 1월이 경과하면 효력이 발생(민법 제660조제2항)</td></tr>
<tr><td>임금을 월급제 등 기간급으로 정한 경우</td><td>사표를 제출한 당기(월급제인 경우 그 달)후의 1임금지급기(그 다음달)가 경과하면 효력발생(민법 제660조제3항)</td></tr>
</table>

1. 사용자가 먼저 퇴직을 종용한 경우

사용자가 사직서 제출을 종용하는 등 민법 제660조제1항에 의한 계약해지통고로 볼 수 있는 행위를 한 경우에는 근로자가 이를 수리하는 때에 퇴직(계약해지)의 효력이 발생하는 바, 이 경우 근로자의 사직서 제출이 사용자의 해지통고를 수리하는 행위로 볼 수 있다.

사용자가 사직서 제출을 조건으로 하는 계약해지 의사표시를 한 것으로 볼 수 있는 경우에는 사직서 제출은 조건의 완성이 되며, 이로써 계약해지(퇴직)의 효력이 발생한다.

2. 근로자가 즉시 계약해지할 수 있는 사유가 있는 경우

특별한 사정이 없는 상태에서 근로자가 민법 제660조에 의거하여 근로계약을 일방적으로 해지하는 경우에 적용되는 것으로, 사용자의 계약 위반, 신의칙, 기타 계약을 즉시 해지할 수 있는 사유가 있는 경우에는 근로자는 즉시 계약해지를 할 수 있고 이 경우 사직서 제출로 바로 퇴직의 효력이 발생(사용자의 수리절차 불필요)한다.

더 이상 당사자가 근로계약관계를 존속할 수 없는 사정이 있는 경우에는 일방 또는 쌍방이 즉시 계약해지를 할 수 있다(민법 제661조 참조 : 고용기간의 약정이 있는 경우에도 부득이한 사유가 있는 때에는 각 당사자는 계약을 해지할 수 있다. 그러나 그 사유가 당사자 일방의 과실로 인하여 생긴 때에는 상대방에 대하여 손해를 배상하여야 한다).

3. 사용자가 지정된 사직일 전에 퇴직조치한 경우의 효력 여부

근로자가 6월 30일자로 퇴직하겠다고 사직서를 제출하였는데 사용자가 6월 15일에 퇴사처리한 경우에 있어 근로자가 아무런 이의를 유보하지 아니한 채 임금 등을 수령하였다면, 근로계약 종료에 관한 의사가 합치되었다고 볼 수 있다. 다만, 퇴직시기에 관하여 다툼이 있는 상황에서 일방적으로 근로자의 근로제공 수령을 거부한 것이 부당해고로 볼 수 있는지 여부는 노동위원회 또는 법원의 판단에 따라야 할 것이다(2011.7.19, 근로개선정책과-2266).

9 퇴직원의 철회는 어떤 경우에 유효한가

1. 퇴직원의 제출이 합의해지의 청약인가 또는 해약의 고지인가

① 근로자의 퇴직원 제출은 회사에 대한 근로계약 해약의 의사표시이며, 이것을 회사가 승낙하면 의사의 합치로 근로계약 해지의 합의(퇴직의 합의)가 성립하여 근로자는 퇴직하게 된다. 그러므로 퇴직원의 철회 즉 근로계약 해약의 의사표시의 철회는 사용자가 승낙한 후에는 인정될 수 없다. 통상 "계약의 청약은 이를 철회하지 못한다"(민법 제527조)라고 한다.

② 근로계약의 경우에도 위의 민법상의 원칙이 적용된다면 퇴직원의 철회는 할 수 없게 되나, 이에 관하여 근로자가 일방적으로 근로계약관계를 종료시키는 해약의 고지방법에 의하여 임의사직하는 경우가 아니라 사직원을 제출하여 근로계약관계의 합의해지를 청약하고, 이에 대하여 사용자가 승낙함으로써 당해 근로관계를 종료시키게 되는 경우에는 사직원의 제출에 따른 사용자의 승낙의사가 형성되어 확정적으로 근로계약 종료의 효과가 발생하기 전에는 근로자가 그 사직의 의사표시를 자유롭게 철회할 수 있다. 다만, 근로계약 종료의 효과 발생 전이라 하더라도 근로자의 사직의 의사표시를 철회하는 것이 사용자에게 예측할 수 없는 손해를 주는 등 신의칙에 반한다고 인정되는 특별한 사정이 있는 경우에 한하여 그 철회가 허용되지 않는다(대법 2000.9.5, 99두8657).

③ 한편, 근로자가 사직의 의사표시를 철회하기 위하여서는 반드시 사표를 반려 받아야만 하는 것은 아니고 명시적 또는 묵시적으로 사의를 철회한다는 뜻이 전달되면 된다. 일단 사직의 의사표시를 철회한 후에 징계해고사유가 있다 하여

도 그에 따른 해고절차를 거치지 아니하고 이미 철회되어 효력이 없는 사표를 수리하는 형식으로 한 해고처분은 아무런 효력이 없다(대법 1992.4.10, 91다43138).

④ 판례(대법 2002.4.26, 2001다81269)는 「근로자와 사용자가 근로계약을 해지시키기로 합의하였다면 합의시에 근로자의 근로계약 해지의 청약 의사표시에 대하여 사용자의 승낙의사가 확정적으로 형성·표시되어 해지의사의 합치가 있었다고 할 것이므로, 이러한 경우 어느 일방 당사자가 임의로 이를 철회할 수는 없고, 이는 근로자와 사용자가 합의시 특별히 근로계약관계를 일정기간 경과 후 종료키로 약정하였다고 하여도 마찬가지이다. 사직의 의사표시는 특별한 사정이 없는 한 당해 근로계약을 종료시키는 취지의 해약고지로 볼 것이고, 근로계약의 해지를 통고하는 사직의 의사표시가 사용자에게 도달한 이상 근로자로서는 사용자의 동의없이는 비록 민법 제660조제3항 소정의 기간이 경과하기 이전이라 하여도 사직의 의사표시를 철회할 수 없다」라고 한다.

⑤ 근로자가 사직서를 제출하고 사용자가 이를 수리하여 해당 근로자를 퇴직처리함으로써 근로계약은 합의해지에 의하여 종료되었다 할 것이다. 근로자는 '희망퇴직제에 의한 사직서'를 작성하여 제출한 사실이 있고, 회사가 근로자의 사직서에 기초하여 이 사건 퇴직 처리를 하였으며, 근로자 또한 희망퇴직에 따른 퇴직 위로금을 수령하였으므로 근로자가 제출한 사직서는 수리되었다고 보아야 하고, 근로자 제출의 사직서 하단부의 기재할 난이 공란으로 되어 있다고 하여 수리되지 않았다고 볼 수는 없다. 또한 근로자가 당시 희망퇴직의 권고를 선뜻 받아들일 수는 없었다고 할지라도 그 당시의 경제 상황, 회사의 구조조정 계획, 회사가 제시하는 희망퇴직의 조건, 정리해고를 시행할 경우 정리 기준에 따라 정리해고 대상자에 포함될 가능성, 퇴직할 경우와 계속 근무할 경우의 이해득실 등 제반 사항을 종합적으로 고려하여 심사숙고한 결과 사직서를 제출하였다고 봄이 상당하다(대법 2003.4.11, 2002다60528 ; 서울고법 2008.2.13, 2007누15386).

2. 사직서 수리 후 사직서의 철회

근로자가 18일에 사직서를 제출했고 이틀 후에 회사는 20일에 사직서를 수리한 이후 25일에 근로자가 사직의 의사표시를 철회하는 통보를 하였으므로 사직서를 수리한 이후에 철회의 의사표시가 사용자에게 도달한 것이다. 따라서 이미 근로계약관계는 20일에 종료되었고 25일에 사직의 의사표시를 철회하였다고 하더라도 이미 확정된 계약의 종료를 다시 소급해서 없던 것으로 돌리기에는 법률적으로 무리가 따르게 된다. 따라서 사직의 의사표시를 철회하려면 사직서가 수리되기 이전에 하는 것이 필요하다. 따라서 회사로부터 본인의 퇴직을 승낙하는 취지의 통지가 이루어지기 전이라면 사표의 철회가 원칙적으로 가능하다(2004.4.28, 근로기준과-2103).

10 명예퇴직 합의 후 일방의 임의철회가 가능한가

1. 명예(희망)퇴직

(1) 명예퇴직의 의의

명예퇴직이란 근로자가 명예퇴직의 신청을 하면 사용자가 요건을 심사한 다음 이를 승인함으로써 당사자들의 합의로 근로관계를 종료시키는 것이다(대법 2022.4.14, 2021다280781). 기업이 구조조정을 위하여 정년연령에 도달하지 않는 근로자들에게 근속연수나 연령 등 일정한 기준을 충족하면 그의 자발적 의사에 따라 규정상의 퇴직금 이외에 금전상 보상이나 가산퇴직금 또는 위로금을 추가로 지급하는 등 우대조치를 하여 정년 전에 사직의 형태로 근로계약관계를 종료시키는 제도를 말한다. 이를 조기퇴직우대제, 희망퇴직제, 선택정년제 등으로 불리고 있다. 명예퇴직은 근로계약의 합의해지라는 측면에서 해고와 구별되며 근로자의 사정보다는 회사의 사정에 의한 조건의 설정이라는 측면에서 일반적인 사직과 구별된다. 이러한 명예퇴직은 당사자가 처분할 수 있는 권리관계에 해당하므로, 이에 관하여도 부제소합의를 할 수 있다고 보아야 한다(대법 2005.7.29, 2003다9254).

(2) 명예퇴직의 유형

첫째는 단체협약 또는 취업규칙 등에서 정한 요건 및 절차에 따라 근로자가 명예퇴직 신청(합의해지의 청약)을 하고 사용자가 그 신청을 승낙하는 형태이다. 둘째는 사용자가 특정 근로자에게 명예퇴직을 권고하고(합의해지의 청약) 근로자가 이를 승낙하는 형태이다. 셋째는 회사가 명예퇴직 절차를 공고하고 근로자가 명예퇴직 신청서를 제출하면 회사가 그 중에서 명예퇴직 대상자를 선정하는 형태이다.

2. 명예퇴직 신청에 대한 사용자의 심사·결정 권한 행사의 범위

명예퇴직은 근로자가 명예퇴직의 신청을 하면 사용자가 요건을 심사한 후 이를 승인함으로써 합의에 의하여 근로관계를 종료시키는 것이므로, 근로자들의 명예퇴직 신청을 심사하여 수리 여부를 결정할 권한은 사용자에게 유보되어 있다. 다만 사용자의 이와 같은 심사·결정 권한은 명예퇴직제도가 도입된 경위, 신청자들 간의 형평성, 명예퇴직 신청의 동기 등을 고려하여 합리적인 범위 안에서 적절하게 제한적으로 행사되어야 하고 객관적 자격을 갖춘 근로자의 명예퇴직 신청에 대하여 부당한 사유를 내세워 수리를 거부하는 등 이를 남용하여서는 아니된다(서울중앙지법 2015.9.1, 2015가단5018629 ; 서울중앙지법 2005.11.24, 2005가합50541).

3. 명예퇴직수당의 법적 성격

사용자가 법령에 근거를 둔 퇴직급여 제도 등과 별도로 명예퇴직수당 제도를 두고 그에 따라 지급하는 명예퇴직수당은 지급대상, 지급요건과 산정방법 등이 다양하여 그 성격을 한 가지로 규정할 수 없다. 명예퇴직수당이 장기근속자의 정년 이전 조기 퇴직을 유도하기 위해 퇴직일부터 정년까지 기간이 길수록 많은 금액이 지급되는 내용인 경우, 이는 후불임금이라기 보다는 조기 퇴직에 대한 사례금 또는 장려금이라는 성격이 강하고 「근퇴법」이 정한 퇴직급여 제도와는 그 성질이 다르다. 이와 같이 명예퇴직수당이 후불임금이나 퇴직급여에 해당하지 않는 경우 그에 대한 지연손해금을 계산할 때에는 근기법 제37조제1항과 근기법시행령 제17조가 적용되지 않는다(대법 2022.4.14, 2021다280781). 미지급 임금에 대한 지연이자는 적용되지 아니한다.

4. 명예퇴직 합의 후 당사자 일방의 임의철회가 가능한지 여부

근로자 사직원에 의하여 신청한 명예퇴직은 근로자가 명예퇴직의 신청(청약)을 하면 사용자가 요건을 심사한 후 이를 승인(승낙)함으로써 합의에 의하여 근로관계를 종료시키는 것이다. 명예퇴직의 신청은 근로계약에 대한 합의해지의 청약에 불과하여 이에 대한 사용자의 승낙이 있어 근로계약이 합의해지되기 전에는 근로자가 임의로 그 청약의 의사표시를 철회할 수 있다 할 것이다(대법 2003.4.25, 2002다11458 ; 대법 2002.8.23, 2000다60890·60906 ; 대법 2000.7.7, 98다42172).

명예퇴직의 합의의 효력(근로관계의 종료)은 명예퇴직 대상자로 확정된 때가 아니라 명예퇴직일자에 발생한다(대법 2002.8.23, 2000다60890 · 60906).

11 권고퇴직이 무효로 되는 경우가 있는가

1. 권고퇴직이 유효인 경우

① 권고퇴직 또는 권고사직이란 사용자의 사직권고에 대하여 근로자가 자유로운 의사에 의하여 승낙하는 것으로 결국 당사자의 의사의 합치에 따른 근로계약의 해지로서 이는 '해고'가 아니라 임의퇴직에 해당한다(2008.1.2, 근로기준팀-8). 그러나 회사측의 압력에 의한 사직서 제출의 경우 해고에 해당한다고 볼 수 있으려면, 강박에 의한 사직서 제출의 경우 그 정도가 의사결정의 자유를 박탈하는 정도에 이른 것이어야 한다(서울고법 1999.6.24, 98누2715).

② 업무상 비위사실이 적발된 자가 그 사직서 제출에 회사측의 강압이 있었다 하더라도 비위사실이 언론에 공개되고 징계면직되는 등의 불이익이 있을 것을 예상해 사직서를 제출한 경우(대법 1999.6.22, 98두5521), 회사가 명예퇴직제를 실시하면서 명예퇴직 대상자로 선정된 근로자가 퇴직권유에 응하지 않을 경우 향후 일정한 기준과 절차에 따라 예정된 인사 및 급여상의 불이익을 고려해 사직서를 제출한 경우(대법 2001.9.7, 2000두9977) 그 유효성을 인정하고 있다.

③ 판례(대법 2019.10.31, 2019다246795 ; 대법 2017.2.3, 2016다255910 ; 2003.12.26, 2003다26044 ; 대법 2002.11.8, 2002다35379 ; 대법 2000.4.25, 99다34475)는 ㈎ 사용자가 사직의 의사 없는 근로자로 하여금 어쩔 수 없이 사직서를 작성·제출하게 한 후 이를 수락하는 이른바 의원면직의 형식을 취하여 근로계약관계를 종료시키는 경우처럼, 근로자의 사직서 제출이 진의 아닌 의사표시에 해당하는 등으로 무효이어서 사용자의 그 수리행위를 실질적으로 사용자의 일방적 의사에 의하여 근로관계를 종료시키는 해고에 해당하나, ㈏ 사용자가 사직서 제출에 따른 사직의 의사표시를 수락함으로써 사용자와 근로자 사이의 근로계약관계는 합의해지에 의하여 종료되는 것이므로 사용자의 의원면직처분을 해고라 볼 수 없다. ㈐ 의원면직이 실질적으로 해고에 해당하는지는 근로자가 사직서를 제출하게 된 경위, 사직서 기재내용과 회사의 관행, 사용자측의 퇴직권유 또는 종용의 방법, 강도 및 횟수, 사직서를 제출하지 않은 경우 예상되는 불이익 정도, 사직서 제출에 따

른 경제적 이익의 제공 여부, 사직서 제출 전후의 근로자의 태도 등을 종합적으로 판단하여야 한다.

④ 진의여부 판단에 관한 판례의 기본적 태도 : ㈎ 진의 아닌 의사표시에 있어서의 진의란 특정한 내용의 의사표시를 하려는 표의자의 생각을 말하는 것이지 표의자가 진정으로 마음속에서 바라는 사항을 뜻하는 것은 아니다(대법 2001.1.19, 2000다51919). ㈏ 표의자가 의사표시의 내용을 진정으로 마음속에서 바라지는 아니하였다고 하더라도 당시의 상황에서는 그것을 최선이라고 판단하여 그 의사표시를 하였을 경우에는 이를 효과의사가 결여된 진의 아닌 의사표시라고 할 수 없다(대법 2006.4.14, 2006다1074). ㈐ 의원면직 처리될지도 모른다는 것을 인식하였다는 것만으로는 내심의 사직의 의사가 없는 것이라고는 할 수 없다. ㈑ 사직의 의사 없는 근로자로 하여금 어쩔 수 없이 사직서를 작성·제출하게 한 경우(회사팀장이 무단결근한 운전기사에게 "사표 써"라고 하고 버스 키 반납을 요구)에는 진의의 의사표시는 인정되지 않는다는 것이다. 당사자의 진의가 어떠한 것이든 표시된 대로의 효력이 생긴다(대법 2023.2.2, 2022두57695). 다만, "상대방이 표의자의 진의 아님을 알았거나 이를 알 수 있었을 경우"에는 그 비진의 의사표시는 무효이다(민법 제107조제1항).

⑤ 근로자들은 사직을 선뜻 받아들일 수는 없었다 할지라도 그 당시의 경제상황, 회사의 구조조정계획, 회사가 제시하는 희망퇴직의 조건, 퇴직할 경우와 계속 근무할 경우에 있어서의 이해관계 등을 종합적으로 고려하여 당시의 상황으로서는 그것이 최선이라고 판단한 결과 사직원을 제출한 것으로 봄이 상당하고, 따라서 근로자들과 회사 사이의 근로관계는 근로자들이 회사의 권유에 따라 사직의 의사표시를 하고 회사가 이를 받아들임으로써 유효하게 합의해지 되었으므로 근로자들의 퇴직이 해고에 해당하지 않는다는 판단은 모두 정당하다(대법 2003.4.22, 2002다65066).

⑥ 또한 강박에 의한 법률행위가 하자 있는 의사표시로서 취소되는 것에 그치지 않고 무효로 되기 위하여는 강박의 정도가 단순한 불법적 해악의 고지로 상대방으로 하여금 공포를 느끼도록 하는 정도가 아니고, 의사표시자로 하여금 의사결정을 스스로 할 수 있는 여지를 완전히 박탈한 상태에서 의사표시가 이루어져 단지 법률행위의 외형만이 만들어진 것에 불과한 정도이어야 할 것이다(대법 1998.2.27, 97다38152).

2. 권고퇴직이 무효로 되는 경우

(1) 부부사원에 대한 사직강요

회사의 중간관리자들이 계속·반복적으로 행한 퇴직권유 또는 종용행위는 근로자들에게 우월적인 지위에 있는 회사의 강요행위로 볼 수 있고, 사직서 제출의 대가로 별도의 이득도 없이 퇴직을 원하는 내용의 사직서로 표명한 사직의 사는 회사의 강요에 의하여 이루어진 것으로 내심의 효과의사 없는 비진의 표시로 의원면직의 외형만을 갖추고 있을 뿐 실질적으로는 회사에 의한 해고이므로, 정당한 해고사유가 없고 정당한 정계절차를 밟아 해고하였거나 근기법 제24조에 따른 정리해고의 요건을 갖추었다는 점에 관하여 회사의 아무런 주장이나 입증이 없으므로 부당해고에 해당한다고 한 사례(대법 2002.7.26, 2002다19292) 등이다.

이 사건에서의 쟁점은 해당 근로자들이 회사에 사직서를 제출함으로써 표시한 사직의 의사가 진의인지 아니면 의원면직의 형식을 띠고 있으나 회사 측의 강요에 의하여 이루어진 비진의 의사표시인지의 여부인 바 의원면직이 아닌 부당해고라고 판단한 점이다.

(2) 회사의 권고사직 의견을 통보받고 불응한 경우

사용자의 권고사직을 받아들일 것인지는 근로자가 스스로 결정할 수 있는 문제에 불과하므로, 사직권고를 받은 것이 징계처분에 해당한다고 볼 수도 없다 할 것인 바, 따라서 근로자가 회사로부터 권고사직 의결을 통보받고서도 이에 응하지 아니한 채 권고사직 의결의 부당성을 지적하는 내용의 의견서를 제출하였다 하더라도, 이러한 사실을 들어 그것이 취업규칙의 '징계처분을 받고 시말서 제출에 불응하거나 개전의 정이 없을 때'라는 징계사유에 해당한다고 볼 수 없다는 판단은 정당하다(대법 2002.11.22, 2002두3706).

12 일괄사표 제출 후 선별 수리한 경우

일괄사표는 사용자의 지시에 따라 근로자들이 집단적으로 사직서를 작성 제출하는 것을 말한다. 회사 측에서 일정한 직급의 직원 또는 일정한 부서의 근로자들에 대하여 한꺼번에 사직서를 제출하게 하는 형태로 이루어지고 사용자가 선별 수리한 경우가 있다. 해고에 따르는 법률상의 부담을 상대방에 전가시키는 수단으로 해고에 임의퇴직의 형식을 뒤집어씌우는 일이 벌어지고 있는 것이다. 일괄사표에 있어서는 그것이 근로자의 의사에 반한 것인가가 먼저 조사되지 않으면 안될 것이다.

근로자가 형식상 자유로운 상황에서 사직서를 제출하여 의원면직 형태를 취하여 사직하는 경우 또는 회사의 요구에 따라 일괄적으로 사직서를 제출하고 회사는 이를 선별적으로 수리하는 경우에, 사직서에 나타난 근로자의 사직의 의사표시를 유효하다고 할 수 있는 것인지, 아니면 이를 사실상 해고로 보아야 할지가 문제가 된다.

판례는 사직서를 내게 된 경위 등의 제반사정을 종합적으로 고려하여 개별적·구체적으로 판단하고 있다.

1. 실질적인 해고에 해당한다고 본 판례

① 연맹에는 조직 내 분위기를 쇄신한다는 이유로 창사 이래 6명의 총재 중 5명 총재 취임 후 직원들이 일괄 사표를 제출하였다가 1주일 후에 반려받은 관례가 있는 상황에서 총재에게 간부들의 신임을 묻도록 하자는 사무총장의 제안에 따라 간부회의의 분위기에 이끌려 어쩔 수 없이 사직서를 제출한 경우에, 연맹이 이러한 상황하에서 제출된 사직서를 수리하여 근로자들을 의원면직한 것은 실질적으로 사용자의 일방적인 의사에 의하여 근로계약관계를 종료시키는 것이어서 해고에 해당한다(대법 2002.5.14, 2000두4675 한국청소년연맹사건).

② 사용자가 근로자로부터 사직서를 제출받고 이를 수리하는 의원면직의 형식을 취하여 근로계약관계를 종료시킨 것이라 할지라도, 사직의 의사가 없는 근로자로 하여금 어쩔 수 없이 사직서를 작성·제출하게 한 경우에는 실질적으로 사용자의 일방적 의사에 의하여 근로계약관계를 종료시키는 것이어서 해고에 해당한다(대법 2005.11.25, 2005다38270).

③ 생명보험협회가 감독청(재무부장관)으로부터 일정 수의 임직원을 선발하여 해직시킬 것을 지시받고 이를 시행함에 있어서 모든 직원들로 하여금 일괄적으로 사직서를 제출하도록 하므로 사직할 의사가 없으면서도 부득이 다른 직원들과 함께 사직서를 제출한 경우 해당 직원을 포함한 6명의 사직서만을 수리하여 면직시켰다면 이는 실질적으로 사용자의 일방적 의사에 의하여 근로관계를 종료시키는 것이어서 해고에 해당한다(대법 1993.2.9, 91다44452).

④「근로자의 사직서 제출은 품질경영팀 직원 전원이 품질불량 등 문제에 대하여 근신하고 책임지는 모습을 보이기 위하여 형식상으로 제출한 것으로서, 이에 기한 사직의 의사표시는 '진의 아닌 의사표시'에 해당한다고 할 것이고, 검토지시 및 보고경위, 사업장의 규모 등에 비추어 회사로서도 근로자의 사직서 제출이 진의가 아니라는 점을 알았거나 알 수 있었다고 봄이 상당하다고 할 것이다」라고 하여 회사의 사직서 수리행위는 부당해고에 해당한다는 이유로 파기환송하였다(대법 2010.1.14. 2009두15951).

2. 일괄사직에 대한 선별수리나 종용에 의한 사직도 유효하다고 한 판례

① 일괄사표를 제출하였다가 선별 수리하는 형식으로 의원면직되었다고 하더라도 공무원들이 임용권자 앞으로 일괄사표를 제출한 경우 그 사직원의 제출은 제출당시 임용권자에 의하여 수리 또는 반려 중 어느 하나의 방법으로 처리되리라는 예측이 가능한 상태에서 이루어진 것으로서 그 사직원에 따른 의원면직은 그 의사에 반하지 아니한다. 따라서 비록 사직원제출자의 내심의 의사가 사직할 뜻이 아니었다고 하더라도 그 의사가 외부에 객관적으로 표시된 이상 그 의사는 표시된 대로 효력을 발하는 것이며, 민법 제107조는 그 성질상 사인의 공법행위에는 적용되지 아니하므로 사직원제출을 받아들여 의원면직 처분한 것을 당연무효라고 할 수 없다(대법 1992.8.14, 92누909).

② 사직서로 표시한 사직의사가 진의가 아니더라도 이를 알지 못했거나 알 수 없었던 경우의 사직처리의 효력이 문제된다.

정규직 공채에 응시한 계약직 직원들은 회사측 설명에 따라 공개 채용에서 탈락할 경우 사직처리된다는 사실을 알고 있는 상태에서 사직서를 제출했으므로 근로자의 사직서 제출로 표시한 사직의 의사가 진의가 아니라고 할 수 없다. 설령 근로자의 사직서 제출이 진의가 아니었더라도 공채 경위, 사직서 제출 및 사직의사 철회 경위 등에 비춰 회사로서는 근로자의 사직의사가 진의가 아님을 알지 못했고 알 수도 없었던바 해당 사건 사직처리는 정당하다(서울고법 2008.12.24, 2008누16423)는 것이다.

13 근로관계의 합의해지 · 사직 · 의원면직의 구별

1. 근로관계의 종료사유 및 합의해지의 의의

근로관계가 종료되는 경우를 크게 세 가지로 나누어 볼 수 있다. ① 근로자가 근로의 의사와 능력이 있음에도 불구하고 사용자의 일방적 의사표시로서 근로관계를 종료시키는 해고, ② 이와 대비되는 것으로 근로자가 사용자에 대해 일방적 의사표시로 근로계약의 해약을 고지하는 해약고지(또는 근로자의 일방적 의사표시에 의한 사직) ③ 근로자와 사용자 간의 의사합치로 이루어지는 합의해지(근로계약해지의 청약과 승낙의 합치)이다. 이 중 사용자의 해고는 근기법 제23조 등에 따라 엄격한 제한을 받게 되나, 해약고지 · 사직과 합의해지는 사적 자치의 원칙이 보장되는 영역이다.

근로관계의 합의해지(합의퇴직)란 근로자와 사용자가 합의에 의하여 근로계약을 장래에 대해서 소멸시키는 계약을 의미하는 것으로, 근로자의 사직의사표시 또는 사직원 제출방법에 의하여 근로계약 관계의 합의해지를 청약하고 이에 대하여 사용자가 이를 승낙함으로써 당해 근로계약관계가 종료되는 것을 의미한다.

2. 합의해지와 사직과의 구별 및 철회가능성

① 합의해지 · 사직(해지통고)의 구별실익 : 근로자가 퇴직의 의사를 표시하였는데 이것이 사직(해약고지)인지 아니면 합의해지의 청약인지가 명확하지 않는 경우이다. 이를 구별하는 실익은 근로자가 사직의 의사표시를 철회할 수 있느냐에 있다. 철회할 수 있다면 철회가 적법하게 이루어진 다음에 사용자가 사직서를 수리하거나 근로관계를 종료시키는 것은 해고에 해당될 수 있기 때문이다. 해고는 근로자의 의사와는 상관없이 사용자가 일방적으로 근로관계를 종료하는 것이므로 부당해고로부터 근로자를 보호하기 위해 강행규정인 근기법 제23조의 제한을 받지만, 사직(해지통고)은 해고가 아니기 때문에 근기법상 해고규정(근기법 제23조, 제24조, 제26조, 제27조, 제28조, 제35조)과 해고권남용 법리의 적용을 받지 않는다. 다만, 민법상 법률행위(의사표시)에 관한 규정의 적용을 받는다. 근로관계 합의해지시 승낙의 의사표시는 요식행위가 아니므로 서면이나 구두로도 가능하다(대법 2016.1.28, 2015두55608 심리불속행기각 ; 대전고법 2015.10.8, 2015누11507).

② 사직(해지통고)철회 여부 : 사직(해지통고)이란 근로계약관계의 종료를 위한 근로자의 일방적인 의사표시(해약고지)로서 사용자의 승낙을 요하지 않고, 민법 소정의 기간(제660조제2항, 제3항)이 경과함으로써 해지의 효력이 발생한다. 사직의 의사표시가 사용자에게 도달한 때에는 사용자의 동의 없이는 철회할 수 없다고 본다. 사직의 의사표시(사직서의 제출)는 근로계약의 합의해지를 위한 청약의 의사표시로 볼 수 있는 특별한 사정이 없는 한 근로관계 종료 취지의 해약고지로 보는 것이 판례의 입장이다(대법 2000.9.5, 99두8657). 예컨대 근로자가 사용자에게 사직서를 제출하는 경우, 이를 해약고지인 사직으로 해석한다면 사용자의 승낙 여부에 관계없이 계약해지의 효과에 따라 근로관계가 종료하지만, 이를 합의해지인 청약으로 해석한다면 사용자가 이를 승낙하여야만 효력이 생기고 사용자가 승낙할 때까지는 근로자가 이를 자유롭게 철회할 수 있다고 하여야 한다.

③ 사직(해지통고)과 합의해지의 구별기준 : 이 때 사직의 의사표시가 근로계약을 종료시키는 취지의 해지통고에 해당되는지 근로관계에 대한 합의해지의 청약에 해당되는지를 구별하기 위한 기준은 종국적으로 의사해석의 문제이다. 그러한 의사해석의 기준으로서는 사직서의 기재내용, 사직서 작성·제출의 동기 및 경위, 사직서 제출 이후의 상황, 사직 의사표시 철회의 동기 기타 여러 사정을 참작하여 판단하여야 한다는 기준을 제시하였다. 한편 사직의 의사표시는 표의자가 진의아님을 알고 한 것이라도 효력이 있으나 상대방이 진의 아님을 알았거나 알 수 있었을 경우에는 무효로 인정된다(대법 2010.1.14, 2009두15951 ; 대법 2000.9.5, 99두8657 ; 2014.7.9, 근로개선정책과-3880).

3. 의원면직과 해고의 구별

합의해지의 하나로 의원면직을 들 수 있다. 의원면직은 사용자와 근로자의 합의하에 근로관계를 종료시키는 것이다. 합의해지의 경우 근로관계의 종료에 대하여 근로자와 사용자의 이해관계가 일치하므로 근기법상의 해고의 제한 규정이 적용되지 않는다. 따라서 사용자는 해고를 하기 위한 정당한 이유의 요건을 제시하지 않아도 된다(대법 2000.4.25, 99다34475). 이때 의원면직이 실질적으로 해고에 해당하는지는 근로자가 사직서를 제출하게 된 경위, 사직서의 기재 내용과 회사의 관행, 사용자측의 퇴직권유 또는 종용의 방법, 강도 및 횟수, 사직서를 제출하지 않을 경우 예상되는 불이익의 정도, 사직서 제출에 따른 경제적 이익의 제공 여부, 사직서 제출 전후의 근로자의 태도 등을 종합적으로 고려하여 판단하여야 한다(대법 2017.2.3, 2016다255910).

〈사직(해지통고)과 합의해지 청약 철회가능 시점 비교〉

구 분	사직[해지통고]	합의해지[청약+승낙]
철회 가능 시점	[원칙] 사직의 의사표시가 사용자에게 도달하기 이전이면 철회는 가능하다	[원칙] 사용자의 승낙의 의사표시가 근로자에게 도달하기 이전이면 철회는 가능하다.
	[예외] 사직의 의사표시 도달 이후에는 철회는 불가능하다	[예외] 철회로 인해 사용자가 예측하지 못한 손해를 입는 등 신의칙에 반하는 사정이 있는 경우에는 철회는 불가능하다

14 전직금지 약정이나 경업금지 약정의 유효성

1. 경업금지의 의의

경업금지약정이란 근로계약 종료 후에 종전의 사용자와 동종의 영업행위에 종사하는 것을 금지하는 약정을 말한다. 경업금지의무란 근로자는 사용자와 경합하는 업무를 행하지 아니할 의무를 말한다. 근로자 스스로 사용자의 사업과 경쟁적인 성격의 사업을 스스로 경영하거나 혹은 사용자와 경쟁관계에 있는 다른 기업을 위해 일한다는 것은 신의칙상 허용될 수 없다. 그 중 근로자의 퇴직 후 경업 금지를 내용으로 하는 약정을 특히 「전직금지약정」이라고 부른다. 최근 급속히 진화하고 있는 IT분야에 있어서 근로자들의 이직이 급증하면서 이에 따른 기업의 영업비밀유출방지 필요에서 기업들은 소속 인력들의 퇴직 이후 경쟁사로의 전직 또는 경업을 제한하는 경업금지약정 또는 전직금지약정을 체결해 오고 있다.

회사의 제품, 제조 방법이나 영업상의 비밀을 알고 있는 근로자가 동종 영업의 다른 회사에 스카우트되거나, 퇴직 후 별개회사를 설립하여 동종 영업을 시작하는 일은 회사에게 경제적 타격을 줄 수 있으며 비밀준수의무나 신의칙상의 문제가 발생할 수도 있으므로, 이와 같은 경업퇴직을 금지함은 회사로서 당연하다고 생각할 수도 있다.

2. 퇴직 후의 경업금지 약정의 유효성에 관한 판단기준

퇴직 후의 경업금지가 유효하기 위하여서는 취업규칙이나 근로계약에 경업금지의무를 정하는 명확한 특약(경업금지조항)이 있어야 한다. 사용자와 근로자 사이의 경업금지약정의 효력은 근로자의 직업선택의 자유와 근로의 권리를 제한하는 것이므로 경업금지약정에 의하여 보호할 가치 있는 사용자의 이익 및 그 제한 기간·지역, 근로자에 대한 대가의 제공 여부, 공공의 이익 등 여러 가지 사정을 종합하여 근로자에 대한 근로의 권리를 합리적으로 제한하는 범위 내에서 유효한 것으로 제한하여 해석해야 하며, 그 유효성을 인정할 수 있는 제반 사정에 관한 주장·증명책임은 사용자에게 있다. 해당 사건의 경우 사용자가 그 유효성을 인정받기 위한 여러 사정을 제대로 증명하지 못한 이상 해당 사건 경업금지약정의 효력을 인정할 수 없다(대법 2016.10.27, 2015다221903 ; 2015다221910). 퇴직 후의 경업금지(전직금지) 약정의 유효요건은 다음과 같다.

(1) 보호할 가치가 있는 사용자의 이익

경업금지약정의 유효성에 관한 판단기준에 관하여 판례(대법 2013.10.17, 2013마1434 ; 대법 2010.3.11, 2009다82244)는 「경업금지약정의 유효성에 관한 판단은 보호할 가치 있는 사용자의 이익, 근로자의 퇴직 전 지위, 경업 제한의 기간·지역 및 대상 직종, 근로자에 대한 대가의 제공 유무, 근로자의 퇴직 경위, 공공의 이익 및 기타 사정 등을 종합적으로 고려하여야 한다. 즉, ① 사용자측의 이익(기업비밀의 보호), ② 근로자측의 불이익(전직, 재취직의 부자유), ③ 사회적 이해(독점집중과 이에 따른 일반 소비자의 이해)라는 세 가지 관점에서 판단하여야 한다」고 판시하고 있다. 위 판례는 '보호할 가치 있는 사용자의 이익'이란 「부정경쟁방지및영업비밀보호에관한법률」 제2조제2호에 정한 ① '영업비밀' 뿐만 아니라 ② 그 정도에 이르지 아니하였더라도 당해 사용자만이 가지고 있는 지식 또는 정보로서 근로자와 이를 제3자에게 누설하지 않기로 약정한 것이거나 ③ 고객관계나 ④ 영업상의 신용의 유지도 이에 해당한다」고 한다.

(2) 경업제한의 기간

제한기간을 한정하여, 예컨대 1년간 등 일정한 기간을 정해서 인정되어야 한다. 영구적인 금지는 제재적인 성격을 가지게 될 뿐만 아니라 자유로운 경쟁을 조장하고 근로자들이 그들의 지식과 능력을 발휘할 수 있게 하려는 공공의 이익과 상치되어 허용될 수 없다(대법 1996.12.23, 96다16605 ; 대법 1998.2.13, 97다24528). 전직 금지 약정상 2년의 전직금지기간은 영업비밀 등의 보호를 위해 필요한 최소한의 기간으로 보인다(서울고법 2019.7.8, 2019라20390).

(3) 대상지역, 대상직종 · 업무의 특정

대상지역에 관하여 규정하여 사안에 따라서는 전세계를 대상으로 할 수 있을 것이다. 대상 직종이나 업무를 한정하여 회사의 전 영업종목이라는 포괄적인 것은 원칙적으로 인정되지 아니한다. 전직 금지의 대상으로 정한 '회사와 경쟁관계에 있는 업체'에는 현재 실질적 위협이 되는 회사뿐만 아니라 장래에 경쟁관계에 놓일 수 있는 회사도 포함된다(서울고법 2019.7.3, 2019라10028).

(4) 대상조치의 유무

이와 같은 제한의 어떠한 대가가 지급되고 있다는 것(그 대가는 재직 중의 연구수당, 개발수당, 직책수당 등이라도 무방하다) 등이 요건이 된다. 경업금지의무는 직업선택의 제약도가 높은 의무이므로 동 의무를 과해야 할 실질적 불이익이 있어야 하므로 근로자의 불이익을 보전해야 할 대가(대상)를 요한다.

3. 전직금지약정의 문제점

전직금지약정은 한편으로는 기업의 영업 비밀을 보호하고 시장에서의 부당한 경쟁을 억제한다는 긍정적인 면도 가지고 있지만, 근로자의 퇴직 후 직업선택의 자유를 제한하고 시장에서의 자유로운 경쟁을 저해하여 일반 소비자의 이익을 침해할 우려도 크고 특히 전직 등을 제한당하는 근로자는 생존에 직접적인 위협을 받을 수 있는 등 부정적인 면도 가지고 있다. 판례(대법 2010.3.11, 2009다82244)는 「경업금지약정이 헌법상 보장된 직업선택의 자유와 근로권 등을 과도하게 제한하거나 자유로운 경쟁을 지나치게 제한하는 경우에는 민법 제103조 위반으로 무효」라고 하고 있다.

4. 경업금지약정의 효과

경업금지의무가 유효하다면 사용자는 금지의무를 위반한 해당 근로자에 대하여 경업행위 금지 또는 예방 청구, 손해배상 청구, 신용회복조치, 위약금반환 청구 등의 대항조치가 가능하다. 회사 이사가 경업금지의무 및 기회유용금지의무를 위반함으로 인해 회사가 손해를 입은 경우 이사가 회사에게 손해배상책임을 지기 위해서는 법령에 위배된 행위와 회사의 손해 사이에 상당인과관계가 있어야 한다. 이 때 상당인과관계의 유무는 결과발생의 개연성, 위배된 법의 입법목적과 보호법익, 법령 위배행위의 모습 및 피침해이익의 성질 등을 종합적으로 고려하여 판단하여야 한다(대법 2018.10.25, 2016다16191). 그 중 금지청구는 「부정경쟁방지및영업비밀보호에관한법률」상의 중지청구규정(동법 제4조)에 의하여 경업행위에 의하여 사용자의 영업상의 이익이 침해되거나 또는 침해될 우려가 있는 경우에 한한다.

삼성디스플레이를 퇴사하고 중국 최대 규모 디스플레이 기업의 협력업체에 입사한 것은 영업비밀 등 보호서약서(전직금지의무가 규정되어 있음)에 반한다는 이유로 전직금지가처분을 인용한 결정(수원지법 2018.7.3, 2018카합10106)이 있다.

한편 경업금지의무가 무효라면 이러한 청구는 당연히 기각된다. 또한 경업금지의무에 대한 합의가 없는 경우라도 퇴직근로자가 경업시에 사회통념상 자유경쟁의 범위를 일탈할 위법한 태양으로 종전 사용자의 고객을 탈취한다면 불법행위(민법 제750조)가 성립할 수 있다.

5. 전직금지를 위한 인사노무관리상 유의사항

① 회사는 퇴직자가 사용하던 전자기기(노트북, USB 등)을 모두 반환 받고, 영업비밀 유출이 의심스러운 경우 디지털 포렌식 조사(PC등 저장매체나 인터넷 상에 남아 있는 각종 개인정보를 분석하는 것)를 실시할 필요가 있다. 또한 퇴직자로부터 전직금지약정서, 부당스카우트금지약정서를 징구할 필요가 있다. 대가 지급 시 전직금지약정의 정당성이 인정될 가능성이 높아지므로 전직금지 대가를 별도 지급할지 여부를 검토하여야 한다.

② 회사의 중요 영업비밀을 취득한 임원, 엔지니어 등에 대해서는 별도의 outplacement 제도 적용을 검토할 필요가 있다. 근로계약 체결 시 또는 근로계약기간 중 또는 퇴직시 회사 이메일 계정 검색에 관한 근로자의 동의서를 미리 받아두어야 한다.

15 기업의 합병 · 양도시의 근로관계와 퇴직금 승계는 어떻게 되는가

1. 기업의 합병시의 근로관계 · 정년과 퇴직금 승계

(1) 합병시의 근로관계와 정년의 승계

① 회사의 합병이란 두 개 이상의 회사가 계약에 의하여 신회사를 설립하거나 또는 그 중의 한 회사가 다른 회사를 흡수하고, 소멸회사의 재산과 사원(주주)이 신설회사 또는 존속회사에 법정 절차에 따라 이전 · 수용되는 효과가 있는 것을 말한다(대법 2003.2.11, 2001다14351). 합병, 사업양도, 분할 등 기업변동이 있는 경우 첫째, 근로관계가 승계되는지 여부, 둘째, 승계된 이후의 근로조건은 종전의 근로조건이 그대로 유지되는지 여부 등의 문제에 대하여 근기법상의 명문규정이 없으므로 판례법리로 해석론이 발전해 오고 있다.

② 상법 제235조에 의하면 "합병 후 존속한 회사 또는 합병으로 인하여 설립된 회사는 합병으로 인하여 소멸된 회사의 권리의무를 승계한다"고 규정하고 있으므로 합병회사는 피합병회사가 근로자에 대하여 가졌던 권리의무를 포괄적으로 승계한다고 볼 수 있다. 형식적으로 합병회사에서 신규채용형태를 취하였다 하더라도 실질적으로 피합병회사의 인적 · 물적 변동없이 기업합병이 이루어졌다면 근로관계도 포괄적으로 승계하여야 할 것이다.

③ 2개 이상의 기업이 하나의 기업으로 합쳐지는 합병의 경우 이로 인해 근로관계가 승계되는 경우 피합병회사와 근로자간 근로계약상의 지위가 합병회사에 그대로 포괄적으로 승계되는 것이므로 별도의 정함이 없는 한, 임금이나 시간 등 모든 근로조건은 종전과 같은 내용으로 승계하는 것이다(대법 1994.3.8, 93다1598). 따라서 통합 이후에도 근로자들은 이전 근로조건을 적용받을 것이고 이에 따라 정년이 차이나는 것을 차별이라고는 할 수 없을 것이다. 다만, 한 사업장에서 동일한 업무를 수행함에도 근로조건에 차이가 있는 경우 단체협약이나 취업규칙 변경 등을 통해 근로조건을 동일한 수준으로 변경하는 것이 바람직하다(2014.10.20, 근로개선정책과-5757).

(2) 합병시의 퇴직금 승계

경영주가 당해 기업을 타인에게 양도하여 이를 인수한 새 경영주가 기업의 명칭을 변경한 경우나 당해 기업이 타기업에 합병되는 경우에 퇴직금이 승계되느냐를 둘러싸고 많은 문제가 제기되었다.

하나의 회사가 다른 회사를 흡수합병하는 경우, 합병 후 존속하는 회사는 소멸회사와 그 회사 소속 근로자간의 근로계약관계를 그대로 승계하는 것이므로, 소멸회사 소속의 근로자들이 합병 후 존속회사에서 근무하다가 퇴직하는 경우 원칙적으로는 소멸회사에서의 근무기간까지 합산한 기간을 계속근로연수로 보아 퇴직금을 계산하여야 한다. 합병전회사와 합병회사 사이의 인수과정에 전회사에서의 근무기간을 퇴직금산정기간에 포함시키지 않기로 합의했더라도 이는 근로자의 기득권을 제한하는 것인 만큼 근로자의 동의 없이는 효력이 없다(대법 1991.11.12, 91다12806). 그러나 만일 이 경우 소멸회사의 근로자들이 소멸회사에 사직서 제출 및 퇴직금을 수령하고 존속회사에 신규입사하는 경우에는, 그 근로자들의 의사가 소멸회사의 근로관계를 단절하고 존속회사와의 사이에 새로운 근로계약을 체결하기 위한 것으로 보인다면 법률적으로 종전의 근로관계는 소멸회사에의 사직서 제출로 단절되는 것이므로 소멸회사에서의 근무기간은 근속연수에 산입할 수 없다.

우리나라의 기업실정을 살펴보면 불황과 도산·산업 재편성 또는 전략산업의 통폐합 등을 겪으면서 이러한 사례로 인한 퇴직금 지급과 관련된 분쟁을 자주 목격하게 된다. 이에 대하여 기업의 양수나 합병이란 기업의 특정부분을 나누어 행하는 것이 아니라 기업을 구성하고 있는 모든 요소를 포괄적으로 승계하는 것이기 때문에 임금부문의 채무도 더불어 승계된다는 것이 일반적인 견해이다.

(3) 합병과 취업규칙 · 단체협약의 승계

회사의 합병에 의하여 근로관계가 승계되는 경우에는 종전의 근로계약상의 지위가 그대로 포괄적으로 승계되는 것이므로(해산회사의 퇴직금규정이 흡수회사의 퇴직금규정보다 근로자들에게 불리하다고 하더라도) 합병 당시, 취업규칙의 개정이나 단체협약의 체결 등을 통하여 합병 후 근로자들의 근로관계의 내용을 단일화하기로 변경·조정하는 새로운 합의가 없는 한, 합병 후 흡수회사는 해산회사에 근무하던 근로자들에 대한 퇴직금 관계에 관하여 종전과 같은 내용으로 승계하는 것이라고 보아야 한다(대법 2001.4.24, 99다9370).

퇴직금이 단수지급제인회사가 누진제인 회사에 흡수합병된 경우 존속회사는 소멸회사 직원에게 단수제지급방식에 따른 퇴직금을 지급하여야 할 의무만 승계한 것이므로 합병 전 기간은 단수제로 지급해도 된다(서울고법 1992.1.21, 91나42325).

그러나 합병 후 피합병회사 근로자들의 집단적인 의사결정 방법에 의한 동의를 얻은 취업규칙의 변경이나 그러한 근로자들이 속한 노동조합 사이에 단체협약의 체결 등을 통하여, 합병 후 근로자들이 근로관계 내용을 단일화하기로 변경·조정하는 새로운 합의가 있으면 그 새로운 취업규칙이나 단체협약이 유효하게 적용된다(대법 2001.10.30, 2001다24051 ; 대법 2001.9.25, 2001다18421).

(4) 합병과 연차유급휴가기간 산정

위와 같이 합병에 의하여 근로관계가 승계되는 경우에는 피합병회사와 근로자간 근로계약상의 지위가 합병회사에 그대로 포괄적으로 승계되는 것이므로 별도의 정함이 없는 한, 임금이나 근로시간 등 모든 근로조건은 종전과 동일하고 계속근로연수에 따른 연차유급휴가 가산일수 산정에서 합병과 관계없이 피합병회사의 근속기간을 합산하여 계산하여야 할 것이다(대법 1994.3.8, 93다1589).

2. 회사의 영업양도에 의하여 근로관계가 승계되는 경우 퇴직금 지급의무의 내용

(1) 영업양도

① 영업양도의 개념

영업양도란 일정한 영업목적에 의하여 조직화된 업체, 즉 인적·물적 조직을 그 동일성을 유지하면서 일체로서 이전하는 것을 말하고 영업이 포괄적으로 양도되면 양도인과 근로자간에 체결된 근로계약도 그대로 양수인에게 승계되는 것이다(대법 2012.5.10, 2011다45217 ; 대법 2011.9.8, 2009다24816 ; 대법 2009.1.15, 2007다17123·17130 ; 2011.5.2, 근로개선정책과-1064). 이 경우에 영업양도의 주체에 대한 제한이 없으므로 법인이 아닌 개인도 영업양도를 할 수 있다. 따라서 영업양도로 인하여 근로자의 근로관계가 양수인에게 포괄 승계된 이후 퇴직한 경우라면 퇴직 당시의 사용자인 양수인에게 퇴직금 지급의무가 있을 것이다(2008.3.6, 근로조건기준과-64). 또한 영업의 일부만의 양도도 가능하지만 이 경우에도 해당 영업부문의 인적·물적 조직이 그 동일성을 유지하면서 일체로서 이전되어야 한다. 이러한 영업양도가 이루어진 경우에는 원칙적으로 해당 근로자들의 근로관계가 양수하는 기업에 포괄적으로 승계된다.

② 영업의 의의

영업이란 일정한 영업목적에 의하여 조직화된 유기적 일체로서의 기능적 재산으로서 유기적 일체로서의 기능적 재산이란 영업을 구성하는 유형·무형의 재산과 경제적 가치를 갖는 사실관계가 서로 유기적으로 결합하여 수익의 원천으로 기능한다는 것과 이와 같이 유기적으로 결합한 수익의 원천으로서의 기능적 재산이 마치 하나의 재화와 같이 거래의 객체가 된다는 것을 뜻한다(대법 1997. 11.25, 97다35085).

③ 일부 영업양도의 경우

㈎ 영업양도에는 영업의 일부만의 양도도 가능하고, 이러한 영업양도가 이루어진 경우에는 원칙적으로 해당 근로자들의 근로관계가 양수하는 기업에 포괄적으로 승계되는 것이지만 근로자가 반대의 의사를 표시함으로써 양수기업에 승계되는 대신 양도기업에 잔류하거나 양도기업과 양수기업 모두에서 퇴직할 수도 있다. 또한 이와 같은 경우 근로자가 자의에 의하여 계속근로관계를 단절할 의사로 양도기업에서 퇴직하고 양수기업에 새로이 입사할 수도 있다. 이 때 근로관계 승계에 반대하는 의사는 근로자가 영업양도가 이루어진 사실을 안 날로부터 상당한 기간 내에 양도기업 또는 양수기업에게 표시하여야 한다.

㈏ 상당한 기간 내에 표시하였는지 여부는 양도기업 또는 양수기업이 근로자에게 영업양도 사실, 양도이유, 양도가 근로자에게 미치는 법적·경제적·사회적 영향, 근로자와 관련하여 예상되는 조치 등을 고지하였는지 여부, 그와 같은 고지가 없었다면 근로자가 그러한 정보를 알았거나 알 수 있었던 시점, 통상적인 근로자라면 그와 같은 정보를 바탕으로 근로관계 승계에 대한 자신의 의사를 결정하는데 필요한 시간 등 제반사정을 고려하여 판단하여야 한다(대법 2012.5.10, 2011다45217). 이 판례는 甲 병원을 운영하던 乙 학교법인이 丙 의료법인을 새로 설립하여 甲 병원 영업을 양도하면서 甲 병원 근로자들에게 그 사실을 고지하지 않았는데, 나중에 영업양도사실을 알게 된 丁 등 甲 병원 근로자 일부가 乙 법인을 상대로 퇴직금 지급을 구한 사안에서, 제반사정에 비추어 乙 법인과 丙 법인 사이에 丁 등에 대한 근로관계 승계가 이루어지지 않았고 乙 법인과 丁 등의 근로관계도 종료되었으므로, 乙 법인은 丁 등에게 퇴직금을 지급할 의무가 있다고 본 원심판결의 결론을 정당하다고 한 사례이다.

(2) 영업의 동일성 판단기준

영업양도란 인적·물적 조직이 그 동일성을 유지하면서 일체로서 이전하는 것을 의미하는데, "영업의 동일성 여부는 일반 사회관념에 의하여 결정되어져야 할 사실인정의 문제"이기 때문이다. 즉, 매 사건마다 사회관념에 비추어 "영업의 동일성" 여부를 따져야 하는데, 이것이 매우 불확정적이고 추상적인 개념이어서 정확한 판단을 내리는 것이 간단치 않다.

법원의 기준에 따르면 영업의 동일성 인정 여부는 양도계약 당사자의 주관적 의사에 의하여 결정되는 것이 아니라 '일반 사회관념'에 따라 객관적으로 결정된다. 이러한 법원의 입장은 타당하지만, 영업의 동일성이 존재하는지 여부, 즉 영업이 포괄적으로 승계되었는지 여부의 판단은 개별적 사건에 따라 달라질 수밖에 없다. 문제의 행위(양도계약관계)가 영업의 양도로 인정되느냐 안되느냐는, 단지 「어떠한 영업재산이 어느 정도로 이전되어 있는가에 의하여 결정되어야 하는 것이 아니라 거기에 종래의 영업조직이 유지되어 그 조직이 전부 또는 중요한 일부로서 기능할 수 있는가」에 의하여 결정되어야 하는 것이다. 예컨대 영업재산의 전부를 양도했어도 그 조직을 해체하여 양도했다면 영업의 양도는 되지 않는 반면에, 영업재산의 일부를 유보한 채 영업시설을 양도했어도 그 양도한 부분만으로도 종래의 조직이 유지되어 있다고 사회관념상 인정되면 그것을 영업의 양도라 할 수 있고 이러한 영업양도는 반드시 영업양도 당사자 사이의 명시적 계약에 의하여야 하는 것은 아니며 묵시적 계약에 의해서도 가능하다(대법 2011.9.8, 2009다24866 ; 대법 2009.1.15, 2007다17123·17130 ; 대법 2003.5.30, 2002다23826).

(3) 영업양도가 인정된 사례

① 회사의 양도가 있는 경우에는 근로자가 자의에 의하여 계속근로관계를 단절할 의사로서 사업을 양도하는 기업에 사직서를 제출하고 퇴직금을 지급받은 다음 사업을 양수하는 기업에 입사하였다면 근로관계의 단절로 인정될 수 있을 것이다.

② 사무실·영업시설물을 인수하고 사업내용의 동일성이 인정되며 근로자의 거의 대부분이 인수되고 근로조건의 동일성이 유지된 경우

③ 물적시설의 일체 즉, 면허권, 근로자 등 운영조직 일체를 인수한 경우

④ 실질적인 입사절차를 거치지 않고, 퇴직금 및 근로조건이 동일한 경우

(4) 영업양도가 부인된 사례

① 사업을 양도하는 기업의 퇴직금을 지급하기 위한 방편이나 사업을 양도·양수하는 기업들의 경영방침에 의한 일방적인 결정에 따라 퇴직과 재입사의 형식을 거친 것에 불과하다면 이러한 형식을 거쳐서 퇴직금을 지급받았다 하더라도 당해 근로자의 근로관계는 단절되지 않을 것이다.

② 근로자들에 대한 임금 및 퇴직금 등 채무를 청산하기로 하고, 면허 및 물적 시설만을 양도한 경우

③ 양도회사의 판매망과 생산시설을 바탕으로 운영하고 있으나 채권·채무 등을 모두 인수하지 않았으며, 양도회사 근로자들 일부만 신규입사 형식으로 채용하고 나머지는 전 회사에 잔류한 경우

④ 폐업사업체 자산을 개별적으로 매입하고, 그 근로자를 채용해도 동질성이 없으면 근로관계가 승계되지는 않는다. 영업의 양도가 있는 경우에는 근로자가 최종적으로 사업을 양수한 기업에서 퇴직하면 그 기업은 양도 전 기업에서의 근무연수를 합산한 계속근로연수에 상응하는 퇴직금에서 이미 지급된 퇴직금을 공제한 나머지를 지급하여야 할 것이다. 그리고 양도·양수회사간에 포괄승계 합의시에 근로자의 퇴직금산정기간에 한하여 종전의 근속기간은 승계회사의 근속연수에 산입하지 않기로 하는 단서조항을 삽입하였다 하여도, 이는 종전의 근로계약관계를 포괄적으로 승계하면서 근속기간에 관한 근로자의 기득권을 제한하는 예외조항을 설치한 것이므로, 근로자의 동의가 없는 한 근로자에게 구속력이 미치지 아니한다(대법 1991.11.12, 91다12806).

⑤ 부실은행의 고정자산 일부를 양수하고 그 은행 소속직원의 일부를 새로 채용하여 그 은행 지점 일부에서 은행업무를 재개하였다고 할지라도 이는 그 은행의 은행업 인가가 취소되어 그 조직이 해체되는 과정에서 이루어진 것으로서 영업양도라고 할 수 없는 것이다(대법 2003.6.10, 2001다17596).

⑥ 법률의 제정, 개정 등으로 새로이 설립되는 특수법인에 종전 단체에 소속된 직원들의 근로관계가 당연히 승계된다고 볼 수 없으나, 해산일까지 발생한 임금 등은 새로 설립되는 특수법인에 승계된다(대법 2018.9.28, 2018다207588).

(5) 영업양도시 근로관계

① 영업양도에 있어서 양도인과 근로자간의 근로관계는 승계의 특약이 없더

라도 당연히 양수인에게 승계된다(자동인수설, 당연승계설, 원칙승계설). 따라서 근로관계의 승계를 제외한다는 양도 당사자간의 특약은 무효가 되며, 근로관계의 일부를 승계의 대상에서 제외하기로 하는 특약은 정당한 해고사유가 있어야 유효하다(대법 1994.6.28, 93다33173).

② 근로관계가 승계되기 위해서는 근로자가 영업양도 계약체결일 현재 당해 영업부문에서 근무하고 있어야 하므로 계약체결일 이전에 해고된 자로서 해고의 효력을 다투고 있는 근로자의 근로관계까지 승계되는 것은 아니다(대법 1993.5.25, 91다41750). 그러나 양수인이 영업양수 당시에 해고가 무효임을 알았던 경우에는 원칙적으로 그 해고된 근로자의 근로관계도 양수인에게 승계된다(대법 1996.5.31, 95다33238).

③ 사용자와 위탁업체 사이에 체결된 위·수탁 계약이 민법상 일종의 위임계약에 해당하는 경우라면 영업양도와는 다른 개념이므로, 위탁계약 해지시 사용자가 위탁업체의 근로자를 고용승계하여야 할 의무는 없다. 이와 달리 단순히 관리형태 자체를 위탁에서 직영으로 변경하는 경우라면 업무의 동질성이 유지되고 근로자의 인수를 배제하는 특약이 없는 한 영업의 양도·수로 보아 고용이 승계된다(2011.6.21, 근로개선정책과-1763).

(6) 영업양도와 근로관계 단절 여부, 퇴직금 지급의 범위

① 영업양도의 경우에는 특단의 사정이 없는 한 근로자들의 근로관계 역시 양수인에 의하여 계속적으로 승계되는 것으로 영업양도시 퇴직금을 수령하였다는 사실만으로 전 회사와의 근로관계가 종료되고 인수한 회사와 새로운 근로관계가 시작되었다고 볼 것은 아니고 다만, 근로자가 자의에 의하여 사직서를 제출하고 퇴직금을 지급받았다면 계속근로의 단절에 동의한 것으로 볼 여지가 있지만, 이와 달리 회사의 경영방침에 따른 일방적 결정으로 퇴직 및 재입사의 형식을 거친 것이라면 퇴직금을 지급받았더라도 계속근로관계는 단절되지 않는 것이다(대법 2001.11.13, 2000다18608).

이와 같은 경우에 근로자가 최종적으로 사업을 양수한 기업에서 퇴직하면, 그 기업은 사업을 양도한 기업에서의 근속기간을 포함한 근속연수에 상응하는 퇴직금에서 이미 지급된 퇴직금을 공제한 나머지를 지급할 의무가 있다 할 것이다(대법 2005.2.25, 2004다34790).

② 영업의 일부 양도시 휴직자, 연수자, 노조전임자와 같이 근로관계가 일시

정지되어 있는 근로자도 근로계약에 의한 근로자의 지위가 계속 유지되고 있으므로 양도되는 영업부문에 전속되어 있다면 달리 볼 사정이 없는 한 고용승계 대상에 포함될 것이다(2002.6.12, 근기 68207-2196).

③ 다른 기업의 사업부문의 일부를 양수하면서 그 부문에 근무하는 근로자들에 대한 권리의무도 함께 포괄승계 받기로 약정한 경우 해고 또는 면직처분의 효력을 다투는 해고근로자와의 근로관계도 승계하는지 여부

다른 기업의 사업부문 일부를 양수하는 계약을 체결하면서 그 물적 시설과 함께 그 사업부문에 근무하는 근로자들에 대한 권리의무도 함께 포괄승계받기로 약정한 경우에는 원칙적으로 해당 근로자와의 근로관계는 영업양수인에게 승계되는 것이지만, 이때 승계되는 근로관계는 계약체결일 현재 실제로 그 영업부문에서 근무하고 있는 근로자와의 근로관계만을 의미하고 계약체결일 이전에 해당 영업부문에서 근무하다가 해고 또는 면직된 근로자로서 해고 및 면직처분의 효력을 다투는 근로자와의 근로관계까지 승계하는 것은 아니다(대법 1993. 5.25, 91다41750).

(7) 영업양도시 근로관계 승계에 반대하는 의사표시의 기한

영업양도시 양수기업으로의 근로관계 승계에 반대하는 의사는 근로자가 영업양도가 이루어진 사실을 안 날로부터 상당한 기간 내에 양도기업 또는 양수기업에게 표시하여야 한다. 상당한 기간 내에 표시하였는지 여부는 양도기업 또는 양수기업이 근로자에게 영업양도 사실, 양도이유, 양도가 근로자에게 미치는 법적·경제적·사회적 영향, 근로자와 관련하여 예상되는 조치 등을 고지하였는지 여부, 그와 같은 고지가 없었다면 근로자가 그러한 정보를 알았거나 알 수 있었던 시점, 통상적인 근로자라면 그와 같은 정보를 바탕으로 근로관계 승계에 대한 자신의 의사를 결정하는데 필요한 시간 등 제반사정을 고려하여 판단하여야 한다. 회사는 영업양도 사실을 해당 근로자 등에게 고지하지 않았고 해당 근로자 등은 법인의 영업이 제3자에게 양도된 사실을 안 날로부터 2개월이 경과한 때 법인에 퇴직금 청구소송을 제기할 것이라는 내용증명을 보내고 그 시경 퇴직금 청구 소송을 제기하였다면 영업양도로 인한 근로관계의 승계를 상당한 기간 내에 거부하는 의사표시를 한 것이고, 근로관계는 영업양수인에게 승계되지 않고 종료된다(대법 2012.5.10, 2011다45217). 이 판례는 영업양도가 되었을 경우, 양도기업의 근로자는 양수기업의 재정 상태, 근로조건 등을 고려하여

근로관계의 승계 여부를 결정하게 되는데, 언제까지 근로관계 승계 거부의 의사표시를 하여야 하는가에 대하여 이 판결은 이에 대한 의사표시의 기한은 근로자가 근로관계의 제반사정을 파악하고 그와 같은 정보를 바탕으로 승계의사를 결정하는데 필요한 상당한 시간으로 해석함으로써 근로자의 승계거부권을 실질적으로 보장하였다는 점에서 의미가 있다.

(8) 영업양도와 집단적 근로관계 승계

양수인에게 승계되는 근로관계는 개별적 근로관계뿐 아니라 양도인과의 관계에서 형성된 집단적 근로관계도 포함되고, 이미 설립된 노동조합은 영업양도에 의하여 그 존립에 영향을 받지 않고 양수인 사업장의 노동조합으로 존속한다(대법 2002.3.26, 2000다3349). 또한 양도기업과 노동조합 간에 체결한 단체협약도 양수기업에 승계된다(2013.7.30, 근로개선정책과-4488). 다만, 당해 양도가 기업의 일부 시설만 매각하는 등 자산매각에 해당한다면 기존기업을 조직대상으로 하는 노동조합은 양수기업의 노동조합으로 존속할 수 없다고 보아야 할 것이다(2001.1.4, 노조 68107-22).

16 회사분할에 따른 근로관계의 승계

1. 회사분할과 채권 · 채무의 승계

회사분할이란 하나의 회사를 2 이상의 회사로 나누는 것을 말한다. 상법은 회사분할에 있어서 분할되는 회사의 채권자를 보호하기 위하여 분할로 인하여 설립되는 신설회사와 존속회사는 분할 전의 회사채무에 관하여 연대책임을 지는 것을 원칙으로 하고 있으나(제530조의9제1항), 한편으로는 회사분할에 있어서 당사자들의 회사분할 목적에 따른 자산 및 채무배정의 자유를 보장하기 위하여 소정의 특별의결 정족수에 따른 결의를 거친 경우에는 신설회사가 분할되는 회사의 채무 중에서 출자한 재산에 관한 채무만을 부담할 것을 정할 수 있다고 규정하고 있고(제530조의9제2항), 신설회사 또는 존속회사는 분할하는 회사의 권리와 의무를 분할계획서가 정하는 바에 따라서 승계하도록 규정하고 있다(제530조의10). 그런데 이때 신설회사 또는 존속회사가 승계하는 것은 분할하는 회사의 권리와 의무라 할 것이다(대법 2007.11.29, 2006두18928).

2. 회사분할에 따른 신규회사로의 근로관계의 승계 여부

[실무사례 1]
A회사에는 상시 근로자 500명이 근무하고 근로자 과반수가 조합원으로 가입한 노동조합이 있다. A회사는 경영상 필요성에 의해 회사분할을 하기로 결정하고 1개월 동안 노동조합에게 이해와 협력을 구했으나 노동조합은 회사분할 자체를 반대하였다. 그러자 A회사는 상법상 회사분할(존속회사와 신설회사) 절차를 마친 후 분할된 업무에 종사하던 근로자 甲을 포함한 100명에게 신설회사(B회사)로 근로관계가 승계되었다며 B회사에서 근무하도록 서면으로 통보하였다. 근로자 甲이 B회사로 근로관계의 승계를 거부할 수 있는가?

[실무사례 2]
C회사는 상시 1,000명의 근로자를 사용하여 자동차부품을 제작 · 판매하는 회사이다. C회사는 경영상황이 악화되자 2020.3.15. D회사와, C회사의 여러 사업 부문 중 하나인 조명장치 제작 부분을 D회사에 양도하는 내용의 영업양도계약을 체결하였다. 조명장치 제작 부무에서 일하던 근로자들의 고용승계에 관한 해당 영업양도계약의 규정은 다음과 같다.

> 제10조 **【고용승계】** D회사는 C회사 조명장치 제작 부문 근로자들의 고용을 원칙적으로 승계한다. 다만 2019년도 인사고과 및 평가에서 최하위 20%의 점수를 받은 근로자들의 고용은 승계하지 아니한다.

위 영업양도계약에 따라 D회사는 C회사의 조명장치 제작 부문을 양수하면서, 2019년도 인사고과 및 평가에서 최하위 20%의 점수를 받은 근로자 丙 등 30명의 고용은 승계하지 않았다. 고용승계에서 제외된 丙은 D회사의 고용승계 거부가 부당하다고 주장한다. 丙의 주장은 타당한가?

(1) 견해의 대립

회사분할의 경우 근로관계의 승계를 위해서는 근로자 개인의 동의를 받아야 한다는 견해와, 회사분할은 포괄적 승계에 해당되므로 근로자 개인의 동의가 필요없다는 견해가 대립되고 있었다. 상법은 회사의 분할시 고용승계 문제에 대해서는 기존의 판례나 학계의 확립된 입장이 아직 없고 일부 학자나 기타 법률 전문가 사이에서 논의되고 있는 실정이다. 현행 상법은 분할의 법적 효과에 대해서도 합병의 경우에서처럼 (부분적) 권리 · 의무의 포괄승계를 인정하고 있으므로 (상법 제530조의10), 근로관계의 승계도 포괄승계의 효과를 확대적용하는 것이 해석상 타당하다고 한다(김형배, 「노동법」, 27판, p.721). 종전에는 회사분할의 경우 근로자에게 존속하고자 하는 회사를 선택할 권리가 있다는 것이 일반적인 입장이었다.

(2) 최근 판례의 태도

① 하급심 판례의 태도

복수의 사업을 영위하고 있던 회사가 분할되는 경우, 이러한 분할을 이유로 신설법인으로 이전되는 사업부문에 속한 근로자의 근로관계가 신설법인으로 승계되는 것인지 논란이 되었다. 하급심 판결은 ① 근로자의 동의가 있는 경우에만 근로관계가 승계된다는 취지의 판결(서울고법 2006.9.22, 2006나33021)과, ② 분할 시 근로관계는 원칙적으로 승계되나 다만 근로자에게는 이를 거부할 권리가 인정되며, 이러한 거부권의 행사를 위한 상당기간을 부여하여야 한다는 취지의 판결(서울행법 2008.9.11, 2007구합45583)로 나뉘어 있었다.

② 대법원 판례의 태도

최근 판례(대법 2013.12.12, 2011두4282)는 「상법 제530조의10은 분할로 인하여 설립되는 회사는 분할하는 회사의 권리와 의무를 분할계획서가 정하는 바에 따라서 승계한다고 규정하고 있으므로, 분할하는 회사의 근로관계도 위 규정에 따른 승계의 대상에 포함될 수 있다. 회사 분할에 따른 근로관계의 승계는 근로자의 이해와 협력을 구하는 절차를 거치는 등 절차적 정당성을 갖춘 경우에 한하여 허용되고, 해고의 제한 등 근로자 보호를 위한 법령 규정을 잠탈하기 위한 방편으로 이용되는 경우라면 그 효력이 부정될 수 있어야 한다. 따라서 둘 이상의 사업을 영위하던 회사의 분할에 따라 일부 사업 부문이 신설회사에 승계되는 경우 분할하는 회사가 분할계획서에 대한 주주총회의 승인을 얻기 전에 미리 노동조합과 근로자들에게 회사 분할의 배경, 목적 및 시기, 승계되는 근로관계의 범위와 내용, 신설회사의 개요 및 업무 내용 등을 설명하고 이해와 협력을 구하는 절차를 거쳤다면 그 승계되는 사업에 관한 근로관계는 해당 근로자의 동의를 받지 못한 경우라도 신설회사에 승계되는 것이 원칙이다」라고 하여 근로자의 선택권을 배제하였다. 「다만, 회사의 분할이 근기법상 해고의 제한을 회피하면서 해당 근로자를 해고하기 위한 방편으로 이용되는 등의 특별한 사정이 있는 경우에는, 해당 근로자는 근로관계의 승계를 통지받거나 이를 알게 된 때부터 사회통념상 상당한 기간 내에 반대 의사를 표시함으로써 근로관계의 승계를 거부하고 분할하는 회사에 잔류할 수 있다」고 한다. 이 판례는 상법규정을 근로관계의 승계에 적용함에 있어 근로자의 불이익을 방지하기 위한 적질한 해석대도라고 할 수 있다. 대상판결의 파기환송심(서울고법 2014.10.23, 2014누1033 ; 대법 2015.3.12, 심리불속행 기각) 판결은 "근로자가 회사분할로 인하여 통상 예상할 수 있는 범위를 벗어나는 현저한 근로조건의 저하 등의 불이익을 입게 되는 경우에는 분할로 인한 근로관계의 승계에 대하여 거부권을 행사할 수 있다고 할 것"이라고 판시하였는바, 회사분할이 해고제한규정을 회피하기 위한 경우뿐만 아니라 회사분할로 인하여 현저하게 근로조건이 저하되는 경우에도 거부권이 인정될 수 있다는 점도 아울러 유의하여야 할 것이다.

(3) 평 가

회사가 근로자대표 및 근로자들과 회사분할과 그에 따른 사정들에 대해 충분한 협의절차를 거친 경우에는 해당 근로자들의 동의 유무에 관계없이 자동적으로 근로관계가 이전된다는 기준을 정립한 점에 그 의의가 있다.

17 경매를 통해 기업시설이 타인에게 양도되는 경우의 근로관계 승계와 퇴직금 승계

신규회사가 기존회사의 부동산 등에 대한 저당권자의 경매신청에 의하여 경매되는 부동산 등을 경락받은 것뿐이라면 그에 대한 개별적인 권리만을 취득한 것에 불과하므로 기존회사의 고용관계에 대해서 당연히 승계한 것은 아니다. 신규회사가 법원의 경매에 의하여 경매의 목적인 권리를 취득한 후 기존 회사의 근로자들에 대하여 신규채용하였거나 당사자간의 약정에 의해 고용승계 된 경우에는 정당한 이유없이 해고할 수 없다(2001.3.12, 근기 68207-783).

법인의 이름으로 기업을 경영하는 사용자가 법원의 경매절차를 통해 법인의 물적 기반인 기업시설 전체를 타인에게 양도함으로써 근로자의 일터를 잃게 했을 때에는, 비록 사용자가 폐업처분이나 그것을 전제로 한 해고처분을 한 사실이 없다 하더라도 특별한 사정이 없는 한 당해 근로관계는 합의퇴직으로 종료됐다고 볼 수 있으므로 경락인에게 근로관계가 승계되지 않는다(대법 1988.2.9, 87도2509).

법원의 경매절차를 통해 법인의 물적기반인 기업시설이 타인에게 양도됐다는 사실만으로 경락인에게 근로관계가 자동승계되는 것은 아니며, 경락인이 영업과 관련한 다른 자산이나 부채·채권과 채무 등 영업일체를 인수한 것으로 인정할 만한 다른 증거가 없는 한 실질적으로 영업을 포괄적으로 양도·양수했다고 볼 수 없으므로 고용승계 의무가 없다.

따라서 경락인과 '계약기간 2월'의 근로계약을 체결한 후 계약기간의 만료로 근로관계가 해지됐다고 해서 이를 부당해고라고 보기 어렵고, 근로자들 중 일부는 비조합원일 뿐만 아니라 조합원임을 이유로 한 불이익 처분이라고 볼 수 없다면 부당노동행위가 성립하지 않는다(중노위 2000.9.22, 2000부노71 및 2000부해297).

Chapter 15

정년제도를 둘러싼 법률지식

1 정년제도의 의의와 법적 성격

1. 정년제도의 의의

정년이란 근로계약의 종료시기를 정하는 것으로 근로자가 일정 연령에 도달하면 근로자의 의사나 능력과 무관하게 자동적으로 근로계약이 종료하여 근로자의 지위를 상실시키는 제도이다. 정년제도의 설정 여부나 기준 등은 원칙적으로 개별 사업장마다 자율적으로 정할 수 있다. 정년은 단순히 퇴직하는 해당 근로자의 문제만은 아니고 기업 전체에 미치는 영향이 크다. 정년제는 일종의 최종기한부의 근로계약제이므로 고용안정을 도모할 수 있고, 또한 고령자를 자동적으로 퇴직시켜 젊고 새로운 근로자를 채용함으로써 기업의 노동력의 신진대사를 꾀한다든지 기업의 활력을 촉진하고 연공서열체계로 되어 있는 우리나라 기업의 임금체계의 전체적인 인건비 지출 억제, 퇴직급여제도와도 밀접한 관계를 가지고 있다.

2. 정년제도의 법적 성격

정년은 근로관계의 자동소멸 사유로서 해고예고 등 특별한 조치 없이 정년도달만으로 근로관계를 종료시키는 사유이다(대법 2007.10.25, 2007두2067). 따라서 이를 이유로 행한 퇴직처분은 그 사유와 시기를 공식적으로 확인해 주는 '관념의 통지'에 불과하고 해고처분과 같은 형성적 행위는 아니다(대법 2008.2.29, 2007다85997).

정년에 대해서는 「60세 법정 정년 의무화」(고령자고용촉진법 제19조) 이외에는 법에 특별히 정한 바 없으므로 사용자와 근로자가 자유로운 의사로 취업규칙이나 근로계약서 등에서 정할 수 있다. 정년제는 근로계약기간의 종기를 정한 것이므로 그 도중에 근로자가 퇴직하거나 정당한 이유가 있는 경우의 해고를 금지하는 것은 아니므로 근로계약기간의 정함이 있는 경우에 해당하지 아니하며 일종의 최종기한부 계약(종기)이라고 해석할 수 있다. 정년을 달리 적용받던 비정규직 근로자가 정규직 근로자로 전환될 경우라면 정규직 근로자가 적용받는 취업규칙상의 정년규정을 적용받아야 할 것이다(2008.4.21, 근로조건지도과-997).

그러나 기간의 정함이 있는 근로계약을 체결하는 기간제근로자의 경우에는 연령과 관계없이 근로기간이 정해져 있어 정년제도 자체의 적용대상이 된다고 보기 어려우므로 60세 이상 정년제의 대상이 되지 아니한다.

3. 정년제의 종류

정년제의 종류에는 정년퇴직제와 정년해고제가 있다. 정년퇴직제란 근로자가 정년에 도달하게 되면 자동적으로 근로계약관계가 종료되는 제도를 말하며, 정년해고제란 근로자가 정년에 도달한 것을 이유로 하여 사용자가 당해 근로자를 해고함으로써 고용관계를 소멸시키는 제도를 말한다.

2 고령자고용촉진법의 정년규정 내용과 위반의 효과

1. 고령자의 의의

고령자고용촉진법 제2조제1호 및 시행령 제2조에 의하여 고령자를 55세 이상인 자로, 준고령자를 50세 이상 55세 미만인 자로 정의하고 있다.

2. 정년규정

사업주가 근로자의 정년을 정하는 경우 그 정년이 60세 이상 되도록 노력하여야 한다(고령자고용촉진법 제19조)고 하여 권고규정이었으나 개정 고령자고용촉진법(법률 제11791호, 2013.5.22)은 동조를 다음과 같이 개정하여 법정 정년 60세를 의무규정으로 하였다. 「① 사업주는 근로자의 정년을 60세 이상으로 정하여야 한다. ② 사업주가 제1항에도 불구하고 근로자의 정년을 60세 미만으로 정한 경우에는 정년을 60세로 정한 것으로 본다」고 규정하고 있다. 이 규정은 강행규정으로서 정년 60세 미만을 정함은 민법 제103조의 사회질서 위반이 되어 60세 미만의 정년을 정한 근로계약이나 취업규칙, 단체협약의 규정은 위 규정에 위반되는 범위 내에서 무효이고, 정년은 실제의 생년월일을 기준으로 산정하여야 한다(대법 2022.11.10, 2019다282333 ; 대법 2022.5.26, 2017다292343 ; 대법 2019.3.14, 2018다269838 ; 대법 2018.11.29, 2018두41082 ; 대법 2017.3.9, 2016다249236). 고령자고용촉진법 제19조는 정년의 하한을 60세 이상으로 정하여진 경우에는 적용되지 않는다(대법 2022.11.10, 2019다282333). 2019년도 판례는 서울교통공사 사건에서 1956년 상반기에 출생한 근로자들에 대한 관계에서 1956년생 직원들의 정년퇴직일을 2016.6.30로 정한 해당 정년규정은 고령자고용촉진법 제4조의4, 제19조, 근기법 제6조에 위반되지 않는다. 그러나 1956년 하반기에 출생한 근로자들에 대한 관계에서, 1956년생 직원들의 정년퇴직일을 2016.6.30로 정한 해당 정년규정은 근로자의 정년을 60세 이상으로 정하도록 한 고령자고용촉진법 제19조에 반하고, 정년규정에 대한 노사합의가 있었더라도 해당 근로자들이 고령자고용촉진법 위반을 주장하는 것이 신의칙에 위배되지 않는다는 것이다. 일반 육체노동을 하는 사람 또는 육체노동을 주로 생계활동으로 하는 사람의 가동연한은 특별한 사정이 없는 한 만 60세를 넘어 만 65세까지도 가동할 수 있다고 보는 것이 경험칙에 합당하다(대법[전원합의체] 2019.2.21, 2018다248909)고 판시하였다.

3 정년퇴직자의 재고용시 계속근로기간의 산정 및 임금결정

사용자가 정년에 도달한 근로자를 촉탁 등으로 기간을 정하여 재고용하는 사례가 증가하고 있는바, 이러한 정년 후 재고용도 새로운 근로계약의 체결로서 그 내용에 대해 쌍방의 합의를 요한다. 따라서 사용자는 재고용하는 자를 선별할 수 있는 것이 원칙이다.

1. 재고용시 계속근로기간의 산정

사업주는 정년에 도달한 자가 그 사업장에 다시 취업하기를 희망할 때 그 직

무수행 능력에 맞는 직종에 재고용하도록 노력하여야 한다.(동법 제21조제1항)

사업주는 고령자인 정년퇴직자를 재고용할 때 당사자간의 합의에 의하여 근기법 제34조에 따른 퇴직금과 같은법 제60조에 따른 연차유급휴가일수 계산을 위한 계속근로기간을 산정할 때 종전의 근로기간을 제외할 수 있으며 임금의 결정을 종전과 달리할 수 있다(동법 제21조제2항). 즉, 정년에 도달해 퇴사한 근로자를 촉탁으로 재고용하는 경우 종전의 근속과 분리해 새로이 입사한 것으로 봐 처우할 수 있으며 임금수준 결정 등에 있어서도 정년 이전의 임금수준을 보장해 주어야 하는 것은 아니다. 촉탁 재고용자의 경우 사실상 기간제근로자와 동일한 신분에 해당하므로 이에 준해 처우하되 촉탁 재고용자에 한정해 적용되는 법상 특별한 처우는 없다.

재고용형태의 촉탁계약서 작성시 「퇴직금과 연차유급휴가일수 계산을 위한 계속근로기간 산정에 있어 촉탁발령일을 기산일로 한다」고 규정하여 퇴직 이후 촉탁발령일부터 새로 기산됨을 명확히 할 필요가 있다.

2. 고령자 재고용시 임금결정과 차별금지원칙 적용 여부

만 55세 이상 고령자의 재채용자에 대하여도 기간제법의 차별금지원칙이 적용되는지 여부이다. 이 경우 고령자고용촉진법은 기간제법의 특별법적 성격을 갖는 것으로 보아야 할 것이므로 고령자고용촉진법을 적용받는 범위 내에서는 기간제법의 적용을 배제하는 것이 타당할 것이다(2007.3.26, 비정규직대책팀-932).

고령자고용촉진법 제21조는 사용자에게 재고용에 따른 근로조건상의 부담을 경감시켜 줌으로써 고령자의 재고용이 촉진될 수 있도록 한 정책적인 배려이다.

3. 재고용시 계속근로기간 산정과 다른 근로조건의 적용 여부

고령자고용촉진법의 규정은 계속근로기간 산정에 있어 정년퇴직 이전의 기간을 제외할 수 있도록 하고 있으므로, 근로제공의 단절없이 촉탁직으로 계속근로하는 경우에도 촉탁직으로 근로한 전체의 촉탁기간만이 계속근로로 인정되어 퇴직금 및 연차유급휴가를 산정하는데 있어서 반영되어야 할 것이다.

4 정년연장과 임금피크제 등 임금체계 개편

1. 임금피크제의 의의

임금피크제란 근로자의 계속고용을 위해 노사간 합의를 통해 일정연령을 기준으로 임금을 조정하고 소정의 기간동안 고용을 보장하는 제도이다. 즉, 정년연장을 통한 근로자들의 일자리 보장과 그에 따른 기업의 재정부담을 조화하기 위한 목적으로 시행되는 일반적인 의미의 임금피크제의 경우, 기존의 정년을 연장하는 대신 연장된 정년만큼의 근로기간 혹은 정년에 도달하기 이전의 적절한 시점부터의 근로기간에 대해서는 기존의 임금수준을 낮추는 방식으로 설계되는 것이 보통이다(서울중앙지법 2015.8.28, 2014가합557402).

근로자는 해고를 피할 수 있고(사실상 또는 사규상) 정년 이후에도 계속 일할 수 있고 사용자는 해고를 둘러싼 노사갈등을 피할 수 있고, 보다 저렴한 비용으로 훈련된 인력을 유지·확보하는 한편, 경감된 비용을 재원으로 신규인력을 채용할 수 있다. 정부는 인구고령화에 따른 생산인력 부족문제를 해결하고, 비경제활동 노령인구에 대한 사회보장비용 부담을 완화할 수 있다.

2. 법정정년제와 임금체계 개편의무와의 관계

(1) 고령자고용촉진법 제19조의2제1항의 내용

고령자고용촉진법 제19조의2제1항은 「제19조제1항에 따라 정년을 연장하는 사업 또는 사업장의 사업주와 근로자의 과반수로 조직된 노동조합(근로자의 과반수로 조직된 노동조합이 없는 경우에는 근로자의 과반수를 대표하는 자를 말한다)은 그 사업 또는 사업장의 여건에 따라 임금체계 개편 등 필요한 조치를 하여야 한다」고 규정하고 있다. 또한 고령자고용촉진법 제19조의 개정으로 권고사항 내지 노력규정으로 되어 있던 「정년 60세」가 의무규정으로 변경된 것이다.

법정정년제는 임금체계 개편 의무 이행 여부에 관계없이 독자적 효력을 지니고 있어 사업주는 임금개편의무가 이행되지 않더라도 법정정년제 의무를 면제받을 수 없다. 기존 60세 미만으로 정년제를 시행하고 있는 기업에서는 정년연장이 불가피함에 따라 기업의 인건비 부담을 완화할 목적으로 임금피크제 도입이 증가할 것이다.

(2) 임금체계 개편 내용

이와 함께 주된 쟁점은 임금피크제를 비롯한 임금체계 개편 등 추가적인 방안을 고용현장에서 어떻게 적용할 것인가에 있다. 임금체계를 어떻게 개편할지는 노사 협의에 맡겨져 있다. 이는 사업장마다 여건이 다르기 때문이다.

우리 기업의 임금시스템은 아직도 연공급여의 성격이 강하고 연공서열에 따른 임금상승폭이 선진국에 비해 너무 크다는 문제점이 지적되고 있으므로 연공서열식 임금체계의 수정은 시급한 상황이다. 또한 정년 60세 시대에 대비한 새로운 인사시스템과 조직문화 구축이 필요하다. 직무와 직책, 생산성, 기여도 등에 연동하는 보상제도 운용뿐 아니라 연령에 관계없이 공정하고 투명한 평가로 승진과 보상이 이뤄지고 또 이를 수용하는 사회적 분위기 조성이 필요하다.

(3) 임금피크제가 합리적 이유 없이 연령을 이유로 한 차별에 해당하는지 여부의 판단기준

가. 정년유지(보장)형 임금피크제의 경우

① 정년유지형 임금피크제의 의의 : 정년유지형 임금피크제는 기존 정년을 그대로 유지하면서 일정 연령에 도달하면 임금을 감액하는 것을 말한다. 정년유지형 임금피크제 도입에 따라 인건비 절감 등 경영상 목적은 정당성을 인정받기 어렵고, 임금 감액에 대해 적정한 대상조치가 없다면 연령 차별에 해당할 가능성이 높다.

② 규정내용 : 고령자고용촉진법 제4조의4제1항 본문은 「사업주는 다음 각호의 분야에서 합리적인 이유없이 연령을 이유로 근로자 또는 근로자가 되려는 사람을 차별하여서는 아니된다」고 규정하고 있다. 연령을 이유로 한 차별금지 조항은 강행규정에 해당하며, 이에 반하는 내용을 정할 경우 무효이다.

③ 합리적인 이유가 없는 경우 : 연령을 이유로 한 차별을 금지하고 있는 고령자고용촉진법 제4조의4제1항에서 말하는 '합리적인 이유가 없는' 경우란 연령에 따라 근로자를 다르게 처우할 필요성이 인정되지 아니하거나 달리 처우하는 경우 그 방법·정도 등이 적정하지 아니한 경우를 말한다. 판례(대법 2022.5.26, 2017다292343 한국전자기술연구원사건)는 기존 정년(61세)을 그대로 두면서 55세 이상 근로자들을 대상으로 임금피크제를 도입하여 평가등급에 따라 월 93만원~283

만원까지 임금이 감액되나, 담당 업무의 내용이나 업무량, 근무시간 등은 임금피크제 도입 전에 비해 줄어들지 않았으므로 이는 합리적 이유가 없는 연령차별이라고 판단한 것이다.

④ 정년유지형 임금피크제의 경우 연령을 이유로 한 차별에 합리적인 이유가 없어 그 조치가 무효인지 여부의 판단기준 : 사업주가 근로자의 정년을 그대로 유지하면서 임금을 정년 전까지 일정기간 삭감하는 형태의 이른바 '임금피크제'를 시행하는 경우 연령을 이유로 한 차별에 합리적인 이유가 없어 그 조치가 무효인지 여부는 ㈎ 임금피크제 도입 목적의 타당성, ㈏ 대상 근로자들이 입는 불이익의 정도, ㈐ 임금 삭감에 대한 대상 조치의 도입 여부 및 그 적정성, ㈑ 임금피크제로 감액된 재원이 임금피크제 도입의 본래 목적을 위하여 사용되었는지 등 여러 사정을 종합적으로 고려하여 판단하여야 한다고 하였다. 이 판례는 합리적 이유에 해당하는 네가지 기준을 제시했다.

⑤ 대법원 판결의 의의 : 대법원 판결이 임금피크제 시행에 따라 노사에 던진 시사점은 크게 세 가지다. 첫째, 노사합의로 시행한 임금피크제라도 고령자고용촉진법상 금지하는 합리적 이유 없는 연령차별이라는 판단에 따라 무효화될 수 있다. 둘째, 정년을 유지하면서 정년 전까지 일정기간 임금을 삭감하는 정년유지형 임금피크제에 관한 한 앞으로 판례가 제시한 4대기준을 중심으로 유효성을 판단할 것이다. 셋째, 이들 기준은 정년연장과 유기적 관련성을 가지면서 그에 수반해서 도입한 정년연장형 임금피크제에 적용되고, 그 결과 정년연장형 임금피크제도 무효로 할 여지가 있다. 대상판결은 임금피크제 도입 절차가 적법하더라도 그 내용이 적정하지 아니할 경우 위법하다고 판시하고 임금피크제의 내용상 적법성 판단기준을 제시한 최초의 판례로 의의가 크다.

나. 정년연장형 임금피크제의 경우

① 정년연장형 임금피크제의 의의 : 정년연장형 임금피크제는 정년을 연장하는 대신 연장된 정년에 대해 임금을 삭감하는 제도이다. 정년이 연장되면서 계속 근로할 기회가 확대되었으므로 임금피크제로 임금이 감액된다고 해서 근로자가 불이익을 받은 것인지에 대해서 연장된 정년과 비교할 때 임금 감액이 지나치게 큰 경우와 같이 예외적인 사정이 없다면 정년유지형 임금피크제와는 다르게 볼 수 있다.

② 판례의 태도 : 하급심판례(서울중앙지법 2022.6.10, 2020가합571690 한국교통안전공단

사건 ; 서울고법 2023.1.18, 2022나2025057 KT사건)는 정년연장형 임금피크제 사안이다. 판례는 "정년연장과 임금피크제 실시 전후를 비교하면 근로자들이 받는 임금의 총액은 더 많아졌다"며 "합리적 이유 없는 임금 차별에 해당한다고 볼 수 없다"고 했다. 또 다른 판례(서울중앙지법 2023.5.11, 2020가합575036 KB신용정보)는 임금 삭감의 폭이 큼에도 업무량이나 업무강도를 저감하는 등 불이익에 대한 대상조치를 적절하게 마련하지 않은 정년연장형 임금피크제는 무효라고 한다. 하급심 판례(KT사건)에 따르면 대법원판례(2022.5.26, 2017다292343)의 법리는 이른바 정년유지형 임금피크제 사안에 관한 법리이나 '정년연장형 임금피크제' 사안에 관하여도 대법원이 제시한 네 가지 판단기준을 최소한 판단의 요소로 고려하고 있다. 회사와 노동조합이 합의를 통해 도입한 정년연장형 임금피크제(정년 만58세를 만60세로 연장하면서 만56세부터 만59세까지 4년동안 매년 10%씩 최대 40% 삭감)는 강행법규인 고령자고용촉진법을 위반한 합리적 이유 없는 연령차별에 해당한다고 단정하기 어렵다는 것이다. 정년연장형 임금피크제의 유효성은 정년유지형 임금피크제보다 완화한 기준으로 판단해야 하며, 정년연장형 임금피크제는 유효성이 인정될 여지가 더 많다는 것을 시사한 것이다.

예컨대 ▲고령자고용촉진법과 고용보험법상 정년 60세 연장에 대응해 일정 연령에 도달한 근로자들의 임금을 삭감하는 임금피크제를 예정하고 있었다는 점, ▲임금피크제 도입 당시 인력구조 및 경영 사정을 고려할 때 인건비를 절감할 절박한 필요가 있었다는 점을 정년연장형 임금피크제의 유효성을 인정하는 근거로 삼고 있다.

그밖에도 ▲정년연장형 임금피크제에서는 정년연장자체가 임금 삭감에 대응하는 가장 중요한 보상이란 점, ▲연장된 근로기간에 대해 지급하는 임금이 감액된 인건비의 가장 중요한 사용처라고 한 점, ▲업무량이나 업무 강도 등에 관한 명시적인 저감 조치가 없었다는 사정만으로 임금피크제가 합리적 이유 없는 연령차별이라고 단정할 수 없다고 한 점도 중요하다.

③ 정년연장형 임금피크제를 유효하게 적용하는 방법 : 정년연장형 임금피크제 도입 이후 수령하게 될 임금총액 수준이 기존의 예상됐던 임금총액보다 감액되지 않도록 설정할 필요가 있고 임금피크제 도입 이후의 임금총액이 제도 도입 전 임금총액보다 감액됐다고 하더라도 그에 따른 업무 저감 조치 등이 합리적으로 수반될 경우에는 그 제도의 유효성이 인정될 수 있다.

5 정년퇴직의 시점

1. 당사자 자율결정의 원칙

퇴직시점은 명확히 정하여야 노사간의 갈등을 방지할 수 있다. 정년퇴직시점에 대한 노사간 다툼을 방지하기 위해서는 정년해당 연령을 시기(始期)나 종기(終期) 등으로 정하는 것이 바람직하다.

2. 판례 및 행정해석의 태도

근기법령은 근로자의 정년에 대해서 별도로 정하고 있지 않아 회사의 취업규칙이나 단체협약 등이 정하는 바에 따라 시행할 사안이며, 정년의 시점을 명확하게 규정하고 있지 않는 경우에는 그 정년이 정년에 도달(시작)하는 날을 의미하는지 만60세가 종료되는 날을 의미하는지를 명확히 해놓지 않았다면 원칙적으로 만60세에 도달한 날(만60세가 시작된 날 즉, 정년의 시점(始點))로 보아야 할 것이다(2004.12.29, 근로기준과-6968 01254-17838 ; 1994.4.25, 근기 68207-686).

판례(대법 2019.3.14, 2018다269838 ; 대법 2002.9.27, 2000두4600 ; 대법 1973.6.12, 71다2669)는 정년이 60세란 만60세에 도달하는 출생일을 말하는 것이라고 봄이 상당하다고 한다.

3. 당사자간에 퇴직시점을 정하지 않은 경우

퇴직시점을 명확히 정하지 않고 관행적으로 운용해 온 경우에는 그 관행에 따라 퇴직시점이 결정된다. 과거에 근로자들이 정년 종료일에 퇴직했음에도 특정 근로자에 대해서는 정년이 도달한(시작된) 첫날에 퇴직토록 한다면 이는 신의성실 원칙에 위배되므로 그 효력을 인정받을 수 없을 것이며, 당해 근로자의 경우 정년 종료일에 퇴직하는 것으로 보아야 한다.

퇴직시점에 대한 관행이 정립되어 있지 않을 경우는 정년에 도달(시작)한 첫날에 퇴직토록 한다 해도 근기법 위반의 문제는 없다.

4. 정년산정을 위한 생년월일은 실제의 생년월일인가

정년 산정의 기준이 되는 생년월일의 의미에 관하여는 민법이나 근기법 등 관련법령에서도 특별히 정하고 있지 아니하고, 회사의 일반직원 인사규정 및 단체협약에서도 그 밖에 정년 산정의 기준이 되는 생년월일에 관하여 아무런 언급이 없다. 실제 생일과 인사기록부상 기록된 생일이 다를 수 있다. 원칙적으로 인사기록카드에 기재된 생년월일이 정년의 기본적인 기준이되(대법 2019.3.14, 2018다269838 ; 서울고법 2005.3.22, 2004나50411, 대법 2005.6.9 심리불속행기각) 실제 생년월일이 법적 절차에 의하여 정정되었다면 인사기록카드상의 생년월일에도 불구하고 실제 생년월일이 정년의 기준이 된다고 해석하는 것이 합리적이라 할 것이다. 그렇다면 근로계약에서 정한 정년산정을 위한 생년월일은 채용 당시 표시된 생년월일이 아닌 실제의 생년월일로 보아야 하느냐에 관하여 판례(대법 2017.3.9, 2016다249236)는 실제의 생년월일로 보아야 한다고 한다. 그러나 고령자고용촉진법 제19조가 시행되기 전이라면 취업규칙 변경을 통해 입사 당시 인사기록카드에 기재된 생년월일을 정년기산일로 정할 수 있다고 본다(대법 2018.11.29, 2018두41082).

5. 정년퇴직 통보의무 여부 및 뒤늦게 통보한 경우의 효력의 유무

정년퇴직에 대해서는 근기법상의 해고관련 규정이 적용되지 않으므로, 반드시 30일 전에 정년퇴직을 서면통지해야 할 의무는 없다. 판례(서울행법 2015.7.16, 2015구합4020)는 근로자가 정년이 된 사실을 회사가 뒤늦게 알고 정년퇴직을 통보했더라도 퇴직의 효력이 발생한다. 행정착오 등의 이유로 정년 이후 한달 더 근무하고 월급을 받았더라도 정년 연장을 합의하거나 묵시적으로 새로운 근로계약을 체결한 것으로 볼 수는 없다는 것이다. 사무상 착오로 근로자가 정년을 넘겨 일한 경우, 사용자가 근로자에 대하여 정년퇴직을 주장할 수 있으나, 초과된 기간 등을 감안하여 사무처리상 착오라는 입증책임은 사용자에게 있다. 다만 근로자가 정년퇴직을 준비할 수 있도록 어느 정도 시간을 두어 사전 통보해 주는 것은 바람직하다.

6 정년초과근무

1. 묵시적 계속근로

① 정년초과 후에도 계속 근무한 경우 : 근로자가 취업규칙에서 정한 정년이 경과한 후에도 회사와 새로운 근로계약을 체결하지 않은 채 사용자의 묵시적인

동의 아래 계속하여 근로를 제공하였다면 특별한 사정이 없는 한 정년초과만을 이유로 근로자를 해고할 수 없다(대법 2003.12.12, 2002두12809). 이 판례는 근로자가 정년이 지난 후에도 사용자의 동의 아래 기간의 정함이 없이 사용자와의 근로관계를 계속 유지하여 왔다면, 사용자는 특별한 사정이 없는 한 단순히 당해 근로자가 정년이 지났다거나 고령이라는 이유만으로 근로관계를 해지할 수는 없고, 당해 근로자를 해고하기 위해서는 근기법 제23조제1항 소정의 정당한 이유가 있어야 한다는 것이다.

사무상 착오로 근로자가 정년을 넘겨 일한 경우, 사용자가 근로자에 대하여 정년퇴직을 주장할 수 있으나, 초과된 기간 등을 감안하여 사무처리상 착오라는 입증책임은 사용자에게 있다.

② 기간제근로자가 정년을 초과하여 계속 근무한 경우 : 기간의 정함이 있는 근로자가 정년을 초과하여 계속 근로를 제공한 경우에는 정년이 경과한 기간제 근로자로서의 갱신기대권이 인정될 수 있다(대법 2017.2.3, 2016두50563). 이 경우 갱신기대권이 인정된다면 본인의 건강상태와 능력이 유지된다면 근로자로서의 지위를 보장받을 수 있게 된다.

2. 정년이 이미 지난 사람을 채용한 후 정년도달을 이유로 해고할 경우의 유효 여부

① 사업장 취업규칙에 정년규정이 존재해 계속 근무하는 근로자가 그 정년에 도달하게 되면 자연히 근로관계가 종료될 것이나, 정년이 이미 지난 사람을 사용자의 필요로 기간을 정해 채용했다면 해당 근로자는 계약기간까지 근무가 가능할 것이다.

② 만약, 근로계약기간 만료 전에 정년을 이유로 사용자가 근로관계를 종료하고자 한다면 부당해고 문제가 발생할 수 있으며, 이 경우 사업장을 관할하는 지방노동위원회에 구제신청이 가능할 것이다(2014.12.16, 근로개선정책과-7262). 법원은 "이 사건 단체협약체결 당시 이 사건 취업규칙 및 종전 단체협약에서 정한 정년 60세를 이미 도과했음에도 해당 근로자의 동의 아래 기간의 정함이 없이 해당 근로자와의 근로관계를 계속 유지하고 있었으므로 해당 근로자는 특별한 사정이 없는 한 단순히 해당 근로자들이 정년이 지났다는 이유만으로 근로관계를 해지할 수는 없고 해당 근로자들을 해고하기 위해서는 근기법 제23조제1항

소정의 정당한 이유가 있어야 한다(서울행법 2010.10.14, 2010구합27646).

3. 정년연장

정년연장제도를 도입하려면 단체협약·취업규칙 등에 연장되는 기간을 명확히 정하여야 한다. 이 경우 '연장기간'이 경과하면 정년퇴직의 효과가 발생한다. 그러나 정년연장만을 이유로 기존의 근로조건을 저하시킬 수는 없다(1987.7.6, 근기 01254-10789).

7 차등정년제 또는 직급정년제의 위법 여부

정년에 있어 근로자의 직위·직급 등에 따라 차등을 두는 것은 사회통념상 합리성이 없다고 판단되지 않는 한 사업장의 특수성을 고려하여 당사자가 결정할 수 있는 사항이다.

1. 차등정년제를 적법하다고 볼 수 있는 경우

정년에 대하여는 당사자가 정하는 것이 원칙이므로 한 기업에서 직위별로 정년을 달리할 수 있다. 따라서 이러한 직위별 차등정년제 내지 직급별 정년제도는 근기법 제6조의 균등처우에 반하는 것으로 볼 수 없다. 판례(대법 1991.4.9, 90다16245)는 또한 「정년규정은 해당 사업장에 있어서 근로자가 제공하는 근로의 성질·내용·근무형태 등 제반여건에 따라 합리적인 기준을 둔다면, 같은 사업장 내에서도 직책 또는 직급에 따라 서로 차이가 있을 수 있는 것이다」라고 한다. 직급정년제도는 연령정년 보장으로 인한 무사안일을 방지하고 인사적체를 해소하며, 새로운 인재들에게 채용 및 승진의 기회를 제공하여 기업의 합리적·능률적 운영을 돕는 긍정적 기능이 있다. 따라서 회사의 인사규정에 도입된 직급정년제도 자체가 위법한 것으로 볼 수 없다(서울행법 2012.12.13, 2012구합25934).

2. 차등정년제를 위법하다고 볼 수 있는 경우

이에 반해서 정년을 정함에 있어 성별·국적·신앙·사회적 신분 등에 따라 차이를 두는 것은 근기법 제6조 위반이 된다. 특히 정년에 있어 성별에 따라 차등을 두는 예로는 동일직종에서 남성은 50세, 여성은 40세와 같이 정년의 차이를 두는 경우 또는 병원에서 의사는 60세, 간호사는 40세로 정년을 정하거나, 일반 직원은 55세, 실제적으로 여성전용직종인 전화교환업무에 종사하는 근로자들에 대해서만 43세 조기정년제를 정하고 있는 것은 합리적인 이유 없는 차별대우로서 근기법 제6조에 위반되어 무효라고 한다(대법 1988.12.27, 85다카657 ; 1991.9.2, 부소01254-12651). 그러므로 여성근로자의 체력적인 한계와 능률 및 작업의 성질 등을 고려하더라도 합리적인 근거가 없는 한 성별을 이유로 하는 차등정년제는 근기법 제6조, 남녀고용평등법 제11조 위반이 된다(대법 1993.4.9, 92누15765).

8 정년퇴직한 근로자의 재고용시의 법률문제

1. 퇴직금 및 연차유급휴가일수 계산을 위한 기산일

정년퇴직자를 기간의 정함이 있는 근로계약으로 재고용하는 경우에 당사자간의 특약이 없다면 근로자의 퇴직금 및 연차유급휴가일수 계산을 위한 계속근로연수는 재고용기간만 해당된다(2001.2.2, 근기 68207-338).

2. 재고용의 의사표시가 이루어진 후의 근로관계와 해고

근로자가 정년이 지난 후에도 사용자의 동의 아래 기간의 정함이 없이 사용자와의 근로관계를 계속 유지하여 왔다면 사용자는 특별한 사정이 없는 한 단순히 당해 근로자가 정년이 지났다거나 고령이라는 이유만으로 근로관계를 해지할 수 없고 당해 근로자를 해고하기 위해서는 근기법 제23조제1항 소정의 정당한 사유가 있어야 한다(대법 2003.12.12, 2002두12809). 단체협약의 체결로 회사 소속 근로자들의 정년이 60세에서 57세로 단축되었다고 하더라도 그러한 변경으로 인하여 근로자들이 이미 획득한 근로계약관계의 종기가 정년에 구애받지 않게 된 지위에 어떠한 영향이 있다고 볼 수 없다. 따라서 회사가 근로자들에 대하여 정년조항에 따른 정년이 도래하였음을 이유로 한 정년퇴직의 통지는 근기법 제23조제1항 소정의 정당한 이유가 없는 이상 부당한 해고에 해당한다(서울행법 2010.10.14, 2010구합27647).

3. 재고용 후의 근무기간이 1년 이상인 경우의 퇴직금 포기의 유효 여부

정년퇴직한 근로자를 재고용하는 경우에도 재고용 시점부터 계속 근무한 기간이 1년 이상이면 퇴직금을 지급하여야 하는 바, 당사자간에 이를 지급하지 않기로 합의하였다 하더라도 동 합의는 강행법규 위반으로 무효이다(1999.3.12, 근기 68207-584).

9 정년으로 당연퇴직하는 근로자에게 정년연장을 요구할 수 있는 권리가 있는가

1. 정년연장을 요구할 수 있는 권리가 있는지 여부

취업규칙 등에 명시된 정년에 도달하여 당연퇴직하게 된 근로자에 대하여 사용자가 그 정년을 연장하는 등의 방법으로 근로관계를 계속 유지할 것인지 여부는 특별한 사정이 없는 한 사용자의 권한에 속하는 것으로서 해당 근로자에게 정년연장을 요구할 수 있는 권리가 있다고 할 수 없다(대법 2008.2.29, 2007다85997).

2. 정년 후 재고용기대권의 인정 여부

(1) 재고용기대권이 인정되는지를 판단하는 요소

원칙적으로 정년퇴직 후 정년연장을 요구할 권리는 없으나 예외적으로 ▲근로계약, 취업규칙, 단체협약 등에서 정년에 도달한 근로자가 일정한 요건을 충족하면 기간제근로자로 재고용하여야 한다는 취지의 규정을 두고 있거나, ▲그러한 규정이 없더라도 재고용을 실시하게 된 경위 및 그 실시기간, 해당 직종 또는 직무 분야에서 정년에 도달한 근로자 중 재고용된 사람의 비율, 재고용이 거절된 근로자가 있는 경우 그 사유 등의 여러 사정을 종합하여 볼 때, 사업장에 그에 준하는 정도의 재고용 관행이 확립되어 있다고 인정되는 등 근로계약 당사자 사이에 근로자가 정년에 도달하더라도 일정한 요건을 충족하면 기간제근로자로 재고용될 수 있다는 신뢰관계가 형성되어 있는 경우에는 특별한 사정이 없는 한 근로자는 그에 따라 정년 후 재고용되리라는 기대권을 가진다(대법 2023.6.29, 2018두62492 ; 대법 2023.6.1, 2018다275925).

(2) 해당사건(분사회사 포센)에서 재고용기대권이 인정된 구체적 이유

대법원은 위와 같은 법리를 판시한 다음, 근로계약, 취업규칙, 단체협약 등에 정년퇴직자를 기간제근로자로 재고용하는 것에 관한 규정은 없었지만, ▲해당사건 재고용 제도는 주식회사 갑(포스코)의 정년이 연장되자 주식회사 갑보다 긴 정년을 적용받는다는 전제로 피고(분사회사 포센)로 전직하였던 근로자들의 신뢰를 보호할 목적으로 도입되었다고 보이는 점, ▲상당한 기간 동안 정년퇴직자가 재고용을 원하는 경우에는 예외 없이 기간제근로자로 재고용되었다고 보이는 점 등을 종합해 보면, 피고와 그 근로자들 사이에는 정년에 이르더라도 기간제근로자로 재고용될 수 있다는 신뢰관계가 형성되어 있었으므로 근로자는 정년 후 피고의 기간제근로자로 재고용되리라는 기대권을 가진다고 판단하고, 원심 판단을 수긍한 것이다.

(3) 대법원 판례의 의의

이 판결은 정년연장 여부는 사용자의 권한에 속하며 근로자에게 정년연장을 요구할 수 있는 권리가 없다는 종전 판례(대법 2008.2.29, 2007다85997)의 원칙을 재확인하고 정년 후 기간제근로자의 재고용기대권 성립요건을 '재고용의무가 있거나 그에 준하는 정도의 재고용 관행이 확립된 경우'로 엄격히 설정하였는바, 일반적인 기간제 근로계약의 갱신기대권의 경우보다 훨씬 강한 신뢰관계가 형성되어 있을 것을 요구하는 취지다. 이 판결은 정년 후 기간제근로자로의 재고용기대권을 인정함으로써 정년이 지난 근로자의 경우에도 제한적으로나마 근로관계 존속에 관한 신뢰를 보호받을 수 있다는 취지를 밝힌 점에서 그 의의가 있다.

3. 성실근무자 정년연장 조항이 있는 경우의 자동연장 여부

판례(서울고법 2017.1.12, 2016누65277)는 근로자(조합원)의 정년에 관하여 규정한 해당 단체협약 제17조는 "조합원의 정년은 만60세가 되는 달로 하고 성실 근로 여부에 따라 자동연장된 것으로 본다. 단, 사고 다발자에 대하여는 예외로 한다."라고 규정하고 있고, 취업규칙 제86조제2항은 "정년퇴직자로서 회사의 업무상 필요 있을 시는 심사한 후에 연장 결정한다. ① 건강 상태가 양호하여 업무 수행에 이상이 없는 자, ② 재직 중 근무태도, 성적 및 성격이 양호한 자, ③ 재직 중 종사하고 있던 업무가 계속 필요한 자"라고 규정하고 있는 경우 자동연장이 되는가 여부이다.

해당 근로자는 교통사고, 상해 등을 이유로 장기간 동안 운전 업무를 수행하지 못하였고 정년에 도달할 무렵 이를 원인으로 한 질병이 발병하기도 한 점, 해당 근로자가 근무기간 동안 회사로부터 여러 차례 업무와 관련된 경고나 주의 등을 받은 점 등과 단체협약의 규정내용을 종합하면 해당 근로자는 단체협약에서 정한 '성실 근로 요건'을 충족하지 못하였다고 할 것이고, 회사가 정년이 도래한 해당 근로자에 대하여 근무기간 동안 성실 근로를 하지 않은 것으로 판단하여 근로관계를 종료한 것을 해당 근로자를 부당하게 해고한 것이라고 볼 수는 없다는 것이다.

4. 정년을 이미 경과한 상태에서 기간제근로계약을 체결한 경우의 갱신기대권 허용 여부

판례(대법 2023.6.29, 2018두62492 ; 대법 2019.10.31, 2019두45647 ; 대법 2017.2.3, 2016두50563)는 「정년을 이미 경과한 상태에서 기간제 근로계약을 체결한 경우에는 직무 성격에 따라 요구되는 직무수행 능력과 근로자의 업무수행 적격성, 연령에 따른 작업능률 저하나 위험성 증대의 정도, 사업장에서 정년을 경과한 고령자가 근무하는 실태 및 계약이 갱신되어온 사례 등을 종합적으로 고려해 근로계약 갱신에 관한 정당한 기대권이 인정되는지 여부를 판단해야 한다. 2017년도 판례는 근로계약 종료 무렵 A씨의 건강이 근무에 지장을 초래할 정도로 악화됐다거나 업무를 계속 수행하기에 적합하지 않을 정도로 직무수행 능력이 떨어졌다는 등의 사정을 찾아볼 수 없다. 따라서 A씨 등이 정년을 도과해 기간의 정함이 없는 근로자로 전환될 수는 없다고 하더라도 근로계약이 갱신되리라는 정당한 기대권이 인정된다고 보는 것이 옳고 갱신거절의 정당한 이유를 찾아볼 수도 없으므로 이 사건 근로계약 종료는 부당해고에 해당한다」고 하였다. 이 판결은 기간제근로자의 일반적인 갱신기대권과 구별하여 정년을 이미 경과한 상태에서 기간제근로계약을 체결한 경우의 갱신기대권 허용 여부에 관하여 일반적인 갱신기대권 인정에 요구되는 제반 사정 이외에 추가적인 별도의 요소를 부가하여 인정되는지 여부에 신중을 기하고 있다.

2019년도 판례는 기간제근로자에 대한 갱신기대권에 관한 법리는 선원법상 선원에게도 그대로 적용된다고 보아, 갱신기대권을 인정한 원심을 수긍하고 상고를 기각한 사례이다.

2023년도 판례는 정년에 도달한 근로자를 기간제근로자로 재고용하여야 한다는 규정이 존재하거나 그에 준하는 정도의 재고용 관행이 확립되어 있었다고 볼 수 없다고 판단한 것이다.

Chapter 16

해고를 둘러싼 법률지식

1 해고란 무엇인가

'해고'란 '퇴직'과는 달리 유효하게 존속하여 왔던 근로계약을 사용자측에서 일방적으로 해약(해지)하는 것을 말한다. 근기법상의 해고란 실제 사업장에서 불리우는 명칭이나 그 절차에 관계없이 근로자의 의사에 반하여 사용자의 일방적 의사에 의하여 근로관계가 종료되는 것을 말한다(대법 2009.3.26, 2008다62724). 해고는 통상해고, 징계해고, 직권면직이든 본질적으로는 근로계약의 해지로서 그 법적 성질은 상대방 있는 단독행위라고 할 것이며, 그 의사표시가 상대방에게 도달하는 때에 효력이 발생한다고 할 것이다(대법 1997.9.26, 97누1600). 해고는 명시적 또는 묵시적 의사표시에 의해서도 이루어 질 수 있다. 묵시적 의사표시에 의한 해고가 있는지 여부는 사용자의 노무 수령 거부 경위와 방법, 노무 수령 거부에 대하여 근로자가 보인 태도 등 제반 사정을 종합적으로 고려하여 사용자가 근로관계를 일방적으로 종료할 확정적 의사를 표시한 것으로 볼 수 있는지 여부에 따라 판단하여야 한다(대법 2023.2.2, 2022두57695). 사용자의 일방적 해고권의 행사는 근로계약에 따라 제공하는 근로의 대가로서의 임금으로 생활을 유지하여 왔던 근로자의 생활에 큰 영향을 주게 되므로 '해고'를 둘러싸고 법률상 여러 가지 문제가 발생한다.

2 정당한 이유가 없는 해고의 효력

> **[실무사례]**
> 근로자 甲은 금융회사 A사에서 근무하고 있는데, "근로자 甲이 고객으로부터 금품을 수수하였다"는 투서가 접수되었다. A사는 고소를 하였고, 2015년 11월 말경 검찰은 고객으로부터 금 1,000만원을 받은 혐의로 甲을 불구속기소하였다. 그러나 근로자 甲은 재판절차에서 변호사를 선임하여 무죄를 주장하고 있었다. 형사재판이 진행 중이던 2016년 1월 말경 A사는 근로자 甲에 대한 징계절차를 개시하여 해고로 결정하고 그 사유와 시기를 서면으로 통지하였다. 근로자 甲이 조합원으로 가입한 노동조합과 A사가 체결한 단체협약에는 다음과 같이 규정되어 있다.
> 1. 직원이 고객 또는 거래처로부터 돈을 받은 경우 그 액수를 불문하고 해고사유가 된다.
> 2. 징계사유가 형사사건으로 기소되면 징계절차를 개시할 수 있다.
> 근로자 甲에 대한 해고는 정당한가?

1. 근기법 제23조제1항의 정당한 이유

① 근기법은 사용자의 해고와 근로자의 임의퇴직을 동일하게 취급하지 아니하고 사용자의 해고에 대하여 많은 제한을 하고 있다. 근기법 제23조제1항에 의하면 「사용자는 근로자에게 정당한 이유없이 해고, 휴직, 정직, 전직, 감봉 그 밖의 징벌(이하 "부당해고 등"이라 한다)을 하지 못한다」라고 규정하고 있다. 동 조항에서 그 밖의 징벌이란 해고, 휴직, 정직, 전직, 감봉을 제외한 처분으로서 사용자가 당해 근로자에게 과거의 잘못에 대한 제재로서 가하는 불이익한 처분만을 의미하며, 근로계약관계에서 일반적으로 일어날 수 있는 모든 불이익한 처분을 의미하는 것은 아니다(대법 2023.1.12, 2022다281194).

② 판례(대법 2016.10.27, 2015다5170 ; 대법 2014.12.24, 2012다116864 ; 대법 2012.7.5, 2009두16763 ; 대법 1992.3.13, 91다39559)에 의하면 「근기법 제23조제1항은 사용자는 근로자에게 정당한 이유없이 해고 등의 징벌을 하지 못한다고 규정하여 사용자로 하여금 자유롭게 근로자를 해고할 수 없도록 제한하고 있으나 여기에서의 "정당한 이유"란 사회통념상 근로계약을 계속시킬 수 없을 정도로 근로자에게 책임이 있는 사유가 있다든가 부득이한 경영상의 필요가 있는 경우를 말하는 것이므로 근로계약이나 취업규칙 등에 해고에 관한 규정이 있는 경우 그것이 위의 근기법에 위배되어 무효가 아닌 이상 그에 따른 해고는 정당한 이유가 있는 해고이다」라고 판시하고 있다. '정당한 이유'는 단체협약이나 취업규칙 내에 해

고의 기준으로 정립될 수 있다. 그러나 단체협약이나 취업규칙 내에 정해진 해고의 기준이 모두 정당한 것은 아니기 때문에 그 실질적 정당성에 대하여 엄격한 법적 평가가 필요하다.

사용자의 근로자에 대한 해고의 적법성을 판단할 때에는 정당한 이유의 존부가 핵심적 쟁점이 된다. 정당한 이유에는 실체적 정당성뿐만 아니라 절차적 정당성도 포함된다. 따라서 해고의 적법성 판단은 실체적 정당성과 절차적 정당성을 모두 갖추어야 정당한 이유가 있는 유효한 해고로 인정된다. 근로자를 해고할 때 사용자가 정당한 해고사유를 입증하지 못하면 부당해고에 해당한다(서울고법 2019.1.30, 2017나2069008).

2. 정당한 이유의 판단기준

(1) 징계해고의 경우

① 정당한 이유의 판단기준 : 징계해고의 정당한 이유는 사회통념상 당해 근로자와의 계속적인 근로관계의 유지를 기대할 수 없을 정도의 사정이 있는지를 가지고 개별적·구체적 사안별로 판단해야 한다. 취업규칙에 규정된 징계해고 사유에 해당된다는 이유만으로 사용자의 모든 징계해고 처분이 정당한 것으로 인정되지 아니한다. 징계해고처분이 사회통념상 해당 근로자와의 고용관계를 계속할 수 없을 정도인지의 여부는 ▲해당 사용자의 사업의 목적과 성격, ▲사업장의 여건, ▲당해 근로자의 지위 및 담당직무의 내용, ▲비위행위의 동기와 경위, ▲이로 인하여 기업의 위계질서가 문란하게 될 위험성 등 기업질서에 미칠 영향, ▲과거의 근무태도 등 여러 가지 사정을 종합적으로 판단하여야 한다(대법 2018.10.4, 2016다242884 ; 대법 2017.4.7, 2013두16418 ; 대법 2017.3.15, 2013두26750 ; 대법 2016.11.24, 2015두54759 ; 대법 2014.11.27, 2011다41420 ; 대법 2014.7.10, 2012다100760 ; 대법 2011.3.24, 2010다21962).

② 실무사례해설 : 징계해고의 정당성 판단 여부는 해고사유의 정당성, 해고절차의 정당성, 양정의 정당성 등으로 나눠볼 수 있다. 실무사례의 경우 해당 징계해고사건에서 해고사유의 정당성 판단은 근로자의 형사 기소 사유로 언급된 고객으로부터의 금품 수수는 그것이 재판결과 사실로 인정되는 경우, 단체협약에서 이를 해고사유로까지 규정하고 있고, 금품수수의 비위행위는 일반적으로 징계사유로 인정할 수 있다는 점에서 사유는 정당한 것으로 판단된다. 해고의

정당성은 징계절차 개시에 있어 단체협약을 준수했고 해고시 서면 통지 절차를 거치는 등 절차상 정당성이 인정되고 있다. 징계양정으로서 해고가 정당한지 여부는 근로자 甲이 금융회사에 다니고 있는 점과 고객으로부터 받은 금품의 액수가 1,000만원이라는 점을 고려하면 해고의 양정 역시 정당하다고 판단할 수 있을 것이다. 결국 재판결과에 따라 징계해고 정당 여부는 판단될 것이다.

(2) 통상해고의 경우

통상해고에서의 정당한 이유는 징계해고의 경우와는 달리 정당성 판단기준이 적용된다. 판례(대법 1996.12.6, 95다45934 ; 대법 1995.7.14, 95다1767 ; 대법 1993.7.13, 93다3721)는 「근로자가 취업규칙에서 정한 "신체장해로 인하여 직무를 감당할 수 없을 때"에 해당한다고 보아 퇴직처분을 함에 있어서 그 정당성은 ㈎ 근로자가 신체장해를 입게 된 경위 및 그 사고가 사용자의 귀책사유 또는 업무상 부상으로 인한 것인지의 여부, ㈏ 근로자의 치료기간 및 치료 종결 후 노동능력 상실의 정도, ㈐ 근로자가 사고를 당할 당시 담당하고 있던 업무의 성격과 내용, ㈑ 근로자가 그 잔존 노동능력으로 감당할 수 있는 업무의 존부 및 그 내용, ㈒ 사용자로서도 신체장해를 입은 근로자의 순조로운 직장 복귀를 위하여 담당업무를 조정하는 등의 배려를 하였는지 여부, ㈓ 사용자의 배려에 의하여 새로운 업무를 담당하게 된 근로자의 적응노력 등 제반사정을 종합적으로 고려하여 합리적으로 판단하여야 한다」고 판시한다. 해고사유(근로자측 사정)와 근로관계의 계속에 대한 기대불가능 사이에 당연히 인과관계가 있어야 하지만 구체적인 이익교량의 방법으로 사용자의 배려의무를 중시하는 판단구조를 보여주고 있다.

(3) 정리해고의 경우

정리해고에서의 정당한 이유는 [7]에 상세히 기술한다.

3. 증명책임

근기법 제31조에 의하여 부당해고구제재심판정을 다투는 소송의 경우에는 해고의 정당성에 관한 증명책임은 이를 주장하는 사용자가 부담하므로(대법 1999.4.27, 99두202), 정리해고에서도 사용자가 정리해고의 정당성을 비롯한 정리해고의 요건을 모두 증명해야 한다(대법 2019.11.28, 2018두44647).

4. 정당한 이유없는 해고의 효력

근기법상 "정당한 이유없이 해고하지 못한다"라는 규정은 강행규정이며 실태상은 판례법에 의하여 민법 제2조제1항(신의칙) · 제2항(권리남용), 제103조(반사회질서의 법률행위) 등의 일반적 규정의 운용으로서 정당한 이유없이 근로자를 해고한 경우에는 구제명령(근기법 제30조) 및 이행강제금(근기법 제33조)이 적용되는 것 이외에 그 해고는 사법상 당연히 무효이다.

5. 해고사유의 판단시점과 존립보호

해고사유의 존재는 해고 시점을 기준으로 판단하여야 한다. 해고는 근로관계의 유지를 목적으로 하는 것인 만큼, 근로관계의 유지를 기대할 수 없는 사유가 해고시점에 존재하여야 한다(대법 2013.9.12, 2013다110316 ; 대법 2012.7.5, 2009두16365).

3 법률상 해고가 제한되는 경우

해고는 원칙적으로 정당한 이유가 있어야 행사할 수 있는 사용자의 권한으로 그것이 정당한 이유가 없는 경우에는 무효가 된다. 이외에 법률상 해고가 금지되거나 제한되어 있는 경우가 있다.

1. 부당노동행위가 되는 해고의 금지 및 판단방법과 증명책임

(1) 부당노동행위가 되는 해고의 금지

부당노동행위란 헌법상 근로자 또는 노동조합에게 보장하고 있는 노동3권 실현활동에 대한 사용자의 침해 내지 간섭행위를 말한다. 부당노동행위제도의 목적은 노동3권 보장을 전제로 하면서 노동3권 침해에 대한 구제를 통해 정상적인 노사관계질서 내지 공정한 노사관계질서를 확립해 나가려는 데 있다.

노조법 제81조는 부당노동행위를 유형별로 불이익취급, 반조합계약, 단체교섭의 거부 · 해태, 지배 · 개입으로 규정하고 금지하고 있다.

근로자가 노동조합에 가입 또는 가입하려고 하였거나 노동조합을 조직하려고 하였거나 기타 노동조합의 업무를 위한 정당한 행위를 한 것을 이유로 근로자를 해고할 수 없다(노조법 제81조제1호). 이와 같은 부당노동행위로서의 해고는 사법상 무효이다.

(2) 해고사유가 경합할 경우의 판단기준

근기법 제23조제1항에 반하지 않는 정당한 이유가 있는 해고와 노조법 제81조제1호와 제5호에 반하는 부당노동행위의 불이익취급에 관한 해고가 서로 경합할 경우, 그 해고의 효력을 어떻게 볼 것인가의 문제이다. 근로자의 노동조합 업무를 위한 정당한 행위를 실질적인 해고사유로 한 것인지의 여부는 사용자측이 내세우는 해고사유와 근로자가 한 노동조합 업무를 위한 정당한 행위의 내용, 해고를 한 시기, 사용자와 노동조합과의 관계, 동종의 사례에 있어서 조합원과 비조합원에 대한 제재의 불균형 여부, 해고절차의 준수 여부, 종래 관행에의 부합 여부, 사용자의 조합원에 대한 언동이나 태도, 기타 부당노동행위 의사의 존재를 추정할 수 있는 제반사정 등을 비교 검토하여 종합적으로 판단하여야 한다(대법 2000.4.11, 99두2963 ; 대법 1999.11.9, 99두4273 ; 대법 1996.7.30, 96누587).

정당한 이유는 그 존재가 확실한 반면 부당노동행위 의사가 해고의 주된 동기라고 보기 힘든 경우(부당노동행위 여부가 단순 개연성을 가지거나 불확실한 경우가 될 것이다)는 해고는 유효하다고 판단될 것이나, 반면 부당노동행위로 보이는 측면이 보다 분명한 경우에는 정당한 이유의 주장에도 불구하고 해고는 무효로 판정될 가능성이 높다. 사용자가 표면적으로 내세우는 해고사유와 달리 실질적으로 근로자의 정당한 노동조합활동을 이유로 해고하였다고 인정되는 경우 그 해고는 부당노동행위라고 보아야 한다(대법 2016.12.29, 2015두2895). 사용자가 근로자에게 징계나 해고 등 기타 불이익한 처분을 했지만 그에 관하여 심리한 결과 그 처분을 할 만한 정당한 사유가 있는 것으로 밝혀졌다면 사용자의 그와 같은 불이익한 처분이 부당노동행위 의사에 기인해 이루어진 것이라고 섣불리 단정할 수 없다(대법 2018.6.15, 2014두12598, 12604). 또한 해당 사건 각 징계처분의 징계사유 중 해당 근로자들이 해당 사건 파업을 기획·주도해 참가한 행위, 회사 무단진입을 기획·주도한 행위가 정당한 징계사유로 인정되는 이상 회사가 해당 근로자들에게 해당 사건 각 징계처분을 했다고 하더라도 이를 부당노동행위라고 단정하기 어렵고, 달리 이를 인정할 증거가 없다(대법 2017.4.7, 2013두16418).

(3) 부당노동행위 성립 여부의 증명책임

부당노동행위 성립의 증명책임에 관한 문제이다. 판례(대법 2018.6.15, 2014두

12598, 12604 ; 대법 2011.7.28, 2009두9574 ; 대법 2007.11.15, 2005두4120)는 「사용자의 행위가 노조법에서 정한 부당노동행위에 해당하는지 여부는 사용자의 부당노동행위 의사의 존재 여부를 추정할 수 있는 모든 사정을 전체적으로 심리·검토하여 종합적으로 판단하여야 하고, 부당노동행위에 대한 증명책임은 이를 주장하는 근로자 또는 노동조합에게 있다」고 판시하고 있다.

2. 업무상의 부상·질병에 의한 휴업, 출산전후 휴가 중 및 그 후의 30일의 해고금지

(1) 해고금지의 취지

근기법 제23조제2항 본문에서 「사용자는 근로자가 업무상 부상 또는 질병의 요양을 위하여 휴업한 기간과 그 후 30일 동안 또는 출산전후의 여성이 이 법에 따라 휴업한 기간과 그 후 30일 동안은 해고하지 못한다」고 규정한다. 근기법이 해고시기에 관한 제한을 둔 취지는 해고의 정당한 이유가 있는 경우라도 근로자가 업무상의 재해 또는 출산으로 인하여 노동력을 상실하고 있는 기간과 노동력을 회복하기에 필요한 그 후의 30일간은 근로자를 실직의 위협으로부터 절대적으로 보호하고자 함에 있다(대법 2011.11.10, 2009다63205 ; 대법 2001.6.12, 2001다13044).

(2) 해고가 제한되는 휴업기간의 범위

업무상 재해의 경우의 해고의 제한을 초래하는 '요양'이란 근기법 및 산재보험법상의 요양보상·휴업보상의 대상이 되는 요양과 같으며 치유(증상고정)후의 통원 등은 포함되지 않는다. 근로자가 업무상의 부상 등으로 치료 중이라 하더라도 휴업하지 아니하고 정상적으로 출근하고 있는 경우, 또는 업무상의 부상 등으로 휴업하고 있는 경우라도 그 요양을 위하여 통원치료를 하면서 휴업할 필요가 있다고 인정되지 않는 경우에는 근기법 제23조제2항의 해고가 제한되는 휴업기간에는 해당하지 아니한다. 요양과 휴업사이에는 상당인과관계가 존재하지 않으면 안된다. 이때 요양을 위하여 휴업이 필요한지 여부는 업무상 부상 등의 정도, 부상 등의 치료과정 및 치료방법, 업무의 내용과 정도, 근로자의 용태 등 객관적인 사정을 종합하여 판단하여야 한다(대법 2011.11.10, 2009다63205).

(3) 해고금지기간 중 해고예고가 경합한 경우의 효력

해고제한에 있어서 학설상 해고제한을 보다 두텁게 보호하는 관점에서 사용자는 해고제한기간 내에는 해고예고를 포함하여 해고의 의사표시를 하는 것은 일체 금지된다는 견해가 많다. 그러나 행정해석(2004.8.27, 근로기준과-4503)은 사용자는 제한기간내에 효력이 발생하는 해고를 금지시키는 것이라고 해석하여 치료기간 중 치유 후 30일의 경과 후에 해고한다는 취지의 예고해고는 해고금지기간에도 가능하다고 한다.

(4) 해고금지의 예외

첫째, 업무상 재해에 의한 요양의 경우의 해고금지에 있어서이다.

요양개시 2년 경과 후 사용자가 일시보상을 하였을 경우(근기법 제84조) 및 요양급여를 받는 근로자가 요양을 시작한 후 3년이 지난 날 이후에 상병보상연금을 지급받고 있으면 근기법 제23조제2항 단서를 적용할 때 그 사용자는 그 3년이 지난 날 이후에는 같은법 제84조에 따른 일시보상을 지급한 것으로 본다(산재보험법 제80조제4항).

둘째, 사업을 계속할 수 없게 된 경우에는 해고가 가능하다(근기법 제23조제2항 단서). 예컨대 천재·사변 그 밖의 부득이한 사유 때문에 사업계속의 불가능성으로 인해서 근로자의 계속고용이 기대 불가능한 경우를 들 수 있다.

3. 성별·국적·신앙 등을 이유로 하는 해고의 금지

근로자의 성별·국적·신앙·사회적 신분을 이유로 하여 근로조건에 대한 차별적 처우는 금지되는데 그 일환으로서 이러한 사유에 의한 해고는 금지된다. 그러므로 정치적 신조 등을 이유로 행한 해고 등은 그것이 사상·신앙에 의한 차별에 해당할 경우에는 무효로 된다(근기법 제6조).

4. 해고사유 및 해고시기의 서면통지와 해고의 효력

이에 관해서는 별도로 5에서 설명한다.

5. 감독기관에 대한 신고를 이유로 하는 해고의 금지

근기법 제104조에서는 사업 또는 사업장에서 근기법이나 산업안전보건법, 그 밖에 법령에 위반하는 사실이 있으면 근로자는 그 사실을 고용노동부장관 또는 근로감독관에게 통보하여 시정하기 위한 조치를 취하도록 요구하는 '근로자의 통보권'이 보장되어 있다. 이때의 「통고」란 사용자의 법 위반 사항에 대하여 감독기관에 제기하는 진정 또는 고소·고발 등을 말한다. 근기법 제28조에 의한 노동위원회 구제신청은 동법 제104조의 감독기관에 대한 통보로 보기 어렵다(2001.11.16, 근기 68207-3235). 그리고 이 통보권의 보장을 담보하기 위하여 근로자가 이러한 통보를 하였다는 것을 이유로 해고 그 밖의 불이익한 처우를 하지 못한다고 금지되어 있다.

6. 직장 내 괴롭힘 발생 사실 신고근로자 및 피해근로자 해고의 금지

사용자는 직장 내 괴롭힘 발생 사실을 신고한 근로자 및 피해자 등에게 해고나 그 밖의 불리한 처우를 하여서는 아니 된다(근기법 제76조의3 제6항). 자신의 지위(2급부장)를 이용하여 주로 직급이 낮은 신입이나 여성직원들, 비정규직을 상대로 인격권을 침해하는 발언을 하는 등 괴롭힘 행위를 한 중간관리자에 대한 해임처분은 정당하다(서울행법 2019.3.29, 2018구합65361).

7. 남녀고용법평등법 위반에 의한 해고의 금지

(1) 정년의 차별금지

남녀고용평등법 제11조제1항에 의하면「사업주는 근로자의 정년·퇴직 및 해고에서 남녀를 차별하여서는 아니된다」라고 규정하고 있다.

따라서 남성 60세, 여성 55세라고 하는 남녀간에 차이가 있는 정년이나, 사원 55세, 교환직렬직종 43세라고 규정한 정년규정이나 인원정리시의 해고에 있어서 '30세 이상의 여성'이라든가 '유부의 여성' 등 여성임을 이유로 하는 기준으로 선정하여 해고하는 것은 위법, 무효로 된다.

(2) 해고의 차별금지

정리해고(경영상 해고)에 있어서 합리적이고 공정한 기준을 정하고 이에 따라 그 대상자를 선정하여야 하는데 남녀의 성을 이유로 차별하여서는 아니된다(근기법 제24조제2항). 해고회피노력을 하지 않거나 해고기준을 공정하게 적용하지 않음으로써 여성근로자가 해고를 당하지 않도록 하는 규정이다.

(3) 여성근로자의 혼인 · 임신 · 출산을 퇴직이유로 예정한 근로계약 금지

사업주는 여성근로자의 혼인, 임신 또는 출산을 퇴직사유로 예정하는 근로계약을 체결하여서는 아니된다(남녀고용평등법 제11조제2항). 그리고 그러한 계약(또는 규정)에 근거한 퇴직도 위법, 무효로 된다.

(4) 배우자출산휴가를 이유로 한 해고의 금지

사업주는 배우자 출산휴가를 이유로 근로자를 해고하거나 불리한 처우를 하여서는 아니된다(남녀고용평등법 제18조의2 제5항).

(5) 육아휴직 및 육아기 근로시간 단축을 이유로 한 해고의 금지

사업주는 육아휴직을 이유로 해고 그 밖의 불리한 처우를 하여서는 아니 되며 육아휴직기간에는 그 근로자를 해고하지 못한다. 다만 사업을 계속할 수 없는 경우에는 그러하지 아니하다(남녀고용평등법 제19조제3항). 또한 사업주는 육아기 근로시간 단축을 이유로 해당 근로자에게 해고나 그 밖의 불리한 처우를 하여서는 아니된다(동법 제19조의2제5항).

(6) 가족돌봄휴직 · 가족돌봄휴가 및 가족돌봄을 위한 근로시간 단축을 이유로 한 해고의 금지

사업주는 가족돌봄휴직을 이유로 해당근로자를 해고하거나 근로조건을 악화시키는 등 불리한 처우를 하여서는 아니된다(남녀고용평등법 제22조의2제4항). 사업주는 가족돌봄을 위한 근로시간 단축 중임을 이유로 해당 근로자에게 해고나 불리한 처우를 하여서는 아니 된다(동법 제22조의3 제5항).

(7) 난임치료휴가를 이유로 한 해고의 금지

사업주는 난임치료휴가를 이유로 해당근로자를 해고, 징계 등 불리한 처우를 하여서는 아니된다(동법 제18조의3 제2항).

(8) 성희롱 발생사실을 신고한 근로자 및 고객 등에 의한 성희롱 피해자의 경우

사업주는 성희롱 발생사실을 신고한 근로자나 피해 근로자 등에게 파면, 해임, 해고, 그 밖에 신분상실에 해당하는 불이익 조치를 하여서는 아니 된다(남녀고용평등법 제14조제6항). 또한 사업주는 고객 등으로부터 성적 요구 등에 불응한 것을 이유로 해고나 그 밖의 불이익한 조치를 하여서는 아니된다(동법 제14조의2제2항).

4 단체협약 또는 취업규칙 · 근로계약에 반하는 해고의 금지

1. 해고의 금지

단체협약 또는 취업규칙에는 통상 해고사유와 해고절차를 규정하고 있다. 단체협약으로 이와 같은 규정을 하였을 경우에는 원칙적으로 '근로조건 기타 대우에 관한 기준'으로서 규범적 효력이 부여되므로 그에 반하는 해고는 무효다. 또한, 취업규칙으로 해고사유를 규정하였을 때는 소정의 해고사유가 예시적 규정으로 해석되는 경우를 제외하고 '해고권의 자기규제'로 해석되므로 취업규칙에 규정하는 것 이외의 사유로 인한 해고는 원칙적으로 행할 수 없다.

해고절차를 위반하였을 경우에도 절차의 중요성, 위반의 정도 등에 따라 다르지만, 그 규정절차를 취하지 아니하는 해고는 하자가 있다고 하여 무효가 되는 경우가 많다.

2. 취업규칙과 단체협약의 해고사유가 상충될 경우의 효력

① 단체협약에 반하지 않는 한 사용자는 취업규칙에서 새로운 징계사유를 정할 수 있고 그 징계사유에 터 잡아 징계할 수도 있다. 동일한 징계사유에 관하여 단체협약상의 규정과 취업규칙 등의 규정이 상호 저촉되는 경우가 있다. 그러나 단체협약에서 해고는 단체협약 규정에 의하여만 하고 취업규칙에 의해서는 해고할 수 없다고 규정되어 있다면 취업규칙에 의한 해고는 무효라고 할 것이다(대법 2005.5.26, 2005두1152).

② 따라서 단체협약에서 취업규칙과는 다른 해고사유를 규정한 경우에 취업규칙상 해고사유를 적용하여 해고할 수 있는 것이 원칙이지만, 단체협약에서 단체협약상 사유로만 해고할 수 있도록 제한적으로 규정한 경우에는 취업규칙상 해고사유로는 해고할 수 없다는 것을 명확히 한 것이다.

3. 단체협약에 없는 해고사유가 취업규칙에 징해진 경우의 효력

근로자의 기업질서 위반행위에 대하여 근기법 등의 관련법령에 반하지 않는 범위 내에서 이를 규율하는 취업규칙을 제정할 수 있고, 단체협약에서 규율하고 있는 기업질서 위반행위 외의 근로자의 기업질서에 관련한 비위행위에 대하여 이를 취업규칙에서 해고 등의 징계사유로 규정하는 것은 원래 사용자의 권한에 속하는 것이므로, 단체협약에서 '해고에 관하여는 단체협약에 의하여야 하고 취업규칙에 의하여 해고할 수 없다'는 취지로 규정하거나 '단체협약에서 정한 사유 외의 사유로는 근로자를 해고할 수 없다'고 규정하는 등 근로자를 해고함에 있어서 해고사유 및 해고절차를 단체협약에 규정하도록 명시적으로 규정하고 있거나 동일한 징계사유나 징계절차에 관하여 단체협약상의 규정과 취업규칙 등의 규정이 상호 저촉되는 경우가 아닌 한 사용자는 취업규칙에서 단체협약 소정의 해고사유와는 관련이 없는 새로운 해고사유를 정할 수 있고, 그 해고사유에 터 잡아 근로자를 해고할 수 있다(대법 1999.3.26, 98두16132).

4. 단체협약상의 해고협의조항과 해고합의조항

사용자가 인사처분을 함에 있어 사전에 노조의 동의 내지 합의를 얻도록 규정한 단체협약이 규정되어 있는 경우 이러한 합의를 거치지 아니한 징계처분은 원칙적으로 무효라 할 것이나 근로자나 노동조합측에서 스스로 이러한 합의절차를 포기하였다는 등의 특별한 사정이 있는 경우에는 그렇지 않다(대법 2005.7.28, 2005두3608).

5 해고사유 및 해고시기의 서면통지와 해고의 효력

1. 서면통지의 취지

사용자는 근로자를 해고하려면 해고사유와 해고시기를 서면으로 통지하여야 한다. 근로자에 대한 해고는 근기법 제27조제1항에 따라 서면으로 통지하여야 효력이 있다(근기법 제27조). 해고사유와 해고시기의 서면통지를 해고의 효력발생 요건으로 명시한 것으로서 이에 위반한 해고는 무효이다.

근기법 제27조의 해고사유 등의 서면통지제도의 취지는 ① 사용자로 하여금 근로자를 해고하는 데 신중을 기하게 함과 아울러, ② 해고의 존부 및 시기와 그 사유를 명확하게 하여 나중에 이를 둘러싼 분쟁이 적정하고 용이하게 해결될 수 있도록 하고, ③ 근로자에게도 해고에 적절히 대응할 수 있게 하기 위한 취지이다(대법 2021.10.28, 2021두45114 ; 대법 2011.10.27, 2011다42324).

2. 서면통지의 내용

(1) 서면의 의미 및 형식

① 서면의 의미

근기법 제27조의 규정상 '서면'이란 일정한 내용을 적은 종이로 된 문서 또는 전자문서법상 전자문서를 의미한다. 전자문서법 제4조제1항에 의하면 '전자문서는 전자적 형태로 되어 있다는 이유만으로 법적 효력이 부인되지 아니 한다'고 규정하고 있고, 제4조의2(전자문서의 서면요건)에 의하면 전자문서는 첫째 전자문서의 내용을 열람할 수 있을 것, 둘째 전자문서가 작성·변환되거나 송신·수신 또는 저장된 때의 형태 또는 그와 같이 재현될 수 있는 형태로 보존되어 있을것이란 두 가지 요건만 갖추면 그 전자문서를 서면으로 간주하게 된다. 사실상 현재 통용되고 있는 모든 문서파일이나 이미지 파일이 전자문서의 서면 간주 대상이 된다.

② 서면의 형식

㈎ 서면의 형식에 관한 규정 여부 : 근기법 제27조는 해고사유와 시기를 서면으로 통지하여야 그 효력이 있다고 정하고 있을 뿐 그 서면의 형식을 별도로 정하고 있지 아니하다.

㈏ 이메일에 의한 해고통지 : 이메일에 의한 해고통지의 유효성이 문제되고 있다. 사용자가 근로자에게 이메일로 보낸 '징계결과통보서'에는 해고사유와 시기가 구체적이고 명확하게 기재되어 있고, 근로자가 이에 적절히 대응할 기회를 부여받은 이상 근기법 제27조가 정한 서면에 해당한다고 할 것이고, 그 명칭이 해고통지서가 아닌 징계결과통보서라는 이유만으로 위 서면에 해당하지 아니한다고 할 수 없다(대법 2015.9.10, 2015두41401). 이 판례는 사용자가 근로자에게 해고통지를 이메일로 했더라도 효력이 즉시 가능한 상태의 형태의 전자문서를 첨부했다면 사실상 종이 형태의 서면과 다를 바 없고 저장과 보관에 있어서 지속성이나 정확성이 더 보장될 수도 있다.

㈐ 카카오톡 메시지로 통보 : 이 경우 해고사유와 해고시기를 통지하지 아니한 채 카카오톡 메시지로 근로관계 종료를 통보한 것은 근기법 제27조에서 정한 절차를 위반한 것으로서 효력이 없다(서울중앙지법 2020.1.23, 2019가합826).

(2) 해고사유의 특정

① 사실관계의 명확한 기재

해고사유는 해고의 동기 또는 원인을 말하며, 근로자가 어떤 사유로 해고를 당하는 것인지를 구체적으로 알 수 있어야 하므로 해고통지 서면에는 해고의 근거로 삼는 사실관계를 명확하게 기재해야 한다.

② 해고통지서에 징계사유를 축약해 기재한 경우

사용자가 해고사유 등을 서면으로 통지할 때는 근로자의 처지에서 해고사유가 무엇인지를 구체적으로 알 수 있어야 하고, 특히 징계해고의 경우에는 해고의 실질적 사유가 되는 구체적 사실 또는 비위내용을 기재하여야 하며 징계대상자가 위반한 단체협약이나 취업규칙의 조문만 나열하는 것으로는 충분하다고 볼 수 없다(대법 2011.10.27, 2011다42324). '담당 학생들에 대한 부적절한 신체접촉 및 발언으로 다수의 학생들이 불쾌감이나 수치심을 느꼈다'는 내용의 해고통지서에 대해, 해고사유를 이루는 개개의 행위의 범주에 다소 불분명한 부분이 있다고 하더라도 이 때문에 근로자가 해고에 대하여 충분히 대응을 하지 못할 정도였다고 보기는 어려우므로 적법하다(대법 2022.1.14, 2021두50642). 또한 해고 대상자가 이미 해고 사유가 무엇인지 구체적으로 알고 있고 그에 대해 충분히 대응할 수 있는 상황이었다면 해고통지서에 징계사유를 축약해 기재하는 등 징계사유를 상세하게 기재하지 않았더라도 위 조항에 위반한 해고통지라고 할 수는 없다(대법 2022.1.14, 2021두50642 ; 대법 2015.7.9, 2014다76434). 그러나 사용자가 해고를 서면으로 통지하면서 해고사유를 전혀 기재하지 않았다면 이는 근기법 제27조를 위반한 해고통지에 해당한다(대법 2021.2.25, 2017다226605).

③ 회의록 양식에 의한 해고의 서면통지의 유효 여부

사용자가 세금계산서와 관련된 근로자의 잘못된 업무처리에 대해 근로자와 회의를 하면서 업무처리 경위와 후속조치 계획에 관한 사유서를 제출받고, 검토 후 퇴사를 명할 수 있다고 경고한 다음 회의를 진행한 결과 근로자에 대한 해고를 결정하였고, 회의 일시, 장소, 참석자, 근로자의 업무처리상 과실 등 회의 내용을 정리한 회의록을 작성하여 근로자로부터 확인 서명을 받고 사본을 교부하였다면, 비록 그 서면이 회의록 형식이라도 하더라도, 근로자가 위 서면에 의해 해고통지를 받을 당시 이미 해고사유가 무엇인지 구체적으로 알고 있었고 이에 대해 충분히 대응할 수 있는 상황이었으므로 위 서면에 의한 해고통지가 근기법 제27조를 위반한 것으로 볼 수 없다(대법 2021.7.29, 2021두36103). 대법원은 "사용자가 해고사유 등을 서면으로 통지할 때 해고통지서 등 그 명칭과 상관없이 근로자의 처지에서 해고 사유가 무엇인지를 구체적으로 알 수 있는 서면이면 충분하다"고 판단해 원고 패소 판결한 원심을 파기했다.

④ 계약종료통지서에 의한 해고통지의 근기법 제27조 위반 여부

甲이 乙주식회사와 1년으로 기간을 정한 고용계약을 체결하고 근무하다가 고용계약을 새로이 체결하면서 근로계약기간의 종기를 따로 정하지 않았는데, 乙회사가 甲에게 계약종료통지서를 교부하면서 계약종료의 사유나 별도의 근거규정을 기재하지 않은 사안에서, 甲에 대한 해고통지서에 해당하는 계약종료통지서에 해고사유가 전혀 기재되어 있지 않으므로 근기법 제27조를 위반한 통지에 해당하는데도, 甲이 해고사유가 무엇인지 구체적으로 알고 있고 그에 대해 적절하게 대응할 수 있는 상황이었다는 등의 이유로 해고사유를 기재하지 않았다면 위 계약종료통지서에 의한 해고통지는 근기법 제27조를 위반한 것이다(대법 2021.2.25, 2017다226605).

(3) 해고시기의 특정

해고시기는 해고의 효력을 발생시키고자 하는 시기를 말하며, 적어도 연·월·일을 기재하여야 한다. 해고사유만 명시하고 해고시기에 대하여 명시하지 않았다면 그 해고의 효력이 인정될 수 없다. 통상 해고예고시 서면통지하는 것이 원칙일 것이나 즉시해고의 경우에도 서면통지를 하여야 해고의 효력이 있다. 해고시기에 관하여 불확정 기한이나 조건을 붙이는 경우에는 해고의 시기를 특정한 것으로 볼 수 없다. 해고는 상대방 있는 단독행위이므로 사용자의 근로계약 해지의 의사표시가 상대방에게 도달한 때에 효력이 발생하는 것이 원칙이나(대법 1997.9.26, 97누1600), 서면에 기재된 해고시기와 도달시기가 다른 경우, 특히 서면에 기재된 해고시기를 도과하여 근로자에게 도달된 경우에는 기재된 해고시기에 해고의 효력이 발생한다(대법 2012.1.27, 2011두27843).

3. 서면통지 요건의 하자 치유가능성

근기법 제27조를 위반하여 해고를 하였다가 그 후에 해고사유와 소급된 해고시기를 기재한 서면을 통지하여 그 절차를 보완하는 것은 허용할 수 없다(서울행법 2013.7.17, 2013구합284). 이 판례는 앞서 행한 해고를 철회하지 않은 채 서면에 해고시기만 과거로 소급하여 기재한 이상 이러한 서면통지를 유효하다고 볼 수 없다는 것이다. 사용자로서는 절차상의 하자를 치유하고 싶다면 서면통지절차의 흠결이 있는 해고를 철회하여 복직시키고, 장래를 향해 서면통지의 요건을 다시금 갖추어 해고하여야 할 것이다.

4. 서면통지의 방법 및 절차

① 서면통지의 형식 : 해고의 서면통지의 형식과 방법에 관한 규정은 없으나 통지내용에는 해고사유와 해고시기가 구체적으로 기재되어야 하고 사용자의 진정한 의사가 있어야 하므로 사용자가 발송한 것임을 입증할 만한 서명 또는 날인 등이 있어야 한다.

② 서면통지의 방법 : 통지의 방법은 근로자에게 도달하였다는 사실이 입증될 만한 등기우편, 직접교부 등의 방식을 사용하는 것이 혼선을 줄일 수 있다. 휴대폰 문자, 회사 홈페이지 등을 이용하여 해고를 통지한 경우 등은 법 제27조에 따른 서면 해고통지로 볼 수 없다. 이 경우에는 사용자의 서명 또는 날인이 있다고 보기 어렵기 때문이다(2007.11.29, 근로기준팀-8048). 또한 기간제 근로계약이 종료된 후 사용자가 갱신거절의 통보를 하는 경우에는 근기법 제27조가 적용되지 않는다(대법 2021.10.28, 2021두45114).

5. 서면통지의 효력발생시기

근기법 제27조에서는 해고사유와 시기를 서면으로 통지하도록 하고 있고 해고의 효력은 서면통지에 명시된 기일에 발생한다. 해고가 아닌 징계는 별도로 기일을 정하지 않았다면 「징계의 통지와 사유설명서」가 도달하였을 때 발생하며 구두의 경우는 즉시 발생한다(민법 제111조). 노동위원회규칙 제40조에서도 해고 이외의 징벌은 근로자가 징벌이 있었음을 안 날, 구술통지를 받은 경우 그 통지를 받은 날부터 3개월 이내에 구제신청을 하도록 규정하고 있다.

6. 해고의 서면통지와 해고예고와의 관계

사용자가 근기법 제26조에 따른 해고의 예고를 해고사유와 해고시기를 명시하여 서면으로 한 경우에는 제27조제1항에 따른 통지를 한 것으로 본다(근기법 제27조제3항). 서면통지의 해고예고간주는 해고사유와 해고시기를 명시하여 해고의 예고를 미리 한 경우에는 해고사유와 해고시기를 통지해야 하는 의무를 면해 줌으로써 해고의 절차를 명확하고 간명하게 할 필요가 있는 것이다.

해고의 서면통지와 해고예고는 엄밀하게는 서로 다른 단계에서 이루어지는 별개의 행위이다. 해고의 서면통지는 해고예고와 다르므로 해고예고를 하지 않아도 되는 경우에도 서면통지는 필수이다(해고예고는 근속 3개월 미만인 사람 등은 적용이 제외되나, 서면통지는 모든 해고에 적용된다). 다만, 사용자가 해고하려는 날로부터 30일 이전에 해고사유와 해고시기를 명확하게 표기하여 서면통지한 경우는 이 자체가 해고예고의 효과도 가지므로 별도의 해고예고는 불필요하다(2007.11.29, 근로기준팀-8048).

6 통상해고는 어떤 경우에 할 수 있는가

1. 통상해고의 의의

(1) 통상해고의 개념

통상해고란 근로자의 일신상 또는 행태상의 사유로 인하여 근로계약 의무를 이행하지 못하는 채무불이행 상태가 되고 장래에도 근로관계를 계속 유지하는 것이 불가능함에 따라 이루어지는 해고를 말한다. 일반해고, 보통해고라고도 한다. 근기법 제23조제1항에서 말하는 해고에는 징계해고·통상해고·정리해고 등 모든 유형의 해고가 포함되며, 모든 유형의 해고에는 정당한 이유가 필요하다는 것을 밝히고 있다(대법 1993.10.26, 92다54210).

(2) 통상해고와 징계해고의 구별

징계해고와 통상해고는 제도상 구별된다. 징계해고는 근로자에 대한 불이익이 더 크다는 점에서 징계해고 사유가 통상해고 사유에도 해당된다고 하여 절차상 부담 등을 면하기 위하여 사후에 징계해고를 통상해고로 전환하는 것은 허용되지 않는다.

판례(부산지법 1992.6.17, 91가합27276)는 징계해고는 기업질서 위반에 대한 제재벌로서 통상해고와는 제도상 구별되는 것이고, 실제로도 징계해고는 근로자에게 통상해고에 비하여 단순히 금전적, 경제적인 불이익만 주는데 그치는 것이 아니라 "징계"를 받아 해고되었다는 불명예스런 경력을 남기게 되어 재취업에 중

대한 장해를 수반하는 특별한 불이익을 주는 것이다. 사용자가 당초 징계해고를 하면서 동일한 비위사실이 통상해고 사유에도 해당한다 하여 예비적으로 통상해고의 의사표시를 하였다는 등의 특별한 사정이 없는 한 징계해고의 의사표시는 어디까지나 징계해고로서 독자적으로 그 유효성이 검토되어야 하고 징계해고 사유가 통상해고 사유에 해당한다 하여 사후적으로 이른바 징계해고의 통상해고로의 전환을 허용하여서는 아니 된다고 한다.

(3) 통상해고와 정리해고의 구별

사용자가 긴박한 경영상 필요 이외의 사유로 근로제공을 받을 수 없게 되어 근로자를 해고하는 경우에는 정리해고가 아니라 통상해고로 보아야 한다. 판례(대법 2004.2.27, 2003두902)는 사업의 폐지를 위하여 해산한 기업이 그 청산과정에서 근로자를 해고하는 경우 또는 기업이 파산선고를 받아 사업의 폐지를 위하여 그 청산과정에서 근로자를 해고하는 것은 통상해고에 해당한다고 한다. 또한, 인력감축이 주된 목적이 아니고 업무능률을 높이기 위해 직제규정을 개정한 결과 직책(엘리베이터 주임)이 폐지됨에 따라 동일한 직급・보수의 직책(경비주임)으로 전보・전적 등을 권유하였으나 이를 거절한 근로자를 해고하는 것은 정리해고가 아니라 정당한 이유가 있는 통상해고이다(대법 1991.9.24, 91다13533).

2. 통상해고 사유와 정당성 판단

[실무사례]

A회사는 가전제품을 제조·판매하는 주식회사이다. A회사의 취업규칙은 제23조(징계사유)와는 별개로 제22조(해고사유) 제5호에서 "근무성적 또는 능력이 현저하게 불량하여 직무를 수행할 수 없다고 인정되었을 때"를 해고사유로 정하고 있다. A회사는 2016년부터 매년 하반기에 사무직 직원들을 대상으로 5개 등급(S등급 100점, A등급 80점, B등급 60점, C등급 40점, D등급 20점)의 인사평가 제도를 시행하고 인사평가의 기준과 항목을 공개하고 있으며 인사평가 결과에 대한 이의제기 절차도 체계적으로 마련하여 사무직 직원들에게 안내하고 있다. A회사는 1차 평가자(팀장)의 평가내용을 토대로 2차 평가(부서장)와 최종평가(담당 임원)를 하여 평가등급을 산정하고, 특히 상대평가 방식의 불합리성을 보완하고자 부서장과 담당 임원이 피평가자의 자질 등을 고려해 최저 등급에 해당하는 C, D등급을 주지 않을 수 있도록 재량을 부여하고 있다.

A회사 생산관리부 과장으로 근무하던 甲은 2016년 C등급을 받았고, 2017년부터 2019년까지 매년 D등급 및 직무경고를 받았으며, 2016년부터 2019년까지 기간의 인사평가 결과 전체 사무직 과장급 이상 직원 2,000명 중 최하위를 기록했다. A회사는 2017년부터 2019년까지 3년간의 인사평가 결과를 기준으로 하위 2% 이내에 해당하는 甲을 포함한 과장급

이상 직원 40명을 대상으로 2020년 2월부터 같은 해 12월까지 직무역량 향상과 직무 재배치를 위한 교육을 실시하였다. 그 후 A회사는 2021년 1월경 甲을 생산품질지원부서에 재배치하였다. 甲은 직무 재배치 후 실시된 2021년 인사평가에서도 업무역량 부족, 부서 공동업무 관심 부족, 업무능력 습득 의지 부족 등으로 평가되어 D등급을 받았다. 인사담당 임원 乙은 甲과의 여러 차례 면담을 통해 甲의 그간 인사평가 결과가 취업규칙 제22조 제5호 해고사유에 해당할 수 있음을 상세히 설명하면서 6개월분 급여를 받는 조건으로 사직할 것을 甲에게 권고하였다. 그럼에도 불구하고 甲이 사직을 거부하자 A회사는 2022년 2월 4일 "귀하가 당사의 사직 권유를 거부함에 따라 귀하와의 근로계약관계를 2022년 3월 3일부로 종료함을 통지합니다."라는 내용이 기재된 계약종료통지서를 甲에게 교부하였고, 이에 따라 甲은 2022년 3월 3일 해고되었다. 다음 물음에 답하시오.

1) 甲은 A회사의 인사평가 제도가 불공정하고 자의적이며 자신에 대한 A회사의 해고처분이 사회통념상 고용관계를 계속할 수 없을 정도인 경우에 해당하지 않으므로 정당한 이유가 없는 해고로서 무효라고 주장한다. 이러한 주장의 타당성에 관하여 논하시오(단, 해고절차 및 해고통지의 적법성 여부는 논하지 않는다).
2) A회사는 甲이 乙과의 면담을 통해 해고사유와 근거 규정이 무엇인지 구체적으로 알고 있었으므로 甲에게 교부한 계약종료통지서에 의한 해고통지가 근기법 제27조를 위반한 해고통지에 해당하지 않는다고 주장한다. 이러한 주장의 타당성에 관하여 논하시오.

(1) 저성과자

① 정당성 판단기준

업무에 대한 적성 또는 직무능력이 부족한 경우에는 통상해고사유가 될 수 있다. 사용자가 취업규칙에서 정한 해고사유에 해당한다는 이유로 근로자를 해고할 때에도 정당한 이유가 있어야 한다. 사용자가 근로자의 근무성적이나 근무능력이 불량한 저성과자 해고가 정당성을 갖추기 위해서는 첫째, 저성과의 근거가 되는 평가가 공정하고 객관적인 기준에 따라 이루어진 것이어야 하고, 둘째, 근로자의 근무성적이나 근무능력이 다른 근로자에 비하여 상대적으로 낮은 정도를 넘어 상당한 기간 동안 일반적으로 기대되는 최소한에도 미치지 못하고 향후에도 개선될 가능성을 인정하기 어렵다는 등 사회통념상 고용관계를 계속할 수 없을 정도인 경우에 한하여 해고의 정당성이 인정된다(대법 2022.9.15, 2018다251486 ; 대법 2021.2.25, 2018다253680 ; 대법 2021.2.25, 2017다226605).

② 사회통념상 고용관계를 계속할 수 없는지의 성과부진 판단근거

이 경우 판단근거로서는 첫째, 근로자의 지위와 담당 업무의 내용, 둘째, 그에 따라 요구되는 성과나 전문성의 정도, 근로자의 근무성적이나 근무능력이 부진한 정도와 기간, 사용자가 교육과 전환배치 등 근무성적이나 근무능력 개선을 위한 기회를 부여하였는지 여부, 셋째, 개선의 기회가 부여된 이후 근로자의 근무성적이나 근무능력의 개선 여부, 넷째, 근로자의 태도, 사업장의 여건 등 여러 사정을 종합적으로 고려하여 합리적으로 판단하여야 한다(대법 2022.9.15, 2018다251486). 근로자가 직무수행에 필수적인 자격증을 갖추지 못하거나 시험이나 검사에 불합격한 경우와 같이 전문적인 지식이나 기능 등이 결여되어 직무수행 능력이 부족한 경우 또는 근로자의 업무성과가 현저히 부진하여 근로계약관계를 더 이상 지속하기 어려운 경우에는 통상해고로서 근로계약을 해지할 수 있다.

③ 판결내용 분석

㈎ 인사평가 기준이 불공정했는지 여부

이 판례(대법 2021.2.25, 2018다253680)는 현대중공업(주) 저성과자 해고사건으로 인사평가 기준이 불공정했는지 여부와 해고에 정당한 이유가 있는지 여부에 대하여 다음과 같이 판시하였다.

회사는 2012년 이후 이루어진 인사평가의 기준이나 항목을 소속 근로자들에게 공개하였다. 회사는 2014년 이후 성과평가 결과에 대한 이의제기절차를 체계적으로 정비하고, 해고근로자들을 포함한 근로자들에게 이의제기절차를 안내하였다.

회사는 상대평가 방식을 채택하면서도 그로 인한 불합리성을 보완하고자 인사평가자가 평가를 받는 사람의 자질 등을 감안하여 최저 등급에 해당하는 C, D등급을 부여하지 않을 수 있는 재량을 부여했던 것으로 보인다.

인사평가권자들이 평가를 받는 사람의 본인평가 내용과 1차 평가자(팀장)의 평가내용을 토대로 2차 평가(부서장)와 최종평가(담당 임원)를 하여 평가등급을 산정하고 있으므로 특정 인사평가권자 1명의 판단에 따라 근로자들의 인사평가 결과가 정해지는 것이 아니라 복수(3명)의 판단에 따라 근로자들의 인사평가 결과가 정해지는 것이어서 그 인사평가 결과가 자의적이라고 단정하기 어렵다.

㈏ 해고에 정당한 이유가 있는지 여부

회사가 실시한 2010년부터 2016년 상반기까지 기간의 인사평가 결과 전체 사무연구직 과장 이상 직원 3,859명 중 근로자1의 경우 3,857위에 해당하고, 근로자2의 경우 3,859위에 해당하는 저조한 업무수행실적을 보였다. 회사로부터 근로자1은 2014년부터 2016년까지 3회, 근로자2는 2013년부터 2016년까지 4회의 직무경고를 받는 등 장기간 실적이 상당한 정도로 부진하였다.

회사는 근로자들에게 10개월 동안 이 사건 직무재배치 교육을 실시하고 교육을 마친 다음 근로자들을 직무재배치하였으나, 직무재배치 이후에 실시된 2016년 상반기 다면평가에서 근로자들의 업무역량이 부족하고, 근로자들의 업무상 잘못으로 여러 차례 문제점이 발생하였다는 점이 지적되었다. 이러한 사정에 비추어 보면 근로자들의 직무역량이 상대적으로 저조하였던 것이 아니라 회사가 부여하는 직무를 수행하기에 실질적으로 부족하였던 것으로 보인다.

근로자1은 직무재배치 이후에도 부서 공동업무에 대한 관심이 부족하고 업무능력을 습득하려는 의지가 부족하다는 평가를 받았다. 근로자2는 직무재배치 교육 이전에도 여러 차례 업무향상계획서의 제출을 거부하기까지 하는 등 업무능력 향상에 대한 열의가 없었으며, 직무재배치 이후에도 능력부족과 개선의지 부족이라는 평가를 받는 등 근로자들에게 업무능력 향상의지가 있다고 보기 어렵다.

④ 직무능력 결여 · 부적격성에 해당하는 사례

㈎ "징계해직 사유가 아니라 근무수행능력 부족으로 인한 근무성적 불량 및 소속직원 감독능력 부족을 이유로 인사규정에 따라 대기발령을 한 뒤 자동해직 처분을 한 것은 근기법 제23조 위반이라 볼 수 없고 징계절차를 밟을 필요는 없다"고 하여 통상해고사유로 인정하는 경우(대법 1989.7.25, 88다카25595)

㈏ 회사가 새로운 작업방법을 도입한 뒤 근로자에게 이에 대한 충분한 훈련기간을 주었음에도 불구하고 성과가 없는 경우에는 해고할 수 있다. 그러나 예컨대 인사고과에 의한 근무성적평정의 결과가 나쁜 경우 그 사실만으로 근로자를 해고할 수는 없으며, 근로자의 직무능력이 현저히 부족하다는 것이 객관적으로 판명되는 경우에 통상해고사유가 인정된다는 경우

㈐ 보험계약을 체결하여 보험료를 입금시킨 실적이 불량한 근로자를 해고한 경우(대법 1991.3.27, 90다카25420)

㈑ 예술단체 단원에 대한 실기평정과 근무성적 평정을 종합적으로 반영해 재위촉하지 않은 것은 사회통념상 타당하다고 본 경우(서울고법 2005.12.30, 2005누11489).

㈒ 근로자의 성격상의 사유에서 비롯된 개인적 부적격성도 일신상의 사유에 해당되며 악단의 지휘자가 통솔능력이 부족한 경우, 업무의 성격상 구성원의 긴밀한 협동정신이 요구되는 경우에 성격상의 결함으로 말미암아 그에 적응하지 못하는 경우(김형배, 「노동법」, 27판, p.791).

(2) 질병 · 부상 등 신체적 장해

근로자가 업무상 질병 또는 부상에 따른 요양을 위하여 휴업한 기간과 그 후

30일 동안은 해고가 금지된다(근기법 제23조제2항 본문). 그러나 다음과 같은 경우 30일이 지난 후에도 노동능력을 상실하여 업무에 복귀하지 못하면 근로자는 산재보험법에 따라 보험급여를 받고 퇴직하게 되고, 만일 퇴직을 거부하는 경우에는 통상해고를 할 수 있다. ① 허리뼈 장해를 입은 갱내 기계수리공을 해고한 경우(대법 1996.11.12, 95누15728), ② 족관절 장해로 신체장해 10등급을 받은 항만하역 근로자를 해고한 경우(대법 1998.1.20, 96다56313), ③ 버스운전기사의 질병이 사실상 운전업무에 종사할 수 없다는 사유로 해고한 경우(중앙노동위원회 2001.10.19, 2001부해368) 등이다.

근로자의 질병 또는 부상이 업무 외의 요인에 따른 것이라도 장기간 치료를 필요로 하는 경우 사용자는 업무 공백을 메우기 위하여 다른 근로자를 채용하고 그 근로자를 해고할 수 있다. 여기서 장기간이라 함은 어느 정도의 기간을 말하는지가 쟁점이 될 수 있다.

판례를 보면 ① 단체협약의 휴직기간 최고한도(45일)보다 약 3배 많은 기간 동안의 휴직 연장을 신청한 근로자를 퇴직처분한 경우(대법 1996.10.29, 96다21065), ② 휴직가능한 기간(2개월)이 만료된 때에 2~3개월 더 치료가 필요하다는 진단서를 제출한 근로자를 퇴직처분한 경우(대법 1993.7.13, 93다3721)은 정당하다.

업무 외의 부상 또는 질병이라 하더라도 근로자가 노동능력을 상실하였다면 해고할 수 있다. 그러나 비록 노동능력이 감소되었지만 다른 일을 할 수 있다면 사용자는 배치전환 등 해고회피 노력을 할 필요가 있고, 만일 해고를 하려면 정당성을 인정받아야 한다.

(3) 면허 · 자격 등의 상실

운전업무 종사자가 운전면허 취소처분을 받은 경우, 교사, 의사, 약사, 변호사, 노무사, 회계사, 세무사, 변리사, 건축사 등의 전문자격을 전제로 근무하다가 자격을 상실한 경우, 일정한 기술자격자 채용의무제에 따라 채용된 근로자가 그 기술자격을 상실한 경우 등과 같이 근로자가 업무수행에 필수적인 자격이나 면허를 상실한 경우에는 이를 이유로 해고할 수 있다(노동법실무연구회, 「근기법 주해 II」, p.140).

판례(서울고법 1991.1.23, 90누10997)는 영업용 택시운전기사가 적성검사를 받지 않아 운전면허가 취소되었다가 면허 재발급을 신청해서 곧 재발급받은 경우 해고의 정당성을 부정한 사건에서, "일정기간 자격이 정지된 경우 면허정지 기간,

면허정지 사유, 근무기간, 업무내용 등을 종합하여 근로관계를 계속할 수 없을 정도로 중대한 사유인지, 정직이나 휴직 등 다른 징계나 제도에 의해 해고를 피할 수 있는지를 판단해야 한다"는 기준을 제시하고 있다.

(4) 당연퇴직 사유의 발생

국가공무원법, 지방공무원법, 사립학교법이나 공기업의 인사규정 등에서 일정한 결격사유와 당연퇴직 사유를 규정하고 있는 경우, 이에 따른 당연퇴직의 법적 성격은 통상해고로 볼 수도 있다(노동법실무연구회, 「근기법 주해 II」, p.139).

(5) 복역으로 인한 근무불능

형의 집행으로 복역 중인 자는 장기간 근무가 불가능하게 될 수 있다. 복역 중 근무가 불가능하게 된 것은 이를 행태상의 사유로 보지 않고 일신상의 사유로 보는 것이 지배적 견해이고, 또한 복역 중의 근무불능을 바로 해고의 정당한 사유로 보지 않는 것이 일반적이다. 따라서 근로자의 복역으로 인하여 사용자가 사업운영상 입게 되는 영향의 종류와 범위에 따라 해고의 정당성 여부가 가려져야 할 것이다(김형배, 「노동법」, 27판, p.792). 판례(대법 1997.5.23, 97다9239)는 유죄의 확정판결을 받은 경우를 신체 구속으로 인한 근로제공의 불능의 경우에 한정하여 이해하지 아니하고, 집행유예 판결을 받았다 하더라도 회사의 명예와 신용을 심히 훼손하거나 거래관계에까지 악영향을 미치게 되고, 신뢰관계의 상실로 근로관계의 유지가 기대될 수 없는 경우라면 그 해고는 근기법 제23조제1항에 반하지 않는다고 한다.

(6) 기타 근로제공을 받을 수 없는 사유의 발생

그 밖의 근로제공을 받을 수 없는 사례는 다음과 같다.

① 전염성이 있는 위험한 질병

② 고령(高齡)

③ 노동허가의 불취득

④ 알콜, 마약중독

⑤ 종교의 신조에 어긋나는 이혼으로 인한 해당 단체의 중대한 신교(信教)의 침해(특히 경향사업체에서의 이혼)

⑥ 양심 및 신조에 반한다는 이유로 해당 노무를 거부하는 경우

⑦ 업무계속이 불가능한 질병

⑧ 운전기사의 음주운전으로 인한 운전면허박탈 등(김형배, 「노동법」, 27판, p.793).

7 정리해고(경영상 해고)는 어떤 경우에 할 수 있는가

1. 정리해고의 의의

① 정리해고란 긴급한 경영상의 필요에 의하여 기업에 종사하는 인원을 줄이기 위하여 일정한 요건 아래에서 근로자를 해고하는 것으로 기업의 유지·존속을 전제로 그 소속 근로자 중 일부를 해고하는 것을 말한다. 정리해고란 불황 등의 경영상의 사유로 과잉인원에 대하여 경영의 축소, 기구의 폐쇄·폐지 등에 의하여 인원을 정리할 필요가 발생하였을 경우에 행하는 해고를 말한다. 정리해고는 경영의 어려움이나 부진을 타개·극복하기 위해서 하는 「위기회피형 정리해고」와 경영의 어려움에 이르기 전 단계에서 경영합리화나 경쟁력 강화를 목적으로 일정 사업부문을 폐지·축소하거나 잉여인력 부담을 덜기 위해서 하는 「전략적 합리화형 정리해고」가 있다(김형배, 「노동법」, 27판, p.809 ; 土田道夫, 「労働法概說」, 2판, p.266).

② 정리해고는 고용조정의 수단으로 이용되므로 고용조정을 사용자의 자유재량에 맡길 수 없다. 즉 정리해고는 근로자의 귀책사유 없이 사용자측의 경영상의 사정으로 근로자 신분을 상실하는 결과가 초래되므로 근로자의 생존권을 보호한다는 견지에서, 형평의 관념에 의한다면 사용자의 인원정리에도 제약이 있어야 한다는 것이다. 이를 일탈한 경우에는 정당한 이유없는 해고로서 당해 해고는 무효로 된다고 해석된다.

2. 근기법 제24조의 내용

근기법은 제24조는 정리해고의 제한을 규정하고 있다.

> ① 사용자가 경영상 이유에 의하여 근로자를 해고하려면 긴박한 경영상의 필요가 있어야 한다. 이 경우 경영 악화를 방지하기 위한 사업의 양도 · 인수 · 합병은 긴박한 경영상의 필요가 있는 것으로 본다.
> ② 제1항의 경우에 사용자는 해고를 피하기 위한 노력을 다하여야 하며 합리적이고 공정한 해고의 기준을 정하고 이에 따라 그 대상자를 선정하여야 한다. 이 경우 남녀의 성을 이유로 차별하여서는 아니된다.
> ③ 사용자는 제2항에 따른 해고를 피하기 위한 방법과 해고의 기준 등에 관하여 그 사업

또는 사업장에 근로자의 과반수로 조직된 노동조합이 있는 경우에는 그 노동조합(근로자의 과반수로 조직된 노동조합이 없는 경우에는 근로자의 과반수를 대표하는 자를 말한다. 이하 '근로자대표'라 한다)에 해고를 하려는 날의 50일 전까지 통보하고 성실하게 협의하여야 한다.
④ 사용자는 제1항에 따라 대통령령으로 정하는 일정한 규모 이상의 인원을 해고하려면 대통령령으로 정하는 바에 따라 고용노동부장관에게 신고하여야 한다.
⑤ 사용자가 제1항부터 제3항까지의 규정에 따른 요건을 갖추어 근로자를 해고한 경우에는 제23조제1항에 따른 정당한 이유가 있는 해고를 한 것으로 본다.

3. 정리해고의 정당성 판단기준

(1) 정리해고의 4대 법정요건

근기법 제24조제1항 내지 제3항에 의하면 사용자가 경영상의 이유에 의하여 근로자를 정리해고하려는 경우 그 요건은 ㈎ 긴박한 경영상의 필요가 있어야 하고, ㈏ 해고를 피하기 위한 노력을 다하여야 하며, ㈐ 합리적이고 공정한 기준에 따라 대상자를 선정하여야 하고, ㈑ 해고를 피하기 위한 방법과 해고의 기준 등을 근로자의 과반수로 조직된 노동조합 또는 근로자대표에게 해고실시일 50일 전까지 통보하고 성실하게 협의하여야 한다.

(2) 정리해고 요건충족 판단기준

정리해고는 근로자의 일신상, 행동상의 귀책사유가 없는데도 고용이 종료된다고 하는 점에서 통상해고보다는 그 해고요건을 엄격하게 해석해야 할 것이다. 즉, 오로지 경영상의 사정으로 근로자를 해고하는 정리해고는 근로자의 생존권 보장이라는 차원에서 보다 엄격한 실체적·절차적 정당성을 갖추어야 가능하다는 것이다. 이러한 각 요건의 구체적 내용은 확정적·고정적인 것이 아니라 구체적 사건에서 다른 요건의 충족 정도와 관련하여 유동적으로 정해지는 것이므로, 구체적 사건에서 정리해고가 위 각 요건을 모두 갖추어 정당한지 여부는 위 각 요건을 구성하는 개별 사정들을 종합적으로 고려하여 판단하여야 한다(대법 2006.1.26, 2003다69393).

(3) 4요건설과 4요소설의 구별의의

판례(대법 2011.1.27, 2008두13972 ; 대법 2006.1.26, 2003다69393)는 정리해고의 4가지 사항을 "요건"이 아니라 종합적 고찰이라는 측면에서 판단의 "요소"로 파악하고 있다(종합설). 4요건설의 경우 4요건을 반드시 충족하지 않는 한 해고무효라고 하는데 대하여 4요소설의 경우 정리해고의 효력은 4요소를 종합판단하여 어느 한 요소가 결여하더라도 해고는 유효하다고 하여 해고규제를 완화하는 기능이 있다. 다만, 실제로는 4요소설에 의하더라도 해고회피노력의무나 피해고자 선정에 문제가 있는 사례에는 해고무효로 보고 있으므로 4요건설간에 큰 차이는 없다(김형배, 「노동법」, 27판, p.808 ; 土田道夫, 「労働法概説」, 2012 2판, p.267).

4. 정리해고의 요건결여의 효과

근기법은 정리해고가 이상의 4가지 요건을 갖춘 경우에 정당한 이유가 있는 것으로 보아 유효한 해고로 본다. 따라서 이러한 요건을 갖추지 않는 해고는 부당해고가 된다.

8 정리해고(경영상 해고)의 경우에는 어떠한 요건이 필요한가

1. 긴박한 경영상의 필요성

(1) 긴박한 경영상의 필요성의 관련 법조항 및 개요

근기법 제24조제1항에 의하면 「사용자가 경영상의 이유에 의하여 근로자를 해고하려면 긴박한 경영상의 필요가 있어야 한다. 이 경우 경영 악화를 방지하기 위한 사업의 양도·인수·합병은 긴박한 경영상의 필요가 있는 것으로 본다」라고 규정하고 있다.

기업이 고도의 경영위기를 회피하기 위하여 필요한 경우 또는 기업의 경쟁력의 유지·강화를 위한 신기술 도입 등 구조조정 조치에 수반하여 객관적으로 인원삭감이 필요한 경우에 행하는 해고이다.

(2) 긴박한 경영상 필요성의 판단기준

가. 긴박성에 관한 학설·판례 및 행정해석

① 긴박한 경영상의 필요성에 대하여 학설은 ㈎ 도산회피설, ㈏ 합리적 필요설, ㈐ 감량경영설 등이 있다. 도산회피설은 인원정리를 하지 않으면 기업의 유지존속이 위태롭게 되는 경우에 한하여 정리해고가 유효하다는 입장이며 합리적 필요설은 도산회피까지는 이르지 않더라도 사용자가 인원정리를 결정한

것이 객관적으로 합리적인 것이라고 인정되면 정리해고가 가능하다는 입장이다. 감량경영설은 감량경영을 위해서는 정리해고도 가능하다는 입장이다.

② 판례는 도산회피설(대법 1989.5.23, 87다카2132)에서 합리적 필요설(대법 1991.12.10, 91다8647)로 완화되는 추세이다. 판례는 당초 경영상의 필요성에 관하여 해고를 하지 않으면 기업이 도산되거나 존속 유지가 위태롭게 되는 것이 객관적으로 인정되는 경우에 한한다고 하다가 생산성 향상, 구조조정, 기술혁신 등 인원감축이 객관적으로 보아 합리성이 있다고 인정되는 경우라고 보는 태도로 완화되었다.

③ 행정해석은 판례의 태도와 동일하게 합리적 필요설에 따르고 있다(2007.11.29, 근로기준팀-8048 「경영상해고관련업무처리요령」).

나. 긴박성의 정도

① 근기법 제24조에 의한 긴박한 경영상의 필요란 반드시 기업의 도산을 회피하기 위한 경우에 한정되지 아니하고, 장래에 올 수도 있는 위기에 미리 대처하기 위하여 인원감축이 객관적으로 보아 합리성이 있다고 인정되는 경우도 포함되지만 그러한 인원감축은 객관적으로 보아 합리성이 있다고 인정되어야 한다. 이와 같은 긴박한 경영상 필요가 있는지는 정리해고를 할 당시의 사정을 기준으로 판단하여야 한다(대법 2022.6.9, 2017두71604 ; 대법 2021.7.29, 2016두64876 ; 대법 2019.11.28, 2018두44647 ; 대법 2015.5.28, 2012두25873 ; 대법 2014.11.13, 2014다20875).

② 판례(대법 1991.12.10, 91다8647)는 정리해고의 요건인 기업경영상의 필요성이라는 것은 영업성적의 악화라는 기업의 경제적인 이유뿐만 아니라 생산성의 향상, 경쟁력의 회복 내지 증감을 위한 작업형태의 변경, 신기술에 의한 기술적 이유와 그에 따른 산업의 구조적 변화상 필요성에 의해서도 해고가 가능하다는 것이다.

③ 또한 쌍용자동차 정리해고사건(대법 2014.11.13, 2014다20875)에서 판례는 "구조조정 당시 쌍용자동차가 처한 경영위기 상황은 국제금융위기와 경기불황에 덧붙여 연구개발 투자 및 신차 개발 소홀에 따른 경쟁력 약화, 주력 차종인 에스유브이(SUV) 세제 혜택 축소 및 경유가격 인상에 따른 판매량 감소 등에서 비롯된 계속적·구조적 위기에 해당해 정리해고에 긴박한 경영상 필요가 있다"고 해고는 정당하다고 하여 파기환송하였다.

다. 경영상 필요성의 계속성

① 기업의 전체 경영실적이 흑자를 기록하고 있더라도 일부 사업부문이 겪고

있는 경영악화를 겪고 있으며 그러한 경영악화가 구조적인 문제 등에 기인한 것으로 쉽게 개선될 가능성이 없고 해당 사업부문을 그대로 유지할 경우 결국 기업 전체의 경영상황이 악화될 우려가 있는 등 장래 위기에 대처할 필요가 있다면 해당 사업부문을 축소 또는 폐지하고 이로 인하여 발생하는 잉여인력을 감축하는 것이 객관적으로 보아 불합리한 것이라고 볼 수 없다(대법 2015.5.28, 2012두25873).

② 최근 판례(2022.6.9, 2017두71604)는 긴박한 경영상 필요성 판단에 있어 지속적 적자 누적이 없었지만 경영상 어려움이 상당했다고 인정하여 정리해고가 정당하다고 판단했다. 이 판례는 강관업체 전반이 위기여서 동종업계 대표 업체도 회생절차 개시를 신청한 점, 매출, 영업이익 등이 2014년에 비해 급감했고 향후 업황 회복이 예상되지 않은 점, 차입금이 2014년 87%에서 이듬해 224%로 급격히 증가한 점, 근로자들도 중앙노동위원회 심문회의에서 정리해고 필요성을 수긍한 점, 반드시 지속적인 적자 누적 등이 있어야만 긴박한 경영상 필요성이 있는 것으로 볼 수는 없는 점 등을 근거로 들었다.

라. 수개 사업부로 구성된 법인의 일부 사업부문 폐지에 따른 소속근로자의 해고

긴박한 경영상의 필요가 있는지 여부는 법인의 어느 사업 부문이 다른 사업부문과 인적·물적·장소적으로 분리·독립되어 있고 재무 및 회계가 분리되어 있으며 경영여건도 서로 달리하는 예외적인 경우가 아니라면 법인의 일부 사업부문의 수지만을 기준으로 할 것이 아니라 법인 전체의 경영사정을 종합적으로 검토하여 판단하여야 한다(대법 2021.7.29, 2016두64876).

어떤 기업이 경영상 이유로 사업을 여러 개의 부문으로 나누어 경영하다가 그 중 일부를 폐지하기로 하였다 하더라도 이는 원칙적으로 사업 축소에 해당할 뿐 사업 전체의 폐지라고 할 수 없으므로, 사용자가 일부 사업을 폐지하면서 그 사업 부문에 속한 근로자를 해고하려면 근기법 제24조에서 정한 경영상 이유에 의한 해고 요건을 갖추어야 하고, 그 요건을 갖추지 못한 해고는 정당한 이유가 없어 무효이다. 따라서 사용자가 일부 사업 부문을 폐지하고 그 사업 부문에 속한 근로자를 해고하였는데 그와 같은 해고가 경영상 이유에 의한 해고로서의 요건을 갖추지 못하였지만 폐업으로 인한 통상해고로서 예외적으로 정당하기 위해서는, 일부 사업의 폐지·축소가 사업 전체의 폐지와 같다고 볼 만한 특별한 사정이 인정되어야 한다. 이때 일부 사업의 폐지가 폐업과 같다고 인정할 수 있는지는 ① 해당 사업 부문이 인적·물적 조직 및 운영상 독립되어 있는지, ② 재무 및 회계의 명백한 독립성이 갖추어져 별도의 사업체로 취급할 수 있는지, ③ 폐지되는 사업 부문이 존속하는 다른 사업 부문과 취급하는 업무의 성질이 전혀 달라 다른 사업 부문으로의 전환배치가 사실상 불가능할 정도로 업무 종사의 호환성이 없는지 등 여러 사정을 구체적으로 살펴 종합적으로 판단하여야 한다(대법 2021.7.29, 2016두64876).

2021년도 판례는 회사의 일부 사업단위인 통신사업부 생산직 근로자 6인을 해고한 사안에서 회사의 통신사업부 폐지는 독립된 사업전체의 폐지(폐업)에 해당하지 않으므로 정리해고의 요건을 갖추어야 하는데 정리해고로서 무효이고 통상해고로서도 무효라고 한다.

마. 긴박성의 판단시점

기업 내 근로자가 인원삭감을 하지 않으면 안 될 "긴박한 경영상의 필요"가 있었는지 여부는 정리해고를 한 당시에 놓여 있던 사정을 기준으로 하여 판단하여야 한다(대법 2013.6.13, 2011다60193). 정리해고 당시란 사용자가 해고회피조치를 취한 시점부터 해고조치를 취한 시점까지의 사이를 말한다(대법 2008.11.27, 2008두16711). 그러므로 근로자를 정리해고한 이후에 경영여건의 변화로 인하여 경영상태가 호전되었다고 하더라도 이러한 사정은 정리해고의 정당성을 판단함에 있어서 고려될 성질의 것이 아니다(대법 2013.6.13, 2011다10113). 예컨대 정리해고 당시 긴박한 경영상 사정이 있었더라도 기존 직원을 정리해고(7명)한 다음 그보다 훨씬 많은 인원(21명 신규채용)을 충원한 것은 정당한 정리해고라 할 수 없다(대법 2016.3.24, 2015두56144).

바. 기업주의 결정과 사법심사

기업 운영에 필요한 인력의 규모가 어느 정도인지, 잉여인력은 몇 명인지 등은 상당한 합리성이 인정되는 한 경영판단의 문제에 속하는 것이므로 특별한 사정이 없다면 경영자의 판단과 결정을 존중하여야 하며, 사후적인 노사대타협으로 해고인원이 축소되었다는 사정만으로 회사가 제시한 감축 규모가 비합리적이라거나 자의적이라고 볼 수 없다고 판단하고 있다(대법 2014.11.13, 2014다20875 ; 대법 2013.6.13, 2011다60193). 법원의 심사권한은 기업주의 조치가 명백히 비합리적이거나 자의적인 경우에 그로 인하여 발생한 해고를 부당한 해고로 판단할 수 있는 범위에 그친다(김형배, 「노동법」, 27판, p.816).

(3) 경영악화를 방지하기 위한 사업의 양도, 기업의 합병 · 인수

경영악화를 방지하기 위한 사업의 양도, 기업의 합병 · 인수는 이를 긴박한 경영상의 필요가 있는 것으로 간주한다(근기법 제24조제1항후단).

사업의 양도시에는 원칙적으로 양수인이 해고권자라고 해석된다. 왜냐하면 해당사업의 조직 · 운영에 관해서는 양수인측이 기업경영상의 결정권을 행사하는 것이 타당하기 때문이다.

2. 해고회피노력

(1) 관련 법조항 및 개요

근기법 제24조제2항에 의하면 「제1항의 경우에 사용자는 해고를 피하기 위한 노력을 다하여야 하며, 합리적이고 공정한 해고의 기준을 정하고 이에 따라 그 대상자를 선정하여야 한다. 이 경우 남녀의 성을 이유로 차별하여서는 아니 된다」라고 규정하고 있다. 해고회피노력이란 정리해고를 함에 있어 해고되는 인원을 최소화하기 위해 사용자가 사전에 해야 하는 것으로 그 노력의 결과 해고되는 인원을 줄이는데 유효한 것을 말한다.

근로자에게 귀책사유가 없는 정리해고의 특수성을 고려할 때, 정리해고에 있어서는 최후수단으로서의 성격이 특히 요청된다.

(2) 해고회피노력의 정도

① 정리해고에 앞서 기업이 당면한 경영상의 어려움을 타개하기 위하여 실현 가능한 경영상의 모든 조치를 강구하는 등 "해고회피의 노력"을 다하여야 한다. 따라서 사용자가 정리해고를 하려면 경영방침이나 작업방식의 합리화, 신규채용의 금지, 일시휴직 및 희망퇴직의 활용, 전근 등 사용자가 먼저 해고범위를 최소화하기 위해 가능한 모든 조치를 취해야 한다(대법 2021.7.29, 2016두64876 ; 대법 2019.11.28, 2018두44647 ; 대법 2014.11.13, 2014다20875 ; 대법 1992.12.22, 92다14779). 그러한 노력만으로는 경영상의 곤란을 극복할 수 없었거나, 해고 이외의 다른 경영상의 조치를 취하는 것이 기대하기 곤란한 사정이 있어 부득이 정리해고를 할 수밖에 없음이 인정되어야 한다. 다만, 기업이 처한 상황과 기업의 성격에 따라 해고를 최소화하기 위한 노력의 방법도 다를 수밖에 없다.

② 따라서 해고회피노력의 방법과 정도는 확정적 · 고정적인 것이 아니라 그

사용자의 경영위기의 정도, 정리해고를 실시해야 하는 경영상의 이유, 해고를 실시한 사업 부문의 내용과 근로자의 구성, 해고 실시 당시의 사회경제적 상황 등에 따라 달라지는 것이다. 사업의 내용과 규모, 직급별 인원 상황 등에 따라 달라진다(대법 2021.7.29, 2016두64876 ; 대법 2019.11.28, 2018두44647 ; 대법 2014.11.13, 2014다20875, 20882). 따라서 해고를 회피하기 위한 사용자의 진지하고 성실한 노력은 정당성 여부를 판단하는 핵심기준이 되는 요건이다. 즉, 경영상의 필요가 긴박한 정도에 이르러 해고 이외의 다른 조치로는 이를 회피할 수 있는 가능성이 없어야 한다. 따라서 근로자를 해고하지 않고 다른 적절한 조치로서 이를 회피할 수 있는 가능성이 있는 한 경영상의 필요에 의한 정리해고는 정당하지 않다.

3. 합리적이고 공정한 선발기준

[실무사례]
상시근로자 100명을 고용하여 자동차부품을 생산하는 A회사는 최근 판매실적의 부진을 이유로 다음과 같은 해고의 기준을 가지고 甲을 포함한 생산직 근로자 12명을 선정하여 2017년 1월 2일에 정리해고를 단행하였다.

[A회사가 정한 해고 대상자 선정 기준(합계 : 100점)]
– 근무태도 평가(근무태도는 기본품성, 동료의식, 책임감, 자기계발로 구성) : 40점,
– 징계 : 10점, 근태 : 5점, 경미 사고 : 5점, 포상 : 10점, 근속기간 : 15점, 부양가족 : 15점

그런데, 해고가 근로자 甲 등 12명 중 甲을 포함하여 10명은 징계, 근태, 경미 사고, 포상 평가에서는 최상위권 점수를 받았으나 근무태도평가에서는 최하위권 점수를 받은 반면, 정리해고 되지 않은 잔존근로자 88명 중 12명은 근무태도평가에서 만점을 받았으나 징계, 근태, 경미 사고, 포상 평가에서는 최하위권 점수를 받았다.
甲은 위와 같은 해고 대상자 선정기준을 가지고 정리해고 한 것은 위법하다고 주장한다. 甲의 주장의 타당성에 관하여 논하시오(단, 나머지 정리해고의 유효요건은 논하지 아니함).

(1) 관련 법조항 및 개요

① 근기법 제24조제2항에 의하면 「… 합리적이고 공정한 해고의 기준을 정하고 이에 따라 그 대상자를 선정하여야 한다」라고 규정하고 있다. 기업도산으로 인한 전원해고의 경우라면 모르되, 수많은 근로자 중에서 그 일부를 선정하여 정리해고할 때는 해당 근로자가 대상자가 된 것에 합리적인 이유가 필요하다. 이 때문에 '정리해고기준' 등의 전형기준이 작성되는 것이 통상이다.

② 무엇이 합리적이고 공정한 해고의 기준인가는 당해 사용자가 직면한 경영위기의 강도와 정리해고를 실시하여야 하는 경영상의 이유, 정리해고를 실시한

사업부문의 내용과 근로자의 구성, 정리해고 실시 당시의 사회경제상황 등에 따라 달라지는 것이지만, 객관적 합리성과 사회적 상당성을 가진 구체적인 기준을 공정하게 적용하여 정당한 해고 대상자의 선정이 이루어져야 한다. 사용자가 해고의 기준에 관하여 노동조합 또는 근로자대표와 성실하게 협의하여 해고의 기준에 관한 합의에 도달하였다면 이러한 사정도 해고의 기준이 합리적이고 공정한 기준인지의 판단에 참작되어야 한다(대법 2021.7.29, 2016두64876 ; 대법 2011.9.8, 2009두14682).

(2) 해고대상자의 선정기준

가. 의 의

정리기준이란 수많은 근로자 중에서 해고하여도 부득이하다고 생각되는 자를 전형하는 기준이다. 판례(대법 2021.7.29, 2016두64876)는 해고대상자 선정기준은 단체협약이나 취업규칙 등에 정해져 있는 경우라면 특별한 사정이 없는 한 그에 따라야 하고, 만약 그러한 기준이 사전에 정해져 있지 않다면 근로자의 건강상태, 부양의무의 유무, 재취업 가능성 등 근로자 각자의 주관적 사정과 업무능력, 근무성적, 징계 전력, 임금 수준 등 사용자의 이익 측면을 적절히 조화시켜야 한다. 근로자에게 귀책사유가 없는 해고임을 감안하여 사회적·경제적 보호의 필요성이 높은 근로자들을 배려할 수 있는 합리적이고 공정한 기준을 설정하여야 한다. 경영상 이유에 의한 해고에 앞서 전환배치를 실시하는 경우 전환배치대상자 선정기준은 최종적으로 이루어지는 해고대상자 선정에도 영향을 미치게 되므로, 전환배치 기준은 해고대상자 선정기준에 준하여 합리성과 공정성을 갖추어야 하고, 이에 관한 증명책임 역시 이를 주장하는 사용자가 부담한다고 한다.

나. 합리적이고 공정한 기준의 판단방법

① 정리해고 대상자를 선정할 때 요구되는 무엇이 「합리적이고 공정한 기준」인가의 판단방법은 확정적·고정적인 것은 아니고 당해 사용자가 직면한 경영위기의 강도와 정리해고를 해야 하는 경영상 이유, 정리해고를 시행한 사업부문의 내용과 근로자의 구성, 정리해고 시행 당시의 사회경제상황 등에 따라 달라진다(대법 2014.11.13, 2012다14517). 객관적 합리성과 사회적 상당성을 가진 구체적인 기준이 마련되어야 하고 그 기준을 실질적으로 공정하게 적용하여 정당한 해고대상자의 선정이 이루어져야 한다(대법 2021.7.29, 2016두64876 ; 대법 2012.5.24, 2011

두11310).

② 또한 「사용자가 해고의 기준에 관하여 노동조합 또는 근로자대표와 성실하게 협의하여 해고의 기준에 관한 합의에 도달하였다면 이러한 사정도 해고의 기준이 합리적이고 공정한 기준인지의 판단에 참작되어야 한다」(대법 2011.9.8, 2009두14682 ; 대법 2002.11.13, 2000두5517 ; 대법 2002.7.9, 2001다29452 ; 대법 2001.12.11, 2000두5708)고 판시했다. 이 판례는 정리해고 대상자 선정기준 중 근로자 개별생활능력 항목과 관련하여 객관적 자료라고 볼 수 있는 연말정산시 신고서류상의 부양가족을 기준으로 점수를 부여한 것이 부당하다고 볼 수 없다는 것이다. 정리해고 기준이 사전에 정해져 있지 않다면 근로자의 건강상태, 부양의무의 유무, 재취업 가능성 등 근로자 각자의 주관적 사정과 업무능력, 근무성적, 징계전력, 임금수준 등 사용자의 이익 측면을 적절히 조화시키되, 근로자의 귀책사유 없는 해고임을 감안하여 사회적·경제적 보호의 필요성이 높은 근로자들을 배려할 수 있는 합리적이고 공정한 기준을 설정하여야 한다(대법 2021.7.29, 2016두64876). 이 판례는 정리해고에 앞서 전환배치를 실시하는 경우 전환배치대상자 선정기준은 최종적으로 이루어지는 해고대상자 선정에도 영향을 미치게 되므로 전환배치기준은 해고대상자 선정기준에 준하여 합리성과 공정성을 갖추어야 하고, 이에 관한 증명책임은 이를 주장하는 사용자가 부담한다는 것이다.

③ 해고대상자의 선정기준은 대상근로자들의 사정뿐만 아니라 사용자측의 이해관계와 관련된 사정도 객관적 합리성이 인정되는 한 함께 고려하여 정할 수 있다(대법 2013.6.13, 2011다60193).

④ 이러한 판례의 태도를 종합적으로 평가할 때 해고기준으로 어떠한 사항을 포함시키고 이에 대하여 어느 정도의 평가비중을 둘 것인가는 사용자가 상당한 재량을 갖고 결정할 수 있는 것으로 보고 있다. 즉 해고대상자를 선정함에 있어서 사용자는 근로자이익(즉, 사회적보호 관점)보다 기업이익(즉, 기업존속의 관점)을 우선적으로 고려할 수 있는 권한을 가지며, 더 나아가 불가피한 경우 근로자의 이익을 전혀 고려하지 않더라도 반드시 합리성 및 공정성이 결여된 것으로 간주될 수는 없는 것이다.

⑤ 구조조정 선정대상자 대부분이 희망퇴직, 명예퇴직을 했다는 사정만으로는 긴박한 경영상의 필요성 때문에 이미 선정되었던 구조조정 대상자들을 해고할 사유가 소멸했다고 볼 수 없다(대법 2019.10.18, 2019두45166).

(3) 성(性)을 이유로 한 차별금지

해고회피노력을 하는 데 있어서 또는 해고기준에 따른 해고자의 공정한 선정에 있어서 남녀의 성을 이유로 차별을 해서는 안된다(근기법 제24조제2항). 해고회피노력을 하지 않거나 해고기준을 공정하게 적용하지 않음으로써 여성근로자가 해고를 당하는 차별대우를 받지 않도록 하기 위한 규정이다(남녀고용평등법 제11조 제1항).

(4) 실무사례 해설

실무사례에서 A사가 정한 해고 대상자 선정기준은 ① 근무태도 평가(근무태도는 기본품성, 동료의식, 책임감, 자기계발로 구성), ② 징계, 근태, 경미사고, 포상, 근속기간, 부양가족 등 정성적 및 정량적 기준을 바탕으로 하고 있다. A사가 정한 해고대상자 선정기준이 근기법 제24조제2항의 합리적이고, 공정한 해고기준인지 여부에 대해 판단하면 되는데, 대법원 판례에서는 "상기 기준은 확정성·고정적인 것이 아니라 당해 사용자가 직면한 경영위기의 정도, 경영상 해고의 필요성, 경영상 해고 대상인 사업부문의 내용과 근로자의 구성, 경영상 해고 당시의 사회경제 상황 등에 따라 달라질 수 있다."라고 판시하였다(대법 2014.11.13, 2012다14517 ; 대법 2013.6.13, 2011다60193).

구체적으로 살펴보면, A사는 근로자 甲을 해고할 때 근무태도 평가라는 정성적요소를 기준으로 삼았는데, 이와 같은 정성적 요소는 인사권자의 자의에 의해 결정될 수있어 객관성·공정성 등에 있어 문제가 될 수 있다. 따라서 A사의 근로자 甲에 대한 해고처분은 부당해고일 가능성이 있으나, 상기의 대법원 판례 및 사실관계 등에 비추어볼 때, A사의 근로자 甲에 대한 해고처분은 정당성이 인정될 수도 있다.

즉, A사에서 제시한 해고 대상자 선정기준의 정당성 여부는 근거 제시 및 관점 등에 따라 충분히 다른 결론을 가져올 수 있을 것으로 판단된다.

4. 노동조합이나 근로자대표와의 성의있는 협의

(1) 근기법 제24조제3항의 취지

경영상의 이유에 의하여 근로자를 정리해고하는 경우에 사용자는 근기법 제24조제2항의 규정에 의한 해고를 피하기 위한 방법 및 해고의 기준 등에 관하여 당해 사업장에 근로자의 과반수로 조직된 노동조합이 있는 경우에는 그 노동조합, 근로자의 과반수로 조직된 노동조합이 없는 경우에는 근로자의 과반수를 대표하는 자(근로자대표)에 대하여 해고를 하려는 날의 50일 전까지 통보하고 성실하게 협의하여야 한다(동법 제24조제3항).

정리해고의 절차적 요건을 규정한 것은 근기법 제24조제1항·제2항이 규정하고 있는 정리해고의 실질적 요건의 충족을 담보함과 아울러 비록 불가피한 정리해고라 하더라도 협의과정을 통한 쌍방의 이해 속에서 실시되는 것이 바람직하다는 이유에서이다(대법 2014.11.13, 2012다14517 ; 대법 2012.5.24, 2010두15964 ; 대법 2009.12.24, 2009다53949 ; 대법 2006.1.26, 2003다69393).

(2) 근로자대표의 의미

가. 근로자 과반수로 조직된 노동조합이 있는 경우

정리해고가 실시되는 사업장에 근로자의 과반수로 조직된 노동조합이 있는 경우 사용자가 그 노동조합과의 협의 외에 정리해고의 대상인 일정 급수 이상 직원들만의 대표를 새로이 선출케 하여 그 대표와 별도로 협의를 하지 않았다고 하여 그 정리해고를 협의절차의 흠결로 무효라 할 수는 없다고 한다(대법 2002.7.9, 2001다29452).

나. 노동조합이 없는 경우

근로자의 과반수로 조직된 노동조합이 없는 경우에 정리해고에 관한 협의의 상대방이 형식적으로는 근로자 과반수의 대표로서의 자격을 명확히 갖추지 못하였더라도 실질적으로 근로자의 의사를 반영할 수 있는 대표자라고 볼 수 있는 사정이 있다면 위 절차적 요건도 충족하였다고 보아야 할 것이다(대법 2012.5.24, 2010두15964).

(3) 사전협의 의무의 의미

가. 협의의무의 취지 및 판례의 태도

근기법 제24조제3항이 해고를 피하기 위한 방법과 해고의 기준을 해고실시 50일 이전까지 근로자대표에게 통보하게 한 취지는 소속근로자의 소재와 숫자에 따라 그 통보를 전달하는 데 소요되는 시간, 그 통보를 받은 각 근로자들이 통보 내용에 따른 대처를 하는데 소요되는 시간, 근로자대표가 정리해고를 위한 성실한 협의를 할 수 있는 기간을 최대한으로 부여하자는 데 있는 것이다.

50일 기간의 준수는 정리해고의 효력요건은 아니어서 구체적 사안에서 통보 후 정리해고 실시까지의 기간이 그와 같은 행위를 하는 데 소요되는 시간으로 부족하였다는 등의 특별한 사정이 없으며, 정리해고의 그 밖의 요건은 충족되었다면 그 정리해고는 유효하다는 판례(대법 2003.11.13, 2003두4119)가 있으며 사전협의 실시기간에 대하여 유연하게 해석하고 있다. 그러나 이러한 50일의 사전통보기간을 규정한 절차적 요건의 핵심은 근로자대표와의 성실한 협의라고 할 것이며, 근기법이 명시적으로 협의 절차를 거칠 것을 규정하고 있는 이상 정리해고를 함에 있어서는 근기법 제24조제3항에서 정한 협의 자체를 거치지 않은 경우 정리해고는 무효라 할 것이다.

나. 단체협약에서 정리해고에 관하여 노사간 사전합의를 한 규정의 의미

단체협약에서 정리해고에 관하여 노사간 사전 '합의'를 하도록 한 규정을 사전 '협의'를 하도록 한 것으로 해석할 수 있는지 여부이다. 판례(대법 2012.6.28, 2010다38007)는 「정리해고는 근로자에게 귀책사유가 없는데도 사용자의 경영상 필요에 의하여 단행되는 것으로서 정리해고 대상과 범위, 해고 회피 방안 등에 관하여 노동조합의 합리적인 의사를 적절히 반영할 필요가 있고, 노사 쌍방 간 협상에 의한 최종 합의 결과 단체협약에 정리해고에 관하여 사전 '협의'와 의도적으로 구분되는 용어를 사용하여 노사간 사전 '합의'를 요하도록 규정하였다면, 이는 노사간에 사전 '합의'를 하도록 규정한 것이라고 해석하여야 하고, 다른 특별한 사정없이 단지 정리해고 실시 여부가 경영주체에 의한 고도의 경영상 결단에 속하는 사항이라는 사정을 들어 이를 사전 '협의'를 하도록 규정한 것이라고 해석할 수는 없다」고 한다. 이 판례는 노동조합이 사전합의권을 남용하거나 스스로 사전합의권 행사를 포기한 경우에 해당한다는 이유로 회사의 근로자에 대한 정리해고를 유효라고 판단한 사례이다.

5. 정리해고 관련 쟁점

(1) 정리해고가 단체교섭사항인지 여부

정리해고나 사업조직의 통폐합 등 기업의 구조조정의 실시 여부는 경영주체에 의한 고도의 경영상 결단에 속하는 사항으로서 이는 원칙적으로 단체교섭의 대상이 될 수 없으나(대법 2002.2.26, 99도5380), 사용자의 경영권에 속하는 사항이라 하더라도 그에 관하여 노사는 임의로 단체교섭을 진행하여 단체협약을 체결할 수 있고, 그 내용이 강행법규나 사회질서에 위배되지 아니하는 이상 단체협약으로서의 효력이 인정된다(대법 2014.3.27, 2011두20406). 따라서 사용자가 노동조합과 고용보장합의를 한 경우, 그에 반하는 정리해고는 위법한 것으로 부당해고이다.

(2) 고용안정협약의 효력

> **[실무사례]**
> 상시근로자 1,000명을 고용하여 선박을 제조 · 판매하는 A회사에는 조합원 수 600명의 기업별 노동조합인 B노동조합만이 결성되어 있다. 경영악화로 구조조정시행방법으로 단체교섭이 난항을 겪다가 "월 기본급의 100%에 해당하는 고정상여금의 미지급금(2017년 2월, 4월, 6월)을 지급하지 않는 대신에 향후 3년간 노동조합과 합의 없이 정리해고를 실시하지 않는다는 단체협약을 2017년 7월 25일에 새롭게 체결하였다. 2018년 2월경 경영사정이 더욱 악화되자 A회사는 정리해고를 B노동조합과 합의하에 실시하고자 하였지만 B노동조합은 계속하여 합의를 거부하였다. 결국 A회사는 B노동조합과 합의 없이 2018년 6월 정리해고를 일방적으로 단행하였다. A회사의 정리해고는 유효한가?

① 고용안정협약의 의의

고용안정협약이란 사용자가 노동조합과의 협상에 따라 정리해고를 제한하기로 하는 내용의 단체협약을 말한다. 고용안정협약에는 고용보장형 협약과 해고동의형 협약이 있다. 전자는 경영상의 이유로 정리해고를 하지 않는 것을 말하고, 후자는 그 실시 여부와 요건 등에 대하여 노동조합과 합의없이 인위적 · 일방적으로 하지 않는 것을 말한다. 이러한 고용안정협약을 체결하였다면 특별한 사정이 없는 한 그 단체협약이 강행법규나 사회질서에 위배된다고 볼 수 없다. 고용안정협약의 법적 성격은 근로조건 기타 근로자에 대한 대우에 관하여 정한 단체협약으로서 노조법 제33조의 규범적 부분에 해당한다(대법 2014.3.27, 2011두20406). 따라서 고용안정협약에 반하여 이루어지는 정리해고는 원칙적으로 정당한 해고라고 볼 수 없다.

② 고용안정협약의 '합의'의 의의

기존 판례(대법 2002.2.26, 99도5380)는 고용안정협약 등에 정리해고 실시에 대해 "합의"하여야 한다는 규정이 있는 경우라 하더라도 단체협약상 다른 규정과의 체계적 해석을 통해 "합의"규정의 실질적 의미를 "협의"로 해석하는 사례가 있었다. 최근 판례(대법 2012.6.28, 2010다38007)는 노사 쌍방간의 협상에 의한 합의 결과 단체협약에 정리해고에 관하여 사전 "협의"와 의도적으로 구분되는 용어를 사용하여 노사간 사전 “합의”를 하도록 규정하였다면 이는 노사간에 사전 "합의"를 하도록 규정한 것이라고 해석함이 상당하다고 판단하여 단체협약상의 “합의”의 의미에 대해서 문언 그대로 협의가 아닌 합의로 판단하고 있다.

③ 단체협약상의 고용보장조항과 사정변경의 원칙

사정변경으로 인한 계약해지가 인정되는 경우에서 말하는 사정이란 당사자들에게 계약성립의 기초가 된 사정을 가리키고, 당사자들이 계약의 기초로 삼지 않은 사정이나 어느 일방 당사자가 변경에 따른 불이익이나 위험을 떠안기로 한 사정은 포함되지 않는다(대법 2017.6.8, 2016다249557). 다만, 이처럼 정리해고의 실시를 제한하는 단체협약을 두고 있더라도, 그 단체협약을 체결할 당시의 사정이 현저하게 변경되어 사용자에게 그와 같은 단체협약의 이행을 강요한다면 객관적으로 명백하게 부당한 결과에 이르는 경우에는 사용자가 단체협약에 의한 제한에서 벗어나 정리해고를 할 수 있을 것이다(대법 2014.3.27, 2011두20406). 이 판례는 고용안정협약을 위반한 정리해고는 무효라고 하면서, 다만 고용안정협약을 체결할 당시에는 예상하지 못하였던 심각한 재정적 위기에 처하여 그 협약의 효력을 유지하는 것이 객관적으로 부당한 상황에 이른 것으로 명백하게 인정될 수 있는 사정변경이 있는 경우에 한하여 고용안정협약을 어기고 정리해고를 하는 것이 가능할 수 있다는 것이 그 내용이다.

(3) 정리해고의 정당성에 관한 증명책임

정리해고시 정리해고의 정당성을 비롯한 정리해고의 요건에 관한 모든 증명책임은 이를 주장하는 사용자가 부담해야 한다(대법 2019.11.28, 2018두44647).

6. 기타 정리해고의 제한규정

(1) 대량해고시 고용노동부장관에의 신고

사용자는 일정한 규모 이상의 인원을 해고하려면 시행령이 정하는 방법에 따라 고용노동부장관에게 신고하여야 한다(근기법 제24조제4항). 즉, 사용자가 상시근로자수가 99명 이하인 사업 또는 사업장인 경우에는 10명 이상, 상시근로자수가 100명 이상 999명 이하인 사업 또는 사업장인 경우에는 10% 이상, 상시근로자수가 1,000명 이상인 사업 또는 사업장인 경우로서 100명 이상의 근로자를 해고하려면 최초로 해고하려는 날의 30일 전까지 고용노동부장관에게 신고하여야 한다(동법시행령 제10조제1항).

근기법시행령 제10조에 따라 해고계획을 신고하려면 경영상 이유에 의한 해고계획신고서에 동법 제24조제3항에 따라 근로자대표에게 통보한 내용을 적은 해고관련 서류를 관할 지방고용노동관서의 장에게 제출하여야 한다(동법시행규칙 제3조).

신고서에는 ① 해고사유, ② 해고예정인원, ③ 근로자대표와 협의한 내용, ④ 해고일정 등을 기재하여야 한다(제10조제2항). 근기법시행령 제10조에 따라 해고계획을 신고하려면 「경영상 이유에 의한 해고계획신고서」에 법 제24조제3항에 따라 근로자대표에게 통보한 내용을 적은 해고 관련 서류를 첨부 관할 지방고용노동관서의 장에게 제출하여야 한다(동법시행규칙 제3조). 이러한 신고제도를 둔 것은 대량해고에 대한 행정적 감시와 지도를 하기 위한 것으로 판단되므로, 사용자가 고용노동부장관에게 신고를 하지 않았다고 하여 이러한 해고가 무효로 되는 것은 아니라고 해석된다. 동규정에 위반하더라도 벌칙의 적용이 없으므로 이 규정은 일종의 훈시규정이라고 할 것이다.

(2) 우선 재고용의무

가. 관련규정

근기법 제25조제1항은 긴박한 경영상의 필요에 의하여 근로자를 해고한 사용자는 근로자를 해고한 날부터 3년 이내에 해고된 근로자가 해고 당시 담당하였던 업무와 같은 업무를 할 근로자를 채용하려고 할 경우에는 제24조에 따라 해고된 근로자가 원하면 그 근로자를 우선적으로 고용하여야 한다고 규정하고 있다.

나. 재고용의무의 법적 성격

이 사용자의 재고용의무는 법적 의무이나 벌칙은 부과되지 않는다. 해당 근로자는 이 규정에 따라 발생한 재고용청구권을 근거로 하여 사용자에게 민사상 손해배상을 제기할 수 있다(2007.11.29, 근로기준팀-8048). 근기법 제25조제1항은 종전 규정이 노력규정에 불과했던 것을 근로자 보호 및 고용안정성의 도모를 위해 의무규정으로 전환한 것이다. 근기법 제25조제1항은 정리해고된 근로자가 우선재고용의무규정을 근거로 사용자에 대해 고용의무의 이행을 구할 수 있는 사법상의 청구권으로서의 성격을 가진다고 봄이 타당하다. 판례(대법 2020.11.26,

2016다13437)는 이때 사용자가 해고근로자에게 고용계약을 체결할 의사가 있는지 확인하지 않은 채 제3자를 채용하였다면, 마찬가지로 해고근로자가 고용계약 체결을 원하지 않았을 것이라거나 고용계약을 체결할 것을 기대하기 어려운 객관적인 사유가 있었다는 등의 특별한 사정이 없는 한 근기법 제25조제1항이 정한 우선 재고용의무를 위반한 것으로 볼 수 있다고 한다. 따라서 해고된 근로자는 근기법 제25조제1항의 해당 요건이 충족되면 사용자에 대해서 동조에 따라 재고용청구권을 갖게 된다. 따라서 근로자는 사용자에 대하여 고용의무확인 또는 이행의 소를 제기할 수 있으며, 사용자가 재고용의무를 게을리하면 손해배상책임을 부담해야 한다.

(3) 국가의 고용보장조치

정부는 경영상의 필요에 의하여 해고된 근로자에 대하여 생계안정・재취업・직업훈련 등 필요한 조치를 우선적으로 취하여야 한다(근기법 제25조제2항).

(4) 파견근로자의 사용 금지

정리해고를 한 후 2년(노동조합 또는 근로자 과반수 대표자의 동의가 있는 때에는 6월)이 경과하기 전에는 해당 업무에 파견근로자를 사용하여서는 아니된다(파견법 제16조 제2항 및 동법시행령 제4조).

9 해고예고를 하지 아니한 해고는 무효인가

1. 해고예고와 해고의 효력

제26조 【해고의 예고】 사용자는 근로자를 해고(경영상 이유에 의한 해고를 포함한다)하려면 적어도 30일 전에 예고를 하여야 하고, 30일 전에 예고를 하지 아니하였을 때에는 30일분 이상의 통상임금을 지급하여야 한다. 다만, 다음 각 호의 어느 하나에 해당하는 경우에는 그러하지 아니하다.
1. 근로자가 계속 근로한 기간이 3개월 미만인 경우
2. 천재・사변, 그 밖의 부득이한 사유로 사업을 계속하는 것이 불가능한 경우
3. 근로자가 고의로 사업에 막대한 지장을 초래하거나 재산상 손해를 끼친 경우로서 고용노동부령으로 정하는 사유에 해당하는 경우

근기법 제26조에서 규정하는 해고예고제도는 사용자가 근로자를 해고할 경우에 근로자가 다른 직장을 구할 기회를 가질 수 있도록 최소한의 시간적인 여

유를 부여하거나, 그렇지 않으면 그 기간 동안의 생계비를 보장하여 근로자의 경제적 어려움을 완화시켜주려는 취지에서 규정된 것이다(대법 2018.9.13, 2017다16778 ; 대법 2010.4.15, 2009도13833 ; 2015.11.18, 근로기준정책과-5950). 그러므로 해고예고제도는 해고자체를 금지하는 제도는 아니다. 즉, 해고예고제도는 근로관계의 존속이라는 근로자보호의 본질적 부분과 관련되는 것이 아니다(헌재 2001.7.19, 99헌마663).

근기법 제26조의 규정에 의한 해고의 예고는 정당한 이유가 있어 해고하고자 할 때만 유효하게 적용되는 것으로 정당한 이유가 없었다면 해고예고를 하였거나 해고예고수당을 지급하더라도 해고로서의 효력이 없다(대법 1992.3.31, 91누6184). 따라서 정년퇴직・임의퇴직・합의퇴직의 경우, 기간의 정함이 있는 근로계약의 계약기간이 종료되어 자동퇴직하는 경우 등은 적용되지 아니한다.

2. 예고방법

① 해고예고는 적어도 해고일부터 "30일 전"에 하여야 하며 해고의 예고방법은 해고사유와 해고시기를 서면으로 통지하여야 한다. 불확정 기간이나 조건(건설공사 준공예정일 등)을 붙이거나, 해고할 사람을 특정하지 않고 불특정 다수인에게 불가피한 이유를 들어 감원을 주지시킨 것은 해고예고라고 할 수 없다.

② 사용자의 해고예고는 일정시점을 특정하여 하거나 언제 해고되는지를 근로자가 알 수 있는 방법으로 하여야 한다(대법 2010.4.15, 2009도13833). 또한 사업장등록을 마치지 않을 경우 더 이상 근무할 수 없다는 취지의 통보는 해고를 예고한 것으로 보기 어렵고, 해고예고에 해당하더라도 조건을 붙인 예고로서 효력이 없다(대법 2015.5.28, 2011다53638).

③ 해고의 예고는 그 일자를 정하여 확정적으로 이루어져야 하고, 회사가 "수습기간 후 업무능력과 업무태도가 개선되지 않으면 정식채용을 하지 않겠다"라고 불확정적인 조건을 붙여 행한 해고의 예고는 효력이 없다(서울고법 2019.9.10, 2019나2013832).

3. 예고기간

사용자는 30일 이상의 해고의 예고를 하면 30일분 이상의 통상임금을 해고예고수당으로 지급하지 아니하고 근로자를 해고할 수 있다. 이때의 해고예고기간 30일은 역일에 의한 30일을 말하며, 예고 당일은 기간 계산에 포함하지 않는다. 즉, 해고예고기간은 그 통지가 상대방에게 도달한 날의 다음 날부터 역일(曆日)로 계산하여 30일만에 만료되며, 휴일·휴무일이 있더라도 연장되지 않는다(2007.11.29, 근로기준팀-8048).

4. 해고예고수당

(1) 해고예고수당의 지급

사용자는 해고예고를 하는 대신 30일분 이상의 통상임금에 해당하는 해고예고수당을 지급하고 즉시해고를 할 수 있다. 이때 「1일분의 통상임금」은 근기법 시행령 제6조제3항의 규정에 따라 산정하여야 한다. 해고예고수당의 법적 성격은 구체적인 근로의 대가라고 할 수 없으므로 임금이 아닌 특수한 법정수당이다. 그 지급 시기는 즉시해고와 동시에 지급해야 할 것이다.

(2) 부당해고인 경우 해고예고수당의 반환 여부

부당해고로 판정되어 복직한 경우 이미 받은 해고예고수당을 사용자에게 반환할 의무가 있는지 여부에 관하여는 반환해야 한다는 견해와 반환할 필요가 없다는 견해로 양분되어 있다. 판례는 근기법 제26조 본문에 따른 해고예고수당은 해고가 유효한지 여부와 관계없이 지급되어야 하는 돈이고, 그 해고가 부당해고에 해당하여 효력이 없다고 하더라도 근로자가 해고예고수당을 지급받을 법률상 원인이 없다고 볼 수 없다. 따라서 반환의무가 없다. 그 근거는 다음과 같다(대법 2018.9.13, 2017다16778).

① 근기법 제26조 본문 내용이 해고가 유효한 경우에만 해고예고 의무나 해고예고수당 지급의무가 성립한다고 해석할 근거가 없다.

② 해고예고제도는 근로자로 하여금 해고에 대비하여 새로운 직장을 구할 수 있는 시간적·경제적 여유를 주려는 것으로 해고의 효력 자체와는 관계없는 제도이다. 해고가 무효인 경우에도 해고가 유효한 경우에 비해 해고예고제도를 통해 근로자에게 위와 같은 시간적·경제적 여유를 보장할 필요성이 작다고 할 수 없다.

③ 사용자가 근로자를 해고하면서 해고예고를 하지 않고 해고예고수당도 지급하지 않은 경우, 그 후 해고가 무효로 판정되어 근로자가 복직을 하고 미지급 임금을 지급받더라도 그것만으로는 해고예고제도를 통하여 해고 과정에서 근로자를 보호하고자 하는 근기법 제26조의 입법목적이 충분히 달성된다고 보

기 어렵다. 해고예고 여부나 해고예고수당 지급 여부가 해고의 사법상(私法上) 효력에 영향을 미치지 않는다는 점(대법 1994.3.22, 93다28553)을 고려하면, 해고예고제도 자체를 통해 근로자를 보호할 필요성은 더욱 커진다.

5. 해고예고의 철회

해고예고는 사용자가 일방적으로 행하는 근로계약 해지의 의사표시이므로 철회는 인정되지 않는다(민법 제543조). 그러나 근로자의 동의를 받은 철회는 근로자의 법률상 지위를 불안정하게 하는 것을 예방함으로써 철회금지의 취지에 어긋나지 않으므로 허용된다(하갑래, 「근기법」, 28판, p.854).

6. 해고예고기간 중의 근로관계

예고기간 중에는 근로자와 사용자는 여전히 정상적인 근로관계에 있는 경우와 마찬가지로 임금 또는 근로를 청구할 수 있다.

7. 해고제한기간에 해고예고기간이 만료된 경우

해고예고기간이 만료되었더라도 그 날이 근기법 제23조제2항에서 정한 해고의 제한 기간에 해당하는 경우에는 동법 제23조제2항에서 정한 기간이 종료되기 전에는 해고할 수 없다.

8. 해고예고의무를 위반한 해고의 효력

(1) 벌 칙

사용자가 근기법 제26조에 규정된 해고예고의무를 이행하지 않을 경우에는 동법 제110조제1호에 따라 2년 이하의 징역 또는 2,000만원 이하의 벌금에 처한다.

(2) 해고예고의무를 위반한 해고의 효력

가. 정당한 이유가 없는 해고의 경우

'정당한 이유'가 없는 해고의 경우는 그 해고가 당연히 무효이므로 예고를 했느냐 하지 않았느냐 하는 것은 문제되지 않는다.

나. 정당한 이유가 있는 해고의 경우에 해고예고를 하지 않는 경우

① 「유효설」은 근기법 제26조는 단순한 단속규정에 지나지 않으므로 해고예

고를 하지 않았다고 하더라도 사용자가 형사처벌을 받는 것은 별론으로 하고 사법상의 효력을 발생케 하는데 아무런 지장이 없다고 한다(대법 2015.2.26, 2014두44700 ; 대법 1996.12.17, 93다39492). 따라서 추후 노동위원회로부터 부당해고로 인정받은 경우라 할지라도 해고예고를 하지 않은 행위에 대해서는 해고의 정당성 여부와는 별론으로 이미 법 위반이 발생한 것이므로 해고예고 의무 위반으로 처벌이 가능할 것이다(2015.11.18, 근로기준정책과-5950).

② 「무효설」은 예고 위반의 해고는 해고로서 아무런 효력이 없다고 한다. 해고의 예고 또는 예고수당의 지급은 해고의 효력발생을 위한 하나의 강행적 요건이므로 예고 위반의 해고는 무효이다. 따라서 근로자는 적법한 해고가 행하여 질 때까지 근로를 제공하고 임금을 청구할 수 있다(다수설)고 한다.

③ 「상대적 무효설」은 예고 위반의 해고가 즉시해고로서는 무효지만 근기법 제26조의 요건을 결과적으로 갖추면 효력을 발생한다고 한다.

10 어떤 경우에 즉시해고 할 수 있는가

1. 즉시해고의 의의

즉시해고란 근기법 제26조 단서에서 규정한 해고예고가 불필요한 해고를 말한다. 근기법 제26조 단서는 즉시해고 사유를 다음과 같이 규정하고 있다.

1. 근로자가 계속 근로한 기간이 3개월 미만인 경우,
2. 천재 · 사변 그 밖의 부득이한 사유로 사업을 계속하는 것이 불가능한 경우
3. 근로자가 고의로 사업에 막대한 지장을 초래하거나 재산상 손해를 끼친 경우로서 고용노동부령으로 정하는 사유에 해당하는 경우

2019년 1월 근기법 제26조와 제35조를 개정하여 즉시해고(해고예고 적용제외)사유를 명확히 한 것이다. 그 취지는 근로자가 계속 근로한 기간이 3개월 미만인 경우이거나 부득이한 사유로 사업계속이 불가능한 경우 또는 '근로자의 귀책사유'가 있으면 즉시해고할 수 있음을 명시하고 있다. 사용자가 자신의 귀책사유 없이 돌발적으로 야기된 불가항력적 상황으로 인하여 사업을 계속하는 것이 불가능한 경우에까지 해고예고를 요구한다는 것은 형평에 반하고, 근로자가 사용자에 대하여 중대한 의무 위반을 함으로써 기본적 신뢰관계가 깨어진 경우에까지 근로자에게 해고예고의 보호를 할 필요가 없기 때문이다.

2. 즉시해고의 요건(해고예고 적용제외사유)

(1) 계속 근로한 기간이 3개월 미만인 경우

구 근기법 제35조 각 호의 단기간의 근로계약으로 취업하는 근로자 중 해고예고적용제외 사유는 고용형태별로 다양(5개 유형)하였으나, 개정 근기법은 근로자가 계속하여 근로한 기간이 3개월 미만인 경우 예고 없이 즉시해고를 할 수 있도록 일원화하였다. 이는 2015년 12월 월급근로자로서 6개월이 되지 못한 자를 해고예고 적용예외대상으로 한 규정이 헌법재판소(헌재[전원재판부] 2015.12.23, 2014헌바3)에서 평등권 침해를 이유로 위헌결정을 받은 것을 계기로 정비한 것이다. 고용형태에 따라 해고예고 적용제외 여부를 결정하고 있던 구 근기법 제35조는 형평성 논란이 지속될 수 있는 만큼 폐지하고 개정 근기법은 계속근로기간(3개월 미만)을 기준으로 일원화한 것이다. 수습기간을 둘 경우 3개월로 하는 경우가 많은데 이런 경우에는 3개월 미만에 해당하지 않으므로 해고예고 대상이 된다(법제처 2021.9.8, 심의안건 21-0320).

(2) 부득이한 사유로 사업계속이 불가능한 경우

① 부득이한 사유가 있는 경우

'부득이란 사유'란 예고를 할 여유가 없는 사유로서 중요한 건물, 설비, 기재 등의 소실과 같이 천재・사변에 준하는 정도의 돌발적이고 불가항력적인 경우로서 사용자에게 그 책임을 물을 수 없는 경우를 말하며, 단순히 불황이나 경영난은 이에 포함되지 않는다(2010.7.27, 근로기준과-272). 예컨대 노사분규로 인한 생산차질, 거래선 이탈 등 영업활동 위축으로 인한 폐업의 경우는 사전에 어느 정도 예측이 가능한 경우로서 해고예고의 예외가 되는 위의 '부득이한 사유'에 해당된다고 보기는 어렵다(2003.7.21, 근기 68207-914). 부도로 인한 사실상의 도산이라는 돌발적이고 불가항력적인 사유로 인하여 사업을 계속하는 것이 불가능한 경우에는 근기법 제26조단서의 '천재・사변, 그 밖의 부득이한 사유로 사업계속이 불가능한 경우'에 해당되어 근기법 제26조 위반은 없는 것으로 별도 해고예고수당을 지급하지 않아도 된다(2000.8.2, 근기 68207-2320).

'부득이한 사유로 사업계속이 불가능한 경우'에 근로자가 이에 불복하는 경우에는 사법(司法)적 수단에 의해 구제를 받게 된다.

② 사업계속의 불가능 여부에 대한 판단기준 및 입증책임

사업계속의 불가능 여부에 대한 판단은 사용자가 사업경영자로서 사회통념상 취할 수 있는 모든 조치를 다하였음에도 불구하고 어찌할 도리가 없는 정도를 기준으로 한다. 이에 대한 입증책임은 사용자가 부담해야 한다(대법 1970.2.24, 69다1568).

(3) 근로자의 귀책사유가 있는 경우

① 근로자 귀책사유의 의의

근로자의 귀책사유란 학설과 판례에 의하면 근로자를 보호할 필요가 없을 정도의 중대한 복무규율 위반 내지 배신행위를 의미한다. 해고예고기간의 준수의무가 없는 근로자의 귀책사유란 '근로자가 고의로 사업에 막대한 지장을 초래하거나 재산상의 손해를 끼친 경우로서 고용노동부령으로 정하는 사유에 해당하는 경우'에 한한다. "해고예고의 예외가 되는 근로자의 귀책사유"는 근기법시행규칙 제4조 및 [별표 1]에서 9개 사유를 규정하고 있다.

'근로자의 귀책사유'는 반드시 형사상의 범죄와 동일시될 필요는 없다.

② 근로자의 귀책사유의 판단기준 및 입증책임

'근로자의 귀책사유'의 판단은 근기법 제26조 단서에 명시된 바와 같이 근로자가 고의로 사업에 막대한 지장을 초래하거나 재산상의 손해를 끼친 경우로서 계속근로하는 것이 어렵다는 것을 종합적이며 실질적으로 판단하여야 한다. 근로자에게 고의가 인정되지 않거나 근기법시행규칙 [별표 1]에 정한 근로자의 귀책사유에 해당되지 않은 때에는 정당한 해고이유가 인정되더라도 즉시해고를 할 수 없으므로 해고예고를 해야 한다.

'귀책사유의 판단'에 있어서는 근로자의 지위・직책・계속근무연한・근무상황 등을 고려하여 종합적으로 판단하여야 할 것이다. 즉, '근로자의 귀책사유'가 근기법 제26조의 보호를 부여할 필요가 없을 정도로 중대한 것이며, 따라서 사용자로 하여금 이와 같은 근로자에게 30일 전에 해고의 예고를 하도록 함이 당해 사유와 비교하여 균형을 잃는 것에 한하여 인정하여야 한다.

근로자 귀책사유에 대해서는 「고의」가 전제요건으로 되어있다. 「고의」에 대한 입증책임은 해고예고의 예외를 주장하는 사용자에게 있다.

11 징계사유로 삼지 않는 사유로 징계해고 할 수 있는가

1. 별개의 새롭게 판명된 비위행위

사용자가 근로자의 어떤 비위행위에 대해 징계처분을 실시한 후, 별개의 비위행위가 판명되었다고 하는 경우에는 새롭게 판명된 비위행위를 징계처분의 이유에 추가할 수 있는가?

「근로자에 대한 징계처분의 당부를 판단함에 있어서는 그 징계사유의 엄격성·한계성·명시성이 요구되는 것이어서 그 징계사유에 속하는 사실 및 그 기준의 당부에 따라 그 유효 여부를 판가름할 것이고, 당해 징계사유 아닌 다른 사실까지도 아울러 참작하여 유효 여부를 논할 수는 없다 할 것이다. 운수회사의 운전사가 안내양과 불륜관계를 맺은 일이 있다 하더라도 이를 해고사유로 삼지 않은 이상 위 사유가 해고처분을 정당화할 수는 없다」(대구고법 1983.3.29, 82나1287). 또한 단체협약이나 회사의 취업규칙 등의 징계규정에서 근로자에 대한 징계를 징계위원회의 의결을 거쳐 행하도록 규정하고 있는 경우에 그 징계처분의 당부는 징계위원회에서 징계양정의 사유로 삼은 사유에 의하여 판단하여야 하고 징계위원회에서 거론되지 아니한 사유를 포함시켜 징계처분의 당부를 판단할 수 없다(대법 2006.6.15, 2005두8047).

근로자의 어떤 비위행위가 징계사유로 되어 있느냐 여부는 구체적인 자료들을 통하여 징계위원회 등에서 그것을 징계사유로 삼았는가 여부에 의하여 결정되어야 하며 정당한 징계사유에 해당하는지 여부는 취업규칙상 징계사유를 정한 규정의 객관적인 의미를 합리적으로 해석하여 판단하여야 한다(대법 2020.6.25, 2016두56042).

중노위의 재심판정이 징계처분의 정당성에 관한 판단을 그르쳤는지 여부를 가리기 위해서는 징계위원회 등에서 징계처분의 근거로 삼은 징계사유에 의하여 징계처분이 정당한지 여부를 살펴보아야 한다. 따라서 여러 징계사유를 들어 징계처분을 한 경우에는 중노위가 재심판정에서 징계사유를 인정한 것 이외에도 징계위원회 등에서 징계사유 전부를 심리하여 징계처분이 정당한지 여부를 판단하여야 할 것이다(대법 2016.12.29, 2015두38917).

2. 징계위원회가 징계의결이 요구된 징계사유를 근본적으로 수정 또는 추가하여 징계의결을 할 수 있는지 여부

취업규칙 등 징계규정에서 근로자에게 일정한 징계사유가 있을 때 징계의결 요구권자가 먼저 징계사유를 들어 징계위원회에 징계의결 요구를 하고 징계의결 결과에 따라 징계처분을 하되 징계위원회는 징계대상자에게 진술의 기회를 부여하고 이익되는 사실을 증명할 수 있도록 하며 징계의결을 하는 경우에는 징계의 원인이 된 사실 등을 명시한 징계의결서에 의하도록 규정하고 있을 경우, 징계위원회는 어디까지나 징계의결 요구권자에 의하여 징계의결이 요구된 징계사유를 심리대상으로 하여 그에 대하여만 심리・판단하여야 하고 징계의결이 요구된 징계사유를 근본적으로 수정하거나 징계의결 이후에 발생한 사정 등 그 밖의 징계사유를 추가하여 징계의결을 할 수는 없다(대법 2012.1.27, 2010다100919). 이 사건은 국민건강보험공단이 징계위원회 개최 중 고지없이 징계사유를 추가한 경우 이는 소명권 침해로 징계절차 위반에 해당한다는 것이다. 즉「징계의결 요구권자가 징계사유로 적시한 비위행위」와「징계위원회에서 징계사유로 삼을 수 있는 비위행위와의 관계」를 명확하게 구분하여 판시하였다.

3. 징계사유 중 일부가 징계사유로 인정되지 않는 경우

① 근로자에게 여러 가지 징계혐의사실이 있는 경우에는 그 징계사유 하나씩 또는 그 중 일부의 사유만을 가지고 판단할 것이 아니고 전체의 사유에 비추어 판단하여야 하며, 징계처분에서 징계사유로 삼지 아니한 비위행위라도 징계종류 선택의 자료로서 피징계자의 평소 소행과 근무성적, 당해 징계처분사유 전후에 저지른 비위행위 사실 등은 징계양정을 하면서 참작자료로 삼을 수 있다(대법 2014.11.27, 2011다41420 ; 대법 2014.6.26, 두35799 ; 대법 2011.3.24, 2010다21962 ; 대법 2003.7.8, 2001두8018 ; 대법 1997.2.14, 96누4244).

② 여러 개의 징계사유 중 일부가 인정되지 않더라도 인정되는 다른 일부 징계사유만으로도 해당 징계처분의 타당성을 인정하기에 충분한 경우에는 그 징계처분을 유지하여도 위법하지 아니하다(대법 2014.11.27, 2011다41420 ; 대법 2004.6.25, 2002다51555).

12 부당해고에 대한 근로자의 구제방법

부당하게 해고되었을 경우 근로자는 ① 노동위원회에 부당해고구제신청(행정적 구제절차)을 하거나, ② 법원에 근로자지위확인 또는 해고무효확인의 소를 제기(사법적 구제절차)해 그 권리회복을 청구할 수 있다. 위 양자를 아울러 부당해고 구제절차라고 한다. 사법적 구제절차와 행정적 구제절차는 별개의 제도이므로 근로자는 양자 중 하나를 선택하거나 양자를 병행하여 청구할 수 있다.

1. 노동위원회를 통한 부당해고 구제절차

① 부당해고 구제절차와 그 의의 : 사용자는 근로자에게 정당한 이유 없이 부당해고 등을 하지 못한다(근기법 제23조제1항). 사용자가 근로자에게 부당해고 등을 하면 근로자는 노동위원회에 구제신청을 할 수 있고(근기법 제28조제1항), 지방노동회의 구제명령 또는 기각결정에 불복하는 사용자나 근로자는 다시 중앙노동위원회에 재심신청을 할 수 있다(근기법 제31조제1항). 아울러 사용자나 근로자는 중앙노동위원회의 재심판정에 대하여 행정소송법 규정에 따라 소를 제기할 수 있다(근기법 제31조제1항). 부당해고 등의 구제절차는 부당해고 등으로 주장되는 구체적 사실이 부당해고 등에 해당하는지 여부를 심리하고, 부당해고 등으로 인정되면 적절한 구제방법을 결정하여 구제명령을 하는 제도로서, 부당해고 등으로 주장되는 구체적 사실이 심사 대상이다(대법 2016.12.29, 2015두38917 ; 대법 1997.6.13, 96누15718).

② 부당해고 구제절차의 효력 : 부당해고 등에 대한 노동위원회 행정적 구제절차는 법원에 해고무효확인 및 임금상당액의 지급 등을 구하는 민사소송을 통한 통상적 권리구제방법에 따른 절차적 번잡성과 소송지연, 과다한 비용 부담 등의 문제점을 보완하고 노사관계의 특수성을 반영하여 노사분쟁의 신속·간이하며 경제적이고 탄력적인 구제를 도모하기 위해 도입된 것이다(헌재 2014.5.29, 2013헌바171 ; 헌재 2012.2.23, 2011헌마233 ; 중노위 2016.1.28, 2015부해1101 ; 중노위 2015.8.20, 2015부해514).

부당해고 등 구제절차에 의하면, 노동위원회는 근로자의 부당해고 등 구제신청에 대하여 심문을 마친 다음 부당해고 등이 성립한다고 판정하면 사용자에게 구제명령을 하고, 부당해고 등이 성립하지 아니한다고 판정하면 구제신청을 기각하는 결정을 한다. 노동위원회는 부당해고 등이 성립하면 일반적으로 원직복직의 구제명령과 함께 해고 등이 없었더라면 지급받을 수 있었던 해고기간 동안의 임금상당액 지급명령을 하고 있다.

뿐만 아니라, 2007.1.26 개정 근기법 제30조제3항에서는 기존에 원직복직과 임금상당액 지급만을 명하던 해결방식에서 근로자와 사용자 사이의 분쟁을 보다 합리적으로 해결할 수 있도록 근로자가 원직복직을 원하지 않는 경우에는 원직복직명령에 대신하여 근로자가 해고기간 동안 근로를 제공하였더라면 받을 수 있었던 '임금상당액 이상의 금품'의 지급을 명하는 금전보상제도를 도입하여 부당해고에 대한 구제방식을 다양화하였다.

(1) 구제신청기간

부당해고 등의 구제신청기간에 관하여 근기법 제28조는 다음과 같이 규정하고 있다.

> **제28조 【부당해고 등의 구제신청】** ① 사용자가 근로자에게 부당해고 등을 하면 근로자는 노동위원회에 구제를 신청할 수 있다.
> ② 제1항에 따른 구제신청은 부당해고 등이 있었던 날부터 3개월 이내에 하여야 한다.

근로자는 부당해고 등에 대해 노동위원회에 구제신청할 수 있고, 부당해고 구제신청은 해고일로부터 3개월 이내에 하여야 한다. 노동위원회는 지방노동위원회(초심)－중앙노동위원회(재심) 절차로 구분되고 당사자가 재심결과에 불복하는 경우 행정소송을 제기할 수 있다. 근로자는 근기법 제28조제1항에 따라 부당해고 등의 구제를 신청하려면 「부당해고 등의 구제신청서」를 지방노동위원회에 제출하여야 한다(동법시행규칙 제5조).

① 구제신청기간의 성격

근기법 제28조제1항 소정의 근로자에 대한 부당해고 등의 불이익처분에 대한 노동위원회의 행정적 구제절차는 민사소송을 통한 통상적인 권리 구제방법에 따른 소송절차의 번잡성, 절차의 지연, 과도한 비용부담 등의 폐해를 지양하고 신속·간이하며 경제적이고 탄력적인 권리구제를 도모하기 위한 것이다. 이처럼 신속·간이한 행정적 구제절차로서의 기능을 확보할 목적으로 근기법

제28조제2항은 부당해고 등의 불이익처분에 대한 구제신청은 그 행위가 있었던 날부터 3개월 이내에 하도록 규정하고 있다.

권리구제 신청기간은 제척기간이라 할 것이므로 그 기간이 경과하면 행정적 권리구제를 신청할 권리는 소멸하고, 해당 근로자가 책임질 수 없는 사유로 그 기간을 준수하지 못하였다는 등 그 기간을 해태함에 정당한 사유가 있다고 하여 그 결론은 달리할 수 없다.

② 구제신청의 기산일

구제신청일의 기산일은 해고통지서에 기재된 해고일이지만 해고통지서에 기재된 해고일이 해고통지서를 받은 날보다 이전인 때에는 해고통지서를 받은 날이 된다(노동위원회규칙 제40조제1호). 재심절차를 거친다 하더라도 노동위원회에 권리구제를 신청할 수 있는 구제신청기간의 기산점은 재심의결을 통지받은 때가 아닌 애초의 징벌처분이 있는 때에 곧 발생한다고 보아야 한다(대법 1997.2.14, 96누5926).

노동위원회규칙 제40조제4호는 재심절차의 경우 다음과 같이 규정하고 있다.

> 4. 징계 재심절차를 거친 경우에는 원처분일. 다만, 다음 각 목의 경우에는 재심처분일로 한다.
> 가. 징계의 재심절차에서 원처분이 취소되고 새로운 징계처분을 한 때
> 나. 징계의 재심절차에서 원처분이 변경된 때
> 다. 단체협약이나 취업규칙 등에서 재심청구시 재심이 결정될 때까지 원처분의 효력이 정지되도록 규정한 경우

③ 구제신청기간의 제한이유

신청기간에 관한 규정이 만들어지게 된 것은 ㈎ 행위가 있은 시점으로부터 오랜 시간이 경과하면 증거의 수집이나 사실인정이 곤란하게 되는 점, ㈏ 부당해고 등이 행하여진 시점으로부터 오랜 시간이 흐른 후에는 구제명령을 발하여도 효과를 보기 어려울 뿐 아니라 오히려 노사관계의 안정을 저해할 가능성이 있는 점을 고려한 것이다.

〈구제신청 이후 근로관계가 종료된 경우의 처리〉

구제신청 이후 근로관계가 종료 (사직, 폐업, 기간만료, 정년 등)	처 리
초심 단계에서 근로관계 종료	구제신청 각하판정(원직복직 불가로 구제이익 없음)
재심 단계에서 근로관계 종료	(1) 초심에서 기각판정이 있어 근로자가 재심신청한 경우 - 초심취소, 초심구제신청 각하 판정 (2) 초심에서 구제명령에 있어 사용자가 재심신청한 경우 ① 주류적 판례 : 원직복직 불가하므로 초심취소 및 구제신청 각하 판정해야 함(대법 2009.12.10, 2008두22136) ② 예외적 판례 : 원직복직 불가하더라도 임금상당액지급명령의 독자적 구제이익 인정되므로 원직복직 명령 취소 및 임금상당액 지급명령 가능(서울행법 2011.4.21, 2010구합45415)
소송 단계에서 근로관계 종료	(1) 근로자가 초·재심 구제받지 못해 소 제기한 경우 - 소의 이익 없으므로 각하 판결(대법 1994.1.11, 93누6829) (2) 구제명령이 내려지고 사용자가 불복해 소를 제기한 경우 - 소의 이익 있으므로 본안 판단함(대법 1993.4.27, 92누13196)

자료출처 : 중앙노동위원회, 「주제별 판례분석집」, 2017, p.153.

(2) 노동위원회의 조사 등

노동위원회의 조사에 관하여 근기법 제29조는 다음과 같이 규정하고 있다.

제29조 【조사 등】 ① 노동위원회는 제28조에 따라 구제신청을 받으면 지체없이 필요한 조사를 하여야 하며, 관계 당사자를 심문하여야 한다.
② 노동위원회는 제1항에 따라 심문을 할 때에는 관계 당사자의 신청이나 직권으로 증인을 출석하게 하여 필요한 사항을 질문할 수 있다.
③ 노동위원회는 제1항에 따라 심문을 할 때에는 관계 당사자에게 증거 제출과 증인에 대한 반대심문을 할 수 있는 충분한 기회를 주어야 한다.
④ 제1항에 따른 노동위원회의 조사와 심문에 관한 세부절차는 「노동위원회법」에 따른 중앙노동위원회가 정하는 바에 따른다.

① 조사와 심문

노동위원회는 구제신청을 받으면 지체없이 필요한 조사와 관계당사자를 심문하여야 하고, 심문할 때에는 증인을 출석하게 하여 필요한 사항을 질문할 수 있고, 관계당사자에게 증인 출석 및 증거제출에 대한 충분한 기회를 주어야 한다(근기법 제29조제1항 및 제2항).

② 화해의 권고등

노동위원회는 근기법 제28조에 따른 판정, 명령 또는 결정이 있기 전까지 관계당사자의 신청 또는 직권으로 화해를 권고하거나 화해안을 제시할 수 있으며, 화해안에 대하여 관계당사자가 수락하면 관계당사자와 위원 전원의 서명날인으로 화해조서를 작성하게 되면 민사소송법에 따른 재판상 화해의 효력을 갖게 된다(노동위원회법 제16조의3). 노동위원회법 개정으로 기존 화해제도에 더하여 집행력을 부여한 화해제도가 시행되고 있다.

(3) 노동위원회의 구제명령

① 관련규정

근기법 제30조는 다음과 같이 규정하고 있다.

> **제30조 【구제명령 등】** ① 노동위원회는 제29조에 따른 심문을 끝내고 부당해고 등이 성립한다고 판정하면 사용자에게 구제명령을 하여야 하며, 부당해고 등이 성립하지 아니한다고 판정하면 구제신청을 기각하는 결정을 하여야 한다.
> ② 제1항에 따른 판정, 구제명령 및 기각결정은 사용자와 근로자에게 각각 서면으로 통지하여야 한다.
> ③ 노동위원회는 제1항에 따른 구제명령(해고에 대한 구제명령만을 말한다)을 할 때에 근로자가 원직복직(原職復職)을 원하지 아니하면 원직복직을 명하는 대신 근로자가 해고기간 동안 근로를 제공하였더라면 받을 수 있었던 임금상당액 이상의 금품을 근로자에게 지급하도록 명할 수 있다.
> ④ 노동위원회는 근로계약기간의 만료, 정년의 도래 등으로 근로자가 원직복직(해고 이외의 경우는 원상회복을 말한다)이 불가능한 경우에도 제1항에 따른 구제명령이나 기각결정을 하여야 한다. 이 경우 노동위원회는 부당해고 등이 성립한다고 판정하면 근로자가 해고기간 동안 근로를 제공하였더라면 받을수 있었던 임금 상당액에 해당하는 금품(해고 이외의 경우에는 원상회복에 준하는 금품을 말한다)을 사업주가 근로자에게 지급하도록 명할 수 있다.

② 구제명령의 법적 성격

노동위원회의 구제명령은 사용자에게 구제명령에 복종하여야 할 공법상의 의무를 부담시킬 뿐 직접 근로자와 사용자 간의 사법상의 법률관계를 발생 또는 변경시키는 것은 아니다. 설령 근로자가 부당해고 구제신청을 기각한 재심판정의 취소를 구하는 행정소송을 제기하였다가 패소판결을 선고받아 그 판결이 확정되었다 하더라도 이는 재심판정이 적법하여 사용자가 구제명령에 따른 공법상 의무를 부담하지 않는다는 점을 확정하는 것일 뿐 해고가 유효하다거나 근로자와 사용자 간의 사법상 법률관계에 변동을 가져오는 것은 아니어서, 근로자는 그와 별도로 민사소송을 제기하여 해고의 무효 확인을 구할 이익이 있다(대법 2023.6.15, 2019두40260 ; 대법 2011.3.24, 2010다21962).

③ 원직복직명령

부당해고 등이 성립한다고 판정하면 노동위원회는 사용자에게 근로자를 원직에 복직시키고 해고기간 동안 임금상당액을 지급하도록 명할 수 있다(근기법 제30조제1항). 노동위원회는 이러한 구제명령을 사용자와 근로자에게 각각 서면으로 통지한다(근기법 제30조제2항). 노동위원회가 구제명령을 하는 때에는 이행기한을 정하여야 한다. 이 경우 이행기한은 근기법 제30조제2항에 따라 사용자가 구제명령을 서면으로 통지받은 날로부터 30일 이내로 한다(동법시행령 제11조).

④ 원직복직을 원하지 않는 경우

노동위원회는 근기법 제30조제1항에 따른 구제명령(해고에 대한 구제명령을 말한다)을 할 때는 근로자가 원직복직을 원하지 아니하면 원직복직을 명하는 대신 근로자가 해고기간 동안 근로를 제공하였더라면 받을 수 있었던 임금상당액 이상의 금품을 근로자에게 지급하도록 명할 수 있다(근기법 제30조제3항). 이와 같이 근로자가 금전보상을 받을 수 있는 이익은 원직복직이 불가능하거나 원직복직을 원하지 않는 경우에도 소의 이익으로써 인정하여 근로자가 구제 받을 수 있도록 하였다. 이 조항의 취지는 부당한 해고의 구제방법을 다양화함으로써 권리구제의 실효성을 제고할 목적에 있다(김형배, 「노동법」, 27판, p.864).

⑤ 원직복직이 불가능한 경우

노동위원회는 근로계약기간의 만료, 정년의 도래 등으로 근로자가 원직복직(해고 이외의 경우에는 원상회복)이 불가능한 경우에는 근기법 제30조제1항에 따른 구제명령이나 기각결정을 하여야 한다. 이 경우 노동위원회는 부당해고 등이 성립한다고 판정하면 근로자가 해고기간 동안 근로를 제공하였더라면 받을 수 있었던 임금상당액에 해당하는 금품(해고 이외의 경우에는 원상회복에 준하는 금품을 말한다)을 사업주가 근로자에게 지급하도록 명할 수 있다(근기법 제30조제4항). 이 조항은 대법원 전원합의체판결 내용을 입법화한 것이다. 이와 같은 법개정은 소송경제적 측면에서 근로자의 임금보호에 기여한다는 의미에서 긍정적 평가를 할 수 있으나 사법(私法)관계(근로관계)에 대한 행정기구의 공법상 효력범위 확대라는 부정적 측면을 부인하기 어렵다는 비판적 견해도 있다(김형배, 「노동법」, 27판, p.865).

(4) 금전보상제의 도입

① 금전보상제의 도입 취지

노동위원회가 해고에 대한 구제명령을 할 때 근로자가 이를 원하지 아니하는 경우 효과적인 구제수단이 되지 못하므로 원직복직을 대신하여 금전보상을 지급하고 근로관계를 종료할 필요성이 있다. 근로자가 해고기간 동안 근로를 제공했더라면 받을 수 있었던 임금상당액 이상의 금품을 근로자에게 지급하도록 명할 수 있다. 이를 금전보상명령이라고 한다. 이러한 금전보상명령제의 입법 목적은 근로자가 부당해고를 당하였으나 원직복직을 원하지 않는 경우 원직복직을 명하는 구제명령이 효과적인 구제수단이 되지 못하는 문제점을 해결하기 위한 것이다(대법 2019.1.17, 2018두58349, 심리불속행기각 ; 대전고법 2018.8.31, 2018누11324). 2007년 1월 근기법 개정(2007년 7월부터 시행)시 권리구제의 실효성을 높이기 위하여 노동위원회의 구제명령으로서 구제내용과 방식의 다양화를 꾀하고 있다.

② 금전보상제의 내용

첫째, 금전보상제는 노동위원회의 부당해고구제신청에 대하여 제한적으로 허용된다. 둘째, 금전보상제의 신청주체를 근로자로 한정하고 신청사유를 근로자가 「원직복직을 원하지 아니하면」으로 한정하고 있다. 금전보상명령은 구제명령을 할 때 원직복직이 객관적으로 가능한 것을 전제로 부당해고에 대한 구제명령인 원직복직명령을 대신하여 금전보상을 명할 수 있다는 것일 뿐 원직복직이 객관적으로 가능하지 않는 경우까지 금전보상명령을 할 수 있다는 의미는 아니다(대법 2019.1.17, 2018두58349). 셋째, 원직복직을 대신하는 금전보상의 범위는 「임금상당액 이상의 금품」으로 규정하고 있다. 이는 해고된 근로자가 원직복직을 원하지 아니하는 경우에는 구제명령으로써 원직복직을 명하는 대신 근로자가 해고기간 동안 지급받을 수 있었던 임금과 위로금을 포함하여 금품지급을 명할 수 있다. 금전보상의 범위는 노동위원회가 근로자의 귀책사유, 해고의 부당성 정도, 근로자가 해고일로부터 판정일까지의 얻은 중간수입, 근로계약 형태 등을 고려하여 결정한다.

부당해고로 인한 구제명령시 근로자가 청구하는 금전보상에는 해고기간 동안 임금상당액과 추가보상액이 포함된다.

추가보상액의 경우에는 명확한 가이드라인이 설정되어있지 않으나 그 금액의 산정에는 해고의 부당성 정도, 근로자의 귀책사유, 회사의 경영상황, 해고절차

진행 개황, 근로자의 재취업 가능성 등이 고려될 수 있다. 보상금액 산정시 중간수입을 공제하여야 하며 근기법 제46조제1항에 따라 그 공제범위는 중간수입 발생기간 동안의 임금의 30%를 초과하지 못한다(대법 1991.12.13, 90다18999 ; 중노위 2016.1.28, 2015부해1101). 추가보상액 산정은 노동위원회의 재량권 범위에 속한다. 한편, 금전보상명령이 내려진 경우 사용자가 해고를 전제로 근로자에게 지급된 해고예고 수당은 법률상 원인이 없이 지급된 것으로 부당이득이므로 반환청구의 대상이 된다.

(5) 구제명령 등의 불복 및 확정

근기법 제31조는 구제명령 등의 확정에 관하여 다음과 같이 규정하고 있다.

> **제31조 【구제명령 등의 확정】** ① 「노동위원회법」에 따른 지방노동위원회의 구제명령이나 기각결정에 불복하는 사용자나 근로자는 구제명령서나 결정서를 통지받은 날부터 10일 이내에 중앙노동위원회에 재심을 신청할 수 있다.
> ② 제1항에 따른 중앙노동위원회의 재심판정에 대하여 사용자나 근로자는 재심판정서를 송달받은 날부터 15일 이내에 「행정소송법」의 규정에 따라 소(訴)를 제기할 수 있다.
> ③ 제1항 및 제2항에 따른 기간 이내에 재심을 신청하지 아니하거나 행정소송을 제기하지 아니하면 그 구제명령 · 기각결정 또는 재심판정은 확정된다.
> **제32조 【구제명령 등의 효력】** 노동위원회의 구제명령 · 기각결정 또는 재심판정은 제31조에 따른 중앙노동위원회에 대한 재심신청이나 행정소송의 제기에 의하여 그 효력이 정지되지 아니한다.

지방노동위원회의 구제명령이나 기각명령에 불복하는 사용자나 근로자는 판정서를 통지받은 날부터 10일 이내에 중앙노동위원회로 재심을 신청할 수 있다(근기법 제31조제1항). 근기법 제32조에 의한 구제명령은 행정처분으로서 공정력이 있으므로 하자가 있다고 하더라도 그 하자가 취소사유에 불과한 때에는 구제명령이 취소되지 않는 한 그 효력을 부정할 수 없고, 사용자의 재심 신청이나 행정소송 제기에 의하여 그 효력이 정지되지는 아니한다(대법 2023.6.15, 2019두40260). 중앙노동위원회의 재심판정에 대하여 불복이 있는 경우에는 사용자나 근로자는 재심판정서를 송달받은 날부터 15일 이내에 행정소송법 규정에 따라 소를 제기할 수 있다(근기법 제31조제2항). 소정의 기간 내에 재심신청을 하지 않거나 행정소송을 제기하지 않은 경우에는 지방노동위원회의 판정 또는 중앙노동위원회의 재심판정은 확정된다.

(6) 구제명령 불이행시 이행강제금 부과

근기법 제33조는 이행강제금에 관하여 다음과 같이 규정하고 있다.

> **제33조 【이행강제금】** ① 노동위원회는 구제명령(구제명령을 내용으로 하는 재심판정을 포함한다. 이하 이 조에서 같다)을 받은 후 이행기한까지 구제명령을 이행하지 아니한 사용자에게 3천만원 이하의 이행강제금을 부과한다.
> ② 노동위원회는 제1항에 따른 이행강제금을 부과하기 30일 전까지 이행강제금을 부과 · 징수한다는 뜻을 사용자에게 미리 문서로써 알려주어야 한다.
> ③ 제1항에 따른 이행강제금을 부과할 때에는 이행강제금의 액수, 부과사유, 납부기한, 수납기관, 이의제기방법 및 이의제기기관 등을 명시한 문서로써 하여야 한다.
> ④ 제1항에 따라 이행강제금을 부과하는 위반행위의 종류와 위반정도에 따른 금액, 부과 · 징수된 이행강제금의 반환절차, 그 밖에 필요한 사항은 대통령령으로 정한다.
> ⑤ 노동위원회는 최초의 구제명령을 한 날을 기준으로 매년 2회의 범위에서 구제명령이 이행될 때까지 반복하여 제1항에 따른 이행강제금을 부과 · 징수할 수 있다. 이 경우 이행강제금은 2년을 초과하여 부과 · 징수하지 못한다.
> ⑥ 노동위원회는 구제명령을 받은 자가 구제명령을 이행하면 새로운 이행강제금을 부과하지 아니하되, 구제명령을 이행하기 전에 이미 부과된 이행강제금은 징수하여야 한다.
> ⑦ 노동위원회는 이행강제금 납부의무자가 납부기한까지 이행강제금을 내지 아니하면 기간을 정하여 독촉을 하고, 지정된 기간에 제1항에 따른 이행강제금을 내지 아니하면 국세 체납처분의 예에 따라 징수할 수 있다.
> ⑧ 근로자는 구제명령을 받은 사용자가 이행기한까지 구제명령을 이행하지 아니하면 이행기한이 지난 때부터 15일 이내에 그 사실을 노동위원회에 알려줄 수 있다.

① 구제명령 불이행에 대한 제재로서의 이행강제금

노동위원회는 구제명령에 대한 재심이나 행정소송이 진행 중이더라도 이행기한까지 구제명령을 이행하지 아니한 사용자에게 이행강제금을 부과함으로써 그 이행을 강제한다(근기법 제33조제1항). 이처럼 근기법이 사용자에게 구제명령에 대한 즉각적인 준수의무를 부과하는 것은 부당해고나 부당전보 등이 있으면 근로자는 생계의 곤란이나 생활상의 큰 불이익을 겪게 되어 신속한 구제가 필요한 반면, 사용자는 분쟁기간이 길어지더라도 실질적인 불이익이 크지 않다는 점을 고려하였기 때문이다(대법 2023.6.15, 2019두40260).

노동위원회는 구제명령을 받은 후 이행 기간까지 구제명령을 이행하지 아니한 사용자에게 3천만원 이하의 이행강제금을 부과하며 최초의 구제명령을 한 날을 기준으로 2년을 초과하지 않는 한도에서 매년 2회의 범위에서 구제명령이 이행될 때까지 반복하여 이행강제금을 부과 · 징수할 수 있다. 이행강제금 부과

대상이 되는 구제명령은 초심 구제명령과 재심 구제명령을 모두 포함하며 구제명령의 확정 여부를 묻지 아니한다.

이행강제금 부과대상자는 구제명령의 이행의무자인 사업주에 한한다.

② 이행강제금의 의의 및 법적 성격

이행강제금은 행정법상의 부작위의무 또는 비대체적 작위의무를 이행하지 않은 경우에 '일정한 기한까지 의무를 이행하지 않을 때에는 일정한 금전적 부담을 과할 뜻'을 미리 '계고'함으로써 의무자에게 심리적 압박을 주어 장래를 향하여 의무의 이행을 확보하려는 간접적인 행정상 강제집행 수단이다(대법 2015.6.24, 2012두2170). 근기법 제33조제1항에 정한 이행강제금은 근로자를 신속하게 구제하고 노동위원회가 발령한 구제명령의 실효성을 보장하기 위하여 구제명령을 이행하지 아니한 사용자로 하여금 이를 이행하도록 하는 행정상의 간접강제수단으로서 일정한 금원을 납부하게 하는 침익적 행정행위에 해당한다(대법 2014.12.11, 2011두23481).

③ 구제명령을 이행하지 아니한 채 구제명령에 반하는 업무지시를 거부한 행위를 징계사유로 하여 행한 징계해고처분의 정당성 여부

근기법의 규정들과 구제명령 제도의 취지에 비추어 보면, 구제명령을 받은 사용자가 구제명령을 이행하지 아니한 채, 오히려 구제명령에 반하는 업무지시를 하고 근로자가 그 지시를 거부하였다는 이유로 근로자를 징계하는 것은 그 구제명령이 당연무효라는 등의 특별한 사정이 없는 한 정당성을 가진다고 보기 어렵다.

한편, 그 업무지시 후 구제명령을 다투는 재심이나 행정소송에서 구제명령이 위법하다는 이유에서 이를 취소하는 판정이나 판결이 확정된 경우라면, 업무지시 당시 구제명령이 유효한 것으로 취급되고 있었다는 사정만을 들어 업무지시 거부 행위에 대한 징계가 허용되지 않는다고 볼 수 없다. 이 때 그러한 징계가 정당한지는 ▲구제명령 제도의 입법취지를 충분히 고려하면서, ▲업무지시의 내용과 경위, ▲그 거부 행위의 동기와 태양, ▲구제명령 또는 구제명령을 내용으로 하는 재심판정의 이유, ▲구제명령에 대한 쟁송경과와 구제명령이 취소된 이유, ▲구제명령에 대한 근로자의 신뢰의 정도와 보호가치 등을 종합적으로 고려하여 판단하여야 한다(대법 2023.6.15, 2019두40260).

④ **이행강제금과 헌법상 이중처벌 금지원칙의 적용 여부**

근기법 제33조에서 노동위원회는 구제명령을 받은 후 이행기간까지 구제명령을 이행하지 아니한 사용자에게 이행강제금을 부과하도록 규정하고 있다. 이러한 이행강제금은 행정상 간접적인 강제집행 수단의 하나로서 과거의 법률 위반행위에 대한 제재로서의 형벌이 아니라 장래의 의무이행의 확보를 위한 강제수단일 뿐이어서 범죄에 대하여 국가가 형벌권을 실행하는 과벌에 해당하지 아니하므로 헌법 제13조제1항이 금지하는 이중처벌 금지원칙이 적용될 여지가 없다(헌재 2014.5.29, 2013헌바171 ; 헌재 2011.10.25, 2009헌바140).

⑤ **이행강제금 부과처분의 전제가 되는 구제명령내용의 특정 여부**

이행강제금 부과처분의 전제가 되는 구제 명령은 그 내용을 구체적으로 특정하는 것이 바람직하다. 그러나 위 구제명령이 그 자체로 집행력이 발생하는 것은 아니고 그 수범자인 사용자의 행위에 의하여 실현되는 점을 감안할 때, 그 내용의 특정 여부에 관하여 지나치게 엄격하게 해석하거나 이를 요구할 필요까지는 없다. 그리고 구제명령의 이행이 불가능할 정도로 불특정되었는지 여부를 판단함에 있어서는 사용자가 평균임금을 기초로 하여 부당해고기간 동안 정상적으로 근로를 제공하였다면 받을 수 있었던 임금상당액을 용이하게 산정할 수 있거나 또는 취업규칙이나 임금지급 관행에 의하여 임금액을 특정할 수 있는지, 임금을 정확히 특정할 수 없는 사정이 있는 경우에는 사용자가 일응 합리적인 근거가 있는 산정기준을 적용하여 산정한 금액을 임의로 지급하거나 법원에 공탁함으로써 구제명령 불이행의 책임을 면할 수 있다고 볼 여지가 있는지 등의 사정과 함께 부당해고 등으로 일정 기간 근로를 제공하지 못하여 임금을 받지 못한 근로자들의 생활고를 잠정적으로나마 신속·간이하게 해결하기 위하여 구제명령 및 이행강제금 부과제도를 규정한 취지 등을 충분히 고려하여야 할 것이다(대법 2014.12.11, 2011두23481 ; 대법 2010.10.28, 2010두12682).

⑥ **사업을 폐업하여 원직복직이 현실적으로 어려운 경우**

따라서 법인은 존재하고 있으나 사용자가 사업을 폐업하여 원직복직이 현실적으로 어렵다 하더라도 구제명령을 이행하지 않았을 경우에는 원칙적으로 이행강제금을 부과하여야 한다(2011.1.27, 근로기준과-477).

⑦ **이행강제금 부과와 재판청구권 침해 여부**

부당해고 구제신청제도는 사용자로부터 부당해고를 당한 근로자가 행정적 구제절차에 의해 권리를 구제받도록 하고 노·사간 법률적 분쟁을 조속히 확정시키기 위한 제도이며 사용자는 이행강제금 처분이 법관에 의한 재판을 받을 권리를 침해한다고 주장하지만, 구제명령의 실효성을 확보하기 위해 이행강제금을 부과하는 것이지 이행을 강제한다고 사용자가 재판으로 구제명령의 효력을 다툴 이익이 없어지는 것도 아니므로 재판청구권을 침해한다고 할 수 없다(헌재 2014.5.29, 2013헌바171 ; 인천지법 2013.5.9, 2012구합5682).

(7) 노동위원회 구제신청 중 별도로 제기한 소에서 판결이 확정된 경우

근로자가 자신에 대한 해고 등의 불이익처분이 부당해고 및 부당노동행위에 해당한다고 주장하면서 노동위원회에 행정적 구제신청을 하여 구제절차가 진행 중에 별도로 사용자를 상대로 해고무효확인청구의 소를 제기하고 그 결과 청구기각 판결이 선고되어 확정되었다면, 부당해고가 아니라는 점은 이미 확정되어 더 이상 부당해고 구제절차를 유지할 필요가 없게 되며, 또한 이처럼 해고 등 불이익처분이 정당한 것으로 인정된 이상 노동위원회로서는 그 불이익처분이 부당노동행위에 해당한다고 하여 구제명령을 발할 수 없게 되므로 부당노동행위 구제절차를 유지할 이익도 소멸한다(대법 2012.5.24, 2010두15964).

(8) 부당해고구제재심판정취소소송 도중 근로자가 당해 해고에 대하여 동의 또는 승인한 경우

근로자가 제기한 부당해고구제재심판정취소 소송 도중 근로자가 당해 해고에 대하여 동의 또는 승인한 경우에는 재심판정의 취소를 구할 소의 이익이 없다(대법 1998.2.27, 97누18202).

(9) 해고 등의 제한 규정 위반과 형사처벌

구 근기법 제23조제1항에 위반한 정당한 이유없는 부당해고 등에 대해서도 사용자를 5년 이하의 징역 또는 3천만원 이하의 벌금에 처하도록 규정하고 있었으나 근로자의 진의와는 달리 민사상 분쟁이 형사사건화 되고 사용자의 정당한 해고권이 제약된다는 비판이 있다는 이유로 개정 근기법(2007.1.26 법률 제8293호, 2007.7.1 시행)은 동조제1항 위반시의 벌칙을 삭제하는 대신 부당해고 등에 대한 노동위원회의 확정된 구제명령을 이행하지 않는 사용자에게 1년 이하의 징역 또는 1,000만원 이하의 벌금을 부과하는 규정을 신설하였다.

2. 법원을 통한 사법적 구제절차

(1) 사법적 구제절차의 유형

법원을 통한 사법상 구제는 ㈎ 중앙노동위원회의 재심판정에 대한 행정소송 절차와 ㈏ 일반법원에 민사소송으로 해고무효확인의 소를 제기하는 것으로 나눌 수 있다. 일반법원을 통한 구제방법으로 민사소송을 제기하는 경우에 근로자는 본안소송으로서 해고무효확인의 소 또는 근로자지위확인의 소를 제기하거나 가처분으로서 근로자지위보전의 가처분을 신청할 수도 있다. 해고무효확인의 소는 사용자의 일방적 의사로 행한 해고가 무효임을 확인해 달라는 소(訴)로서 민사소송 절차이며 노동위원회 부당해고 구제절차와 달리 소 제기에 제척기간이 없다. 해고무효가 확인되면 법원은 소급임금의 지급을 명한다. 다만, 이 경우 중간수입이 있으면 일정한 범위 내에서 그 공제를 허용한다(대법 1991.6.28, 90다카25277). 근로자가 소급임금의 지급과 더불어 위자료를 청구하는 경우 해당 부당해고가 불법행위를 구성하는 것으로 인정되면 법원은 제반사정을 감안하여 위자료의 액을 정하여 사용자에게 그 지급을 명한다.

(2) 가처분

해고무효확인 등의 소송은 최종 확정판결까지는 상당한 시간이 소요되는 것이 일반적이고 근로자가 실업상태에서 법적 투쟁을 하는 것이 곤란하다. 여기에 신속한 해결을 꾀하기 위해 민사집행법에 따라 근로자의 지위를 보전하기 위한 지위보전가처분과 일정기간 임금가불을 명하도록 하는 임금가불가처분을 신청하는 방식이 있다.

(3) 행정소송의 패소판결시에도 민사소송을 제기할 수 있는지 여부

근로자가 부당해고 구제신청을 기각한 재심판정의 취소를 구하는 행정소송을 제기하였다가 패소하여 그 판결이 확정된 경우, 민사소송으로 해고무효 확인을 구할 이익이 있는지 여부이다. 노동위원회의 구제명령은 사용자에게 구제명령에 복종하여야 할 공법상 의무를 부담시킬 뿐 직접 근로자와 사용자 간의 사법상 법률관계를 발생 또는 변경시키는 것은 아니므로, 설령 근로자가 부당해고 구제신청을 기각한 재심판정의 취소를 구하는 행정소송을 제기하였다가 패소판결을 선고받아 그 판결이 확정되었다 하더라도, 이는 재심판정이 적법하여 사용자가 구제명령에 따른 공법상 의무를 부담하지 않는다는 점을 확정하는 것일 뿐 해고가 유효하다거나 근로자와 사용자 간의 사법상 법률관계에 변동을 가져오는 것은 아니어서, 근로자는 그와 별도로 민사소송을 제기하여 해고의 무효확인을 구할 이익이 있다(대법 2011.3.24, 2010다21962).

(4) 행정소송의 제기가 재판상 청구에 해당하는지 여부

사용자에 의한 부당해고 또는 부당노동행위로 해고를 당한 근로자가 근기법 제28조 등 관계법령에 따른 구제신청을 한 후 이에 관한 행정소송에서 권리관계를 다투는 것은 소멸시효 중단사유인 「재판상 청구」에 해당한다(대법 2012.2.9, 2011다20034).

(5) 신의칙 내지 금반언의 원칙에 위반한 경우의 효력

신의칙의 파생원칙인 실효의 원칙에 따라 부당해고 후 상당한 기간이 경과하도록 근로자가 권리를 행사하지 아니하여 의무자인 사용자가 이제는 근로자가 권리를 행사하지 아니할 것으로 신뢰할 만한 정당한 기대를 가지게 된 다음에 새삼스럽게 그 권리를 행사하는 것이 신의칙에 반하는 경우 실효의 원칙에 따라 그 구제를 받을 수 없다(대법 2000.4.25, 99다34475 ; 대법 1992.4.14, 92다1728). 그러므로 해고된 근로자가 아무런 이의를 제기하지 않고, 퇴직금을 수령하였음에도 그로부터 오랜 시간이 지난 후에 해고의 효력을 다투는 소를 제기하는 것은 신의칙이나 금반언의 원칙에 위배되어 허용되지 않을 수 있다. 다만, 근로자가 퇴직금을 수령하는 등 해고에 대하여 사용자에게 명시적으로 이의를 제기하지 않은 경우에도 일률적으로 해고의 효력을 인정하였다고 볼 수 없고, 근로자가 해고를 다투고 있었다고 볼 수 있는 객관적인 사정이 있다거나 그 외의 상당한 이유가 있는 경우에는 해고의 효력을 인정한 것으로 쉽게 보아서는 아니 된다(대법 2000.4.25, 99다34475).

(6) 증명책임

판례(대법 1995.2.14, 94누5069)는 해고무효확인의 소송에서 해고절차의 적법성에 관한 주장 및 증명책임은 사용자인 피고가 부담하고, 부당해고구제 재심판정을 다투는 소송에 있어서는 해고의 정당성에 관한 주장·증명책임은 이를 주장하는 자가 부담한다고 판시하였다.

13 부당해고 구제의 효과

1. 원상회복(원직복직)

(1) 원상회복의 의미와 그 범위

부당해고로 판정된 경우 해고의 효력이 부정되어 근로자는 원래의 근로관계를 회복하게 된다. 판례는 복직된 일이 종전의 일과 다소 다르더라도 원직에 복직시킨 것이라고 본다.

원직복직의 의미에 관하여 판례(대법 2013.2.28, 2010다52041 ; 대법 1997.5.16, 96다47074)는 「사용자가 지방노동위원회의 권고에 따라 해고되었던 근로자를 복직시키면서 해고 이후 복직시까지 해고가 유효함을 전제로 이미 이루어진 ① 인사질서, ② 사용자의 경영상의 필요, ③ 작업환경의 변화 등을 고려하여 복직 근로자에게 그에 합당한 일을 시킨 경우, 원직에 복귀시키면서 자택대기명령을 하였다는 사정만으로 원직복직명령을 위반하였다고 볼 수 없다는 것이다. 또한 그 일이 비록 종전의 일과 다소 다르더라도 이는 사용자의 고유권한인 경영권의 범위에 속하는 것이므로 정당하게 복직시킨 것으로 보아야 한다」고 한다. ① 인사질서에 관하여 판례(서울고법 2015.8.27, 2015누33655)는 대표이사의 업무집행을 보좌하는 부사장의 직무집행을 위해서는 대표이사와 신뢰관계가 바탕이 되어야 하는데, 해고소송을 통해서 이 같은 신뢰관계는 깨진 것으로 보아 부사장이 아닌 관리소장으로 복직시킨 것은 정당하다는 것이다. ② 사용자의 경영상의 필요에 관하여 판정(중노위 1998.8.28, 98부노51)은 해고되기 전에 근무한 부서의 정원이 초과하여 다른 복직이 된 것은 정당하다는 것이다. 해고자를 복직시키면서 경영상 필요와 작업환경 등을 고려해 그에 합당한 일을 시킨다면 종전 업무와 다르더라도 원직 복직이다(중노위 2019.5.10, 2019부해263).

(2) 노동위원회규칙상의 구제명령의 이행기준

한편 노동위원회규칙은 이행강제금을 부과하기 위한 기준으로서 제79조에서 '구제명령의 이행기준'을 마련하고 있는데, 제1호에 "원직복직의 이행은 당해 근로자에게 해고 등을 할 당시와 같은 직급과 같은 종류의 직무를 부여하였거나 당해 근로자의 동의를 얻어 다른 직무를 부여하였는지 여부, 다만 같은 직급이나 직무가 없는 등 불가피한 사유가 발생한 때에는 유사한 직급이나 직무를 부여하였는지 여부"를 규정하고 있다.

2. 부당해고기간의 임금청구권

(1) 임금상당액의 지급범위

① 기본급 및 각종 수당

사용자는 부당해고라는 자신의 귀책사유로 근로계약상 의무인 임금지급의무를 불이행한 것이기 때문에 근로자는 해고되지 않았더라면 받을 수 있었던 임금 전액을 지급받을 수 있다(민법 제538조제1항).

사용자의 부당한 해고처분이 무효이거나 취소된 때에는 그동안 피해고자의 근로자로서 지위는 계속되고, 그간 근로의 제공을 하지 못한 것은 사용자의 귀책사유로 인한 것이므로 근로자는 민법 제538조제1항에 의하여 계속 근로하였을 경우 받을 수 있는 임금 전부의 지급을 청구할 수 있다. 여기에서 근로자가 지급을 청구할 수 있는 임금은 근기법 제2조제1항제5호에서 정하는 임금을 의미한다. 사용자가 근로의 대가로 근로자에게 지급하는 일체의 금원으로서 계속적·정기적으로 지급되고 이에 관하여 단체협약, 취업규칙, 급여규정, 근로계약, 노동관행 등에 의하여 사용자에게 지급의무가 지워져 있다면 명칭 여하를 불문하고 모두 이에 포함되며, 반드시 통상임금으로 국한되는 것은 아니다(대법 2012.2.9, 2011다20034).

② 표창의 지급

[실무사례]
상시 근로자 100명을 사용하는 A회사의 취업규칙 제34조에는 근로자가 1년간 개근할 경우 연말에 100만원을 지급하여 표창하도록 규정되어 있다. A회사의 근로자 甲은 부당해고로 인하여 2011.1.1부터 1년간 근로를 제공할 수 없었다. 甲은 부당해고기간 중 지급받지 못한 취업규칙 제34조에 따른 표창의 지급을 구할 수 있는가

부당해고기간 중 근로자가 청구할 수 있는 임금의 범위와 관련하여, 현금급여뿐 아니라 현물급여도 포함됨에는 의문이 없다. 회사 취업규칙에는 근로자가 1년간 개근할 경우 연말에 100만원을 지급하여 표창하도록 규정되어 있는 경우 해당 근로자는 부당해고로 인하여 1년간(2011.1.1~2011.12.31) 근로를 제공할 수 없었다. 해당 근로자는 부당해고기간 중 지급받지 못한 단체협약 또는 취업규

칙상의 표창의 지급을 구할 수 있는지의 문제이다. 취업규칙상 1년간 개근할 경우 연말에 100만원을 지급하여 표창하도록 규정되어 있다면 이것도 지급받을 임금에 포함된다. 판례(대법 2012.2.9, 2011다20034)는 단체협약상 1년간 개근할 경우 연말에 금 1돈(정근(지각 3회 이하)시 금 반돈)을 교부하여 표창하도록 규정되어 있다면 이것도 지급받을 임금에 포함된다는 것이다. 이 판례는 표창의 조건은 1년간 개근 또는 정근(지각 3회 이하)인 근로자인데, 해고기간 동안은 사용자의 귀책사유로 근로를 제공하지 못한 것이므로, 해고가 없었다면 근로자가 개근 또는 정근할 것인지의 여부는 문제가 되지 않는다는 취지로 보인다.

③ 연장 · 야간 · 휴일근로수당

연장근로수당이나 상여금 등도 당해 근로자가 해고되지 않았더라면 받을 수 있었을 것이라고 기대된다면 지급하여야 한다(대법 1992.12.8, 92다39860). 근로자가 해고되기 이전에 단체협약이나 취업규칙에 시간외근로, 야간근로, 휴일근로 등에 관한 규정이 있고 이에 근거하여 비교적 장시간동안 계속적으로 일정한 시간만큼 시간외근로, 야간근로, 휴일근로에 실제로 종사하여 일정한 지급기준에 따라 일률적·정기적으로 시간외근로수당 등 법정수당을 지급받아 왔고 이에 따라 근로자가 해고되지 않고 계속적으로 근무하였더라면 이러한 시간외근로 등에 종사하여 해고 전에 받아 오던 시간외근로수당 등을 지급받았으리라고 충분히 예상되는 경우 또는 해고기간 중 같은 직무에 종사하는 동료 근로자들이 단체협약이나 취업규칙 규정에 따라 시간외근로 등을 계속적으로 하여 왔고 이러한 사정을 기초로 할 때 해고근로자 역시 해고되지 않고 계속 근로하였더라면 그 정도의 시간외근로를 하였으리라 예상되는 경우 등에는 이러한 법정수당은 부당해고기간 중 근로자가 지급받을 수 있는 임금액에 포함된다.

④ 임금인상분

단체협약서에 매년 단체교섭을 통하여 임금인상을 결정·시행하도록 되어 있고 이에 따라 매년 임금인상을 하여 왔다면 부당해고기간 동안의 근로자의 임금도 해고처분 이후에 체결된 단체협약서에 의하여 인상된 임금에 따라 산정하여야 한다(대법 1993.9.24, 93다21736).

⑤ 정기적인 호봉승급

정기적인 호봉승급이 이루어진 경우에는 호봉승급도 적용하여 산정하여야 할 것이다. 다만, 승급과 승격은 사용자에 의한 발령(의사표시)이 있어야 비로소 성취되는 것이므로 인정하는 것은 곤란하다.

⑥ 해고기간 동안 임금청구시 연차유급휴가수당의 산입 여부

근로자가 부당해고로 인하여 지급받지 못한 임금이 연차유급휴가수당인 경우에 해당 근로자의 연간 소정근로일수와 출근일수를 고려하여 근기법 제60조제1항의 요건을 충족하면 연차유급휴가가 부여되는 것을 전제로 연차유급휴가수당을 지급하여야 하고, 이를 산정하기 위한 연간 소정근로일수와 출근일수를 계산할 때 사용자의 부당해고로 인하여 근로자가 출근하지 못한 기간을 근로자에 대하여 불리하게 고려할 수는 없으므로 그 기간은 연간 소정근로일수 및 출근일수에 모두 산입되는 것으로 보는 것이 타당하며, 설령 부당해고기간이 연간 총근로일수 전부를 차지하고 있는 경우에도 달리 볼 수는 없다(대법 2014.2.13, 2011두12528). 이 판결은 해고 기간 동안 연차유급휴가수당 산입에 관한 최초의 판단이다. 판례(대법 2013.12.26, 2011다4629)는 쟁의행위기간이 포함된 해의 연차유급휴가일수는 쟁의행위기간을 제외한 기간의 개근율을 계산한 뒤 1년에 대한 비율만큼을 산정해야 한다고 판시한바 있는데, 부당해고시에는 해고기간 전부를 개근한 것으로 보아야 한다며 쟁의행위기간과는 다르게 취급한 점이다.

(2) 임금상당액 지급범위 예외

다만, 해고가 없었다고 하더라도 취업이 사실상 불가능한 상태가 발생한 경우라든가 사용자가 정당한 사유에 의하여 사업을 폐지한 경우에는 사용자의 귀책사유로 인하여 근로제공을 못한 것이 아니므로 그 기간 중에는 임금을 청구할 수 없다. 한편 쟁의행위로 인한 무노동은 그 쟁의행위가 적법하게 진행되는 경우라도 이를 사용자의 귀책사유로 인한 것이라고 할 수는 없고, 다른 특별한 사정이 없는 한 사용자는 쟁의행위에 참가하여 근로를 제공하지 아니한 근로자에 대하여는 그 기간 중의 임금을 지급할 의무가 없다(대법 2012.9.27, 2010다99279). 이 판례는 해고된 근로자가 그 후 쟁의행위에 참가하였거나 쟁의행위 중 해고가 된 경우에 그 해고가 무효라고 하더라도 만일 해당 근로자가 해고가 없었어도 쟁의행위에 참가하여 근로를 제공하지 않았을 것임이 명백한 경우라면 이 역시 취업이 사실상 불가능한 상태가 발생한 경우에 준하여 해당 근로자는 그 쟁의행위 기간 중의 임금을 청구할 수 없다는 것이다. 이 판례는 해당 근로자들의 행위가 징계가 없었다 하더라도 행하여졌을 것이라고 단정할 수는 없다는 이유로 해당 근로자들은 파업기간 및 경업금지의무 위반기간에 대한 임금청구를 할 수 없다고 판단한 원심판결을 파기한 사건이다.

(3) 중간수입의 공제(back pay) 방법

근로자가 부당해고기간 중에 다른 직장에서 근무하여 얻은 중간수입은 근로자가 그 기간 동안 사용자에 대한 근로제공의 의무를 면함으로써 얻은 이익에 해당하므로 민법 제538조제2항의 규정에 의하여 사용자는 근로자에게 해고기간 중의 임금을 지급함에 있어 근로자의 다른 수입이 있는 경우 그만큼 중간수입을 공제할 수 있다. 다만, 근로자가 지급받을 수 있었던 해고기간의 임금액 중 근기법 제46조제1항에서 정한 휴업수당(평균임금의 70%) 한도 내의 금액은 중간수입으로 공제할 수 없고, 그 한도를 초과하는 금액만을 중간수입으로 공제할 수 있다(대법 2022.8.19, 2021다279903 ; 대법 1991.6.28, 90다카25277).

14 부당해고 효력 다툼 중 정년으로 근로관계 종료시 구제이익의 존부

[실무사례]
근로자 乙은 기간의 정함이 없는 근로계약을 체결하고 근무하던 중 2020.2.28 취업규칙에서 정한 징계사유와 절차에 따라 징계해고 처분을 받았다. 乙은 노동위원회에 부당해고 구제신청을 제기하였고, 관할 지방노동위원회는 2020.6.1 중앙노동위원회는 2020.9.1 각각 乙에 대한 해고의 정당한 이유가 있다고 보아 기각하였다. 乙은 중앙노동위원회 재심 판정 취소를 구하는 소송을 행정법원에 제기하였고, 소송이 진행되던 중 정년에 도달하여 당연퇴직하였으므로 소의 이익이 없다는 이유로 각하하였다. 乙의 정년 도달로 근로관계가 종료되었으므로 소의 이익이 없다는 행정법원의 각하는 정당한지 논하시오.

근로자가 해고를 당하여 노동위원회에 구제신청을 하거나 법원 또는 행정법원에 소송을 제기하여 진행 중 정년으로 근로관계가 종료된 경우에 구제이익이 있느냐의 여부에 관하여 기존 대법원 판례는 구제이익이 없다고 하였으나 최근 대법원전원합의체 판례는 구제이익이 있다는 것으로 그 차이를 살펴본다.

1. 기존대법원 판례의 태도

종래 대법원은 근로자가 부당해고 구제신청을 기각한 재심판정에 대한 소를 제기하여 해고의 효력을 다투던 중 사직하거나 정년에 도달하거나 근로계약기간이 만료하는 등의 이유로 근로관계가 종료한 경우, 근로자가 구제명령을 얻는다고 하더라도 객관적으로 보아 원직에 복직하는 것이 불가능하고, 해고기간 중에 지급받지 못한 임금을 지급받기 위한 필요가 있다고 하더라도 이는 민사 소송절차를 통하여 해결할 수 있다는 등의 이유를 들어 소의 이익을 부정하여 왔다(대법 1995.12.5, 95누12347 ; 대법 2001.4.10, 2001두533 ; 대법 2011.5.13, 2011두1993 ; 대법 2012.7.26, 2012두3484 ; 대법 2015.1.29, 2012두4746 등).

2. 대법원 전원합의체 판례의 태도

(1) 판례 내용

부당해고 구제명령제도에 관한 근기법의 규정 내용과 목적 및 취지, 임금상당액 구제명령의 의의 및 그 법적 효과 등을 종합적으로 고려하면, 근로자가 부당해고 구제신청을 하여 해고의 효력을 다투던 중 정년에 이르거나 근로계약기간이 만료하는 등의 사유로 원직에 복직하는 것이 불가능하게 된 경우에도 해고기간 중의 임금상당액을 지급받을 필요가 있다면 임금상당액 지급의 구제명령을 받을 이익이 유지되므로 구제신청을 기각한 중앙노동위원회의 재심판정을 다툴 소의 이익이 있다고 보아야 한다. 또한 위와 같은 법리는 근로자가 근기법 제30조제3항에 따라 금품지급명령을 신청한 경우에도 마찬가지로 적용된다(대법[전원합의체] 2020.2.20, 2019두52386 ; 대법 2022.5.12, 2020두35592).

(2) 소의 이익을 인정할 당위성과 그 근거

근로자가 부당해고구제 재심판정 취소소송을 제기한 후 제1심 소송 계속 중 정년에 도달한 사안에서 ㈎ 해고기간 중의 임금 상당액을 지급받도록 하는 것도 부당해고 구제명령제도의 목적에 포함 되는 점, ㈏ 근로자가 미지급 임금에 관해 강제력 있는 구제명령을 얻을 이익이 있는 점, ㈐ 민사소송과 별개로 신속·간이한 구제절차 및 이에 따른 행정소송을 통해 부당해고로 입은 임금 상당액의 손실을 회복할 수 있도록 하는 것이 부당해고 구제명령제도의 취지에 부합하는 점 등을 들어 근로자에게 재심판정의 취소를 구할 소의 이익이 인정된다고 판단하여 기존 판례를 변경한 것이다.

3. 정년퇴직 또는 사업장폐업 이후에 구제신청한 경우

(1) 판례내용

근로자가 부당해고 구제신청을 할 당시 이미 정년에 이르거나 근로계약기간

만료, 폐업 등의 사유로 근로계약관계가 종료하여 근로자의 지위에서 벗어난 경우에는 노동위원회의 구제명령을 받을 이익이 소멸하였다고 봄이 타당하다(대법 2022.7.14, 2020두54852). 이 판례는 근로자가 부당해고 구제신청을 할 당시 이미 폐업으로 근로자와 사용자의 근로계약관계가 종료하였다면 근로자에게 구제명령을 받을 이익을 인정할 수 없으므로, 원심으로서는 사용자의 해당 사업 폐지가 폐업과 같다고 인정할 만한 사정이 있는지, 그러한 사정이 있는 경우 폐업 시기가 근로자의 구제신청보다 앞서는지 여부 등을 심리하여 근로자에게 구제명령을 받을 이익이 있는지 판단하였어야 한다는 이유로 원심을 파기한 것이다.

또 다른 판례(대법 2022.7.28, 2016다40439 ; 대법 2022.7.28, 2021다221638)는 소송계속 중 정년이 도래한 해당 근로자들에 대해서는 그 소가 확인의 이익이 없어 부적법하게 되었다는 이유를 들어 소를 각하하는 취지로 자판(自判)하였다.

(2) 대법원전원합의체 판결내용과 2022년도 대법원판결 내용의 차이

핵심쟁점은 구제신청 이전에 정년퇴직 또는 사업장이 폐업한 경우에도 구제명령을 신청할 이익을 인정할 수 있는지였다. 2022년도 대법원 판례는 "구제신청 당시 이미 폐업으로 근로자와 사용자 간에 근로계약 관계가 종료했다면 구제명령을 받을 이익을 인정할 수 없고, 구제이익을 고려할 필요성이 크지 않다"고 판단했다. 대법원은 "원심은 폐업 시기가 A씨의 구제신청일 전인지를 심리해 소송의 이익 여부를 판단했어야 한다"고 했다. 대법원 전원합의체판결은 재직 중에 구제신청을 하거나 소를 제기한 경우였고 2022년도 판례는 정년퇴직 또는 사업장이 폐업한 이후 구제신청을 하거나 소를 제기한 점에서 근본적 차이가 있다.

15 부당해고와 불법행위 책임

① 해고권의 남용이 우리의 건전한 사회통념이나 사회상규상 용인될 수 없음이 분명한 경우에 있어서는 그 해고가 근기법 제23조제1항에서 말하는 정당성을 갖지 못하여 효력이 부정되는 데 그치는 것이 아니라, 위법하게 상대방에게 정신적 고통을 가하는 것이 되어 근로자에 대한 관계에서 불법행위를 구성할 수 있다(대법 1993.10.12, 92다43586 등).

② 근로자에 대한 해고 등 징계처분이 사후에 법원에 의하여 무효로 판정되

었더라도, 불법행위책임을 구성하는 고의·과실이 없다고 보아야 할 경우가 있다. 사용자의 근로자에 대한 징계의 양정이 결과적으로 재량권을 일탈·남용한 것이라고 인정되어 징계처분이 무효라고 판단된다 하더라도 그것이 법률전문가가 아닌 징계위원들의 징계 경중에 관한 관련 법령의 해석 잘못에 불과한 경우에는 그 징계의 양정을 잘못한 징계위원들에게 불법행위책임을 물을 수 있는 과실이 없으며, 또 근로자에 대한 해고 등 불이익처분을 할 당시의 객관적인 사정이나 근로자의 비위행위 등의 정도, 불이익처분을 하게 된 경위 등에 비추어 사용자가 그 비위행위 등이 취업규칙이나 단체협약에 정한 근로자에 대한 불이익처분 사유에 해당한다고 판단한 것이 무리가 아니었다고 인정되고 아울러 소정의 적법한 절차 등을 거쳐서 당해 불이익처분을 한 것이라면, 사용자로서는 근로자에 대하여 불이익처분을 하면서 기울여야 할 주의의무를 다한 것으로 보아야 하므로, 비록 당해 불이익처분이 사후 법원에 의하여 무효라고 판단되었다 하더라도 거기에 불법행위책임을 물을 만한 고의·과실이 없다(대법 2008.1.31, 2005두8269).

③ 사용자가 근로자에 대하여 해고 등 불이익처분을 할 만한 사유가 전혀 없는데도 오로지 근로자를 사업장에서 몰아내려는 의도하에 고의로 명목상의 불이익처분 사유를 내세우거나 만들어 불이익처분을 한 경우나, 불이익처분의 사유가 취업규칙 등에서 정한 불이익처분 사유에 해당되지 아니하거나 불이익처분 사유로 삼을 수 없는 것임이 객관적으로 명백하고, 또 조금만 주의를 기울이면 그와 같은 사정을 쉽게 알아볼 수 있는데도 그것을 이유로 불이익처분에 나아간 경우와 같이 불이익처분이 우리의 건전한 사회통념이나 사회상규상 용인될 수 없음이 분명한 경우에는 그 불이익처분은 재량권의 범위를 일탈하거나 재량권을 남용한 위법적 처분으로서 효력이 부정됨에 그치지 아니하고, 위법하게 상대방에게 정신적 고통을 가하는 것이 되어 근로자에 대한 관계에서 불법행위를 구성한다(대법 2011.10.13, 2009다86246). 이 사건은 해고와 사용자의 근로자에 대한 2001.12.24자 대기발령 및 그 대기발령 기간 중인 2006.12.26자 명령휴직 처분이 모두 무효라 하더라도, 근로자가 내세우는 증거들만으로는 사용자가 근로자에 대하여 불이익처분을 할 만한 사유가 전혀 없음에도 오로지 근로자를 해할 의도하에 고의로 해고나 대기발령 등의 불이익처분을 하였다거나, 불이익처분을 할 만한 사유에 해당되지 아니함이 명백하고 또 조금만 주의를 기울였더라면 이와 같은 사정을 쉽게 알아볼 수 있는데도 불구하고 사용자가

부당하게 불이익처분을 하였다고 인정하기에 부족하고 달리 이를 인정할 증거가 없다고 하여 기각한 것이다.

④ 사용자가 근로자들에게 어떠한 해고사유도 존재하지 아니함에도 노동조합활동을 혐오한 나머지 경영상 어려움 등 명목상 이유를 내세워 사업 자체를 폐지함으로써 일거에 노동조합을 와해시키고 조합원 전원을 사업장에서 몰아내고는 다시 기업재개, 개인기업으로의 이행, 신설회사 설립 등 다양한 방법으로 종전 회사와 다를 바 없는 회사를 통하여 여전히 예전의 기업활동을 계속하는 것은 우리의 건전한 사회통념이나 사회상규성 용인될 수 없는 행위이므로, 이러한 위장폐업에 의한 부당해고는 근로자에 대한 관계에서 불법행위를 구성한다(대법 2011.3.10, 2010다13282).

⑤ 따라서 근로자들로서는 위장폐업에 의한 부당해고가 무효임을 이유로 민법 제538조제1항에 따라 구회사 내지는 그와 실질적으로 동일성을 유지하고 있는 신설회사에 대하여 계속 근로하였을 경우 그 반대급부로 받을 수 있는 임금의 지급을 구할 수 있음은 물론이고, 아울러 위장폐업에 의한 부당해고가 불법행위에 해당함을 이유로 손해배상을 구할 수 있고, 그 중 어느 쪽의 청구권이라도 선택적으로 행사할 수 있다.

위장폐업에 의한 부당해고는 사회통념이나 사회상규상 용인될 수 없는 것이어서 불법행위를 구성하므로 사용자는 그로 인하여 근로자들이 입게 된 정신적 고통에 대한 위자료를 배상할 책임이 있다(대법 2011.3.10, 2010다13282).

⑥ 회사가 법원의 해고무효판결에도 불구하고 근로자를 복직시키지 않았다면 근로자는 회사로부터 지급받지 못한 임금뿐만 아니라 재산상 손해까지 배상받을 수 있다(대법 2014.1.16, 2013다69385).

Chapter 17

단시간 · 임시 · 촉탁을 둘러싼 법률지식

1 단시간근로자란 어떤 형태의 근로자인가

(1) 단시간근로자의 의의

근기법상 「단시간근로자란 1주 동안의 소정근로시간이 그 사업장에서 같은 종류의 업무에 종사하는 통상근로자의 1주 동안의 소정근로시간에 비하여 짧은 근로자」를 말한다(근기법 제2조제1항제9호).

통상근로자의 근로시간이 1주 40시간이라면 40시간 미만인 근로자를 의미한다. 단시간근로자는 아르바이트 · 파트타임 · 시간제근로자 등의 명칭을 문제삼지 않으며, 소정근로시간의 짧은 정도는 무관하므로 소정근로시간이 '뚜렷하게 짧은 단시간근로자'도 이에 해당된다. 단시간근로자의 소정근로시간이 통상근로자의소정근로시간보다 1시간 짧다고 하여 반드시 동법 동조의 단시간근로자인 것은 아니며, 그 사업장의 '같은 종류의 업무'에 종사하는 '통상근로자'에 비하여 1주 동안의 소정근로시간이 짧은 자라야 할 것이다(2004.7.23, 근로기준과-3789).

(2) 단시간근로자의 소정근로시간 명시방법

단시간근로자의 경우 근로일과 근로일별 근로시간을 명시해야 하므로(기간제법 제17조) 근로일별 근로시간을 정함이 없이 사용자가 1일 3-6시간 등으로 소정근로시간을 범위로 정하는 것은 허용되지 않는다. 또한 근로계약 체결 이후 사용자와 근로자 간에 사업주가 정한 스케줄 표에 따른다는 합의에 의해 소정근로 시간을 변경하는 것은 가능하나, 사용자가 업무량 변동 등을 이유로 일방적으로 임의 조정하는 것은 허용되기 어렵다(2015.4.28, 근로기준정책과-1724).

2 촉탁사원이 근로자인가

① 촉탁사원의 근로자성 판단기준 : 우리나라 기업사회에서 정규직근로자와는 다른 고용형태로서 고용기간을 정해 고용되어 비정규직근로자로 부르는 「촉탁사원」이라는 명칭의 고용이 널리 행해지고 있다. '촉탁'이라고 불리는 자와 회사간의 계약내용이 형식상으로 사무의 위임(민법 제680조)·도급(민법 제664조)·대리상(상법 제87조), 위·수탁계약 등 근로계약이 아닌 경우일지라도 촉탁이라고 부르는 경우도 있다. 그러므로 근로자보다 독립성이 강한 개인사업주인 사례에서도 촉탁 또눈 용역이라는 계약명칭으로 부르는 경우가 많다. 그러나 이러한 자와 회사와의 관계가 일방의 종속적 지배구속의 실태인 '사용종속관계'가 있다면 촉탁사원은 '근로자'로 간주되며, 용역계약은 근로계약이 되어 노동관계법령이 적용된다(2014.4.8, 근로개선정책과-2149).

② 한국야쿠르트 위탁판매원의 근로자성 여부 : 한국야쿠르트 위탁판매원들이 업무수행과정에서 회사로부터 구체적인 지휘·감독을 받았다고 볼 수 없고, 회사가 위탁판매원들에게 근무복을 제공하거나 적립형 보험의 보험료 및 상조회비 중 일부를 지원하였다 하더라도 이는 판매활동을 장려하기 위한 배려 차원에서 이루어진 것일 뿐이므로 근무상의 어떠한 지시나 통제를 받은 것으로 볼 수 없다는 등의 이유로, 위탁판매원들은 종속적인 관계에서 임금을 목적으로 회사에게 근로를 제공한 것이라고 볼 수 없어 근기법상의 근로자에 해당하지 않는다고 판단한 것은 정당하다(대법 2016.8.24, 2015다253986).

③ 우정사업본부의 재택위탁집배원의 근로자성 여부 : 국가(우정사업본부)는 우편, 택배 등 우정사업을 영위하기 위하여 우정사업본부 산하에 지방우정청과 우체국을 두고, 국가공무원인 집배원의 일부 업무를 민간에 위탁하는 위탁집배원 제도를 도입하여 상시위탁집배원, 특수지위탁집배원, 재택위탁집배원을 모집하였다. 재택위탁집배원들은 각각 소속 우체국장과 우편집배 재택위탁계약을 체결하고 재택위탁집배원으로 근무하였다. 우정사업본부는 재택위탁집배원들에게

우편배달 업무 관련 정보를 알리는 정도를 넘어 구체적인 업무처리 방식 등을 지시하였고, 획일적 업무수행을 위해 정해진 복장을 입고 정해진 절차에 따라 정해진 장소에서 배달하도록 하였으며, 정기적·비정기적 교육과 현지점검, 근무상황부와 인계인수부 등을 통해 업무처리 과정이나 결과, 근태를 관리·감독하였고, 우정사업본부의 다른 근로자들인 상시위탁집배원 등과 본질적으로 같은 업무를 동일한 방식으로 처리해 온 점 등을 종합하여 볼 때, 재택위탁집배원들은 종속적인 관계에서 우정사업본부의 지휘·감독 아래 노무를 제공하는 근로자에 해당한다(대법 2019.4.23, 2016다277538).

3 단시간·촉탁·임시근로자의 근로조건을 차별하여도 되는가

단시간근로자 등의 임시직근로자는 정년고용제하에서 고용이 보장되어 있는 정규직근로자와는 고용보장상의 지위가 기본적으로 다르다. 정규직근로자는 일반적으로 신규학교졸업생인 정기채용자로서 직업인으로서 교육을 받지 아니한 자를 근로자로 고용하여 기업내에서 육성하고 정년까지의 고용을 전제로 하여 인사배치하고 기업내에서 직계제에 의하여 연공이나 능력 등에 따라 승진하여 나가는 자이다. 그러므로 정규직근로자는 캐리어제도에 바탕을 두고 고용됨으로써 회사가 적자가 될 것 같다는 예상만으로 해고회피노력도 하지 아니한 채 해고하여 적자를 방지한다는 '적자예방적 해고'는 인정되지 아니하며 정년퇴직제에 유래하는 강력한 지위를 보장받고 있다.

정규직근로자와 임시·단시간근로자는 고용형태나 고용상의 지위가 다르므로 비록 동일한 일을 동일하게 행하고 있다 하더라도 정규직근로자와 별도의 취업규칙이 규정되어 있으며, 그 적용의 결과 양자 사이에 근로조건의 상위가 발생하더라도 합리적 이유가 없는 차별적 처우가 아니라면 그 차별은 근로계약의 내용 자체에 의거하는 것이며 임시적 고용관계의 성질상 허용될 수 있는 경우도 있다고 말할 수 있다.

기간제법 제8조【차별적 처우의 금지】 ① 사용자는 기간제근로자임을 이유로 당해 사업 또는 사업장에서 동종 또는 유사한 업무에 종사하는 기간의 정함이 없는 근로계약을 체결한 근로자에 비하여 차별적 처우를 하여서는 아니된다.
② 사용자는 단시간근로자임을 이유로 당해 사업 또는 사업장의 동종 또는 유사한 업무에 종사하는 통상근로자에 비하여 차별적 처우를 하여서는 아니된다.

파견법 제21조 【균등한 처우】 ① 파견사업주와 사용사업주는 파견근로자임을 이유로 사용사업주의 사업내의 동종 또는 유사한 업무를 수행하는 근로자에 비하여 파견근로자에게 차별적 처우를 하여서는 아니된다.

1. 차별적 처우의 의의

여기서 「"차별적 처우"란 다음 각 목의 사항에 있어서 합리적인 이유없이 불리하게 처우하는 것을 말한다. 가. 근기법 제2조제1항제5호에 따른 임금, 나. 정기상여금, 명절상여금 등 정기적으로 지급되는 상여금, 다. 경영성과에 따른 경영성과금, 라 그 밖의 근로조건 및 복리후생 등에 관한 사항」(기간제법 제2조제3호, 파견법 제2조제7호). 이는 기간제 및 단시간근로자에게 합리적인 이유없이 불리한 처우를 할 수 없는 영역을 임금, 상여금, 경영성과금, 그 밖의 복리후생 사항 등으로 구체화·세분화하여 법률에 명시한 것이다.

2. 불리한 처우의 의의

동 조항에서 '불리한 처우'란 사용자가 임금 그 밖의 근로조건 등에서 기간제근로자와 비교 대상 근로자를 다르게 처우함으로써 기간제근로자에게 발생하는 불이익 전반을 의미한다. 기간제근로자에 대하여 차별적 처우가 있었는지를 판단하기 위한 비교 대상 근로자로 '당해 사업 또는 사업장에서 동종 또는 유사한 업무에 종사하는 기간의 정함이 없는 근로계약을 체결한 근로자'를 들고 있다. 비교 대상 근로자로 선정된 근로자의 업무가 기간제근로자의 업무와 동종 또는 유사한 업무에 해당하는지는 취업규칙이나 근로계약 등에 명시된 업무 내용이 아니라 근로자가 실제 수행하여 온 업무를 기준으로 판단하되, 이들이 수행하는 업무가 서로 완전히 일치하지 아니하고 업무의 범위 또는 책임과 권한 등에서 다소 차이가 있다고 하더라도 주된 업무의 내용에 본질적인 차이가 없다면, 특별한 사정이 없는 이상 이들은 동종 또는 유사한 업무에 종사한다고 보아야 할 것이다(대법 2012.10.25, 2011두7045). 이 판례는 기간제근로자에 관한 것이지만 단시간근로자에게도 그대로 적용된다.

3. 합리적인 이유가 없는 경우의 의의

① 합리적인 이유가 없는 경우의 의의 : '합리적인 이유가 없는 경우'란 기간

제근로자를 달리 처우할 필요성이 인정되지 않거나, 달리 처우할 필요성이 인정되는 경우에도 그 방법·정도 등이 적정하지 않는 경우를 의미한다. 그리고 합리적인 이유가 있는지는 개별 사안에서 문제가 된 불리한 처우의 내용 및 사용자가 불리한 처우의 사유로 삼은 사정을 기준으로 기간제근로자의 고용형태, 업무 내용과 범위·권한·책임, 임금 그 밖의 근로조건 등의 결정요소 등을 종합적으로 고려하여 판단해야 한다(대법 2014.11.27, 2011두5391 ; 대법 2012.10.25, 2011두7045). 이 판례는 단시간근로자 및 파견근로자에 대해서도 동일하게 적용된다.

② 파견근로자의 정년이 도과된 경우의 판단기준 : 파견법에 따라 고용간주된 파견근로자의 정년이 도과한 경우, 파견근로자의 정년이 경과하였다는 사정을 불리한 처우에 합리적 이유가 있는지 판단하는 데 고려하여야 한다. 즉 파견근로자가 차별적 처우가 없었더라면 받을 수 있었던 적정한 임금은, 사용사업주 소속 정년 미경과 근로자가 받은 임금이 아니라 사용사업주가 정년이 경과한 근로자를 채용하였더라면 지급하였을 적정한 임금을 의미한다. 이러한 임금은 정년이 경과한 파견근로자가 구체적으로 수행한 업무의 내용과 범위·책임, 동종 사업장의 관행, 파견근로자와 같은 종류의 업무 또는 유사한 업무가 아니더라도 다른 종류의 업무 영역에서 사용사업주가 정년퇴직한 근로자를 일시적으로 고용한 적이 있다면 그 근로자에게 지급한 임금과 퇴직 전 지급한 임금의 차이와 비율 등을 종합적으로 고려하여 산정하여야 한다(대법 2023.4.27, 2021다229588). 이 판례는 기간제근로자에 대해서도 동일하게 적용된다.

4 단시간근로자의 근로조건의 보장

근기법상 단시간근로자의 근로조건 보장에 관하여 다음과 같이 규정하고 있다.

> **근기법 제18조【단시간근로자의 근로조건】** ① 단시간근로자의 근로조건은 그 사업장의 같은 종류의 업무에 종사하는 통상근로자의 근로시간을 기준으로 산정한 비율에 따라 결정되어야 한다.
> ② 제1항에 따라 근로조건을 결정할 때에 기준이 되는 사항이나 그 밖에 필요한 사항은 대통령령으로 정한다.
> ③ 4주 동안(4주 미만으로 근로하는 경우에는 그 기간)을 평균하여 1주 동안의 소정근로시간이 15시간 미만인 근로자에 대하여는 제55조와 제60조를 적용하지 아니한다.

근기법시행령 제9조제1항에 의하면 법 제18조제2항에 따른 단시간근로자의 근로조건을 결정함에 있어 기준이 되는 사항이나 그 밖에 필요한 사항은 [별표 2]와 같다」고 규정하고 있다.

1. 단시간근로에 대한 법 적용근거 마련

최근 단시간근로가 확산되고 있으나 관련법규의 적용근거가 명확치 않아 단시간근로자의 근로조건이나 근로형태가 정규직 근로자에 비해 상대적으로 열악한 위치에 있으므로 법 적용근거를 마련할 필요가 있다.

2. 유사 단시간근로자의 보호

단시간근로자의 근로시간이 장시간의 연장근로가 상태화되어 실근로시간이 통상근로자와 동일해지는 경우에도 그 근로조건 및 대우에 있어 정규직 근로자와 현저한 차이를 보이고 있어 오히려 단시간근로 활용의 저해요인이 되고 있으므로 단시간근로자를 보호할 필요가 있다.

3. 비례적 보호원칙

근로시간에 비례하여 단시간근로자를 보호할 경우 정규직 근로자와 단시간근로자의 차별은 근로시간의 장단에 따른 합리적 차별이므로 헌법상 평등의 원칙 및 근기법 제6조의 균등대우의 원칙에도 부합된다. ILO 제175호 조약(파트타임 근로협약), 제182호 권고(파트타임 근로권고)를 비롯하여 대부분의 국가의 입법례가 단시간근로자에 대하여 비례적 보호를 하고 있다. 근기법에 정해진 근로조건들은 모두 최저기준이며(동법 제2조) 동법시행령 [별표 2]의 내용 또한 같다. 즉 근기법은 근로조건의 최저기준을 법에서 정해 놓고 단시간근로자에 대해서는 비례결정의 원칙 하에서 시행령에서 따로 최저기준을 정할 수 있도록 하고 있는 것이다. 따라서 근기법시행령 [별표 2]의 기준들은 모법이 규정하고 있는 근로기준(통상근로자의 법정기준)을 단시간근로자에 대하여 일정하게 조정하여 규정한 것이다. "단시간근로자의 근로조건은 통상근로자의 근로시간을 기준으로 산정한 비율에 따라 결정되어야 한다(근기법 제18조제1항)"는 규정은 단시간근로자와 다른 근로자들을 균등하게 처우할 수 있도록 근로조건을 근로시간에 따라 비례적으로 적용할 수 있게 하는 "시간 비례적 평등대우의 원칙" 또는 "근로시간 비례의 원칙"을 정한 것이다. 단시간근로자의 임금 자체를 통상근로자의 근로시간에 비례하여 책정하라는 의미는 아니다. 단지 단시간근로자의 지위를 겸하고 있다는 이유만으로 기간제근로자에 대한 보호에서 배제될 수는 없다. 이는 헌법 제32조제3항이 근로조건의 기준은 인간의 존엄성을 보장하도록 특별히 규정한 취지에 부합한다(서울행법 2021.9.10, 2020구합71055).

5 1주 동안의 소정근로시간이 15시간 미만인 단시간근로자에 대한 적용제외

1. 적용제외 내용

근기법 제18조제3항에서 「4주 동안(4주 미만으로 근로한 경우에는 그 기간)을 평균하여 1주 동안의 소정근로시간이 15시간 미만인 근로자에게 법 제55조와 제60조를 적용하지 아니한다」고 규정하고 있다. 또한 근퇴법 제4조제1항 단서에서 「4주간을 평균하여 1주의 소정근로시간이 15시간 미만인 근로자에 대하여」는 퇴직급여를 지급하지 아니하도록 규정하고 있다.

이 때 소정근로시간이란 근기법 제2조제1항제7호에서 규정한 바와 같이 법정근로시간 범위 안에서 근로자와 사용자사이에 근로하기로 정한 근로시간을 말한다. 실제 근로시간이 이에 미달하거나 연장근로가 발생한다 하더라도 달리 볼 수는 없다(2008.10.9, 근로조건지도과-4378). 그러나 당사자가 15시간 이상으로 소정근로시간을 정한 경우라면 근로계약기간 중 공휴일이나 휴가 사용 등으로 실근로시간이 1주간에 15시간 미만이 되더라도 근기법 제18조제3항에 의하여 퇴직금규정 등이 적용 배제되는 단시간근로자로 볼 수 없다(2002.7.22, 근기 68207-2562).

2. 1주 동안의 소정근로시간이 15시간 미만인지의 판단기준

4주 동안을 평균하여 1주 동안의 소정근로시간이 15시간 미만인 단시간근로자에 대하여는 퇴직금제도, 주휴일, 연차유급휴가 등 근기법의 일부규정을 적용제외시킴으로써 기업의 부담을 경감시킨 것이다. 그리고 이때의 '4주간(4주 미만으로 근로하는 경우에는 그 기간)'은 퇴직금, 주휴일, 연차유급휴가의 산정사유가 발생한 날 이전 4주간(4주 미만으로 근로하는 경우는 그 주간)을 의미하며(1997.5.1, 근기 68207-567), 당해 산정사유가 발생한 날 이전 4주 동안(4주 미만으로 근로한 경우에는 그 기간)을 평균하여 1주 동안의 소정근로시간이 15시간 미만인지의 여부에 따라 결정된다. 따라서 단시간근로자의 고용관계가 지속되는 한 각 주별 근로시간이 어떻게 배분되는지에 관계없이 산정사유(주휴, 연차, 퇴직금 등)가 발생한 날을 기준으로 판단하게 된다(1997.4.24, 근기 68207-535).

6 1년 이상 근로한 단시간근로자의 퇴직급여 발생

「근퇴법」 제4조에 따라 사용자는 사업장에서 4주간 평균하여 1주의 소정근로시간이 15시간 이상이고, 1년 이상 계속근로하고 퇴직하는 근로자에게 급여를 지급하기 위하여 퇴직급여제도 중 하나 이상의 제도를 설정하여야 한다. 1주당 소정근로시간이 15시간에 미달하는 초단시간근로자를 퇴직급여 지급대상에서 제외하는 규정의 위헌 여부에 관하여 헌법재판소(헌재 2021.11.25, 2015헌바334)는 초단시간근로자의 사업 또는 사업장에 대한 전속성이나 기여도가 낮아 입법재량권의 자의적 행사로 볼 수 없어 평등원칙에도 위배되지 않으므로 합헌이라는 결정을 했다. 동조항에서 '계속근로기간'이란 근로계약을 체결하여 해지될 때까지의 기간을 의미하는 것으로서 동일한 사용자와 사용종속관계 아래에서 계속하여 근로를 제공한 기간만이 퇴직급여 산정을 위한 계속근로기간에 포함되는 것이 원칙이다. 다만, 소정근로시간을 15시간 미만으로 정한 기간이 포함되어 있다면 그 기간은 퇴직금 산정을 위한 계속근로기간에서 제외할 수 있고, 1주 소정근로시간이 15시간 이상과 미만을 반복하는 단시간근로자인 경우에는 퇴직하는 날을 기준으로 계속근로기간을 산정하되, 1주의 소정근로시간이 15시간 미만인 경우에는 동 기간에서 제외할 수 있다(2001.10.26, 임금 68207-735).

따라서 단시간근로자의 계속근로기간이 1년 이상이라 하더라도, 4주간을 평균하여 1주의 소정근로시간이 15시간 이상 되는 기간만을 합산하여 퇴직급여 발생 여부를 판단하여야 할 것이다. 만약, 합산한 계속근로기간이 1년 미만인 경우라면 당해 근로자의 퇴직급여는 발생하지 않는다 할 것이므로, 동 법 시행령 제24조제3호 및 제4호의 단서규정에 따라 계속근로기간이 1년 미만인 가입자에 대한 적립금은 달리 볼 사정이 없는 한 사용자에게 귀속되어야 할 것이다(2015.11.30, 퇴직연금복지과-4192).

7 단시간 · 촉탁용의 취업규칙을 만들지 않으면 위법인가

근기법상 상시 10명 이상의 근로자를 사용하는 사용자는 취업규칙을 작성하여 고용노동부장관에게 신고하여야 할 의무(근기법 제93조)가 있다. 따라서 단시간근로자를 포함하여 근로자수가 10명 이상이 되는 경우의 사용자에게는 당연히 근기법 제93조 규정에 의하여 취업규칙의 작성 · 신고의무가 발생한다.

또한 이미 정규근로자에 관하여 취업규칙을 작성하여 신고하고 있는 사용자일지라도 단시간근로자를 고용하여 그 근로자에 관하여는 정규근로자의 취업규칙을 적용시키지 아니한다면, 별도로 단시간근로자 등의 취업규칙을 작성하여 신고하지 아니하는 한 법에 위반된다. 이는 상시 10명 이상의 근로자를 사용하는 사업장이면서도 '적용되는 취업규칙이 없는 근로자'가 있다고 함은 그 근로자에 관하여 취업규칙이 작성되어 있지 아니하다는 말이 되기 때문이다. 즉, 이들 사업장에서는 단시간근로자도 포함하여 '한 사람이라도 취업규칙이 적용되지 않는 근로자가 있다'고 하는 것은 근기법 위반이 된다.

상시 10명 이상의 근로자를 사용하는 사용자는 '상시 사용하는 근로자' 뿐만 아니라, 근기법상의 '근로자'에 관하여 취업규칙을 작성할 의무가 있다.

근기법시행령 [별표 2] 단시간근로자의 근로조건 결정기준 등에 관한 사항(제5호 가목 · 나목)에 의하면 「사용자는 단시간근로자에게 적용되는 취업규칙을 통상근로자에게 적용되는 취업규칙과 별도로 작성할 수 있다. 가목에 따라 취업규칙을 작성하거나 이를 변경하고자 할 경우에는 적용대상이 되는 단시간근로자 과반수의 의견을 들어야 한다. 다만, 취업규칙을 단시간근로자에게 불리하게 변경하는 경우에는 그 동의를 받아야 한다」라고 규정하고 있다.

8 단시간근로자에 대한 취업규칙이 없으면 정규근로자의 취업규칙이 당연 준용되는가

상시 10명 이상의 근로자를 사용하는 사업장에서 단시간근로자가 있음에도 불구하고 이들에게 적용되는 취업규칙이 작성되어 있지 아니하면 근기법 위반인지 여부와 단시간근로자를 어떻게 취급할 것인지의 문제가 있다.

근기법시행령 [별표 2] 단시간근로자의 근로조건결정기준 등에 관한 사항(제5호 취업규칙의 작성 및 변경, 다목)에 의하면 「단시간근로자에게 적용될 별도의 취업규칙이 작성되지 아니한 경우에는 통상근로자에게 적용되는 취업규칙이 적용된다. 다만, 취업규칙에서 단시간근로자에게 적용이 배제되는 규정을 두거나 다르게 적용한다는 규정을 둔 경우에는 그에 따른다」라고 규정하고 있다.

근기법 제97조에서 「취업규칙에서 정한 기준에 미달하는 근로조건을 정한 근로계약은 그 부분에 관하여는 무효로 한다. 이 경우 무효로 된 부분은 취업규칙에 정한 기준에 따른다」라고 규정되어 있으므로, 취업규칙 이하의 근로조건을 계약으로 결정하는 경우 무효가 되어 취업규칙에 규정된 기준이 적용된다. 판례에서도 '정규근로자'에 대한 취업규칙만 있고 '일용근로자'에 대한 취업규칙이 제정되어 있지 아니하는 경우에 관하여 '정규근로자취업규칙을 일용근로자에 준용하여야 한다'고 해석하는 것이 당연하므로 정규근로자의 취업규칙이 단시간근로자에게 준용된다고 보고 있다.

따라서 근로조건이 정규근로자와 다른 단시간·임시근로자 등에 관하여 그 차이를 규정하는 취업규칙이 없으면 필요없는 분쟁을 야기시킬 우려가 있다.

9 기간제근로자 또는 단시간근로자는 자유로이 해고할 수 있는가

단시간근로자는 언제라도 자유롭게 그만두게 할 수 있다고 확신하는 사용자가 흔히 있다. 그러나 단시간근로자라 할지라도 '근로자'이기 때문에 언제라도 그만두게 할 수는 없다.

풀타임 고용인 통상근로자와 같은 엄격한 해고요건을 필요로 하지 아니하는 점에서는 간이한 고용임에는 틀림없다. 일반적으로 사용자가 기업의 필요에서 근로자를 정리하려고 할 경우에는 우선 단시간근로자를 먼저 정리하고, 그 다음에 풀타임근로자를 정리하여야 하며, 단시간근로자를 해고하는 이유는 풀타임의 근로자를 해고할 경우에 비교하여 상당히 경감된다는 것은 부정할 수 없지만 단시간근로자를 정당한 이유가 없는데도 해고하는 것은 이른바 '해고권의 남용'이 된다. 따라서 정당한 이유가 없는데도 단시간근로자이기 때문에 자유롭게 해고할 수 없다. 단시간근로자나 기간제근로자의 경우 근로계약기간이 종료되면 근로관계는 자동적으로 소멸하게 되며 이는 해고에 해당하지 아니한다. 근로계약기간을 약정하였다면 그 기간이 종료하기 전까지 사용자는 정당한 이유가 없는 한 근로자를 해고할 수 없다(근기법 제23조). 여기서 '정당한 이유'란 근로관계를 유지할 수 없을 정도로 근로자에게 책임 있는 사유가 있는 경우를 뜻한다. 만일 근로자가 정당한 사유 없이 해고를 통보받았다면 해고를 통보받은 날로부터 3개월 이내에 사업장 관할 지방노동위원회에 부당해고 구제신청을 할 수 있다. 단시간근로자나 기간제근로자의 계약기간이 만료되지 않았음에도 불구하고 사용자가 일방적으로 근로관계를 단절한 의사를 표시하였다면 이는 '해고'에 해당하는 것이고, 단순히 정규근로자의 증가만을 이유로 비정규직 근로자에게 이직 내지 사직을 강요하고 있고, 업무 추진 성과 및 능력을 배제한 채 경영자에 의하여 좌우되는 업무 분장만을 기준으로 하여 해고 대상자를 선정하였다면 해고의 정당한 이유가 있다고 볼 수 없을 것이다(2008.1.2, 근로기준팀-8).

10 단시간근로자 해고의 정당사유란

단시간근로자라 할지라도 정당한 이유없이 이를 해고할 수 없다고 함이 근기법 제23조제1항의 규정, 판례・통설인데, 단시간근로자에 대한 해고의 정당한 이유란 어떠한 것일까?

물론 단시간근로자에게도 통상근로자의 일반적 해고 사유인 '능률・근무태도불량', '근무성적불량', '심신의 장해로 인한 취업불능・곤란'이나 징계해고사유인 '업무명령 위반', '직장질서 위반', '배신행위' 등의 적용이 있으며, 이와 같은 사유가 해고의 정당한 사유가 된다는 것은 두말할 나위도 없다.

문제는 단시간근로자를 고용할 필요가 없어졌다고 할 경우, 그것만으로 그만두게 할 수 있느냐는 것이다. 단시간근로자제도는 회사의 정년고용제하에 국소적・미봉적으로 사용하는 것이 대부분이므로 단시간근로자가 처리하는 일을 정규근로자로 충분히 감당할 수 있게 되면, 단시간근로자 고용의 필요가 없어진다. 이와 같이 업무의 감소, 정규근로자의 충족 등으로 인하여 단시간근로자의 고용이 기업에 있어서 불필요하게 되었다고 객관적인 이유가 있다고 인정될 경우에는 단시간근로자를 해고하여도 무방하다. 해고시 정당한 이유가 있어야 한다는 점에 있어서 정규근로자의 해고와는 차이가 없다.

그러므로 단시간근로자 등의 비종신고용의 지위에 있는 근로자는 설사 기간 계약을 갱신하여 상용직 근로자가 되었다 할지라도, 이른바 종신고용의 기대하에 기간의 정함이 없이 고용되고 있는 근로자와는 기업과의 결합의 정도에 있어서 차이가 있으므로, 인원정리에 있어서 단시간근로자의 감축을 먼저 도모하는 것이 '사회적으로 보아 합리적'이라고(종신고용의 기대하에 기간의 정함이 없는 근로계약을 체결하고 있는 정규직근로자를 해고하는 경우와 어느정도 차이가 있다고 할 것임은 당연하다) 할 것이며, 이는 기업의 유지·운영상의 필요성과 잉여인원 정리를 위한 고용단절에 대하여는 사용자에게 상당범위의 자유가 인정된다는 점을 감안하면 더욱 합리적이라 할 수 있다.

11 단시간근로자의 해고에도 해고예고수당이 필요한가

단시간근로자 등의 기간고용자의 경우에는 고용기간이 만료하면 자동적으로 퇴직하게 되므로 '해고'에 해당하지 아니하기 때문에 해고예고수당 문제는 발생하지 아니한다. 그러나 기간제근로계약을 반복 갱신하고 있는 경우에는 기간의 정함이 없는 계약이 되어 갱신 거부는 '해고'에 해당하게 된다. 따라서 근기법 제26조제1호에 근로자가 계속 근로한 기간이 3개월 미만인 경우에 대하여 이 기간을 초과하여 계속 사용하기에 이르렀을 경우에는 해고예고제도가 적용되는 취지를 규정하고 있다.

기간제근로계약을 반복 갱신하던 단시간근로자를 갱신 거부할 때는 「적어도 30일 전에 예고를 하여야 하고 30일 전에 예고를 하지 아니하였을 때에는 30일분 이상의 통상임금을 지급하여야 한다」(근기법 제26조)고 되어 있다.

12 근무성적 불량자의 도중 해고시에는 잔여기간의 임금을 지급하여야 하는가

단시간근로자의 대다수는 단기간의 계약기간을 정하여 고용되는 경우가 많은데, 2개월의 계약기간을 정하여 고용한 단시간근로자가 근무성적이 현저하게 열악하여 그 업무를 감당할 수 없다고 인정될 경우나 담당하던 업무가 소멸된 경우에는 계약기간의 도중에 해약하는 경우나 기간의 도중에 처리해야 할 업무량이 감소되어 도중에 해고하는 경우도 있다. 이 경우의 해고는 '2개월 이내의 기간을 정하여 사용되는 자'에 관하여 행하는 것이므로 근기법상의 해고예고는 필요하지 아니하다. 그러나 이와 같은 해고는 '계약기간 도중의 해고'이므로, 잔여기간분의 임금지급에 관한 문제가 발생할 수 있다.

민법 제661조는 「고용기간의 약정이 있는 경우에도 부득이한 사유가 있는 때에는 각 당사자는 계약을 해지할 수 있다. 그러나 그 사유가 당사자 일방의 과실로 인하여 생긴 때에는 상대방에 대하여 손해를 배상하여야 한다」고 규정하여 이와 같은 사유가 없는 때에는 근로자도 그 기간 중에는 퇴직이 금지되고 사용자도 해고가 금지되는 민법의 고용기간이므로 그 기간 중에는 양 당사자도 이에 구속을 받는 기간이다. 그러므로 부득이한 사유가 없는 해고는 근기법이나 민법에 의하더라도 무효가 되어 잔여기간의 임금을 지급할 필요가 있다. 또한 고용기간 도중의 해고가 유효로 되는 「부득이한 사유」에 해당하는 경우에도 그 해고사유가 「당사자 일방의 과실로 인하여 생긴 때」에 해당한다면 「상대방에 대하여 손해를 배상」할 필요가 있다.

13 업무를 특약해서 고용한 기간제근로자 등은 그 업무의 종료로 자동퇴직이 되는가

기간제법 제4조제1항제1호는 '일정한 사업완료에 필요한 기간'을 근로계약기간으로 정하여 그 사업의 완료로 인하여 자동적으로 소멸하는 근로계약의 체결을 인정하고 있다. 이른바 '유기사업'이라고 일컬어지는 것이 그것이며, 건설현장, 상품견본시장, 유기전시장, 임시판매점 등이 이에 해당한다.

이와 같이 독립적 사업장 그 자체가 유기적으로 소멸하는 경우에는 고용은 당연 종료가 되는 것이므로 문제가 없다. 그러나 계속적인 사업장에서의 '유기업무'에 관하여 계약하였을 경우에는 계약상 그 유기적인 업무가 종료하면 그와 동시에 근로계약이 종료된다는 것을 당사자간에서 명백하게 하여야 한다.

따라서 일정한 유기업무에 한하여 특약한 경우에 한하여 기간제근로자, 단시간근로자, 아르바이트 등은 그 업무가 종료하면 자동적으로 근로계약이 종료하게 된다. 즉, 임시의 특매장, 일정한 출하업무, 추석·세모의 배달업무, 일정한 제품의 수리, 편지 주소쓰기, 카드정리 등의 업무에 한정하여 고용하였을 경우에 그 업무가 종료하였을 때는 근로계약은 당연히 종료하므로 자동퇴직이 된다.

14 단시간근로자의 근로계약의 단절과 계속

단시간근로자의 고용상 중요한 문제는 근로계약에 즈음하여 일정한 기간의 공간이 있으면 계속근무가 '중단'이 되는가 하는 것이다. 이것은 주로 연차유급휴가의 취득과 해고의 문제에 영향을 준다.

단시간근로자 등의 기간고용자에 관해서 기간만료에 의한 고용종료와 재고용과 사이에 '상당기간이 존재하고, 객관적으로 근로관계가 단절되고 있다고 인정되는 경우'에는 계속근무에 해당되지 않는다.

행정관청의 비상근직원에 대하여도 근기법 제60조에 정한 기준에 준하는 휴가를 부여하는데 있어서 동조에서 말하는 "계속근로"란 원칙적으로 동일관서에 근무하여 그 고용관계가 사회통념상 중단되지 않았다고 인정되는 경우를 말한다.

문제는 '상당한 기간'이 어느 정도인가 하는 것인데, 이것은 단지 기간의 길이만으로는 결정되지 않고 재고용의 절차, 기간의 취지, 재고용의 확실성, 재고용의 실태 등을 종합하여 판단하지 않으면 안된다.

통상적으로는 급여는 매월 지급이 원칙이며, 또 근기법 제26조의 해고예고가 30일로 되어 있는 취지에서 본다면 1개월간의 기간의 중단이 있으면 사회통념상 단절이라고 할 수 있다는 해석을 택할 수는 있다.

그러나 반드시 1개월이어야 할 것인가에 대해서는 여러 가지의 견해가 있다.

민법 제660조의 취지로부터 1개월이면 충분하다고 하는 견해, 또는 연차유급휴가의 문제이므로 1년간 계속 근무(개근)한 경우에는 15일이 부여되므로 이에 해당하는 15일이면 단절이라고 보아도 되지 않느냐고 하는 견해 등 여러 가지의 견해가 있으나, 반복된 경우에 있어서 각각의 근로계약의 종기와 시기와의 사이에 단시일의 간격을 두고 있는 경우에도 당연히 계속근무가 중단되는 것은 아니라고 하여야 할 것이다.

15 단시간근로자가 소정근로시간을 초과근로하는 경우 가산임금 지급 여부

단시간근로자가 취업규칙 등에서 정한 소정근로시간을 초과하여 근로할 때는 당연히 초과분의 임금을 지급할 필요가 있다. 문제는 초과근로에 대하여도 가산임금을 지급할 것인지의 여부이다. 기간제법 제6조제3항은「사용자는 제1항에 따른 초과근로에 대하여 통상임금의 100분의 50 이상을 가산하여 지급한다」고 규정하여 이를 명문화했다. 그 취지는 단시간근로자가 법정근로시간 내라도 소정근로시간을 초과한 이른바 초과근로를 강요받은 경우가 많으므로 이를 시정하고자 단시간근로자의 초과근로에 대하여 통상임금의 100분의 50 이상의 가산임금을 지급하도록 의무화하여 초과근로를 억제토록 한 것이다. 초과근로에 대한 임금액은 소정근로시간외에 있어서도 1일의 근로시간이 8시간 이내인 경우에는 그 초과분의 시간급 임금과 100분의 50 이상의 가산임금을 지급하지만 8시간을 초과하는 경우에는 근기법 제56조의 연장근로로써 100분의 50의 가산임금을 지급할 뿐 2중으로 가산지급하는 것은 아니다.

16 단시간근로자의 연차유급휴가

사용자는 단시간근로자에게 근기법 제60조에 따른 연차유급휴가를 주어야 한다. 이 경우 유급휴가는 다음의 방식으로 계산한 시간단위로 하며 1시간 미만은 1시간으로 본다(근기법시행령 [별표2] 제4호나목).

$$\text{통상근로자의 연차유급휴가일수} \times \frac{\text{단시간근로자의 소정근로시간}}{\text{통상근로자의 소정근로시간}} \times 8\text{시간}$$

1. 원칙적 산정방법

예를 들어 1주 동안의 소정근로시간이 30시간인 단시간근로자가 1년간 80% 이상 출근했다면, '15일×(30시간/40시간)×8시간'이므로 연차유급휴가는 90시간을 주어야 한다.

단시간근로자의 근속연수가 예를 들어 5년 이상이라면 위 계산식에서 통상근로자의 연차유급휴가일수를 15일에서 17일(근속연수에 따른 가산휴가일수 2일 포함)로 변경하면 된다(1시간 미만은 절상).

근속기간이 1년 미만인 근로자는 1개월 개근 시 1일의 연차유급휴가를 주어야 하므로, 입사한 지 아직 1년이 지나지 않은 단시간근로자가 1주 동안의 소정근로시간이 30시간이고 1개월 개근했으면, '1일×(30시간/40시간)×8시간'이므로 연차유급휴가는 6시간을 주어야 한다.

2. 단시간근로자가 통상근로자로 전환시의 산정방법

예를 들어, 1일 6시간 1주 30시간을 근무하여 16일의 연차유급휴가가 발생한 근로자가 다음 해에 1일 8시간 1주 40시간의 통상근로로 전환된 경우, 연차유급휴가를 어떻게 산정하는지의 문제이다. 소정근로시간이 1일 6시간에서 8시간으로 변경되었으므로 연차사용 시간도 1일 6시간이 아닌 8시간이므로 결과적으로 12일(=96시간, 16일×30÷40×8시간)의 연차유급휴가를 부여해야 한다.

단시간근로자로 근무한 기간에 대해 발생한 연차유급휴가를 통상근로자로 전환된 후에 사용하는 경우, 이때 1일의 연차유급휴가 사용시간은 연차유급휴가 사용일의 1일 소정근로시간에 해당하는 8시간을 사용한 것으로 본다(2022.3.3, 임금근로시간과-520).

17 단시간근로자의 노동법 적용과 근로조건 결정기준의 내용

노동법상 단시간근로자도 근로자이므로 특별규제가 없는 한 일반근로자와 마찬가지로 법정근로조건 전체가 적용되는 것이 원칙이다. 다만, 어떤 근로조건은 단시간근로자의 특성상 근로시간에 비례하여 보장받을 수밖에 없다. 그리고 단시간근로에 있어서 근로조건의 결정은 법정기준을 하회하지 않는 범위 내에서 당사자의 자율적인 의사가 최대한 존중되어야 한다.

근기법은 통상근로자에 대한 근로조건의 최저기준을 법에서 정해 놓고 단시간근로자에 대해서는 비례결정의 원칙하에서 시행령에서 따로 최저기준을 정할 수 있도록 하고 있는 것이다. 따라서 근기법시행령 「별표 2」의 기준들은 모법이 규정하고 있는 근로기준(통상근로자의 법정기준)을 단시간근로자에 대하여 일정하게 조정하여 규정해놓은 것이라 할 것이다(1997.6.18, 근기 68207-785).

단시간근로자에게도 근기법, 최저임금법, 산업안전보건법, 산업재해보상보험법 등 제(諸)노동관계법이 적용되며 고용보험, 건강보험, 국민연금에 가입할 자격이 있다. 고용보험에 있어서는 1월간의 소정근로시간이 60시간 미만인 단시간근로자(1주의 소정근로시간이 15시간 미만인 자를 포함)에게는 고용보험법이 적용 제외된다. 다만, 생업을 목적으로 근로를 제공하는 자 중 3개월 이상 근로를 제공하는 자와 고용보험법 제2조제6호에 따른 일용근로자(1개월 미만 고용되는 자)는 적용된다(고용보험법시행령 제3조제1항). 일용근로자는 1개월간 소정근로시간이 60시간 미만인 경우에도 고용보험법이 적용된다(법제처 2015.7.29, 안건번호-0398).

또한 1개월 미만의 일용직, 임시직과 월 60시간 미만 근무하는 시간제근로자는 건강보험 및 국민연금에 가입할 의무가 없다(국민건강보험법시행령 제9조, 국민연금법시행령 제2조). 국민연금의 경우 고용된 날로부터 1개월 이상 근로하고, 1개월간 근로일수가 8일 이상이거나, 근로시간이 월 60시간 이상인 일용근로자는 사업장에 고용된 날부터 사업장가입자로 적용된다.

찾아보기

1

ㄱ

ㅁ

ㅂ

ㅅ

ㅇ

ㅈ

ㅊ

ㅋ

ㅌ

ㅍ

ㅎ

저자소개

金 洙 福 (☎ 02-556-9912)

약 력	저서 및 논문
•고려대학교 경제학과 졸업	•고용조정과 정리해고(중앙경제)
•동국대학교 대학원 졸업(경제학박사)	•근기법 – 인사 · 노무실무사례(중앙경제)
•행정고등고시합격(제3회)	•근로시간 · 휴일 · 휴가의 법률실무(중앙경제)
•고용노동부 총무과장 · 재해보상과장 · 법무담당관	•근로자참여및협력증진에관한법률(중앙경제)
•중앙노동위원회 사무국장	•노동법(중앙경제)
•ILO(국제노동기구) 노동정책과정 이수	•노동조합및노동관계조정법(중앙경제)
•중앙노동위원회 알선위원	•연봉제도입실무(경영자료사)
•동국대 법과대학 강사	•단체협약의 체결과 운영(중앙경제)
•서경대학교 대우교수	•비정규직근로자의고용및노무관리(중앙경제)
•광주여자대학교 겸임교수	•산업재해보상보험법(중앙경제)
•공인노무사시험위원	•산재보험법개론(매일경제신문사)
•노사관계개혁위원회 자문위원	•업무상 재해의 이론과 실제(중앙경제)
•사단법인 한국노동연구소장 겸 이사장(현)	•인사이동의 법률문제(중앙경제)
•국제인사노무법인 대표 공인노무사(현)	•임금 · 퇴직금을 둘러싼 법률문제(중앙경제)
•숭실대학교 노사관계대학원 겸임교수	•취업규칙 · 노사협정 · 근로계약의 작성과 운영(중앙경제)
•근로복지공단 비상임이사	•비정규직노동법(중앙경제)
•KBS, MBC 자문노무사	•파견 · 도급 · 사내하청 · 업무위탁 · 전출실무(중앙경제)
•국토건설부(구 건설교통부) 고문노무사	•근기법 – 판례 · 해석통람(중앙경제)
•서울지방노동위원회 공익위원	•징계 · 해고 · 퇴직의 법률실무(중앙경제)
•고용노동부 규제심사위원회 공동위원장	•노사협의회의운용과 법률실무(중앙경제)
•서울중앙지방법원 조정위원	•기업의 노동조합 대책(중앙경제)
•한국사회법학회 회장	•근로시간관리실무(중앙경제)
•단국대학교 법무행정대학원 강사	•재택근무제도(중앙경제)